## 에듀윌과 함께 시작하면,
## 당신도 합격할 수 있습니다!

모든 빵은 뜨거운 시간을 견딘 뒤에야 노릇노릇한 향을 품습니다.
여러분의 지금 이 노력도 마찬가지입니다.

꿈을 향한 길은 결코 쉽지 않지만,
그 길 위에서 멈추지 않고 나아가는 여러분은 이미 빛나고 있습니다.

이 책은 단순한 시험 대비서를 넘어,
여러분의 디딤돌이자 자신감을 키워주는 든든한 도구가 되길 바랍니다.

오늘의 작은 공부가 쌓여 내일의 더 단단한 여러분을 만들고,
그 모든 과정은 결국 '합격'이라는 이름으로 돌아올 것입니다.

합격은 끝이 아니라,
여러분이 선택한 길 위에서 마주하는 첫 번째 성공의 맛입니다.

지금 이 책을 펼친 이 순간부터,
여러분은 이미 꿈을 향한 여정 한가운데에 서 있습니다.

에듀윌이 끝까지 함께하겠습니다.
당신의 합격, 그 시작부터 끝까지.

# 164개월 베스트셀러 1위
# 에듀윌 식품 교재 시리즈

조리기능사 필기
한권끝장

제과·제빵기능사
필기 한권끝장

떡제조기능사
필기+실기 한권끝장

조리기능사 필기
1주끝장

한식/양식 조리기능사
필기 총정리 문제집(8절)

한식/양식/중식/일식·복어
조리기능사 실기

제과·제빵기능사
실기 한권끝장

* 에듀윌 조리기능사, 제과·제빵기능사 YES24 월별 베스트셀러 1위 합산 기준(2017년 1월~2025년 9월)

# 에듀윌로 합격한
# 찐! 합격스토리

이O나 합격생

### 에듀윌 덕분에, 조리기능사 필기가 쉬워졌어요!

저는 실기는 자신 있었는데, 필기가 너무 힘들었어요. 공부할 시간까지 없어서 더 막막했는데 1주끝장으로 4일 만에 합격했어요! 우선 이 책은 나오는 부분만, 표 위주로 구성되어 있고 테마가 끝난 후에는 바로 문제가 나와서 공부하기 편했어요. 어려운 테마에는 QR코드를 찍으면 나오는 짧은 토막강의가 있는데, 저에게는 이 강의가 정말 도움이 많이 되었어요. 쉽게 외울 수 있는 방법도 알려주시고, 이해가 안 되는 부분은 원리를 잘 설명해 주셔서 토막강의가 있는 테마는 책으로 따로 공부하지 않고 이동하면서 강의만 반복적으로 들었어요. 시험 당일에는 휴대폰으로 모의고사 3회만 계속 보았는데 여기에서 비슷한 문제가 많이 나왔어요! 덕분에 생각지도 못한 고득점으로 합격했네요! 에듀윌에 정말 감사드려요~

이O민 합격생

### 제과·제빵기능사 합격의 지름길, 에듀윌

한 번에, 일주일이라는 단기간에 합격했어요. 시간 여유가 없는 직장인에게는 단기간 합격이 제일 중요하죠! 생소한 단어들도 많고, 양도 많아서 막막했지만 단원마다 정리되어 있는 '핵심 키워드'와 '합격팁'으로 집중적으로 공부할 수 있었습니다. 이해하기 어려운 부분은 에듀윌에서 무료로 제공해 주는 동영상 강의로 해결했어요. 개념 정리뿐만 아니라 기출문제를 통한 복습, 무료특강 그리고 '핵심집중노트'까지, 그 중에 '핵심집중노트'는 시험 보기 전에 꼭 보세요! 핵심집중노트 딱 3번만 정독하시면 무조건 합격이에요. 여러분도 합격의 지름길, 에듀윌로 시작하세요.

김O정 합격생

### 에듀윌 필기끝장 한 권으로 단기 합격!

조리학과 전공이 아니라서 관련된 지식이 아예 없는 상태였습니다. 제과·제빵 학원을 다니면서도 이론이 어렵고 막막했는데, 에듀윌 강의를 보면서 개념을 정리하고 기출문제를 풀면서 틀린 문제는 오답정리하면서 이해할 수 있었습니다. 책 안에 중간 중간에 있는 인생명언으로 긍정적인 에너지를 얻어 공부에 더 집중할 수 있었습니다. 간편하게 들고 다니기 편한 핵심집중노트로 시험보기 직전에 머릿속 내용들을 정리할 수 있어서 좋은 결과로 합격을 했던 것 같습니다. 일을 다니면서 공부 시간이 많이 부족하고 짧았지만 에듀윌 책은 초보 입문자들도 쉽게 이해하기 편하게 정리가 잘되어 있어서 제과·제빵기능사 필기를 빠르게 합격할 수 있었습니다. 감사합니다! 제과·제빵을 처음 공부하시는 분께 에듀윌 문제집 강력 추천입니다.^^

# 다음 합격의 주인공은 당신입니다!

## 맛있는 꿈을 굽는시간, 합격 레시피
# 합격 플래너

| | 학습 내용 | 학습 Check | 공부한 날 |
|---|---|---|---|
| 공통편 | PART 01 식품 위생학 핵심 개념 | ☐ | ____월 ____일 |
| | PART 01 식품 위생학 필기합격 적중문제 | ☐ | ____월 ____일 |
| | PART 02 재료과학 핵심 개념 | ☐ | ____월 ____일 |
| | PART 02 재료과학 필기합격 적중문제 | ☐ | ____월 ____일 |
| | **PART 01~02 전체 복습** | ☐ | ____월 ____일 |
| | PART 03 영양학 핵심 개념 | ☐ | ____월 ____일 |
| | PART 03 영양학 필기합격 적중문제 | ☐ | ____월 ____일 |
| | PART 04 제과제빵 제조 핵심 개념 | ☐ | ____월 ____일 |
| | PART 04 제과제빵 제조 필기합격 적중문제 | ☐ | ____월 ____일 |
| | **PART 03~04 전체 복습** | ☐ | ____월 ____일 |
| 제과기능사 | PART 05 과자류 제조 핵심 개념 | ☐ | ____월 ____일 |
| | PART 05 과자류 제조 필기합격 적중문제 | ☐ | ____월 ____일 |
| | **PART 05 전체 복습** | ☐ | ____월 ____일 |
| | 2025 실제 기출 복원문제(제과) | ☐ | ____월 ____일 |
| | 기출복원 모의고사 1~2회(제과) | ☐ | ____월 ____일 |
| | 기출복원 모의고사 3~5회(제과) | ☐ | ____월 ____일 |
| 제빵기능사 | PART 06 빵류 제조 핵심 개념 | ☐ | ____월 ____일 |
| | PART 06 빵류 제조 필기합격 적중문제 | ☐ | ____월 ____일 |
| | **PART 06 전체 복습** | ☐ | ____월 ____일 |
| | 2025 실제 기출 복원문제(제빵) | ☐ | ____월 ____일 |
| | 기출복원 모의고사 1~2회(제빵) | ☐ | ____월 ____일 |
| | 기출복원 모의고사 3~5회(제빵) | ☐ | ____월 ____일 |

**에듀윌이
너를
지:지할게**
ENERGY

시작하는 방법은
말을 멈추고
즉시 행동하는 것이다.

– 월트 디즈니(Walt Disney)

# 에듀윌
# 제과·제빵기능사 필기
# 한권끝장 +무료특강

eduwill

# CONTENTS 차례

## 공통편

### PART 01 식품위생학

| | | |
|---|---|---|
| 01 | 식품위생학 개론 | 14 |
| 02 | 식품 미생물 | 15 |
| 03 | 식품의 변질 | 17 |
| 04 | 소독, 살균 및 방부 | 19 |
| 05 | 감염병과 기생충 | 21 |
| 06 | 식중독 | 26 |
| 07 | 식품첨가물 | 30 |
| 08 | HACCP | 33 |
| 09 | 위생 관리 | 35 |
| | 한눈에 보는 핵심 키워드 | 38 |
| | 필기합격 적중문제 | 40 |

### PART 02 재료과학

| | | |
|---|---|---|
| 01 | 기초과학 | 46 |
| 02 | 재료과학 | 56 |
| | 한눈에 보는 핵심 키워드 | 88 |
| | 필기합격 적중문제 | 90 |

### PART 03 영양학

| | | |
|---|---|---|
| 01 | 열량 영양소 | 100 |
| 02 | 조절 영양소 | 104 |
| 03 | 소화와 흡수 | 107 |
| | 한눈에 보는 핵심 키워드 | 110 |
| | 필기합격 적중문제 | 111 |

### PART 04 제과·제빵 제조

| | | |
|---|---|---|
| 01 | 기계와 도구 | 118 |
| 02 | 제품 관리 | 122 |
| 03 | 생산 관리 | 123 |
| 04 | 공정 관리와 작업 환경 관리 | 126 |
| | 한눈에 보는 핵심 키워드 | 128 |
| | 필기합격 적중문제 | 129 |

## 종목편

### PART 05 [제과기능사] 과자류 제조

| | |
|---|---|
| 01 • 제과의 주요 재료와 기능 | 134 |
| 02 • 제과 반죽의 분류 | 138 |
| 03 • 제과 공정 | 141 |
| 04 • 제품별 제과법 | 152 |
| 한눈에 보는 핵심 키워드 | 164 |
| 필기합격 적중문제 | 166 |

### PART 06 [제빵기능사] 빵류 제조

| | |
|---|---|
| 01 • 제빵의 주요 재료와 기능 | 174 |
| 02 • 제빵 공정 | 177 |
| 03 • 빵의 제조 방법 | 192 |
| 04 • 제품별 제빵법 및 제품 평가 | 203 |
| 한눈에 보는 핵심 키워드 | 208 |
| 필기합격 적중문제 | 210 |

## 기출복원 모의고사

### 제과

| | |
|---|---|
| 2025 실제 기출 복원문제 | 218 |
| 01회 | 224 |
| 02회 | 230 |
| 03회 | 236 |
| 04회 | 242 |
| 05회 | 248 |

### 제빵

| | |
|---|---|
| 2025 실제 기출 복원문제 | 254 |
| 01회 | 260 |
| 02회 | 266 |
| 03회 | 272 |
| 04회 | 278 |
| 05회 | 284 |

# INTRODUCTION 저자소개

### 저자

**오명석**
- 현)신안산대학교 호텔제과제빵과 교수
- 대한민국 제과기능장
- 한국산업인력공단 제과·제빵기능사 실기 시험감독위원
- 한국산업인력공단 제과기능장 실기 시험감독위원
- 세종대학교 조리외식경영학과 박사
- 세종대학교 외래교수
- 신안산대학교 겸임교수
- 강동대학교 호텔조리제빵과 교수

**장다예**
- 대한민국 제과기능장
- 한국산업인력공단 제과·제빵기능사 실기 시험감독위원
- 건국대학교 농축대학원 석사
- 프랑스 에꼴 르노트르 디플롬 수료
- 파리크라상 근무
- 강동대학교 겸임교수

**박진홍**
- 그린하우스 과자점 근무
- Wal-Mart 베이커리 사업부 근무
- 현대호텔관광직업전문학교 교사
- 경기직업전문학교 교사
- 명성직업전문학교 교사
- 디엔앰직업전문학교 교사
- 제기동 식빵 대표

### 검수자

**장양순**
- 대한민국 제과기능장
- 한국산업인력공단 제과·제빵기능사 실기 시험감독위원
- 한국산업인력공단 제과기능장 실기 시험감독위원
- 동원대학교 호텔제과제빵학과 교수
- 쉐라톤 워커힐 호텔 근무

**윤시훈**
- 초당대학교 조리과학부(호텔조리전공) 학사
- 초당대학교 조리과학부(조리학 전공) 석사
- 서울신정고등학교 교사

# MESSAGE 저자의 메시지

혼자 공부해서
합격할 수 있을까요?

단기간에
합격하고 싶어요!

제과·제빵기능사를
한 번에
취득하고 싶어요!

## 합격에 대한 고민, 수험생과 발맞추어 함께하였습니다.
## 끊임없는 고민 끝에 합격에 최적화된 교재로 탄생하였습니다!

제과·제빵 문화가 우리나라에 들어온 지 100여 년만에 눈부신 성장과 발전을 하였습니다. 우리나라도 간편하게 이용할 수 있는 식품과 외식 문화가 빠르게 형성되고 있으며, 이에 제과·제빵의 이론과 기능을 습득하고자 하는 사람들이 날로 늘어나고 있습니다.

본 교재는 이러한 변화에 맞추어 제과·제빵에 입문하고자 하는 사람들과 미래의 베이커리 산업을 이끌어 갈 학생들이 좀 더 쉽고 친숙하게 제과·제빵이라는 학문을 접할 수 있도록 각 단원의 내용을 요약·정리하여 설명하였고, 제과·제빵기능사 자격증을 취득할 수 있도록 집필하였습니다.

저자는 오랜 시간 동안 제과·제빵 산업에 몸담고 있으면서, 풍부한 현장 경험과 학원, 대학교의 강의 경험, 제과·제빵기능사 자격검정시험의 감독위원 경험을 바탕으로 본서가 합격의 지침서가 될 수 있도록 구성하였습니다.

앞으로 제과·제빵 산업에 종사하게 될 많은 분들이 이 교재를 통하여 기초를 다져 먼 훗날 제과·제빵의 귀중한 기술인이 되시기를 바라며, 모든 분들께 합격의 그날이 오기를 바랍니다.

저자 일동

# INFORMATION 시험안내

제과기능사 제빵기능사

## 시행기관

한국산업인력공단(http://q-net.or.kr)

## 시험 응시 절차

**필기 원서접수**
- 사진(6개월 이내에 촬영한 3.5×4.5cm, 120×160픽셀의 JPG 파일) 첨부
- 시험 응시료 수수료 14,500원 전자 결제
- 시험장소 본인 선택(선착순)

**필기 시험**
- 수험표, 신분증 지참
- 객관식 4지 택일형, 60문항(60분)
- CBT형(시험 종료 즉시 합격 여부 발표)
- 합격기준: 100점을 만점으로 하여 60점 이상

 **필기 합격자 발표**

**실기 원서접수**
- 사진(6개월 이내에 촬영한 3.5×4.5cm, 120×160픽셀의 JPG 파일) 첨부
- 시험 응시료 수수료 제과 29,500원 / 제빵 33,000원 전자 결제
- 시험장소 본인 선택(선착순)

**실기 시험**
- 수험표, 신분증, 수험자 준비물 지참
- 작업형/시험시간 2~4시간(과제별로 상이)
- 합격기준: 100점을 만점으로 하여 60점 이상

 **최종 합격자 발표**

**자격증 발급**
[인터넷] 공인인증 등을 통해 발급, 택배 가능
[방문 수령] 신분 확인서류 필요

## 환불 기준

| 적용기간 | 접수기간 중 | 접수기간 후 | 회별 시험 시작 4일 전~ |
|---|---|---|---|
| 환불 적용률 | 100% | 50% | 취소 및 환불 불가 |

★ 실기시험의 환불 기준일은 수험자가 접수한 시험일이 아닌, 회별 시험의 시행 시작일입니다.
★ 가상계좌의 경우 취소 후 환불되기까지 약 2~7일 정도 소요됩니다.
★ 환불 결과는 별도로 통보되지 않습니다.

## 필기 출제기준

| 분류 | 항목 | 세부내용 |
|---|---|---|
| 공통범위 | 재료 준비 | 재료 준비 및 계량 |
| | 제품 저장 관리 | 제품의 냉각 및 포장, 제품의 저장 및 유통 |
| | 위생 안전 관리 | 식품위생 관련 법규 및 규정, 개인위생 관리, 환경위생 관리, 공정 점검 및 관리 |
| 제과기능사 | 과자류 제품 제조 | 반죽 및 반죽 관리, 충전물·토핑물 제조, 팬닝, 성형, 반죽 익히기 |
| 제빵기능사 | 빵류 제품 제조 | 반죽 및 반죽 관리, 충전물·토핑물 제조, 반죽 발효 관리, 분할하기, 둥글리기, 중간발효, 성형, 팬닝, 반죽 익히기 |

## NCS 안내

| 분류 | 세부항목 |
|---|---|
| 제과 기능사 | 01. 과자류 제품 개발 ǀ 02. 과자류 제품 재료 혼합 ǀ 03. 과자류 제품 반죽 정형<br>04. 과자류 제품 반죽 익힘 ǀ 05. 과자류 제품 포장 ǀ 06. 과자류 제품 저장 유통<br>07. 과자류 제품 품질 관리 ǀ 08. 과자류 제품 위생 안전 관리<br>09. 과자류 제품 재료 구매 관리 ǀ 10. 매장 관리 ǀ 11. 베이커리 경영<br>12. 과자류 제품 생산 작업 준비 ǀ 13. 초콜릿 제품 만들기 ǀ 14. 장식 케이크 만들기<br>15. 무스 케이크 만들기 |
| 제빵 기능사 | 01. 빵류 제품 개발 ǀ 02. 빵류 제품 반죽 발효 ǀ 03. 빵류 제품 반죽 정형<br>04. 빵류 제품 반죽 익힘 ǀ 05. 빵류 제품 마무리 ǀ 06. 냉동빵 가공<br>07. 빵류 제품 품질 관리 ǀ 08. 빵류 제품 위생 안전 관리 ǀ 09. 빵류 제품 재료 구매 관리<br>10. 매장 관리 ǀ 11. 베이커리 경영 ǀ 12. 빵류 제품 생산 작업 준비<br>13. 빵류 제품 스트레이트 반죽 ǀ 14. 빵류 제품 스펀지 도우 반죽<br>15. 빵류 제품 특수 반죽 ǀ 16. 페이스트리 만들기 ǀ 17. 조리빵 만들기<br>18. 고율 배합빵 만들기 ǀ 19. 저율 배합빵 만들기 |

# STRUCTURE 구성과 특징

## 시험에 나올 핵심만, 반복 학습하라

### STEP 01 핵심 개념

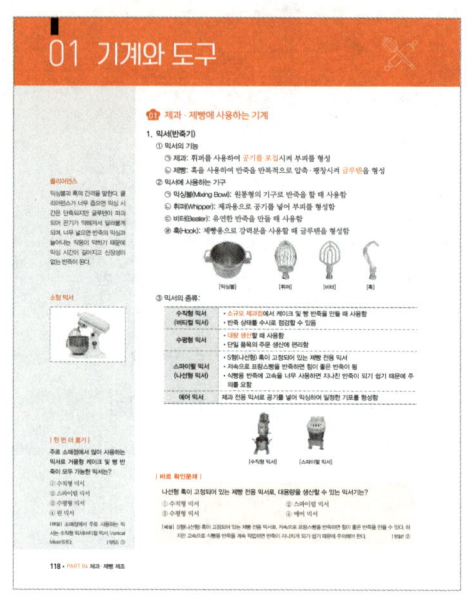

자주 출제되는 핵심 개념만을 엄선해 수록했어요. '바로 확인문제'와 '한 번 더 풀기'를 통해 개념을 문제에 적용해보고, 저자의 목소리를 담은 '합격 팁'을 통해 학습 방향을 잡아보세요.

### STEP 02 핵심 키워드

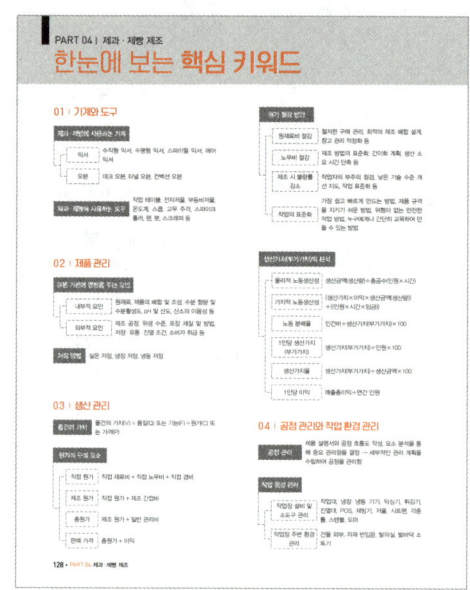

공부한 개념을 체계적으로 정리하여 머릿속에 확실히 자리 잡을 수 있어요. 키워드를 중심으로 학습 내용을 떠올리며 효과적으로 복습해 보세요.

## +특별제공 에듀윌만의 빠른 합격 레시피

### ① 개념 압축 노트(부록)

시험에 꼭 나오는 개념만 압축해 담았습니다. 시험 직전, 어디서든 빠르게 암기할 수 있어요.

### ② CBT 모의고사(QR제공)

개념 압축 노트 앞 QR코드를 스캔하면, 제과·제빵 기능사 모의고사 각 6회분을 추가로 학습할 수 있어요. 실제 시험처럼 CBT를 체험하며, 마지막 실력 점검에 활용해 보세요.

## 📢 문제풀이로 실력을 점검하라

### STEP 03 필기합격 적중문제

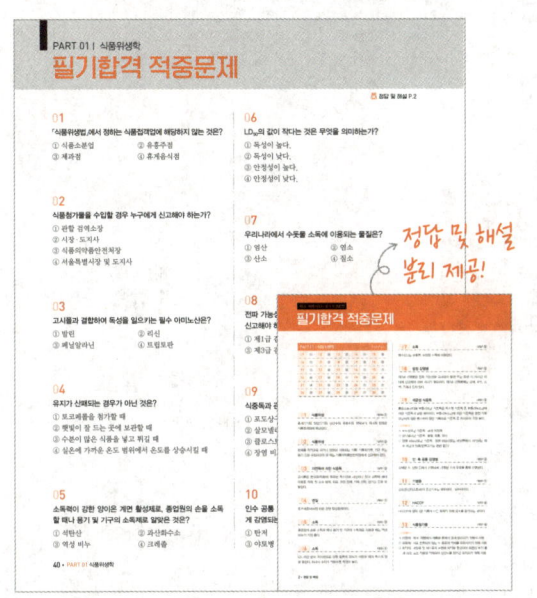

단원별 주요 문제를 모아 실전 대비력을 높였습니다. 각 문항에 제시된 키워드로 부족한 개념을 점검하고, 오답 풀이를 통해 정답 이외의 개념까지 꼼꼼히 익혀 보세요.

### STEP 04 기출복원 모의고사
**+2025 실제 기출 복원문제 포함**

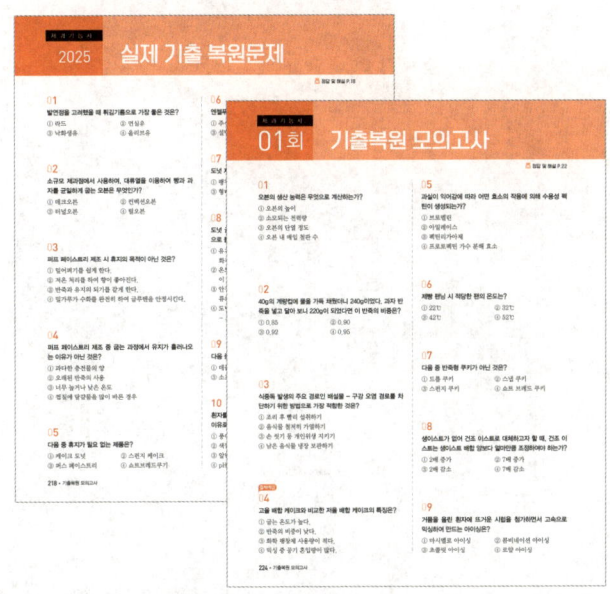

제과·제빵기능사 모의고사 각 5회분과, 2025 CBT 실제 기출 복원 문제(2회분)를 수록했습니다. 빠르게 핵심을 짚어 주는 정답과 해설을 통해 주요 개념을 효과적으로 학습해 보세요.

---

### ③ 핵심개념특강

제과·제빵기능사 前 시험감독 출신 저자가 직접 설명하는 개념 강의를 무료로 수강하며 필기 합격에 필요한 핵심 개념을 확실히 정리해 보세요.

`수강경로` • 교재 내 QR코드 스캔
• book.eduwill.net > 동영상 강의실 > **제과제빵 필기 검색**
• 유튜브 '에듀윌 자격증' 채널 > **제과제빵 필기 검색**

### ④ 산업기사 대비PACK(이론+기출+CBT)

산업기사에만 출제되는 핵심이론을 별도로 정리하고, 이를 기반으로 한 기출문제와 CBT(통합 1회) 서비스까지 제공하여 산업기사 시험에도 빈틈없이 대비할 수 있어요.

`이용경로` book.eduwill.net > 부가학습자료 > **제과·제빵기능사 검색**

공통편

PART 01

식품위생학

# 학습 POINT!

PART 01 식품위생학에서는 식품을 위생적으로 처리·보관할 수 있는 방안들에 대해 학습한다. 또한 여러 종류의 감염병과 식중독에 대해서도 학습하는데, 병명이나 병원균의 명칭을 혼동할 수 있으므로 주의해서 학습하도록 한다.

01 식품위생학 개론

02 식품 미생물

03 식품의 변질

04 소독, 살균 및 방부

05 감염병과 기생충

06 식중독

07 식품첨가물

08 HACCP

09 위생 관리

# 01 식품위생학 개론

### 🍳 01 식품위생의 정의

**1. 세계보건기구(WHO)의 정의**
식품의 생육, 생산, 제조로부터 최종적으로 사람에게 섭취될 때까지의 전 단계에 있어서 식품의 안전성, 건전성 및 악화 방지를 확보하기 위한 모든 수단

**2. 우리나라 「식품위생법」에서의 정의**
식품, 식품첨가물, 기구와 용기·포장을 대상으로 하는 음식에 관한 위생(의약품으로 섭취하는 것은 제외)

### 🍳 02 식품위생의 목적과 대상 범위

**1. 식품위생의 목적**
① 식품으로 인한 위생상의 위해 방지
② 식품 영양의 질적 향상 도모
③ 국민 보건 증진에 이바지함

**식품위생의 대상 범위**

우리나라는 건강기능식품을 일반 식품과 구분하여 「건강기능식품에 관한 법률」로 별도 관리하며, 이에 따라 일부 항목은 「식품위생법」의 처벌 대상에서 제외된다.

**2. 식품위생의 대상 범위**
식품, 식품첨가물, 기구와 용기·포장을 대상 범위로 하며, 모든 음식물을 대상으로 함(의약으로 섭취하는 것은 제외)

| 바로 확인문제 |

「식품위생법」상 식품위생의 대상이 아닌 것은?
① 식품   ② 식품첨가물
③ 조리 방법   ④ 기구와 용기, 포장

| 해설 | 식품위생의 대상으로 식품, 식품첨가물, 기구와 용기·포장 등이 있다.   | 정답 | ③

**허가를 받아야 하는 영업**

식품조사처리업은 식품의약품안전처장의 허가를 받아야 하며, 단란주점과 유흥주점의 영업은 특별자치시장·특별자치도지사 또는 시장·군수·구청장의 허가가 필요하다.

**3. 식품 관련 영업**
① 식품제조·가공업
② 즉석판매제조·가공업
③ 식품첨가물제조업
④ 식품운반업
⑤ 식품소분·판매업
⑥ 식품보존업(식품조사처리업, 식품냉동·냉장업)
⑦ 용기·포장류 제조업
⑧ 식품접객업(휴게음식점, 일반음식점, 단란주점, 유흥주점, 위탁급식, 제과점)

# 02 식품 미생물

## 01 미생물의 특성 및 종류

### 1. 미생물의 특성
① 대부분 단세포 또는 균사로 이루어짐
② 육안으로 식별이 불가능할 정도의 작은 생물을 지칭함
③ 경우에 따라 식품의 제조·가공에 이용되기도 하지만, 식중독과 전염병의 원인이 되기도 함

### 2. 미생물의 종류

| | |
|---|---|
| 곰팡이<br>(Mold) | 균류 중 실 모양의 균사를 형성하며, 식품의 제조와 변질에 관여, 진균독을 일으킬 수 있음<br>• 누룩곰팡이(Aspergillus)속: 양주, 된장, 간장의 제조에 이용<br>• 푸른곰팡이(Penicillium)속: 버터, 통조림, 야채, 과실 등의 변패<br>• 거미줄곰팡이(Rhizopus)속: 빵 곰팡이, 흑색 빵의 원인<br>• 솜털곰팡이(Mucor)속: 전분의 당화, 치즈의 숙성 등에 이용되지만 과실 등의 변패를 일으키기도 함 |
| 효모류<br>(Yeast) | • 출아법으로 번식하며, 비운동성, 통성 혐기성 미생물<br>• 주류의 양조, 알코올 제조, 제빵 등에 활용 |
| 세균류<br>(Bacteria) | • 세균성 식중독, 경구 감염병, 부패의 원인이 됨<br>• 형태에 따라 구균(구상), 간균(막대 모양, 타원형), 나선균(사슬 형태)으로 분류 |
| 리케치아<br>(Rickettsia) | • 리케차라고도 함<br>• 세균과 바이러스의 중간 형태<br>• 발진티푸스의 병원체<br>• 식품과 큰 관련이 없음 |
| 바이러스<br>(Virus) | • 미생물 중에서 가장 작은 것으로 살아 있는 세포에서만 증식<br>• 인플루엔자, 일본뇌염, 광견병, 천연두, 소아마비(급성 회백수염, 폴리오), 전염성 설사 등의 병원체 |

## 02 미생물의 발육에 필요한 인자

### 1. 영양소

| 탄소원 | 탄수화물, 포도당, 유기산 등 | 질소원 | 아미노산 등 |
|---|---|---|---|
| 무기염류 | 인(P), 황(S) 등 | 생육소 | 비타민 등 |

### 2. 수분
① 대부분의 미생물은 75%가 물로 구성되어 있으며, 생리 기능을 조절하는 데 필요함
② 수분활성도(Aw)
  ㉠ 일정한 온도에서 식품이 나타내는 수증기압에 대한 그 온도에 있어서의 순수한 물의 최대 수증기압의 비를 말함 (식품 수분의 수증기압 ÷ 순수한 물의 수증기압)
  ㉡ 일반 식품에서의 수분활성도는 1보다 작음

---

**식품위생 행정의 실천 방안**
• 식품의 변패, 부패, 유해 물질의 함유를 방지한다.
• 위생상 필요한 식품의 품질과 성분 규격을 정하고 표시한다.
• 미생물에 의한 오염을 방지한다.
• 식품 취급 시설의 위생 및 취급자의 위생 문제·교육을 감시한다.

**미생물의 크기 ★**
곰팡이 > 효모 > 세균 > 리케치아 > 바이러스

**곰팡이의 발생 조건**
• 건조 식품이 온도가 높은 외부에 노출된 경우
• 일정한 산도(pH 4 이하)에 보관된 경우
• 일정한 건조도에 달하여 세균의 증식이 저지된 경우

**수분활성도를 낮추기 위한 방법**
• 식염이나 설탕을 첨가
• 농축이나 건조에 의해 수분을 제거

ⓒ 수분활성도가 높을수록 미생물의 발육이 더욱 용이해짐(세균 0.95, 효모 0.87, 곰팡이 0.80 이하일 때 증식이 저지됨)

> | 바로 확인문제 |
>
> 부패 미생물이 번식할 수 있는 최저의 수분활성도(Aw)의 크기에 대한 순서가 맞는 것은?
> ① 세균 > 곰팡이 > 효모　　　　　② 세균 > 효모 > 곰팡이
> ③ 효모 > 곰팡이 > 세균　　　　　④ 효모 > 세균 > 곰팡이
>
> |해설| 세균(0.95) > 효모(0.87) > 곰팡이(0.80) 정도이다.　　　　|정답| ②

### 3. 온도
미생물의 종류에 따라 발육, 번식이 가능한 온도가 다름

| 구분 | 온도 | 종류 |
| --- | --- | --- |
| 저온균 | 0~25℃(최적 온도 15~20℃) | 수중 세균 |
| 중온균 | 15~55℃(최적 온도 25~37℃) | 사상균, 효모, 곰팡이, 대부분의 병원균 |
| 고온균 | 40~70℃(최적 온도 50~60℃) | 온천균, 퇴비균 |

### 4. 최적 pH(수소이온 농도)
① 효모, 곰팡이: pH 4~6(산성)
② 세균: pH 6.5~7.5(중성, 알칼리성)

### 5. 산소

| 혐기성 미생물 | 산소가 없어도 증식이 되는 미생물(진공 포장 식품이나 통조림 식품)<br>• 통성 혐기성 미생물: 산소가 있거나 없어도 증식이 가능한 미생물<br>• 편성 혐기성 미생물: 산소가 없어야만 증식하는 미생물 |
| --- | --- |
| 호기성 미생물 | 산소가 있는 상태에서만 증식하는 미생물 |

### 6. 삼투압
① 세균 증식은 식염, 설탕에 의한 삼투압에 영향을 받음
② 일반 세균은 3%의 식염에서 증식 억제, 호염 세균은 3%의 식염에서 증식

> 📢 합격 팁
> 미생물 증식에 있어 압력은 직접적인 영향을 미치지 않아요.

**삼투압**
농도가 다른 두 액체를 반투막으로 막아놓았을 때, 용질의 농도가 낮은 쪽에서 농도가 높은 쪽으로 용매가 옮겨가는 현상에 의해 나타나는 압력이다.

# 03 식품의 변질

## 01 식품 변질의 개요

### 1. 식품의 변질
식품을 적절히 보존하지 않아 다양한 환경 요인으로 성분이 변하고, 영양소가 파괴되며 식품 고유의 특성을 잃는 것

### 2. 식품 변질의 요인

| 생물학적 요인 | 미생물에 의한 발효 및 부패 |
|---|---|
| 화학적 요인 | 산화, 수소이온 농도 |
| 물리적 요인 | 온도, 수분, 빛 |

## 02 변질의 종류 ★

| 부패 | • 단백질 식품이 혐기성 미생물에 의해 분해되어 저분자의 물질로 변화하는 현상<br>• 악취와 인체에 유해한 물질 생성 |
|---|---|
| 변패 | • 단백질 이외의 식품(탄수화물 등)이 미생물의 분해 작용에 의해 변질되는 것<br>• 맛과 냄새가 변함 |
| 산패 | • 지방의 산화 등에 의해 악취나 변색이 일어나는 현상<br>• 불쾌한 냄새 발생, 점성 증가, 색 등의 변화로 품질이 낮아짐 |
| 발효 | • 식품에 미생물이 번식하여 식품의 성질에 변화를 일으키는 현상으로, 그 변화가 인체에 유익하여 식용 가능한 경우를 말함<br>• 발효를 이용한 식품에는 빵, 술, 된장, 식초, 젓갈 등이 있음 |

**부패에 영향을 주는 요소**
온도, 수분, 습도, 산소, 열

**유지의 산패 요인**
햇빛(광선), 수분(물), 금속(구리, 철), 산소(공기), 온도, 이중 결합

**단백질 식품의 부패 과정**
단백질(Protein) – 펩톤(Peptone) – 폴리펩타이드(Polypeptide) – 아미노산(Amino Acid) – 황화수소($H_2S$)가스, 암모니아($NH_3$)가스, 아민(Amine), 메탄(Methane), 인돌 생성

### | 바로 확인문제 |
주로 단백질이 세균에 의해 분해되어 악취와 인체에 유해한 물질을 생성하는 현상은?
① 발효　　　　　　　　② 부패
③ 변패　　　　　　　　④ 산패

|해설| 부패는 단백질 식품이 혐기성 미생물에 의해 분해되어 저분자의 물질로 변화하는 현상으로, 악취와 인체에 유해한 물질을 생성한다.　　|정답| ②

## 03 부패

### 1. 부패 판정 방법

| 관능 검사 | 여러 가지 품질을 인간의 시각, 촉각, 후각, 미각으로 평가하는 가장 간단한 판정 방법 |
|---|---|
| 세균학적<br>검사 판정 | • 생균 수 검사, 식품 중에 혼입된 세균 수를 측정하는 방법<br>• 식품 1g당 세균 수가 $10^5$ 이하이면 안전, $10^5 \sim 10^8$이면 초기 부패로 판정 |
| 화학적<br>검사 판정 | • 휘발성 염기질소(VBN): 어육과 식육의 신선도 판정<br>• K값(ATP, ADP, AMP, IMP): 어패류와 식육의 신선도 판정 |

## 2. 부패 방지법

### ① 물리적 방법

| 건조법 | 일반적으로 세균은 수분 15% 이하에서는 번식하지 못함 |
|---|---|
| 냉장·냉동법 | • 미생물 발육 조건의 하나인 온도를 낮춤으로써 발육을 억제시키는 방법<br>• 5℃ 이하에서 대부분의 세균 번식이 현저히 느려짐<br>• 움 저장(0~4℃, 감자 등), 냉장(0~10℃), 냉동(-40~-20℃)에서 저장 |
| 자외선 살균법<br>(무가열 살균법) | • 일광 또는 자외선(2,500~2,800Å)을 이용하여 살균<br>• 집단 급식 시설이나 식품 공장의 실내 공기 소독, 조리대의 소독 등 작업 공간의 살균에 적합함 |
| 방사선 살균법 | 식품에 코발트60($^{60}Co$) 등의 방사선을 조사하여 살균 |
| 고압 증기 멸균법 | • 고압 증기 멸균 솥(오토클레이브)을 이용해 121℃에서 15~20분간 살균<br>• 멸균 효과가 좋아 미생물뿐 아니라 아포까지 죽일 수 있음<br>• 통조림 살균에 이용함 |

**자외선·방사선 살균법**
자외선·방사선 살균은 식품에 영향을 주지 않으면서 살균할 수 있으나, 식품 내부까지는 살균이 되지 않는다.

**방사선 조사 마크**

| 바로 확인문제 |

작업장의 살균 방법으로 옳은 것은?
① 자외선 살균
② 적외선 살균
③ 가시광선 살균
④ 자연 살균

|해설| 작업장 살균 시 자외선 조사에 의한 살균 방법이 가장 좋다. |정답| ①

### ② 화학적 방법: 합성 보존료, 살균제, 항산화제 등을 식품에 첨가

| 염장법 | • 소금(농도 10%)에 절여 삼투압을 이용하여 탈수·건조시켜 저장<br>• 주로 해산물, 젓갈 저장 시 사용함 |
|---|---|
| 당장법 | 50% 이상의 설탕물에 담가 삼투압을 이용하여 부패 세균의 생육을 억제 |
| 초절임법 | 식초산(3~4%)이나 구연산, 젖산을 이용하여 저장 |
| 가스 저장법<br>(CA 저장법) | • 탄산가스나 질소가스 속에 넣어 보관<br>• 호흡 작용을 억제함으로써 호기성 부패 세균의 번식을 저지함<br>• 채소, 과일 저장 시 사용함 |

| 바로 확인문제 |

음식물 보관법으로 적절하지 않은 것은?
① 미생물이 번식하지 않게 말려서 보관한다.
② 끓인 후 상온에서 보관한다.
③ 살균하여 진공 포장한다.
④ 냉동 보관한다.

|해설| 끓인 음식이라도 상온에 두면 미생물이 증식할 수 있어 안전하지 않다. |정답| ②

# 04 소독, 살균 및 방부

## 🍳 01 소독

### 1. 소독의 정의
① 물리·화학적인 방법으로 병원균만을 사멸시키고 감염을 저지함
② 단, 소독으로 포자(세포)는 죽이지 못함

| 바로 확인문제 |

소독의 정의로 맞는 것은?
① 모든 생물을 사멸시키는 것
② 병원성 미생물을 사멸시키는 것
③ 물리·화학적 방법으로 병원균만 사멸시키는 것
④ 오염 물질을 없애는 것

|해설| 소독으로 포자(세포)는 죽이지 못하며, 물리·화학적 방법으로 병원균만을 사멸시키고 감염을 저지한다.    |정답| ③

### 2. 소독제의 구비 조건
① 미량으로 살균력이 있어야 함
② 냄새가 나지 않아야 함
③ 경제성·안전성이 있어야 함
④ 침투력이 크며 사용법이 간단해야 함

## 🍳 02 살균

### 1. 살균
① 정의: 미생물에 물리·화학적 자극을 주어 이를 단시간 내에 사멸시켜 멸균(완전한 무균 상태)하는 것
② 종류: 자외선 살균법, 방사선 살균법, 고압 증기 멸균법, 세균 여과법, 열탕 소독법 등

### 2. 가열 살균법

| 저온 장시간 살균법 (LTLT) | 60~65℃에서 30분간 가열(우유의 살균에 주로 이용) |
|---|---|
| 고온 단시간 살균법 (HTST) | 70~75℃에서 15초간 가열 |
| 고온 장시간 살균법 (HTLT) | 90~120℃에서 30분~1시간 가열 |
| 초고온 순간 살균법 (UHT) | 130~140℃에서 2초간 가열(우유, 과즙) |

**가열 살균법**
영양소의 파괴가 우려되나 보존성이 좋다.

## 03 소독 및 살균의 화학적 방법

| 구분 | 사용 농도 | 사용처 및 특성 |
|---|---|---|
| 염소($Cl_2$) | 잔류 염료는 0.1~0.2ppm | 음료수, 수영장, 상하수도 소독 |
| 포름알데히드 | 30~40% 수용액 | 오물, 과학실 소독 |
| 석탄산(페놀) | 3~5% 수용액 | • 손, 의류, 오물, 기구 등의 소독<br>• 순수하고 안정적이어서 살균력 표시의 기준으로 사용함 |
| 역성 비누<br>(양성 비누) | • 용기 및 기구 소독: 1%<br>• 손 소독: 5~10% | • 자극성이 없어 식기, 행주 등의 소독에 이용함(조리사의 손 소독)<br>• 보통 비누와 함께 사용 시 살균력이 감소함 |
| 과산화수소 | 3% 수용액 | 상처 소독, 구내 세정 |
| 에틸알코올 | 70% 수용액 | 금속, 유리기구, 손 소독 |
| 크레졸 | 1~3% 수용액 | 오물, 손 소독 |
| 승홍 | 0.1% 수용액 | • 수은화합물(염화수은)로 살균력이 강함<br>• 손, 피부 소독 |

### 역성 비누
- 살균력이 강하고 자극성, 부식성, 독성이 없으므로 손, 식기, 과일, 야채 등에 사용하고, 보통 200~400배 희석액에 5~10분간 처리하면 효과가 좋다.
- 사용 시 주의점: 유기물이 남아 있으면 세제 세척 후 사용해야 효과가 유지되며, 음이온성 비누 등과 함께 사용하면 효과가 떨어진다.

| 바로 확인문제 |

소독약의 살균력을 비교하기 위해 통상 무엇을 표준으로 하는가?
① 크레졸    ② 승홍
③ 석탄산    ④ 에틸알코올

|해설| 석탄산은 순수하고 안정적이어서 살균력 표시의 기준이 된다.    |정답| ③

### 소독력의 크기
멸균 > 살균 > 소독 > 방부

## 04 방부
미생물의 증식을 정지시켜 한시적으로 부패나 발효를 방지하는 것

## 05 멸균
비병원균, 병원균 등의 미생물을 아포까지 사멸시켜 무균 상태로 만드는 것

# 05 감염병과 기생충

## 01 감염병

### 1. 감염병 발생의 3대 요소
① 감염원(병원소): 병원체가 생존·증식을 지속하여 인간에게 전파될 수 있는 상태로 저장되는 곳을 지칭하며, 환자, 보균자, 병원체 보유 동물, 토양이 있음
② 감염 경로(전파 방식): 병원소로부터 병원체의 탈출, 전파, 새로운 숙주로의 침입
③ 숙주의 감수성(개인 면역에 대한 저항성): 감수성이 높으면 면역성이 낮아 질병이 발병되기 쉬움

### 2. 감염병의 생성 과정
병원소로부터 병원체 탈출 → 병원체의 전파 → 새로운 숙주로의 침입 → 감수성 숙주의 감염

### 3. 감염병의 분류
① 감염 경로에 따른 분류

| 호흡기계 | • 비말 감염, 공기매개 감염이라고도 함<br>• 디프테리아, 폐렴, 백일해, 성홍열, 결핵 등 |
|---|---|
| 소화기계 | 콜레라, 세균성 이질, 파라티푸스, 장티푸스 등 |

② 병원체에 따른 감염병의 분류

| 세균성 감염병 | 콜레라, 장티푸스, 파라티푸스, 세균성 이질, 장출혈성 대장균감염증, 비브리오 패혈증, 성홍열, 디프테리아, 탄저, 결핵, 브루셀라증 등 |
|---|---|
| 바이러스성 감염병 | 소아마비(급성 회백수염, 폴리오), 감염성 설사증, A형 간염(유행성 간염), 천열, 인플루엔자, 홍역, 유행성 이하선염, 일본뇌염, 광견병 등 |
| 리케치아성 감염병 | 발진티푸스, 발진열, 쯔쯔가무시증, Q열 등 |
| 원생 동물성 감염병 | 아메바성 이질 등 |

**보균자**
몸 안에 병원균을 가지고 있지만 평상시에는 아무런 증세가 나타나지 않다가 때때로 병원체를 배출하는 사람을 말한다.

**병원체(Pathogen)**
질병 발생의 원인이 되는 미생물 또는 물질로, 생물병이 일어나는 원인이 되는 것을 병원 또는 병원체라고 한다.

**감수성**
숙주에 침입한 병원체에 대항하여 감염이나 발병을 막을 수 없는 상태를 의미한다. 즉, 면역의 반대 의미로, 감수성이 높을수록 감염이 잘 된다.

| 바로 확인문제 |

병원체가 바이러스인 질병은?
① 소아마비　　　　　　② 결핵
③ 디프테리아　　　　　④ 성홍열

|해설| 바이러스성 감염병에는 소아마비, 감염성 설사증, 유행성 간염, 일본뇌염, 홍역 등이 있다.　　|정답| ①

### 4. 감염병 관련 용어

| 감염병 환자 | 감염병의 병원체가 인체에 침입하여 증상이 나타나는 사람으로, 감염병 병원체 확인 기관의 실험실 검사를 통해 확인된 사람 |
|---|---|
| 감염병 의사 환자 | 감염병 병원체가 인체에 침입한 것으로 의심이 되지만, 감염병 환자로 확인되기 전 단계에 있는 사람 |

| | | |
|---|---|---|
| 감시 | 감염병 발생과 관련된 자료, 감염병 병원체·매개체에 대한 자료를 체계적이고 지속적으로 수집, 분석 및 해석하고 그 결과를 제때에 필요한 사람에게 배포하여 감염병 예방 및 관리에 사용하도록 하는 일체의 과정 | |

**감염병 발생 신고**

보건소장 → 시·도지사 → 보건복지부장관

## 02 법정 감염병

법정 감염병에는 제1급, 제2급, 제3급, 제4급 감염병과 기생충 감염병, 세계보건기구 감시 대상 감염병, 생물테러 감염병, 성매개 감염병, 인수 공통 감염병, 의료 관련 감염병, 관리 대상 해외신종 감염병이 해당함

| 구분 | 특징 | 종류 |
|---|---|---|
| 제1급 감염병 (16종) | • 생물테러 감염병 또는 치명률이 높거나 집단 발생의 우려가 커서 발생 또는 유행 즉시 신고해야 함<br>• 음압 격리와 같은 높은 수준의 격리가 필요한 감염병 | 에볼라바이러스병, 마버그열, 라싸열, 크리미안출혈열, 남아메리카출혈열, 리프트밸리열, 두창, 페스트, 탄저, 보툴리눔독소증, 야토병, 신종감염증후군, 중증 급성호흡기증후군(SARS), 중동호흡기증후군(MERS), 동물인플루엔자인체감염증, 신종인플루엔자, 디프테리아 등 |
| 제2급 감염병 (24종) | 전파 가능성을 고려하여 발생 또는 유행 시 24시간 이내에 신고해야 하고, 격리가 필요한 감염병 | 결핵, 수두, 홍역, 콜레라, 장티푸스, 파라티푸스, 세균성 이질, 장출혈성 대장균감염증, A형 간염, 백일해, 유행성 이하선염, 풍진, 폴리오, 코로나바이러스 감염증-19, 원숭이두창 등 |
| 제3급 감염병 (26종) | 발생을 계속 감시할 필요가 있어 발생 또는 유행 시 24시간 이내에 신고해야 하는 감염병 | 파상풍, B형 간염, 일본뇌염, C형 간염, 말라리아, 레지오넬라증, 비브리오 패혈증, 발진티푸스, 발진열, 쯔쯔가무시증, 렙토스피라증, 브루셀라증, 공수병, 신증후군출혈열, 후천성 면역결핍증(AIDS) 등 |
| 제4급 감염병 (23종) | 제1급 감염병부터 제3급 감염병까지의 감염병 외에 유행 여부를 조사하기 위해 표본 감시 활동이 필요한 감염병 | 인플루엔자, 매독(1기, 2기, 선천성), 회충증, 편충증, 요충증, 간흡충증, 폐흡충증, 장흡충증, 수족구병, 임질, 클라미디아감염증 등 |

※ 제1급~제3급 감염병의 경우, 갑작스러운 국내 유입 또는 유행이 예견되어 긴급한 예방·관리가 필요하여 보건복지부장관이 지정하는 감염병을 포함함

## 03 경구 감염병(소화기계 감염병)

### 1. 경구 감염병의 정의

① 병원체가 입으로 침입하여 감염을 일으키는 소화기 계통 감염병을 말함
② 적은 양으로 감염이 잘 되며 2차 감염이 되는 경우가 많음

### 2. 경구 감염병 예방 대책

① 감염원이나 오염을 소독
② 보균자의 식품 취급 금지
③ 주위 환경을 청결히 함
④ 곤충이나 해충 구제로 감염 경로를 차단
⑤ 백신이 개발된 감염병은 예방 접종을 실시(2~3회 실시하기도 함)
⑥ 의식 전환운동, 계몽활동, 위생교육 등을 정기적으로 실시
⑦ 건강 유지와 저항력의 향상에 노력

**질병을 매개하는 동물과 해충**

| | |
|---|---|
| 파리, 바퀴벌레 | 장티푸스, 파라티푸스, 세균성 이질, 콜레라(경구 감염병 전부) |
| 이 | 발진티푸스, 재귀열 |
| 벼룩 | 페스트, 재귀열 |
| 모기 | 일본뇌염, 말라리아, 사상충증, 황열 |
| 쥐 | 살모넬라증, 페스트, 쯔쯔가무시증 |
| 진드기 | 유행성 출혈열, 쯔쯔가무시증, 재귀열 |

| 바로 확인문제 |

경구 감염병의 예방법으로 가장 부적절한 것은?

① 식품을 냉장고에 보관한다.
② 감염원이나 오염 물질을 소독한다.
③ 보균자의 식품 취급을 금한다.
④ 주위 환경을 청결히 한다.

| 해설 | 경구 감염병은 음식물이나 손을 통해 입으로 감염되는 감염병이다.   | 정답 | ①

### 3. 경구 감염병의 종류

① 세균성 경구 감염병

| | |
|---|---|
| 장티푸스 | • 파리가 매개체이며 우리나라에서 가장 많이 발생하는 급성 감염병<br>• 잠복기는 7~14일로, 40℃ 이상의 고열이 2주간 계속됨<br>• 예방: 철저한 개인위생 및 환경위생 관리, 소독 및 건강 보균자 관리가 중요<br>• 위달 반응으로 진단(혈청학적 진단) |
| 세균성 이질 | 비위생적 시설에서 많이 발생하며 기후와 밀접한 관계가 있음 |
| 파라티푸스 | 감염 매개체와 증상이 장티푸스와 비슷함 |
| 콜레라 | • 병원체는 비브리오 콜레라균<br>• 감염병 중 잠복기가 가장 짧음(수 시간~5일 정도) |
| 디프테리아 | • 비말 감염<br>• 인후, 코 등의 상피 조직에 염증 유발 |

| 바로 확인문제 |

식품이나 음료수를 통해 감염되는 소화기계 감염병에 해당하지 않는 것은?

① 장티푸스  ② 발진티푸스
③ 세균성 이질  ④ 콜레라

| 해설 | 발진티푸스는 위생 해충 매개 감염병이다.   | 정답 | ②

② 바이러스성 경구 감염병

| | |
|---|---|
| 소아마비<br>(급성 회백수염<br>또는 폴리오) | • 급성 회백수염 바이러스에 의해 감염<br>• 잠복기는 7~14일 정도<br>• 소아의 척수신경계를 손상하여 영구적인 마비를 일으킴<br>• 예방 접종이 가장 적절한 예방법임 |
| A형 간염 | • 오염된 음식물에 의해 감염, 환자의 대변을 통한 경구 감염, 주사기를 통한 경구 감염, 혈액 제제를 통해 감염<br>• 잠복기는 15~45일로, 증상 발현 2주 전부터 황달 발생 후 2주까지 바이러스 배출이 가장 왕성함 |
| 감염성 설사증 | 급성, 무열성, 비세균성, 감염성 위장염 |
| 천열 | • 대부분 음식과 물을 통해 감염되지만 직접 감염도 있음<br>• 잠복기는 2~10일로, 식품에 의한 감염인 경우 평균 7일, 물에 의한 감염인 경우 평균 9일임 |

**수인성 감염병**

병원성 미생물이 오염된 물에 의해서 전달되는 질병으로, 사람이 병원성 미생물에 오염된 물을 섭취하여 발병하는 감염병이다.
예) 장티푸스, 파라티푸스, 콜레라, 세균성 이질, 유행성 간염, 급성 회백수염 등

**건강 보균자**

병원체를 몸에 지니고 있으나 겉으로는 증상이 나타나지 않는 건강한 사람을 말한다.

**비말 감염**

사람과 사람이 접근하여 생기는 접촉 감염의 한 형태로, 말을 하거나 기침 또는 재채기를 할 때 입에서 튀어나오는 작은 침방울인 비말을 통해 전염된다. 호흡기계 전염병의 가장 보편적인 감염 방식이다.

## 04 인·축 공통 감염병(인수 공통 감염병, 인수 공통 전염병)

### 1. 인·축 공통 감염병의 정의
감염병 가운데 사람과 사람 이외의 척추 동물 사이에서 동일한 병원체에 의해 발생하는 질병이나 감염 상태

### 2. 인·축 공통 감염병의 예방법
① 이환 동물의 발견과 격리
② 축사의 소독, 가축 예방 접종
③ 병육의 유통 및 식육 금지

### 3. 인·축 공통 감염병의 종류

| | |
|---|---|
| 탄저 | • 잠복기는 1~4일 정도<br>• 소, 말, 산양 등의 가축에게 급성 패혈증, 수막염을 일으킴<br>• 조리하지 않은 수육을 섭취하였을 경우 감염 |
| 브루셀라증<br>(파상열) | • 소나 돼지 등의 동물에게 유산을 일으키며, 사람에게는 열성 질환을 일으킴<br>• 병에 걸린 동물의 유즙, 유제품이나 식육을 거쳐 경구 감염됨 |
| 결핵 | • 병에 걸린 소의 유즙이나 유제품을 거쳐 사람에게 경구 감염됨<br>• 잠복기는 불명확함<br>• BCG 예방 접종, 투베르쿨린 반응 검사를 통한 조기 발견이 가능 |
| Q열 | • 병원체는 코콕시엘라 버네티(소, 양, 설치류)<br>• 증상이 비교적 뚜렷하지 않으나 발열과 함께 호흡기 증상이 나타남<br>• 흡혈 곤충 박멸, 우유 살균, 소의 감염 진단 등의 예방법이 있음 |
| 돈단독 | 주로 돼지에 의한 세균성 감염병으로 급성 패혈증과 만성 병변이 특징 |
| 야토병 | 산토끼나 설치류 사이에서 유행 |
| 리스테리아증 | • 병원체는 리스테리아균으로, 감염 동물과 접촉하거나 오염된 식육, 유제품 등을 섭취하여 감염(소, 닭, 양, 염소 등)<br>• 소아나 성인에게 뇌수막염을, 임산부에게 자궁 내 패혈증을 일으키기도 함 |
| 구제역 | 소, 돼지, 양, 사슴 등 발굽이 둘로 갈라진 우제류에 의해 감염되며 전염성이 빠름 |

**탄저균**
급성 전염병을 일으키는 병원체로 포자는 내열성이 강하며 생물학전이나 생물테러에 사용될 수 있는 위험성이 높은 병원체이다.

**BCG**
BCG는 결핵 예방 접종으로 아기가 태어나서 제일 먼저 받는 예방 접종이다.

| 바로 확인문제 |

동물에게 유산을 일으키며 사람에게는 열병을 나타내는 인수 공통 전염병은?
① 탄저병  ② 리스테리아증
③ 돈단독  ④ 브루셀라증

|해설| 브루셀라증은 파상열이라고도 하며, 소, 돼지, 양, 염소 등에게 유산을 일으키고, 사람에게는 열성 질환을 일으킨다.

|정답| ④

## 05 노로바이러스

### 1. 노로바이러스의 증상
① 바이러스성 장염으로 잠복기는 24시간이며, 12~60시간 동안 구토, 메스꺼움, 복통 및 설사를 동반함(주로 소아는 구토, 어른은 설사 증상을 보임)
② 대부분의 사람은 1~2일 내에 호전되며 심각한 건강상 위해는 없으나 때때로 어린이, 노인과 면역력이 약한 사람에 있어서는 탈수 증상을 보이기도 하고, 특별한 의학적 주의를 요하는 경우도 있음

## 2. 균의 특징

60℃에서 30분 동안 가열해도 감염성이 유지되고 일반 수돗물의 염소 농도에서도 불활성화되지 않을 정도로 저항성이 강함

## 3. 노로바이러스의 예방법

① 분변과 구토물은 감염력이 있으며, 특히 설사 증세를 보이는 유아의 기저귀는 특별히 주의하여 취급해야 함
② 노로바이러스에 감염된 사람은 증상을 느끼는 날부터 회복 후 최소 3일까지는 감염성을 가지고 있으며, 일부는 회복 후 2주간 감염력이 있는 경우도 있으므로 완벽한 손 세척이 가장 중요함

# 06 기생충

## 1. 기생충의 종류

① 채소류를 통해 감염되는 기생충: 회충, 요충, 십이지장충(구충), 편충, 동양모양선충 등
② 어패류를 통해 감염되는 기생충

| 구분 | 간디스토마<br>(간흡충) | 폐디스토마<br>(폐흡충) | 광절열두조충 | 유극악구충 |
|---|---|---|---|---|
| 제1 중간 숙주 | 왜우렁이 | 다슬기 | 물벼룩 | 물벼룩 |
| 제2 중간 숙주 | 담수어 | 민물 게, 가재 | 연어, 숭어 | 가물치, 뱀장어 |

③ 육류를 통해 감염되는 기생충

| 구분 | 중간 숙주 |
|---|---|
| 유구조충<br>(갈고리 촌충, 돼지고기 촌충) | 돼지고기 |
| 무구조충(민촌충, 소고기 촌충) | 소고기 |
| 선모충 | • 돼지고기<br>• 썩은 고기를 먹은 동물에 의해 감염 |

## 2. 기생충 예방법

① 채소류는 흐르는 물에 3~5회 이상 헹군 후 섭취
② 육류 및 어패류는 가열 후 섭취
③ 조리 기구를 살균·소독하여 사용
④ 개인위생 관리를 철저히 할 것

| 바로 확인문제 |

주로 돼지고기를 익혀 먹지 않아 감염되며, 머리가 구형으로 22~32개의 갈고리를 가지고 있어서 갈고리 촌충이라고도 불리는 기생충은?

① 무구조충　　　　　　　　　② 유구조충
③ 간디스토마　　　　　　　　④ 십이지장충

|해설| ① 무구조충은 소고기, ③ 간디스토마는 어패류, ④ 십이지장충은 채소류에 의해 감염되는 기생충이다.　　|정답| ②

# 06 식중독

### 세균성 식중독균의 영문 표기법
- 살모넬라균: Salmonella Enteritidis
- 장염 비브리오균: Vibrio Parahaemolyticus
- 병원성 대장균: Pathogenic Escherichia Coli
- (황색)포도상구균: Staphylococcus Aureus
- 보툴리누스균: Clostridium Botulinum

### 병원성 대장균 O-157(장출혈성 대장균)
- 미국에서 햄버거에 의한 집단 식중독 사건이 발생하였는데, 환자의 분변으로부터 원인 균을 발견하였다.
- 저온에 강하고, 열에 약하며, 산에 강하고, 베로톡신이라는 독소를 생성한다.

### 캠필로박터균
- 냉장 온도에서도 증식이 가능하다.
- 소, 닭, 야생조류, 개, 고양이 등 동물의 장내 및 강물 등에 분포하는 식중독균이다.
- 가금류를 도살·해체할 때 식육에 오염될 수 있다.
- 일반적인 가열·소독으로 사멸하며, 태아나 임신부에게 치명적이다.

## 01 세균성 식중독

### 1. 세균성 식중독의 정의
세균성 식중독은 식품 중에 오염된 세균이나 그 독소를 섭취하여 발생함

### 2. 세균성 식중독의 종류
① 감염형 식중독: 식품과 함께 식품 중에 증식한 세균을 먹고 발병하는 식중독

| 구분 | 살모넬라균 | 장염 비브리오균 | 병원성 대장균 |
|---|---|---|---|
| 원인 식품 | 육류, 우유, 난류, 어육 제품 | 어패류 및 가공품 | 육류 및 가공품(햄, 소시지 등), 치즈, 두부 |
| 감염 경로 | 쥐, 파리, 바퀴벌레 등 | • 어패류의 생식<br>• 호염성 비브리오균 | • 환자와 보균자의 분변이나 분변에 오염된 식품을 통해 감염<br>• 분변 오염의 지표 |
| 특징 | • 그람 음성 간균<br>• 생육 최적 온도는 37℃<br>• 60℃에서 20분 가열하면 사멸 | • 3~4% 염분 농도에서 증식<br>• 생육 최적 온도는 30~37℃이며, 10℃ 이하에서는 생육하지 않음 | • 생육 최적 온도는 37℃<br>• 유당(젖당)을 분해하여 산과 가스 생산<br>• 그람 음성 무아포, 운동성, 호기성 또는 통성 혐기성 |
| 잠복기 | 12~24시간 | 평균 12시간 | 12~72시간(치사율 거의 없음) |
| 증상 | 발열, 구토, 복통, 설사 등 | 점액 혈변, 복통, 구토, 설사 등 | 설사, 식욕 부진, 구토, 복통, 두통 등 |

② 독소형 식중독: 원인 균의 증식 과정에서 생성된 독소를 먹고 발병하는 식중독

| 구분 | (황색)포도상구균 | 보툴리누스균 |
|---|---|---|
| 원인 균 | 화농성 질환의 대표적인 균 | 보툴리누스균(신경친화성 독소) |
| 원인 독소 | • 장독소: 엔테로톡신<br>• 내열성이 있어 열에 쉽게 파괴되지 않음 | • 아포는 열에 강하나 독소인 뉴로톡신은 열에 약함(이열성)<br>• 80℃에서 30분간 가열하면 파괴됨 |
| 특징 | 잠복기가 가장 짧음(평균 3시간) | 식중독 중 치사율이 가장 높음 |
| 원인 식품 | • 우유 및 유제품<br>• 김밥, 도시락, 떡, 빵 | • 완전 가열 살균되지 않은 병조림<br>• 통조림, 햄, 소시지, 훈제품 등 |
| 잠복기 | 평균 3시간 정도(짧게는 30분, 길게는 5시간) | 보통 18~36시간(2~4시간 이내에 신경증이 나타나기도 하고 72시간 후에 발병) |
| 증상 | 구토, 복통, 설사 등 | 신경 마비, 시력 장애, 동공 확대 등 |

 합격 팁

포도상구균, 보툴리누스균의 독소와 특징은 시험에 자주 출제되므로 반드시 기억해 두도록 해요.

| 바로 확인문제 |

독소형 식중독에 해당하는 것은?
① 보툴리누스균　　　　　　　　② 살모넬라균
③ 병원성 대장균　　　　　　　　④ 장염 비브리오

|해설| • 독소형 식중독: 보툴리누스균, 포도상구균
　　　• 감염형 식중독: 살모넬라균, 장염 비브리오균, 병원성 대장균
|정답| ①

## 3. 경구 감염병과 세균성 식중독의 비교

| 구분 | 경구 감염병 | 세균성 식중독 |
|---|---|---|
| 세균수 | 소량일 때에도 발생 | 다량일 때 발생 |
| 2차 감염 | 많고 파상적 전파 | 살모넬라균 외에는 거의 없음 |
| 잠복기 | 일반적으로 긺 | 경구 감염병에 비해 짧음 |
| 예방 조치 | 불가항력적임 | 식품 중 균의 증식만 막으면 가능 |
| 면역 | 면역이 생김 | 일반적으로 면역이 생기지 않음 |
| 음용수 | 오염된 음용수에 의해 감염 | 거의 없음 |

| 바로 확인문제 |

경구 감염병과 비교할 때 세균성 식중독의 특징으로 옳은 것은?
① 2차 감염이 잘 일어난다.　　　　② 잠복기가 길다.
③ 발병 후 면역이 잘 생긴다.　　　④ 균에 의해 발병된다.

|해설| 세균성 식중독은 2차 감염이 거의 없으며, 잠복기가 짧고 면역이 생기지 않는다.　　|정답| ④

## 02 자연독에 의한 식중독

| 구분 | 종류 | 독소 | 참고 |
|---|---|---|---|
| 식물성 식중독 | 감자 | 솔라닌(Solanine) | 감자 발아 부위, 녹색 부위 |
| | | 셉신(Sepsine) | 썩은 감자 |
| | 독미나리 | 시큐톡신(Cicutoxin) | – |
| | 고사리 | 프타퀼로사이드(Ptaquiloside) | – |
| | 미치광이풀 | 히오시아민(Hyoscyamine) | – |
| | 독버섯 | 무스카린(Muscarine), 무스카리딘(Muscaridine), 뉴린(Neurine), 콜린(Choline), 팔린(Phalline), 아마니타톡신(Amanitatoxin) | 광대버섯(아마니타톡신) |
| | 면실유(목화) | 고시폴(Gossypol) | 덜 정제된 목화씨 기름 |
| | 청매, 은행, 살구씨 | 아미그달린(Amygdalin) | 덜 익은 매실 |
| 동물성 식중독 | 복어 | 테트로도톡신(Tetrodotoxin) | 난소, 알 |
| | 섭조개, 대합조개 | 삭시톡신(Saxitoxin) | – |
| | 모시조개, 굴, 바지락 | 베네루핀(Venerupin) | – |

### 식중독 발생 시의 대책

- 식중독이 의심되면 즉시 진단을 받는다.
- 의사는 환자의 식중독이 확인되면 즉시 행정 기관(관할 보건소장)에 보고한다.
- 행정 기관은 상부 행정 기관에 보고하며, 원인 식품을 수거하여 검사 기관에 보낸다.
- 원인 식품과 감염 경로를 파악하여 국민에게 주지시킨다.
- 예방 대책을 수립한다.

### 식중독 예방법

- 손 씻기 등의 개인위생 지키기 (기본)
- 가열 섭취하고 음식물 보관 시 냉장, 냉동 보관하기
- 조리 후 빨리 섭취하기

| 바로 확인문제 |

독버섯의 독소가 아닌 것은?
① 에르고톡신　　　　　　　　　② 무스카린
③ 팔린　　　　　　　　　　　　④ 무스카리딘

| 해설 | 독버섯의 독소 물질에는 무스카린, 무스카리딘, 뉴린, 콜린, 팔린, 아마니타톡신 등이 있다. 에르고톡신은 맥각균에 의해 발생하는 곰팡이독이다.　　| 정답 | ①

## 03 곰팡이독(진균독, 사상균, Mycotoxin)

### 1. 곰팡이독의 정의
곰팡이의 대사 산물로 사람이나 동물에 어떤 질병이나 이상 생리 작용을 유발하는 물질

### 2. 곰팡이독의 종류

| | |
|---|---|
| 아플라톡신 | 쌀, 보리, 땅콩 등에 곰팡이가 침입하여 독소 생성, 간장독 유발 |
| 맥각 중독 | 맥각균이 보리, 밀, 호밀에 기생하여 에르고톡신, 에르고타민 등의 독소 생성 |
| 황변미 중독 | • 쌀이 곰팡이에 의해 누렇게 변하는 현상 유발<br>• 페니실리움속 곰팡이가 원인<br>• 수분이 14~15% 이상 함유된 쌀에 발생<br>• 신경독, 간암 유발 |

**맥각(Ergot)**
보리에 있는 곰팡이균 핵을 말한다.

## 04 화학적 식중독

### 1. 유해 중금속

| | |
|---|---|
| 카드뮴(Cd) | • 이타이이타이병의 원인 물질<br>• 신장 장애, 골연화증<br>• 카드뮴 공장 폐수에 오염된 음료수, 오염된 농작물을 식용하여 발병<br>• 법랑 용기, 도자기 안료 성분 용출 |
| 수은(Hg) | • 미나마타병의 원인 물질<br>• 유기 수은에 오염된 어패류 섭취 시 발생 |
| 주석(Sn) | • 통조림관 내면의 도금 재료로 이용<br>• 산성 식품(주스)에서 용출 |
| 납(Pb) | • 도료, 안료, 농약, 수도관의 납관 등에서 오염<br>• 구토, 복통, 빈혈, 피로, 소화기 장애<br>• 도자기나 법랑의 유약 성분, 통조림 납땜 |
| 구리(Cu) | 기구, 식기 등에 생긴 녹청에 의한 식중독, 놋그릇 |
| 아연(Zn) | 기구의 합금·도금 재료로 쓰이며, 산성 식품에 의해 아연염으로 바뀜 |
| 비소(As) | • 농약 및 불순물로 식품에 혼입되는 경우가 많음<br>• 밀가루로 오인하는 경우도 있음<br>• 신경계통마비, 전신경련의 증상 |

**이타이이타이병**
카드뮴(Cd)이 칼슘과 인의 대사 작용에 이상을 초래하여 발생하는 질병이다.

| 바로 확인문제 |

미나마타병의 원인이 되는 물질은?
① Cd　　　　② Hg　　　　③ Ag　　　　④ Cu

| 해설 | 미나마타병은 공장 폐수에 함유된 유기 수은(Hg)에 오염된 어패류를 섭취하였을 때 발생한다.　　| 정답 | ②

## 2. 합성 플라스틱

| 페놀수지 | 포르말린(포름알데히드를 녹인 액체)과 페놀을 가열 축합하여 제조한 수지 |
|---|---|
| 멜라닌수지 | 포름알데히드나 중금속 용출 |
| 요소수지 | 산성 식품과 닿으면 포르말린 용출 |

## 3. 유기 화합물

| 메틸 알코올 | 시신경 장애, 실명 |
|---|---|
| 벤조피렌 | 타르, 담배 연기, 배기 가스 등에 들어 있는 발암 물질 |
| 니트로사민 | 발색제인 질산염이 환원 효소에 의해 아질산염이 되고, 아질산염은 위 속의 산성 pH하에서 식품 성분들과 쉽게 반응하여 발암 물질인 니트로사민(Nitrosamine)을 생성(아질산과 아민의 결합 반응) |
| 다이옥신 | 일반 폐기물과 특정 폐기물들의 소각, 폐기물 무단 투기 때 많이 발생하며, 독성이 강하고 잔류성이 강함 |
| 아크릴아마이드 | 탄수화물이 많이 든 감자를 고온에서 가열하거나 튀길 때 생성(발암 물질) |

# 05 알레르기성 식중독(부패성 식중독)

## 1. 알레르기성 식중독의 정의
세균 증식이나 세균 독소의 원인이 아닌 세균 오염에 의한 부패 산물이 원인이 되어 일어나는 식중독으로 그 증상이 알레르기 상태인 때를 말함

## 2. 알레르기성 식중독의 원인
부패 산물인 히스타민(Histamine)에 의해 발생함

## 3. 원인 식품
꽁치, 고등어, 참치 등 붉은색 어류나 그 가공품 등

## 4. 증상
전신에 홍조와 두드러기 현상이 나타남

# 07 식품첨가물

## 01 식품첨가물의 개요

### 1. 식품첨가물의 정의
① FAO/WHO 합동 식품첨가물위원회의 정의: 식품을 제조·가공 또는 보존함에 있어 식품에 첨가, 혼합, 침윤 등의 방법으로 사용되는 물질
② 우리나라 「식품위생법」에서의 정의: 식품을 제조·가공·조리 또는 보존하는 과정에서 감미, 착색, 표백 또는 산화 방지 등을 목적으로 식품에 사용되는 물질(기구·용기·포장을 살균·소독하는 데 사용되어 간접적으로 옮아갈 수 있는 물질 포함)

### 2. 식품첨가물의 사용 목적
① 보전성과 기호성 향상
② 품질 개량 및 가치 증진
③ 영양적 가치 증진
④ 식품의 변질과 변패 방지

### 3. 식품첨가물의 조건
① 사용 방법이 간편해야 함
② 가격이 저렴해야 함
③ 독성이 없거나 적어야 함
④ 이화학적 변화에 안정해야 함
⑤ 미량으로 효과가 있어야 함
⑥ 무미, 무취이고 자극성이 없어야 함

## 02 식품첨가물의 사용 기준

### 1. 1일 섭취 허용량(ADI)
① 일생 동안 섭취하여도 어떠한 건강 장애가 일어나지 않을 것으로 예상되는 물질의 양
② 식품첨가물의 안전성 확보를 위한 허용 한계량을 정할 때 그 기준값을 이용하되 성인의 평균 체중값을 곱함

### 2. 최대 무작용량
일생 동안 계속 투여하여도 독성이 나타나지 않는 무독성이 인정되는 최대 섭취량(동물의 체중 kg당 mg 수로 표시)

### 3. 사용하는 한계 농도
① 식품에 혼합된 첨가물의 최소량을 실험으로 결정한 후 하루 식품첨가물 섭취량을 계산함
② 그 값에 식품 기호 계수를 곱한 것이 1일 섭취 허용량에 미달되어야 첨가물의 식품에 한하여 사용하는 농도가 결정됨

---

**$LD_{50}$(반수 치사량)**
식품첨가물의 안전성을 평가하는 방법으로, 일정 조건하에서 검체를 한 번 투여하여 반수의 동물이 죽는 양을 말한다. 반수 치사량으로 $LD_{50}$의 값이 작다는 것은 독성이 높다는 것을 의미한다.

## 03 식품첨가물의 분류

### 1. 식품첨가물의 분류(사용 용도에 따른)

#### ① 변질 방지

| | |
|---|---|
| 방부제(보존료) | • 식품의 변질 및 부패를 방지하고 신선도를 유지하기 위해 사용<br>• 종류: 프로피온산칼슘(빵류), 프로피온산나트륨(과자류), 안식향산(간장, 청량음료 등), 소르빈산칼륨(어육 연제품, 식육 제품, 고추장, 팥앙금, 잼 등), 데히드로초산(버터, 마가린, 치즈 등) |
| 살균제 | • 식품 부패의 원인이 되는 원인 균이나 병원균을 사멸하기 위해 사용<br>• 종류: 표백분, 차아염소산나트륨 |
| 항산화제<br>(산화 방지제) | • 유지의 산패나 식품의 산화에 의한 변질 현상을 방지하기 위해 사용<br>• 종류: BHT, BHA, 비타민 E(토코페롤), 프로필갈레이트, EDTA |

**보존료의 구비 조건**
- 무미, 무취, 무색으로 식품과 화학 반응을 하지 않아야 한다.
- 독성이 없거나 적어야 한다.
- 산·알칼리에 안전해야 한다.
- 식품의 변패와 미생물에 대한 저지 효과가 커야 한다.
- 사용하기 쉬워야 한다.

| 바로 확인문제 |

미생물에 의한 부패나 변질을 방지하고 화학적인 변화를 억제하며 보존성을 높이고 영양가 및 신선도를 유지하기 위한 목적으로 첨가하는 것은?

① 감미료   ② 보존료
③ 산미료   ④ 조미료

|해설| 보존료는 방부제를 의미한다.   |정답| ②

#### ② 품질 개량 및 유지

| | |
|---|---|
| 피막제 | • 과일류 및 채소류의 표면에 피막을 형성하여 외관상 보기 좋게 하고, 호흡 작용을 억제하여 신선도를 장기간 유지하기 위해 사용<br>• 종류: 몰포린지방산염, 초산비닐수지 |
| 밀가루 개량제 | • 제분된 밀가루의 표백과 숙성 기간을 단축하기 위한 목적으로 사용<br>• 종류: 브롬산칼륨, 아조디카본아마이드, 과산화벤조일, 이산화염소, 염소, 과황산암모늄 |
| 호료(증점제) | • 식품의 점착성 증가, 유화 안정성, 신선도 유지, 형체 보존에 도움을 주며, 촉감을 좋게 하기 위해 사용<br>• 종류: 카세인, 젤라틴, 메틸셀룰로오스, 알긴산나트륨 |
| 강화제 | • 식품에 영양소를 강화할 목적으로 사용<br>• 종류: 비타민류, 무기염류, 아미노산류 |
| 유화제<br>(계면 활성제) | • 서로 혼합되지 않는 두 종류의 액체를 유화시키기 위해 사용(반죽에 첨가 시 빵의 부피가 커지며 노화가 억제됨)<br>• 종류: 대두 인지질, 글리세린, 레시틴, 모노-디글리세리드 |
| 이형제 | • 제과·제빵에서 제품을 틀에서 쉽게 분리하기 위해 사용<br>• 종류: 유동 파라핀 |

| 바로 확인문제 |

빵을 제조하는 과정에서 반죽 후 분할기로부터 분할할 때나 구울 때 달라붙지 않게 할 목적으로 허용된 첨가물은?

① 글리세린   ② 프로필렌글리콜
③ 초산비닐수지   ④ 유동 파라핀

|해설| 이형제로 사용되는 식품첨가물 중 유일하게 허용된 것은 유동 파라핀이다.   |정답| ④

③ 관능 만족

| 감미료 | • 식품에 단맛을 부여하기 위해 사용<br>• 종류: 사카린나트륨, D-솔비톨, 아스파탐, 스테비오사이드 등 |
|---|---|
| 발색제 | • 발색제 자체는 색이 나지 않지만, 식품에 첨가했을 때 식품 성분과 반응하여 색을 고정, 안정화시킴<br>• 종류: 아질산나트륨, 질산나트륨, 질산칼슘 |
| 조미료 | • 식품 본래의 맛을 강하게 하거나 사람의 기호에 맞춰 다른 맛을 내기 위해 사용(일종의 첨가물)<br>• 종류: L-글루타민산나트륨, 호박산, 구연산 |
| 착색료 | • 인공적으로 착색시켜 천연색을 보완, 미화하여 식품의 매력을 높임으로써 소비자의 기호를 끌기 위해 사용<br>• 종류: 식용녹색 3호, 식용적색 2호, 식용적색 3호, 식용청색 1호, 식용청색 2호, 식용황색 4호, 식용적색 40호 등 |
| 표백제 | • 식품 본래의 색을 없애거나 퇴색, 변색된 식품을 무색 또는 백색으로 만들기 위해 사용<br>• 종류: 과산화수소, 차아황산나트륨, 아황산나트륨 |

**식용색소의 종류**
캐러멜, β-카로틴 등

④ 제조 보조

| 소포제 | • 식품 제조 공정 중 생긴 거품을 제거하거나 생성을 방지하기 위해 사용<br>• 종류: 실리콘수지(규소수지) |
|---|---|
| 팽창제 | • 식품을 부풀게 하여 적당한 형체를 갖추게 하기 위해 사용<br>• 종류: 명반, 소명반, 염화암모늄, 암모늄명반, 탄산수소암모늄, 탄산수소나트륨(중조), 제1인산칼슘 |

## 2. 사용 금지된 유해 첨가물

| 유해 표백제 | 론갈리트(Rongalit), 삼염화질소(NCL₃), 과산화수소(H₂O₂), 아황산염 |
|---|---|
| 유해 감미료 | • 에틸렌글리콜(Ethylene glycol): 자동차 부동액<br>• 페릴라틴(Perillatine): 설탕의 2,000배 감미, 염증 유발<br>• 사이클라메이트(Cyclamate): 설탕의 40~50배 감미, 암 유발<br>• 둘신(Dulcin): 설탕의 250배 감미, 간종양 유발, 중추신경계 자극 등의 독성<br>• 파라니트로 올소 툴루이딘(p-nitro-o-toludine): 설탕의 200배 감미(살인당, 원폭당이라고 불림) |
| 유해 방부제 | 붕산, 불소화합물, 승홍, 포름알데히드 |
| 유해 착색료 | • 아우라민: 염기성 황색 색소, 단무지, 카레에 사용되었으나 강한 독성으로 인해 사용 금지<br>• 로다민 B: 분홍색의 염기성 색소, 어육 제품, 붉은 생강 |

**허용 감미료**
사카린나트륨, 아스파탐, 스테비오시드

### 📢 합격 팁

유해 감미료와 허용 감미료는 혼동하기 쉬우므로 구분해서 알아 두세요.

| 바로 확인문제 |

유해 감미료에 속하는 것은?

① 둘신  ② D-소르비톨
③ 자일리톨  ④ 아스파탐

|해설| 유해 감미료에는 에틸렌글리콜, 페릴라틴, 사이클라메이트, 둘신, 니트로 올소 툴루이딘이 있다.   |정답| ①

# 08 HACCP

## 01 HACCP(해썹)의 개요

### 1. HACCP의 정의

HACCP은 위해 요소 분석(Hazard Analysis)과 중요 관리점(Critical Control Point)의 영문 약자로서, '위해 요소 중점 관리 기준'이라고 함. 즉, HACCP은 위해 방지를 위한 사전 예방적 식품 안전 관리 체계를 말함

① 위해 요소 분석: 식품 안전에 영향을 줄 수 있는 위해 요소와 이를 유발할 수 있는 조건이 존재하는지 여부를 판별하기 위하여 필요한 정보를 수집하고 평가하는 일련의 과정

② 중요 관리점: 위해 요소 관리 기준을 적용하여 식품의 위해 요소를 예방·제거하거나 허용 수준 이하로 감소시켜 당해 식품의 안전성을 확보할 수 있는 중요한 단계 및 과정

**위해 요소**
- 화학적 위해 요소: 잔류 농약, 중금속, 사용 금지된 식품첨가물 등
- 생물적 위해 요소: 식중독균, 바이러스, 기생충, 대장균 등
- 물리적 위해 요소: 금속, 유리, 돌 등

### 2. HACCP의 구성 요소

① HACCP PLAN(HACCP 관리 계획): 전 생산 공정에 대해 직접적이고 치명적인 위해 요소 분석, 집중 관리가 필요한 중요 관리점 결정, 한계 기준 설정, 모니터링 방법 설정, 개선 조치 설정, 검증 방법 설정, 기록 유지 및 문서 관리 등에 관한 관리 계획

② SSOP(표준 위생 관리 기준): 일반적인 위생 관리 운영 기준, 영업자 관리, 종업원 관리, 보관 및 운송 관리, 검사 관리, 회수 관리 등의 운영 절차

③ GMP(우수 제조 기준): 위생적인 식품 생산을 위한 시설, 설비 요건 및 기준, 건물 위치, 시설·설비 구조, 재질 요건 등에 관한 기준

**한계 기준**
중요 관리점에서의 위해 요소 관리가 허용 범위 이내로 충분히 이루어지고 있는지 여부를 판단할 수 있는 기준이나 기준치를 말한다.

| 바로 확인문제 |

HACCP 구성 요소 중 일반적인 위생 관리 운영 기준, 영업자 관리, 종업원 관리, 보관 및 운송 관리, 검사 관리, 회수 관리 등의 운영 절차는?
① HACCP PLAN  ② SSOP
③ GMP  ④ HACCP

|해설| SSOP(표준 위생 관리 기준)란 일반적인 위생 관리 운영 기준, 영업자 관리, 종업원 관리, 보관 및 운송 관리, 검사 관리, 회수 관리 등의 운영 절차를 말한다. |정답| ②

**HACCP 신규 교육 시 교육시간**
영업자(경영자)는 2시간, HACCP 팀장은 16시간, HACCP 팀원 및 종업원 교육시간은 4시간이다.

## 02 HACCP 준비 5단계

| 제1단계<br>(HACCP팀 구성) | HACCP 관리 계획 개발을 주도적으로 담당할 HACCP팀을 구성(최고 경영자 참여 유도, 핵심 요원 포함, 일정 수준 전문성 갖추기) |
|---|---|
| 제2단계<br>(제품 설명서 작성) | 취급하는 각 식품의 종류, 특성, 원료, 성분, 제조 및 유통 방법 등을 포함하는 제품에 대한 전반적인 취급 내용 기술 |
| 제3단계<br>(제품의 사용 용도 파악) | 해당 식품의 의도된 사용 방법 및 대상 소비자 파악 |
| 제4단계<br>(공정 흐름도, 평면도 작성) | 업소에서 직접 관리하는 원료의 입고에서부터 완제품의 출하까지 모든 공정 단계들을 파악하여 작성하고, 각 공정별 주요 가공 조건의 개요를 기재 |
| 제5단계<br>(공정 흐름도, 평면도의 작업 현장과의 일치 여부 확인) | 작성된 공정 흐름도 및 평면도가 현장과 일치하는지를 검증 |

## 03 HACCP 7원칙 설정 ★

| 원칙 1 | 위해 요소 분석과 위해 평가 | 식품 생산과정에서 발생할 수 있는 잠재적 위험 요소 식별과 평가(원료의 공정 과정에서 발생하는 미생물적·화학적·물리적 위해 요소 분석) |
|---|---|---|
| 원칙 2 | CCP(중요 관리점) 결정 | 위험 요소를 통제(제어)할 수 있는 중요 관리점을 설정 |
| 원칙 3 | CCP에 대한 한계 기준 설정 | 각 중요 관리점에서 허용되는 한계치를 설정하고 그 범위를 넘기지 않도록 관리 |
| 원칙 4 | CCP 모니터링 체계 확립 | 각 중요 관리점의 허용기준을 확인하기 위한 모니터링 절차를 수립하는 단계(준수 여부 확인 절차) |
| 원칙 5 | 개선 조치 방법 수립 | 모니터링 결과, 허용 한계치를 초과했을 경우에 취할 시정 조치를 설정(안정성을 위한 중요한 요소) |
| 원칙 6 | 검증 절차 및 방법 수립 | HACCP 시스템이 효과적으로 작동하고 있는지, 적절한지 확인하기 위한 검증 절차를 수립 |
| 원칙 7 | 문서화, 기록 유지 방법 설정 | 모든 절차와 결과를 기록(문서화)하여, 추후 검토 및 감사에 대비하는 단계 |

| 바로 확인문제 |

HACCP 적용의 7원칙에 해당하지 않는 것은?

① 위해 요소 분석
② HACCP팀 구성
③ 한계 기준 설정
④ 기록 유지 방법 설정

|해설| HACCP팀 구성은 HACCP 준비 5단계 중 제1단계에 해당한다.　　　　　|정답| ②

# 09 위생 관리

## 01 개인위생 관리

### 1. 개인위생 일일 점검
일일 건강 상태, 복장 관리, 손 위생 관리, 발(위생화, 안전화) 상태, 작업복 상태 등

### 2. 개인위생 복장(식품취급자의 복장)

**머리**
- 매일 감고, 긴 머리는 묶기

**모자**
- 귀와 머리카락이 보이지 않게 착용
- 망사 모자는 피함

**앞치마**
- 세척·소독 후 건조시켜 착용
- 착용 중 청결 유지
- 전처리용, 조리용, 배식용, 세척용으로 구분하여 사용

**하의**
- 몸에 여유가 있는 복장
- 매일 세척 후 건조시켜 착용
- 외출복과 구분하여 보관·관리

**화장**
- 지나친 화장과 향수 사용 금지
- 인조속눈썹 등의 부착 금지

**장신구**
- 목걸이, 귀걸이 등 장신구 착용을 금지

**마스크**
- 코까지 착용

**상의**
- 흰색이나 옅은 색상의 면 소재
- 목둘레나 소맷단이 늘어지지 않아야 함
- 매일 세척 후 건조시켜 착용
- 외출복과 구분하여 보관·관리

**장갑**
- 반드시 손을 씻고 착용
- 각 작업이 바뀔 때마다 교체

**신발**
- 신고 벗기 편리하고 미끄럽지 않은 모양과 재질 선택
- 외부용 신발과 구분하여 착용

### 3. 개인위생 관리 방법

① **건강 진단**: 「식품위생 분야 종사자의 건강진단 규칙」에 따라 매년 1회의 건강 검진을 받아야 함(완전 포장된 식품, 식품첨가물을 운반하거나 판매하는 일에 종사하는 사람 제외)

② 식품 영업에 종사하지 못하는 질병의 종류
  ㉠ 결핵(비감염성인 경우는 제외)
  ㉡ 피부병 또는 그 밖의 화농성 질환
  ㉢ 후천성 면역결핍증(성매개감염병에 관한 건강 진단을 받아야 하는 영업에 종사하는 사람만 해당)

③ 업무 종사의 일시 제한: 콜레라, 장티푸스, 파라티푸스, 세균성 이질, 장출혈성 대장균감염증, A형 간염

---

**종업원의 개인위생 및 감염 예방 관리**
- 정기적으로 건강 진단과 예방 접종을 한다.
- 맨손 작업 시 올바른 손 씻기를 한 후 식자재를 취급한다.
- 화장실을 이용할 때는 앞치마와 모자를 착용하지 않는다.
- 작업복을 입고 작업장을 나가지 않는다.
- 작업대, 도마, 칼, 행주 등은 소독을 철저히 한다.
- 일회용 장갑은 손을 씻을 때마다 교체한다.
- 작업 중 장신구를 착용하지 않는다.

**올바른 손 씻기 방법**
- 손은 비누 등의 세정제를 사용하여 충분히 거품을 낸다.
- 손가락 사이, 손등, 팔꿈치까지 골고루 닦는다.
- 흐르는 물에 30초 이상 씻은 후 종이수건이나 핸드드라이어를 사용하여 건조하고 손소독을 한다.

## 02 교차오염

### 1. 교차오염의 정의
오염된 식품이나 조리 기구의 균이 오염되지 않은 식재료 및 기구에 혼입되거나 종사자의 접촉으로 인해 오염된 미생물이 비오염구역으로 유입되는 것

### 2. 교차오염 방지법
① 칼, 도마 등의 조리 기구나 앞치마, 고무장갑 등은 원료나 조리 과정에서 교차오염을 방지하기 위해 식재료의 특성 또는 구역별로 구분하여 사용하고 수시로 세척·소독해야 함
② 식품을 취급하는 작업은 바닥으로부터 60cm 이상의 높이에서 실시하여 바닥으로부터 오염을 방지해야 함
③ 조리가 완료된 식품과 세척·소독된 기구와 용기 등의 위생 관리를 실시해야 함
④ 음식을 담은 뚜껑은 꼭 닫았나 확인하며 재료 사용 시 선입선출해야 함

## 03 설비위생 관리

### 1. 출입문 및 창문
① 작업장 출입구에는 개인위생 복장 착용법과 세척, 건조, 소독설비 등을 구비해야 함 (외여닫이 문의 최소 너비는 80~85cm로 할 것)
② 창문과 출입구는 다른 부분과 상호 연락이 가능하게 설치하고, 주방과 영업장은 화장실과 격리해야 함
③ 출입구는 가급적 자동출입문으로 설치하고 청소가 용이하고 방충·방서가 가능한 에어커튼을 설치
④ 원료 및 음식의 운반구와 피급식자의 출입구는 구분하여 설치함
⑤ 유리창은 파손되면 식품을 오염시킬 수 있으므로 다른 대체제를 사용
⑥ 창문틀은 45° 이하의 각도로 하고, 창의 면적은 벽 면적의 70%로 함
⑦ 창의 면적은 바닥 면적의 20~30%로 함(채광상 바닥 면적의 10% 이상이 되도록 함)
⑧ 창에 설치된 방충망은 중성 세제로 세척 후 마른 행주로 닦음

### 2. 작업장 시설
① 작업 동선을 고려하여 설계·시공함
② 작업의 효율성을 위해 작업 테이블은 작업장의 가운데에 설치함
③ 제조 공장 배수관의 내경은 최소 10cm로 함
④ 작업실의 적정 온도는 25~28℃, 습도는 70~75%임
⑤ 보는 물품은 바닥 15cm, 벽 15cm 떨어진 곳에 보관함
⑥ 악취, 유해 가스, 매연, 증기 등을 환기시키는 데 충분한 시설을 구비해야 함
⑦ 주방의 환기는 대형 시설물 1개를 설치하는 것보다 소형 시설물을 여러 개 설치하는 것이 효과적임

### 3. 방충·방서 시설
① 작업장에는 위생 해충이 진입하지 않도록 방충·방서 시설을 갖추어야 함
② 제과·제빵 공정의 방충·방서용 금속망은 30mesh가 적당함
③ 2개월에 1회 이상 방충망의 물과 먼지를 제거함

## 4. 제과·제빵 공정상의 조도 기준(단위: Lux)

| 작업 내용 | 표준 조도 | 한계 조도 |
|---|---|---|
| 발효 | 50 | 30~70 |
| 계량, 반죽, 조리, 성형 | 200 | 150~300 |
| 굽기 | 100 | 70~150 |
| 포장, 장식, 마무리 작업 | 500 | 300~700 |

**조도**
- 작업장, 식기저장고, 화장실: 200~220Lux
- 냉장실, 냉동실, 건창고, 식당: 100Lux 이상
- 테이블: 500~700Lux
- 선별 및 검사구역(육안으로 확인 필요 시): 540Lux 이상

# PART 01 | 식품위생학

# 한눈에 보는 핵심 키워드

## 01 | 식품위생학 개론

| 식품위생의 정의 | 식품, 식품첨가물, 기구와 용기·포장을 대상으로 하는 음식에 관한 위생(의약품 제외, 우리나라 「식품위생법」) |
|---|---|
| 대상 범위 | 모든 음식물(의약으로 섭취하는 것은 제외) |

## 02 | 식품 미생물

| 미생물의 크기 | 곰팡이 > 효모 > 세균 > 리케치아 > 바이러스 |
|---|---|
| 미생물의 발육에 필요한 인자 | 영양소, 수분, 온도, 최적 pH(수소이온 농도), 산소, 삼투압 |

## 03 | 식품의 변질

**변질의 종류**
- 부패: 단백질 식품이 혐기성 미생물에 의해 분해되어 저분자의 물질로 변화하는 현상
- 변패: 단백질 이외의 식품(탄수화물 등)이 미생물의 분해 작용에 의해 변질되는 것
- 산패: 지방의 산화 등에 의해 악취나 변색이 일어나는 현상
- 발효: 식품에 미생물이 번식하여 식품의 성질에 변화를 일으키는 현상으로, 그 변화가 인체에 유익하여 식용 가능한 경우를 말함

**유지의 산패 요인**: 햇빛(광선), 수분(물), 금속(구리, 철), 산소(공기), 온도, 이중 결합

**부패 방지법**
- 물리적 방법: 건조법, 냉장·냉동법, 자외선 살균법(무가열 살균법), 방사선 살균법, 고압 증기 멸균법
- 화학적 방법: 염장법, 당장법, 초절임법, 가스 저장법(CA 저장법)

## 04 | 소독, 살균 및 방부

| 소독 | 물리·화학적인 방법으로 병원균만을 사멸시키고 감염을 저지하는 것 |
|---|---|
| 살균 | 미생물에 물리·화학적 자극을 주어 이를 단시간 내에 사멸시켜 멸균(완전한 무균 상태)하는 것 |
| 방부 | 미생물의 증식을 정지시켜 한시적으로 부패나 발효를 방지하는 것 |
| 멸균 | 비병원균, 병원균 등의 미생물을 아포까지 사멸시켜 무균 상태로 만드는 것 |

## 05 | 감염병과 기생충

| 감염병 발생의 3대 요소 | 감염원(병원소), 감염 경로(전파 방식), 숙주의 감수성(개인 면역에 대한 저항성) |
|---|---|

**감염 경로에 따른 감염병의 분류**
- 호흡기계: 디프테리아, 폐렴, 백일해, 성홍열, 결핵 등
- 소화기계: 콜레라, 세균성 이질, 파라티푸스, 장티푸스 등

**경구 감염병**
- 세균성 경구 감염병: 장티푸스, 세균성 이질, 파라티푸스, 콜레라, 디프테리아
- 바이러스성 경구 감염병: 소아마비, A형 간염, 감염성 설사증, 천열

**인·축 공통 감염병**: 탄저, 브루셀라증(파상열), 결핵, Q열, 돈단독, 야토병, 리스테리아증, 구제역

**기생충**
- 채소류: 회충, 요충, 십이지장충(구충), 편충, 동양모양선충 등
- 어패류: 간디스토마(간흡충), 페디스토마(폐흡충), 광절열두조충, 유극악구충
- 육류: 유구조충(갈고리 촌충, 돼지고기 촌충), 무구조충(민촌충, 소고기 촌충), 선모충

## 06 | 식중독

**세균성 식중독**
- 감염형 식중독: 살모넬라균, 장염 비브리오균, 병원성 대장균
- 독소형 식중독: (황색)포도상구균, 보툴리누스균

**자연독에 의한 식중독**
- 식물성: 감자(솔라닌, 셉신), 독미나리(시큐톡신), 독버섯(무스카린, 무스카리딘, 뉴린, 콜린, 팔린, 아마니타톡신) 등
- 동물성: 복어(테트로도톡신), 섭조개, 대합조개(삭시톡신), 모시조개, 굴, 바지락(베네루핀) 등

**곰팡이독**: 아플라톡신, 맥각 중독, 황변미 중독

**유해 중금속**
- 카드뮴(Cd): 이타이이타이병의 원인 물질
- 수은(Hg): 미나마타병의 원인 물질
- 주석(Sn): 통조림관 내면의 도금 재료로 이용, 산성 식품(주스)에서 용출

**알레르기성 식중독**: 부패 산물인 히스타민에 의해 발생(꽁치, 고등어 등)

## 07 | 식품첨가물

**사용 용도에 따른 분류**
- 변질 방지: 방부제(보존료), 살균제, 항산화제(산화 방지제)
- 품질 개량 및 유지: 피막제, 밀가루 개량제, 호료(증점제), 강화제, 유화제(계면 활성제), 이형제
- 관능 만족: 감미료, 발색제, 조미료, 착색료, 표백제
- 제조 보조: 소포제, 팽창제

## 08 | HACCP

**HACCP(해썹) 정의**: 위해 요소 분석 + 중요 관리점

**HACCP 준비 5단계**: HACCP팀 구성 → 제품 설명서 작성 → 제품의 사용 용도 파악 → 공정 흐름도, 평면도 작성 → 공정 흐름도, 평면도의 작업 현장과의 일치 여부 확인

**HACCP 7원칙 설정**
- 원칙 1: 위해 요소 분석과 위해 평가
- 원칙 2: CCP(중요 관리점) 결정
- 원칙 3: CCP에 대한 한계 기준 설정
- 원칙 4: CCP 모니터링 체계 확립
- 원칙 5: 개선 조치 방법 수립
- 원칙 6: 검증 절차 및 방법 수립
- 원칙 7: 문서화, 기록 유지 방법 설정

## 09 | 위생 관리

**개인위생 관리 방법**
- 건강 진단: 매년 1회의 건강 검진을 받아야 함
- 식품 영업에 종사하지 못하는 질병: 결핵(비감염성 제외), 피부병 또는 그 밖의 화농성 질환, 후천성 면역결핍증(특정 업종만 해당)
- 업무 종사의 일시 제한: 콜레라, 장티푸스, 파라티푸스, 세균성 이질, 장출혈성 대장균감염증, A형 간염

# PART 01 | 식품위생학
# 필기합격 적중문제

정답 및 해설 P.2

## 01
「식품위생법」에서 정하는 식품접객업에 해당하지 않는 것은?
① 식품소분업
② 유흥주점
③ 제과점
④ 휴게음식점

## 02
식품첨가물을 수입할 경우 누구에게 신고해야 하는가?
① 관할 검역소장
② 시장 · 도지사
③ 식품의약품안전처장
④ 서울특별시장 및 도지사

## 03
고시폴과 결합하여 독성을 일으키는 필수 아미노산은?
① 발린
② 리신
③ 페닐알라닌
④ 트립토판

## 04
유지가 산패되는 경우가 아닌 것은?
① 토코페롤을 첨가할 때
② 햇빛이 잘 드는 곳에 보관할 때
③ 수분이 많은 식품을 넣고 튀길 때
④ 실온에 가까운 온도 범위에서 온도를 상승시킬 때

## 05
소독력이 강한 양이온 계면 활성제로, 종업원의 손을 소독할 때나 용기 및 기구의 소독제로 알맞은 것은?
① 석탄산
② 과산화수소
③ 역성 비누
④ 크레졸

## 06
$LD_{50}$의 값이 작다는 것은 무엇을 의미하는가?
① 독성이 높다.
② 독성이 낮다.
③ 안정성이 높다.
④ 안정성이 낮다.

## 07
우리나라에서 수돗물 소독에 이용되는 물질은?
① 염산
② 염소
③ 산소
④ 질소

## 08
전파 가능성을 고려하여 발생 또는 유행 시 24시간 이내에 신고해야 하는 전염병은?
① 제1급 감염병
② 제2급 감염병
③ 제3급 감염병
④ 제4급 감염병

## 09
식중독과 관련 내용의 연결이 옳은 것은?
① 포도상구균 식중독 – 심한 고열을 수반
② 살모넬라균 식중독 – 높은 치사율
③ 클로스트리디움 보툴리늄균 식중독 – 독소형 식중독
④ 장염 비브리오균 식중독 – 주요 원인은 민물고기 생식

## 10
인수 공통 전염병 중 오염된 우유나 유제품을 통해 사람에게 감염되는 것은?
① 탄저
② 결핵
③ 야토병
④ 구제역

## 11
기생충과 숙주와의 연결이 틀린 것은?
① 간흡충 – 소
② 십이지장충 – 채소류
③ 폐디스토마 – 다슬기
④ 유구조충(갈고리 촌충) – 돼지

## 12
HACCP을 수행하는 단계에 있어서 가장 먼저 실시하는 것은?
① 관리 기준의 설정
② 중요 관리점 규명
③ 기록 유지 방법의 설정
④ 식품의 위해 요소를 분석

## 13
식품 제조 시 다량의 거품이 발생할 때 이를 제거하기 위해 사용하는 첨가물은?
① 이형제　　② 유화제
③ 피막제　　④ 소포제

## 14
세균성 식중독의 일반적인 특징으로 옳은 것은?
① 전염성이 거의 없다.
② 2차 감염이 빈번하다.
③ 경구 전염병보다 잠복기가 길다.
④ 극소량의 균으로도 발생이 가능하다.

## 15
대장균 O-157이 내는 독성 물질은?
① 베로톡신　　② 테트로도톡신
③ 삭시톡신　　④ 베네루핀

## 16
손에 화농성 염증이 있는 조리자가 만든 김밥을 먹고 감염될 수 있는 식중독은?
① 비브리오 패혈증　　② 살모넬라균 식중독
③ 보툴리누스균 식중독　　④ 황색 포도상구균 식중독

## 17
전염병과 관련 내용이 바르게 연결되지 않은 것은?
① 장티푸스 – 고열 수반
② 콜레라 – 외래 전염병
③ 세균성 이질 – 점액성 혈변
④ 파상열 – 바이러스성 인수 공통 감염병

## 18
은행이나 풋매실, 살구에 함유된 글리코사이드 물질로 상당량 섭취 시 호흡곤란, 청색증, 쇠약, 현기증을 일으키는 독소는?
① 아미그달린　　② 고시폴
③ 삭시톡신　　④ 시큐톡신

## 19
식기나 기구의 오용으로 구토, 경련, 설사, 골연화증의 증상을 일으키며, '이타이이타이병'의 원인이 되는 유해성 금속 물질은?
① 비소(As)　　② 아연(Zn)
③ 카드뮴(Cd)　　④ 수은(Hg)

## 20
탄수화물이 많이 든 식품을 고온에서 가열하거나 튀길 때 생성되는 발암성 물질은?
① 다이옥신(Dioxins)
② 벤조피렌(Benzopyrene)
③ 니트로사민(Nitrosamine)
④ 아크릴아마이드(Acrylamide)

## 21
곰팡이의 대사 생산물이 사람이나 동물에 어떤 질병이나 이상한 생리 작용을 유발하는 것은?

① 만성 전염병   ② 급성 전염병
③ 화학적 식중독   ④ 진균독 식중독

## 22
노로바이러스에 대한 설명으로 틀린 것은?

① 사람에게 급성 장염을 일으킨다.
② 이중 나선 구조 RNA 바이러스이다.
③ 오염 음식물을 섭취하거나 감염자와 접촉하면 전염된다.
④ 환자가 접촉한 타월이나 구토물 등은 바로 세탁하거나 제거해야 한다.

## 23
사용이 금지된 유해 표백제는?

① 페릴라틴   ② 론갈리트
③ 아우라민   ④ 붕산

## 24
백색의 결정으로 감미도는 설탕의 250배이며 청량음료수, 과자류, 절임류 등에 사용되었으나 만성 중독인 혈액독을 일으켜 우리나라에서는 사용이 금지된 인공 감미료는?

① 둘신
② 사이클라메이트
③ 에틸렌들리콜
④ 파라-니트로-오르토-톨루이딘

## 25
HACCP 신규 교육 시 받아야 하는 영업자의 교육시간은?

① 2시간   ② 4시간
③ 6시간   ④ 8시간

## ☑ 산업기사 대비 고난도 문제

## 26
HACCP의 7원칙 중 식품위생상 파악된 위해 요소의 발생을 예방·제거 또는 허용 수준 이하로 감소시키고 결정하는 과정은?

① 위해 요소 분석   ② 모니터링(감시관리)
③ 중요 관리점 설정   ④ 검증 절차 및 방법

## 27
세균성 식중독을 예방하기 위한 방법으로 틀린 것은?

① 흐르는 물에 비누로 30초 이상 깨끗이 손을 씻는다.
② 물은 끓여 먹고 육류나 어패류는 충분히 익혀 섭취한다.
③ 교차오염 방지를 위하여 조리기구는 구분하여 사용한다.
④ 냉동 식품은 10℃ 이하나 미지근한 물에 담가 해동한다.

## 28
제과·제빵 작업실 내 복장에 대한 설명으로 틀린 것은?

① 목걸이, 귀걸이 등을 착용하지 않는다.
② 상의와 하의는 매일 세척 후 건조시켜 착용한다.
③ 1회용 위생장갑은 자주 세척하여 청결을 유지한다.
④ 신발은 신고 벗기가 편리하고 미끄럽지 않아야 한다.

## 29
구토, 복통, 설사 등의 증상이 나타나며 Enterotoxin이 원인독소인 식중독은?

① Staphylococcus Aureus
② Salmonella Enteritidis
③ Clostridium Botulinum
④ Vibrio Parahaemolyticus

## 30
보존제로 허용되지 않는 식품첨가물은?

① 소르빈산칼륨   ② 말라카이트 그린
③ 데히드로초산   ④ 안식향산

에듀윌이
너를
지지할게
ENERGY

대추가 저절로 붉어질 리는 없다

저 안에
태풍 몇 개,
천둥 몇 개,
벼락 몇 개

– 장석주, 『대추 한 알』, 이야기꽃

공통편

PART 02

재료과학

# 학습 POINT!

PART 02 재료과학에서는 기초과학에서 시작하여 재료과학까지 학습한다.
재료과학은 조금 생소할 수 있지만 영양학과 중복되는 내용이 있으므로
미리 꼼꼼하게 학습해 두도록 한다.

**01** 기초과학

·

**02** 재료과학

# 01 기초과학

## 01 탄수화물(당질, Carbohydrates)

### 1. 탄수화물의 특성
① 탄소(C), 수소(H), 산소(O)의 3원소로 구성된 유기 화합물
② 단당류, 이당류, 다당류 등 자연계에 널리 분포함
③ 당질이라고도 하며, 일반식은 $C_n(H_2O)_m$으로 표시함

### 2. 탄수화물의 분류
① 단당류: 탄수화물이 가수 분해에 의해 더 이상 분해되지 않는 가장 단순한 당으로, 탄소 수에 따라 3탄당(Triose) · 4탄당(Tetrose) · 5탄당(Pentose) · 6탄당(Hexose) 등으로 분류함
㉠ 오탄당: 리보오스, 디옥시리보오스, 자일로스, 아라비노스
㉡ 육탄당

| | |
|---|---|
| 포도당<br>(Glucose) | • 이당류의 구성 성분으로, 자연계에 존재함<br>• 과일 중 포도에 많이 들어 있음<br>• 포유동물의 혈액 내에 0.1% 존재(혈당)<br>• 남은 포도당은 동물 체내의 간장, 근육에 글리코겐 형태로 저장됨(저장성 다당류)<br>• 물에 녹기 쉽고, 순수한 무색의 결정임<br>• 전분을 가수 분해하여 생성됨<br>• 환원당이며, 감미도는 75임 |
| 과당<br>(Fructose) | • 과일, 꿀에 많이 들어 있고, 용해성이 가장 좋음<br>• 돼지감자에 있는 이눌린을 가수 분해하여 다량으로 만들거나 설탕을 가수 분해하여 과당과 포도당을 반씩 얻을 수 있음<br>• 당류 중 가장 빨리 소화 · 흡수되고 가장 단맛이 강함<br>• 흡수성(공기 중의 습기를 빨아들이는 성질)과 조해성(고체가 대기 속에서 습기를 흡수하여 녹는 성질)이 큼<br>• 환원당이며, 감미도는 175임 |
| 갈락토오스<br>(Galactose) | • 일반적으로 포유동물의 젖에만 존재함<br>• 포도당과 결합하여 유당을 구성하며 물에 잘 녹지 않음<br>• 환원당이며, 감미도는 32임 |

② 이당류: 단당류 2분자가 화학적으로 결합된 당(가수 분해하면 2분자의 단당류 생성)

| | |
|---|---|
| 설탕<br>(자당, Sucrose) | • 사탕수수나 사탕무로 만든 이당류<br>• 인버테이스(인버타아제, Invertase)에 의해 포도당과 과당으로 분해됨<br>• 흡수성이 있고, 열(160℃ 이상)을 받으면 캐러멜화 반응이 생김<br>• 비환원당이며, 감미도는 100임(감미도를 측정하는 기준) |
| 맥아당<br>(엿당, Maltose) | • 곡식이 발아할 때 생기며, 주로 발아한 보리, 엿기름 속에 존재함(식혜나 엿 등에 많이 함유됨)<br>• 말테이스(말타아제, Maltase)에 의해 포도당과 포도당으로 분해됨<br>• 쉽게 발효하지 않아 위 점막을 자극하지 않기 때문에 소화기 계통 환자나 어린이에게 좋고, 전분의 노화 방지 효과와 보습 효과가 있음<br>• 환원당이며, 감미도는 32임 |

---

**감미도**
설탕을 100이라 하였을 때 사람이 느끼는 상대적인 단맛을 표시한 것이다.

**당류의 상대적 감미도 ★**
과당(175) > 전화당(135) > 설탕(자당, 100) > 포도당(75) > 맥아당·갈락토오스(32) > 유당(16)

**전화당(트리몰린)**
• 설탕을 산이나 효소로 가수 분해하면 포도당과 과당으로 각각 1분자씩 분해되는데, 이 현상을 전화라고 하며, 이때 생기는 포도당과 과당의 혼합물을 전화당이라고 한다.
• 전화당에는 과당이 포함되어 있어 단맛이 강하며 흡습성이 있어 대부분 액체로 이용된다.

**캐러멜화 반응**
당을 고온에서 가열하면 착색 물질(캐러멜)이 갈색으로 변하는 현상으로, 설탕은 160℃에서 캐러멜화가 시작되고, 포도당과 과당은 이보다 낮은 온도에서 착색된다.

| 유당<br>(젖당, Lactose) | • 동물성 당으로 포유동물의 젖에 자연 상태로 들어 있음<br>• 락테이스(락타아제, Lactase)에 의해 포도당과 갈락토오스로 분해됨<br>• 우유에 평균 4.8% 정도 들어 있으며, 용해도가 가장 낮고 독특한 맛과 향을 냄<br>• 유산균에 의해 유산을 생성하고, 정장 작용을 하며 칼슘의 흡수와 이용을 도움<br>• 이스트에 의해 분해되지 않아 영양원으로 쓰이지 못하지만 빵의 착색에 효과적임<br>• 환원당이며, 감미도는 16임 |
|---|---|

**정장 작용**
장내에서 번식하는 잡균을 막아 장을 깨끗이 하는 작용을 말한다.

| 바로 확인문제 |

감미도가 가장 높은 것은?
① 포도당   ② 유당
③ 과당     ④ 맥아당

| 해설 | '과당(175) > 포도당(75) > 맥아당(32) > 유당(16)' 순이다.   | 정답 | ③

③ 다당류: 단당류가 3개 이상 결합한 고분자 화합물로, 일반적으로 단맛이 없음
  ㉠ 전분(녹말, Starch)
    • 식물계(곡류, 고구마, 감자 등)에 널리 분포하는 무미·무취의 흰색 가루
    • 물에 잘 녹지 않고 쉽게 가라앉음
    • 현미경으로 관찰하면 크기와 모양, 돌출 정도, 줄무늬에 차이가 있으며, 팽윤, 호화, 노화(퇴화), 반죽의 점도 등 물리적 작용도 달라짐
  • 전분의 구조

**전분 가수분해 과정과 중간 생성물**

전분
↓ (α–아밀레이스)
덱스트린
↓ (β–아밀레이스)
맥아당
↓ (말테이스)
포도당
↓ (치마아제)
탄산가스, 알코올, 열

| 구분 | 아밀로오스 | 아밀로펙틴 |
|---|---|---|
| 분자량 | 적음 | 많음 |
| 포도당 결합 형태 | 직쇄상 배열(α–1, 4 결합) | 측쇄상 배열(α–1, 4 α–1, 6 결합) |
| β–아밀레이스에 의한 소화 | 대부분 맥아당으로 전환 | 52%까지만 분해 |
| 아이오딘 용액 | 청색 반응 | 적자색 반응 |
| 함유량 | 일반 곡물: 17~28% | 찹쌀, 찰옥수수: 100% |
| 호화, 노화(퇴화) | 빠름 | 느림 |

• 전분의 성질

| 호화(젤라틴화, α화, 덱스트린화) | • 60℃ 전후에서 일어나며 수분이 많고 pH가 높을수록 빨리 일어남<br>• 전분(β–전분)에 물과 열을 가하면 전분 입자가 팽윤하여 점성이 증가하고, 반투명의 풀처럼 되는 현상<br>• 호화된 전분은 α–전분 또는 호화 전분이라고 함<br>• 호화 전분은 생전분보다 소화가 잘 됨 |
|---|---|
| 노화(β화, 퇴화) | • 전분 용액의 농도 변화나 냉각으로 전분 입자가 물과 분리되어 용해되지 않는 침전을 만들거나 전분 입자가 딱딱하게 굳어지는 퇴화 현상으로, 호화된 α–전분의 수분이 빠져 β–전분으로 돌아가면 노화가 일어남<br>• 식품이 딱딱해지거나 거칠어지는 현상으로, 미생물의 변질과는 다름<br>• 주요 원인은 수분 증발이며, 오븐에서 나오자마자 시작됨<br>• 전분의 종류, 저장 온도, 수분 함량, pH에 영향을 받음<br>• −7~10℃(전분의 노화대), 전분 용액 중 아밀로오스가 많을 때, 중합도가 균일할 때, 아밀로오스 분자로부터 수분을 끌어낼 무기물이 있을 때, pH가 7 근처일 때 빠르게 진행됨 |

**호화 시작 온도**
• 밀가루 전분: 56~60℃
• 감자 전분: 60℃
• 옥수수 전분: 80℃

**노화 지연 방법**
• −18℃ 이하 또는 21~35℃에서 보관한다.
• 탈지 분유와 달걀을 이용하여 단백질을 증가시킨다.
• 물의 사용량을 늘려 반죽의 수분 함량을 38% 이상으로 증가시킨다.
• 유지 제품을 사용하거나 당류를 첨가한다.
• 방습 포장 재료로 포장한다.
• 모노–디글리세리드 계통의 유화제를 사용한다.

ⓒ 섬유소(셀룰로오스): 포도당으로 이루어진 다당류로, 식물체의 세포벽 골격을 형성함
ⓒ 펙틴: 식품 조직을 구성하는 세포벽의 구성 물질로, 당과 산이 결합 시 젤(Gel)을 형성함
ⓔ 글리코젠: 포도당으로 이루어진 다당류로, 간과 근육에 저장되었다가 필요할 때 포도당으로 가수분해되어 에너지로 사용됨
ⓜ 한천: 우뭇가사리를 주원료로 점액을 얻어 굳힌 가공 제품으로, 젤(Gel) 형성 능력이 큼

## 02 지방(지질, 유지, Fat & Oil)

### 1. 지방의 특성
① 탄소(C), 수소(H), 산소(O)의 3원소로 구성된 유기 화합물
② 지방산 3분자와 글리세린(글리세롤) 1분자가 결합하여 만들어진 에스테르 화합물
③ 화학적으로는 트리글리세리드라고 하며, 물에는 불용성임

**에스테르(Ester)**
알콜이 유기산 또는 무기산과 반응하여 물을 잃고 축합한 결과로 생긴 화합물이다.

### 2. 지방의 구조
① 지방산(Fatty Acid)
  ㉠ 지방산의 특징: 한 개의 카르복실기(-COOH)가 붙어 있는 탄화수소 사슬의 지방 속 화합물로, 지방 전체의 94~96%를 구성함
  ㉡ 지방산의 분류
  • 이중 결합의 유무에 따른 분류: 탄소와 탄소 사이의 이중 결합 유무에 따라 포화 지방산과 불포화 지방산으로 나누어짐

| 포화 지방산 | • 탄소와 탄소 사이에 이중 결합 없이 단일 결합만으로 이루어진 지방산<br>• 상온에서 고체이며, 동물성 유지에 많이 함유되어 있음<br>• 탄소 수가 증가함에 따라 융점과 비점이 높아짐<br>• 천연 지방에 존재하는 포화 지방산: 뷰티르산(우유 지방 2~4%), 스테아르산(천연 동·식물성 지방에 널리 분포), 팔미트산(라드, 소기름, 야자유, 카카오 버터, 기타 식물성 기름에 최소 5~50% 들어 있음) |
|---|---|
| 불포화 지방산 | • 탄소와 탄소 사이에 1개 이상의 이중 결합이 있는 지방산<br>• 상온에서 액체이며, 식물성 유지에 많이 함유되어 있음<br>• 산화되기 쉬우며, 이중 결합이 많을수록 융점이 낮아짐<br>• 대표적인 불포화 지방산: 올레산(유지방, 라드, 소기름의 주성분, 탄소 수 18개, 이중 결합 1개), 리놀레산(식물성 기름의 주성분, 이중 결합 2개), 리놀렌산(아마인유와 같은 건성유의 주성분, 이중 결합 3개), 아라키돈산(이중 결합 4개) 등 |

  • 지방산의 수에 따른 분류

| 모노글리세리드 | 글리세린 1개+지방산 1개 |
|---|---|
| 디글리세리드 | 글리세린 1개+지방산 2개 |
| 트리글리세리드 | 글리세린 1개+지방산 3개 |

  ㉢ 필수 지방산: 체내에서 필요한 양만큼 합성되지 않아 음식물 등을 통해 공급이 필요한 지방산으로, 리놀레산, 리놀렌산, 아라키돈산이 있음

**필수 지방산의 특징**
• 세포막을 구성한다.
• 혈청 콜레스테롤을 감소시키며 뇌와 신경조직, 시각 기능을 유지시킨다.
• 결핍 시 피부염, 성장 지연, 생식 장애, 시각 기능 장애 등이 발생할 수 있다.
• 필수 지방산은 모두 불포화 지방산이다(반면, 불포화 지방산 중 올레산은 필수 지방산이 아님).

| 바로 확인문제 |

지방산의 이중 결합 유무에 따른 분류는?
① 트랜스 지방, 시스 지방   ② 유지, 라드
③ 지방산, 글리세롤   ④ 포화 지방산, 불포화 지방산

| 해설 | 탄소와 탄소 사이에 이중 결합의 유무에 따라 포화 지방산과 불포화 지방산으로 분류한다.   | 정답 | ④

② 글리세린(Glycerine)
  ㉠ 정의: 3개의 수산기(-OH)를 가지고 있으며, 3가의 알코올이기 때문에 글리세롤(Glycerol)이라고 함, 무색·무취·감미(감미도 60)를 가진 액체로, 물보다 비중이 큼
  ㉡ 활용(제과·제빵 관련)
    • 지방의 가수 분해로 얻어지며, 수분 보유력이 뛰어나 반죽에 소량 첨가하면 빵, 케이크, 소프트 쿠키의 저장성을 높임
    • 크림을 제조할 때 물과 지방의 분리를 억제함
    • 식품의 색을 좋게 하면서 독성이 없는 극소수의 용매제 중 하나로, 케이크 제품에 1~2% 사용되며, 물에 잘 혼합되어 향미제의 용매로 사용함

### 3. 지방의 분류(화학적 성질에 따른)

① 단순 지방

| 중성 지방 | • 3분자의 지방산과 1분자의 글리세롤이 결합한 구조로, 식품이나 지방의 95%를 차지함<br>• 지방산에 따라 상온에서 고체인 지방(Fat)과 액체인 기름(Oil)으로 나뉘며, 일반적으로 유지가 이에 해당함 |
|---|---|
| 납(왁스, Wax) | 고급 지방산과 고급 알코올이 1 : 1로 결합된 고체 형태의 단순 지방으로, 영양적 가치는 없음 |

② 복합 지방: 지방산과 알코올 이외에 다른 분자가 함유된 지방

| 인지질 | • 중성 지방에 인산 등이 결합된 것<br>• 레시틴(항산화제, 유화제로 쓰이며, 지방 대사에 관여), 세팔린(혈액 응고에 관여), 스핑고미엘린 등이 있음<br>• 뇌신경 조직, 세포막에 분포, 지방 대사에 관여함 |
|---|---|
| 당지질 | • 중성 지방과 당류가 결합<br>• 뇌신경 조직 등의 구성 성분 |
| 단백지질 | • 중성 지방과 단백질이 결합(예: 리포단백)<br>• 혈액 응고에 관여함 |

③ 유도 지방: 중성 지방, 복합 지방을 가수 분해할 때 유도되는 지방으로 천연 유지에 녹아 있으며, 알칼리성 용액에서 비누화하지 않는 물질, 콜레스테롤, 에르고스테롤, 지용성 비타민, 지방산 등이 있음

| 콜레스테롤 | 에르고스테롤 |
|---|---|
| • 뇌신경 조직에 들어 있으며, 담즙산, 성 호르몬, 부신피질 호르몬 등의 주성분<br>• 동물성 스테롤<br>• 다량 섭취 시 고혈압, 동맥경화의 원인<br>• 자외선에 의해 비타민 $D_3$로 전환 | • 효모, 버섯, 클로렐라에 많음<br>• 식물성 스테롤<br>• 콜레스테롤에 비해 융점이 낮음<br>• 자외선에 의해 비타민 $D_2$로 전환(프로비타민 D) |

| 바로 확인문제 |

다음 중 유도 지방은?
① 인지질  ② 왁스
③ 당지질  ④ 지방산

| 해설 | ① 인지질과 ③ 당지질은 복합 지방, ② 왁스는 단순 지방에 속한다.  | 정답 | ④

### 4. 지방의 화학적 반응

| | |
|---|---|
| 가수 분해<br>(Hydrolysis) | • 유지는 가수 분해되면 모노글리세리드, 디글리세리드와 같은 중간 생성물을 만들고, 결국에는 지방산과 글리세린으로 나뉨<br>• 가수 분해는 온도가 상승하면 속도가 빨라지며, 가수 분해에 의해 생성된 유리 지방산 함량이 높아지면 튀김 기름에 거품이 잘 일어나고 발연점이 낮아짐 |
| 산화<br>(Oxidation) | • 유지가 대기 중의 산소와 반응하여 과산화 물질을 형성함<br>• 대기 중에서 산화하여 산패가 되는 것을 자연 산화(Autoxidation)라고 함 |
| 산패 | • 유지를 공기 중에 오래 두었을 때 산화되어 불쾌한 냄새와 맛이 나는 현상<br>• 진행 순서: 알데히드와 산 생성 → 냄새 발생 → 지방의 변질 → 산패 |

**유리 지방산(Free Fatty Acid)**
유지를 구성하고 있는 트리글리세리드가 분해되어 생성된 지방산으로, 정제 식용유에는 거의 함유되어 있지 않으며 산패에 의해 생성된다.

### 5. 항산화제(Antioxidants)

① 항산화제의 특징
  ㉠ 유지의 산화적 연쇄 반응을 방해하여 산화 속도를 억제시키고 안정 효과를 줌
  ㉡ 단독으로는 효과가 없지만 항산화제와 같이 사용하면 항산화 효과를 증가시키는 항산화제의 보완제로는 비타민 C, 구연산, 주석산, 인산 등이 있음

② 항산화제 종류

| 천연 항산화제 | 비타민 E(토코페롤), 레시틴, 세사몰, 로즈메리, 실비아 등 |
|---|---|
| 합성 항산화제 | BHA, BHT, NDGA 등 |

③ 산화 속도를 촉진시키는 요소: 산소, 이중 결합수(지방산의 불포화도), 온도, 자외선, 금속(철, 구리, 동, 니켈, 주석 등), 생물학적 촉매(효소)

| 바로 확인문제 |

유지의 산패를 가속하는 요인이 아닌 것은?
① 높은 불포화도  ② 비타민 E(토코페롤)와 같은 항산화제 함유
③ 구리와 같은 부산화제의 존재  ④ 온도의 상승

| 해설 | 항산화제는 유지의 산화적 연쇄 반응을 방해하여 산화 속도를 억제하고 안정 효과를 가지게 하는 물질이다. 비타민 E는 천연 항산화제로, 산패를 가속시키는 요인이 아니다.  | 정답 | ②

### 6. 유지의 경화(Hardening)

① 니켈과 백금을 촉매제로 하여 이중 결합을 가지고 있는 불포화 지방산에 수소를 첨가하여 불포화도가 감소되고 포화도가 높아져 융점이 높아지고 유지가 단단해지는 것을 말함
② 변화
  ㉠ 이중 결합 → 단일 결합
  ㉡ 불포화 지방산 → 포화 지방산

## 7. 아이오딘값(요오드가, Iodine Value)

① 유지의 불포화도를 나타내는 지표로, 100g의 유지에 흡수되는 아이오딘의 그램(g) 수를 나타내는 것을 말함
② 아이오딘값에 따른 식물성 기름의 분류

| 구분 | 특징 | 종류 |
| --- | --- | --- |
| 건성유 | • 아이오딘값 130 이상<br>• 건조성이 강한 기름 | 아마인유, 들깨기름, 해바라기씨기름, 호두기름 등 |
| 반건성유 | • 아이오딘값 100~130<br>• 공기 속에 방치하면 서서히 산화하며 점성도 증가 | 채종유, 참기름, 면실유, 미강유, 옥수수유 |
| 불건성유 | • 아이오딘값 100 이하<br>• 공기 중에 방치해도 굳어지지 않음 | 올리브유, 피마자유, 땅콩기름 등 |

## 03 단백질(Proteins)

### 1. 단백질의 특성

① 탄소(C), 수소(H), 산소(O), 질소(N) 등의 원소로 구성된 유기 화합물
② 평균 함량이 12~19%인 질소가 단백질의 특성을 규정함
③ 기본 구성 성분은 21종의 L-형 알파 아미노산이고, 수백 수천 개의 아미노산이 펩티드 결합을 통해 단백질을 구성함

### 2. 아미노산

① 단백질의 기본 구성단위로, 단백질을 가수 분해하면 아미노산이 됨
② 아미노산의 특징: 염기성인 아미노 그룹(아미노기, $-NH_2$), 산성인 카르복실기 그룹($-COOH$)을 함유하는 유기산으로, 염기와 산의 특징을 가지고 있는 공산 염기성
③ 아미노산의 분류

| 중성 아미노산 | • 아미노 그룹과 카르복실기 그룹을 각각 1개씩 가지고 있음<br>• 필수 아미노산인 발린, 류신, 이소류신, 트레오닌이 해당함 |
| --- | --- |
| 산성 아미노산 | 아미노 그룹 1개와 카르복실기 그룹 2개를 가지고 있고 약산성을 띰 |
| 염기성 아미노산 | • 아미노 그룹 2개와 카르복실기 그룹 1개를 가지고 있고 약염기성을 띰<br>• 필수 아미노산 중 리신이 해당함 |
| 함황 아미노산 | • 황을 함유함<br>• 필수 아미노산 중 메티오닌이 해당하며, 시스테인, 시스틴 등이 있음 |

④ 필수 아미노산: 체내에서 합성이 되지 않아 음식을 통해 섭취해야 하는 아미노산
  ㉠ 성인의 경우: 이소류신, 류신, 리신, 페닐알라닌, 메티오닌, 트레오닌, 트립토판, 발린의 8종
  ㉡ 유아와 회복기 환자인 경우: 히스티딘이 추가된 9종

> **단백질의 질소 계수**
> 질소는 단백질에만 포함된 원소로, 단백질 내에 평균 16% 함유되어 있다.
> • 일반 식품의 단백질 함량: 질소(N) 함유량 × 6.25
> • 밀의 단백질 함량: 질소(N) 함유량 × 5.7

| 바로 확인문제 |

아미노산을 구성하는 주된 원소가 아닌 것은?
① 탄소(C)   ② 질소(N)
③ 황(S)   ④ 산소(O)

|해설| 단백질의 최소 단위는 아미노산이고, 아미노산을 구성하는 주된 원소는 탄소(C), 수소(H), 산소(O), 질소(N)이다.

|정답| ③

> **단백질의 분류**
> 생물학적 분류에 따라 동물성 단백질과 식물성 단백질로 분류하며 화학적 성질에 따라 단순 단백질, 복합 단백질, 유도 단백질로 분류한다.

### 3. 단백질의 분류

① 단순 단백질: 가수분해 시 아미노산만 생성되는 단백질로, 이외의 다른 물질이 결합하지 않은 순수한 단백질

| | |
|---|---|
| 알부민 | • 물이나 묽은 염류 용액에 잘 녹으며, 열과 강한 알코올에 응고됨<br>• 달걀 흰자, 혈청, 우유, 식물 조직에 존재함 |
| 글로불린 | • 물에는 잘 녹지 않고, 묽은 염류 용액에는 녹으며, 열에 응고됨<br>• 인을 함유한 것은 물에도 녹음<br>• 근육, 달걀, 혈청, 대마씨, 완두 등에 존재함 |
| 글루텔린<br>(밀의 글루테닌) | • 중성 용매에는 녹지 않고, 묽은 산, 알칼리에는 가용성이며, 열에 응고됨<br>• 곡식의 낱알에만 존재하고, 밀의 글루테닌이 대표적임 |
| 프롤라민<br>(글리아딘) | • 물과 중성 용매에는 녹지 않고, 묽은 산과 알칼리에는 녹음(특히 70~90%의 강한 알코올에 용해됨)<br>• 곡식의 낱알에 존재함<br>• 글리아딘(밀), 제인(옥수수), 호르데인(보리)이 대표적임 |
| 알부미노이드 | • 모든 중성 용매에 녹지 않음<br>• 가수 분해되면 콜라겐과 케라틴으로 나뉨 |
| 히스톤 | • 물이나 묽은 산에 녹으며, 암모니아에 의해 침전되고, 열에 응고되지 않음<br>• 동물의 세포에만 존재하며, 핵단백질, 헤모글로빈 등을 만듦 |

② 복합 단백질: 단순 단백질에 다른 유기 화합물이 결합되어 있는 단백질

| | |
|---|---|
| 핵단백질 | • 단백질+핵산<br>• 세포의 활동을 지배하는 세포핵을 구성함<br>• RNA, DNA와 결합하며, 동·식물의 세포에 존재함 |
| 당단백질 | • 단백질+탄수화물<br>• 뮤신(동물의 점액성 분비물에 존재), 뮤코이드[연골, 건(힘줄), 혈액의 점성 물질]가 이에 해당함 |
| 인단백질 | • 단백질+유기인<br>• 열에 응고되지 않음<br>• 카세인(우유), 오보비텔린(달걀 노른자)이 있음 |
| 금속단백질 | 철, 구리, 아연, 망가니즈 등과 결합한 단백질로, 호르몬의 구성 성분임 |
| 색소단백질<br>(크로모단백질) | • 포유류와 무척추 동물의 혈관과 녹색 식물에 존재함<br>• 헤모글로빈(혈액), 엽록소(식물), 미오글로빈(근육) 등이 있음 |

③ 유도 단백질: 효소, 산, 알칼리, 열 등의 작용제에 의한 분해로 얻어지는 단백질의 1차, 2차 분해 산물

| | |
|---|---|
| 메타단백질 | 단백질의 1차 분해 산물로, 물에는 불용성이며, 묽은 산과 알칼리에는 가용성임 |
| 프로테오스 | 메타단백질보다 가수 분해가 더 많이 진행된 분해 산물로, 수용성이고 열에 응고되지 않음 |
| 펩톤 | 펩타이드 직전의 분자량이 적은 분해 산물로, 교질성이 없고 수용성임 |
| 펩타이드 | 2개 이상의 아미노산의 화합물로, 아미노산 직전의 유도 단백질임 |

> **펩타이드 결합**
> 아미노산의 아미노기와 다음 아미노산의 카르복실기가 물을 잃고 축합된 것을 말한다.

### 4. 단백질의 성질

| | |
|---|---|
| 등전점 | 용매의 +, - 전하량이 같아져 단백질이 중성이 된 시점의 pH |
| 용해성 | • 단백질은 종류에 따라 용매에 대한 용해도가 다르고 용매의 pH에 따라 용해도가 다름<br>• 등전점에서 단백질은 용해되기 어려움 |
| 변성 | 열, 자외선, 산, 알칼리, 유기 약품, 중금속 염류 등에 의해 단백질의 구조가 변함 |

| 응고성 | • 열, 산, 알칼리를 가하면 단백질이 응고되는 성질<br>• 우유의 카세인은 효소(레닌)와 산에 의해 응고되어 치즈나 요구르트가 됨 |

## 5. 단백질의 구조

| 1차 구조 | 펩타이드 결합으로 사슬 모양, 단백질 고유의 아미노산 배열 |
|---|---|
| 2차 구조 | 폴리펩타이드 사슬이 수소 결합이나 이온 결합에 의해 나선 구조나 병풍 구조 형성 |
| 3차 구조 | 폴리펩타이드 사슬이 결합에 의해 구부러지고 압축되어 구상이나 섬유상 복잡한 구조 |
| 4차 구조 | 3차 구조 단백질이 모여 소단위가 다시 입체적으로 배열된 것 |

## 6. 밀가루 단백질

① 빵과 과자 제품을 만드는 데 있어서 제품의 부피를 결정하는 중요한 품질 지표임

**합격 팁**

밀가루의 글루테닌(탄력성)과 글리아딘(신장성)이 물과 결합하여 글루텐 단백질이 형성돼요.

② 밀 단백질

| 알부민 | 수용성 단백질 |
|---|---|
| 글로불린 | • 염에 녹는 단백질<br>• 진성 글로불린: 물에 녹지 않고 염에 녹는 것<br>• 가성 글로불린: 물에 녹는 것 |
| 글루테닌<br>(글루텔린) | • 알칼리에 녹는 단백질<br>• 탄력성이 있음 |
| 글리아딘<br>(프롤라민) | • 알코올에 녹는 단백질<br>• 신장성이 있음 |

③ 글루텐과 단백질의 관계: 밀가루와 물을 믹싱하면 탄력성과 신장성을 가진 글루텐이 생성됨(젖은 글루텐 생성)
  ㉠ 젖은 글루텐 함량(%): 젖은 글루텐 무게 ÷ 밀가루 무게 × 100
  ㉡ 건조 글루텐 함량(%): 젖은 글루텐 함량(%) ÷ 3 = 밀가루 단백질(%)

④ -SH와 -S-S- 결합(Sulfhydryl and Disulfide)
  ㉠ 밀가루 단백질의 -SH 집단이 산화제에 의해 다른 폴리펩타이드 사슬을 공격하여 -S-S- 결합을 형성하면 단백질 사슬이 서로 얽힌 망상 구조를 만들어 반죽의 유동성이 감소하고 교질성과 탄력성이 증가됨
  ㉡ 밀가루 단백질의 황 함유 아미노산인 '시스테인(Cysteine)'은 -SH기를 가지고 있어 산화제에 의해 쉽게 산화하여 -S-S- 사슬이 되는 '시스틴(Cystine)'이 됨

**| 바로 확인문제 |**

유황을 함유한 아미노산으로 -S-S- 결합을 가진 것은?
① 리신　　　　　　　　② 루신
③ 시스틴　　　　　　　④ 글루타민산

|해설| 밀가루 단백질의 황 함유 아미노산인 '시스테인(Cysteine)'은 -SH기를 가지고 있어 산화제에 의해 쉽게 산화하여 -S-S- 사슬이 되는 '시스틴(Cystine)'이 된다. 리신은 염기성, 루신은 중성, 글루타민산은 산성 아미노산이다.
|정답| ③

**건조 글루텐**

젖은 글루텐을 가열 건조시킨 후 분말화한 것이다.

## 04 효소(Enzyme)

### 1. 효소의 구성 및 특징
① 단백질이 주성분인 생물학적 유기 화학 반응의 촉매
② 영양소는 아니지만 생체의 분해와 합성에 중요한 역할을 하며, 온도·pH·수분 등의 영향을 받고 기질 특이성이 있음

| 바로 확인문제 |

효소를 구성하는 주요 구성 물질은?
① 탄수화물　　　　　　　　② 지질
③ 단백질　　　　　　　　　④ 비타민

|해설| 효소를 구성하는 주요 구성 물질은 단백질이다.　　　　　　　　|정답| ③

### 2. 효소의 분류(화학적 종류에 따른)

| 산화·환원 효소 | 산화와 환원 작용을 촉매하는 효소 |
|---|---|
| 전이 효소 | 한 물질에 있는 수소, 메틸, 아미노 그룹 등을 다른 물질에 옮기는 효소 |
| 가수 분해 효소 | 물질에 물을 첨가하여 가수 분해 반응을 촉매하는 효소 |
| 분해 효소 | 가수 분해 이외의 방법으로 물질을 분해하는 효소 |
| 이성화 효소 | 분자의 구조나 형태를 바꾸는 효소 예 포도당을 과당으로 이성화시키는 것 |
| 합성 효소 | 2개 분자의 축합·결합을 촉매하는 효소 |

### 3. 효소의 분류(작용 기질에 따른)
① 탄수화물 분해 효소
　㉠ 이당류 분해 효소

| 인버테이스 | • 설탕(자당)을 포도당과 과당으로 분해하는 효소<br>• 제빵용 이스트, 췌장, 장액 등에 존재함 |
|---|---|
| 말테이스 | • 맥아당을 2개의 포도당으로 분해하는 효소<br>• 제빵용 이스트, 췌액, 장액 등에 존재함 |
| 락테이스 | • 유당을 포도당과 갈락토오스로 분해하는 효소<br>• 췌장이나 장액에 존재하며, 제빵용 이스트에는 존재하지 않음 |

　㉡ 다당류 분해 효소

| 아밀레이스 | • 전분을 덱스트린으로 전환시키는 액화 작용을 하는 α-아밀레이스와 맥아당으로 전환시키는 당화 작용을 하는 β-아밀레이스가 있음<br>• α-아밀레이스와 β-아밀레이스를 총칭하여 디아스타아제라고 하며, 맥아 추출물, 밀가루, 침(프티알린), 박테리아와 곰팡이류에 존재함 |
|---|---|
| 이눌라아제 | 돼지감자 등에 있는 이눌린을 과당으로 분해하는 효소 |
| 셀룰레이스 | • 섬유소를 포도당으로 분해하는 효소<br>• 맥아가루, 목재 파괴 박테리아나 곰팡이에 들어 있음 |

　㉢ 산화 효소

| 치마아제<br>(찌마아제) | • 단당류를 알코올과 이산화탄소로 산화시키는 효소<br>• 제빵용 이스트에 들어 있어 발효에 관여함 |
|---|---|
| 퍼옥시다아제 | 카로틴계 황색 색소를 무색으로 산화하며, 대두 등에 존재함 |

---

**아밀레이스의 종류**

• α-아밀레이스
- 전분을 덱스트린화하는 능력을 가지고 있어 '액화 효소'라고 한다.
- 전분 분자의 α-1, 4 결합과 α-1, 6 결합을 가진 아밀로펙틴에도 작용하여 '내부 아밀레이스'라고 한다.
- 전분을 액화하지만 맥아당을 직접 만들지는 못한다.
- β-아밀레이스보다 열 안정성이 크다.

• β-아밀레이스
- 전분이나 덱스트린을 분해하여 맥아당을 만들어 '당화 효소'라고 한다.
- α-1, 4 결합에 작용하며, α-1, 6 결합을 가진 아밀로펙틴에는 작용을 하지 못하여 '외부 아밀레이스'라고 한다.
- 천연 상태의 전분에는 작용하지 않고 손상 전분과 덱스트린에서 맥아당을 생성한다.

② 지방 분해 효소

| 라이페이스 | • 지방의 에스테르 결합을 가수 분해하여 지방산과 글리세린으로 전환시킴<br>• 이스트, 밀가루, 장액에 존재함 |
|---|---|
| 스테압신 | 췌장에 존재함 |

③ 단백질 분해 효소: 단백질과 펩타이드의 결합을 끊어 분해하는 효소

| 프로테이스 | • 단백질을 펩톤, 폴리펩타이드, 펩타이드, 아미노산으로 분해하는 효소<br>• 밀가루, 발아 중인 곡식, 곰팡이류에 존재함 |
|---|---|
| 펩신 | 위액에 존재하는 단백질 분해 효소 |
| 트립신 | 췌액에 존재하는 단백질 분해 효소 |
| 레닌 | • 단백질을 응고시킴<br>• 송아지, 어린 양 등 반추 동물의 위액에 많이 존재함 |
| 펩티데이스 | 펩타이드를 가수 분해하여 아미노산으로 전환시키는 효소로, 췌장에 존재하는 단백질 분해 효소 |

### 4. 효소의 성질

| 선택성 | 효소는 어느 특정한 기질에만 작용(기질 특이성)이 있음 |
|---|---|
| 온도의 영향 | 30~40℃에서 가장 활동성이 크며, 열에 의해 변성되거나 파괴되면 활성을 잃음 |
| pH의 영향 | pH 4~8에서 반응하며, 효소가 최대로 활성되는 적정 pH는 효소 종류에 따라 크게 다름 |

> **합격 팁**
> 제빵용 아밀레이스는 pH 4.6~4.8에서 최대로 활성화돼요.

### 5. 효소와 제빵

① 아밀레이스(아밀라아제, Amylase)

㉠ 발효성 당을 생산하여 가스 생산을 증가시킴
㉡ 빵의 부피와 가스 보유력을 증대시킴
㉢ 껍질 색을 내는 당을 증가시킴
㉣ 빵의 보존성을 향상시킴
㉤ 아밀레이스의 활성 측정

| 린트너법 | 맥아당 생성을 기준으로 맥아에 있는 $\beta$-아밀레이스의 활성을 측정하는 방법 |
|---|---|
| 맥아당법 | 밀가루에 들어 있는 아밀레이스가 전분에 작용하여 맥아당을 생산하는 것을 측정하는 방법 |
| 가스 발생력 측정법 | 반죽에서 생성되는 맥아 등을 이용하여 효모가 생산하는 가스를 압력으로 측정하는 방법 |
| 아밀로그래프 | • 밀가루 전분의 호화 정도와 $\alpha$-아밀레이스의 활성을 측정<br>• 제빵용 밀가루의 적정 수준은 400~600B.U. 범위 |

② 프로테이스(프로테아제, Protease)

㉠ 반죽의 신장성, 반죽의 취급, 기계적 내성을 향상시킴
㉡ 완제품의 기공과 조직을 개선시킴
㉢ 혼합 시간을 단축시킴

# 02 재료과학

## 01 밀가루(Wheat Flour)

### 1. 밀의 구조

**밀의 구조**

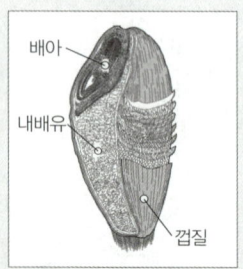

| 껍질<br>(과피, 밀기울) | • 밀 전체 무게의 14% 정도 차지<br>• 전밀가루에는 껍질이 들어 있으나 일반 밀가루에는 제분 과정에서 껍질이 분리되며, 비타민 B군과 섬유소, 회분을 함유함<br>• 밀가루에 많을수록 밀가루의 품질은 떨어짐 |
|---|---|
| 배아<br>(씨눈) | • 밀 전체 무게의 2~3% 정도 차지, 씨앗의 배아이며, 싹이 되는 부분임<br>• 지방이 10% 정도 들어 있어 밀가루의 저장성을 나쁘게 하기 때문에 일반적으로 제분 과정에서 배아를 분리시킴<br>• 비타민 A, B, E 등이 들어 있어 기능성 식품의 개발에 많이 이용되며, 배아유는 식용·약용으로 사용됨 |
| 내배유<br>(배유) | • 밀 전체 무게의 83% 정도 차지<br>• 밀가루가 되는 부분으로, 전체 단백질의 70~75% 차지 |

**밀가루의 부위별 성분** (단위: %)

| 구분 | 껍질 | 배아 | 내배유 |
|---|---|---|---|
| 무게 구성비 | 14.5 | 2.5 | 83 |
| 단백질 분포 | 19 | 8 | 73 |
| 회분 | 6.3 | 4.8 | 0.3 |
| 지방 | 6 | 8~15 | 1~2 |
| 무기소물 | 적음 | 적음 | 많음 |

| 바로 확인문제 |

밀알에서 내배유가 차지하는 무게 구성비는?
① 14% 정도  ② 36% 정도
③ 65% 정도  ④ 83% 정도

| 해설 | 내배유(배유)는 밀 전체 무게의 83% 정도를 차지하며 밀가루가 되는 부분이고, 전체 단백질의 70~75%를 차지한다. 껍질은 14% 정도, 배아는 2~3% 정도를 차지한다.
| 정답 | ④

### 2. 밀의 분류(단백질의 양과 경도에 따른)

① 경질밀: 단백질 함량이 높아 제빵용 밀가루를 만드는데, 평균 단백질 함량은 12~15%이고 회분 함량은 0.4~0.5%가 좋음
② 연질밀: 단백질 함량이 낮아 제과용 밀가루를 만드는데, 박력분의 평균 단백질 함량은 7~9%이고, 회분 함량은 0.43% 이하가 좋음

**파종 시기에 따른 밀의 분류**

• 봄밀(춘맥): 봄에 파종하여 늦은 여름이나 이른 가을에 수확
• 겨울밀(동맥): 가을에 파종하여 봄이나 여름에 수확

**초자율**

단면의 투명도를 말한다.

| 밀의 경도 | | 제품 유형 | 단백질량(%) | 용도 |
|---|---|---|---|---|
| 경질밀 | 초자질<br>(초자율 70%) | 강력분 | 12~15 | 빵용(식빵) |
| | | 듀럼분 | 11~12.5 | 스파게티, 마카로니 |
| 반경질밀 | 반초자질<br>(초자율 30%) | 준강력분 | 10.5~12 | 빵용(과자빵) |
| 연질밀 | 분상질<br>(초자율 30% 이하) | 중력분 | 8~10 | 우동, 면류 |
| | | 박력분 | 7~9 | 과자 |

 **합격 팁**

보통 제빵에는 강력분을 사용하고, 제과에는 박력분을 사용해요.

## 3. 제분

① 밀의 내배유로부터 껍질, 배아 부위를 분리하고 내배유의 전분을 손상되지 않게 고운 가루로 만드는 것을 말함

② 제분율(제분수율)

 ㉠ 밀을 제분하여 밀가루를 만들 때 밀에 대한 밀가루의 양을 %로 나타낸 것을 말함

 ㉡ 계산식

$$제분율(\%) = \frac{제분\ 중량}{원료\ 소맥\ 중량} \times 100$$

  ㉮ 100kg의 밀을 모두 밀가루로 만든 전밀가루는 제분율이 100%이고, 밀가루가 72kg이라면 제분율은 72%임

 ㉢ 제분율이 높을수록 비타민 $B_1$, $B_2$와 무기질의 함량이 증가함

 ㉣ 제분율이 낮을수록 껍질 부위가 적어 고급분임

③ 제분 과정 중 밀과 밀가루의 성분 변화

 ㉠ 수분과 탄수화물은 증가

 ㉡ 단백질은 1% 감소

 ㉢ 회분의 함량은 밀일 때 1.8%에서 밀가루로 제분되면 0.4~0.45%로 감소

④ 제분 공정

| | |
|---|---|
| 밀 저장소 | 종류별로 사용할 밀 저장 |
| 제품 통제 | 밀의 특성을 조사하여 분류하고 사용 목적에 따라 혼합비 결정 |
| 분리기 | 돌, 막대기, 조각 등 불순물 제거 |
| 흡출기 | 공기를 불어넣어 가벼운 불순물 제거 |
| 디스크 분리기 | 밀알만 통과 |
| 스카우러 | 밀알에 붙어 있는 먼지와 까락 등의 불순물을 털어 냄 |
| 자석 분리기 | 철 등을 분리 |
| 세척, 돌 고르기 | 밀에 물을 넣고 고속으로 일어서 제거 |
| 템퍼링 | 밀의 과피(껍질)가 잘 분리되도록 하고, 내배유를 부드럽게 함 |
| 혼합 | 특정 용도에 맞도록 밀을 조합 |
| 엔톨레터 | 파쇄기에 주입되는 부분으로 부실한 밀을 제거 |
| 1차 마쇄 | 톱니처럼 된 롤러로 밀을 파쇄하여 거친 입자를 만듦 |
| 1차 체질 | 그물눈을 곱게 하여 밀가루를 얻고 저급 밀가루와 사료로 분리 |
| 정선기 | 공기와 채그물로 과피를 분리 |
| 리듀싱 롤(2차 마쇄) | 정선기에서 나온 밀가루를 다시 마쇄하여 작은 입자로 만듦 |
| 2차 체질 | 체질에 의해 배아와 밀가루가 분리 |

## 4. 밀가루의 성분

① 탄수화물 65~78%, 단백질 6~15%, 지방 1~2% 이하, 수분 10~14%로 구성됨

② 단백질

 ㉠ 밀가루의 단백질 함량은 특히 제빵에 있어 중요한 품질 지표임

 ㉡ 제빵 적성은 단백질의 양과 질에 의해 좌우됨

---

**밀가루의 제분 공정**

- '마쇄 → 체질 → 정선' 과정이 연속적으로 이루어진다.
- '표백 → 저장 → 영양 강화 → 포장'의 과정이다.

**밀가루의 자연 숙성 기간**

밀가루는 2~3개월 숙성되며 이 기간 동안 글루텐 형성과 반죽 특성이 개선된다.

**제빵 적성**

밀가루가 잘 부푼 빵을 만들 수 있는 정도로, 좋은 품질의 제품을 생산할 수 있는 정도를 의미한다.

ⓒ 밀가루 단백질 중 불용성인 글리아딘과 글루테닌은 물과 결합하여 글루텐을 형성함

ⓓ 글루텐은 점성과 탄력성이 풍부하고 발효 과정에서 배출되는 탄산가스를 보유하는 능력이 있어 완성된 제품에 부피감을 줌

ⓔ 글리아딘은 신장성, 글루테닌은 탄력성에 영향을 줌

ⓕ 밀가루의 주요 단백질

| 글리아딘 | 물에 녹지 않고 70% 알코올에 녹으며, 약 36% 차지 |
|---|---|
| 글루테닌 | 중성 용매에 불용성이며, 약 20% 차지 |
| 메소닌 | 묽은 초산에 용해성이 있으며, 약 17% 차지 |
| 알부민, 글로불린 | 수용성이나 세척되지 않고, 전분, 지방, 회분, 섬유질과 함께 글루텐에 남아 있으며, 약 7% 차지 |

③ 탄수화물
ⓐ 밀의 탄수화물 중 전분이 약 70% 차지
ⓑ 손상 전분 입자는 α-아밀레이스가 작용하기 쉬워 발효가 진행되는 동안 가스 생산을 지원해 주는 발효성 탄수화물을 만듦
ⓒ 손상 전분의 권장량은 4.5~8%이며, 그 외의 탄수화물로는 덱스트린, 셀룰로오스, 펜토산, 당류 등이 있음
ⓓ 전분 함량은 단백질 함량과 반비례하며, 박력분이 강력분보다 전분의 함량이 높고, 탄수화물은 이스트의 주된 영양 성분이 됨

④ 지방: 밀가루에 1~2% 정도 포함되어 있음

⑤ 회분
ⓐ 밀가루 색과 관련이 있어 정제도나 밀가루의 등급을 나타내는 척도로 이용됨
ⓑ 제빵 적성을 직접 나타내지는 않으며, 밀가루를 혼합하여 사용하면 제빵 적성과 무관하게 회분 함량을 조절할 수 있음
ⓒ 제분율이 동일할 때에는 경질소맥의 회분이 연질소맥의 회분보다 많음
ⓓ 제분 공장의 점검 기준

⑥ 수분: 밀가루에 10~14% 정도 포함되어 있음

⑦ 효소
ⓐ 전분을 분해하는 아밀레이스와 단백질을 분해하는 프로테이스가 있음
ⓑ 효소의 활동은 밀가루의 가공 적성에 영향을 주며, 효소가 다량 함유된 밀가루는 가공 적성이 낮음

## 5. 밀가루 첨가제

① 표백제
ⓐ 자연 표백: 공기 중의 산소에 의해 산화하여 탈색됨
ⓑ 표백제: 과산화벤조일, 산소, 과산화질소, 이산화염소, 염소가스 등

📢 **합격 팁**
밀가루 입자의 크기가 작을수록 밝은 색을 띠고, 껍질 입자가 많을수록 어두운 색을 띠어요.

② 영양 강화제: 비타민, 무기질 등 밀가루에 부족한 영양소를 보강해 주는 물질

---

**손상 전분**
제분 공정에서 회전하는 두 개의 롤에 의해 밀이 분쇄될 때 전분립이 충격을 받아 전분 입자가 손상을 받은 것이다.

**회분**
- 식품을 550~590℃의 오븐에서 태우고 남은 재를 말한다.
- 밀기울의 양을 판단하는 기준이다.
- 일종의 무기질로, 식품을 태웠을 때 재로 남는 것이다.

**표백**
밀가루의 내배유 속의 크림색을 띠게 하는 카로티노이드계 색소(카로틴, 크산토필)를 제거하는 것이다.

③ 밀가루 숙성
  ㉠ 표백 작용 없이 밀가루의 숙성제로 작용하는 물질로, 브롬산칼륨, 아조디카본아마이드(ADA), 비타민 C가 있음
  ㉡ 브레이크와 슈레드, 기공, 조직, 속 색 개선 등에 영향을 줌

## 6. 밀가루의 저장

① 저장 방법: 포장한 밀가루를 24~27℃의 밝고 공기가 잘 통하는 저장실에서 약 3~4주간 숙성시키면 호흡 기간이 끝나 제빵 적성이 좋아짐

② 숙성되지 않은 밀가루의 특징
  ㉠ 제분 직후 밀가루는 색과 광택이 안 좋고 생화학적으로 불안한 상태임
  ㉡ 지용성 카로티노이드계 색소인 크산토필 때문에 노란색을 띰
  ㉢ pH 6.1~6.2로 빵 발효에 적당하지 않음
  ㉣ 글루텐의 교질화가 이루어지지 않아 반죽이 잘 형성되지 않음

③ 숙성된 밀가루의 특징
  ㉠ 황색 색소가 산화에 의해 희게 됨
  ㉡ 효소류의 작용으로 환원성 물질이 산화되어 환원 작용이 약하기 때문에 반죽의 글루텐의 질을 개선하며 흡습성을 좋게 함

## 7. 반죽의 물리적 실험

| | |
|---|---|
| 패리노그래프 (Farinograph) | • 밀가루의 흡수율, 믹싱 시간, 믹싱 내구성을 측정함<br>• 곡선이 500B.U.에 도달하는 시간(도달 시간)과 다시 아래로 떨어지는 시간 등으로 밀가루의 특성을 해석할 수 있음 |
| 아밀로그래프 (Amylograph) | • 밀가루와 물의 현탁액을 매분 1.5℃씩 온도를 균일하게 상승시켜 이때 일어나는 밀가루의 점도 변화를 계속 자동으로 기록하는 장치<br>• α-아밀레이스의 활성을 측정할 수 있으며, 밀가루의 호화 정도를 알 수 있음<br>• 제빵용 밀가루의 곡선 높이는 400~600B.U.가 적당함 |
| 익스텐소그래프 (Extensograph) | • 반죽의 신장성과 신장에 대한 저항을 측정하는 기계<br>• 패리노그래프의 결과를 보완해 주는 기계로, 밀가루 개량제의 효과를 측정함 |
| 레오그래프 (Rheograph) | • 반죽이 기계적 발달을 할 때 일어나는 변화를 측정하여 그래프로 나타내는 기록형 믹서<br>• 밀가루의 흡수율 계산에 적합함 |
| 믹소그래프 (Mixograph) | • 온도와 습도 조절 장치가 부착된 고속 기록 장치가 있는 믹서<br>• 반죽의 형성 및 글루텐의 발달 정도를 기록·측정하며, 밀가루 단백질의 함량과 흡수의 관계를 판단함 |
| 믹사트론 (Mixatron) | • 새로운 밀가루에 대한 정확한 흡수 시간과 혼합 시간을 신속히 측정함<br>• 종류와 등급이 다른 밀가루에 대한 반죽 강도, 흡수의 사전 조정과 혼합 요구 시간 등을 측정함<br>• 재료 계량 및 혼합 시간의 오판 등 사람의 잘못으로 일어나는 사항과 계량기의 부정확 또는 믹서의 작동 부실 등 기계의 잘못을 계속 확인함 |
| 알베오그래프 (Alveograph) | • 반죽의 신장성이나 저항성을 측정하여 반죽의 높이, 신장, 면적 등을 파악함<br>• 알베오그래프를 개량한 것이 익스텐소그래프 |
| 맥미카엘 점도계 | 케이크, 쿠키, 파이, 페이스트리용 밀가루의 제과 적성 및 점성을 측정하는 기계 |

> **합격 팁**
> 패리노그래프, 아밀로그래프, 익스텐소그래프는 시험에 자주 출제되므로 꼭 기억해 두도록 해요.

## 02 기타 가루

### 1. 호밀가루

① 구성과 특징

| | |
|---|---|
| 단백질 | • 밀가루에 비해 단백질의 양적인 차이는 없고 질적인 차이가 있음<br>• 글루텐을 형성하는 단백질인 글리아딘과 글루테닌은 밀의 경우 전체 단백질의 90%이고, 호밀은 25.7%임<br>• 글리아딘과 글루테닌의 함량이 적기 때문에 탄력성과 신장성이 나빠 밀가루와 혼합하여 사용함 |
| 탄수화물 | • 전분이 70% 이상이며, 펜토산의 함량이 많음<br>• 펜토산은 고분자의 탄수화물로 호밀가루에는 5%(5% 중 30~40% 수용성) 정도 함유되어 있으며, 수용성 펜토산은 약 10배의 물을 흡수하기 때문에 반죽을 부드럽게 하고 촉촉한 제품을 얻을 수 있음<br>• 펜토산 함량이 높아 반죽을 끈적이게 하고 글루텐의 탄력성을 약화시킴<br>• 호밀가루의 배합이 많아지면 빵 속이 설익거나 끈적이게 되므로 호밀빵을 만들 때에는 이스트에 의한 발효보다 샤워종을 사용하면 양질의 호밀빵을 만들 수 있음 |
| 지방 | • 호밀의 배아 부분에 주로 존재하며, 인지질이 레시틴을 0.5% 함유함<br>• 호밀분에 지방 함량이 높으면 저장성이 나쁨 |

> **호밀가루**
> 독일, 폴란드, 스칸디나비아반도 일대와 러시아, 북유럽 등지에서 재배하며 호밀빵의 주원료로 이용한다.

| 바로 확인문제 |

호밀빵 제조 시 호밀가루에 밀가루를 섞어서 사용하는 이유와 기능으로 적절한 것은?
① 독특한 맛 부여    ② 조직의 특성 부여
③ 색상 향상    ④ 구조력 향상

|해설| 호밀가루는 글루텐을 형성하는 단백질이 밀가루보다 작아 구조력이 약하여 밀가루와 섞어서 사용한다.    |정답| ④

② 제분율에 따른 분류

| | |
|---|---|
| 백색 호밀가루 | • 호밀의 중심 부분을 뺀 것으로, 표백제로 화학 처리한 호밀가루<br>• 전분이 대부분이고 회분(0.5~0.6%)과 단백질(6~9%)이 가장 적으며, 색상이 밝아서 라이트 호밀빵에 이용함 |
| 중간색 호밀가루 | 제분율 80%, 스트레이트 가루, 회분 함량이 약 1%인 담회색 |
| 흑색 호밀가루 | • 회분 함량이 2%이고, 단백질은 12~16%로 제분율이 높음<br>• 껍질 입자가 가장 많이 함유되어 있어 검은색 호밀빵에 이용함 |

### 2. 대두분

① 대두(콩)가루로 밀가루에 부족한 각종 아미노산을 함유하고 있어 밀가루의 영양소 보강을 위해 사용함
② 제빵에 쓰이는 대두분은 탈지 대두분으로 필수 아미노산인 리신의 함량이 높아 밀가루의 영양 보강제로 사용함
③ 케이크, 도넛에 대두분을 사용하면 껍질 구조 강화, 흡수율 감소, 껍질 색 개선, 식감 개선 효과를 얻을 수 있음

### 3. 땅콩가루

단백질과 필수 아미노산의 함량이 높아 영양 강화 식품의 중요한 자원임

### 4. 감자가루

구황식품으로 향료제, 노화 지연제, 이스트의 성장을 촉진시키는 영양제로 사용함

## 5. 옥수숫가루
① 옥수수를 제분하여 빵·과자 제품에 직접 사용함
② 주로 차진 성질이 없는 메옥수숫가루(락시콘)를 사용하며, 익힌 옥수숫가루나 찰옥수숫가루는 케이크의 내상이 엉키므로 부적당함
③ 옥수수 전분(콘스타치, Cornstarch)은 음식물 조리의 농후화제로 사용함
④ 옥수수 단백질인 제인(Zein)이 많고 리신과 트립토판이 결핍된 불완전 단백질이지만, 일반 곡류에 부족한 트레오닌과 함황 아미노산인 메티오닌이 많아 혼식하면 좋음
⑤ 옥수숫가루는 글루텐 형성 능력이 작아 밀가루와 섞어 사용하며, 같은 부피의 빵을 만들기 위해서는 분할량을 증가시켜야 함

## 6. 보릿가루
① 보리 특유의 구수한 맛과 건강식으로 빵류에 사용함
② 주단백질인 호르데인은 글루텐 형성 능력이 낮아 같은 부피의 빵을 만들기 위해서는 분할량을 증가시켜야 함

## 7. 전분
① 전분의 종류에 따라 호화 온도, 팽윤 정도, 반죽의 점도 등의 차이가 있으며, 푸딩, 파이 내용물을 결합하기 위해 사용함
② 점증제(호료, Gelling Agents): 식품에 작용하여 점착성을 증가시키고, 유화 안정성을 좋게 하며, 식품 가공에서 가열이나 보존 중에 점도 유지와 형체 보존에 도움을 주고, 점활성을 주어 촉감을 좋게 하기 위해 사용함
③ 전분의 점증제에 영향을 주는 요인: 조리 시간, 조리 온도, 설탕의 존재 유무(전분량 대비 30% 이하), 지방의 존재 유무

## 8. 활성 밀 글루텐(건조 글루텐)
① 반죽을 물로 씻어 전분을 제거한 덩어리를 젖은 글루텐이라고 하며, 일정한 조건하에서 건조(주로 분무 건조법)하여 수분을 6% 이하로 하고 밀가루 형태로 분말화한 것을 건조 글루텐 또는 활성 글루텐이라고 함
② 특징
 ㉠ 밀가루에서 단백질(글루텐)을 추출하여 만든 연한 황갈색의 미세한 분말
 ㉡ 밀가루의 단백질 함량이 낮아 이를 높이고자 할 경우나, 섬유질·호밀가루·옥수숫가루, 기타 재료의 사용으로 밀가루의 사용량이 적어질 경우에 개량제로 사용
 ㉢ 밀가루에 물을 넣고 반죽을 하면 단백질이 결합하여 점성과 탄력성이 있는 글루텐 형성
③ 구성: 단백질 75~77%, 지방 0.7~1.5%, 회분 1% 내외, 수분 4~6%
④ 효과
 ㉠ 반죽의 믹싱 내구성을 개선시킴
 ㉡ 발효·성형하는 동안 안정성을 증가시킴
 ㉢ 제품의 부피 증가와 기공·조직·저장성을 개선시킴
 ㉣ 활성 글루텐 사용량 1%에 대하여 1.25~1.75%의 흡수율이 증가함
 ㉤ 하스 브레드, 호밀빵, 건포도빵, 고단백빵 등에 사용함

### 분무 건조법
분무기에 의해 미립화된 액체 방울이 가열 공기와 접촉하여 순간적으로 분말화되는 것이다.

### 글루텐 함량
- 젖은 글루텐 함량(%) = 젖은 글루텐 무게 ÷ 밀가루 무게 × 100
- 건조 글루텐 함량(%) = 젖은 글루텐 함량(%) ÷ 3
- 예) 밀가루 50g에서 15g의 젖은 글루텐을 채취했다면 이 밀가루의 건조 글루텐 함량은?
  - 젖은 글루텐 함량(%) = 15 ÷ 50 × 100 = 30%
  - 건조 글루텐 함량(%) = 30% ÷ 3 = 10%

### 9. 프리믹스

① 제품의 특성에 따라 밀가루, 소금, 설탕, 분유, 계란 분말, 향료 등의 재료와 이스트, 베이킹파우더, 베이킹소다와 같은 팽창제 등이 제품의 특성에 맞게 균일하게 혼합된 원료를 말함
② 장점
    ㉠ 재료 계량과 공정이 편리함
    ㉡ 계란, 우유 등의 위생상의 문제를 해결할 수 있음
    ㉢ 저장 면적을 줄이고 재고 관리를 효율적으로 할 수 있음
    ㉣ 제품의 균일성을 얻을 수 있음

## 03 감미제(Sweeting Agents)

### 1. 감미제의 기능

① 단맛(감미)을 부여함
② 마이야르 반응과 캐러멜화 반응을 통해 껍질 색을 진하게 함
③ 수분 보습제로, 보습 효과가 있어 노화를 지연시킴
④ 감미제의 종류에 따라 독특한 향을 냄
⑤ 제과 시 밀가루 단백질을 부드럽게 하는 연화 작용을 함
⑥ 제빵 시 발효가 진행되는 동안 이스트의 먹이를 제공하고, 제품 속의 결과 기공을 부드럽게 함

> **마이야르 반응(갈변 반응)**
> 아미노산과 환원당이 가열에 의해 반응하여 갈색으로 변하는 현상으로, 비환원당인 설탕에서는 반응이 나타나지 않는다.
>
> **설탕**
> 사탕수수나 사탕무의 즙액을 농축하고 결정화시켜 원심 분리하면 원당과 제1 당밀이 되는데, 이 원당으로 만드는 당이 설탕이다.

### 2. 설탕(자당, Sucrose)

① 정제당: 원당 결정 입자에 붙어 있는 당밀과 불순물을 제거하여 만든 순수한 당

| 입상형 당 | 자당이 알갱이 형태를 이룬 것으로, 입자가 아주 미세한 제품부터 큰 제품까지 용도별로 제조 |
|---|---|
| 분당<br>(분설탕, 슈가 파우더) | • 거친 설탕을 곱게 빻아 가루로 만든 가공당<br>• 덩어리가 생기는 것을 방지하기 위해 3% 정도의 옥수수 전분을 혼합하며, 전분 이외에 고화 방지제로써 인산칼슘을 1% 이내로 첨가 |

② 변형당
    ㉠ 입상형이나 분당에 속하지 않는 당으로, 색은 백색에서 암갈색까지 다양함
    ㉡ 각설탕, 빙당, 커피 슈가 등
③ 액당
    ㉠ 자당(설탕) 또는 전화당이 물에 녹아 있는 용액 상태의 당
    ㉡ 취급이 용이하고 위생적이므로 설탕을 대량으로 사용하는 공장에서 많이 사용함
    ㉢ 액당의 당도: 설탕물에 녹아 있는 설탕의 무게를 %로 표시한 수치

> ★ 액당의 당도(%) = 설탕의 무게 ÷ (설탕의 무게 + 물의 무게) × 100

④ 전화당
    ㉠ 산이나 효소로 자당을 가수 분해하여 생성된 동량의 포도당과 과당의 혼합물
    ㉡ 설탕 대비 감미도가 높고, 수분 보유력이 높으므로 보습이 필요한 제품에 사용함
    ㉢ 제품에 향을 부여하며, 설탕의 결정화를 방지하고 껍질 색의 형성을 빠르게 함
⑤ 함밀당: 당밀을 분리하지 않고 함께 굳힌 설탕으로 흑설탕이 이에 해당함

> **용매와 용질**
> • 용매: 어떤 액체에 물질을 녹여서 용액을 만들 때 그 액체를 가리키는 말(당도 계산 시 물)
> • 용질: 용액에 녹아 있는 물질(당도 계산 시 설탕)

### 3. 포도당(Glucose)

① 전분을 가수 분해하여 만듦
② 포도당에는 무수 포도당($C_6H_{12}O_6$)과 함수 포도당($C_6H_{12}O_6 \cdot H_2O$)이 있는데, 제과에서 사용하는 포도당은 함수 포도당임
③ 이스트의 영양원이며 설탕보다 좋은 효과가 있음
④ 수분 보유력이 좋아 빵의 촉감과 결을 부드럽게 하고 빵의 유연성과 탄력성을 좋게 함
⑤ 설탕보다 색이 더 진하게 남

> **전분당**
> 전분을 가수 분해하여 얻는 당으로, 물엿, 포도당, 이성화당, 맥아당 등이 있다. 설탕은 사탕수수나 사탕무로부터 얻는 당이므로 전분당이 아니다.

| 바로 확인문제 |

전분당이 아닌 것은?
① 물엿
② 설탕
③ 포도당
④ 이성화당

|해설| 전분당이란 전분을 가수 분해하여 얻는 당을 말하며, 설탕은 사탕수수나 사탕무로부터 얻는 당이다. |정답| ②

### 4. 물엿(Starch Syrup, Corn Syrup)

① 전분을 산 또는 효소로 가수 분해하여 만든 제품으로, 물이 혼합된 상태의 끈끈한 액체
② 설탕에 비해 감미도는 낮지만 점성, 보습성이 뛰어나 제품의 조직을 부드럽게 만듦

### 5. 맥아(Malt)와 맥아 시럽(Malt Syrup)

① 맥아와 맥아 시럽

| 맥아 | 맥아는 발아시킨 보리의 낱알로, 발아 정도는 싹의 길이로 판단함 |
|---|---|
| 맥아 시럽 | 맥아분에 물을 넣고 가온하여 탄수화물 분해 효소, 단백질 분해 효소, 맥아당, 가용성 단백질, 광물질, 기타 맥아 물질을 추출한 액체 |

② 제빵에서의 역할: 이스트의 발효 촉진, 가스 생산 증가, 특유의 향과 껍질 색 개선, 제품 내부의 수분 함량 증가

> 📢 **합격 팁**
> 맥아와 맥아 시럽은 여러 가지 곡물로부터 얻을 수 있지만, 주로 보리를 발아시켜 만들어요.

| 바로 확인문제 |

제빵에 맥아를 사용하는 목적이 아닌 것은?
① 이산화탄소의 생산을 증가시킨다.
② 제품에 독특한 향미를 부여한다.
③ 노화 지연 효과가 있다.
④ 구조 형성에 도움을 준다.

|해설| 맥아는 주로 보리를 발아시켜 만드는 감미제로, 구조 형성의 역할은 하지 않는다. |정답| ④

### 6. 당밀(Molasses)

① 사탕수수나 사탕무에서 원당을 분리하고 남은 1차 산물 또는 부산물을 말함
② 특유의 단맛과 보습성을 가지고 있어 제품을 오랫동안 촉촉하게 보존 가능하게 함
③ 제과에서 많이 쓰이는 럼주는 당밀을 발효시킨 술임

### 7. 유당(젖당, Lactose)

① 포유동물의 젖에만 존재하는 감미 물질로 우유 속에 평균 4.8%를 함유하고 있으며, 감미도가 16으로 설탕에 비해 감미도와 용해도가 낮고 결정이 잘 형성됨
② 이스트에 의해 발효되지 않기 때문에 반죽에 잔류당으로 남아 갈변 반응을 일으켜 껍질 색이 진해짐
③ 유산균에 의해 유산이 생성됨

### 8. 기타 감미제

| | |
|---|---|
| 캐러멜 색소 (Caramel Color) | 설탕류를 가열하여 만든 암갈색의 무정형 물질로, 감미제보다 착색제로 많이 쓰임 |
| 아스파탐 (Aspartame) | • 아스파트산과 페닐알라닌의 아미노산 2종류가 결합되어 이루어진 감미료로, 감미도는 설탕의 200배임<br>• 주로 가열 조리가 필요하지 않은 껌, 청량음료에 사용함 |
| 올리고당 (Oligosaccharides) | • 포도당 1개에 과당 2~4개가 결합된 3~5당류<br>• 감미도는 설탕의 30% 정도이며, 장내 비피더스균의 증식 인자로 알려져 있음 |
| 이성화당 (Isomerized Sugar) | 포도당의 일부를 과당으로 이성화시켜 과당과 포도당이 혼합된 당으로, 고과당 물엿 등이 있으며, 시럽 상태가 많음 |
| 꿀 (Honey) | 감미도가 높고 독특한 향이 있으며 수분 보유력이 좋아 제과 제품에 많이 쓰임 |

## 04 유지(Fat & Oil)

### 1. 유지의 종류

**버터·마가린·쇼트닝의 비교**

| 구분 | 지방 종류 | 지방 함량 |
|---|---|---|
| 버터 | 유지방 (우유 지방) | 80% 정도 |
| 마가린 | 식물성 | 80% |
| 쇼트닝 | 동·식물성 | 100% |

| | |
|---|---|
| 버터 (Butter) | • 우유 지방에 물이 분산되어 있는 형태의 유중수적형<br>• 우유 지방 80~81%, 수분 14~17%, 소금 0~3% 등으로 구성<br>• 융점이 낮고, 가소성(Plasticity)의 범위가 좁음<br>• 버터의 독특한 향과 풍미는 디아세틸(Diacetyl), 유산(젖산)에 의한 것임 |
| 마가린 (Margarine) | • 버터의 대용품으로 대두유, 면실유 등 식물성 유지를 경화시켜 만든 경화유<br>• 유중수적형 제품으로 가소성, 유화성, 크림성이 좋으나 버터의 풍미에는 미치지 못함<br>• 지방 80%, 우유 16.5%, 소금 0~3%, 유화제 0.5% 등으로 구성<br>• 주로 식물성 유지를 사용하지만, 동물성과 식물성이 섞인 컴파운드 마가린도 사용됨 |
| 라드 (Lard) | • 돼지의 지방을 분리해서 정제한 것으로 상온에서 백색의 고형 지방임<br>• 버터 다음으로 풍미가 좋고 가소성 범위가 넓음<br>• 크림성과 산화 안정성이 낮음 |
| 쇼트닝 (Shortening) | • 라드의 대용품으로 동·식물성 유지에 수소를 첨가하여 만든 경화유<br>• 대부분 수분 0.5% 이하, 지방 100%로 구성<br>• 향료·소금 성분이 없고 색과 풍미가 없음 |
| 튀김 기름 (Flying Fat) | • 식용유나 팜유를 튀김 기름으로 많이 사용<br>• 튀김 온도는 180~195℃로, 높은 온도이므로 기름의 가수 분해와 산소에 의한 산패가 빨리 일어남<br>• 튀김 기름이 갖추어야 할 요건<br>  - 튀김물이 기름에 튀겨지는 동안 구조 형성에 필요한 열을 잘 전달하여 튀김물의 구조를 형성할 수 있어야 함<br>  - 튀김 중이나 포장 뒤에도 불쾌한 냄새가 나지 않아야 함<br>  - 흡수된 지방은 제품이 냉각되는 동안 충분히 응결되어야 함<br>  - 산패에 대한 안정성, 저항성이 크고 산가가 낮아야 함 |

**튀김 기름의 4대 적**

온도(열), 수분(물), 공기(산소), 이물질

## 2. 발연점

① 기름을 비등점(끓는점, 비점) 이상으로 계속 가열할 때 일정 온도에서 푸른 연기를 내기 시작하는 온도점을 말함

② 기름의 종류에 따른 발연점(℃)

| 땅콩기름 | 올리브유 | 라드 | 면실유 |
|---|---|---|---|
| 162℃ | 175℃ | 194℃ | 223℃ |

## 3. 지방 고형질 계수(Solid Fat Index)

① 가소성 유지는 실온에서 고체처럼 보이지만 20~30%의 고형질과 70~80%의 액체유가 섞여 있는 것으로, 고체 형태의 지방 함량을 지방 고형질 계수로 표시하는데, 이는 유지의 물리성, 기능성을 아는 데 중요함

② 10% 이하는 대단히 부드러운 상태, 15~20%는 점토와 같은 상태이며, 40% 이상은 단단한 상태임

③ 제품별 지방 고형질 계수

| 제품 | 10℃ | 20℃ | 30℃ | 35℃ | 융점(℃) |
|---|---|---|---|---|---|
| 식탁용 마가린 | 41.5 | 26.0 | 6.0 | 1.0 | 34.2 |
| 케이크용 마가린 | 39.0 | 25.0 | 10.0 | 5.5 | 41.3 |
| 롤-인 마가린 | 24.1 | 20.5 | 18.8 | 16.3 | 46.1 |
| 퍼프용 마가린 | 27.4 | 24.2 | 22.6 | 20.1 | 48.3 |

## 4. 유지의 안정화

| 항산화제<br>(산화 방지제) | • 유지의 산화적 연쇄 반응을 방해함으로써 유지의 안정 효과를 갖게 하는 물질<br>• 비타민 E(토코페롤), PG(프로필갈레이트), BHA, BHT, NDGA, 구아검 등<br>• 항산화 보완제에는 비타민 C, 구연산, 주석산, 인산 등이 있으며, 항산화제와 같이 사용하면 항산화 효과를 높일 수 있음 |
|---|---|
| 수소 첨가 | • 지방산의 이중 결합에 수소(H)를 첨가하여 불포화도를 감소시키는 것<br>• 유지의 경화: 니켈을 촉매로 수소를 첨가시켜 유지의 융점이 높아지고 유지가 단단해지는 현상 |

## 5. 제과·제빵용 유지의 성질 및 특성

| 크림성(크림가) | • 유지가 믹싱 조작 중 공기를 포집하여 크림이 되는 성질<br>• 버터 크림, 크림법으로 제조하는 케이크 등 |
|---|---|
| 가소성 | • 유지가 상온에서 너무 단단하지 않으면서 높은 온도에서 너무 무르게 되지 않는 성질로, 상온에서 고체 모양을 유지하여 자유롭게 정형할 수 있게 함<br>• 퍼프 페이스트리, 데니시 페이스트리, 파이 |
| 안정성 | • 유지를 산화시키거나 분해시키는 성질에 대하여 저항하는 성질로 산화와 산패를 장기간 억제하는 성질<br>• 유통 기간이 긴 쿠키와 크래커, 높은 온도에 노출되는 튀김물에서 중요한 특성 |
| 유화성(유화가) | • 유지가 물을 흡수하여 보유하는 성질과 물과 기름을 잘 섞이게 하는 성질<br>• 레이어 케이크류, 파운드 케이크와 같이 고율 배합의 제품에 중요한 특성 |
| 쇼트닝성 | • 제과·제빵 제품에 부드러움과 바삭함을 주는 성질<br>• 버터나 쇼트닝이 많이 가지고 있는 성질 |

**쇼트닝가**

제과·제빵 제품의 부드러움을 나타내는 수치로, 표준 크래커나 파이 껍질 강도의 부드러움 정도를 쇼트 미터로 측정한다.

| 바로 확인문제 |

유지의 기능 중 크림성에 대한 설명으로 옳은 것은?

① 제품을 부드럽게 한다.
② 밀어 펴는 성질을 부여한다.
③ 산패를 방지한다.
④ 공기를 포집하여 부피가 커지게 한다.

| 해설 | ①은 쇼트닝성, ②는 신장성, ③은 안정성에 대한 설명이다.　　　　　　　　| 정답 | ④

> **유리 지방산**
> - 우수한 튀김물을 생산하기 위한 유리 지방산의 적정 함량은 0.5%이며, 이 수치에 도달하는 기간을 품질 기간(Quality Period)이라 한다. 품질 기간을 유지하기 위해서는 튀김 과정에서 흡수된 만큼의 신선한 기름을 보충해야 한다.
> - 유리 지방산의 함량이 높아지면 발연점은 낮아진다.
>
> **유지의 첨가**
> 식빵의 경우 밀가루 대비 3~4%의 유지 첨가는 부피를 증가시키며, 5~6%의 유지 첨가는 빵의 조직을 부드럽게 하고 저장성을 좋게 한다.

## 6. 유지의 화학적 성질 및 특성

| 산가<br>(유리 지방산가) | • 1g의 유지에 들어 있는 유리 지방산을 중화하는 데 필요한 수산화칼륨의 mg을 %로 표시한 것<br>• 유지의 가수 분해 정도를 나타내는 지수로, 유지의 질을 판단함 |
|---|---|
| 검화가 | 유지 1g을 검화하는 데 필요한 수산화칼륨(KOH)의 mg의 수 |
| 과산화물가 | 유지 1kg에 들어 있는 과산화물의 함유량을 측정함 |

## 7. 제과 · 제빵에서의 유지의 기능

① 껍질을 얇고 부드럽게 함
② 밀가루 단백질에 대하여 연화 작용(부드럽게 하는 작용)을 함
③ 수분 증발을 방지하고 노화를 지연시키며 유지 특유의 맛과 향을 줌
④ 영양가를 높여 반죽의 신장성을 좋게 함
⑤ 가스 보유력을 증대시켜 빵의 부피를 크게 함

## 05 계면 활성제(유화제, Surface Active Agent)

### 1. 계면 활성제의 정의
액체의 표면 장력을 낮추어 서로 혼합되지 않는 두 액체 중 한쪽을 다른 액체 속에 고운 입자 형태로 분산시켜 유화 작용을 일으키는 물질

### 2. 계면 활성제의 기능과 용도
① 세척, 삼투, 기포, 유화, 분산 기능
② 빵, 과자의 부피와 조직을 개선하고, 기계 내성을 향상시키며 노화를 지연시킴
③ 케이크 반죽과 아이싱의 유화제

### 3. 계면 활성제의 특성
① 화학적 구조: 모든 계면 활성제는 친수성 그룹과 친유성 그룹을 함께 가지고 있음

| 친수성 그룹 | 유기산처럼 극성기를 가지고 있어 물과 친화력이 있음 |
|---|---|
| 친유성 그룹 | 지방산처럼 비극성기를 가지고 있어 유지에 쉽게 용해·분산됨 |
| 친수성-친유성 균형<br>(HLB, Hydrophile-Lipophile Balance) | • 계면 활성제 분자 중 친유성단에 대한 친수성단의 크기와 강도의 비를 친수성-친유성의 균형이라고 하고, 'HLB'라고 표시하며, HLB 값이 클수록 친수성이 증대함<br>• HLB의 수치는 1~20까지 표시<br>• HLB의 수치가 9 이하이면 친유성으로 기름에 용해되고, 유중수적형의 유화 상태를 나타냄<br>• HLB의 수치가 11 이상이면 친수성으로 수중유적형의 유화 상태를 나타내며 물에 용해됨 |

② 유화의 종류

| 수중유적형<br>(O/W, Oil in Water) | • 물속에 기름이 분산된 형태<br>• 우유, 마요네즈, 아이스크림 |
|---|---|
| 유중수적형<br>(W/O, Water in Oil) | • 기름에 물이 분산된 형태<br>• 버터, 마가린 |

> **합격 팁**
>
> 물과 친화력이 있으면 친수성 그룹, 기름과 친화력이 있으면 친유성 그룹이에요. HLB가 11 이상이면 친수성, 9 이하면 친유성으로 구분해요.

**유화**
물과 기름처럼 잘 섞이지 않는 두 종류의 액체를 안정시켜 혼합 상태를 유지하는 것을 말한다.

### 4. 계면 활성제의 종류

| | |
|---|---|
| 레시틴 | • 친유성 유화제로 옥수수기름과 대두기름으로부터 얻어지며 쇼트닝과 마가린의 유화제로 쓰임<br>• 빵 반죽 기준으로 0.25%, 케이크 반죽은 유지의 1~2%를 사용하면 반죽의 유동성이 좋아짐<br>• 산화방지 효과가 있음 |
| 모노-디글리세리드 | • 제과에서 가장 많이 사용<br>• 쇼트닝 제품에 유지의 6~8%, 빵에는 밀가루 대비 0.365~0.5%를 사용하면 노화가 감소함 |
| 모노-디글리세리드의 디아세틸 타르타르산 에스텔 | 친유성기와 친수성기가 1 : 1로 되어 있어 유지에도 녹고 물에도 분산됨 |
| 아실 락티레이트 | 비흡습성 분말인 아실 락티레이트는 물에 녹지 않지만, 대부분의 비극성 용매와 뜨거운 유지에는 녹음 |
| SSL | 크림색 분말로 물에 분산되고 뜨거운 기름에 용해됨 |

| 바로 확인문제 |

빵의 노화 방지에 유효한 첨가물은?
① 이스트 푸드
② 산성탄산나트륨
③ 모노-디글리세리드
④ 탄산암모늄

| 해설 | 모노-디글리세리드는 유화제의 역할을 하며, 노화를 지연시킨다. 이스트 푸드는 이스트의 발효 촉진, 물 조절제, 반죽 조절제의 역할을 하며, 산성탄산나트륨과 탄산암모늄은 팽창제의 일종이다. | 정답 | ③

## 06 이스트(효모, Yeast)

### 1. 이스트의 특징

① 생물학적 특성
  ㉠ 효모라고도 하며, 빵, 맥주, 포도주 등을 만들 때 사용되는 미생물임
  ㉡ 곰팡이류에 속하나 균사가 없고 광합성 작용과 운동성이 없는 단세포 식물로 자체에 엽록소가 없어 외부로부터 영양분을 공급받아야 하는 타가 영양체임
  ㉢ 형태는 원형 또는 타원형, 길이는 1~10㎛, 폭은 1~8㎛임
  ㉣ 직경 1㎛ 정도인 핵은 대사의 중추적 역할을 담당하고 유전에 관여함
  ㉤ 생이스트의 1g당 세포 수는 50억~100억 개임

**이스트의 학명**
이스트의 학명은 Saccharomyces Cerevisiae이다.

**무성 생식**
- 암수 개체가 필요 없이 한 개체가 단독으로 새로운 개체를 형성하는 방법이다.
- 한 개체에서 만들어진 생식 세포가 단독으로 새로운 개체가 되는 경우가 무성 생식이다.

② 생식 및 증식

| 출아법 | • 성숙된 이스트 세포의 핵이 2개로 분열하여 어미 세포의 핵과 세포질이 출아된 세포로 이동하여 새로운 딸 세포를 형성<br>• 이스트의 가장 보편적인 증식 방법은 무성 생식인 출아법 |
|---|---|
| 포자 형성 | • 주위의 조건이 무성 생식에 부적합할 때의 증식 방법<br>• 포자낭 속에서 작은 포자로 성장하면서 낡은 세포벽이 터져 조건이 맞으면 발아하여 정상적인 성장 및 생식을 시작 |
| 유성 생식 | 서로 대응이 되는 세포를 인위적으로 교배하여 발효력, 견실성, 저장성 등 이스트의 능력을 개선하는 데 이용 |

③ 이스트의 활동
㉠ 이스트는 10℃ 이하에서 활동이 정지됨
㉡ -60℃로 동결시켜도 완전히 죽지는 않지만 60℃에서 세포가 파괴되기 시작하여 이스트 세포는 63℃ 전후에서, 포자는 69℃ 전후에서 사멸함
㉢ 굽기 과정 중 빵 속 온도가 99℃가 되면 이스트는 완전히 파괴됨

 **합격 팁**
이스트는 주로 출아법으로 증식하는 단세포 생물이에요.

### 2. 이스트의 구성 성분과 효소

① 이스트의 구성 성분: 생이스트는 약 70%가 수분, 나머지 30%가 단백질, 탄수화물, 지방, 광물질 등으로 구성되어 있음

| 수분(%) | 회분(%) | 단백질(%) | 인산(%) | pH |
|---|---|---|---|---|
| 68~83 | 1.7~2 | 11.6~14.5 | 0.6~0.7 | 5.4~7.5 |

② 이스트에 들어 있는 효소

| 프로테아스 | 단백질을 분해하는 작용을 하며, 펩타이드, 아미노산을 분해·생성 |
|---|---|
| 라이페이스 | 세포액에 존재하는 효소로, 지방을 지방산과 글리세린으로 분해 |
| 인버테이스 | • 설탕을 포도당과 과당으로 분해<br>• 최적 pH는 4.7 전후, 적정 온도는 50~60℃ |
| 말테이스 | • 맥아당을 2분자의 포도당으로 분해하여 지속적인 발효가 진행됨<br>• 최적 pH는 6~6.8, 적정 온도는 30℃ 전후 |
| 치마아제 | • 빵 반죽 발효를 최종적으로 담당하는 효소로, 포도당과 과당을 분해하여 탄산가스와 알코올을 생성<br>• 최적 pH는 5 정도, 적정 온도는 30~35℃ |

 **합격 팁**
유당 분해 효소인 락테이스는 이스트에 들어 있지 않음을 기억해 두도록 해요.

### 3. 이스트의 번식 조건

| 영양분 | 당, 질소, 무기질 |
|---|---|
| 공기 | 호기성으로 산소가 필요 |
| 온도 | 28~32℃가 적당하며, 이스트 활동이 가장 활발한 온도는 38℃ |
| 최적 pH | pH 4.5~4.8 |

**호기성균과 혐기성균**
- 호기성균: 산소를 필요로 하는 균
- 혐기성균: 산소가 없는 환경에서 생활하는 균

## 4. 이스트의 종류

| | |
|---|---|
| 생이스트<br>(Fresh Yeast) | • 압착 이스트, 압착 효모라고도 함<br>• 고형분 25~30%, 수분 70~75% 정도 함유되어 있어 보존성이 낮고 자기 소화를 일으키기 쉬움<br>• 0℃에서는 2~3개월, 13℃에서는 2주, 22℃에서는 1주 이상 보관하기 어려우며, 이스트가 얼지 않으면서 일관성을 유지하는 가장 적합한 온도는 –1℃임<br>• 이스트 보관: 냉장 보관 |
| 활성 건조 효모<br>(Active Dry Yeast) | • 드라이 이스트라고도 함<br>• 생이스트의 수분을 7.5~9% 정도로 건조시킨 것<br>• 이스트 양의 4배가 되는 40~45℃의 물에 5~10분간 수화하여 사용 |
| 불활성 건조 효모<br>(Inactive Dry Yeast) | • 높은 건조 온도에서 수분을 증발하여 이스트 내의 효소가 완전히 불활성화된 것<br>• 빵, 과자 제품에 영양 보강제로 사용<br>• 필수 아미노산인 리신(라이신)이 풍부하여 곡물 식품의 리신 부족을 보완함<br>• 글루타티온이 들어 있어 빵 반죽을 느슨하게 함 |
| 인스턴트 이스트<br>(Instant Yeast) | • 건조 이스트의 단점을 보완한 제품<br>• 물에 풀지 않고 밀가루에 바로 섞어 사용<br>• 반죽 시간이 짧으면 완전히 용해되기 어려움 |

### 생이스트와 건조 이스트

생이스트의 고형질이 30%, 건조 이스트의 고형질이 90%이므로 고형질의 양이 3배 정도 차이나지만 건조 공정 중 활성 세포가 줄어들기 때문에 건조 이스트는 생이스트 양의 약 50%를 사용한다.

### 활성 건조 효모의 장점

균일성, 편리성, 정확성, 경제성

| 바로 확인문제 |

생이스트(Fresh Yeast)에 대한 설명으로 틀린 것은?
① 70~75%가 수분이다.
② 20℃ 정도의 상온에서 보관해야 한다.
③ 자기 소화를 일으키기 쉽다.
④ 곰팡이 등의 배지 역할을 할 수 있다.

|해설| 이스트는 냉장 보관(–1℃가 가장 적합)한다. 생이스트는 0℃에서는 2~3개월, 13℃에서는 2주, 22℃에서는 1주 이상 보관하기 어렵다.    |정답| ②

## 5. 취급 및 저장 시 주의할 점
① 너무 높은 온도의 물과 직접 닿지 않도록 주의해야 함
② 삼투압의 영향을 크게 받으므로, 소금, 설탕과 직접 닿지 않도록 주의해야 함
③ 생이스트는 개봉 후 밀봉 용기에 옮겨 –1~7℃ 정도의 냉장고에서 보관해야 함
④ 건조 이스트와 인스턴트 이스트 역시 개봉 후 밀봉 용기에 넣어 보관해야 함
⑤ 깨끗한 환경에서 보관해야 함
⑥ 선입선출(먼저 들어온 재료를 먼저 씀)해야 함

## 6. 질 좋은 이스트의 조건
① 보존성이 좋고, 이미와 이취가 없어야 하며, 미생물의 오염이 없어야 함
② 수화 시 용해성이 좋아야 하며, 발효력이 일정해야 함
③ 발효 저해 물질에 대한 저항력이 좋아야 함

**빵 반죽에서의 이스트의 작용**

2~3시간의 발효 과정 중 이스트의 자체 세포 수는 증가하지 않지만, 포도당, 과당, 맥아당, 자당을 발효성 탄수화물로 이용하며, 이산화탄소는 팽창에 관여하고, 에틸알코올은 다른 과정을 더 거쳐 반죽의 pH를 낮추고 향을 발달시킨다.

## 7. 이스트 사용량의 조절

① 증가시키는 경우

| | |
|---|---|
| 소량 증가 | • 글루텐의 질이 좋은 밀가루를 사용할 때<br>• 미숙한 밀가루를 사용할 때<br>• 소금 사용량이 조금 많을 때<br>• 반죽 온도가 다소 낮을 때<br>• 물이 알칼리성일 때 |
| 다량 증가 | • 설탕 사용량이 많을 때<br>• 우유 사용량이 많을 때<br>• 발효 시간을 줄일 때<br>• 소금 사용량이 많을 때 |

② 감소시키는 경우

| | |
|---|---|
| 소량 감소 | • 손으로 하는 작업 공정이 많을 때<br>• 실내 온도가 높을 때<br>• 작업량이 많을 때 |
| 다량 감소 | • 자연 효모와 병행 사용할 때<br>• 발효 시간을 지연시킬 때 |

## 07 달걀(Egg)

**달걀**

달걀은 케이크와 과자, 빵을 비롯하여 거의 모든 빵, 과자 제품에 쓰이는 중요한 재료로 비타민 C를 제외한 다른 비타민류가 풍부하게 포함되어 있고 단백질과 무기질도 많으며, 특히 인(P)과 철(Fe)이 풍부하다.

### 1. 달걀의 구성

① 달걀의 구성

| | |
|---|---|
| 껍데기 | • 달걀의 10% 정도를 차지함<br>• 세균 침입을 막는 큐티클로 싸여 있고, 큐티클은 물로 씻거나 표면을 마찰시키면 벗겨짐<br>• 94~95%가 탄산칼슘으로 되어 있고, 작은 기공이 있어 수분의 증발, 이산화탄소 가스의 방출, 세균의 침입이 일어남 |
| 전란 | • 껍데기를 제외한 노른자와 흰자를 전란이라고 함<br>• 수분 75%, 고형분 25%로 구성 |
| 노른자 | • 공 모양으로 달걀의 중심 부위에 위치하며, 알끈이 양쪽으로 흰자에 연결되어 있음<br>• 달걀의 30%를 차지함<br>• 수분과 고형분의 함량은 각각 50%임<br>• 단백질, 지방, 광물질, 포도당이 섞여 있는 복잡한 혼합물임<br>• 고형질의 약 70%가 지방이며, 트리글리세리드(65%), 인지질(30%), 콜레스테롤(4%)과 카로틴, 미량의 비타민을 함유하고 있음<br>• 레시틴: 인지질의 79% 정도를 차지, 소화·흡수율이 좋고 유화제로 사용함 |
| 흰자 | • 달걀의 60%를 차지함<br>• pH는 8.5~9로 알칼리성을 띠며 기포성과 열 응고성이 있음<br>• 수분 88%, 고형분 12%로 구성<br>• 오브알부민, 콘알부민, 오보뮤코이드, 아비딘 등의 단백질을 함유하고 있음<br>• 오브알부민: 흰자의 54%를 차지하는 단백질로 필수 아미노산을 고루 함유함<br>• 콘알부민: 흰자의 13%를 차지하며 철과의 결합 능력이 강하여 미생물이 이용하지 못하는 '항세균 물질'에 해당함<br>• 오보뮤코이드: 흰자의 11%를 차지하며 효소 트립신의 활동 억제제로 작용함<br>• 라이소자임: 흰자의 0.3%를 차지하며 식품의 변질 방지에 사용함<br>• 아비딘: 흰자의 0.05% 정도로 양이 적지만 비오틴과 먼저 결합하는 작용을 하여 비오틴의 흡수를 방해함 |

② 달걀의 구성비 및 화학적 조성(%)

| 부위 | 구성비 | 수분 | 고형분 | 단백질 | 지방 | 당(포도당 기준) | 회분 |
|---|---|---|---|---|---|---|---|
| 껍데기 | 10(10.3) | – | – | – | – | – | – |
| 전란 | 90(89.7) | 75 | 25 | 13.5 | 11.5 | 0.3 | 0.9 |
| 노른자 | 30(30.3) | 50(49.5) | 50(50.5) | 16.5 | 31.6 | 0.2 | 1.2 |
| 흰자 | 60(59.4) | 88 | 12 | 11.2 | 0.2 | 0.4 | 0.7 |

> **합격 팁**
> 달걀의 구성비, 수분, 고형분의 비율을 기억해 두도록 해요.

**달걀의 구성 비율**
달걀이 60g 이상이 되면 노른자 비율이 감소하고 흰자의 비율이 높아진다.

## 2. 달걀 제품

| | |
|---|---|
| 생달걀 | • 껍데기와 내막은 구멍이 많고 반투막으로 되어 있어 살모넬라와 같은 박테리아에 쉽게 오염되므로 저장과 보관에 유의해야 함<br>• 60~62℃에서 3분 30초 이상 가열 살균하여 살모넬라균의 오염을 방지함<br>• 생달걀의 신선도 측정은 등불 검사가 많이 사용되는데, 흰자가 진하고 노른자가 공 모양으로 움직이지 않으면 신선한 달걀임 |
| 냉동 달걀 | • 세척·살균한 달걀의 껍데기를 분리하고 이물질을 걸러낸 후 냉동 저장(-25~-18℃)시킨 것<br>• 용도에 따라 전란, 노른자, 흰자, 강화란 등의 제품을 만듦<br>• 해동은 21~27℃에서 18~24시간 동안 해동하거나, 흐르는 물에 5~6시간 담가 녹인 후 사용하며 2일 이내에 사용함 |
| 분말 달걀 | • 달걀을 건조시키는 방법에는 팬 건조법, 분무 건조법, 냉동 건조법이 있는데, 주로 분무 건조와 냉동 건조가 실용화되고 있음<br>• 전란 분말: 전란을 건조시켜 분말화한 제품으로, 전란 분말 : 물 = 1 : 3의 비율로 혼합하여 사용함<br>• 노른자 분말: 흰자로부터 노른자를 분리하여 건조 분말화한 제품으로, 노른자 분말 : 물 = 1 : 1.25의 비율로 혼합하여 사용함<br>• 흰자 분말: 전란에서 흰자를 분리하여 건조 분말화한 제품으로, 흰자 분말 : 물 = 1 : 7의 비율로 혼합하여 사용함 |

## 3. 신선한 달걀의 특징

① 껍데기가 거칠고 윤기가 없음
② 밝은 등불에 비추어 보았을 때 속이 밝으며 노른자가 구형(공 모양)임
③ 6~10%의 소금물에 넣었을 때 가로로 가라앉음
④ 흔들어 보았을 때 소리가 나지 않음
⑤ 신선한 달걀의 난황계수는 0.361~0.442임

**난황계수**
난황(노른자)의 높이를 난황의 지름으로 나눈 값을 말한다.

## 4. 달걀의 역할

| | |
|---|---|
| 기포성 | 흰자의 단백질에 의해 거품이 일어나는 성질 |
| 열 응고성 | • 단백질이 열에 의해 응고되어 농후화제의 역할을 함<br>• 노른자보다는 흰자의 응고력이 강함 |
| 유화성 | • 노른자의 인지질인 레시틴이 유화제로 작용함<br>• 유지를 반죽에 골고루 분산시키는 역할을 함 |
| 색 | • 노른자에 들어 있는 황색 색소물은 제품의 속 색을 식욕이 나는 색상으로 만듦<br>• 빵 반죽에 달걀물을 칠해 구우면 당과 아미노산이 마이야르 반응을 일으켜 갈색을 만듦 |

**결합제로서의 달걀**
달걀은 결합제로서의 역할도 하는데, 전분의 1/4 정도의 능력이 있으며, 대표적인 제품으로 커스터드 크림이 있다.

| 영양성 | 양질의 단백질원, 성장에 필수적인 단백질, 지방, 무기질, 비타민을 함유한 완전 식품임 |
|---|---|
| 연화 작용 | 노른자의 지방이 제품을 부드럽게 함 |

### | 바로 확인문제 |

계란 흰자가 360g 필요하다고 할 때 전란 60g짜리 계란은 몇 개 정도 필요한가? (단, 계란 중 난백의 함량은 60%임)

① 6개
② 8개
③ 10개
④ 13개

|해설| 전란 60g에 들어 있는 난백의 양은 60g×0.6=36g이므로 필요한 난백 360g을 얻기 위해 필요한 계란 수는 360÷36g=10개
|정답| ③

## 08 우유와 유제품(Milk & Milk Products)

### 1. 우유의 성분

**우유**

흰색의 액체로 보이지만 여러 가지 물질이 섞여 구성된 혼합물로, 우유의 평균 조성은 수분 87~88%, 고형질 12~13%이다.

| 유지방 (우유지방) | • 유지방 입자는 0.1~10㎛로, 평균 3㎛의 미립자 상태임<br>• 우유를 교반하면 비중의 차이로 지방의 입자가 뭉쳐 크림이 형성됨(버터의 원료)<br>• 유지방에는 황색 색소 물질인 카로틴과 콜레스테롤, 지용성 비타민 A, D, E 등이 함유되어 있음 |
|---|---|
| 유단백질 (우유 단백질) | • 카세인, 유장 단백질, 지단백질로 구성되며, 필수 아미노산이 골고루 함유되어 있음<br>• 카세인: 우유의 주된 단백질로서 우유 단백질의 약 80% 정도를 차지하며, 열에는 응고되지 않으나 산과 효소(레닌)에 의해 응유되어 치즈와 요구르트를 만들 수 있음<br>• 유장 단백질: 카세인을 뺀 나머지 단백질로, 락토알부민과 락토글로불린이 각각 0.5% 정도 함유되어 있음<br>• 락토알부민과 락토글로불린: 산에 의해 응고되지 않고 열에 의해 변성되어 응고됨 |
| 유당 | • 우유의 주된 당으로 평균 4.8% 정도 함유되어 있음<br>• 동물의 젖에만 존재함<br>• 포도당과 갈락토오스가 결합한 이당류임<br>• 제빵용 이스트에 의해 발효되지 않음<br>• 감미도는 16임<br>• 100℃ 이상의 열을 가하면 갈변함 |
| 회분 (무기질) | • 우유의 회분 함량은 0.6~0.9%(평균 0.72%)로 칼슘과 인은 전체의 1/4을 차지하며 영양학적으로 중요한 역할을 함<br>• 무기질은 주로 용액 상태로 우유에 녹아 있지만 칼슘, 인, 마그네슘의 일부는 카세인과 유기 상태로 결합되어 있음<br>• 구연산은 0.02% 정도 함유되어 있음 |
| 효소와 비타민 | • 라이페이스(지방 분해 효소), 아밀레이스(전분 분해 효소), 포스파타아제(인산화합물 분해 효소), 락테이스(유당 분해 효소), 촉매 효소 등이 있음<br>• 효소는 열에 민감하여 살균 과정 또는 분유 제조 시 대부분 불활성됨<br>• 비타민 A, 리보플라빈, 티아민은 풍부한 편이고, 비타민 D, E는 결핍되어 있음<br>• 비타민 C는 불안정하여 가열 살균 공정 중에 파괴되어 거의 존재하지 않음 |

### | 바로 확인문제 |

우유의 성분 중 제품의 껍질 색을 개선시켜 주는 것은?

① 수분
② 유지방
③ 유당
④ 칼슘

|해설| 껍질 색에 영향을 주는 물질은 당으로, 유당은 갈변 반응을 일으켜 껍질 색을 개선한다.
|정답| ③

## 2. 우유의 성질

① 산도: 우유의 산도는 pH 6.6이며 유산균에 의해 발효되면 유산이 되고, 산가가 0.5~0.7(pH 4.6)에 이르면 단백질 카세인이 응고하며 유산 함량이 0.25~0.3에 이를 때 우유에서 신맛을 느낄 수 있음

② 우유의 균질화: 우유를 압력 4,000(psi)의 좁은 관을 통과시켜 유지방 입자를 평균 2㎛로 세분하는 공정인데, 이 과정을 거치면 크림층이 형성되지 않음

③ 물리적 성질
  ㉠ 비중: 평균 1.030
  ㉡ 어는점: 평균 -0.55℃
  ㉢ 끓는점: 100.17℃
  ㉣ pH: 6.6

## 3. 유제품의 종류

① 시유: 일반적으로 마시기 위해 가공된 액상 우유를 말하며, 원유를 받아 여과, 청정 과정을 거친 뒤 표준화, 균질화, 살균 또는 멸균하여 포장한 것

| 보통 우유 | 우유에 아무 것도 넣지 않고 살균, 냉각한 후 포장한 것 |
| --- | --- |
| 탈지 우유 | 우유에서 지방을 제거한 것 |
| 가공 우유 | 우유에 탈지 분유나 비타민 등을 강화한 것 |
| 응용 우유 | 우유에 과즙, 커피, 초콜릿 등을 혼합하여 맛을 낸 것 |

② 농축 우유(연유)
  ㉠ 우유 중 수분을 증발시켜 고형질 함량을 높인 우유로, 일반 농축 우유는 수분을 27%까지 낮춘 제품임
  ㉡ 무가당 연유와 가당 연유가 있음
  ㉢ 가당 연유는 보통 40% 이상의 설탕을 첨가하여 보존성이 좋음

**합격 팁**

농축 우유에서 모래알 같은 촉감을 느끼게 하는 것은 급랭할 때 유당이 결정화된 것이에요.

③ 생크림: 우유에서 유지방을 분리하여 농축해서 만듦

| 구분 | 유지방 함량 |
| --- | --- |
| 생크림 | 18% 이상 |
| 커피용·조리용 크림 | 10~18%가 적당 |
| 제과·제빵 휘핑용 크림 | 36% 이상이 적당 |

④ 분유: 생유 또는 우유를 분무, 건조시켜 분말화한 것

| 전지 분유 | 우유를 건조시킨 것 |
| --- | --- |
| 탈지 분유 | 지방을 뺀 우유를 건조시킨 것 |
| 혼합 분유 | 전지 분유나 탈지 분유에 쌀가루, 밀가루, 유청 분말, 코코아 가공품 등의 식품이나 식품첨가물을 25% 정도 섞어 분말화한 것 |

**오버런(Over-run) ★**

오버런이란 아이스크림 제조 시 교반에 의해 크림의 체적이 몇 % 증가하는지를 나타내는 수치이다. 최초 부피에 대한 최종 부피의 증가분을 백분율로 표시한다.
예 1,000cc의 생크림으로 1,800cc의 크림이 되었다. 오버런은?
(1,800-1,000)÷1,000×100 =80%

⑤ 유장 제품
  ㉠ 유장은 우유에서 유지방, 카세인을 분리하고 남은 부분임
  ㉡ 유장에는 수용성 비타민, 광물질, 약 1%의 비카세인 계열 단백질(락토알부민, 락토글로불린)과 대부분의 유당이 함유되어 있음
  ㉢ 유장에 탈지 분유, 밀가루, 대두분 등을 혼합하여 탈지 분유의 흡수력, 기능 등을 유사하게 만든 대용 분유도 유통되고 있음

> **합격 팁**
> 제과 · 제빵에서 유장 분말을 사용하는 경우 탈지 분유를 사용할 때보다 굽기 과정을 거쳐 24~72시간이 지난 후 부피, 조직, 부드러움, 갈색화 반응, 저장성, 향 등이 더 좋은 효과를 나타내요.

⑥ 발효유: 탈지유나 그 밖의 유즙에 젖산균을 넣어 발효시켜 유산을 생성하여 만든 제품으로, 요구르트가 대표적임
⑦ 치즈: 우유의 단백질에 효소 레닌을 넣어 카세인을 응고시켜 만든 제품
  ㉠ 자연 치즈

| 구분 | 특징 | 종류 |
| --- | --- | --- |
| 연질 치즈 | 숙성을 시키지 않거나 숙성 기간이 짧은 치즈 | 코티지 치즈, 크림 치즈, 프로마주블랑, 카망베르 |
| 반경질 치즈 | 수주, 수개월 간 숙성시킨 치즈 | 뮌스터, 스틸톤 |
| 경질 치즈 | 수개월 혹은 1년 이상 숙성시킨 치즈 | 고다, 에담, 체다, 그뤼에르 |

  ㉡ 가공 치즈
  - 자연 치즈의 강한 향을 입맛에 맞도록 가공한 제품으로, 자연 치즈를 원료로 버터, 분유와 같은 유제품을 첨가하여 만듦
  - 가공 치즈는 보존성이 좋고 위생적이므로 품질이 안정되어 있음

| 바로 확인문제 |

카세인이 산이나 효소에 의해 응고되는 성질을 이용하여 제조하는 식품은?
① 아이스크림  ② 생크림
③ 버터  ④ 치즈

|해설| 치즈는 우유에 젖산균이나 레닌을 넣어 단백질인 카세인을 응고시킨 후 이를 발효, 숙성시킨 것이다.  |정답| ④

## 4. 제과 · 제빵에서 우유와 분유의 기능

① 완충제의 역할을 하며 글루텐을 강화하여 반죽의 내구성을 높이고 오버 믹싱의 위험을 감소시킴
② 이스트에 의해 생성된 향을 착향시켜 풍미를 개선시킴
③ 유당의 캐러멜화로 껍질 색이 좋아짐
④ 영양 강화와 단맛을 냄
⑤ 보수력이 있어 촉촉함을 지속시킴
⑥ 밀가루 단백질을 강화하여 믹싱 내구성을 증대시킴
⑦ 분유가 1% 증가하면 수분 흡수율도 1% 증가함

## 09 물(Water)

### 1. 물의 경도에 따른 분류
① 특징

| 구분 | 특징 | 물의 경도 |
|---|---|---|
| 연수 | • 단물이라고도 하며, 증류수, 빗물 등이 해당함<br>• 글루텐을 연화시켜 반죽을 끈적거리게 하고 완제품에서 촉촉함을 느끼게 해 줌<br>• 가스 보유력을 떨어뜨리고 오븐 스프링을 나쁘게 만듦 | 60ppm 미만 |
| 아경수 | • 제빵에 가장 적합한 물<br>• 글루텐을 경화시키는 효과<br>• 이스트의 영양 물질 | 120~180ppm |
| 경수 | • 센물이며, 바닷물, 광천수, 온천수 등이 해당함<br>• 반죽이 단단해지고 발효 시간이 길어짐<br>• 경수는 일시적 경수와 영구적 경수로 나뉨<br>• 일시적 경수: 칼슘염과 마그네슘염이 가열에 의해 탄산염으로 침전되어 연수가 되는 물로, 물의 경도에 영향을 주지 않음<br>• 영구적 경수: 황산이온이 들어 있어 끓여도 연수가 되지 않아 영구적 경수라고 하며, 칼슘염과 마그네슘염이 물속에 남아 경도에 영향을 줌 | 180ppm 이상 |

② 처리 방법

| 구분 | 내용 |
|---|---|
| 연수 | • 반죽이 연하고 끈적거리므로 흡수율을 1~2% 정도 줄임<br>• 가스 보유력이 적으므로 이스트 푸드와 소금량을 늘리고 이스트 양을 감소시킴<br>• 발효 시간을 단축함 |
| 경수 | • 이스트의 사용량을 증가시킴<br>• 이스트 푸드의 양을 감소시킴<br>• 맥아를 첨가하여 효소 공급으로 발효를 촉진시킴<br>• 물의 양을 증가시킴<br>• 발효 시간을 연장시킴 |

### 2. 자유수와 결합수

| 구분 | 내용 |
|---|---|
| 자유수 | • 당류, 염류, 수용성 단백질 등에 용매로서 작용하는 일반적인 보통의 물<br>• 효소나 미생물이 이용할 수 있고, 화학 반응에 관여하며 전해질의 이동을 가능하게 함<br>• 0℃ 이하에서 얼고 100℃ 이상에서 끓음 |
| 결합수 | • 식품 중 탄수화물이나 단백질과 수소 결합에 의해 밀접하게 결합되어 있는 물<br>• 용질에 대한 용매로 작용하지 않음<br>• 어는점에서 얼지 않고 쉽게 증발되지 않음<br>• 미생물의 번식에 관여하지 않음 |

### 3. 물의 처리

| 구분 | 내용 |
|---|---|
| 여과 | • 물에 들어 있는 불순물을 제거하는 것<br>• 모래 여과기를 주로 사용함<br>• 활성탄소를 사용하면 바람직하지 않은 맛과 냄새를 내는 유기물을 걸러내는 데 효과적임 |

---

**물**
무색, 무취의 액체로서 분자식은 $H_2O$이며, 물에 함유된 유·무기질의 종류와 양에 따라 경수와 연수, 산성과 알칼리성으로 나뉜다.

**물의 경도**
물의 경도는 물에 칼슘염과 마그네슘염이 얼마나 녹아 있는지를 나타내는 것으로, 그 양을 탄산칼슘으로 환산하여 ppm 단위로 표시한다.

**ppm**
'parts per million'의 약자로, 1/100만(1/1,000,000)을 의미한다.
예) 300ppm을 %로 수정하면?
300 ÷ 1,000,000 × 100
= 0.03%

**물을 처리하는 이유**
• 물때와 부식성을 막아 기구와 용기를 보호한다.
• 위생상의 안전을 확보하기 위해 사용한다.

| 연화 | 양이온 교환법 | 나트륨비석과 수소비석을 사용하여 물을 연화시킴 |
|---|---|---|
| | 음이온 교환법 | 교환수지에 산을 직접 흡착시켜 물을 연화시킴 |
| | 석회 – 소다법 | 탄산수소칼슘과 마그네슘을 석회·소다와 반응시켜 불용성 화합물로 침전시킴 |

**제빵용 물**

약산성의 물(pH 5.2~5.6)이다.

### 4. 물의 산도

① 물의 pH는 효소 작용과 글루텐의 물리성에 영향을 줌
② 알칼리성이 강하거나 산성이 강한 물은 적합하지 않음
③ 산성 물과 알칼리성 물

| 산성 물 (pH 7 이하) | • 물에 용해되어 있는 물질이 산성이므로 발효를 촉진시킴<br>• 산성이 지나치면 글루텐을 용해시켜 반죽이 찢어지기 쉬움<br>• 이온 교환 수지를 이용해 물을 중화시켜 사용 |
|---|---|
| 알칼리성 물 (pH 7 이상) | • 물에 용해되어 있는 물질이 알칼리성이므로 반죽을 부드럽게 함<br>• 너무 지나치면 탄력성이 떨어지고 이스트의 발효를 방해하여 발효 속도를 지연시키며, 부피가 작고 노란색의 빵을 만들 수 있음<br>• 황산칼슘을 함유한 산성 이스트 푸드의 양을 증가시켜 사용 |

### 5. 제빵에서의 물의 기능

① 용매로서 당, 식염, 밀가루, 수용성 성분 등을 분산·용해시켜 이스트 발효에 도움을 줌
② 반죽 온도, 반죽 농도를 조절함
③ 밀가루 단백질은 물을 흡수하여 글루텐을 형성함
④ 굽기 과정 중 내부 온도가 98℃로 올라가면 증기압을 형성하여 주위의 공기를 팽창시켜 반죽을 부풀림

| 바로 확인문제 |

제빵 제조 시 물의 기능이 아닌 것은?
① 글루텐 형성을 도움　　　　　　② 반죽 온도 조절
③ 이스트 먹이 역할　　　　　　　④ 효소 활성화를 도움

|해설| 물은 이스트의 발효를 돕지만, 먹이 역할은 하지 않는다.　　　　|정답| ③

### 6. 빵 반죽에서 물의 흡수

① 손상되지 않은 전분 입자는 자기 무게의 50% 정도에 해당하는 물을 흡수함
② 손상 전분은 약 2배의 물을 흡수함
③ 밀가루 단백질은 약 1.5~2배의 물을 흡수함
④ 펜토산은 자기 무게의 10~15배의 물을 흡수함
⑤ 탈지 분유는 1% 증가 시 흡수율이 1% 증가함
⑥ 설탕은 5% 증가 시 흡수율이 1% 감소함

## 10 이스트 푸드(Yeast Food)

### 1. 이스트 푸드의 특징

① 칼슘염, 인산염, 암모늄염, 전분으로 구성됨
② 수질을 개선하기 위해 사용하던 것이었으나, 현재는 이스트의 발효를 촉진시키고 빵 반죽의 질을 개선하기 위한 제빵 개량제로 사용함

**제빵 개량제**

• 이스트 푸드와 같이 반죽이나 제품의 질을 개선시키는 첨가물이다.
• 이스트 푸드 성분 외에 유화제, 비타민, 지방, 당류, 효소 등을 첨가하여 반죽의 가스 보유력과 기계 적성을 개선하고 빵의 부피, 외형의 균형, 조직과 기공을 좋게 하는 등의 품질 개선 및 저장성을 향상시킨다.
• 최근에는 이스트 푸드보다 제빵 개량제를 많이 사용하고 있다.

③ 용도에 맞는 이스트 푸드를 사용해야 하며, 반죽에 첨가할 때 밀가루 중량의 0.1~0.2%를 사용함
④ 이스트 푸드를 이루는 성분에는 질소액(효모의 영양 공급), pH 조정제, 효소제, 수질 개량제, 산화제, 환원제, 유화제 등이 배합되어 있음

## 2. 이스트 푸드의 기능

① 물 조절
  ㉠ 물의 경도를 적절하게 조절하여 제빵성을 향상시킴
  ㉡ 칼슘염은 이스트 푸드의 성분 중 물의 경도를 높여 주는 물 조절제 역할을 함
② 이스트의 영양 공급: 이스트는 질소, 인산, 칼륨의 3대 영양소를 필요로 하는데, 이스트에 부족한 질소 제공을 위해 암모늄염의 형태로 사용함
③ 반죽 조절

| 산화제 | • 산화를 일으키는 물질로 반죽에서 글루텐의 탄력성을 높임<br>• 브롬산칼륨: 지효성 반죽 조절제이며, 첨가량을 늘림에 따라 산화력이 강해짐<br>• 아스코르브산(비타민 C): 속효성 반죽 조절제로, 산소가 없는 곳에서는 환원제이지만 공기와 접촉함으로써 산화제로 작용함<br>• 아조디카본아마이드(ADA): 밀가루 단백질의 −SH 그룹을 산화하여 글루텐을 강하게 하며, 가장 빠르게 효과가 나타나는 속효성 반죽 조절제임<br>• 아이오딘칼륨: 속효성 반죽 조절제임 |
|---|---|
| 환원제 | • 산화제와 반대 효과를 냄<br>• 산화제가 S−S 결합의 형성을 촉진하는 데 반해, 환원제는 이 과정을 방해하여 글루텐을 연화시킴<br>• 시스테인, 글루타치온 등이 있음 |
| 효소제 | α−아밀레이스와 프로테이스를 첨가하여 반죽의 신장성을 향상시킴 |

📢 **합격 팁**
산화제는 반죽을 탄탄하게 해 주고, 환원제는 반죽을 느슨하게 해 준다고 이해하도록 해요.

## 3. 이스트 푸드를 사용할 때 주의할 점

① 산화제의 종류와 양을 확인해야 함
② 맥아, 곰팡이, 균사 등 효소제를 확인해야 함
③ 양이 적어도 효과가 크므로 정확히 계량해야 함
④ 물 또는 밀가루에 균일하게 분산해야 함
⑤ 이스트와 함께 녹여 사용하지 않음

> **| 바로 확인문제 |**
>
> 이스트 푸드에 대한 설명으로 틀린 것은?
> ① 발효를 조절한다.
> ② 밀가루 중량의 1~5%를 사용한다.
> ③ 이스트에 영양을 공급한다.
> ④ 반죽 조절제로 사용한다.
>
> |해설| 이스트 푸드는 밀가루 중량의 0.1~0.2%를 사용한다.　　　　|정답| ②

## 11 소금(Salt)

### 1. 소금의 특성
① 나트륨과 염소의 화합물로, 화학명은 NaCl(염화나트륨)임
② 식염은 정제염 99%와 탄산칼슘, 탄산마그네슘의 혼합물 1%로 구성됨
③ 칼슘은 제빵 개량 효과가 있고, 마그네슘은 반죽의 내구성을 증가시킴

### 2. 제과·제빵에서 소금의 역할
① 감미를 조절하는 기능을 함
② 재료들의 맛을 향상시켜 풍미를 줌
③ 이스트의 발효를 억제함으로써 발효 속도를 조절하여 작업 속도를 조절함
④ 삼투압 작용으로 잡균의 번식을 억제하여 방부 효과가 있음
⑤ 캐러멜화의 온도를 낮추므로 같은 온도에서 같은 시간 제품을 구우면 제품의 껍질 색이 진해짐
⑥ 글루텐을 강하게 하여 반죽을 단단하게 함
⑦ 젖산균의 번식을 억제하여 빵맛이 시큼해지지 않도록 함

| 바로 확인문제 |

일반 식염을 구성하는 대표적인 원소는?
① 나트륨, 염소
② 칼슘, 탄소
③ 마그네슘, 염소
④ 칼륨, 탄소

|해설| 식염은 소금으로, 이는 나트륨과 염소의 화합물로서, 화학명은 염화나트륨(NaCl)이다.  |정답| ①

## 12 팽창제(Expansion Agent)

> **팽창제**
> 제품의 크기나 퍼짐을 조절하고, 적정한 부피를 얻으며, 부드러운 속을 만들기 위해 첨가한다.

### 1. 팽창제의 종류

| 구분 | 특징 | 종류 |
| --- | --- | --- |
| 천연 팽창제 (생물학적) | • 주로 빵에 사용되며, 가스 발생이 많음<br>• 부피 팽창, 연화 작용, 향의 개선을 목적으로 사용함 | 이스트(효모) |
| 화학적 팽창제 | • 발효 시간이 오래 걸리고 발효 조건이 까다로운 천연 팽창제의 단점을 보완하기 위해 개발됨<br>• 사용하기는 간편하지만, 팽창력이 약함<br>• 갈변 및 뒷맛을 좋지 않게 하는 결함이 있음 | 베이킹파우더, 탄산수소나트륨(중조, 소다), 암모늄 계열 팽창제(탄산수소 암모늄, 염화암모늄) |

### 2. 화학적 팽창제의 종류
① 베이킹파우더(Baking Powder)
  ㉠ 탄산수소나트륨에 산성제를 배합하고, 분산제로 밀가루나 전분 10~30%를 첨가한 팽창제임

  > 탄산수소나트륨(중조) + 산성제(탄산가스 발생 시기 조절) + 분산제

  ㉡ 분산제는 중조와 산염의 격리, 저장 중 수분 흡수로 인한 반응 방지, 계량의 용이성을 위해 첨가함
  ㉢ 탄산수소나트륨과 산성제가 화학적 반응을 일으켜 이산화탄소를 발생시키고 반죽을 부풀림

ⓔ 화학 반응 원리: 탄산수소나트륨이 분해되어 이산화탄소, 물, 탄산나트륨이 됨

| 탄산수소나트륨 | → | 이산화탄소 | + | 물 | + | 탄산나트륨 |
| --- | --- | --- | --- | --- | --- | --- |
| 2NaHCO$_3$ | | CO$_2$ | | H$_2$O | | Na$_2$CO$_3$ |

ⓜ 산성제의 조합에 따라 가스 발생 속도와 상태를 조절할 수 있다는 점이 탄산수소나트륨을 단독으로 사용하는 것과 다른 점임

| 빠른 순서 | 산성제 | |
| --- | --- | --- |
| 속효성<br>↕<br>지효성 | 주석산, 주석산 크림 | 작용 후 수분 동안에 대부분의 가스 발생 |
| | 산성 인산칼슘 | 실온에서 1/2~2/3의 가스 발생 |
| | 피로인산칼슘, 피로인산나트륨 | 실온에서 1/3 이하의 가스 발생 |
| | 인산알루미늄소다 | 실온에서 1/3 이하의 가스 발생 |
| | 황산알루미늄소다 | 실온에서는 거의 작용하지 않음 |

ⓑ 베이킹파우더 무게에 대하여 12% 이상의 유효 가스가 발생되어야 함

| 바로 확인문제 |

베이킹파우더(Baking Powder)의 주성분은?
① CaHpO$_4$
② NaHCO$_3$
③ Na$_2$CO$_3$
④ NH$_4$Cl

|해설| 베이킹파우더의 주성분은 NaHCO$_3$(탄산수소나트륨, 중조, 소다)이다. |정답| ②

② 탄산수소나트륨(중조, 소다)
  ㉠ 단독으로 사용하거나 베이킹파우더 형태로 사용함
  ㉡ 가스 발생량이 적고, 이산화탄소 외에 탄산나트륨이 생겨 식품을 알칼리성으로 만듦
  ㉢ 사용량이 많으면 소다 맛, 비누 맛이 나며, 제품을 누렇게 변화시킴

③ 암모늄계 팽창제
  ㉠ 암모늄계 팽창제의 종류

| 탄산수소암모늄 | 열을 받으면 탄산가스, 암모니아가스, 물로 분해되어 반죽 중에 남는 것이 없어 팽창제로 이상적임 |
| --- | --- |
| 염화암모늄 | • 탄산수소나트륨과 반응하여 탄산가스, 암모니아가스를 발생시킴<br>• 베이킹파우더의 주재료로 이용함 |

  ㉡ 암모늄계 팽창제의 장점
  • 물만 있으면 단독으로 작용하여 가스를 발생시킴
  • 밀가루 단백질을 부드럽게 하는 효과가 있음
  • 쿠키에 사용하면 퍼짐성이 좋음
  • 굽기 중 분해되어 잔류물이 남지 않음

④ 기타

| 주석산칼륨 | • 중조와 작용하면 속효성 베이킹파우더가 됨<br>• 산도를 높이면 속색이 밝아지고 캐러멜 온도를 높임 |
| --- | --- |
| 이스파타 | • 염화암모늄에 탄산수소나트륨, 주석산수소칼륨, 소명반, 전분 등이 혼합된 팽창제임<br>• 일본식의 독특한 팽창제로, 이스트 파우더의 약칭임<br>• 주로 찜류와 화과자에 많이 쓰이며, 옆으로 팽창시키는 경향이 있음 |

---

**중화가(NV; Neutralizing Value)**

• 산에 대한 중조(탄산수소나트륨)의 백분율로, 적정량의 이산화탄소를 발생시키고 중성이 되는 값이다.
• '중조의 함량 ÷ (베이킹파우더 − 전분의 함량 − 중조의 함량) × 100 = 중조의 함량 ÷ 산성제의 양 × 100'으로 계산한다.

**예** 10kg의 베이킹파우더에 28%의 전분이 들어 있고 중화가가 80일 때 중조와 산성제의 함량은?
• 전분의 함량: 10 × 0.28 = 2.8kg
• 베이킹파우더 − 전분의 함량 = 7.2kg
• 중조의 함량: 7.2 × 80 ÷ (100 + 80) = 3.2kg
• 산성제의 함량: 10 − 2.8 − 3.2 = 4kg

### 안정제

상태가 불안정한 화합물에 첨가하여 액체의 점도를 증가시켜 젤리 상태의 보형성을 가지게 하고, 내용물의 침전, 끈적거림, 제품의 표면이 갈라지거나 쉽게 마르는 것을 방지하고 포장성을 개선하기 위해 사용하는 첨가물이다.

## 13 안정제(Stabilizers)

### 1. 안정제의 종류

| | |
|---|---|
| 한천 | • 해조류인 우뭇가사리에서 추출하여 동결·건조시켜 만듦<br>• 물에 대하여 1~1.5% 농도로 사용함<br>• 끓는 물에만 용해되므로 물에 불린 후 끓는 물에 녹여 사용함<br>• 80℃ 전후에서 녹고, 30℃에서 응고함<br>• 설탕을 첨가할 경우에는 한천이 완전히 용해된 후 첨가함 |
| 젤라틴 | • 동물의 껍질과 연골 속에 있는 콜라겐을 정제한 것(동물성 안정제)<br>• 10℃의 물로 전처리<br>• 35℃ 이상의 미지근한 물부터 끓는 물에 용해되며, 식으면 단단하게 굳음<br>• 용액에 대하여 1% 농도로 사용함<br>• 산이 존재하면 응고 능력이 감소됨 |
| 펙틴 | • 과일과 식물의 조직 속에 존재하는 다당류의 일종<br>• 감귤류나 사과의 펄프로부터 얻음<br>• 갈락토오스의 유도체인 갈락튜론산이 기다란 사슬 모양으로 결합된 것<br>• 설탕 농도 50% 이상, pH 2.8~3.4의 산 상태에서 젤리를 형성함<br>• 메톡실기 7% 이상의 펙틴은 당과 산이 존재해야 교질이 형성함<br>• 메톡실기 7% 이하에서는 당과 산의 영향을 받지 않음<br>• 잼, 젤리, 마멀레이드의 응고제로 사용함 |
| 씨엠씨<br>(CMC) | • 냉수에서 쉽게 팽윤되어 진한 용액이 됨<br>• 셀룰로오스로부터 만든 제품으로 산에 대한 저항성이 약함 |
| 알긴산 | • 태평양의 큰 해초로부터 추출함<br>• 냉수와 뜨거운 물에도 녹으며, 1% 농도로 단단한 교질이 됨<br>• 우유와 같이 칼슘이 많은 재료와는 단단한 교질체가 되지만 과일 주스와 같은 산이 존재하면 농후화 능력이 감소함 |
| 로커스트빈검 | • 지중해 연안 지방의 로커스트빈 나무의 껍질을 벗겨 수지를 채취한 것<br>• 냉수에 용해되지만 뜨겁게 해야 효과적이며, 산에 대한 저항성이 큼<br>• 0.5% 농도에서 진한 액체 상태가 되며, 5% 농도에서 진한 페이스트가 됨 |
| 트래거캔스 | • 트라칸트 나무를 잘라 얻은 수지<br>• 냉수에 용해되며, 71℃로 가열하면 최대로 농후한 상태가 됨 |

### 2. 안정제의 기능

① 아이싱의 끈적거림과 부서짐을 방지함
② 머랭의 수분 배출을 억제함
③ 토핑의 거품을 안정시킴
④ 젤리, 무스 등의 제조에 사용함
⑤ 파이 충전물의 농후화제로 사용함
⑥ 흡수제로 노화 지연 효과가 있음
⑦ 포장성 개선

 **합격 팁**

한천, 젤라틴, 펙틴, 씨엠씨는 자주 출제되고, 안정제의 기능도 종종 출제되므로 기억해 두도록 해요.

| 바로 확인문제 |

제과·제빵에서 안정제의 사용 목적으로 적절하지 않은 것은?

① 머랭의 수분 배출을 억제한다.
② 토핑을 부드럽게 만든다.
③ 흡수제로 노화 지연 효과가 있다.
④ 아이싱의 끈적거림과 부서짐을 방지한다.

| 해설 | 안정제는 토핑의 거품을 안정시키는 역할을 하며, 부드럽게 만들지는 않는다.        | 정답 | ②

## 14 초콜릿(Chocolate)

### 1. 초콜릿의 원료

| 카카오 매스<br>(비터 초콜릿) | • 여러 종류의 카카오를 혼합하여 특정한 맛과 향을 만듦<br>• 카카오 매스 자체의 풍미, 지방의 함량, 껍질의 혼입량에 따라 품질이 달라짐 |
|---|---|
| 코코아 | • 용도에 따라 색상, 지방의 함량, 용해도, 미생물의 수치를 고려하여 선택함<br>• 카카오 매스에서 카카오 버터를 2/3 정도 추출한 후 그 나머지를 분말로 만든 것<br>• 알칼리 처리하지 않은 천연 코코아와 알칼리 처리한 더치 코코아로 나뉨 |
| 카카오 버터 | • 카카오 매스에서 분리한 지방임<br>• 초콜릿의 풍미를 결정하는 가장 중요한 원료임<br>• 향이 뛰어나고 입안에서 빨리 녹으며, 감촉이 좋은 천연 식물 지방임 |
| 설탕 | 정백당과 분당을 많이 사용하며, 포도당이나 물엿으로 설탕의 일부를 대치하기도 함 |
| 우유 | • 밀크 초콜릿의 원료로 전지 분유, 탈지 분유, 크림 파우더 등을 사용함<br>• 우유의 풍미와 신선도가 초콜릿의 품질을 좌우하므로 분유는 풍미가 우수하고 미생물이나 효소에 의해 변질되지 않아야 함 |
| 유화제 | • 카카오 버터에는 1% 이하의 수분이 들어 있으므로 친유성 유화제를 사용해야 함<br>• 대표적 유화제이자 대두유로부터 추출한 레시틴을 0.2~0.8% 사용함 |
| 향 | 기본적인 향은 바닐라 향을 0.05~0.1% 사용하며, 그 외 제품은 특성에 따라 버터 향, 박하 향, 견과류 계통의 향을 사용함 |

> **초콜릿**
> 초콜릿의 원료로는 카카오 매스, 코코아 분말, 카카오 버터, 설탕, 우유, 레시틴 및 기타 유화제, 향 등 여러 가지 재료가 사용된다.

### 2. 제조 공정

① 1차 가공: 원료인 카카오 빈에서 중간 제품인 카카오 매스 또는 카카오 버터를 생산하는 공정

| 정선(Cleaning) | 카카오 빈에서 이물질을 제거함 |
|---|---|
| 볶기(Roasting) | 110~160℃에서 30~40분 정도 볶는데, 이 과정에서 껍질과 속의 분리를 쉽게 하고 초콜릿 특유의 향을 만듦 |
| 껍질 제거<br>(Winnowing) | 카카오 빈은 외피, 배아, 배유로 구성되어 있는데, 카카오 빈에 충격을 주어 몇 조각으로 깬 후 껍질과 배아를 제거하고 배유(카카오 닙스)만 남김 |
| 분쇄(Grinding) | 배유를 마쇄·가열하면서 롤러를 통과시키면 페이스트가 되는데, 이를 카카오 매스, 카카오 페이스트 또는 비터 초콜릿이라고 함 |

② 2차 가공: 1차 가공에서 만들어진 카카오 매스에서 최종 제품인 초콜릿을 제조하는 공정

| | |
|---|---|
| 혼합(Mixing) | 카카오 매스와 카카오 버터가 액상이 될 만큼 따뜻한 온도에서 카카오 매스에 설탕, 분유, 레시틴, 향료 등을 일정한 비율에 따라 첨가함 |
| 정제(Refining) | 입자가 거칠고 모래알과 같은 까칠까칠한 느낌이 남아 있으므로 조직을 더욱 세밀하게 하고 균질화시켜 부드럽고 미세한 입자로 만듦 |
| 콘칭(Conching) | 조직을 균일하게 하고 수분과 나쁜 냄새 등을 없애는 과정으로 초콜릿 특유의 광택과 풍미, 식감이 향상됨 |
| 템퍼링(Tempering) | 초콜릿의 카카오 버터가 안정되고 미세한 상태로 굳을 수 있도록 온도를 조절하는 공정임 |
| 정형, 진동 | 틀 속에 넣고 진동을 주어 기포를 제거하고 냉각함 |
| 냉각, 틀 제거 | 냉각용 터널을 통과시키면서 굳힌 뒤 틀을 제거함 |
| 포장 | 틀에서 뺀 초콜릿을 포장하는 것으로, 포장실 온도는 18℃ 정도로 하고 습도는 낮추며 포장지는 방습 포장지를 이용함 |
| 숙성 | 온도 18℃, 상대 습도 50% 이하의 저장실에서 7~10일간 숙성시키면 카카오 버터 조직이 더욱 안정되어 블룸 현상을 최소로 줄일 수 있음 |

### 3. 초콜릿의 종류

① 원료에 따른 분류

**카카오 매스의 구성 성분**
코코아 5/8와 카카오 버터 3/8으로 이루어져 있다.

| | |
|---|---|
| 카카오 매스 (비터 초콜릿) | 카카오 빈에서 외피와 배아를 제거하고 잘게 부순 것으로, 다른 성분이 포함되어 있지 않아 카카오 빈 특유의 쓴맛이 그대로 살아 있음 |
| 다크 초콜릿 | 순수한 쓴맛의 카카오 매스에 설탕과 카카오 버터, 레시틴, 바닐라 향 등을 섞어 만든 초콜릿 |
| 밀크 초콜릿 | 다크 초콜릿 구성 성분에 분유를 더한 것으로, 가장 부드러운 맛의 초콜릿 |
| 화이트 초콜릿 | 카카오 고형분과 카카오 버터 중 다갈색의 카카오 고형분을 빼고 카카오 버터에 설탕, 분유, 레시틴, 바닐라 향을 넣어 만든 백색의 초콜릿 |
| 컬러 초콜릿 | 화이트 초콜릿에 유성 색소를 넣어 색을 낸 초콜릿 |

② 사용 용도에 따른 분류

| | |
|---|---|
| 가나슈용 초콜릿 | • 카카오 매스에 카카오 버터를 넣지 않고 설탕만을 더한 것<br>• 카카오 고형분이 갖는 강한 풍미를 살릴 수 있는 것이 장점임<br>• 유지 함량이 적어 생크림 같이 지방과 수분이 분리될 위험이 있는 재료와도 잘 어울리지만, 커버추어처럼 코팅용으로 이용하기에는 부적합함 |
| 코팅용 초콜릿 | • 카카오 매스에서 카카오 버터를 제거한 다음 식물성 유지와 설탕을 넣어 만든 것<br>• 번거로운 템퍼링 작업 없이도 언제 어디서나 손쉽게 사용할 수 있어 코팅용으로 쓰임 |
| 커버추어 초콜릿 | • 카카오 버터의 비율이 높아 일정 온도에서 유동성과 점성을 가지고 있어 봉봉 초콜릿의 피복용으로 사용됨<br>• 천연 카카오 버터가 주성분이므로 반드시 템퍼링을 거쳐야 초콜릿 특유의 광택이 나며 블룸이 없는 초콜릿을 얻을 수 있음 |

③ 형태에 따른 분류

| | |
|---|---|
| 팬 초콜릿 | 견과류, 스낵류에 초콜릿을 분무하여 코팅하고 당의를 입힌 것 |
| 몰드 초콜릿 | 초콜릿을 틀에 넣어 굳힌 것 |
| 엔로브 초콜릿 | 누가, 캐러멜, 비스킷, 마시멜로 등을 넣고 초콜릿을 흘려 부어 코팅해서 냉각시킨 것 |

## 4. 템퍼링(Tempering)

① 템퍼링의 정의: 초콜릿에 들어 있는 카카오 버터를 안정적인 β형으로 만들어 초콜릿 전체가 안정된 상태로 굳을 수 있도록 하는 온도 조절 작업을 말함

② 템퍼링의 효과
  ㉠ 템퍼링을 하면 초콜릿을 구성하는 카카오 버터의 결정이 β형이 되어 입안에서 녹는 감촉이 좋아짐
  ㉡ 템퍼링을 하지 않으면 광택이 적고 풍미와 용해성이 떨어지며 팻 블룸의 원인이 될 수 있음

③ 템퍼링 방법

| 수냉법 | 초콜릿을 40~45℃ 정도로 용해하여 15~18℃의 물에서 27~29℃까지 낮춘 다음 다시 30~32℃까지 온도를 올림 |
|---|---|
| 대리석법 | • 초콜릿을 40~45℃ 정도로 용해하여 전체의 1/2~2/3를 대리석 위에 부어 조심스럽게 혼합하면서 온도를 낮춤<br>• 점도가 생기면 나머지 초콜릿에 넣고 용해하여 30~32℃로 맞춤(이때 대리석 온도는 15~20℃가 이상적임) |
| 접종법 | 초콜릿을 완전히 용해한 다음 온도를 36℃ 정도로 낮추고 그 안에 템퍼링한 초콜릿을 잘게 부수어 용해함(이때 온도는 30~32℃까지 낮춤) |
| 오버나이트법 | 전날 저녁부터 초콜릿을 36℃로 보온해서 다음 날 아침 32℃로 온도를 낮춘 다음 전체를 균일하게 혼합함 |

**카카오 버터의 결정화 순서**

카카오 버터의 결정형은 분자가 채워진 형태가 엉성한 순으로 감마형, 알파형, 베타 프라임, 베타형이다.
★ γ : 16~18℃
★ α : 21~24℃
★ β' : 27~29℃
★ β : 34~38℃

| 바로 확인문제 |

초콜릿을 템퍼링한 효과에 대한 설명으로 틀린 것은?
① 입안에서의 용해성이 나쁘다.
② 광택이 좋고 내부 조직이 조밀하다.
③ 팻 블룸(Fat Bloom)이 일어나지 않는다.
④ 안정한 결정이 많고 결정형이 일정하다.

|해설| 초콜릿을 템퍼링하면 카카오 버터의 결정이 안정적인 β형이 되면서 용해성이 좋아진다.    |정답| ①

## 5. 블룸(Bloom)

| 팻 블룸<br>(Fat Bloom) | • 카카오 버터가 원인이 됨<br>• 직사광선에 노출된 곳이나 온도가 높은 곳에서 보관하였을 경우 지방이 분리되었다가 다시 굳으면서 얼룩이 생기는 현상<br>• 템퍼링이 불량한 경우: 초콜릿이 한 번 용해하여 그대로 굳은 경우 |
|---|---|
| 슈가 블룸<br>(Sugar Bloom) | • 설탕이 원인이 됨<br>• 제품을 습도가 높은 장소에 오랫동안 방치하거나 급작스런 온도 변화가 있는 경우에 일어남<br>• 표면에 물방울이 떨어져서 초콜릿 중의 설탕을 용해한 후 수분이 증발하면 설탕 표면에서 재결정되어 반점을 나타냄 |

**블룸**

초콜릿의 표면에 하얀 무늬가 생기거나 하얀 가루를 뿌린 듯이 보이는 것으로 하얀 반점이 생긴 것이 꽃과 닮은 데서 붙여진 이름이다.

📢 **합격 팁**
초콜릿과 관련해서는 템퍼링, 블룸 현상이 시험에 자주 출제되고 있어요.

## 6. 초콜릿의 적정 보관
온도 17~18℃, 습도 50% 이하의 장소에 보관함

| 바로 확인문제 |

다크 초콜릿의 보관 온도와 습도로 적절한 것은?

① 온도 18℃, 습도 40%   ② 온도 24℃, 습도 60%
③ 온도 30℃, 습도 70%   ④ 온도 36℃, 습도 80%

|해설| 초콜릿의 적정 보관 온도는 17~18℃, 습도는 50% 이하이다.   |정답| ①

## 15 향료와 향신료(Flavors & Spices)

### 1. 향료(Flavors)

① 향료의 특징
  ㉠ 후각 신경을 자극하여 특유의 방향을 느끼게 함으로써 식욕을 증진시킴
  ㉡ 향료를 사용하는 목적은 제품에 독특한 개성을 주기 위해서이므로 향, 맛, 속 조직이 잘 조화되어야 함

② 향료의 종류
  ㉠ 성분에 따른 분류

| 천연 향료 | 풀, 나무, 과실, 잎, 나무껍질, 뿌리, 줄기 등 자연에서 채취한 후 추출, 정제, 농축, 분리 과정을 거쳐 만듦 |
|---|---|
| 합성 향료 | 천연 향료에 들어 있는 향 물질을 유지에 합성시킨 것 |
| 조합 향료 | 천연 향료와 합성 향료를 조합하여 서로의 결점을 보완하여 만든 것 |

  ㉡ 가공 방법에 따른 분류

| 비알코올성 향료<br>(지용성 향료: 오일) | • 굽기 과정에서 향이 날아가지 않아 알코올성 향료보다 내열성이 좋음<br>• 캐러멜, 캔디, 비스킷 등에 사용함 |
|---|---|
| 알코올성 향료<br>(수용성 향료: 에센스) | • 열에 대한 휘발성이 크므로 아이싱과 충전물 제조, 청량음료, 빙과 등에 사용함<br>• 물에 용해될 수 있게 만든 제품으로 지용성 향료보다 내열성이 약해 고농도의 제품을 만들기 어려움 |
| 유화 향료 | • 유화제를 사용하여 향료를 물속에 분산·유화시킨 것<br>• 내열성이 있고 물에 잘 섞여 수용성 향료나 지용성 향료 대신 사용할 수 있음 |
| 분말 향료 | • 진한 수지액에 유화제를 넣고 향 물질을 용해시킨 후 분무 건조한 것<br>• 굽는 제품에 적당하고, 취급이 용이하여 아이스크림, 추잉검 등에 사용함 |

| 바로 확인문제 |

식품 향료에 대한 설명으로 옳지 않은 것은?

① 수용성 향료는 내열성이 약하다.
② 지용성 향료는 내열성이 강하다.
③ 유화 향료는 내열성이 좋지 않다.
④ 분말 향료는 향료의 휘발 및 변질을 방지하기 쉽다.

|해설| 지용성 향료, 유화 향료, 분말 향료는 내열성이 강하고, 수용성 향료는 알코올성 향료이기 때문에 내열성이 약하다.
|정답| ③

## 2. 향신료(Spices)

① 향신료의 특징
- ㉠ 강렬한 방향과 독특한 맛을 내는 식물성 향료로, 풍부한 맛과 향을 내기 위해 소량 첨가하며 식욕을 증진시킴
- ㉡ 식품에 향미를 부여하는 데 쓰이는 향신미를 가진 식물의 꽃, 과실, 가지, 잎, 뿌리 등을 말함
- ㉢ 주재료와 어울려 풍미 향상과 제품의 보존성을 높여 주며, 소화 기관을 자극하여 소화를 증진시키고, 방부 작용과 약리 작용도 함
- ㉣ 넓은 의미에서 풍부한 맛과 향을 내기 위해 소량 첨가하는 향료를 통틀어 향신료, 스파이스라고도 함

② 향신료의 종류

| | |
|---|---|
| 바닐라(Vanilla) | • 바닐라 빈을 발효시켜 짙은 갈색으로 변하면 바닐린 결정이 생겨 바닐라 특유의 향을 가지게 됨<br>• 초콜릿, 과자, 아이스크림 등에 사용함 |
| 계피(Cinnamon, 시나몬) | • 녹나무과의 상록수 껍질을 벗겨 만드는 향신료<br>• 케이크, 쿠키, 초콜릿, 크림 과자 등의 과자류와 빵류에 사용함 |
| 넛메그(Nutmeg) | • 육두구과 교목의 열매를 3~6주간 햇빛에 건조시킨 것으로 1개의 종자에서 넛메그(종자)와 메이스(껍질)를 얻을 수 있음<br>• 도넛 제조 시 사용함 |
| 정향(Clove, 클로브) | • 정향나무의 열매를 말린 것<br>• 단맛이 강한 크림, 소스 등에 사용함 |
| 올스파이스(Allspice) | • 올스파이스 나무의 열매를 익기 전에 말린 것으로 자메이카 후추라고도 함<br>• 프루츠 케이크, 카레, 파이, 비스킷 등에 사용함 |
| 카다몬(Cardamon) | • 생강과의 다년초 열매 속의 작은 씨를 말린 것<br>• 푸딩, 케이크, 페이스트리에 사용되며, 커피 향과 잘 어울림 |
| 박하(Peppermint) | 박하잎을 말린 것으로 산뜻하고 시원한 향이 특징임 |
| 오레가노(Oregano) | • 잎을 건조시킨 향신료로 독특한 매운맛과 쓴맛이 특징임<br>• 토마토 요리와 피자 소스, 파스타, 피자에는 빼놓을 수 없는 향신료 |
| 생강(Ginger) | 뿌리줄기로부터 얻는 향신료 |
| 캐러웨이(Caraway) | • 씨를 통째로 갈아 만든 것으로 상큼한 향기와 부드러운 단맛과 쓴맛을 가짐<br>• 채소 수프, 샐러드, 치즈 등에 향신료로 쓰임<br>• 호밀빵 제조 시 사용함 |
| 후추(Pepper) | • 과실을 건조시킨 향신료로 가장 활용도가 높음<br>• 상큼한 향기와 매운맛이 남 |

### | 바로 확인문제 |

잎을 건조시켜 만든 향신료는?
① 계피   ② 넛메그
③ 메이스   ④ 오레가노

|해설| 오레가노는 꿀풀과 식물의 잎을 건조시켜 만든 향신료로, 토마토 요리, 피자 등에 많이 쓰인다.   |정답| ④

## 16 견과와 주류

**견과**
단단하고 굳은 껍데기와 깍정이에 1개의 종자만이 싸여 있는 나무 열매의 총칭이다.

### 1. 견과

| | |
|---|---|
| 아몬드<br>(Almond) | • 제과에서 많이 사용함<br>• 과피를 벗기고 통째로 사용하는 블렌치 아몬드, 얇게 자른 슬라이스 아몬드, 가루로 만든 아몬드 파우더 등이 있음<br>• **아몬드 페이스트**와 **마지팬의 중요한 원료**<br>• 설탕과 아몬드를 1 : 1의 비율로 갈아 만든 페이스트 반죽을 마지팬이라고 하며, 점토와 같이 부드러워 꽃·동물 등의 모양을 만드는 데 이용함<br>• 설탕과 아몬드를 0.5 : 1의 비율로 갈아 만든 페이스트 반죽을 로-마지팬이라고 함 |
| 호두<br>(Walnut) | • 양질의 단백질과 영양가가 높은 지방분이 많아 칼로리가 높음<br>• 산화되기 쉬운 견과류로, 보관에 주의해야 함 |
| 헤이즐넛<br>(Hazelnut) | • 개암나무 열매라고도 하며, 지방이 60% 이상 함유<br>• 향긋한 맛과 향이 나며, 아시아, 유럽, 북아메리카에 널리 분포되어 있음 |
| 피스타치오<br>(Pistachio) | • **그린 아몬드**라고도 하며, 풍미가 좋으나 가격이 비쌈<br>• 아이스크림의 풍미를 위해서 사용하거나 크로와상의 충전용으로 사용되기도 함 |

### 2. 주류

① 제과·제빵에서 주류의 기능: 잡내를 제거하고 향을 냄
② 주류의 종류

| | |
|---|---|
| 양조주 | • 과실 또는 곡류를 발효시켜 만든 술로, 효모를 작용시켜 발효하여 만든 술<br>• 증류주, 스피리츠(주정도가 높은 증류주)에 비해 알코올 도수가 낮음<br>• 청주, 맥주, 포도주, 막걸리 등이 있음 |
| 증류주 | • 양조주를 만들고 증류하여 주정이나 그 밖의 휘발성 방향 물질을 채취한 것으로, 증류 횟수에 따라 수분이 걸러져 주정 함량이 높아짐<br>• 위스키, 브랜디, 진, 럼, 보드카, 소주 등이 있음 |
| 혼성주 | • 양조주나 증류주에 식물의 꽃, 잎, 뿌리, 과일, 껍질을 담가 식물의 향미, 맛, 색깔을 침출시키고 다시 당, 색소를 가하여 만든 술<br>• 일반적으로 알코올 함량, 고형분 함량이 모두 높은 술<br>• **리큐르**가 여기에 속하며, 매실주도 혼성주의 일종임 |
| 브랜디<br>(Brandy) | • **포도를 원료**로 해서 만든 증류주<br>• 넓게는 과실을 주정 원료로 하여 만든 증류주의 총칭 |
| 코냑<br>(Cognac) | 프랑스의 코냐크 지방에서 생산되는 포도주를 원료로 한 브랜디 |
| 럼(Rum) | **당밀을 원료**로 한 서인도 제도 특산의 방향성이 강한 증류주로 제과에서 많이 쓰임 |

③ 리큐르(Liqueur): 증류주에 과실, 과즙, 약초, 향초 등을 배합하고 설탕 같은 감미료와 착색료를 더해 만든 술 혼성주
  ㉠ **오렌지 리큐르**: 오렌지를 사용해서 만든 리큐르

| | |
|---|---|
| 큐라소(Curacao) | 오렌지 껍질로 만든 리큐르로, 달면서도 쓴맛이 강함 |
| 트리플 섹(Triple Sec) | 오렌지로 만든 리큐르로, 가격이 가장 저렴함 |
| 그랑 마르니에<br>(Grand Marnier) | 오렌지를 원료로 한 큐라소 계열의 리큐르 중 대표적인 상품명 |
| 쿠앵트로(Cointreau) | 오렌지 껍질로 만든 리큐르로, 쿠앵트로사에서 만든 오렌지 술 |

ⓛ 체리 리큐르

| 마라스키노(Maraschino) | 마라스카종(블랙체리)을 사용하며, 달고 강렬한 풍미가 특징임 |
|---|---|
| 키르슈(Kirsch) | 잘 익은 체리의 과즙을 발효·증류시켜 만든 브랜디 |

ⓒ 만다린 리큐르: 만다린 오렌지의 껍질을 이용해서 만든 리큐르로 큐라소와 같은 오렌지계 리큐르의 하나

② 트로피컬 프루츠 리큐르: 여러 가지 과일을 원료로 하여 만든 리큐르

ⓜ 칼루아(Kahlua): 커피, 데킬라, 설탕으로 만든 술로, 색상은 갈색이며 티라미수처럼 커피 향이 필요한 제품에 사용함

| 바로 확인문제 |

커피 향이 필요한 제품에 사용하는 주류는?
① 칼루아　　　　　　　　　　② 마라스키노
③ 큐라소　　　　　　　　　　④ 그랑 마르니에

|해설| 칼루아는 커피, 데킬라, 설탕으로 만든 술로, 색상은 갈색이며 티라미수처럼 커피 향이 필요한 제품에 사용한다.

|정답| ①

# PART 02 | 재료과학
# 한눈에 보는 핵심 키워드

## 01 | 기초과학

**탄수화물**
- 단당류: 포도당, 과당, 갈락토오스
- 이당류: 설탕(자당), 맥아당(엿당), 유당(젖당)
- 다당류: 전분(녹말), 섬유소(셀룰로오스), 펙틴, 글리코젠, 한천

**지방**
- 지방의 구조: 포화 지방산(이중 결합 ×), 불포화 지방산(이중 결합 ○), 글리세린
- 지방의 분류: 단순 지방(중성 지방, 납), 복합 지방(인지질, 당지질, 단백지질), 유도 지방
- 지방의 화학적 반응: 가수 분해, 산화, 산패
- 유지의 경화: 이중 결합 → 단일 결합, 불포화 지방산 → 포화 지방산

**단백질**
- 아미노산: 단백질의 기본 구성단위
- 단백질의 성질: 등전점, 용해성, 변성, 응고성
- 밀 단백질: 알부민, 글로불린, 글루테닌(글루텔린), 글리아딘(프롤라민)

**효소의 분류**
- 탄수화물: 인버테이스, 말테이스, 락테이스, 아밀레이스, 이눌라아제, 셀룰레이스, 치마아제, 퍼옥시다아제
- 지방: 라이페이스, 스테압신
- 단백질: 프로테이스, 펩신, 트립신, 레닌, 펩티데이스

## 02 | 재료과학

**밀가루**
- 밀가루 주요 단백질: 글리아딘, 글루테닌, 메소닌, 알부민, 글로불린
- 반죽의 물리적 실험: 패리노그래프(밀가루의 흡수율), 아밀로그래프(밀가루의 호화 정도), 익스텐소그래프(반죽의 신장성)

**감미제**: 설탕(자당), 포도당, 물엿, 맥아와 맥아 시럽, 당밀, 유당(젖당) 등

**유지**
- 유지의 종류: 버터, 마가린, 라드, 쇼트닝, 튀김 기름
- 제과·제빵용 유지의 성질 및 특성: 크림성(크림가), 가소성, 안정성, 유화성(유화가), 쇼트닝성

**계면 활성제**: 레시틴, 모노-디글리세리드, 모노-디글리세리드의 디아세틸 타르타르산 에스테르, 아실 락티레이트, SSL

**이스트**
- 구성 성분: 수분 70%, 단백질, 탄수화물, 지방, 광물질 등 30%
- 이스트에 들어 있는 효소: 프로테이스, 라이페이스, 인버테이스, 말테이스, 치마아제
- 이스트의 번식 조건: 영양분, 공기, 온도, 최적 pH

**달걀**
- 달걀의 구성: 껍데기 10%, 노른자 30%, 흰자 60%
- 달걀의 역할: 기포성, 열 응고성, 유화성, 색, 영양성, 연화 작용

## 우유와 유제품

- **우유의 성분**: 유지방, 유단백질, 유당, 회분(무기질), 효소와 비타민
- **유제품의 종류**: 시유, 농축 우유(연유), 생크림, 분유, 유장 제품, 발효유, 치즈

## 물

- **경도에 따른 분류**: 연수, 아경수(제빵에 가장 적합한 물), 경수
- **물의 산도**: 산성 물(pH 7 이하), 알칼리성 물(pH 7 이상), 약산성 물(pH 5.2~5.6, 제빵에 가장 적합한 물)

## 이스트 푸드

물 조절, 이스트의 영양 공급, 반죽 조절(산화제, 환원제, 효소제) 기능

## 소금

감미 조절, 풍미 향상, 발효 속도 조절, 삼투압 작용, 글루텐 강화, 잡균 번식 억제 등의 역할

## 팽창제

- **천연 팽창제**: 이스트(효모)
- **화학적 팽창제**: 베이킹파우더, 탄산수소나트륨(중조, 소다), 암모늄 계열 팽창제(탄산수소암모늄, 염화암모늄)

## 안정제

- **안정제의 종류**: 한천, 젤라틴, 펙틴, 씨엠씨(CMC), 알긴산, 로커스트빈검, 트래거캔스
- **안정제의 기능**: 아이싱의 끈적거림과 부서짐 방지, 머랭의 수분 배출 억제, 토핑의 거품 안정화, 젤리, 무스 등의 제조에 사용, 파이 충전물의 농후화제로 사용, 흡수제로 노화 지연 효과가 있음, 포장성 개선

## 초콜릿

- **초콜릿의 원료**: 카카오 매스(비터 초콜릿), 코코아, 카카오 버터, 설탕, 우유, 유화제, 향
- **제조 공정**: 1차 가공(정선 → 볶기 → 껍질 제거 → 분쇄) → 2차 가공(혼합 → 정제 → 콘칭 → 템퍼링 → 정형, 진동 → 냉각, 틀 제거 → 포장 → 숙성)
- **원료에 따른 분류**: 카카오 매스(비터 초콜릿), 다크 초콜릿, 밀크 초콜릿, 화이트 초콜릿, 컬러 초콜릿 등
- **사용 용도에 따른 분류**: 가나슈용 초콜릿, 코팅용 초콜릿, 커버추어 초콜릿
- **형태에 따른 분류**: 팬 초콜릿, 몰드 초콜릿, 엔로브 초콜릿
- **템퍼링**: 수냉법, 대리석법, 접종법, 오버나이트법
- **블룸**: 팻 블룸, 슈가 블룸
- **적정 보관**: 온도 17~18℃, 습도 50% 이하의 장소에서 보관

## 향료와 향신료

- **향료의 분류**
  - **성분에 따른 분류**: 천연 향료, 합성 향료, 조합 향료
  - **가공 방법에 따른 분류**: 비알코올성 향료, 알코올성 향료, 유화 향료, 분말 향료
- **향신료의 종류**: 바닐라, 계피(시나몬), 넛메그, 정향(클로브), 올스파이스, 카다몬, 박하, 오레가노 등

## 견과와 주류

- **견과**: 아몬드, 호두, 헤이즐넛, 피스타치오
- **리큐르**: 오렌지 리큐르, 체리 리큐르, 만다린 리큐르, 트로피컬 프루츠 리큐르, 칼루아

# 필기합격 적중문제

## 01
유지의 가소성은 그 구성 성분 중 주로 어떤 물질의 종류와 양에 의해 결정되는가?
① 스테롤  ② 트리글리세리드
③ 유리 지방산  ④ 토코페롤

## 02
전분을 덱스트린으로 변화시키는 효소는?
① β-아밀레이스  ② α-아밀레이스
③ 말테이스  ④ 치마아제

## 03
다음 갈색 반응의 반응식에서 (    )에 알맞은 것은?

| 환원당 + (    ) - 열 → 멜라노이드 색소(황갈색) |

① 지방  ② 탄수화물
③ 단백질  ④ 비타민

## 04
지방의 산패를 촉진하는 인자와 거리가 먼 것은?
① 질소  ② 산소
③ 동  ④ 자외선

## 05
연수에 대한 설명으로 옳지 않은 것은?
① 경도 60ppm 이하의 단물이다.
② 반죽 사용 시 발효속도가 빠르다.
③ 반죽 사용 시 가수량이 감소한다.
④ 반죽이 되고 가스 보유력이 강하다.

## 06
과당을 분해하여 $CO_2$가스와 알코올을 만드는 효소는?
① 라이페이스(Lipase)  ② 프로테이스(Protease)
③ 치마아제(Zymase)  ④ 말테이스(Maltase)

## 07
유지의 기능이 아닌 것은?
① 감미제  ② 안정성
③ 가소성  ④ 유화성

## 08
제빵에 맥아를 사용하는 목적이 아닌 것은?
① 노화 지연 효과가 있다.
② 구조 형성에 도움을 준다.
③ 이산화탄소 생산을 증가시킨다.
④ 제품에 독특한 향미를 부여한다.

**09**
유지의 분해 산물인 글리세린에 대한 설명으로 틀린 것은?
① 자당보다 감미가 크다.
② 물-기름의 유탁액에 대한 안정 기능이 있다.
③ 보습성이 뛰어나 향류, 케이크류, 소프트 쿠키류의 저장성을 연장시킨다.
④ 향미제의 용매로 식품의 색택을 좋게 하는 독성이 없는 극소수 용매 중의 하나이다.

**10**
단백질에 대한 설명으로 틀린 것은?
① 기본 단위는 아미노산이다.
② 고온으로 가열하면 변성된다.
③ 대부분의 단백질은 열에 응고된다.
④ 밀 단백질의 질소 계수는 8.25이다.

**11**
전분을 분해하는 효소는?
① 라이페이스   ② 아밀레이스
③ 프로테이스   ④ 말테이스

**12**
양질의 도넛 제조에 적합한 튀김기름의 유리 지방산 적정 함량은?
① 0.5%   ② 1.5%
③ 2.5%   ④ 3.5%

**13**
전분을 가수 분해할 때 처음 생성되는 덱스트린은?
① 에리트로덱스트린   ② 아밀로덱스트린
③ 아크로덱스트린    ④ 말토덱스트린

**14**
지방에 대한 설명으로 틀린 것은?
① 불포화 지방산은 식물성유에 많다.
② 지방은 글리세린과 지방산으로 되어 있다.
③ 지방산에 이중 결합의 수가 많으면 융점이 낮아진다.
④ 지방 중 유리 지방산 함량이 많으면 발연점이 높아진다.

**15**
제과의 제품 팽창과 관계없는 재료는?
① 베이킹 파우더   ② 유지
③ 분유           ④ 계란

**16**
튀김 기름을 해치는 4대 적이 아닌 것은?
① 온도   ② 수분
③ 공기   ④ 항산화제

**17**
캐러멜화가 가장 높은 온도에서 일어나는 것은?
① 과당   ② 벌꿀
③ 설탕   ④ 전화당

**18**
단일 불포화 지방산에 해당하는 것은?
① 올레산   ② 팔미트산
③ 리놀렌산  ④ 아라키돈산

## 19
패리노그래프 커브의 윗부분이 500B.U.에 닿는 시간을 무엇이라고 하는가?

① 반죽 시간(Peak Time)
② 도달 시간(Arrival Time)
③ 이탈 시간(Departure Time)
④ 반죽 형성 시간(Dough Development Time)

## 20
모노글리세리드와 디글리세리드는 제과에 있어 주로 어떤 역할을 하는가?

① 유화제
② 항산화제
③ 감미제
④ 필수 영양소

## 21
아밀로오스(Amylose)의 특징이 아닌 것은?

① 퇴화의 경향이 적다.
② 비교적 적은 분자량을 가졌다.
③ 아이오딘 용액에 청색 반응을 일으킨다.
④ 일반 곡물 전분 속에 약 17~28% 존재한다.

## 22
전화당에 대한 설명으로 틀린 것은?

① 전화당의 상대적 감미도는 80 정도이다.
② 수분 보유력이 높아 신선도를 유지한다.
③ 케이크와 쿠키의 저장성을 연장시킨다.
④ 포도당과 과당이 동량으로 혼합되어 있는 혼합물이다.

## 23
도넛의 튀김용 유지로 적당한 것은?

① 면실유
② 버터
③ 라드
④ 마가린

## 24
단백질을 분해하는 효소는?

① 치마아제(Zymase)
② 라이페이스(Lipase)
③ 프로테이스(Protease)
④ 아밀레이스(Amylase)

## 25
전분의 호화 현상에 대한 설명으로 틀린 것은?

① 알칼리성일 때 호화가 촉진된다.
② 수분이 적을수록 호화가 촉진된다.
③ 전분의 종류에 따라 호화 특성이 달라진다.
④ 전분 현탁액에 적당량의 수산화나트륨(NaOH)을 가하면 가열하지 않아도 호화될 수 있다.

## 26
식물계에는 존재하지 않는 당은?

① 과당
② 유당
③ 설탕
④ 맥아당

## 27
50g의 밀가루에서 15g의 젖은 글루텐을 채취했다면 이 밀가루의 건조 글루텐 함량은?

① 10%
② 20%
③ 30%
④ 40%

## 28
밀가루 반죽을 끊어질 때까지 늘려서 반죽의 신장성을 알아보는 것은?

① 아밀로그래프
② 패리노그래프
③ 익스텐소그래프
④ 믹소그래프

## 29
아미노산에 대한 설명으로 틀린 것은?
① 단백질을 구성하는 아미노산은 거의 L-형이다.
② 식품 단백질을 구성하는 아미노산은 20여 가지이다.
③ 아미노산은 물에 녹아 양이온과 음이온의 양전하를 갖는다.
④ 아미노기(-NH$_2$)는 산성을, 카르복실기(-COOH)는 염기성을 나타낸다.

## 30
초콜릿의 블룸(bloom) 현상에 대한 설명 중 틀린 것은?
① 지방이 유출된 것을 팻 블룸이라고 한다.
② 설탕이 재결정화된 것을 슈가 블룸이라 한다.
③ 템퍼링이 부족하면 설탕의 재결정화가 일어난다.
④ 초콜릿 표면에 나타난 흰 반점이나 꽃무늬 같은 것을 말한다.

## 31
향신료를 사용하는 목적이 아닌 것은?
① 냄새 제거
② 맛과 향 부여
③ 영양분 공급
④ 식욕 증진

## 32
달걀 흰자의 고형분 함량은 약 몇 %인가?
① 12%
② 24%
③ 30%
④ 40%

## 33
다음과 같은 조건에서 나타나는 현상과 관련된 물질을 바르게 연결한 것은?

> 초콜릿의 보관 방법이 적절하지 않아 공기 중의 수분이 표면에 부착한 후 그 수분이 증발해 버려 어떤 물질이 결정 형태로 남아 흰색이 나타났다.

① 팻 블룸(Fat Bloom) - 카카오 매스
② 팻 블룸(Fat Bloom) - 글리세린
③ 슈가 블룸(Sugar Bloom) - 카카오 버터
④ 슈가 블룸(Sugar Bloom) - 설탕

## 34
이스트 푸드의 구성 성분이 아닌 것은?
① 암모늄염
② 질산염
③ 칼슘염
④ 전분

## 35
베이킹파우더의 일반적인 구성 물질이 아닌 것은?
① 탄산수소나트륨
② 전분
③ 주석산 크림
④ 암모늄

## 36
제빵 제조 시 물의 기능이 아닌 것은?
① 글루텐 형성을 돕는다.
② 반죽 온도를 조절한다.
③ 이스트의 먹이 역할을 한다.
④ 효소 활성화에 도움을 준다.

## 37
식물성 검류가 아닌 것은?
① 젤라틴 ② 펙틴
③ 구아검 ④ 아라비아검

## 38
술에 대한 설명으로 틀린 것은?
① 증류주란 발효시킨 양조주를 증류한 것이다.
② 양조주란 곡물이나 과실을 원료로 하여 효모를 발효시킨 것이다.
③ 제과·제빵에서 술을 사용하면 좋지 않은 냄새를 모두 없앨 수는 없다.
④ 혼성주란 증류주를 기본으로 정제당을 넣고 과실 등의 추출물로 향미를 낸 것으로 대부분 알코올 농도가 낮다.

## 39
제빵에서 소금의 역할이 아닌 것은?
① 맛을 조절한다.
② 글루텐을 강화시킨다.
③ 빵의 내상을 희게 한다.
④ 유해균의 번식을 억제시킨다.

## 40
코코아(Cocoa)에 대한 설명으로 옳은 것은?
① 카카오 닙스(Cacao Nibs)를 건조한 것이다.
② 비터 초콜릿(Bitter Chocolate)을 건조·분쇄한 것이다.
③ 초콜릿 리쿠어(Chocolate Liquor)를 압착·건조한 것이다.
④ 카카오 버터(Cocoa Butter)를 만들고 남은 박(Press Cake)을 분쇄한 것이다.

## 41
혼성주 중 오렌지 성분을 원료로 하여 만들지 않는 것은?
① 큐라소(Curacao)
② 쿠앵트로(Cointreau)
③ 마라스키노(Maraschino)
④ 그랑 마르니에(Grand Marnier)

## 42
식품 향료에 대한 설명으로 틀린 것은?
① 자연 향료는 자연에서 채취한 후 추출, 정제, 농축, 분리 과정을 거쳐 얻는다.
② 합성 향료는 석유 및 석탄류에 포함되어 있는 방향성 유기 물질로부터 합성하여 만든다.
③ 조합 향료는 천연 향료와 합성 향료를 조합하여 양자 간의 문제점을 보완한 것이다.
④ 식품에 사용하는 향료는 첨가물이지만, 품질, 규격 및 사용법을 준수하지 않아도 된다.

## 43
초콜릿에서 카카오 버터를 줄이고 다른 대용 유지를 첨가하여 고급 초콜릿에 비해 품질이 떨어지지만 템퍼링을 안 해도 되는 초콜릿을 일반적으로 부르는 명칭은?
① 커버추어 초콜릿 ② 준 초콜릿(코팅 초콜릿)
③ 이미테이션 초콜릿 ④ 비매품

## 44
연수의 광물질 함량 범위는?
① 0~60ppm ② 120~180ppm
③ 200~260ppm ④ 280~340ppm

## 45
제과에 많이 쓰이는 럼주의 원료는?
① 옥수수 전분  ② 포도당
③ 당밀  ④ 타피오카

## 46
정상적인 빵 발효를 위해 맥아와 유산을 첨가하는 물은?
① 산성인 연수  ② 중성인 연수
③ 중성인 경수  ④ 알칼리성인 경수

## 47
수용성 향료의 특징으로 옳은 것은?
① 내열성이 강하다.
② 기름에 쉽게 용해된다.
③ 고농도의 제품을 만들기 어렵다.
④ 제조 시 계면 활성제가 반드시 필요하다.

## 48
가공하지 않은 초콜릿(비터 초콜릿, Bitter Chocolate) 40%에 포함되어 있는 가장 적합한 코코아의 양은?
① 20%  ② 25%
③ 30%  ④ 35%

## 49
건조 이스트는 같은 중량을 사용할 경우 생이스트보다 활성이 약 몇 배 더 강한가?
① 2배  ② 5배
③ 7배  ④ 10배

## 50
우유를 살균할 때 고온 단시간 살균법(HTST)으로 가장 적합한 조건은?
① 72℃에서 15초 처리
② 76℃ 이상에서 15초 처리
③ 130℃에서 2~3초 처리
④ 62~65℃에서 30분 처리

## 51
베이킹파우더 사용량이 과다할 때의 현상이 아닌 것은?
① 주저앉는다.
② 속결이 거칠다.
③ 기공과 조직이 조밀하다.
④ 같은 조건일 때 건조가 빠르다.

## 52
다음 중 찬물에서도 잘 용해되는 것은?
① 한천(Agar)  ② 씨엠씨(CMC)
③ 젤라틴(Gelatin)  ④ 펙틴(Pectin)

## 53
다음 그림과 같이 달걀의 신선도를 검사하기 위해 소금물(8% 정도)에 달걀을 넣었을 때 가장 신선한 것은?

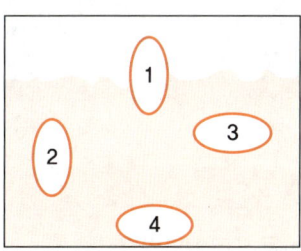

① 1  ② 2
③ 3  ④ 4

## 54
분유의 종류에 대한 설명으로 틀린 것은?
① 혼합 분유 – 연유에 유청을 가하여 분말화한 것
② 가당 분유 – 원유에 당류를 가하여 분말화한 것
③ 전지 분유 – 원유에서 수분을 제거하여 분말화한 것
④ 탈지 분유 – 탈지유에서 수분을 제거하여 분말화한 것

## 55
정상 조건하의 베이킹파우더 100g에서 얼마 이상의 유효 이산화탄소 가스가 발생되어야 하는가?
① 6g　　　　② 12g
③ 18g　　　 ④ 24g

## 56
효모의 대표적인 증식 방법은?
① 분열법　　　② 출아법
③ 유포자 형성　④ 무성 포자 형성

## 57
이스트 푸드에 대한 내용으로 틀린 것은?
① 물 조절제 – 칼슘염
② 이스트 영양분 – 암모늄염
③ 반죽 조절제 – 산화제
④ 이스트 조절제 – 글루텐

## 58
나트륨 100ppm을 %로 바꾸면?
① 0.1%　　　② 0.01%
③ 0.001%　　④ 0.0001%

## ✓ 산업기사 대비 고난도 문제

## 59
물과 반죽의 관계에 대한 설명으로 옳은 것은?
① 경수로 배합할 경우 발효 속도가 빠르다.
② 연수 배합 시 이스트 푸드를 약간 늘리는 게 좋다.
③ 연수로 배합할 경우 글루텐을 더욱 단단하게 한다.
④ 경수로 배합을 하면 글루텐이 부드럽게 되고 기계에 잘 붙는 반죽이 된다.

## 60
팽창제에 대한 설명으로 틀린 것은?
① 천연 팽창제로는 효모가 대표적이다.
② 팽창제로 암모늄명반이 지정되어 있다.
③ 반죽 중에서 가스가 발생하여 제품에 독특한 다공성의 세포 구조를 부여한다.
④ 화학적 팽창제는 가열에 의해 발생되는 유리탄산가스나 암모니아가스만으로 팽창하는 것이다.

## 61
달걀 사용과 보존 시 주의점으로 옳지 않은 것은?
① 달걀을 손으로 만진 후에는 손을 깨끗이 씻는다.
② 껍데기를 깬 후에는 빠른 시간 내에 충분히 가열 조리한다.
③ 달걀 껍데기에 미생물이 있어서 사용하기 전에 물로 씻어 사용한다.
④ 달걀을 장기간 보관할 때는 깨끗한 물로 씻은 후 밀폐 용기에 넣어 냉장 보관한다.

에듀윌이
너를
지지할게
ENERGY

쉬워 보이는 일도 해보면 어렵다.
못할 것 같은 일도 시작해 놓으면 이루어진다.

– 채근담(菜根譚)

공통편

PART 03

영양학

## 학습 POINT!

PART 03 영양학에서는 PART 02 재료과학에서 학습한 내용을 영양소의 인체 내 작용 등 영양학적인 측면에서 학습한다. 영양소의 명칭은 생소할 뿐만 아니라 여러 가지 명칭으로 불릴 수 있기 때문에 유의하여 학습하도록 한다.

**01** 열량 영양소

**02** 조절 영양소

**03** 소화와 흡수

# 01 열량 영양소

**열량 영양소의 일일 섭취 권장량 (총 섭취 열량 대비) ★**

| 탄수화물 | 60~70% |
|---|---|
| 지방 | 7~20% |
| 단백질 | 15~20% (체중 1kg당 1g) |

## 01 영양소 개요

### 1. 영양소의 정의
식품에 함유되어 있는 여러 성분 중 체내에 흡수되어 성장, 유지, 번식 등 생활 유지를 위한 생리적 기능에 이용되는 것

### 2. 영양소의 종류

| 구성 | 영양소 | 기능 |
|---|---|---|
| 열량 영양소 | 탄수화물(4kcal/g) | • 열량 발생<br>• 체온 유지<br>• 에너지원으로 이용 |
| | 지방(9kcal/g) | |
| | 단백질(4kcal/g) | |
| 구성 영양소 | 단백질, 무기질, 물 | 근육, 골격, 효소, 호르몬 등의 구성 성분 |
| 조절 영양소 | 무기질, 비타민, 물 | 인체 내 생리 작용, 대사 작용 조절 |

## 02 탄수화물(당질)

### 1. 탄수화물의 특성
① 탄소(C), 수소(H), 산소(O)의 원소를 1 : 2 : 1 비율로 함유한 유기 화합물
② 에너지 공급원으로 당질과 같은 의미로 쓰이고, 곡류, 서류, 설탕의 구성 성분임
③ 체내에서 소화되면 최종적으로 소장에서 단당류로 흡수됨

**서류**
덩이줄기나 덩이뿌리를 먹는 작물로, 고구마, 감자 등이 있다.

**탄수화물 과잉 섭취 시 증상**
비만, 당뇨병, 동맥 경화증 등을 유발할 수 있다.

### 2. 탄수화물의 기능

| 에너지 공급원 | • 인체의 가장 중요한 에너지원으로 1g당 4kcal의 열량을 공급함<br>• 소화·흡수율이 98%로 거의 체내에 이용됨 |
|---|---|
| 혈당의 유지 | 혈당량(0.1%)과 중추 신경을 유지하고 변비를 예방함 |
| 단백질 절약 작용 | 탄수화물 부족 시 지방이나 단백질을 에너지원으로 이용함 |
| 지방 대사에 관여 | • 간에서 지방의 완전대사를 도움<br>• 간에서 글리코젠 형태로 저장, 필요시 포도당으로 분해되어 사용함<br>• 혈액과 조직에 케톤체가 다량 축적되는 케톤증 예방에 관여함 |
| 피로 회복에 효과적 | 섭취 시부터 소비 시까지 기간이 짧음 |
| 장운동에 관여 | 섬유질 섭취 시 장운동을 활발하게 하여 변비를 예방함 |
| 감미, 향미 | 맛과 향을 가지고 있어 식욕 증진, 식품의 물성 개선에 활용됨 |

| 바로 확인문제 |

탄수화물은 체내에서 주로 어떤 작용을 하는가?
① 골격을 형성한다.　　　　　　　② 혈액을 구성한다.
③ 체작용을 조절한다.　　　　　　④ 열량을 공급한다.

|해설| 탄수화물은 열량 영양소, 구성 영양소, 조절 영양소 중 열량 영양소에 해당한다.　　|정답| ④

### 3. 탄수화물의 소화·흡수·대사

① 탄수화물의 소화

| 입에서의 소화 | 다당류인 글리코젠과 전분이 입에서의 기계적 소화와 함께 타액 속에 함유된 프티알린(Ptyalin)에 의해 소화가 일어남 |
|---|---|
| 위에서의 소화 | 분해 효소가 없어 소화가 거의 일어나지 않음 |
| 소장에서의 소화 | • 소장에서 최종적인 소화가 일어남<br>• 전분이 단당류로 분해 |

**탄수화물의 공급원**
• 곡류, 감자류, 과일, 채소 등 식물성 식품이 주요 공급원이다.
• 우유, 난류, 패류 등 동물성 식품에 의해서도 공급된다.

| 바로 확인문제 |

당질을 소화시키는 데 관계되는 효소는?
① 라이페이스　　　　　　　② 렌닌
③ 아밀레이스　　　　　　　④ 펩신

|해설| 아밀레이스는 탄수화물의 일종인 전분의 분해 효소이다.　　|정답| ③

② 탄수화물의 흡수
　㉠ 단당류가 소장 점막 세포를 통과하여 체내로 들어가는 과정을 말함
　㉡ 단당류로 소화되면 십이지장 및 공장 상부에서 모세혈관 → 문맥 → 간으로 운반
③ 탄수화물의 대사: 당질 대사 경로는 해당(Glycolysis), TCA-cycle, 글리코젠 합성, 글리코젠 분해, 당신생을 통해 이루어짐

**탄수화물의 흡수 속도**
갈락토오스(110) → 포도당(100) → 과당(43)

## 03 지방

### 1. 지방의 특성
① 탄수화물, 단백질과 같이 주요 생체 구성 성분이며, 열량 공급원으로 중요한 물질임
② 탄소(C), 수소(H), 산소(O)로 구성되어 있음
③ 물에 녹지 않고 에스테르, 알코올, 아세톤, 벤젠 등의 유기 용매에 용해됨
④ 3가의 알코올인 글리세롤과 지방산의 결합으로 구성됨
⑤ 산이나 알칼리, 효소로 가수 분해하면 지방산과 글리세롤로 분해됨

### 2. 지방의 기능

| 에너지 공급원 | • 1g당 9kcal의 열량을 공급함<br>• 소화·흡수율은 95% |
|---|---|
| 지용성 비타민의 흡수 촉진 | 비타민 A, D, E, K의 흡수 촉진 |
| 장기 보호 | 외부의 충격으로부터 내장 기관 보호 |
| 체온 유지, 장내 윤활제 역할 | 체온 발산을 막고 변비를 예방함 |
| 필수 지방산 공급 | 건강 유지 및 성장 촉진, 콜레스테롤 양을 낮춤 |

**지방 과잉 섭취 시 증상**
비만, 지방성 간경화, 동맥 경화, 고지혈증, 유방암, 대장암 등을 유발할 수 있다.

**지방 분해 효소**
라이페이스, 스테압신이 있다.

### 3. 지방의 소화·흡수
① 위에서 소량의 라이페이스와 혼합되지만, 지질 소화의 대부분은 소장에서 이루어짐
② 지방을 소화시키는 효소인 라이페이스에 의해 췌장에서 글리세린과 지방산으로 분해됨
③ 위에서는 담즙에 의해 충분히 유화된 후 소장으로 보내져 대부분 흡수됨
④ 췌장 → 소장 → 림프관 → 혈액 → 심장 → 전신 과정으로 95% 이상의 지방이 소화됨

**담즙산**
효소는 아니지만 지방의 유화를 돕는다.

## 04 단백질

### 1. 단백질의 영양 평가 지표

| | |
|---|---|
| 생물가<br>(BV; Biological Value) | • 단백질의 체내 이용 정도를 평가하는 방법으로, 생물가가 높을수록 체내 이용률이 높음<br>• 생물가(%) = (체내에 보유된 질소량 ÷ 체내에 흡수된 질소량)×100<br>• 우유(90), 달걀(100), 돼지고기(79), 소고기(76), 생선(75), 대두(75), 밀가루(52) |
| 단백가<br>(PS; Protein Score) | • 필수 아미노산 비율이 이상적인 표준 단백질을 가정하여 이를 100으로 잡고 다른 단백질의 영양가를 비교하는 방법으로, 단백가가 클수록 영양가가 큼<br>• 단백가(%) = (식품 중 제1 제한 아미노산 함량 ÷ 표준 단백질 중 아미노산 함량)×100<br>• 달걀(100), 소고기(83), 우유(78), 대두(73), 쌀(72), 밀가루(47), 옥수수(42) |

📢 **합격 팁**
생물가와 단백가가 가장 큰 식품을 구분하여 기억해 두도록 해요. 대두는 수분 함유량이 적기 때문에 상대적으로 다른 식품보다 단백질 함량이 많다는 사실도 기억해 두세요.

**단백질 결핍 시 증상**
면역 기능 저하, 부종, 성장 저해, 허약 등이 나타난다.

### 2. 단백질의 기능

| | |
|---|---|
| 에너지 공급원 | • 1g당 4kcal의 에너지를 공급함<br>• 소화·흡수율은 92%임 |
| 체액 중성 유지 | • 체내 삼투압 조절로 체내 수분 평형 유지<br>• 체액의 pH를 유지(산·알칼리 평형) |
| 효소·호르몬·항체 형성,<br>면역 작용 관여 | • 효소의 주성분<br>• 티록신(갑상선 호르몬), 아드레날린(부신수질 호르몬) 생성<br>• 항체를 형성하여 면역 기능 강화 |
| 체조직 구성과 보수 | 피부, 손톱, 모발, 뇌, 근육 등 인체 조직 구성 |

| 바로 확인문제 |

단백질의 기능에 해당하지 않는 것은?
① 체내 성분의 구성 물질
② 체내 성분의 중성 유지
③ 혈당에 관여
④ 효소, 호르몬의 성분

|해설| 혈당에 관여하는 것은 탄수화물이다.   |정답| ③

3. **단백질의 영양학적 분류**

| | |
|---|---|
| 완전 단백질 | • 필수 아미노산을 골고루 갖춤<br>• 생명 유지, 성장 발육, 생식에 필요<br>• 카세인(우유), 미오신(육류), 오브알부민(달걀), 글리시닌(콩) 등 |
| 부분적 완전 단백질 | • 필수 아미노산 중 몇 개가 부족함<br>• 생명 유지는 할 수 있으나 성장 발육은 하지 못함<br>• 글리아딘(밀), 호르데인(보리), 오리제닌(쌀) 등 |
| 불완전 단백질 | • 생명 유지나 성장 발육 모두 할 수 없음<br>• 제인(옥수수), 젤라틴(육류) 등 |

4. **단백질의 소화·흡수**
   ① 위 속에 있는 펩신은 단백질 분자를 큰 폴리펩타이드로 분해시키고, 췌장과 소장에서 분비되는 효소에 의해 아미노산으로 분해되어 흡수·이용되지만, 일부분은 분해되지 않은 채 뇨중으로 배설[위 → 소장 → 융모나 점액 → 문맥 → 간(지방의 연소와 합성)]
   ② 흡수된 아미노산은 단백질 합성 보수 외에 연소되어 열량을 공급하며, 당질과 지방으로 전환되어 몸에 저장되기도 함

# 02 조절 영양소

## 01 무기질(미네랄)

### 1. 무기질의 정의
① 신체를 구성하고 있는 요소이며 탄소, 수소, 산소, 질소 이외의 원소로, 인체에 함유된 40여 가지 원소 중 전체의 약 4%에 해당함
② 체내에서는 합성되지 않으므로 반드시 음식물로부터 공급되어야 함

### 2. 무기질의 분류

| 다량 원소 무기질 | 칼슘(Ca), 인(P), 마그네슘(Mg), 나트륨(Na), 황(S), 염소(Cl), 칼륨(K) |
|---|---|
| 미량 원소 무기질 | 철(Fe), 아이오딘(I), 구리(Cu), 불소(F), 코발트(Co), 아연(Zn), 망가니즈(Mn) |

### 3. 무기질의 종류

| 종류 | 기능 | 결핍증 | 급원 식품 |
|---|---|---|---|
| 칼슘(Ca) | 골격 구성, 근육의 수축 및 이완 작용, 혈액 응고 작용 | 구루병, 골다공증, 골연화증 | 우유, 유제품, 달걀 등<br>※ 비타민 D: 칼슘 흡수 촉진 |
| 인(P) | 골격 구성, 세포의 구성 요소 | – | 콩류, 어패류, 난황 등 |
| 마그네슘(Mg) | 신경 자극 전달, 근육의 수축·이완 작용, 체액의 알칼리 유지 | 경련, 근육 신경 떨림 | 곡류, 채소, 견과류 등 |
| 나트륨(Na) | 체액의 삼투압과 수분 조절 | ※ 과잉: 동맥 경화증 | 소금, 육류, 우유 등 |
| 황(S) | 체구성 성분(머리카락, 손톱) | 머리카락, 손톱, 발톱 성장 지연 | 달걀, 육류, 치즈, 우유, 채소 등 |
| 철(Fe) | 헤모글로빈(혈색소) 생성, 산소 운반, 적혈구 형성 | 빈혈 | 달걀, 육류, 치즈, 우유, 견과류 등 |
| 염소(Cl) | 위액의 주요 성분(위산 생성) | 소화 불량, 식욕 부진 | 소금, 우유, 달걀, 육류 등 |
| 구리(Cu) | 철의 흡수와 운반을 도움 | 악성 빈혈 | 해산물, 견과류, 콩류 등 |
| 아이오딘(I) | 갑상선 호르몬(티록신) 성분 | 갑상선종 | 다시마, 미역, 어패류 등 |
| 아연(Zn) | 인슐린 합성 및 자극 활성화 | 당뇨병, 빈혈, 피부염, 알츠하이머 | 굴, 청어, 간, 달걀, 치즈 등 |
| 코발트(Co) | 비타민 $B_{12}$의 주성분 | 적혈구 장애, 악성 빈혈 | 고기, 콩, 간, 달팽이 |

> **합격 팁**
> 무기질의 기능과 결핍증은 시험에 자주 출제되므로 반드시 알아 두도록 해요.

**수산**
수산은 시금치에 많이 들어 있으며, 칼슘의 흡수를 방해한다.

| 바로 확인문제 |

갑상선 비대증을 일으키는 무기질은?
① 칼슘					② 아이오딘
③ 인					④ 마그네슘

| 해설 | 아이오딘은 갑상선 호르몬인 티록신의 구성 성분으로, 해조류, 어육 등에 포함되어 있다.	| 정답 | ②

### 4. 산·알칼리 평형

| 산성 식품 | 알칼리성 식품 |
|---|---|
| • 황, 인, 염소와 같은 산성을 많이 포함한 식품<br>• 곡물, 육류, 어패류, 난황 등 | • 칼슘, 칼륨, 나트륨, 마그네슘, 철과 같은 알칼리성 무기질을 많이 포함한 식품<br>• 채소, 과일 등의 식물성 식품과 우유, 굴 등 |

### 5. 무기질의 영양학적 특성
① 뼈와 치아의 구성 성분
② 체액의 성분으로 pH와 삼투압의 조절에 관여
③ 효소나 호르몬 합성으로 체작용 조절
④ 효소 반응의 활성화
⑤ 신경과 흥분 전달, 근육의 이완 및 수축에 관여

## 02 비타민과 물

### 1. 비타민의 정의
① 체내에 극히 미량으로 함유되어 있으나 생리 작용을 조절하고 성장을 유지하는 데 꼭 필요하며, 체내에서 합성되지 않아 반드시 음식물을 통해 섭취해야 함
② 무기질과 같이 에너지원으로는 이용되지 않지만, 생체 조직의 대사에 작용하는 보조 효소로서의 역할을 함

### 2. 비타민의 기능
① 탄수화물, 지방, 단백질 대사의 보조 효소 역할
② 신체 기능 조절
③ 부족하면 영양 장애가 일어남

### 3. 비타민의 일반적 성질

| 구분 | 수용성 비타민 | 지용성 비타민 |
|---|---|---|
| 종류 | 비타민 B군, C 등 | 비타민 A, D, E, K |
| 용매 | 물에 용해 | 기름과 유기 용매에 용해 |
| 과잉 섭취 시 | 소변으로 배출 | 체내에 저장 |
| 전구체 | 없음 | 존재함 |
| 결핍 | 신속히 나타남 | 서서히 나타남 |
| 공급 | 매일 공급해야 함 | 매일 공급할 필요 없음 |

**전구체 ★**

어떤 물질 대사나 화학 반응 등에서 최종적으로 얻을 수 있는 특정 물질이 되기 전 단계의 물질이다.

| 펩신의 전구체 | 펩시노겐 |
|---|---|
| 비타민 A 전구체 | 베타카로틴 |
| 비타민 $D_2$ 전구체 | 에르고스테롤 |
| 비타민 $D_3$ 전구체 | 콜레스테롤 |

**주요 비타민 결핍증**

| 비타민 A | 야맹증 |
|---|---|
| 비타민 B₁ | 각기병 |
| 비타민 B₂ | 피부염, 구순구각염 |
| 비타민 C | 괴혈병 |
| 비타민 D | 구루병 |

**펠라그라**

비타민 B₃(나이아신) 결핍증으로 피부의 홍반, 구내염, 설사, 우울증이 나타나는 병이다.

## 4. 수용성 비타민의 종류

| 구분 | 기능 | 결핍증 | 급원 식품 |
|---|---|---|---|
| 비타민 B₁ (티아민) | 당질 대사에 중요, 식욕 촉진 | 각기병, 식욕 부진, 피로, 권태감, 신경통 | 쌀겨, 간, 돼지고기, 난황, 대두, 배아 |
| 비타민 B₂ (리보플라빈) | 발육 촉진, 입안의 점막 보호 | 구순구각염, 설염, 피부염, 발육 장애 | 우유, 치즈, 간, 달걀, 살코기, 녹색 채소 |
| 비타민 B₃ (나이아신) | 당질, 지질, 단백질 대사의 중요한 역할 | 펠라그라, 피부병 | 간, 육류, 콩, 효모, 생선 |
| 비타민 B₆ (피리독신) | 단백질 대사에 중요 | 피부병, 성장 정지, 저혈색소병, 빈혈 | 육류, 배아, 곡류, 난황 |
| 비타민 B₉ (엽산) | 항빈혈성 인자로 헤모글로빈, 적혈구 세포 생성 | 빈혈 | 간, 달걀 |
| 비타민 B₁₂ (시아노코발라민) | 적혈구 생성에 관여, 성장 촉진 | 악성 빈혈, 간 질환, 성장 정지 | 간, 내장, 난황, 살코기 등 동물성 식품 |
| 비타민 C (아스코르빈산) | 세포의 산화·환원 작용 조절, 세포의 저항력 증강 | 괴혈병, 저항력 감소 | 시금치, 무청, 딸기, 감귤류, 풋고추 |

## 5. 지용성 비타민의 종류

| 구분 | 기능 | 결핍증 | 급원 식품 |
|---|---|---|---|
| 비타민 A (레티놀) | 발육을 촉진하여 저항력 증강, 시력에 관여 | 야맹증, 건조성 안염 | 간유, 버터, 난황, 김, 녹황색 채소 |
| 비타민 D (칼시페롤) | 칼슘과 인의 흡수력 촉진, 뼈의 성장에 관여 | 구루병, 골연화증, 골다공증 | 어유, 간유, 난황, 버터 |
| 비타민 E (토코페롤) | 항산화제, 근육 위축 방지 | 불임증, 근육 위축증 | 식물성 기름, 난황, 우유 |
| 비타민 K (필로퀴논) | 혈액 응고 작용, 포도당의 연소에 관계 | 혈액 응고 지연 | 간유, 난황, 녹색 채소 |

| 바로 확인문제 |

비타민의 결핍 증상이 잘못 짝지어진 것은?

① 비타민 B₁ - 각기병
② 비타민 C - 괴혈병
③ 비타민 B₂ - 야맹증
④ 나이아신 - 펠라그라

|해설| • 비타민 B₂ - 구순구각염, 설염, 피부병, 발육 장애
• 비타민 A - 야맹증, 건조성 안염

|정답| ③

## 6. 물

① 수분은 체내에서 가장 기본이 되는 성분으로, 체중의 2/3(55~65%)를 차지함
② 체내 수분의 20%를 상실하면 생명의 위험 초래
③ 체내 대사 과정의 촉매 작용, 영양소와 노폐물 운반, 모든 분비액의 성분과 체온 조절, 내장 기관의 보호 등의 기능을 함

# 03 소화와 흡수

## 01 소화 효소의 종류

| 탄수화물 가수 분해 효소 | 아밀레이스, 수크레이스, 말테이스, 락테이스 등 |
| --- | --- |
| 지방 가수 분해 효소 | 라이페이스, 스테압신 |
| 단백질 가수 분해 효소 | 펩신, 트립신, 에렙신 등 |

## 02 소화 과정

| 작용 부위 | 효소명 | 분비선(소재) | 기질 | 작용 및 생성 물질 |
| --- | --- | --- | --- | --- |
| 구강 | 프티알린 | 타액선 | 전분 | 덱스트린, 맥아당 |
| 위 | 펩신 | 위선(위액) | 단백질 | 펩톤, 프로테오스 |
| | 라이페이스 | | 지방 | 지방산, 글리세롤 |
| | 레닌 | | 우유의 카세인 | 카세인 응고 |
| 췌장, 소장 | 트립신 | 췌장(췌액) | 단백질, 펩톤 | 프로테오스, 폴리펩타이드 |
| | 키모트립신 | - | 펩톤 | 폴리펩타이드 |
| | 엔테로키나아제 | 췌장(췌액) | - | 트립신의 부활 작용 |
| | 펩티데이스 | 췌액, 장액 | 펩타이드 | 디펩타이드 |
| | 디펩티데이스 | - | 디펩타이드 | 아미노산 |
| | 아밀롭신 (아밀레이스) | 췌장 | 전분, 글리코젠, 덱스트린 | 맥아당 |
| | 수크레이스 | 장액 | 자당 | 포도당, 과당 |
| | 말테이스 | 췌장, 장액 | 맥아당 | 포도당 |
| | 락테이스 | 유아의 장액 | 유당 | 포도당, 갈락토오스 |
| | 스테압신 | 췌장 | 지방 | 지방산, 글리세롤 |
| | 라이페이스 | 장액 | 지방 | 지방산, 글리세롤 |

## 03 인체 내에서의 소화 작용

| 입에서의 소화 | • 프티알린은 녹말을 당으로 분해<br>• 아밀레이스는 전분을 덱스트린과 맥아당으로 분해 |
| --- | --- |
| 위에서의 소화 | • 라이페이스는 지방을 소화되기 쉽게 유화<br>• 위액에 있는 펩신은 단백질을 펩톤과 프로테오스로 분해<br>• 레닌은 유즙을 응고시켜 펩신을 작용하기 쉽게 도움 |

### 소화
음식물이 소화 기관을 통과하는 동안 작은 단위로 나뉘어 체내에 흡수되기 쉬운 상태로 분해되는 과정이다.

### 소화 효소
소화 효소는 가수 분해 효소로서 동물의 소화 기관 내에서 음식물을 소화시키는 효소이다. 기질 특이성을 가지며, 열에 약하고 효소마다 최적 활성을 보이는 pH에 차이가 있다.

### 소화 과정
음식물로 섭취된 고분자 유기 화합물이 소화 효소의 작용을 받아 흡수 가능한 저분자 유기 화합물로 분해되는 과정을 말한다.

### 유당불내증
체내 락테이스 효소가 결여되어 우유 중 유당을 소화하지 못하는 증상을 말한다.

**담즙(쓸개즙)의 작용**

간에서 만들어진 담즙은 지방질을 유화하여 소화·흡수를 돕는 기능을 하고, 비타민 K를 합성하며 지용성 비타민의 흡수를 돕는다. 담즙 색소 및 지질은 체내의 불필요한 물질을 배설하는 작용을 한다.

| | |
|---|---|
| 췌장에서의 소화 | • 췌액의 아밀레이스에 의해 전분이 맥아당으로 분해<br>• 지방은 담즙에 의해 유화, 췌액의 스테압신에 의해 지방산과 글리세롤로 분해<br>• 트립신: 단백질과 그 분해물인 펩톤과 프로테오스를 폴리펩타이드로 분해, 일부는 아미노산으로 분해 |
| 소장에서의 소화 | • 수크레이스(인버테이스): 자당을 포도당과 과당으로 분해<br>• 말테이스: 맥아당을 포도당 2분자로 분해<br>• 락테이스: 유당을 포도당과 갈락토오스로 분해<br>• 에렙신: 프로테오스, 펩톤, 펩타이드를 아미노산으로 분해 |
| 대장에서의 소화 | • 소화 효소는 분비되지 않음<br>• 장내 세균에 의해 섬유소가 분해되며 대부분의 물이 흡수 |

| 바로 확인문제 |

소화 시 담즙의 작용은?
① 지방을 유화시킨다.　　　　　　② 지방질을 가수 분해한다.
③ 단백질을 가수 분해한다.　　　　④ 콜레스테롤을 가수 분해한다.

|해설| 담즙은 지방을 유화시키고, 비타민 K를 합성하며, 지용성 비타민의 흡수를 돕는다.　　|정답| ①

## 04 영양소의 흡수와 이동

### 1. 영양소의 흡수 원리

| | |
|---|---|
| 입 | • 영양소 흡수는 일어나지 않음<br>• 탄수화물(당질) 분해만 일어남 |
| 위 | • pH 2 강산성, 단백질 소화만 이루어짐<br>• 영양소는 거의 흡수되지 않음<br>• 물과 소량의 알코올 흡수 |
| 췌장 | 췌액에는 3대 영양소를 소화시키는 효소(아밀롭신, 트립신, 라이페이스)가 포함되어 있음 |
| 소장 | 소장 벽의 융털로 섭취 에너지의 95%가 흡수됨, 대부분의 영양소가 소장에서 흡수됨 |
| 대장 | 수분 흡수가 대부분이며, 흡수가 안 된 영양소는 변으로 배설됨 |

| 바로 확인문제 |

영양소의 소화·흡수에 대한 설명으로 틀린 것은?
① 알코올은 주로 위에서 흡수한다.
② 수분은 주로 대장에서 흡수한다.
③ 소화율이 높은 순위는 단백질, 지방, 탄수화물의 순이다.
④ 지방질이 흡수되려면 글리세롤과 지방산으로 분해되어야 한다.

|해설| 소화율은 탄수화물 98%, 지방 95%, 단백질 92% 정도이다.　　|정답| ③

### 2. 수용성·지용성 영양소의 흡수 및 이동 경로

| | |
|---|---|
| 수용성 영양소 | • 종류: 포도당, 글리세롤, 아미노산, 무기질, 수용성 비타민<br>• 문맥 순환: 소장의 융모에 있는 모세 혈관 – 문맥 – 간 – 간정맥 – 심장 – 전신 |
| 지용성 영양소 | • 종류: 지방산, 지용성 비타민<br>• 림프관 순환: 소장의 융모에 있는 림프관 – 정맥 – 심장 – 전신 |

## 05 에너지 대사

1. **기초 대사량**
   ① 사람의 생명을 유지하는 데 필요한 최소한의 대사량
   ② 육체적으로나 정신적으로 아무 일도 하지 않고 정지한 상태에서 무의식적인 생리 작용만 할 때 소요되는 에너지 양을 지칭함

2. **에너지 대사율**
   ① 생물체가 행한 작업 강도를 알 수 있는 기준
   ② 노동 대사량을 기초 대사량으로 나눈 값

   > **합격 팁**
   > 기초 대사량은 체표면적·근육량 등에 비례하고 나이에 반비례하며, 성별 등 여러 요인에 영향을 받아 개인차가 커요.

# PART 03 | 영양학
# 한눈에 보는 핵심 키워드

## 01 | 열량 영양소

**탄수화물**

- 기능: 에너지 공급원, 혈당의 유지, 단백질 절약 작용, 지방 대사에 관여, 피로 회복에 효과적, 장운동에 관여, 감미, 향미
- 소화·흡수·대사: 입, 위, 소장에서의 소화, 모세혈관 → 문맥 → 간으로 운반

**지방**

- 기능: 에너지 공급원, 지용성 비타민의 흡수 촉진, 장기 보호, 체온 유지, 장내 윤활제 역할, 필수 지방산 공급
- 소화·흡수: 췌장 → 소장 → 림프관 → 혈액 → 심장 → 전신

**단백질**

- 기능: 에너지 공급원, 체액 중성 유지, 효소·호르몬·항체 형성과 면역 작용 관여, 체조직 구성과 보수
- 소화·흡수: 위 → 소장 → 융모나 점액 → 문맥 → 간

## 02 | 조절 영양소

**무기질**

- 종류: 칼슘, 인, 마그네슘, 나트륨, 황, 철, 염소, 구리, 아이오딘, 아연, 코발트
- 영양학적 특성: 뼈와 치아의 구성 성분, pH와 삼투압 조절에 관여, 체작용 조절, 효소 반응의 활성화, 신경과 흥분 전달, 근육의 이완 및 수축에 관여

**비타민**

- 수용성 비타민: 비타민 $B_1$, $B_2$, $B_3$, $B_6$, $B_9$, $B_{12}$, C
- 지용성 비타민: 비타민 A, D, E, K

**물**: 체중의 2/3 차지, 체내 대사 과정의 촉매 작용, 영양소와 노폐물 운반, 모든 분비액의 성분과 체온 조절 등의 기능

## 03 | 소화와 흡수

**소화 효소의 종류**

- 탄수화물: 아밀레이스, 수크레이스, 말테이스, 락테이스 등
- 지방: 라이페이스, 스테압신
- 단백질: 펩신, 트립신, 에렙신 등

**인체 내에서의 소화 작용**

- 입: 프티알린(녹말 → 당), 아밀레이스(전분 → 덱스트린, 맥아당)
- 위: 라이페이스(지방 유화), 펩신(단백질 → 펩톤, 프로테오스), 레닌(유즙 응고)
- 췌장, 소장: 아밀레이스(전분 → 맥아당), 담즙(지방 유화), 스테압신(지방 → 지방산, 글리세롤), 트립신(단백질, 펩톤, 프로테오스 → 폴리펩타이드, 아미노산), 수크레이스(자당 → 포도당, 과당), 말테이스(맥아당 → 포도당 2분자), 락테이스(유당 → 포도당, 갈락토오스), 에렙신(프로테오스, 펩톤, 펩타이드 → 아미노산)
- 대장: 세균에 의해 섬유소 분해

**영양소의 흡수와 이동**

- 수용성 영양소: 소장의 융모에 있는 모세 혈관 – 문맥 – 간 – 간정맥 – 심장 – 전신
- 지용성 영양소: 소장의 융모에 있는 림프관 – 정맥 – 심장 – 전신

## PART 03 | 영양학
# 필기합격 적중문제

**01**

밀가루가 75%의 탄수화물, 10%의 단백질, 1%의 지방을 함유하고 있다면 100g의 밀가루를 섭취하였을 때 얻을 수 있는 열량은?

① 386kcal
② 349kcal
③ 317kcal
④ 307kcal

**02**

유당불내증이 있는 경우, 소장에서 분해되지 않아 생성되지 못하는 단당류는?

① 설탕(Sucrose)
② 맥아당(Maltose)
③ 과당(Fructose)
④ 갈락토오스(Galactose)

**03**

다음 중 단당류에 해당하지 않는 것은?

① 갈락토오스
② 포도당
③ 과당
④ 맥아당

**04**

하루 2,400kcal를 섭취하는 사람의 이상적인 탄수화물의 섭취량은 약 얼마인가?

① 140~150g
② 200~230g
③ 260~320g
④ 330~420g

**05**

성장기 어린이에게 더 요구되는 필수 아미노산은?

① 트립토판
② 메티오닌
③ 발린
④ 히스티딘

**06**

지방의 주요 기능이 아닌 것은?

① 체온의 손실 방지
② 정상적인 삼투압 조절에 관여
③ 티아민(Thiamine)의 절약 작용
④ 비타민 A, D, E, K의 운반·흡수 작용

**07**

콜레스테롤에 관한 설명으로 틀린 것은?

① 담즙의 성분이다.
② 가스 발생력이 증가한다.
③ 비타민 $D_3$의 전구체가 된다.
④ 설탕의 결정화를 감소·방지한다.

## 08
정상적인 건강 유지를 위해 반드시 필요한 지방산으로 체내에서 합성되지 않아 식사로 공급해야 하는 것은?
① 포화 지방산
② 불포화 지방산
③ 필수 지방산
④ 고급 지방산

## 09
다음 쌀과 콩에 대한 설명 중 (　) 안에 알맞은 것은?

> 쌀에는 리신(Lysine)이, 콩에는 메티오닌(Methionine)이 부족하다. 이를 쌀과 콩단백질의 (　)이라고 한다.

① 제한 아미노산
② 필수 아미노산
③ 불필수 아미노산
④ 아미노산 불균형

## 10
2가지 식품을 섞어서 음식을 만들 때 단백질의 상호 보조 효력이 가장 큰 것은?
① 밀가루와 현미가루
② 쌀과 보리
③ 시리얼과 우유
④ 밀가루와 건포도

## 11
완전 단백질이 아닌 것은?
① 카세인
② 헤모글로빈
③ 미오신
④ 오브알부민

## 12
밀, 쌀과 같은 곡류에서 특히 부족하기 쉬운 아미노산은?
① 페닐알라닌
② 트레오닌
③ 알기닌
④ 리신

## 13
무기질의 일반적인 기능이 아닌 것은?
① 단백질의 절약 작용
② 체조직의 구성 성분
③ 체액의 산, 염기 평형 유지
④ 생리적 작용에 대한 촉매 작용

## 14
하루 섭취한 2,700kcal 중 지방은 20%, 탄수화물은 65%, 단백질은 15%였다. 지방, 탄수화물, 단백질은 각각 약 몇 g을 섭취하였는가?

|   | 지방 | 탄수화물 | 단백질 |
|---|---|---|---|
| ① | 135g | 438.8g | 45g |
| ② | 540g | 1,755.2g | 405.2g |
| ③ | 60g | 438.8g | 101.3g |
| ④ | 135g | 195g | 101.3g |

## 15
무기질에 대한 설명으로 틀린 것은?
① 황(S)은 당질 대사에 중요하며 혈액을 알칼리성으로 유지시킨다.
② 칼슘(Ca)은 주로 골격과 치아를 구성하고 혈액 응고 작용을 돕는다.
③ 나트륨(Na)은 주로 세포 외액에 들어 있고, 삼투압 유지에 관여한다.
④ 아이오딘(I)은 갑상선 호르몬의 주성분으로, 결핍되면 갑상선종을 일으킨다.

## 16
철(Fe)의 기능에 대한 설명으로 옳은 것은?
① 골격과 치아를 형성한다.
② 철의 필요량은 남녀가 동일하다.
③ 부족 시에는 갑상선 비대증이 발생한다.
④ 헤모글로빈의 성분으로 신체 각 조직에 산소를 운반한다.

## 17
인슐린이라는 호르몬의 성분이 되는 무기질은?
① 아연　　　　　② 철분
③ 구리　　　　　④ 유황

## 18
산과 알칼리 및 열에서 비교적 안정하고 칼슘의 흡수를 도우며 골격 발육과 관계 깊은 비타민은?
① 비타민 A　　　② 비타민 $B_1$
③ 비타민 D　　　④ 비타민 E

## 19
칼슘이 신체에서 하는 기능이 아닌 것은?
① 근육의 수축·이완 작용 조절
② 지방의 흡수 조절
③ 신경의 자극 전달 유지
④ 혈액의 응고 작용에 관여

## 20
지용성 비타민에 대한 설명으로 틀린 것은?
① 기름과 유지 용매에 용해된다.
② 결핍 증세가 서서히 나타난다.
③ 섭취한 필요 이상의 것은 체내에 저장된다.
④ 필요량을 매일 먹지 않으면 결핍증이 발생한다.

## 21
기초 대사량에 관한 설명으로 틀린 것은?
① 아무 일도 하지 않고 누워서 측정한다.
② 남자와 여자의 기초 대사량은 동일하다.
③ 체표면적이 큰 사람의 기초 대사량이 크다.
④ 체온 유지, 심장 작용, 호흡에 필요한 열량이다.

## 22
소화 기관에 대한 설명으로 틀린 것은?
① 위는 강알칼리의 위액을 분비한다.
② 소장은 영양분을 소화·흡수한다.
③ 대장은 수분을 흡수하는 역할을 한다.
④ 이자(췌장)는 당 대사호르몬의 내분비선이다.

## 23
지방의 연소와 합성이 이루어지는 장기는?
① 췌장　　　　　② 간
③ 위장　　　　　④ 소장

## 24
단백질에 대한 설명으로 틀린 것은?
① 동물성 식품에만 포함되어 있다.
② 약 20여 종의 아미노산으로 되어있다.
③ 부족하면 2차적 빈혈을 유발하기 쉽다.
④ 조직의 삼투압과 수분 평형을 조절한다.

## 25
지방의 소화 효소는?
① 라이페이스, 스테압신
② 프티알린, 트립신
③ 스테압신, 펩신
④ 라이페이스, 펩신

## 26
다음 각 비타민과 관련된 결핍증 공급원에 대한 연결이 틀린 것은?

① 비타민 A – 야맹증, 녹황색 채소
② 비타민 $B_1$ – 각기병, 쌀겨, 돼지고기
③ 비타민 C – 괴혈병, 과일, 채소
④ 비타민 K – 발육부진, 간유

## 27
올리고당류의 특징으로 가장 거리가 먼 것은?

① 청량감이 있다.
② 설탕에 비해 항충치성이 있다.
③ 감미도가 설탕보다 20~30% 낮다.
④ 장내 비피더스균의 증식을 억제한다.

## 28
다음 중 맥아당이 가장 많이 함유되어 있는 식품은?

① 우유  ② 꿀
③ 식혜  ④ 설탕

## 29
비타민D가 부족하면 생기는 증상에 대한 설명으로 틀린 것은?

① 골다공증  ② 골연화증
③ 안짱다리  ④ 야맹증

### ✓ 산업기사 대비 고난도 문제

## 30
아미노산과 아미노산의 결합은?

① 글리코사이드 결합
② 펩타이드 결합
③ $\alpha-1, 4$ 결합
④ 에스테르 결합

## 31
당질의 대사 과정에 필요한 비타민으로서 쌀을 주식으로 하는 우리나라 사람에게 더욱 중요한 것은?

① 비타민 A
② 비타민 $B_1$
③ 비타민 $B_{12}$
④ 비타민 D

## 32
단백질 식품을 섭취한 결과, 음식물 중의 질소량이 13g이며, 대변의 질소량이 0.7g, 소변 중의 질소량이 4g으로 나타났을 때 이 식품의 생물가(BV)는 약 얼마인가?

① 25%  ② 36%
③ 64%  ④ 92%

**에**듀윌이
**너**를
**지**지할게
ENERGY

길이 가깝다고 해도
가지 않으면 도달하지 못하며,
일이 작다고 해도
행하지 않으면 성취되지 않는다.

– 순자(荀子)

공통편

PART 04

제과·제빵 제조

## 학습 POINT!

PART 05, 06을 학습하기 전, 제과·제빵에 사용하는 기계와 도구의 용도를 구분할 수 있어야 한다. 또한 제과·제빵의 제품을 관리하는 방법, 생산과 공정, 작업 환경을 관리하는 방법에 대해 학습한다.

**01** 기계와 도구

**02** 제품 관리

**03** 생산 관리

**04** 공정 관리와 작업 환경 관리

# 01 기계와 도구

## 01 제과·제빵에 사용하는 기계

### 1. 믹서(반죽기)

① 믹서의 기능
  ㉠ 제과: 휘퍼를 사용하여 공기를 포집시켜 부피를 형성
  ㉡ 제빵: 훅을 사용하여 반죽을 반복적으로 압축·팽창시켜 글루텐을 형성

② 믹서에 사용하는 기구
  ㉠ 믹싱볼(Mixing Bowl): 원통형의 기구로 반죽을 할 때 사용함
  ㉡ 휘퍼(Whipper): 제과용으로 공기를 넣어 부피를 형성함
  ㉢ 비터(Beater): 유연한 반죽을 만들 때 사용함
  ㉣ 훅(Hook): 제빵용으로 강력분을 사용할 때 글루텐을 형성함

[믹싱볼] [휘퍼] [비터] [훅]

③ 믹서의 종류:

| 수직형 믹서 (버티컬 믹서) | • 소규모 제과점에서 케이크 및 빵 반죽을 만들 때 사용함<br>• 반죽 상태를 수시로 점검할 수 있음 |
|---|---|
| 수평형 믹서 | • 대량 생산할 때 사용함<br>• 단일 품목의 주문 생산에 편리함 |
| 스파이럴 믹서 (나선형 믹서) | • S형(나선형) 훅이 고정되어 있는 제빵 전용 믹서<br>• 저속으로 프랑스빵을 반죽하면 힘이 좋은 반죽이 됨<br>• 식빵용 반죽에 고속을 너무 사용하면 지나친 반죽이 되기 쉽기 때문에 주의를 요함 |
| 에어 믹서 | 제과 전용 믹서로 공기를 넣어 믹싱하여 일정한 기포를 형성함 |

[수직형 믹서] [스파이럴 믹서]

### 클리어런스

믹싱볼과 훅의 간격을 말한다. 클리어런스가 너무 좁으면 믹싱 시간은 단축되지만 글루텐이 파괴되어 끈기가 약해져서 달라붙게 되며, 너무 넓으면 반죽의 믹싱과 늘어나는 작용이 약하기 때문에 믹싱 시간이 길어지고 신장성이 없는 반죽이 된다.

### 소형 믹서

### | 바로 확인문제 |

나선형 훅이 고정되어 있는 제빵 전용 믹서로, 대용량을 생산할 수 있는 믹서기는?

① 수직형 믹서   ② 스파이럴 믹서
③ 수평형 믹서   ④ 에어 믹서

|해설| S형(나선형) 훅이 고정되어 있는 제빵 전용 믹서로, 저속으로 프랑스빵을 반죽하면 힘이 좋은 반죽을 만들 수 있다. 하지만 고속으로 식빵용 반죽을 계속 작업하면 반죽이 지나치게 되기 쉽기 때문에 주의해야 한다.    |정답| ②

### | 한 번 더 풀기 |

주로 소매점에서 많이 사용하는 믹서로 거품형 케이크 및 빵 반죽이 모두 가능한 믹서는?

① 수직형 믹서
② 스파이럴 믹서
③ 수평형 믹서
④ 핀 믹서

|해설| 소매점에서 주로 사용하는 믹서는 수직형 믹서(버티컬 믹서, Vertical Mixer)이다.    |정답| ①

## 2. 오븐(Oven)

성형 및 발효가 끝난 반죽을 익혀서 최종 제품이 나오는 마지막 공정으로, 전기 오븐을 사용하여 200℃ 전후로 굽기를 하며 오븐 내 매입 철판 수로 제품 생산 능력을 계산함

| | |
|---|---|
| 데크 오븐 | • 소규모 제과점(윈도우 베이커리)에서 주로 사용함<br>• '단(층)으로 되어 있는 오븐'이란 뜻임<br>• 반죽을 넣는 입구와 제품을 꺼내는 출구가 같음<br>• 단층으로 구분되어 있으며 대부분 3단으로 구성되어 있음<br>• 평철판 또는 원형 팬을 손으로 넣고 꺼내기가 편리함 |
| 터널 오븐 | • 단일 품목을 대량 생산하는 공장에서 많이 사용함<br>• 반죽을 넣는 입구와 제품을 꺼내는 출구가 서로 다름<br>• 터널을 통과하는 동안 온도가 다른 구역들을 지나며 굽기를 함<br>• 틀의 크기와 상관없이 윗불과 아랫불을 조절함<br>• 넓은 면적이 필요하고 열 손실이 크다는 단점이 있음 |
| 컨벡션 오븐<br>(대류식 오븐) | • 공기를 데워서 오븐 뒤쪽의 팬으로 바람을 순환시켜 구움<br>• 일정한 크기와 고른 색의 제품을 만들 수 있음<br>• 하드 계열의 빵과 쿠키를 만들 때 사용함<br>• 낮은 온도에서 좀 더 빠르게 구울 수 있음 |

[데크 오븐]

[터널 오븐]

[컨벡션 오븐]

| 바로 확인문제 |

대량 생산 공장에서 많이 사용되는 오븐으로 반죽이 들어가는 입구와 제품이 나오는 출구가 서로 다른 오븐은?

① 데크 오븐　　　　　　　　　② 터널 오븐
③ 로터리 래크 오븐　　　　　　④ 컨벡션 오븐

|해설| 대량 생산 공장에서 많이 사용되는 터널 오븐은 입구에서 팬을 넣으면 내부에 회전하는 롤러가 있어 컨베이어로 이동하여 출구로 나온다.　|정답| ②

## 3. 발효기(Fermentation Room)

① 믹싱이 끝난 후 1차 발효 또는 성형이 끝난 후 2차 발효를 하여 반죽을 부풀리는 기계
② 발효의 목적
　㉠ 탄산가스 발생력을 증대시켜 반죽을 확장시킴 → 반죽의 산화를 촉진시키며, 가스 보유력을 좋게 함
　㉡ 효소에 의한 화학적 작용과 팽창에 의한 물리적 작용으로 반죽을 숙성시킴
　㉢ 발효로 생성되는 아미노산, 유기산, 에스테르 등에 의해 빵에 독특한 맛과 향이 남

[발효기]

**분할**

분할에는 손 분할과 기계 분할이 있으며, 기계로 하는 분할은 디바이더를 활용한다.

**둥글리기 반죽 손상 보완**

손 둥글리기는 반죽 손상이 적으므로 중간 발효를 짧게 하고, 기계 라운더는 반죽 손상이 많으므로 중간 발효를 길게 한다.

| 한 번 더 풀기 |

분할된 반죽을 둥그렇게 말아 하나의 피막을 형성하도록 하는 기계는?
① 믹서
② 오버헤드 프루퍼
③ 정형기
④ 라운더

|해설| 라운더는 둥글리기를 자동으로 하는 기계이다. 오버헤드 프루퍼는 정형하기 전까지 발효시키는 중간 발효기이다.    |정답| ④

**도우 컨디셔너**

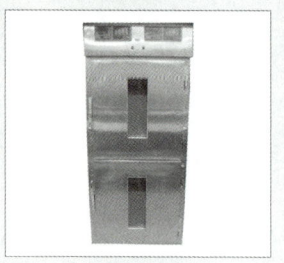

## 4. 분할기(디바이더, Divider)
① 1차 발효가 끝난 반죽을 넣어 일정한 크기로 자르는 기계
② 편리하게 분할을 할 수 있으나, 기계 분할은 용적 분할(공간 분할)로 반죽 손상이 많음
③ 분할기의 시간당 분할 능력 공식: 분할기의 시간당 능력=포켓 수×매분의 스트로크 수×60
④ 분할기의 스트로크 수(동작 단위): 12~17이 좋으며, 이보다 빠르거나 느려도 반죽 손상이 커짐

## 5. 둥글리기(라운더, Rounder)
① 분할된 반죽이 둥글리기가 되어 만들어지는 기계
② 둥글리기는 손으로 하는 방법과 기계인 라운더로 하는 방법이 있음
③ 라운더의 종류

| 우산형 라운더 | 우산 모양으로 반죽의 라운딩 작업이 진행됨에 따라 회전 수가 느려지면서 지나치게 조여지는 것을 막아 줌 |
|---|---|
| 절구형 라운더 | 절구통 모양으로 반죽의 라운딩 공정이 진행됨에 따라 회전 수가 증가하여 지나치게 조여질 수 있음 |
| 벨트식 라운더 (빵 매트형 라운더) | 벨트 컨베이어 위에 완만한 각도로 라운딩이 되며, 롤 반죽을 사용할 때 이용 |
| 인테그라형 라운더 | 하드 롤처럼 작고 된 반죽의 라운딩에 사용 |

## 6. 정형기(몰더, Moulder)
① 중간 발효가 끝나면 가스를 빼면서 밀어 편 후에 모양을 만드는 기계
② 정형은 손으로 하는 방법과 기계인 몰더로 하는 방법이 있음
③ 몰더의 기능

| 신전 또는 압연 | 가스 빼기를 하여 반죽을 얇게 늘림 |
|---|---|
| 꼬아 넣기 | 반죽을 꼬아서 넣음 |
| 압축 | 반죽 간격을 밀착시키고 이음매를 붙임 |

## 7. 파이 롤러
① 파이(페이스트리)를 만들 때 사용함
② 밀대를 이용하는 것보다 일정한 두께와 간격을 만들 수 있어 균일한 제품을 생산함

## 8. 도우 컨디셔너(Dough Conditioner)
자동 제어 장치에 의해 반죽을 급속 냉동, 냉장, 완만한 해동, 2차 발효 등을 할 수 있는 다기능 제빵 기계

| 바로 확인문제 |

자동 제어 장치에 의해 반죽을 급속 냉동, 냉장, 완만한 해동, 2차 발효 등을 할 수 있는 다기능 제빵 기계는?
① 발효기                    ② 정형기
③ 도우 컨디셔너           ④ 라운드

|해설| 도우 컨디셔너는 급속 냉동, 냉장, 완만한 해동, 2차 발효 등을 할 수 있는 다기능 제빵 기계이다.    |정답| ③

## 02 제과·제빵에 사용하는 도구

| | |
|---|---|
| 작업 테이블 | 주방의 중앙부에 위치해야 여러 방향으로의 동선이 짧아져 작업하기가 편리함 |
| 전자저울 | • 전자식 장치를 이용하여 무게를 측정하는 저울<br>• 용기를 올려 놓고 영점을 맞출 수 있기 때문에 정확하고 신속하게 재료의 무게를 측정할 수 있음 |
| 부등비저울 | 저울추의 무게로 측정하는 저울 |
| 온도계 | 반죽의 결과 온도와 재료의 온도를 측정함 |
| 스쿱 | 재료 계량에서 가루 재료(밀가루, 설탕 등)를 퍼낼 때 사용함 |
| 고무 주걱 | 반죽할 때 믹싱볼에 묻어 있는 반죽을 내리거나(스크래핑), 반죽을 담을 때 사용함 |
| 스파이크 롤러 | 피자나 파이를 만들 때 바닥 부분에 골고루 구멍을 내어 바닥 부분이 올라오는 것을 방지할 때 사용함 |
| 팬<br>(Pan) | • 반죽을 담아 발효와 굽기를 할 때 사용함<br>• 철판과 원형 팬(케이크 팬), 사각 팬(식빵 팬) 등 다양함 |
| 붓(Brush) | 달걀 물을 바르거나, 팬에 이형제를 바를 때, 덧가루를 털어 내는 용도로 사용함 |
| 스크래퍼 | 제빵 반죽을 분할하거나, 롤 케이크를 만들 때 수평을 맞추는 용도로 사용함 |
| 스패튜라 | 버터 케이크나 생크림 케이크를 만들 때 윗면과 옆면을 아이싱하거나 반죽을 담을 때 사용함 |
| 회전판(돌림판,<br>Turn Table) | 일정한 둥근 모양을 만드는 아이싱을 할 때 케이크류를 올려 놓는 용도로 사용함 |
| 디핑 포크 | 초콜릿을 만들 때, 작은 크기를 코팅할 때 사용함 |
| 동그릇<br>(Copper Bowl) | • 온도가 높아도 타지 않아 일정한 상태로 시럽을 끓일 때 사용함<br>• 설탕 공예와 설탕 시럽을 만들 때 사용함 |
| 짤주머니<br>(Pastry Bag) | • 반죽, 크림 등을 짤 때, 반죽을 용기에 담을 때 사용함<br>• 케이크를 만들 때 깍지를 앞부분에 달아 주로 사용함 |
| 모양 깍지 | • 여러 가지 모양을 만드는 도구<br>• 케이크나 쿠키를 만들 때 짤주머니 끝에 달아 사용함 |
| 락카 | 빵을 오븐에서 꺼내어 식히거나 작업할 때 철판을 올려 놓는 용도로 사용함 |
| 기타 | 도르래 칼, 스텐볼, 가루통, 가루체, 밀대, 식힘망, 빵칼, 계량컵, 도넛 틀, 카스텔라 틀, 단팥빵 틀, 데포지터 등 |

**디핑 포크**

**데포지터**
- 제과 반죽을 자동으로 일정한 모양으로 만들어 주는 기계이다.
- 쿠키를 만들 때 편리하게 만들 수 있다.

| 바로 확인문제 |

밀가루나 설탕 등을 손쉽게 퍼내기 위한 도구는 무엇인가?

① 스쿱(Scoop)　　　　　　　　② 스패튜라(Spatula)
③ 디핑 포크(Dipping Forks)　　④ 동그릇(Copper Bowl)

|해설| 스쿱은 가루 재료를 손쉽게 퍼내는 도구이다.　　　　　　|정답| ①

# 02 제품 관리

## 01 소비 기한

### 1. 소비 기한의 정의
① 소비자가 식품을 먹어도 건강상에 이상이 없을 것으로 판단되는, 소비자가 실제로 식품을 섭취할 수 있는 기한을 말함
② 소비 기한은 식품 제조일로부터 소비자에게 유통·판매가 허용되는 기간을 뜻하는 '유통 기한'보다 긺

### 2. 소비 기한의 표시
① 식품의 용기·포장에 지워지지 않는 잉크 각인, 소인 등으로 잘 보이도록 할 것
② '○○년 ○○월 ○○일까지', '○○○○년 ○○월 ○○일까지', '○○○○. ○○. ○○ 까지' 또는 소비 기한이 1년 이상인 경우 '제조일로부터 ○○년까지'로 표시함
③ 냉동 또는 냉장 보관하여 유통하는 제품은 '냉동 보관' 또는 '냉장 보관'을 표시하고, 제품의 품질 유지에 필요한 냉동 또는 냉장 온도를 함께 표시함
④ 소비 기한이 서로 다른 제품을 함께 포장할 경우 가장 짧은 소비 기한을 표시함

> **소비 기한에 영향을 주는 요인**
> - 내부적 요인: 원재료, 제품의 배합 및 조성, 수분 함량 및 수분활성도, pH 및 산도, 산소의 이용성 등
> - 외부적 요인: 제조 공정, 위생 수준, 포장 재질 및 방법, 저장·유통·진열 조건, 소비자 취급 등

## 02 저장

### 1. 저장 방법

| | |
|---|---|
| 실온 저장 | 건조 식자재를 저장·보관하는 건조 저장고는 적합한 공간과 사용 현장과의 위치, 저장 식재료의 안전성을 고려해야 함 |
| 냉장 저장 | • 내부의 벽은 내구성과 위생성이 좋은 재질을 사용하고, 배수구와 환기 시설을 설치해야 함<br>• 워크인 냉장고의 문은 안에서도 열리고, 조명이나 신호 장치에 의해 냉장고 내부에 사람이 있음을 알릴 수 있어야 함 |
| 냉동 저장 | 냉동은 식품에 함유된 이용 가능한 수분을 불활성화시키는 과정으로, 식품의 저장 기간을 연장하기 위한 수단으로 이용함 |

> **냉장 저장고의 종류**
> - 물품 창고식 대형 냉장고
> - 편의형 소형 냉장고(전처리 식품이나 당일 사용 재료 보관)
> - 앞뒤 양면에 문이 있는 냉장고 (주로 완제품 보관)

### 2. 적정 온도
① **실온 유통 제품**: 실온은 1~35℃를 말하며, 원칙적으로 35℃를 포함하되 제품의 특성과 계절을 고려하여 설정함
② **상온 유통 제품**: 상온은 15~25℃를 말하며, 25℃를 포함하여 설정함
③ **냉장 유통 제품**: 냉장은 0~10℃를 말하며, 보통 5℃ 이하로 유지하되 「식품의 기준 및 규격」, 「축산물의 가공기준 및 성분규격」에 정한 경우 그 조건을 따름
④ **냉동 유통 제품**: 냉동은 -18℃ 이하를 말하며, 품질 변화가 최소화될 수 있도록 온도를 설정함(다만, 「식품의 기준 및 규격」, 「축산물의 가공기준 및 성분규격」에 정한 경우 그 조건을 따름), 냉동 제품은 표면에서 중심부까지 -20℃ 정도의 냉기를 유지해야 함

# 03 생산 관리

## 🍞 01 생산 관리

### 1. 생산 관리의 개요
① 생산 관리의 정의: 사람(Man)·재료(Material)·자금(Money)의 3요소를 유효적절하게 사용하여 양질의 물건을 적은 비용으로 필요한 양만큼 정해진 시기에 만들어 내는 관리(Control) 또는 경영(Management)을 말함
② 생산 관리의 목표: 납기 관리, 원가 관리, 품질 관리, 생산량 관리(유연성)

### 2. 물건의 가치

> 물건의 가치(V) = 품질(Q) 또는 기능(F) ÷ 원가(C) 또는 가격(P)

📣 **합격 팁**
'V'는 Value(가치), 'Q'는 Quality(품질), 'F'는 Function(기능), 'C'는 Cost(원가), 'P'는 Price(가격)를 의미해요. 최근에는 가치를 추구하는 데 중점을 두고 있어요.

## 🍞 02 생산 시스템

### 1. 생산과 비용
① 생산 비용은 변동비의 절감과 더불어 생산액을 높이는 것이 더 중요함
② 고정비는 생산 여부와 관계없이 지출되는 비용이므로 고정비를 줄이는 노력이 필요함
③ 생산량을 증대시키는 수단이 강구되어야 함

### 2. 생산 시스템의 분석
생산 시스템을 생산량과 비용의 측면에서 분석하여 문제 해결의 방안을 종합적으로 평가하는 데 활용할 수 있음

| | |
|---|---|
| 고정비 | • 매출액의 증가나 감소에 관계없이 일정 기간에 일정액이 소요되는 비용<br>• 기본급, 제수당, 감가상각비, 임차료, 보험료, 고정 자산세 등 |
| 변동비 | • 매출액의 증감에 따라 비례적으로 증감하는 비용<br>• 재료비, 상품 매입액, 외주 가공비, 운임비, 포장비, 직원의 잔업 수당 등 |
| 매출액 | 생산량 × 가격 |
| 손익분기점 | • 손실과 이익의 분기점이 되는 매출액<br>• 수익, 비용, 이익의 관계를 분석·검토하는 기준(큰 의미)<br>• 이익도 손해도 없는 매출액(작은 의미)<br>• 매출이 손익분기점 이상으로 늘어나면 이익 발생, 줄어들면 손해 발생 |
| 매출액에 의한 손익분기점 | 고정비 ÷ (1 − 변동비 ÷ 매출액) = 고정비 ÷ (1 − 변동 비율) = 고정비 ÷ 한계 이익률 |
| 판매 수량에 의한 손익분기점 | 고정비 ÷ (판매 가격 − 변동비 ÷ 판매량) = 고정비 ÷ 제품 1개당 한계 이익 |

---

**제조 공정의 주요 관리 항목**
시간, 온도, 습도, 공정

**기업 활동의 구성 요소(7M)**
- 1차 관리: Man(사람, 질과 양), Material(재료, 품질), Money(자금, 원가)
- 2차 관리: Method(방법), Minute(시간, 공정), Machine(기계, 시설), Market(시장)

**생산 시스템**
투입에서 생산 활동과 산출까지의 전 과정을 관리하는 것을 말한다.

**생산 계획**
- 인원 계획: 평균적인 결근율, 기계의 능력 등을 감안하여 인원 계획을 세운다.
- 설비 계획: 기계화와 설비 보전을 계획하는 일이다.
- 제품 계획: 신제품, 제품 구성비, 개발 계획을 세우는 일이다.
- 합리화 계획: 생산성 향상, 외주·구매 계획을 세우는 일이다.
- 교육 훈련 계획: 관리·감독자 교육과 직업 능력 향상 훈련을 계획하는 일이다.

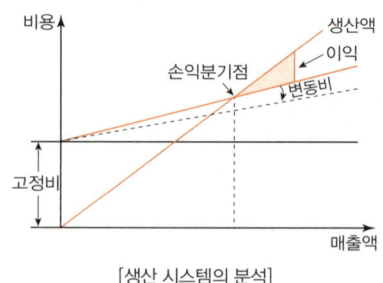

[생산 시스템의 분석]

| 바로 확인문제 |

손실과 이익의 분기점이 되는 매출액으로, 이익도 손해도 없는 매출액을 무엇이라 하는가?

① 고정비　　　　② 매출액　　　　③ 변동비　　　　④ 손익분기점

| 해설 | 매출이 손익분기점 이상으로 늘어나면 이익이 발생하고, 줄어들면 손해가 발생한다. 따라서 손익분기점은 이익도 손해도 없는 매출액을 말한다.

| 정답 | ④

## 03 원가 관리의 실무

1. **원가의 개념**: 제조·판매·서비스를 제공하기 위해 소비되는 비용을 말하며, 제품 생산에서 소비한 경제적 가치를 의미함

2. **원가의 종류**

| 재료비 | 제품 제조 시 외부로부터 구입한 물품대금(제품 생산에 직접 사용된 재료비, 산출할 수 없는 재료비는 간접 재료비라고 함) |
|---|---|
| 노무비 | 제품 생산 및 제조에 소비되는 노동의 보수(월급, 수당, 잔금) |
| 경비 | 재료비와 노무비를 제외한 모든 원가 요소(전기료, 가스비, 수도비, 경비, 보험료, 감가상각비 등) |

**기초 원가**
직접 노무비 + 직접 재료비

3. **원가의 구성 요소**

| 직접 재료비 | 직접 노무비 | 직접 경비 | 제조 간접비 | 일반 관리비 | 판매비 | 이익 |
|---|---|---|---|---|---|---|
| 직접 원가(생산 원가) ||| | | | |
| 제조 원가 |||| | | |
| 총원가 ||||| | |
| 판매 가격 |||||| |

[원가 구성도]

| 직접 원가(생산 원가) | 직접 재료비(주재료 금액)+직접 노무비(급료, 연봉 등)+직접 경비(외주 가공비) |
|---|---|
| 제조 원가 | 직접 원가+제조 간접비(간접 재료비, 간접 노무비, 간접 경비) |
| 총원가 | 제조 원가+일반 관리비ㅣ판매비 |
| 판매 가격 | 총원가+이익 |

| 바로 확인문제 |

원가에 대한 설명으로 틀린 것은?

① 기초 원가는 직접 노무비와 직접 재료비를 더한 것이다.
② 직접 원가는 기초 원가에 직접 경비를 더한 것이다.
③ 제조 원가는 간접비를 포함한 것으로 보통 제품의 원가라고 한다.
④ 총원가는 제조 원가에서 판매 가격을 뺀 것이다.

| 해설 | 총원가는 제조 원가(직접 원가+제조 간접비)+일반 관리비+판매비이다.

| 정답 | ④

## 4. 원가 절감 방안

① 원재료비 절감
- ㉠ 구매 관리를 철저히 하여 구입 단가와 결제 방법을 합리화함
- ㉡ 원재료의 배합 설계와 제조 배합 설계를 최적 상태로 하여 수율(완성품)을 높임으로써 비용을 줄임
- ㉢ 창고 관리의 적정화로 원재료의 입고 및 보관 중에 생기는 불량품을 줄이고 재고를 줄임
- ㉣ 불량률을 최소로 하여 수율을 높임

② 노무비 절감
- ㉠ 설계 단계에서 제조 방법의 표준화와 간이화를 계획함
- ㉡ 생산 기술의 측면에서 제조 방법을 개선하고 향상시킴
- ㉢ 생산 계획의 단계에서 생산 소요 시간, 공정 시간을 단축시킴
- ㉣ 제조 공정 중의 작업 배분, 진행 등 작업 능률을 높이는 기법을 동원함
- ㉤ 설비 관리를 철저히 하여 설비를 쉬게 하거나 작업 중 가동이 정지되지 않도록 함
- ㉥ 직업 윤리의 무장으로 생산 능률을 향상함

> **노무비**
> 제조 활동과 관련된 인건비를 가리키는 말이다. 노무비는 임금과는 차이가 있다. 임금은 제품 제조를 위한 노동력에 지급되는 대가인데 반해, 노무비는 매입한 노동력을 소비함으로써 생기는 원가 요소를 나타내는 것이다.

③ 제조 시 불량률 감소

| 문제점 | 감소 방법 |
|---|---|
| 작업자의 부주의 | • 작업 표준이나 작업 지시에 맞는지 스스로 점검<br>• 검사 기준을 설정하여 다른 사람이 점검 |
| 낮은 기술 수준 또는 작업의 미숙 | • 전문가를 초청하여 교육 훈련을 시키거나 현장에서의 기술 개선 지도<br>• 교육 기관을 통한 수강, 사내 연구회를 통하여 자기 계발 |
| 작업 여건의 문제 | • 작업의 표준화<br>• 기계와 작업 기기가 정상 작동하도록 보수 |

④ 작업의 표준화
- ㉠ 가장 쉽고 빠르게 만드는 방법
- ㉡ 제품 규격을 지키기 쉬운 방법
- ㉢ 위험이 없는 안전한 작업 방법
- ㉣ 누구에게나 간단히 교육하여 만들 수 있는 방법

> **작업 표준화의 기본 방향**
> 관리자의 필요성 인식 → 숙련자, 작업자의 동의 → 현장 적용에 문제가 있을 시 협의를 거쳐 수정하여 확정한다.

## 5. 생산가치(부가가치)의 분석

① 노동생산성
- ㉠ 물량적 노동생산성: $\dfrac{생산금액(생산량)}{총공수(인원 \times 시간)}$
- ㉡ 가치적 노동생산성: $\dfrac{생산가치 \times 이익 \times 생산금액(생산량)}{인원 \times 시간 \times 임금}$

② 노동 분배율: $\dfrac{인건비}{생산가치(부가가치)} \times 100$

③ 1인당 생산가치(부가가치): $\dfrac{생산가치(부가가치)}{인원} \times 100$

④ 생산가치율: $\dfrac{생산가치(부가가치)}{생산금액} \times 100$

⑤ 1인당 이익: $\dfrac{매출총이익}{연간 인원}$

# 04 공정 관리와 작업 환경 관리

## 01 공정 관리

### 1. 공정 관리의 정의
① 제조 공정 관리에 필요한 제품 설명서와 공정 흐름도를 작성
② 위해 요소 분석을 통해 중요 관리점을 결정
③ 결정된 중요 관리점에 대한 세부적인 관리 계획을 수립하여 공정을 관리

### 2. 공정별 위해 요소 파악 및 예방
위해 요소(Hazard)는 「식품위생법」 제4조 위해 식품 등의 판매 등 금지의 규정에서 정하고 있는 인체의 건강을 해할 우려가 있는 생물학적, 화학적 또는 물리적 인자나 조건을 말함

## 02 작업 환경 관리

### 1. 작업 환경 위생 지침서
작업장의 위생 관리 현황을 파악하고 관리하기 위해 작성하는 서식으로 업장별 및 구획별 작업장 위생에 대한 세부 내역을 기록하는 것

### 2. 작업장 설비 및 소도구 관리

| | |
|---|---|
| 작업대 | • 입식으로 설계하고 부식성이 없는 스테인리스스틸로 설비함<br>• 70% 알코올이나 차아염소산나트륨으로 살균<br>• 나무테이블일 경우 정기적으로 윗부분을 대패로 깎아야 하고, 대리석일 경우 깨진 부분을 실리콘으로 보수해야 함 |
| 냉장·냉동 기기 | • 냉동실은 −18℃, 냉장실은 5℃ 이하의 적정 온도를 유지해야 함<br>• 온도계는 연 1회 이상 이상 유무를 검사해야 하며, 온도계 센서는 냉장고 내부의 가장 따뜻한 부분에, 온도계는 냉장고의 외부에 설치함<br>• 박테리아와 진균류가 번식할 수 있으니 1일 1회 또는 주 1회씩 사용 정도에 따라 청소하고 소독해야 함 |
| 믹싱기 | • 사용 후에는 중립이나 1단으로 조절하여 전원을 끄고 플러그를 뺌<br>• 믹싱볼과 부속품은 분리한 후 음용수에 중성 또는 알칼리성 세제를 전용 솔에 묻혀 세정한 후 깨끗이 헹구어 건조시켜 엎어서 보관함 |
| 튀김기 | • 팬에 따듯한 비눗물을 가득 붓고 10분간 끓여서 닦음<br>• 완전히 건조한 후 뚜껑을 덮어 보관함 |
| 진열대 | 쇼케이스는 10℃ 이하를 유지 |
| POS | • 먼지 등의 이물질이 없도록 청결하게 유지<br>• 방수 덮개를 사용하여 습기나 물기로 인한 고장을 방지함<br>• 제품을 직접 만지거나 포장한 손으로 POS를 만지지 않고, POS를 만진 손으로 제품을 포장하거나 만지지 않음<br>• 일회용 장갑을 사용할 경우 한 번 사용한 장갑은 폐기함 |
| 제빙기 | • 필터는 주기적으로, 입구와 외관은 행주를 이용하여 1일 1회 청소<br>• 사용 시 전용 주걱을 사용함 |

**작업대 세척 순서**

① 작업대 주변을 정리하고, 음용에 적합한 40℃ 정도의 온수로 3회 씻는다.
② 스펀지에 중성 세제나 알칼리성 세제를 묻혀 골고루 문지른다.
③ 음용수로 세제를 닦아내고 완전히 건조시킨다.
④ 70% 알코올 분무 또는 이와 동등한 효과가 있는 방법으로 살균한다.

| 저울 | • 이동 시 밑 부분을 들어야 함<br>• 사용 후 뚜껑을 제거하고 닦은 뒤 부착하여 보관 |
|---|---|
| 시트팬 | • 기름을 발라서 사용한 경우 깨끗하게 세척한 후 건조시켜 보관<br>• 비점착성 코팅팬은 철솔이나 철스크래퍼를 사용하면 코팅이 벗겨질 수 있음 |
| 각종 틀 | 세제를 사용하여 세척 후 건조시켜 보관 |
| 스텐볼 | 탄 부분은 철수세미나 오븐 클리너를 사용하여 즉시 세척 |
| 도마 | • 세척한 도마는 자연 건조하는 것이 좋음<br>• 표백제를 푼 뜨거운 물에 담그거나 살균세제를 묻힌 행주를 도마 위에 얹어 하룻밤 두거나 뜨거운 물을 부은 후 햇볕에 말림(2~3일에 한 번 소독 시행) |

| 바로 확인문제 |

다음 종업원의 행동 중 잘못된 것은?

① 빵을 포장할 때 사용한 장갑을 벗고 POS를 만진다.
② POS는 매일 깨끗하게 청소한다.
③ POS를 사용하여 계산한 후 빠르게 빵을 포장한다.
④ 일회용 장갑을 사용하여 과자를 포장한 후 장갑을 폐기한다.

|해설| POS를 만진 후 빵이나 과자를 포장할 경우 일회용 장갑을 끼고 포장한다.    |정답| ③

### 3. 공장 시설의 배치
① 작업용 바닥 면적은 그 장소를 이용하는 사람들의 수에 따라 달라짐
② 판매 장소의 면적 : 공장의 면적 = 2 : 1의 비율로 구성되는 것이 바람직함
③ 공장의 면적은 주방 설비의 설치 면적과 기술자의 작업을 위한 공간 면적으로 이루어지며 공장의 모든 업무가 효과적으로 진행되기 위해 주방의 위치와 규모에 대한 설계가 기본임

### 4. 작업장 주변 환경 관리

| 건물 외부 | 오염원과 해충의 유입이 방지되도록 설계, 건설, 유지·관리되어야 하며 배수가 잘 되도록 해야 함 |
|---|---|
| 자재 반입문 | • 자동 셔터문을 이용하거나 전동차 등이 출입을 해야 함<br>• 작업자가 현장에 입실할 경우 반드시 손 소독기를 이용하여 손 소독을 실시하고, 발바닥 소독기에서 실내화 바닥을 소독해야 함 |
| 탈의실 | • 작업장 내부가 아닌 외부에 옷을 갈아입을 수 있는 공간을 정해야 함<br>• 교차오염 방지를 위해 일반 외출 복장과 깨끗한 위생 복장을 구분하여 보관해야 함 |
| 발바닥 소독기 | 현장 출입문과 자재 반입문에 설치하고, 현장에 입실할 경우 발바닥 소독기를 사용하여 소독한 후 입실해야 함 |

**발바닥 소독기 사용**
• 입실 시 발바닥 소독조에서 발을 올려 놓고 바닥을 비비면서 발바닥에 묻어 있는 이물질을 제거한다.
• 매트에 발바닥을 올려 놓고 물기를 제거하고, 매트에서 발바닥에 묻어 있는 물기를 말린 후 작업장 내로 들어간다.
• 퇴실 시 발바닥 소독기를 사용하지 않아도 된다.

# PART 04 | 제과 · 제빵 제조
# 한눈에 보는 핵심 키워드

## 01 | 기계와 도구

**제과 · 제빵에 사용하는 기계**
- 믹서: 수직형 믹서, 수평형 믹서, 스파이럴 믹서, 에어 믹서
- 오븐: 데크 오븐, 터널 오븐, 컨벡션 오븐

**제과 · 제빵에 사용하는 도구**: 작업 테이블, 전자저울, 부등비저울, 온도계, 스쿱, 고무 주걱, 스파이크 롤러, 팬, 붓, 스크래퍼 등

## 02 | 제품 관리

**유통 기한에 영향을 주는 요인**
- 내부적 요인: 원재료, 제품의 배합 및 조성, 수분 함량 및 수분활성도, pH 및 산도, 산소의 이용성 등
- 외부적 요인: 제조 공정, 위생 수준, 포장 재질 및 방법, 저장·유통·진열 조건, 소비자 취급 등

**저장 방법**: 실온 저장, 냉장 저장, 냉동 저장

## 03 | 생산 관리

**물건의 가치**: 물건의 가치(V) = 품질(Q) 또는 기능(F) ÷ 원가(C) 또는 가격(P)

**원가의 구성 요소**
- 직접 원가: 직접 재료비 + 직접 노무비 + 직접 경비
- 제조 원가: 직접 원가 + 제조 간접비
- 총원가: 제조 원가 + 일반 관리비
- 판매 가격: 총원가 + 이익

**원가 절감 방안**
- 원재료비 절감: 철저한 구매 관리, 최적의 제조 배합 설계, 창고 관리 적정화 등
- 노무비 절감: 제조 방법의 표준화, 간이화 계획, 생산 소요 시간 단축 등
- 제조 시 불량률 감소: 작업자의 부주의 점검, 낮은 기술 수준 개선 지도, 작업 표준화 등
- 작업의 표준화: 가장 쉽고 빠르게 만드는 방법, 제품 규격을 지키기 쉬운 방법, 위험이 없는 안전한 작업 방법, 누구에게나 간단히 교육하여 만들 수 있는 방법

**생산가치(부가가치)의 분석**
- 물리적 노동생산성: 생산금액(생산량) ÷ 총공수(인원 × 시간)
- 가치적 노동생산성: {생산가치 × 이익 × 생산금액(생산량)} ÷ {(인원 × 시간 × 임금)}
- 노동 분배율: 인건비 ÷ 생산가치(부가가치) × 100
- 1인당 생산가치(부가가치): 생산가치(부가가치) ÷ 인원 × 100
- 생산가치율: 생산가치(부가가치) ÷ 생산금액 × 100
- 1인당 이익: 매출총이익 ÷ 연간 인원

## 04 | 공정 관리와 작업 환경 관리

**공정 관리**: 제품 설명서와 공정 흐름도 작성, 요소 분석을 통해 중요 관리점을 결정 → 세부적인 관리 계획을 수립하여 공정을 관리함

**작업 환경 관리**
- 작업장 설비 및 소도구 관리: 작업대, 냉장·냉동 기기, 믹싱기, 튀김기, 진열대, POS, 제빙기, 저울, 시트팬, 각종 틀, 스텐볼, 도마
- 작업장 주변 환경 관리: 건물 외부, 자재 반입문, 탈의실, 발바닥 소독기

# PART 04 | 제과 · 제빵 제조
# 필기합격 적중문제

## 01
냉동, 냉장, 해동, 2차 발효를 프로그래밍에 의해 자동적으로 조절하는 기계는?

① 정형기
② 도우 컨디셔너
③ 스파이럴 믹서
④ 로터리 래크 오븐

## 02
제과용 기계 설비와 거리가 먼 것은?

① 오븐　　　　　② 라운더
③ 에어 믹서　　　④ 데포지터

## 03
햄버거 빵 생산에 있어서 다음과 같은 기계 설비의 생산 능력이 문제가 된다면 어느 기계 설비를 기준으로 생산 능력(작업량)을 정해야 하는가? (단, 발효 손실 등 공정 중 손실 및 불량품 발생은 없고, 기계 설비 능력은 각각 100% 활용할 수 있는 것으로 봄)

| 기계 설비 | 생산 능력 |
| --- | --- |
| • 믹서(22kg)<br>• 분할기(4포케트)<br>• 오븐(철판수용수 90장)<br>• 믹싱 | • 4포 배합<br>• 1분당 25회 분할<br>• 1철판 8개 정렬<br>• 시간당 3배 합가능 |
| • 소성시간 12분<br>• 배합률 총계 170% | |

① 믹서　　　　　② 분할기
③ 오븐　　　　　④ 세 기계 설비의 평균치

## 04
대량 생산 업체에서 주로 사용하는 설비로 가장 알맞은 것은?

① 터널 오븐　　　② 데크 오븐
③ 전자레인지　　　④ 생크림용 탁상 믹서

## 05
제품의 가치에 해당하지 않는 것은?

① 교환 가치　　　② 귀중 가치
③ 사용 가치　　　④ 재고 가치

## 06
주방 설계에 있어 주의할 점이 아닌 것은?

① 주방 내의 여유 공간을 확보한다.
② 가스를 사용하는 장소에는 환기 시설을 갖춘다.
③ 종업원의 출입구와 손님용 출입구는 별도로 하여 재료의 반입은 종업원 출입구로 한다.
④ 주방의 환기는 소형으로 여러 개 설치하는 것보다 대형의 환기 장치 1개를 설치하는 것이 좋다.

## 07
1인당 생산가치는 생산가치를 무엇으로 나누어 계산하는가?

① 인원수　　　　② 시간
③ 임금　　　　　④ 원재료비

## 08
원가 관리 개념에서 식품을 저장하고자 할 때 저장 온도로 적절하지 않은 것은?

① 상온 식품은 15~20℃에서 저장한다.
② 보냉 식품은 10~15℃에서 저장한다.
③ 냉장 식품은 5℃ 전후에서 저장한다.
④ 냉동 식품은 -40℃ 이하로 저장한다.

## 09
총원가의 구성요소로 옳은 것은?
① 제조 원가, 일반관리비, 판매비
② 직접 재료비, 직접 노무비, 직접 경비
③ 직접 원가, 제조 간접비
④ 기초 원가, 직접 경비

## 10
작업의 효율성을 높이기 위한 작업 테이블의 위치로 가장 적절한 것은?
① 오븐 옆에 설치한다.
② 냉장고 옆에 설치한다.
③ 발효실 옆에 설치한다.
④ 주방의 중앙부에 설치한다.

## 11
제과 생산 관리에서 제1차 관리 3대 요소에 해당하지 않는 것은?
① 사람(Man)   ② 재료(Material)
③ 방법(Method)   ④ 자금(Money)

## 12
생산 관리의 목표는?
① 재고, 출고, 판매의 관리
② 재고, 납기, 출고의 관리
③ 납기, 재고, 품질의 관리
④ 납기, 원가, 품질의 관리

## 13
제품의 생산 원가를 계산하는 목적으로 적절하지 않은 것은?
① 이익 계산
② 판매 가격 결정
③ 원·부재료 관리
④ 설비 보수

### ✓ 산업기사 대비 고난도 문제

## 14
설비 조건 중 조도에 대한 설명으로 틀린 것은?
① 테이블 조명은 500~700Lux가 적당하다.
② 진열대에 빵을 비추는 조도는 500Lux가 적당하다.
③ 작업장, 식기저장고의 조명은 220Lux 이상으로 한다.
④ 선별이나 검사구역 작업장의 조도는 500Lux가 적당하다.

## 15
설비 조건 중 창에 대한 설명으로 옳은 것은?
① 창문틀과 내벽은 90° 각도로 한다.
② 모든 문과 창문에는 방충망을 5mm 두께로 설치한다.
③ 창에 설치된 방충망은 중성세제로 세척한 후 마른 행주로 닦는다.
④ 에어커튼은 날아다니는 곤충을 막는 데 유용하며 창문은 환기를 위해 자주 열어둔다.

## 16
냉장고의 위생 관리 방법으로 적합한 것은?
① 식품에 최대한 많은 양의 수납을 적재한다.
② 성에가 끼면 칼이나 스크래퍼로 긁어 낸다.
③ 완제품을 저장 관리 시 적당한 냉장 온도는 0~5℃이다.
④ 냉동고는 -18℃ 이하, 냉장고는 10℃ 이상이 적정 온도이다.

**에듀윌이 너를 지지할게**

ENERGY

인생은 자전거를 타는 것과 같습니다.
균형을 잡으려면 계속해서 움직여야만 합니다.

– 알버트 아인슈타인(Albert Einstein)

종목편

PART

05

과자류 제조

[제과기능사]

# 학습 POINT!

제과의 주요 재료별 특징과 제품에 미치는 영향에 대해 학습한다.
더불어 제과의 전체 제조·공정 과정과 주요 제품별 제과법을 학습한다.
반죽형 반죽과 거품형 반죽, 팽창에 대한 내용이 중요하다.

**01** 제과의 주요 재료와 기능

**02** 제과 반죽의 분류

**03** 제과 공정

**04** 제품별 제과법

# 01 제과의 주요 재료와 기능

## 제과
박력분에 많은 양의 유지, 설탕, 달걀을 첨가하여 단맛과 부드러움이 특징인 제품을 만드는 것을 말한다.

## 회분
밀가루를 높은 온도에서 태우고 남은 재를 말한다. 회분 함량이 적다는 것은 밀가루를 태운 후 남는 재가 얼마 없다는 의미이다. 박력분이 강력분보다 회분 함량이 적다.

### 01 밀가루(Flour)

#### 1. 제과에서 밀가루 사용

| 일반적인 제과 제품 | • 부드러운 연질소맥으로 제분한 박력분 사용<br>• 단백질 함량 7~9%, 회분 함량 0.4% 이하 |
|---|---|
| 고율 배합의 제품 | 단백질 함량 7~8%, 회분 함량 0.3~0.36%, pH 5.2의 고급 박력분 사용 |

#### 2. 제품 특성에 따른 활용

| 퍼프 페이스트리 제품 | 강력분 사용(늘려 펴지는 성질 필요) |
|---|---|
| 일부 쿠키나 도넛 제품 | 중력분 사용 |
| 식감이 쫄깃한 제품 | 강력분과 중력분 혼합 사용 |

> **합격 팁**
> 제과에는 단백질 함량이 적은 박력분, 중력분을 사용하고, 제빵에는 글루텐을 형성해야 하기 때문에 단백질 함량이 많은 강력분을 사용해요.

## 설탕
설탕은 단맛을 주거나 색과 품질 향상, 수분 보유력 증대 등 최종 제품을 부드럽게 하는 역할을 한다.

## 감미제의 종류
- 설탕(자당): 사탕수수로 제조, 고형분 100%
- 포도당: 전분으로 제조, 고형분 91%, 수분 8.5%
- 유당: 우유 중 4.8% 함유, 탈지분유 중 50% 함유
- 전화당: 포도당과 과당을 50%씩 결합
- 물엿: 전분으로 제조, 고형분 80%, 수분 20%

## 캐러멜화 반응
높은 온도(150℃ 이상)에서 가열된 당이 갈색으로 변하는 현상으로, 껍질에 착색을 시킨다.

### 02 설탕(자당, Sugar)

| 감미제 역할 | • 풍미를 주며 최종 제품에 단맛을 부여하는 감미제로 작용함<br>• 설탕(자당)이 가장 많이 사용되며, 포도당, 유당, 전화당, 물엿 등도 사용함 |
|---|---|
| 색 조절 | • 설탕을 많이 사용하면 과도한 착색 발생<br>• 오븐 열로 인해 당이 갈색으로 변하는 캐러멜화 반응이 생김 |
| 독특한 향 부여 | 열과 반응하면 풍미 물질로 변해 제품에 독특한 향을 부여함 |
| 윤활 작용 | 유동성을 크게 하여 윤활제 역할을 함 |
| 연화 작용 | 글루텐의 생성과 발전을 방해하여 조직이 연화되어 제품을 부드럽게 함 |
| 노화 지연 | 수분 보유력이 있어 제품을 부드럽게 하고 오랫동안 저장할 수 있게 함 |
| 퍼짐성 조절 | 흐름성을 이용하여 제품의 퍼짐 정도를 조절할 수 있음 |

**| 바로 확인문제 |**

다음 중 설탕의 역할이 아닌 것은?
① 감미제 역할
② 색 조절
③ 연화 작용
④ 노화 촉진

|해설| 설탕은 수분 보유력이 있어 제품을 부드럽게 하고 오랫동안 저장할 수 있게 하여 노화를 지연시킨다. |정답| ④

## 03 유지(Shortening)

| | |
|---|---|
| 크림성 | • 유지를 믹싱할 때 지방 입자가 분산되어 공기를 포집함<br>• 공기 포집 능력을 극대화하여 크림이 되는 성질<br>• 유지를 크림화함으로써 물을 가하면 유화제 없이도 물이 아주 작은 물방울이 되면서 유중수적형의 크림이 됨(이를 흡수성이 있다고 함) |
| 쇼트닝성 | • 단백질과 전분의 입자를 끊어 놓는 성질<br>• 부드럽고 바삭한 정도를 조절하여 식감을 향상시킴 |
| 가소성 | • 원래의 형태로 돌아오지 않는 성질(성분 변화에도 변형시킨 모양이 그대로 남음)<br>• 고체 유지는 온도가 올라가면 액체화되며 가소성을 잃어버림 |
| 신장성 | • 파이용 마가린을 사용하는 퍼프 페이스트리 등에 필요<br>• 밀었을 때 끊어지지 않고 늘려 펴지는 성질 |
| 안정성 | 오랫동안 저장할 수 있고 산패를 견디는 성질 |
| 저장성 | 노화를 지연시켜 제품의 신선도를 유지하는 성질 |
| 윤활 작용 | • 반죽을 할 때 윤활제 역할을 함<br>• 글루텐 형성을 방해하여 반죽의 유동성을 크게 하므로 부드러운 반죽이 됨 |

**유지**
밀가루 반죽을 할 때 유지는 주로 부드럽게 하는 역할을 한다.

**유지의 종류**
- 버터: 우유 지방 80% 정도, 고체 유지
- 마가린: 식물성 지방 80%, 고체 유지
- 쇼트닝: 동·식물성 지방(주로 식물성 지방) 100%, 고체 유지

**유중수적형**
기름에 물이 분산된 형태의 유화이다.

| 바로 확인문제 |

유지 중 성질이 다른 것은?
① 버터　　② 마가린　　③ 샐러드유　　④ 쇼트닝

|해설| 버터, 마가린, 쇼트닝은 고체 유지이고, 샐러드유는 액체 유지이다.　　|정답| ③

## 04 달걀(Egg)

| | |
|---|---|
| 구조 형성 | 흰자에 함유된 알부민은 구조 형성 물질로 작용하는데, 기포 형성 후 단백질과 결합하여 제품의 구조를 형성함 |
| 수분 공급 | 전란의 75%(고형질 25%), 흰자의 88%(고형질 12%), 노른자의 50%(고형질 50%)가 수분으로 이루어져 있어 제품에 수분을 공급함 |
| 농후화제(결합제) 역할 | • 액체의 농도를 진하게(걸쭉하게) 하는 것<br>• 설탕, 전분, 노른자에 우유를 넣고 끓이면 결합하는 현상(커스터드 크림의 결합제) |
| 팽창 작용 | 달걀을 휘핑하여 기포를 형성하면 공기가 혼입되어 반죽이 부풀어지고, 굽기 중에 팽창 작용이 일어남 |
| 유화제 역할 | 노른자의 레시틴이 유화제 역할을 함 |
| 연화 작용 | 노른자의 지방이 제품을 부드럽게 함 |
| 착색 작용 | 황색 계통인 노른자의 색은 식욕을 돋우는 색을 냄 |
| 영양 증진 | 달걀은 칼슘, 철분, 인 등 미네랄 성분이 풍부함 |
| 풍미·맛 증진 | 독특한 풍미와 맛을 주는 역할을 함 |

**달걀 거품**
달걀은 수분 함량이 75%로 높기 때문에 제품을 촉촉하게 해 준다. 거품기로 회전하여 거품을 형성하는데, 거품이 형성되면 기포들이 단백질 막에 둘러싸이게 되어 공기와 접촉하면서 기포를 안정화시킨다.

| 바로 확인문제 |

달걀의 역할이 아닌 것은?
① 구조 형성　　② 팽창 역할
③ 영양 증진　　④ 감미제 역할

|해설| 달걀은 단백질로 구성되어 있어 단맛을 내지 않는다.　　|정답| ④

| 한 번 더 풀기 |

달걀의 일반적인 수분 함량은?
① 50%　　② 75%
③ 88%　　④ 90%

|해설| 전란의 75%, 흰자의 88%, 노른자의 50%가 수분으로 이루어져 있다.
|정답| ②

**물의 종류와 영향**

물은 경도에 따라 연수, 아경수, 경수로 나뉘는데, 이는 물에 용해된 광물질인 칼슘염, 마그네슘염이 녹아 있는 정도로 구분한다. 제과에서는 큰 영향이 없으나, 제빵에서는 영향이 크게 나타난다.

**우유의 고형분**

우유의 고형분은 밀가루 단백질과 결합하여 케이크의 조직을 형성한다.

**유제품의 종류**

- 시유: 원유를 살균 처리한 우유이다.
- 농축 우유: 시유를 농축하여 수분 함량을 줄인 우유로, 연유와 생크림을 만든다.
- 전지 분유: 시유를 건조시켜 분말화한 것으로 유지방이 25~30% 함유된 분유이다.
- 탈지 분유: 유지방을 뺀 우유를 건조시켜 분말화한 우유이다.

**소금**

소금은 모든 제품의 필수적인 재료로, 소금을 넣으면 풍미가 상승한다.

## 05 물(Water)

| 수화 작용 | 밀가루와 물의 결합 |
|---|---|
| 식감 조절 | 반죽에 수분을 공급하여 되기를 조절함으로써 식감을 조절함 |
| 팽창 작용 | 굽기 과정 중 내부 온도가 98℃로 올라가면 증기압을 형성하여 주위의 공기를 팽창시켜 반죽을 부풀림 |
| 반죽 온도 조절 | 믹싱 과정 중 마찰열이 발생되면 물의 온도를 조절하여 23~24℃로 맞춤 |
| 재료 분산 작용 | 반죽을 하면서 재료를 골고루 분산시킴 |

## 06 우유(Milk)

| 구조 형성 | 단백질을 함유하고 있어 제품의 구조를 형성함 |
|---|---|
| 색 변화와 풍미 생성 | 우유에 함유된 유당(평균 4.8% 함유)은 캐러멜화 반응으로 껍질 색을 짙게 하고 풍미를 생성함 |
| 저장성 향상 | 수분이 88% 함유되어 있어 노화를 지연시킴 |

📢 **합격 팁**

유제품은 수분의 함량이 다양하기 때문에 이를 고려해야 해요.

**| 바로 확인문제 |**

우유의 역할이 아닌 것은?

① 구조 형성  ② 저장성 향상
③ 팽창 역할  ④ 색 변화와 풍미 생성

|해설| 우유는 유제품으로 수분의 함량이 많아 팽창제의 역할을 하지 못한다.  |정답| ③

## 07 소금(Salt)

| 감미도 조절 | • 설탕이 과한 경우 소금을 넣으면 단맛이 순화됨<br>• 설탕이 부족한 경우 소금을 넣으면 단맛이 상승됨 |
|---|---|
| 캐러멜화 반응 촉진 | 당이 열에 반응하는 온도를 낮추어 캐러멜화 반응을 촉진시킴 |
| 세균 번식 억제 | 삼투압 등의 작용으로 유해균의 번식을 억제함 |

**| 바로 확인문제 |**

소금이 제과에 미치는 영향이 아닌 것은?

① 향을 좋게 한다.
② 잡균의 번식을 억제한다.
③ 반죽의 물성을 좋게 한다.
④ pH를 조절한다.

|해설| pH는 수소 이온 농도로, 산을 첨가할 때 조절이 가능하다. 소금은 pH를 조절하지 않는다.  |정답| ④

## 08 그 외 재료

| 산 작용제 | • 반죽의 산도를 높임(주석산, 레몬즙, 식초)<br>• 쿠키 반죽을 결합시켜 구조를 형성하는 역할을 함 |
|---|---|
| 베이킹파우더<br>(Baking Powder) | • 이산화탄소의 발생으로 제품 부피가 팽창되어 조직이 부드러워짐<br>• 산성 재료에 의해 색과 맛을 냄<br>• 중조(소다, 탄산수소나트륨), 산 작용제, 전분으로 만듦 |
| 향료(Flavors) | • 독특한 향이 나게 하여 후각을 자극함<br>• 대부분의 제품에 바닐라를 사용하고, 상큼한 향을 낼 때 오렌지, 레몬 등을 사용함 |
| 향신료(Spices) | • 향미를 돋우며 보존성을 연장함<br>• 도넛에 넛메그, 피자에 오레가노를 사용함 |
| 안정제 | • 한천: 우뭇가사리(해조류)를 조려 녹인 뒤 동결·해동·건조시킨 것<br>• 젤라틴: 동물의 연골, 힘줄, 가죽 등을 구성하는 천연 단백질인 콜라겐을 뜨거운 물로 처리하면 얻어지는 단백질<br>• 펙틴: 식물 세포벽에 있는 다당류(감귤류, 사과) |

**| 바로 확인문제 |**

베이킹파우더를 많이 사용한 제품에 대한 설명으로 틀린 것은?

① 밀도가 크고 부피가 작다.
② 속결이 거칠다.
③ 오븐 스프링이 커서 찌그러들기 쉽다.
④ 속색이 어둡다.

|해설| 베이킹파우더를 반죽에 많이 사용하면 밀도가 작아지고 부피가 커진다.    |정답| ①

### 오븐 스프링

이스트 반죽을 오븐에 구울 때 발효하는 동안 생긴 가스의 팽창으로, 세포가 열을 받으면서 압력이 커져 세포벽이 팽창하는 것을 말한다.

# 02 제과 반죽의 분류

### 01 팽창 형태에 따른 분류

#### 1. 물리적 팽창

| | |
|---|---|
| 공기 팽창 | • 거품기로 달걀을 휘핑하여 일어난 거품이나 반죽 속의 유지층이 형성하는 공기 방울에 의한 팽창<br>• 스펀지 케이크, 엔젤 푸드 케이크, 카스텔라, 롤 케이크 등 |
| 유지 팽창 | • 밀가루 반죽에 유지를 넣고 구울 때 유지층 사이에서 발생하는 증기압에 의한 팽창<br>• 퍼프 페이스트리 등 |
| 무팽창 | • 반죽 시 첨가한 물의 수증기압만으로 조금 부풀게 하는 방법<br>• 파이(타르트), 쿠키(비스킷) 등 |

| 바로 확인문제 |

퍼프 페이스트리는 무엇에 의해 팽창되는가?
① 화학적인 팽창  ② 중조에 의한 팽창
③ 유지에 의한 팽창  ④ 이스트에 의한 팽창

|해설| 퍼프 페이스트리는 유지에 의해 팽창하는 물리적 방법을 사용한다.  |정답| ③

#### 2. 화학적 팽창
① 베이킹파우더, 소다(중조, 탄산수소나트륨), 이스파타(암모늄 계열의 팽창제) 등의 화학 팽창제를 사용하여 반죽을 팽창시키는 방법
② 반죽형 케이크, 과일 케이크, 케이크 도넛, 와플, 팬케이크, 비스킷, 슈 등에 활용

#### 3. 이스트 팽창
① 발효 공정 시 이스트 사용으로 인해 발생하는 이산화탄소 가스가 부피를 팽창시키는 방법(주로 제빵에서 사용)
② 롤류, 데니시 페이스트리, 잉글리쉬 머핀, 식빵류, 빵도넛류 등에 활용

#### 4. 복합형 팽창
① 두 가지 이상의 기본 팽창 형태를 겸하는 방법으로 이스트 팽창과 공기 팽창, 베이킹파우더와 이스트 팽창, 공기 팽창과 화학적 팽창 등으로 부피와 속결을 조절함
② 스펀지 케이크, 파운드 케이크, 생지 등에 활용

### 02 반죽 특성에 따른 분류

#### 1. 반죽형 반죽(Batter Type)
비중 0.75~0.85, 기본적인 재료인 밀가루, 달걀, 설탕에 많은 유지를 함유시키며, 주로 화학 팽창제를 이용하여 부풀린 반죽으로, 레이어 케이크, 파운드 케이크가 대표적임

① 크림법: 유지 + 설탕, 유지 함량이 높고, 부피가 큰 제품을 만들 때 사용함
  ㉠ 유지에 설탕, 소금을 넣고 풀어 줌
  ㉡ 달걀을 소량씩 나누어 넣어 부드러운 크림 상태로 만듦
  ㉢ 가루 재료를 체에 쳐서 넣고 가볍게 혼합함
② 블렌딩법: 유지 + 밀가루, 부드러운 조직을 만들 때 사용함
  ㉠ 유지에 밀가루를 넣어 피복되도록 버터를 이용하여 믹싱함
  ㉡ 설탕과 달걀을 넣고 섞음
  ㉢ 액체 재료를 넣어 부드러운 상태로 만듦
③ 설탕/물법: 설탕 : 물 = 2 : 1 비율, 대량 생산에 적합, 균일한 껍질 색
  ㉠ 설탕물(액당)을 넣고 균일하게 혼합함
  ㉡ 건조 재료를 섞고 달걀을 넣어 반죽함
④ 단단계법(1단계법): 전 재료를 한 번에 혼합하여 믹싱하는 방법으로, 유화 기포제가 필요하고, 노동력과 제조 시간이 절약됨

| 바로 확인문제 |

유지와 설탕을 섞는 방법으로 부피가 큰 제품을 만들 때 사용하는 방법은?
① 크림법                    ② 1단계법
③ 블렌딩법                  ④ 설탕/물법

|해설| • 크림법: 유지 + 설탕 → 부피감
     • 1단계법: 모든 재료 → 노동력과 시간 절약
     • 블렌딩법: 유지 + 밀가루 → 유연감
     • 설탕/물법: 설탕 + 물 → 균일한 껍질 색                |정답| ①

## 2. 거품형 반죽(Foam Type)

비중 0.45~0.55, 달걀을 이용하여 기포를 만들어 부풀리고 이를 오븐에 구워 팽창시키는 것으로, 스펀지 케이크가 대표적임

① 스펀지 반죽
  ㉠ 공립법
    • 전란(노른자 + 흰자)을 사용하는 가장 보편적인 방법
    • 비중 0.5±0.05, 반죽 온도 24℃
    • 종류

| 더운 믹싱법<br>(가온법, 중탕법) | 달걀과 설탕을 중탕으로 37~43℃까지 데워서 거품을 낸 후 체를 친 가루를 가볍게 섞어 거품이 죽지 않도록 하는 방법으로, 고율 배합에 적합하며, 달걀 비린내 감소, 균일한 껍질 색, 기포 시간 단축 등의 장점이 있음 |
|---|---|
| 찬 믹싱법 | 중탕하지 않고 달걀에 설탕을 넣어 거품을 내는 방법으로, 저율 배합에 적합하고, 베이킹파우더를 사용할 수 있으며, 반죽 온도는 22~24℃임 |

  ㉡ 별립법: 흰자와 노른자로 분리하여 사용함
  ㉢ 제노와즈법: 반죽에 유지(20~30%)를 녹여 넣는 방법
② 머랭 반죽 – 머랭법
  ㉠ 흰자에 설탕을 넣고 중간 피크의 머랭을 만드는 방법
  ㉡ 동물, 꽃, 인형 등 여러 가지 모양을 만듦

③ 시폰형 반죽(시퐁형, Chiffon Type): 별립법과 같이 달걀의 흰자와 노른자를 분리하여 제조하나, 별립법과 달리 흰자는 머랭을 만들고 노른자 반죽에 흰자를 제외한 재료를 넣고 거품을 만들지 않는 방법으로 부드러운 식감의 제품을 만들 수 있음

| 바로 확인문제 1 |

달걀의 흰자와 노른자를 분리하여 별립법과는 달리 제조하며, 부드러운 식감의 제품을 만들 수 있는 제법은?

① 반죽형
② 거품형
③ 시폰형
④ 복합형

|해설| 시폰형(시퐁형)은 노른자 반죽을 믹싱하면서 공기 포집을 많이 하지 않는다. |정답| ③

| 바로 확인문제 2 |

거품형인 롤케이크의 비중으로 맞는 것은?

① 0.35~0.44
② 0.45~0.55
③ 0.55~0.65
④ 0.65~0.75

|해설| 거품형 반죽의 비중은 0.45~0.55로, 달걀 기포를 만들기 위해 적당하다. |정답| ②

# 03 제과 공정

## 01 반죽법 선택

만들고자 하는 제품의 특성(종류, 식감, 팽창, 방법 등)을 미리 알고 생산할 제품의 수량, 생산 시설, 생산 인력, 소비자의 기호 등을 파악하여 **적절한 반죽법을 선택**함

## 02 배합표 작성

### 1. 배합표의 의미
① 일명 레시피(Recipe)라고 함
② 모든 음식을 만드는 데 필요한 재료, 재료의 비율, 무게 등을 숫자로 정확히 나타낸 표를 말함

### 2. 배합표 작성법(Baker's %: 밀가루의 양을 100%로 환산)
① 분할 총반죽 무게(g): 분할 반죽 무게(g) × 제품 수(개)
② 총재료 무게(g): $\dfrac{\text{분할 총반죽 무게(g)}}{1 - \text{분할 손실(\%)}}$
③ 밀가루 무게(g): $\dfrac{\text{총재료 무게(g)} \times \text{밀가루 배합률(\%)}}{\text{총배합률(\%)}}$
④ 총반죽 무게(g): $\dfrac{\text{완제품 무게(g)}}{1 - \text{분할 손실(\%)}}$

### 3. 고율 배합(High Ratio)과 저율 배합(Low Ratio)
① 고율 배합과 저율 배합은 밀가루와 설탕, 전체 액체(달걀+우유)와 설탕의 양에 따라 구분함
② 고율 배합과 저율 배합의 비교

| 구분 | 고율 배합 | 저율 배합 |
| --- | --- | --- |
| 밀가루와 설탕의 양 | 밀가루 ≤ 설탕 | 밀가루 ≥ 설탕 |
| 밀가루와 전체 액체의 양 | 밀가루 < 전체 액체(달걀+우유) | 밀가루 ≥ 전체 액체(달걀+우유) |
| 전체 액체와 설탕의 양 | 전체 액체 > 설탕 | 전체 액체 = 설탕 |
| 달걀과 쇼트닝의 양 | 달걀 ≥ 쇼트닝 | 달걀 ≤ 쇼트닝 |
| 믹싱 중 공기 포집 | 공기가 많음 | 공기가 적음 |
| 반죽의 비중 | 낮음 | 높음 |
| 화학 팽창제 사용량 | 적음 | 많음 |
| 굽기 | 낮게 오래 굽기(오버 베이킹) | 높게 짧게 굽기(언더 베이킹) |

📣 **합격 팁**
고율 배합과 저율 배합은 반죽형 반죽에만 해당하는 개념이에요!

---

**제과 공정**

반죽법 선택 → 배합표 작성 → 재료 계량 및 전처리 → 반죽의 믹싱 → (충전물 반죽) → 성형 가공 및 팬닝 → 굽기·튀기기·찌기 → 냉각 → 아이싱 및 장식 → 포장

**단위 환산**

1kg=1,000g

**고율 배합 제품**

밀가루에 비해 설탕 함량이 많은 제품을 말한다. 예를 들어 밀가루가 100%, 설탕 함량이 110%일 때 고율 배합이라고 한다.

| 바로 확인문제 |

고율 배합에 대한 설명으로 틀린 것은?
① 믹싱 중 공기 혼입이 많다.  ② 설탕 사용량이 밀가루 사용량보다 많다.
③ 화학 팽창제를 많이 사용한다.  ④ 쇼트닝보다 달걀을 많이 쓴다.

| 해설 | 고율 배합은 화학 팽창제의 사용량이 적다.  | 정답 | ③

## 03 재료 계량 및 전처리

### 1. 재료 계량
① 배합표에 따라 빠른 시간 안에 재료 손실이 없도록 정확하고 깨끗하게 계량해야 함
② 계량 시 가루 재료와 덩어리진 재료는 저울을 이용하여 무게를 측정하고, 액체 재료는 계량컵 등을 이용하여 부피를 측정함

### 2. 재료의 전처리

**가루 재료를 체로 치는 이유**
- 재료를 고르게 분산하여 혼합을 용이하게 한다.
- 가루 속의 덩어리나 불순물을 제거한다.
- 흡수율이 높아져 수화 작용이 빨라진다.
- 밀가루 부피를 증가시킬 수 있다.

| 구분 | 내용 |
|---|---|
| 가루 재료 | • 가루 상태의 재료는 체로 쳐서 사용<br>• 고운체를 이용하며 바닥 면과 적당한 거리를 둠 |
| 우유 | • 원유: 가열 살균한 후 차갑게 사용<br>• 시유: 데워서 사용 |
| 유지 | 반죽 속에 넣을 경우 적절한 유연성을 가지게 함 |
| 물 | • 밀가루 단백질의 양에 따라 차이가 있으므로 흡수율과 반죽 온도를 고려하여 양 조절<br>• 반죽 온도에 따라 물의 온도를 조절함 |
| 부재료 | • 건조 과일: 풍미 향상, 식감 개선, 반죽과 건조 과일 간의 수분의 이동 방지 목적으로 약간의 밀가루를 묻혀 둠<br>• 견과류: 제품의 용도에 따라 굽거나 볶아서 사용 |
| 과일 | • 과일의 시럽을 배수(짜서 버림)시켜 넣음<br>• 투입하기 전 소량의 밀가루로 전처리 후 섞음 |

## 04 반죽 믹싱

### 1. 반죽의 온도
① 제과 반죽의 온도는 반죽에 사용하는 물의 온도로 조절하며, 23~24℃를 맞추어야 함
② 반죽 온도의 영향

**반죽 믹싱의 완료 정도를 파악하기 위한 항목**
- 반죽의 비중
- 반죽의 점도
- 반죽의 색

| 구분 | 내용 |
|---|---|
| 온도가 높을 경우<br>(27℃ 이상) | • 열린 기공으로 공기가 많이 혼입되어 부피가 커짐<br>• 큰 공기 구멍으로 인해 조직이 거칠고 노화가 빨리 진행됨 |
| 온도가 낮을 경우<br>(18℃ 이하) | • 조밀한 기공으로 공기가 적게 혼입되어 부피가 작고, 식감이 나쁨<br>• 위 껍질이 형성된 후 팽창 작용이 일어나게 되어 표면이 터지고 색이 짙어짐 |

③ 반죽 온도 계산

**마찰 계수**
일정량의 반죽을 믹싱할 때 마찰에 의해 발생되는 열

㉠ 마찰 계수: (결과 반죽 온도×6) − (실내 온도 + 밀가루 온도 + 설탕 온도 + 유지 온도 + 달걀 온도 + 수돗물 온도)
㉡ 사용할 물 온도: (희망 반죽 온도×6) − (실내 온도 + 밀가루 온도 + 설탕 온도 + 유지 온도 + 달걀 온도 + 마찰 계수)

ⓒ 얼음 사용량: $\dfrac{\text{물 사용량} \times (\text{수돗물 온도} - \text{사용할 물 온도})}{80 + \text{수돗물 온도}}$

(80 = 섭씨일 때 물 1g이 얼음 1g으로 되는 데 필요한 열량 계수)

### 합격 팁
반죽 온도를 결정하는 요소는 반죽에 사용하는 물의 온도로, 계산된 물의 온도가 수돗물 온도보다 낮을 경우 얼음을 사용해요.

## 2. 비중(Specific Gravity)

① 부피가 같은 물의 무게에 대한 반죽의 무게를 숫자로 나타낸 값임
② 수치가 작을수록 비중이 낮고, 수치가 높을수록 비중이 높음
③ 비중의 영향

| 비중이 낮은 경우 | 공기가 많이 혼입되어 기공이 크고 조직이 거칠며 부피가 큼 |
|---|---|
| 비중이 높은 경우 | 공기가 적게 혼입되어 기공이 조밀하고 조직이 무거우며 부피가 작음 |

**낮은 비중과 높은 비중**

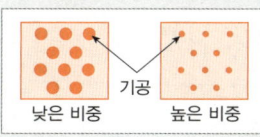

④ 비중 측정법: $\dfrac{\text{반죽 무게} - \text{컵 무게}}{\text{물 무게} - \text{컵 무게}} = \dfrac{\text{같은 부피의 반죽 무게}}{\text{같은 부피의 물 무게}}$

⑤ 각 제품의 적정 비중

| 반죽형 케이크 | 0.8±0.05의 값 |
|---|---|
| 거품형 케이크 | 0.5±0.05의 값 |

### 합격 팁
제과 반죽의 완료점은 비중으로 확인하며, 주로 비중컵을 이용해요.

**| 바로 확인문제 |**

90g의 계량컵에 물을 가득 채웠더니 290g이었다. 과자 반죽을 넣고 달아 보니 250g이 되었다면 이 반죽의 비중은?

① 0.80　　　② 0.85　　　③ 0.90　　　④ 0.95

|해설| 비중 = $\dfrac{\text{반죽 무게} - \text{컵 무게}}{\text{물 무게} - \text{컵 무게}} = \dfrac{250 - 90}{290 - 90} = 0.80$　　|정답| ①

## 3. 반죽의 산도 조절

① pH의 의미: pH 7인 중성을 기점으로 수치가 작아지면 산성, 수치가 커지면 알칼리성을 의미함

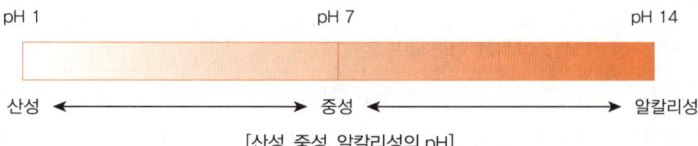

[산성, 중성, 알칼리성의 pH]

② 제품별 적정 pH

| 과일 케이크 | 4.4~5.0 | 엔젤 푸드 케이크 | 5.2~6.0 |
|---|---|---|---|
| 옐로 레이어 케이크 | 7.2~7.6 | 스펀지 케이크 | 7.3~7.6 |
| 파운드 케이크 | 6.6~7.1 | 화이트 레이어 케이크 | 7.4~7.8 |
| 초콜릿 케이크 | 7.8~8.8 | 데블스 푸드 케이크 | 8.5~9.2 |

**pH 1의 차이**
수소 이온 농도의 10배 차이를 의미한다. 계산할 때 pH의 수치가 1 상승할 때마다 10배를 희석해야 한다.

**pH가 낮아야 하는 제품**
엔젤 푸드 케이크, 과일 케이크

**pH가 높아야 좋은 제품**
데블스 푸드 케이크, 초콜릿 케이크

③ 산도의 영향

| 산성 | • 기공이 작고, 조직이 조밀하며 부피가 작음<br>• 색이 연하고 신맛이 남 |
|---|---|
| 알칼리성 | • 기공이 거칠고 조직이 거칠며 부피가 큼<br>• 색이 어두우며, 강한 향과 소다 맛(쓴맛)이 남 |

④ 산도의 조절

| pH | 낮추고자 할 때 | 산성인 주석산, 사과산, 구연산을 넣음 |
|---|---|---|
| | 높이고자 할 때 | 알칼리성인 중조를 넣음 |
| 향과 색 | 진하게 할 때 | 알칼리성으로 조절 |
| | 연하게 할 때 | 산성으로 조절 |

## 05 충전물 반죽

### 1. 충전물
① 타르트, 파이, 슈 등에 내용물을 채우는 것으로, 일반적으로 필링(Filling)이라고 함
② 충전물은 성형할 때 넣어 굽거나 구운 후 충전하는 2가지 형태가 있음

### 2. 충전물의 종류
① 크림 충전물: 우유나 생크림을 주재료로 달걀, 설탕, 버터 등의 재료를 더한 것

| 커스터드 크림 | 달걀에 설탕과 우유를 더한 것 |
|---|---|
| 버터 크림 | 버터에 설탕 또는 시럽을 넣고 거품을 내 공기를 포함시킨 것 |
| 가나슈 크림 | 초콜릿에 생크림을 더한 것 |
| 아몬드 크림 | 버터와 설탕을 섞어 달걀을 넣어 거품을 낸 것 |

② 과일 충전물
㉠ 과일에 설탕을 넣고 조려서 만든 것
㉡ 타르트, 파이, 페이스트리 등에 충전용으로 많이 사용함

## 06 성형 가공 및 팬닝

### 1. 성형(정형) 가공
① 분할: 제품의 형태를 고려하여 반죽의 짜기, 찍기, 절단, 밀고 접기, 팬닝, 냉각 등을 하는 것

| 짜기 | 모양 깍지를 이용하여 철판에 짜기 |
|---|---|
| 찍기 | 반죽을 밀어 편 후에 모양 틀로 찍기 |
| 절단 | 반죽을 원형 또는 사각형으로 만든 후 냉동하여 자르기 |
| 밀고 접기 | 유지를 반죽으로 감싼 뒤 밀어 펴고 접는 일을 되풀이하기 |
| 팬닝 | 일정한 모양을 갖춘 틀에 적정량의 반죽을 채워 넣기 |
| 냉각 | 틀에 부은 반죽을 굳히는 제품(무스, 젤리)을 자연 냉각과 냉장, 냉동으로 굳히기 |

② 밀어 펴기: 반죽에 압력을 가하여 밀어 펌

---

**토핑물**
반죽 윗면에 과일이나 크림을 바르거나 올려서 사용하는 형태를 말한다.

**크림류의 보관**
크림류는 우유, 생크림, 버터 등 재료의 특성상 세균의 번식이 쉬우므로 랩으로 싸거나 뚜껑을 덮어 냉장고에 보관하면서 사용해야 한다.

**버터 크림 당액**
설탕이 25~30% 정도인 물을 넣고 114℃로 끓인 것을 말한다.

**성형**
제품에 따라 모양이나 크기 등 상품 가치를 고려하여 반죽을 일정한 형태로 만드는 것을 성형이라고 말한다.

## 2. 틀 부피 계산법

① 원형 팬: 팬의 용적(cm³) = 반지름 × 반지름 × 3.14 × 높이

용적: 10cm × 10cm × 3.14 × 5cm = 1,570cm³

| 바로 확인문제 |

비용적이 2.5cm³/g인 제품을 다음과 같은 원형 팬을 이용하여 만들고자 한다. 필요한 반죽의 무게는? (단, 소수점 첫째 자리에서 반올림하시오.)

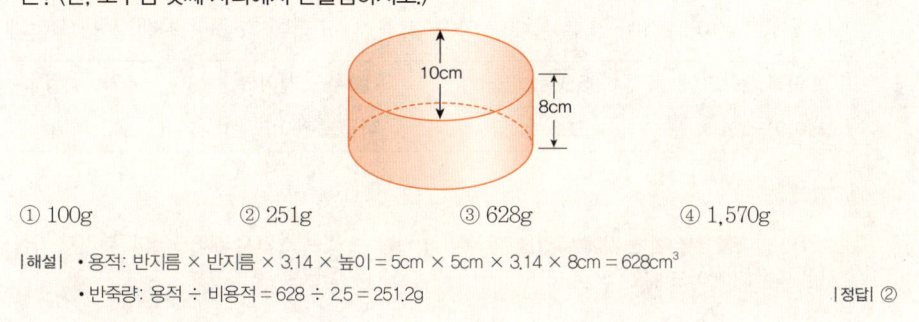

① 100g  ② 251g  ③ 628g  ④ 1,570g

|해설| • 용적: 반지름 × 반지름 × 3.14 × 높이 = 5cm × 5cm × 3.14 × 8cm = 628cm³
• 반죽량: 용적 ÷ 비용적 = 628 ÷ 2.5 = 251.2g

|정답| ②

② 경사진 원형 팬: 팬의 용적(cm³) = 평균 반지름 × 평균 반지름 × 3.14 × 높이

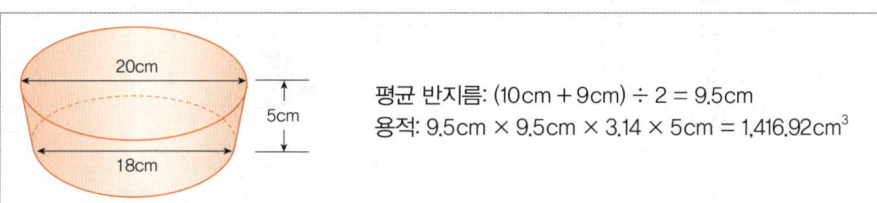

평균 반지름: (10cm + 9cm) ÷ 2 = 9.5cm
용적: 9.5cm × 9.5cm × 3.14 × 5cm = 1,416.92cm³

**평균 반지름**

윗면 반지름 + 아랫면 반지름
―――――――――――
2

③ 경사진 옆면과 중앙에 경사진 관이 있는 원형 팬(엔젤 팬)
  ㉠ 바깥 팬의 용적(cm³): 안 치수로 측정
     = 평균 반지름 × 평균 반지름 × 3.14 × 높이
  ㉡ 안쪽 팬의 용적(cm³): 바깥 치수로 측정
     = 평균 반지름 × 평균 반지름 × 3.14 × 높이
  ㉢ 실제 용적(cm³): 바깥 팬의 용적 − 안쪽 팬의 용적

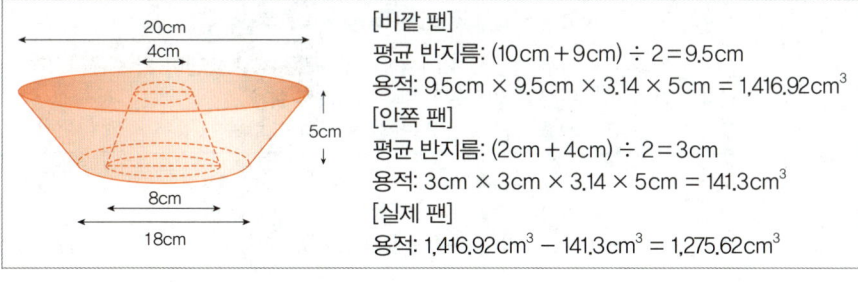

[바깥 팬]
평균 반지름: (10cm + 9cm) ÷ 2 = 9.5cm
용적: 9.5cm × 9.5cm × 3.14 × 5cm = 1,416.92cm³
[안쪽 팬]
평균 반지름: (2cm + 4cm) ÷ 2 = 3cm
용적: 3cm × 3cm × 3.14 × 5cm = 141.3cm³
[실제 팬]
용적: 1,416.92cm³ − 141.3cm³ = 1,275.62cm³

**합격 팁**

팬 용적을 정확히 구하기 어려운 경우에는 팬에 유채씨나 물을 담은 후 메스실린더로 옮겨 용적을 구할 수 있어요.

④ 옆면이 경사진 사각팬: 팬의 용적(cm³) = 평균 가로 × 평균 세로 × 높이

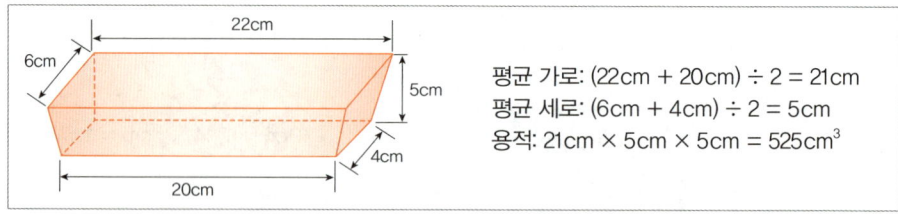

평균 가로: (22cm + 20cm) ÷ 2 = 21cm
평균 세로: (6cm + 4cm) ÷ 2 = 5cm
용적: 21cm × 5cm × 5cm = 525cm³

> **동일한 크기의 용기에 같은 양을 넣을 때**
> - 가장 작은 부피: 반죽형 반죽 (옐로 레이어 케이크, 파운드 케이크)
> - 가장 큰 부피: 거품형 반죽(스펀지 케이크, 젤리 롤 케이크)

### 3. 각 제품의 비용적

① 비용적의 정의: 반죽 1g이 차지하는 부피로, 단위는 cm³/g임
② 각 제품별 비용적: 비용적이 클수록 가벼운 제품이, 비용적이 작을수록 무거운 제품이 만들어지므로 비용적이 클수록 팬닝 양을 적게, 비용적이 작을수록 팬닝 양을 많게 함

| 스펀지 케이크 | 5.08cm³/g | 엔젤 푸드 케이크 | 4.71cm³/g |
| --- | --- | --- | --- |
| 레이어 케이크 | 2.96cm³/g | 파운드 케이크 | 2.40cm³/g |

📢 **합격 팁**
같은 양의 반죽을 일정한 용기에 넣었을 때 부피가 가장 큰 것은 스펀지 케이크이며, 부피가 가장 작은 것은 파운드 케이크예요.

### 4. 각 제품의 적정 팬 높이

① 제품의 반죽량 계산법: 용적(틀 부피) ÷ 비용적
② 팬의 양을 계산하지 않을 경우

| 거품형 반죽 | 반죽형 반죽 | 푸딩 |
| --- | --- | --- |
| 50 ~ 60% | 70 ~ 80% | 95% |

## 07 굽기 · 튀기기 · 찌기

### 1. 굽기

① 부적당한 굽기

| 오버 베이킹 | • 너무 낮은 온도에서 장시간 구운 경우 윗면이 평평하고 수분이 적어 노화가 빨리 진행됨<br>• 고율 배합, 다량의 반죽 등에 적합함 |
| --- | --- |
| 언더 베이킹 | • 너무 높은 온도에서 단시간 구운 경우 윗면이 위로 올라오거나 갈라지고 수분이 많아 설익거나 주저앉기 쉬움<br>• 저율 배합, 소량의 반죽 등에 적합함 |

| 바로 확인문제 |

언더 베이킹(Under Baking)에 대한 설명으로 틀린 것은?
① 제품의 윗부분이 올라간다.
② 제품의 중앙 부분이 터지기 쉽다.
③ 케이크 속이 익지 않는 경우도 있다.
④ 제품의 윗부분이 평평하다.

| 해설 | 언더 베이킹(Under Baking)은 높은 온도에서 짧게 굽기를 하기 때문에 윗면이 솟고 주저앉기 쉽다. | 정답 | ④

② 굽기 손실률(%) = $\frac{오븐에 넣기 전 무게 - 오븐에서 꺼낸 직후 무게}{오븐에 넣기 전 무게} \times 100$

③ 굽기 중 일어나는 성분 변화: 껍질 색이 갈색으로 변하는 캐러멜화 반응과 마이야르 반응이 일어남
  ㉠ **캐러멜화 반응**: 고온(설탕의 경우 160℃)으로 가열하면 여러 단계의 화학 반응을 거쳐 열에 의해 당류가 갈색을 내는 것으로 향미의 변화가 동시에 일어남
  ㉡ **마이야르 반응**: 당류와 아미노산이 결합하여 갈색 색소인 멜라노이딘을 만드는 반응이자, 비효소적 갈변 반응으로, 모든 식품에서 자연 발생적으로 일어남

## 2. 튀기기

① 튀기기 중 튀김 기름의 변화
  ㉠ 열로 인해 가수 분해적 산패와 산화적 산패가 촉진되며 유리 지방산과 이물의 증가로 발연점이 점점 낮아짐
  ㉡ 처음에는 비교적 큰 거품이 생성되며 쉽게 사라지나 여러 번 사용할수록 작은 거품이 생성되며 쉽게 사라지지 않음

② **튀김 기름이 갖추어야 할 조건**
  ㉠ 산패취가 없어야 함
  ㉡ 저장 중 안정성이 높아야 함
  ㉢ 발연점이 높아야 함(219℃ 이상)
  ㉣ 산화와 가수 분해가 잘 일어나지 않아야 함

③ **튀김 기름의 온도**: 175~195℃(평균 180℃)

④ 튀김 기름 관련 현상

| 발연 현상 | • 온도가 219℃ 이상으로 올라가면 **푸른 연기**가 나는 현상<br>• 발연점이 높은 튀김 기름을 사용해야 함 |
|---|---|
| 황화(회화) 현상 | • 기름이 도넛 설탕을 녹이는 현상<br>• 튀김 온도가 낮아 **기름 흡수**가 많아졌을 때 발생함 |
| 발한 현상 | • 수분이 도넛 설탕을 녹이는 현상<br>• **튀김 온도가 높아 수분이 많이 남아 있을 때 발생함**<br>• 튀김 시간을 늘려 도넛의 수분 함량을 줄이거나 도넛을 충분히 식힌 후 설탕을 뿌려야 함 |

**튀김 기름의 4대 적**
- 온도(열)
- 수분(물)
- 공기(산소)
- 이물질

**튀김 기름의 온도가 높거나 낮을 때**
- 튀김 기름의 온도가 높을 때: 껍질 색은 진해지지만 속이 익지 않는다.
- 튀김 기름의 온도가 낮을 때: 퍼짐이 커지고 기름 흡수가 많아진다.

## 3. 찌기

① 수증기를 이용하여 식품을 가열하는 방법으로, 수증기가 식품에 닿으면 액화되며 열을 방출함

② 주요 열전달 방식: 대류

③ 장단점

| 장점 | • 수용성 성분의 손실이 적고, 식품 자체의 맛이 보존됨<br>• 온도 관리가 용이하여 물이 있는 한 탈 염려가 없고 모양도 망가지지 않음<br>• 수분이 적은 식품은 물을 흡수하고, 수분이 많은 식품은 물의 유출이 일어남 |
|---|---|
| 단점 | 가열 도중 조미하기가 어려움 |

④ **찜류 제품**: 찜 케이크, 호빵, 푸딩, 중화만두

⑤ 팽창제로 주로 속효성 사용

**찌기 중 달걀 열 응고성의 변화**
- 커스터드는 달걀의 열 응고성을 이용한 대표적인 음식이다.
- 희석 정도, 첨가물의 종류와 양에 따라 응고 온도, 응고 시간, 조직감이 달라진다.
- 커스터드 푸딩은 찜기의 뚜껑을 비껴놓거나 불을 약하게 해서 증기의 온도가 85~90℃ 이상 되지 않도록 주의해야 한다.
- 재료 배합에 따라 응고 온도는 다르나, 중심 온도는 74~80℃ 정도이다.

## 08 냉각

### 1. 냉각의 정의와 목적
① 정의: 오븐에서 바로 꺼낸 과자류 제품의 온도는 약 100℃로, 이를 상온에 방치하여 온도가 점점 내려가 35~40℃ 정도가 된 것
② 목적: 곰팡이 및 기타 균의 피해를 방지하며, 절단 및 포장을 용이하게 함

### 2. 냉각의 방법

| 자연 냉각 | • 제품을 냉각 팬에 올려 실온에 두고 3~4시간 냉각시키는 방법<br>• 지나치게 높은 온도와 습도는 피해야 함 |
|---|---|
| 터널(계단)식 냉각 | • 공기 배출기를 이용하여 2시간~2시간 30분 냉각시키는 방법<br>• 수분 손실이 많음 |
| 에어컨디션식 냉각 | 냉각 공기(습도 85%, 온도 22~25℃)를 넣어 1시간 30분 냉각시키는 방법 |

**냉각 환경**
- 온도: 너무 높으면 냉각 시간이 늘어나고, 너무 낮으면 표면이 거칠어진다.
- 습도: 낮은 것이 더 좋으나 일반적으로 80% 정도면 적당하다.
- 시간: 제품의 크기와 개수에 따라 조절할 수 있다.
- 장소: 환기 시설이 잘 되어 있고 통풍이 잘 되는 곳으로 병원성 미생물의 혼입이 없는 곳이어야 한다.

## 09 아이싱 및 장식

### 1. 아이싱(Icing)
① 과자나 장식의 표면에 설탕 등의 재료를 발라 표면에 수분을 유지하거나 중앙에 충전하여 제품의 모양을 냄으로써 상품 가치성을 높이고, 맛을 좋게 함
② 아이싱의 재료
　㉠ 크림

| 휘핑 크림 | • 우유의 지방이나 식물성 지방을 거품 내어 크림화한 것<br>• 유지방이 40% 이상인 크림이 거품 내기에 알맞음 |
|---|---|
| 커스터드 크림 | 달걀, 설탕, 전분 등을 섞은 크림에 80℃로 끓인 우유를 넣고 풀 같은 상태(호화)로 만든 크림 |
| 생크림 | 우유의 지방분(유지방)만을 분리해 낸 것 |
| 버터 크림 | 유지를 크림 상태로 만든 것 |
| 디플로메트 크림 | 우유 1L로 만든 커스터드 크림에 무가당 생크림 1L로 거품을 낸 휘핑 크림을 혼합한 크림 |
| 가나슈 크림 | 초콜릿과 생크림을 1:1로 끓여 부드러운 가나슈로 만든 크림(6:4 배합도 많이 사용) |

　㉡ 머랭(Meringue): 달걀 흰자와 설탕으로 거품 내어 만든 제품

| 냉제 머랭<br>(프렌치 머랭) | • 흰자와 설탕의 비율을 1:2로 하여 실온(18~24℃)에서 거품을 올리는 방법<br>• 거품 안정을 위해 소금 0.5%와 주석산 0.5%를 넣기도 함 |
|---|---|
| 온제 머랭 | 흰자와 설탕의 비율을 1:2로 섞어 43℃로 데운 뒤 거품을 올리다가 분설탕 0.2를 넣어 만듦 |
| 스위스 머랭 | • 흰자 1/3과 설탕 2/3를 섞어 43℃로 중탕하여 휘핑하면서 레몬즙을 첨가한 후, 흰자와 설탕의 비율을 1:1.8로 한 냉제 머랭(일반 머랭)을 섞는 방법<br>• 구웠을 때 광택이 나고, 안정성이 커서 하루쯤 두었다가 사용해도 무방함 |
| 이탈리안 머랭 | 흰자를 거품 내면서 뜨겁게 끓인 시럽(설탕 100에 물 30을 넣고 114~118℃로 끓임)을 조금씩 나누어 부어 만든 머랭 |

**머랭 제조 시 주의사항**
- 신선한 달걀을 사용한다.
- 달걀 노른자나 유지가 섞이지 않도록 한다.

ⓒ 글레이즈(Glaze): 과자류 표면에 광택을 내거나 표면이 마르지 않도록 하기 위한 것으로 도넛과 케이크에는 43~50℃ 정도로 사용함

ⓔ 퐁당(Fondant)
- 설탕에 물을 넣고 114~118℃로 끓인 뒤 다시 유백색 상태로 재결정화시킨 것으로 38~44℃로 식혀서 사용함
- 수분 보유력을 높이기 위해서는 물엿, 전화당과 같은 시럽 형태의 당을 첨가함

| 바로 확인문제 |

흰자 100에 대해 설탕 180의 비율로 만든 머랭으로, 구웠을 때 표면에 광택이 나고 하루쯤 두었다가 사용해도 무방한 머랭은?

① 냉제 머랭
② 온제 머랭
③ 이탈리안 머랭
④ 스위스 머랭

|해설| 흰자와 설탕의 비율을 1 : 1.8로 하고, 온제 머랭과 일반 머랭(냉제 머랭)을 섞어 만드는 머랭은 스위스 머랭이다.

|정답| ④

③ 아이싱의 종류
  ㉠ 단순 아이싱: 기본 재료(분당, 물, 물엿, 향료)를 섞고 43℃로 데워 되직한 페이스트리 상태로 만드는 것
  ㉡ 크림 아이싱: 유지에 설탕과 달걀을 넣는 크림법과 시럽(114~118℃)을 가미한 흰자를 거품(머랭) 내어 유지와 섞는 방법

| 퍼지형 아이싱 | • 버터 크림류와 같지만 지방질이 적고 광택이 있음<br>• 초콜릿, 분당 등 이용 |
|---|---|
| 마시멜로 아이싱 | 젤라틴, 달걀 흰자에 뜨거운 시럽을 섞어 고속으로 거품을 일게 하여 많은 공기가 함유되어 있음 |
| 퐁당 아이싱 | 설탕 시럽을 기포하여 만듦 |

  ㉢ 조합형 아이싱: 단순 아이싱과 크림 형태의 아이싱을 혼합한 방법

④ 아이싱의 보관
  ㉠ 신선한 곳에 뚜껑을 덮어둠
  ㉡ 시간이 지날수록 표면이 굳으므로 매끈해질 때까지 중탕 후 믹서로 풀어 윤기를 되살림
  ㉢ 쓰고 남은 아이싱은 표면에 물을 뿌려 보관하고 초콜릿 등을 더해 사용함

**풍당 아이싱이 끈적거리지 않도록 하는 조치 사항**
- 수분 사용(최소 액체 사용)
- 가열(40℃ 전후)
- 시럽 사용
- 안정제(젤라틴, 식물성 검) 사용
- 흡수제(전분, 밀가루) 사용

## 2. 장식

① 짜기(Piping): 과자류 제품의 표면을 아이싱한 상태에서 그 윗면을 여러 가지 모양으로 짜서 장식하는 것

| 크림류 | 일반적으로 짜기에는 버터 크림과 생크림이 많이 사용됨 |
|---|---|
| 로얄 아이싱 | • 달걀 흰자와 분당을 섞어 만듦<br>• 케이크에 선을 그리기도 하며, 아이싱 쿠키를 만들어 머핀이나 케이크 위에 장식물로 사용할 수 있음 |

② 장식물: 과자류 제품 윗면이나 옆면에 사용하여 장식하는 것

| 마지팬 (Marzipan) | 장식물을 만들 마지팬은 세공용으로 판매되는 미세한 제품을 사용하는 경우가 많으며, 여기에 분당, 물엿, 흰자, 젤라틴 등 재료를 적절히 섞어 사용하는 것이 좋음 |
|---|---|
| 머랭 | 꽃이나 동물 모양 등을 짜서 말려 사용함 |
| 마카롱 | • 머랭에 아몬드 분말을 혼합하여 구운 제품<br>• 케이크 등에 훌륭한 장식물로 사용하기도 함 |
| 모델링 반죽 | 설탕 반죽에 꽃 반죽을 1 : 1로 섞어 쓰거나, 설탕 반죽에 분당, 물엿, 씨엠씨 등을 섞어 만들어 사용함 |
| 초콜릿 | 가장 많이 사용되며, 여러 가지 모양의 장식물을 만들 수 있음 |
| 쿠키 | • 슈(Choux), 튀일(Tuile), 시가렛(Cirgarette) 반죽을 이용하여 여러 가지 모양으로 만들어 구워낸 후 사용함<br>• 보통 디저트 장식에 더 많이 쓰임 |
| 과일 | • 자체를 모양내서 사용하기도 하고 말리거나 설탕을 묻힌 후 말려 사용함<br>• 생과일을 모양내서 장식할 경우 수분 증발을 막기 위해 반드시 코팅제(잼 또는 미로와)를 발라 사용함 |
| 견과류 | 자체적으로 사용하거나 상황에 따라 캐러멜과 섞어 굳혀 견과류의 모양을 살려 사용하기도 하고, 이것들을 빻아 뿌리기도 함 |

## 10 제품 평가

### 1. 외부 평가
① 부피: 모양이 알맞게 부풀어야 함
② 껍질 색: 식욕을 돋우는 색상으로 부위별 색상이 균일하고 반점과 줄무늬가 없어야 함
③ 형태의 균형: 좌우 전후 대칭이 균형 잡혀야 함
④ 껍질의 특성: 얇으면서 부드러운 껍질이 좋음

### 2. 내부 평가
① 기공: 기공막이 일정하고 고른 조직이 좋음
② 속 색: 밝은 빛을 띠고 윤기가 있어야 함
③ 향: 고유의 향, 천연적인 향이 바람직함
④ 맛: 제품마다 특성의 맛을 잘 살려야 함

| 바로 확인문제 |

제품을 평가할 때 내부 평가의 방법이 아닌 것은?
① 기공　　　　　　　　　　② 속 색
③ 향　　　　　　　　　　　④ 부피

|해설| 부피는 외부 평가 방법이다.　　　　　　　　　　　　　　　　|정답| ④

## 11 포장(Packaging, Wrapping)

### 1. 포장의 정의
제품의 유통 과정에서 취급상의 위험과 외부 환경으로부터 제품의 가치 및 상태를 보호하고 다루기 쉽도록 적합한 재료 또는 용기에 넣는 과정을 말함

### 2. 포장의 요건
① 제품 내용의 품질을 보호할 수 있어야 함
② 기호성이 강한 식품이므로 소비자의 구매 욕구를 일으켜야 함

### 3. 포장 방법

| 함기 포장<br>(상온 포장) | • 공기가 함유되어 있는 상태에서 포장하는 방법으로, 일반적으로 기계를 사용하지 않는 포장의 대부분을 말함<br>• 과자류 포장에 가장 많이 쓰임 |
|---|---|
| 진공 포장 | • 포장 용기에 식품을 넣고 내부를 진공 상태로 만들어 포장하는 방법<br>• 내부 공기가 제거되고 공기의 접촉이 불가능하여 부패가 진행되지 않아 장기 보존이 가능함 |
| 밀봉 포장 | • 공기가 통하지 않도록 단단히 포장하는 방법<br>• 최근에는 쿠키, 구운 과자 등을 포장하는 데 쓰임 |

### 4. 포장 용기 선택 시 고려 사항
① 방수성이 있고 통기성이 없을 것
② 상품의 가치를 높일 것
③ 유통 기간 중 노화를 방지하여 제품의 수명을 연장시킬 것
④ 취급이 용이할 것
⑤ 단가가 낮고 포장에 의해 제품이 변형되지 않을 것
⑥ 포장지에 유해 물질이 없을 것
⑦ 포장 온도는 35~40℃가 적합하며, 수분 함량은 38%일 것

### 5. 유의점

| 용기의 위생 | • 공기나 자외선의 투과율, 내열성, 내산성, 내한성, 내약품성, 투명도, 신축성, 유해 물질의 용출 등을 감안한 포장 방법을 선택해야 함<br>• 유지의 산화, 식품의 변색 등을 고려하여 포장지를 선택해야 함<br>• 용기와 포장지의 기본 재질에 유해 물질이 있어 제품에 옮겨지지 않도록 유의하며 포장해야 함<br>• 미생물이 오염된 포장지는 세균, 곰팡이 등의 발생 원인이 되므로 청결하게 보관·관리해야 함 |
|---|---|
| 제품의<br>품질 변화 | • 최초 포장된 내용물의 색·향·맛이 변하지 않아야 함<br>• 포장 재료의 특성을 잘못 선택하여 제품의 고유성이 변화되어서는 안 됨<br>• 포장 환경과 저장 조건이 불량하면 포장 제품의 품질이 변할 수 있으므로 미생물, 해충, 습기, 산소, 효소, 온도, 금속이온, 광선, 충격, 마찰 등의 물리적·생화학적 요인에 유의해야 함 |

### 6. 제과·제빵에서 포장재
주로 폴리에틸렌, 오리엔티드 폴리프로필렌, 폴리프로필렌, 폴리스틸렌 등의 합성수지를 사용함

# 04 제품별 제과법

## 01 반죽형 케이크

### 1. 파운드 케이크(Pound Cake)
① 반죽형 케이크의 대표적인 제품으로, 저율 배합으로 만듦
② 명칭은 기본 재료인 밀가루, 설탕, 달걀, 버터를 각각 1파운드씩 넣어 만든 것에서 유래함
③ 사용 재료의 증감에 따라 다른 재료의 사용량이 달라짐(커피-모카 파운드 케이크, 코코아-마블 파운드 케이크)
④ 기본 배합률: 밀가루 100%, 설탕 100%, 달걀 100%, 유지 100%

| 밀가루 | • 부드러운 제품을 만들고자 할 경우에는 박력분을 사용함<br>• 과일 파운드와 같이 조직감이 강한 제품에는 중력분을 사용함 |
|---|---|
| 설탕 | 껍질 색과 감미에 영향을 주고 수분 보유제로서의 기능을 함 |
| 달걀 | • 옐로 파운드 케이크를 만들 때는 전란을 사용함<br>• 화이트 파운드 케이크를 만들 때는 달걀 흰자를 사용함 |
| 유지 | • 풍미를 강조하려면 버터를 사용함<br>• 유화성을 살리려면 유화 쇼트닝을 사용함 |

⑤ 제조 공정(크림법 사용)
  ㉠ 버터와 쇼트닝을 넣고 풀어 줌
  ㉡ 설탕, 소금, 유화제를 넣고 크림 상태로 만듦
  ㉢ 달걀을 조금씩 넣고 부드러운 크림을 만듦
  ㉣ 체친 가루분(박력분, 탈지 분유, 베이킹파우더, 바닐라 향)을 넣고 섞은 후 물을 넣고 섞음(비중 0.8±0.05, 반죽 온도 23℃)
  ㉤ 파운드 팬에 70%가 되도록 팬닝(비용적은 반죽 1g당 2.4cm³를 차지함)
  ㉥ 윗불 200℃, 아랫불 180℃에서 굽다가 윗면에 일자로 칼집을 내고 윗불 180℃, 아랫불 160℃에서 구움

 합격 팁

철판으로 뚜껑을 덮을 경우 높은 온도로, 뚜껑을 덮지 않을 경우 낮은 온도로 굽기를 해요.

⑥ 건조 과일을 첨가할 경우

| 건조 과일을<br>전처리하는 목적 | • 씹을 때의 조직감을 개선하기 위함<br>• 반죽 내에서 반죽과 건조 과일 간의 수분 이동을 방지하기 위함<br>• 과일 본래의 풍미가 되살아나도록 하기 위함 |
|---|---|
| 전처리 방법 | 건포도 무게의 12%의 물로 27℃에서 4시간 동안 밀폐된 비닐봉지에 담가 둠 |
| 믹싱 시 주의사항 | • 단백질 함량이 높은 밀가루를 사용하고, 반죽에 넣기 전 과일을 밀가루에 먼저 무쳐 두면 반죽에서 가라 앉는 것을 방지할 수 있음<br>• 과일은 믹싱 최종 단계에 넣어 모양이 흐트러지지 않도록 함 |

⑦ **윗면이 터지는 이유**
  ㉠ 반죽의 수분이 부족함
  ㉡ 높은 온도에서 구워 껍질이 빨리 생김
  ㉢ 틀에 채운 후 바로 굽지 않아 표피가 마름
  ㉣ 반죽의 설탕이 다 녹지 않음

| **바로 확인문제** |

파운드 케이크 제조 시 윗면이 터지는 경우가 아닌 것은?
① 굽기 중 껍질 형성이 느릴 때　　② 반죽의 수분이 불충분할 때
③ 설탕 입자가 용해되지 않고 남아 있을 때　　④ 반죽을 팬에 넣은 후 굽기까지 장시간 방치할 때

| 해설 | 파운드 케이크의 윗면이 터지는 이유에는 반죽 내의 수분 불충분, 용해되지 않은 설탕, 오븐에 넣기 전 반죽의 껍질 형성(틀에 채운 후 바로 굽지 않음), 인위적인 터트림 등이 있다.　　| 정답 | ①

**과일 파운드 케이크의 표피를 터지지 않게 하는 방법**
- 표피가 터지는 원인을 없앤다.
- 굽기 시작 전에 증기를 분무한다.
- 처음부터 팬 뚜껑을 덮어 굽는다.

## 2. 레이어 케이크(Layer Cake)

① 반죽형 케이크의 대표적인 제품으로, 한 층씩 올려서 쌓은 케이크이며, 고율 배합으로 만듦
② 레이어 케이크의 종류에 따른 배합률

| 옐로 레이어 케이크 | • 전란 사용<br>• 달걀(전란) = 쇼트닝 × 1.1<br>• 우유 = 설탕 + 25 - 전란 |
|---|---|
| 화이트 레이어 케이크 | • 달걀 흰자 사용<br>• 흰자 = 전란 × 1.3 또는 쇼트닝 × 1.43<br>• 우유 = 설탕 + 30 - 흰자<br>• 주석산 크림 0.5% 사용(흰자의 구조를 단단하게 함) |
| 데블스 푸드 케이크 | • 옐로 레이어 케이크에 코코아를 사용한 제품<br>• 달걀(전란) = 쇼트닝 × 1.1<br>• 우유 = 설탕 + 30 + (코코아 × 1.5) - 전란<br>• 천연 코코아 사용 시 7%를 중조로 사용(베이킹파우더 감소) |
| 초콜릿 케이크 | • 기본 레이어 케이크에 초콜릿을 사용한 제품<br>• 달걀(전란) = 쇼트닝 × 1.1<br>• 우유 = 설탕 + 30 + (코코아 × 1.5) - 전란<br>• 초콜릿: 코코아(초콜릿 양의 5/8) + 카카오 버터(초콜릿 양의 3/8)<br>• 유화 쇼트닝: 카카오 버터의 1/2 |

**우유의 대체 사용**
레이어 케이크 배합 시 우유는 탈지 분유 10%와 물 90%로 대치 사용할 수 있다.

**초콜릿의 중조와 베이킹파우더의 사용**
초콜릿 중 천연 코코아에는 7%의 중조가 들어 있으며, 더치 코코아에는 중조가 들어 있지 않다. 또한 천연 코코아 속에 있는 중조 1%는 베이킹파우더 3%와 같으므로, 원래의 베이킹파우더 배합에서 3%를 감소해야 한다.

| **바로 확인문제** |

데블스 푸드 케이크 제조 시 중조를 8g 사용했을 경우 가스 발생량으로 비교했을 때 베이킹파우더 몇 g과 효과가 같은가?
① 8g　　② 16g
③ 24g　　④ 32g

| 해설 | 중조(소다, 탄산수소나트륨)는 베이킹파우더의 3배 효과를 낸다. 따라서 중조 8g은 베이킹파우더 24g(=8 × 3)과 효과가 같다.　　| 정답 | ③

③ 레이어 케이크의 믹싱
　㉠ 믹싱

| 크림법 | 옐로 레이어 케이크, 화이트 레이어 케이크, 초콜릿 케이크 |
|---|---|
| 블렌딩법 | 데블스 푸드 케이크 |

ⓒ 반죽 온도: 약 24℃
　　ⓒ 비중: 0.8±0.05
　　ⓔ 팬닝: 팬의 55~60% 정도
　　ⓜ 굽기: 180℃에서 25~35분간

## 02 거품형 케이크

**거품형 케이크**
달걀의 기포성을 이용한 대표적인 반죽 과자로, 거품 낸 달걀이 공기를 포함하고 이 기포가 열을 받아 팽창하여 스펀지 상태로 부푼다.

### 1. 스펀지 케이크(Sponge Cake)

① 기본 배합률: 밀가루 100%, 설탕 166%, 달걀 166%, 소금 2%(고율 배합)

| | |
|---|---|
| 밀가루 | • 연질소맥으로 제분한 저회분(0.3% 이하)의 박력분을 사용함<br>• 중력분을 사용할 때 전분(12% 이하)을 섞어 사용할 수 있음(전분은 단백질이 없어 글루텐을 형성하지 않기 때문)<br>• 밀가루 1% 증가 시: 설탕과 우유는 0.75~1%씩 증가, 소금은 0.03% 증가, 베이킹파우더는 0.015~0.03% 증가 |
| 설탕 | • 감미제, 달걀의 기포 안정, 노화 방지 역할을 하고 반죽에 윤기를 줌<br>• 20~25%는 설탕 대신 물엿이나 포도당 등으로 대체 가능<br>• 꿀, 전화당 시럽은 향 및 수분 보유력이 큼 |
| 달걀 | • 기포 형성, 풍미 향상의 역할을 함<br>• 달걀 노른자의 레시틴은 유화제가 함유되어 있어 유화 작용을 함<br>• 밀가루의 50% 이상이 되면 물이나 팽창제를 첨가하지 않아도 반죽이 충분한 수분과 팽창 효과를 가짐<br>• 달걀 1% 감소 시: 물 0.5% 추가, 밀가루(고형분) 0.25% 추가 |
| 소금 | 전체적인 맛을 내는 데 필수적이며 소량 사용 |
| 우유 | 수분 함량에 맞추어 사용량을 조절함 |
| 유지 | 기포를 작게 나누고 풍미를 줌 |

② 제조 공정
　ⓘ 믹싱: 공립법과 별립법 중 선택하면 되나, 주로 공립법을 사용함

**공립법과 별립법**
공립법은 전란을 사용하여 거품을 올리는 것이고, 별립법은 흰자와 노른자를 각각 분리하여 노른자는 아이보리색으로 만들고 흰자는 중간 피크의 머랭을 만들어 함께 섞는 것이다.

| 덥게 하는 방법<br>(고배합, 중탕법) | • 달걀, 설탕, 소금을 43℃로 중탕한 후 휘핑함<br>• 밀가루를 넣고 균일하게 혼합<br>• 설탕이 녹아 거품 올리기가 용이함(카스텔라)<br>• 껍질 색을 개선함 |
|---|---|
| 일반법<br>(저배합) | • 달걀, 설탕, 소금을 실온에서 휘핑한 후 밀가루를 넣는 방법<br>• 믹서 성능이 좋거나, 베이킹파우더를 사용하는 배합<br>• 에어 믹서와 같은 1단계법 |

**카스텔라**
스펀지 케이크 중 하나로, 나무틀을 이용하여 굽기를 하며, 반죽 온도와 내상을 균일하게 하고, 껍질 표면을 매끄럽게 하기 위해 휘젓기를 한다.

　ⓛ 반죽 온도로 약 23℃, 반죽의 최종 단계 이후 중탕으로 녹인 버터를 넣고 가볍게 섞음
　ⓒ 팬닝: 원형 틀에 50~60% 정도 반죽을 채우고 충격을 가해 평평히 고르는 탭핑을 함
　ⓔ 굽기가 끝나면 바로 바닥에 충격을 주어 수축 현상을 방지함

### 2. 롤 케이크(Roll Cake)

① 말기를 하는 제품으로, 스펀지 케이크의 배합을 기본으로 하여 터지는 것을 방지하기 위해 달걀을 조금 더 사용함
② 기본 배합률: 설탕 100%에 대하여 달걀 75%에서 많게는 200%까지 사용

③ 제조 공정

| | |
|---|---|
| **공립법**<br>(젤리 롤 케이크) | ㉠ 달걀, 설탕, 소금을 넣고 43℃로 중탕하여 휘핑함<br>㉡ 체친 가루(박력분, 베이킹파우더, 향)를 넣고 가볍게 섞음<br>㉢ 우유를 넣고 섞음(비중 0.5±0.05, 반죽 온도 23℃)<br>㉣ 평철판에 종이를 깔고 팬닝하여 무늬를 만듦<br>㉤ 윗불 180℃, 아랫불 150℃에서 30분 굽기<br>㉥ 구운 후 철판에서 바로 꺼내 식힘<br>㉦ 면포를 이용하여 잼 또는 크림을 바른 후 말기 |
| **별립법**<br>(소프트 롤 케이크) | ㉠ 노른자와 흰자 분리<br>㉡ 노른자에 설탕 A, 물엿, 소금을 넣고 휘핑함<br>㉢ 흰자에 설탕 B를 3번에 나누어 넣어 가며 중간 피크의 머랭을 만듦<br>㉣ ㉡에 머랭 1/3을 넣고 섞음<br>㉤ 체친 가루(박력분, 베이킹파우더, 향)를 넣고 섞음<br>㉥ 일부의 반죽과 식용유를 섞어 넣음<br>㉦ 나머지 머랭 2/3를 넣고 섞음(비중 0.5±0.05, 반죽 온도 22℃)<br>㉧ 평철판에 종이를 깔고 팬닝하여 무늬를 만듦<br>㉨ 윗불 180℃, 아랫불 150℃에서 30분 굽기<br>㉩ 구운 후 철판에서 바로 꺼내 식힘<br>㉪ 면포를 이용하여 잼 또는 크림을 바른 후 말기 |

④ **롤 케이크 말기를 할 때 표면의 터짐을 방지하는 방법**
㉠ 설탕의 일부를 물엿이나 시럽으로 대체함
㉡ 덱스트린을 사용하여 점착성을 증가시킴
㉢ 반죽 온도가 너무 낮지 않도록 함
㉣ 노른자를 줄이고 전란을 증가시킴
㉤ 글리세린을 첨가하여 제품에 유연성을 부여함
㉥ 밑불이 강하지 않게 굽기
㉦ 반죽의 비중이 너무 높지 않게 믹싱함
㉧ 화학 팽창제 사용을 감소시키거나 믹싱 상태를 조절함
㉨ 낮은 온도에서 길게 굽는 오버 베이킹을 하지 않음

| 바로 확인문제 |

젤리 롤 케이크를 말 때 터지는 것을 방지하는 방법으로 적절하지 않은 것은?
① 노른자 사용량을 늘린다.
② 설탕 대신 물엿을 사용한다.
③ 덱스트린의 점착성을 이용한다.
④ 팽창제의 사용량을 줄인다.

|해설| 달걀 노른자는 점착성을 낮추므로 전란의 양을 줄이는 것이 좋다. |정답| ①

⑤ 롤 케이크 자체가 축축한 원인과 조치

| | |
|---|---|
| 원인 | • 팽창이 부족한 경우<br>• 조직이 조밀하고 습기가 많은 경우<br>• 배합에 수분이 많거나 고온으로 단시간 굽기를 한 경우 |
| 조치 | • 수분 사용량 감소<br>• 믹싱 시간 증가<br>• 적절한 굽기 |

**배합률 조절**
- 1단계: 흰자 사용량 결정
- 2단계: 밀가루 사용량 결정
- 3단계: 주석산 크림(0.5%)+소금(0.5%)=1%

## 3. 엔젤 푸드 케이크(Angel Food Cake)

① 기공과 조직 등이 스펀지 케이크와 대체로 같지만, 달걀 흰자만 사용한다는 점에서 차이가 있음

② 기본 배합률(Baker's %)

| 밀가루 | 15~18 | 흰자 | 40~50 |
|---|---|---|---|
| 1단계 설탕 | 20~28 | 2단계 분당 | 12~14 |
| 주석산 크림 | 0.5~0.625 | 소금 | 0.375~0.5 |

③ 재료의 특성
  ㉠ 밀가루: 표백이 잘 된 회분이 적은 특급 박력분을 사용함
  ㉡ 설탕
   • 전체 사용량의 2/3는 1단계에 입상형으로 머랭을 만들 때 첨가, 1/3은 2단계에 분당형으로 밀가루와 혼합하여 사용함
   • 설탕 사용량의 결정: 설탕 = 100 − (흰자 + 밀가루 + 1)

| 입상형 | 1단계 설탕 × $\frac{2}{3}$ | 분당형 | 2단계 분당 × $\frac{1}{3}$ |
|---|---|---|---|

> **합격 팁**
> 엔젤 푸드 케이크에는 주석산 크림 0.5%와 소금 0.5%를 합쳐 1%를 만들어서 넣어요. 즉, 1은 주석산 크림+소금의 양을 말해요.

  ㉢ 주석산 크림(산 작용제): 머랭을 만들 때 더욱 희고, 단단하게 만듦

| 산 전처리법 | 머랭과 함께 주석산을 넣고 만듦(튼튼하고 탄력 있는 제품) |
|---|---|
| 산 후처리법 | 밀가루와 함께 주석산을 넣고 만듦(부드러운 제품) |

④ 팬닝: 틀에 이형제로 물을 분무한 후 60~70% 정도 반죽을 채움
⑤ 흰자를 거품 내어 머랭을 올리는 방법
  ㉠ 흰자
   • 기름과 노른자가 섞이지 않아야 함
   • 신선하고 고형질 함량이 높은 것을 사용함
   • 흰자로 60% 정도 거품을 올린 후 설탕을 넣어야 설탕을 잘 흡수하고 강하게 거품을 낼 수 있음
  ㉡ 머랭의 상태

| 젖은 피크(60%) | 머랭의 흰자가 떨어지는 상태 |
|---|---|
| 중간 피크(80%) | 머랭의 흰자가 떨어지지 않는 상태, 부드럽게 흔들어도 떨어지지 않음 |
| 건조 피크(100%) | 머랭의 상태가 단단하고 거친 상태 |

**이형제**
제과 성형 중 틀 내부 면에 바르는 윤활제로 반죽이 틀과 잘 떨어지게 하기 위해 사용한다. 시폰 케이크와 엔젤 푸드 케이크는 이형제로 물을 사용한다.

| 바로 확인문제 |

엔젤 푸드 케이크를 제조할 때 팬에 사용하는 이형제로 가장 적합한 것은?
① 쇼트닝  ② 밀가루
③ 라드   ④ 물

|해설| 엔젤 푸드 케이크 팬은 가운데 모양이 있으므로 종이나 유지를 사용하지 않고 물을 이형제로 사용한다. |정답| ④

## 03 유지에 의한 팽창

### 1. 퍼프 페이스트리(Puff Pastry)

① 반죽에 유지를 말아서 만든 결이 많은 제품으로, 프렌치 파이라고도 함
② 기본 배합률: 밀가루 100%, 유지 100%, 물 50%, 소금 1~3%

| 밀가루 | • 강력분을 사용함<br>• 제과 제품인데도 강력분을 사용하는 이유는 여러 번의 밀기와 접기를 하기 때문에 글루텐을 형성하여 유지가 밖으로 나오는 것을 방지하기 위함 (유지를 지탱하기 위함) |
|---|---|
| 유지 | 가소성 범위가 넓은 제품에 파이용, 퍼프용 유지를 사용함 |
| 물 | • 일반적으로 냉수를 사용함<br>• 반죽 온도는 18~22℃로, 휴지에 들어갈 것을 감안하여 조절함 |
| 소금 | 사용할 유지에 함유된 소금의 양을 감안하여 사용함 |

> 합격 팁
> 퍼프 페이스트리는 다른 제과 제품과 달리 강력분을 사용해요.

③ 제조 공정
  ㉠ 반죽 만들기(반죽 온도 20℃)

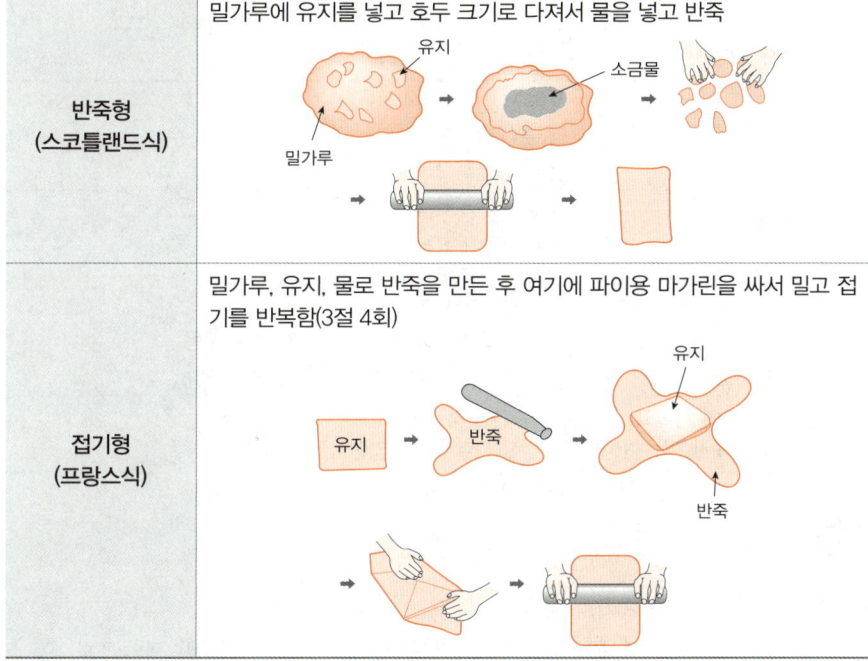

| 반죽형<br>(스코틀랜드식) | 밀가루에 유지를 넣고 호두 크기로 다져서 물을 넣고 반죽 |
|---|---|
| 접기형<br>(프랑스식) | 밀가루, 유지, 물로 반죽을 만든 후 여기에 파이용 마가린을 싸서 밀고 접기를 반복함(3절 4회) |

  ㉡ 접기
    • 반죽을 정사각형으로 만들고 충전용 유지를 넣어 밀어 편 후 접기
    • 밀어 펴기 후 최초의 크기로 3겹을 접기
    • '휴지-밀어 펴기-접기'를 반복하여 장방형 모서리가 직각이 되도록 함
  ㉢ 밀어 펴기
    • 유지를 배합한 반죽을 냉장고(0~4℃)에서 30분 이상 휴지시킴
    • 휴지 후 밀어 펴기를 할 때 두께가 균일하도록 함(일반적으로 1~1.5cm 정도)
    • 수작업인 경우 밀대를, 기계는 파이 롤러를 이용함

- 밀어 펴기, 접기는 같은 횟수로 보통 3×3, 3×4로 함
  ㉣ 정형
  - 자투리 반죽(파지)을 최소화하기 위해 예리한 기구로 절단
  - 굽기 전 30~60분간 휴지시키고 굽는 면적이 넓거나 충전물이 있는 경우에는 껍질에는 구멍 자국을 냄
  ㉤ 굽기: 일반적으로 200~213℃에서 구움

④ 휴지의 목적
  ㉠ 재료를 완전히 수화시켜 글루텐을 안정시킴
  ㉡ 반죽과 유지의 되기를 조절하여 층을 분명히 함
  ㉢ 밀어 펴기를 용이하게 함
  ㉣ 반죽 절단 시 수축을 방지함

| 한 번 더 풀기 |

퍼프 페이스트리 굽기 후 결점과 그 원인으로 틀린 것은?
① 수축 - 밀어 펴기 과다, 불충분한 휴지 시간
② 수포 생성 - 단백질 함량이 높은 밀가루로 반죽을 함
③ 충전물이 흘러 나옴 - 충전물 양 과다, 부적절한 봉합
④ 작은 부피 - 수분이 없는 경화 쇼트닝을 충전용 유지로 사용

|해설| 퍼프 페이스트리는 이스트가 들어가지 않는 제과 제품이지만, 유지의 층을 살리기 위해 단백질 함량이 높은 강력분으로 반죽을 한다.

|정답| ②

| 바로 확인문제 |

페이스트리를 만들 때 휴지의 목적이 아닌 것은?
① 재료를 완전히 수화시켜 글루텐을 안정시킴
② 반죽 절단 시 팽창을 방지함
③ 밀어 펴기를 용이하게 함
④ 반죽과 유지의 되기를 조절하여 층을 분명히 함

|해설| 반죽 절단 시 수축을 방지하기 위해 휴지를 가진다.

|정답| ②

⑤ 주요 결점과 원인

| 팽창이 잘 되지 않거나 구운 후 수축하는 현상 | • 부적절한 밀어 펴기<br>• 불충분한 휴지 시간<br>• 굽는 온도가 높거나 낮은 경우 |
|---|---|
| 유지가 흘러나오는 현상 | • 과다한 충전물의 양<br>• 부적절한 봉합<br>• 과도한 밀어 펴기<br>• 오래된 반죽의 사용<br>• 단백질 함량이 적은 밀가루(박력분) 사용<br>• 너무 높거나 낮은 오븐 온도 |
| 결이 거칠고 수포가 생기는 현상 | • 굽기 전 껍질에 구멍을 내지 않은 경우<br>• 껍질에 달걀물을 많이 바른 경우 |

## 04 무팽창

| 무팽창 제품 |

수증기압의 영향을 받아 조금 팽창시킨 과자를 말하며, 쇼트 페이스트리(타르트의 기본 바탕이 되는 반죽), 쿠키가 있다.

### 1. 파이(쇼트 페이스트리)

① 파이 반죽에 여러 가지 충전물을 채워서 만든 다양한 맛의 제품으로, 애플 파이, 호두 파이 등이 있음

② 기본 배합률(Baker's %)

| 밀가루 | 100 | 물(냉수) | 20~50 |
|---|---|---|---|
| 설탕 | 0~6 | 달걀 | 0~6 |
| 유지 | 40~80 | 소금 | 1~2 |
| 탈지 분유 | 0~4 | | |

③ 재료의 특성

| | |
|---|---|
| 밀가루 | • 중력분 100%(강력분 40%+박력분 60%)<br>• 강력분: 단단한 제품<br>• 박력분: 수분 흡수량과 보유력이 약해 끈적거리는 반죽 |
| 유지 | • 가소성 범위가 넓은 제품: 파이용 마가린, 경화 쇼트닝<br>• 맛과 향을 높이기 위해 버터를 혼합하여 사용함<br>• 유지는 밀가루를 기준으로 40~80% 사용함 |
| 착색제 | 진한 껍질 색을 위해 중조(0.1%)를 사용하거나 녹인 버터 등을 바름 |

④ 반죽의 특징: 유지의 입자 크기에 따라 파이 결의 길이가 결정됨

| | |
|---|---|
| 긴 결 | 유지 입자를 호두알 크기로 밀가루와 혼합 |
| 중간 결 | 유지 입자를 강낭콩 크기로 밀가루와 혼합 |
| 가루 모양 | 유지 입자를 미세한 상태로 밀가루와 혼합 |

⑤ 파이의 제조 과정
  ㉠ 유지와 밀가루를 섞어 호두알만 한 크기가 될 때까지 다짐
  ㉡ 설탕, 소금을 찬물에 녹여 ㉠에 넣고 반죽한 후, 냉장고에 넣고 4~24시간 휴지시킴
  ㉢ 냉장 휴지된 반죽을 바닥용은 0.3cm, 덮개는 0.2cm로 밀어 핌
  ㉣ 바닥용은 팬닝 후 포크로 구멍을 냄
  ㉤ 20℃ 이하로 식힌 충전물을 팬에 넣고 평평하게 고름
  ㉥ 덮개용 껍질은 가로 지름 1cm로, 세로는 길게 잘라 격자(마름모)로 모양을 내고 남는 끝 부분은 잘라 냄
  ㉦ 윗면에 노른자를 발라 광택을 낸 후 윗불 180℃, 아랫불 200℃에서 30분 전후로 구움

⑥ 휴지의 목적
  ㉠ 재료를 수화시킴
  ㉡ 유지와 반죽의 굳은 정도를 같게 함
  ㉢ 밀어 펴기를 용이하게 함
  ㉣ 끈적거림을 방지하여 작업성이 향상됨

⑦ 충전물용 농후화제의 사용 목적
  ㉠ 충전물을 조릴 때 호화를 빠르고 진하게 함
  ㉡ 충전물에 좋은 광택을 제공함
  ㉢ 과일에 있는 산의 작용을 상쇄시켜 과일의 색과 향을 유지함
  ㉣ 조린 충전물이 냉각되었을 때 적정 농도를 유지함

⑧ 충전물이 끓어 넘치는 경우
  ㉠ 껍질에 수분이 많은 경우
  ㉡ 위·아래 껍질을 잘 붙이지 않은 경우
  ㉢ 껍질에 구멍을 뚫지 않은 경우
  ㉣ 오븐의 온도가 낮은 경우
  ㉤ 충전물의 온도가 높은 경우
  ㉥ 바닥 껍질이 너무 얇은 경우
  ㉦ 천연산이 많이 든 과일을 쓴 경우
  ㉧ 설탕이 너무 많은 경우

⑨ 껍질이 단단하고 정형·굽기 중 수축한 경우
　㉠ 강력분을 사용한 경우
　㉡ 반죽 시간과 휴지 시간이 부족한 경우
　㉢ 지나치게 반죽하고 밀어 폈을 경우
　㉣ 자투리 반죽을 많이 썼을 경우
　㉤ 바닥 껍질이 위 껍질보다 얇은 경우
　㉥ 틀이나 철판에 기름칠을 잘못하여 반죽이 달라 붙었을 경우

## 2. 쿠키(Cookie)

① 조그만 단과자와 같고 상대적으로 수분 함량(5% 이하)이 낮아 장기간 보존할 수 있는 다양한 제품

> **합격 팁**
> 쿠키의 반죽 온도는 18~24℃, 포장 온도와 보관 온도는 10℃가 적당해요.

② 쿠키의 분류
　㉠ 반죽형 반죽 쿠키

| | |
|---|---|
| 드롭 쿠키<br>(소프트 쿠키) | • 방울 모양 쿠키를 말함<br>• 반죽형 쿠키 중에서 수분이 가장 많음(달걀 사용량이 많음)<br>• 짜는 쿠키(짤주머니로 짜서 성형)<br>• 종류: 버터 쿠키, 오렌지 쿠키 등 |
| 스냅 쿠키<br>(슈가 쿠키) | • 한입에 먹을 수 있는 쿠키를 말하며, 설탕 사용량이 많아 슈가 쿠키라고도 함<br>• 드롭 쿠키보다 수분이 적음(달걀 사용량이 적음)<br>• 낮은 온도에서 오래 구워 바삭함<br>• 밀어 펴는 쿠키(밀어 편 후 성형기로 찍어 제조) |
| 쇼트 브레드<br>쿠키 | • 유지(쇼트닝)가 많이 들어간 쿠키를 말함<br>• 스냅 쿠키와 배합이 비슷하지만 유지 사용량이 많음<br>• 식감이 부드럽고 바삭함<br>• 밀어 펴는 쿠키(냉장 휴지 후 성형기로 찍어 제조) |

　㉡ 거품형 반죽 쿠키

| | |
|---|---|
| 스펀지 쿠키 | • 전란을 사용하여 공립법으로 만들며 쿠키 중 수분이 가장 많음<br>• 짜는 쿠키(짤주머니로 짜서 성형)<br>• 종류: 핑거 쿠키 |
| 머랭 쿠키 | • 달걀 흰자와 설탕을 휘핑한 머랭으로 만든 쿠키<br>• 낮은 온도에서 건조시키는 정도로 구움<br>• 짜는 쿠키(짤주머니로 짜서 성형)<br>• 종류: 마카롱, 다쿠와즈 등 |

**핑거 쿠키**
스펀지 쿠키의 대표적인 예로, 종이를 깔고 원형깍지를 이용하여 5cm 길이로 짜준 후 윗면에 설탕을 뿌려 만든다.

**쿠키의 퍼짐율**
• 퍼짐율 = $\dfrac{\text{제품의 지름}}{\text{제품의 두께}}$
• 수치가 클수록 퍼짐이 크다.

③ 쿠키의 퍼짐성
　㉠ 영향을 주는 요인

| 과도한 경우 | 부족한 경우 |
|---|---|
| • 알칼리성 반죽<br>• 묽은 반죽<br>• 부족한 믹싱<br>• 낮은 오븐 온도<br>• 입자가 크거나 많은 양의 설탕 사용 | • 산성 반죽<br>• 된 반죽<br>• 과도한 믹싱<br>• 높은 오븐 온도<br>• 입자가 곱거나 적은 양의 설탕 사용 |

ⓛ 쿠키의 퍼짐을 좋게 하기 위한 조치
- 팽창제 사용
- 오븐 온도를 낮게 함
- 입자가 큰 설탕 사용
- 알칼리성 재료의 사용량 증가

| 바로 확인문제 |

완성된 쿠키의 크기가 퍼지지 않아 작았을 경우, 그 원인이 아닌 것은?
① 사용한 반죽이 묽었다.
② 굽기 온도가 높았다.
③ 반죽이 산성이었다.
④ 입자가 고운 설탕을 사용했다.

|해설| 반죽이 묽은 경우 과도하게 퍼진다.　　　　　　　　　　　　　　　　|정답| ①

④ 쿠키가 팬에 눌러 붙는 경우
㉠ 글루텐의 힘이 약한 밀가루를 사용할 경우
㉡ 너무 묽은 반죽을 사용할 경우
㉢ 불결한 팬을 사용할 경우
㉣ 반죽 내 설탕 입자가 열에 녹을 경우
㉤ 달걀 사용량이 과다할 경우

## 05 화학적 팽창

### 1. 케이크 도넛(Cake Doughnut)

① 화학 팽창제를 사용하여 팽창시키며 180~195℃의 기름에 넣어 튀김을 하는 제품
② 기본 배합률(Baker's %)

| 중력분 | 100 | 물 | 40~50 |
|---|---|---|---|
| 팽창제 | 3~6 | 달걀 | 10~20 |
| 향, 향신료 | 0~2 | 유지 | 5~15 |
| 설탕 | 20~45 | 탈지 분유 | 4~8 |
| 소금 | 0.5~2 | | |

③ 재료의 특성

| 밀가루 | 중력분을 사용함 |
|---|---|
| 설탕 | • 감미제, 수분 보유제 역할을 하며, 저장성을 증대시킴<br>• 껍질 색을 개선하고, 제품의 부드러움을 높여 줌 |
| 달걀 | • 영양 강화, 풍미, 식욕을 돋우는 색상, 구조 형성<br>• 노른자에 함유된 레시틴은 유화제 역할을 함 |
| 유지 | • 글루텐의 윤활 효과(단단하게 되는 것을 방지함)<br>• 안정성이 높은 유지를 사용함<br>• 가소성이 높은 경화 쇼트닝, 대두유, 면실유, 식용유를 사용함<br>• 풍미를 위해 버터를 혼용함 |
| 향신료 | 넛메그를 가장 많이 사용함 |

④ 제조 공정
㉠ 공립법으로 제조, 반죽 온도는 22~24℃가 적당함
㉡ 정형을 한 후 튀기기 전 실온에서 약 10분간 휴지
㉢ 튀김 온도는 180~195℃, 튀김 기름의 깊이는 12~15cm 정도가 적당함

**휴지의 효과**
- 이산화탄소가 발생하여 반죽이 부풀고 수분이 흡수된다.
- 표피가 쉽게 마르지 않는다.
- 밀어 펴기가 쉬워진다.

⑤ 도넛의 주요 문제별 조치 사항

| 발한 현상 | • 수분에 의해 도넛에 묻은 설탕이나 글레이즈가 녹는 현상을 말함<br>• 도넛에 묻히는 설탕 사용량을 증가시킴<br>• 충분히 냉각을 함<br>• 도넛의 튀기는 시간을 증가시킴<br>• 점착력이 높은 튀김 기름을 사용함<br>• 도넛의 수분 함량을 21~25%로 조절함 |
|---|---|
| 황화·회화 현상 | • 기름이 도넛 설탕을 적시는 현상을 말함<br>• 경화제(스테아린)를 튀김 기름의 3~6% 첨가하여 설탕의 녹는점을 높임으로써 기름의 침투를 막음 |
| 글레이즈가 부스러지는 현상 | • 수분이 너무 빠져서 금이 가거나 부서지는 현상(발한 현상의 반대)을 말함<br>• 도넛을 1~2분간 냉각(49℃ 근처)시킨 후 코팅함<br>• 금이 가거나 부서짐(건조)<br>• 설탕을 수분 보유력이 큰 포도당, 전화당 시럽으로 대치<br>• 설탕의 0.25~1%로 안정제(한천, 젤라틴, 펙틴) 사용 |

⑥ **도넛에 기름이 많은 원인**
㉠ 설탕, 유지, 팽창제의 사용량이 많을 경우
㉡ 튀김 시간이 긴 경우
㉢ 글루텐이 부족할 경우
㉣ 믹싱 시간이 짧을 경우
㉤ 반죽에 수분이 너무 많은 경우
㉥ 튀김 온도가 낮은 경우

| 바로 확인문제 |

도넛에 기름이 많이 흡수되는 이유가 아닌 것은?
① 믹싱이 부족하다.   ② 반죽에 수분이 많다.
③ 배합에 설탕과 팽창제가 많다.   ④ 튀김 온도가 높다.

|해설| 튀김 온도가 높으면 튀김 시간이 짧아지므로 도넛에 기름이 적게 흡수된다.   |정답| ④

⑦ 도넛의 부피가 작은 원인
㉠ 강력분을 사용한 경우
㉡ 튀김 시간이 짧은 경우
㉢ 성형 중량이 미달된 경우
㉣ 반죽 온도가 낮은 경우
㉤ 반죽 후부터 튀김 시간 전까지의 시간이 지나치게 경과한 경우

## 2. 슈(Choux)

① 물, 유지, 밀가루, 달걀을 기본 재료로 하여 만드는 양배추 모양의 제품으로 텅빈 내부에 크림을 넣으므로 슈크림이라고도 함
② 제조 공정

| 반죽 | • 완전히 호화(풀처럼 되는 상태)될 때까지 젓기<br>• 달걀을 소량씩 넣으면서 매끈한 반죽을 만듦 |
|---|---|
| 물 분사 | 다른 제품에 비해 팬닝 간격을 넓게 하여 짜기를 한 후, 굽기 중에 껍질이 너무 빨리 형성되는 것을 막기 위해 물을 분사함 |

---

**황화·회화**
• 황화: 기름이 신선하면 노란색
• 회화: 오래 사용한 기름이면 회색빛

**글레이즈(Glaze)**
분당에 소량의 물을 더해 도넛 표면에 하얗게 피복하는 것이다. 도넛 글레이즈는 40~50℃ 정도의 온도에서 도넛이 식기 전에 한다.

**튀김 기름의 4대 적**
온도, 수분, 공기, 이물질

**호화**
전분을 물과 가열하여 풀이 되는 현상이다.

| 굽기 | • 처음에는 윗불을 약하게, 아랫불을 높게 굽다가 표피가 거북이 등처럼 되고 밝은 색이 나면 윗불을 높이고, 아랫불을 낮춰 구움<br>• 굽기 과정 중에 오븐 문을 열지 않고 너무 빨리 꺼내지 않음(슈가 주저앉음) |
|---|---|
| 커스터드 크림 | • 우유를 80℃로 끓임<br>• 노른자, 설탕, 전분에 가열한 우유를 넣고 불 위에서 호화<br>• 뜨거운 상태에서 버터를 넣고 혼합<br>• 식은 후 바닐라 향과 브랜디를 넣고 혼합<br>• 주입기나 모양 깍지를 이용하여 슈 껍질에 커스터드 크림 충전<br>• 재료 배합률: 우유 100%, 옥수수 전분 10%, 버터 6%, 브랜디 3%, 노른자 15%, 설탕 30%, 바닐라 향 0.5% |

③ 슈가 팽창하지 않는 이유: 굽는 온도가 낮고 기름칠이 적은 경우

④ **슈 밑면이 움푹 패이는 이유**

  ㉠ 오븐 온도가 너무 높은 경우
  ㉡ 굽기 중 수분을 너무 많이 잃은 경우
  ㉢ 팬에 기름칠이 많은 경우

| 바로 확인문제 |

슈 밑면이 움푹 패이는 이유가 아닌 것은?
① 오븐 온도가 너무 높은 경우   ② 굽기 중 수분을 너무 많이 잃은 경우
③ 호화가 안 되어 분리가 된 경우   ④ 팬에 기름칠이 많은 경우

|해설| 호화가 안 되면 슈의 안쪽이 꽉 차고 유지가 철판에 흘러나온다.   |정답| ③

## 06 냉과(Entremets Froids)

### 1. 냉과의 정의
냉장고에서 마무리하는 모든 과자를 말함

### 2. 냉과의 종류

| 젤리 | 안정제인 펙틴, 젤라틴, 한천, 알긴산 등과 과일을 갈아 넣고 굳힌 제품 |
|---|---|
| 바바루아 | 커스터드에 생크림, 젤라틴을 넣는 것을 기본으로 과일 퓨레로 맛을 보강한 제품 |
| 무스 | • 프랑스어로 '**거품**'을 뜻함<br>• 커스터드 또는 초콜릿, 과일 퓨레에 생크림, 젤라틴 등을 넣고 굳혀 만든 제품 |
| 푸딩 | • 달걀(달걀 : 설탕 = 2 : 1), 우유와 설탕을 끓기 직전(80~90℃)까지 데운 후, 달걀을 풀어준 볼에 혼합하여 중탕으로 구운 제품<br>• 육류, 과일, 채소, 빵을 섞어 만들기도 함<br>• 달걀은 단백질이 많아 푸딩 제조 시 경도를 조절하는 역할을 함<br>• 거의 팽창하지 않기 때문에 팬닝 양은 95% 정도임<br>• 중탕은 160~170℃에서 함(온도가 높을 경우 표면에 기포가 발생할 수 있음) |
| 블라망제 | 아몬드를 넣은 희고 부드러운 냉과 |

**젤리의 형성 조건**
• 펙틴 1~1.5%
• 당분 60~65%
• pH 3~3.5

| 바로 확인문제 |

냉과류에 해당하는 것은?
① 무스 케이크           ② 젤리 롤 케이크
③ 양갱                   ④ 시폰 케이크

|해설| 냉과류 제품은 차게 만들어 굳힌 제품으로, 젤리, 무스, 바바루아, 푸딩 등이 이에 해당한다.   |정답| ①

# PART 05 | 과자류 제조
# 한눈에 보는 핵심 키워드

## 01 | 제과의 주요 재료와 기능

| | |
|---|---|
| 밀가루 | 박력분 사용(일반적) |
| 설탕 | 감미제 역할, 색 조절, 독특한 향 부여, 윤활 작용, 연화 작용, 노화 지연, 퍼짐성 조절 |
| 유지 | 크림성, 쇼트닝성, 가소성, 신장성, 안정성, 저장성, 윤활 작용 |
| 달걀 | 구조 형성, 수분 공급, 농후화제(결합제) 역할, 팽창 작용, 유화제 역할, 연화 작용, 착색 작용, 영양 증진, 풍미·맛 증진 |
| 물 | 수화 작용, 식감 조절, 팽창 작용, 반죽 온도 조절, 재료 분산 작용 |
| 우유 | 구조 형성, 색과 풍미에 영향, 저장성 향상 |
| 소금 | 감미도 조절, 캐러멜화 반응 촉진, 세균 번식 억제 |

## 02 | 제과 반죽의 분류

**팽창 형태에 따른 분류**

| | |
|---|---|
| 물리적 팽창 | 공기 팽창, 유지 팽창, 무팽창 |
| 화학적 팽창 | 화학 팽창제 사용 |
| 이스트 팽창 | 이스트 사용(주로 제빵에서 사용) |
| 복합형 팽창 | 두 가지 이상의 기본 팽창 형태를 겸하는 방법 |

**반죽 특성에 의한 분류**

| | |
|---|---|
| 반죽형 반죽 | 크림법, 블렌딩법, 설탕/물법, 단단계법(1단계법) |
| 거품형 반죽 | 스펀지 반죽(공립법, 별립법, 제노와즈법), 머랭 반죽(머랭법), 시폰형 반죽(시폰형) |

## 03 | 제과 공정

**배합표 작성**

| | |
|---|---|
| 분할 총반죽 무게 | 분할 반죽 무게×제품 수 |
| 총재료 무게 | 분할 총반죽 무게÷(1−분할 손실) |
| 밀가루 무게 | 총재료 무게×밀가루 배합률÷총배합률 |
| 총반죽 무게 | 완제품 무게÷(1−분할 손실) |

**재료 계량 및 전처리**

| | |
|---|---|
| 가루 재료 | 고운체를 이용하며 바닥 면과 적당한 거리를 둠 |
| 우유 | 원유는 가열 살균한 후 차갑게, 시유는 데워서 사용 |
| 유지 | 반죽 속에 넣을 경우 적절한 유연성을 가지게 함 |
| 물 | 밀가루의 흡수율과 반죽 온도를 고려하여 양 조절, 반죽 온도에 따라 물의 온도 조절 |

**반죽의 온도 계산** — 제과 반죽은 23~24°C가 적정

| | |
|---|---|
| 마찰 계수 | (결과 반죽 온도×6)−(실내 온도+밀가루 온도+설탕 온도+유지 온도+달걀 온도+수돗물 온도) |
| 사용할 물 온도 | (희망 반죽 온도×6)−(실내 온도+밀가루 온도+설탕 온도+유지 온도+달걀 온도+마찰 계수) |
| 얼음 사용량 | 물 사용량×(수돗물 온도−사용할 물 온도)÷(80+수돗물 온도) |

**성형 가공 및 팬닝**

| | |
|---|---|
| 성형(정형) 가공 | 분할, 밀어 펴기 |
| 비용적 | 반죽 1g이 차지하는 부피 |
| 제품의 반죽량 계산법 | 용적(틀 부피)÷비용적 |

## 굽기

- 부적당한 굽기 — 오버 베이킹(너무 낮은 온도에서 장시간), 언더 베이킹(너무 높은 온도에서 단시간)
- 굽기 중의 성분 변화 — 캐러멜화 반응, 마이야르 반응

## 튀기기

- 튀김 기름의 4대 적 — 온도(열), 수분(물), 공기(산소), 이물질
- 튀김 기름 관련 현상 — 발연 현상, 황화(회화) 현상, 발한 현상

## 냉각
자연 냉각, 터널(계단)식 냉각, 에어컨디션식 냉각

## 아이싱

- 재료 — 크림, 머랭, 글레이즈, 퐁당
- 종류 — 단순 아이싱, 크림 아이싱, 조합형 아이싱

## 장식

- 짜기 — 크림류, 로얄 아이싱
- 장식물 — 마지팬, 머랭, 마카롱, 모델링 반죽, 초콜릿, 쿠키, 과일, 견과류

## 제품 평가

- 외부 평가 — 부피, 껍질 색, 형태의 균형, 껍질의 특성
- 내부 평가 — 기공, 속 색, 향, 맛

## 04 | 제품별 제과법

|  |  |
|---|---|
| 반죽형 케이크 | 파운드 케이크, 레이어 케이크 |
| 거품형 케이크 | 스펀지 케이크, 롤 케이크, 엔젤 푸드 케이크 |
| 유지에 의한 팽창 | 퍼프 페이스트리 |
| 무팽창 | 파이(쇼트 페이스트리), 쿠키 |
| 화학적 팽창 | 케이크 도넛, 슈 |
| 냉과 | 젤리, 바바루아, 무스, 푸딩, 블라망제 |

# 필기합격 적중문제

## 01
반죽 온도에 미치는 영향이 가장 적은 것은?
① 훅(Hook) 온도  ② 실내 온도
③ 밀가루 온도  ④ 물 온도

## 02
과자 반죽의 모양을 만드는 방법이 아닌 것은?
① 밀대로 밀어 펴기
② 성형 틀로 찍어내기
③ 발효 후 가스빼기
④ 짤주머니로 짜기

## 03
유지의 성질 중 비스킷의 바삭한 식감을 위해 가장 중요한 것은?
① 크림성  ② 쇼트닝성
③ 가소성  ④ 신장성

## 04
케이크 제조에 사용되는 달걀의 역할이 아닌 것은?
① 결합제 역할  ② 글루텐 형성
③ 유화력 보유  ④ 팽창 작용

## 05
밀가루 반죽에 관여하는 단백질은?
① 라이소자임  ② 글루텐
③ 알부민  ④ 글로불린

## 06
달걀의 특징적 성분으로 지방의 유화력이 강한 성분은?
① 레시틴(Lecithin)  ② 스테롤(Sterol)
③ 세팔린(Cephalin)  ④ 아비딘(Avidin)

## 07
케이크에서 설탕의 역할과 거리가 먼 것은?
① 감미를 준다.
② 껍질 색을 진하게 한다.
③ 제품의 형태를 유지시킨다.
④ 수분 보유력이 있어 노화가 지연된다.

## 08
우유 중에 함유되어 있는 유당의 평균 함량은?
① 0.8%  ② 4.8%
③ 10.8%  ④ 15.8%

## 09
달걀의 기포성과 포집성이 가장 좋은 온도는?
① 0℃  ② 5℃
③ 30℃  ④ 50℃

## 10
반죽형 케이크의 특징으로 틀린 것은?
① 식감이 부드럽다.
② 반죽의 비중이 낮다.
③ 유지의 사용량이 많다.
④ 주로 화학 팽창제를 사용한다.

## 11
거품형 케이크를 만드는 경우 녹인 버터를 넣어야 하는 때는?
① 설탕과 섞어 넣는다.
② 밀가루와 섞어 넣는다.
③ 반죽의 최종 단계에 넣는다.
④ 처음부터 다른 재료와 함께 넣는다.

**12**

일반적으로 거품형 케이크의 반죽 온도가 낮은 경우에 대한 설명으로 맞는 것은?

① 제품 크기가 큰 편이다.
② 큰 기포가 남아있기 쉽다.
③ 기공이 열려 속이 거칠다.
④ 같은 증기압을 발달시키는 데 굽기 시간이 길어진다.

**13**

완성된 반죽형 케이크가 단단하고 질길 때 그 원인이 아닌 것은?

① 부적절한 밀가루의 사용
② 달걀의 과다 사용
③ 높은 굽기 온도
④ 팽창제의 과다 사용

**14**

반죽형 케이크의 반죽 믹싱법에 대한 설명으로 틀린 것은?

① 크림법은 유지, 설탕, 달걀로 크림을 만든다.
② 블렌딩법은 유지와 밀가루를 먼저 혼합한다.
③ 단단계법은 모든 재료를 한 번에 넣고 혼합한다.
④ 설탕/물법은 설탕 1을 물 2의 비율로 용해하여 액당을 만든다.

**15**

거품형 케이크에 해당하는 것은?

① 파운드 케이크   ② 스펀지 케이크
③ 데블스 푸드 케이크   ④ 초콜릿 케이크

**16**

반죽형 케이크의 결점과 원인의 연결이 잘못된 것은?

① 고율 배합 케이크의 부피가 작음 – 설탕과 액체 재료의 사용량이 적었다.
② 굽는 동안 부풀어 올랐다가 가라 앉음 – 설탕과 팽창제 사용량이 많았다.
③ 케이크 껍질에 반점이 생김 – 입자가 굵고 크기가 서로 다른 설탕을 사용하였다.
④ 케이크가 단단하고 질김 – 고율 배합 케이크에 맞지 않는 밀가루를 사용하였다.

**17**

반죽형으로 제조되는 케이크 제품은?

① 파운드 케이크   ② 시폰 케이크
③ 레몬 시크론 케이크   ④ 스파이스 케이크

**18**

설탕에 물을 넣고 114~118℃까지 가열시켜 시럽을 만든 후 냉각 교반하여 새하얗게 만든 제품은?

① 머랭   ② 캔디
③ 퐁당   ④ 휘핑 크림

**19**

포장에 대한 설명으로 틀린 것은?

① 포장은 제품의 노화를 지연시킨다.
② 뜨거울 때 포장하여 냉각 손실을 줄인다.
③ 미생물에 오염되지 않은 환경에서 포장한다.
④ 온도, 충격 등에 대한 품질 변화에 주의한다.

**20**

케이크 팬 용적 410$cm^3$에 100g의 스펀지 케이크 반죽을 넣어 좋은 결과를 얻었다면, 팬 용적 1,230$cm^3$에 넣어야 할 스펀지 케이크의 반죽 무게(g)는?

① 123   ② 200
③ 300   ④ 410

**21**

반죽의 비중이 제품에 미치는 영향 중 관계가 적은 것은?

① 제품의 부피   ② 제품의 조직
③ 제품의 점도   ④ 제품의 기공

**22**

튀김 기름의 품질을 저하시키는 요인은?

① 수분, 탄소, 질소
② 수분, 공기, 반복 가열
③ 공기, 금속, 토코페롤
④ 공기, 탄소, 세사몰

## 23
직경이 10cm, 높이가 4.5cm인 원형 팬에 부피 2.4cm³당 1g인 반죽을 70%로 팬닝한다면 채워야 할 반죽의 무게는 약 얼마인가?
① 147g  ② 120g
③ 103g  ④ 80g

## 24
이탈리안 머랭에 대한 설명으로 틀린 것은?
① 흰자가 신선해야 거품이 튼튼하게 나온다.
② 강한 불에 구워 착색하는 제품을 만드는 데 알맞다.
③ 뜨거운 시럽에 흰자를 한 번에 넣고 거품을 올린다.
④ 흰자를 거품으로 치대어 30% 정도의 거품을 만들고 시럽을 넣으면서 80% 정도의 머랭을 만든다.

## 25
흰자 100에 대하여 설탕 180의 비율로 만든 머랭으로, 구웠을 때 표면에 광택이 나고 하루쯤 두었다가 사용해도 무방한 머랭은?
① 냉제 머랭  ② 온제 머랭
③ 이탈리안 머랭  ④ 스위스 머랭

## 26
아이싱의 끈적거림 방지 방법으로 적절하지 않은 것은?
① 안정제를 사용한다.
② 액체를 최소량으로 사용한다.
③ 케이크 제품이 냉각되기 전에 아이싱을 한다.
④ 40℃ 정도로 가온한 아이싱 크림을 사용한다.

## 27
도넛 글레이즈의 사용 온도로 가장 적절한 것은?
① 49℃  ② 39℃
③ 29℃  ④ 19℃

## 28
초콜릿 케이크에서 우유 사용량을 구하는 공식은?
① 설탕 + 30 − (코코아 × 1.5) + 전란
② 설탕 − 30 − (코코아 × 1.5) − 전란
③ 설탕 + 30 + (코코아 × 1.5) − 전란
④ 설탕 − 30 + (코코아 × 1.5) + 전란

## 29
반죽형 쿠키 중 수분을 가장 많이 함유하는 쿠키는?
① 쇼트 브레드 쿠키  ② 드롭 쿠키
③ 스냅 쿠키  ④ 스펀지 쿠키

## 30
무스(Mousse)의 원뜻은?
① 생크림  ② 젤리
③ 거품  ④ 광택제

## 31
젤리 롤 케이크는 어떤 배합을 기본으로 하여 만드는 제품인가?
① 슈크림 배합
② 하드 롤 배합
③ 스펀지 케이크 배합
④ 파운드 케이크 배합

## 32
스펀지 케이크 제조 시 더운 믹싱 방법을 사용할 때 달걀과 설탕의 중탕 온도로 가장 적절한 것은?
① 23℃  ② 43℃
③ 63℃  ④ 83℃

## 33
퍼프 페이스트리(Puff Pastry)의 접기 공정에 관한 설명으로 옳은 것은?

① 접는 모서리는 직각이 되어야 한다.
② 접기 수와 밀어 펴놓은 결의 수는 동일하다.
③ 접히는 부위가 동일하게 포개어지지 않아도 된다.
④ 구워 낸 제품이 한쪽으로 터지는 경우 접기와는 무관하다.

## 34
푸딩 표면에 기포 자국이 많이 생기는 이유는?

① 가열이 지나친 경우
② 계란이 오래된 경우
③ 계란의 양이 많은 경우
④ 오븐 온도가 낮은 경우

## 35
슈 제조 시 반죽 표면을 분무 또는 침지시키는 이유로 적절하지 않은 것은?

① 껍질을 얇게 한다.
② 팽창을 크게 한다.
③ 기형을 방지한다.
④ 제품의 구조를 강하게 한다.

## 36
파이의 일반적인 결점 중 바닥 크러스트가 축축한 원인이 아닌 것은?

① 높은 오븐 온도
② 불충분한 바닥열
③ 높은 충전물 온도
④ 고율 배합인 파이 바닥 반죽

## 37
엔젤 푸드 케이크 제조 공정에 대한 설명으로 틀린 것은?

① 흰자에 산을 넣어 머랭을 만든다.
② 밀가루와 분당을 넣어 믹싱을 완료한다.
③ 기름칠이 균일하게 된 팬에 넣어 굽는다.
④ 설탕 일부를 머랭에 투입하여 튼튼한 머랭을 만든다.

## 38
굽기 전 충분히 휴지를 하는 제품은?

① 도넛
② 오렌지 쿠키
③ 퍼프 페이스트리
④ 버터 스펀지 케이크

## 39
파이 반죽을 냉장고에서 휴지시키는 효과가 아닌 것은?

① 반점 형성을 방지한다.
② 유지의 결 형성을 돕는다.
③ 밀가루의 수분 흡수를 돕는다.
④ 유지가 흘러나오는 것을 촉진시킨다.

## 40
유화 쇼트닝을 60% 사용해야 할 옐로 레이어 케이크 배합에 32%의 초콜릿을 넣어 초콜릿 케이크를 만든다면 원래의 쇼트닝 60%는 얼마로 조절해야 하는가?

① 48%  ② 54%
③ 60%  ④ 72%

## 41
초콜릿의 코코아와 카카오 버터 함량으로 옳은 것은?

① 코코아 3/8, 카카오 버터 5/8
② 코코아 2/8, 카카오 버터 6/8
③ 코코아 5/8, 카카오 버터 3/8
④ 코코아 4/8, 카카오 버터 4/8

## 42
옐로 레이어 케이크에서 쇼트닝과 달걀의 사용량 관계를 바르게 나타낸 것은?

① 쇼트닝 × 0.7 = 달걀
② 쇼트닝 × 0.9 = 달걀
③ 쇼트닝 × 1.1 = 달걀
④ 쇼트닝 × 1.3 = 달걀

## 43
쇼트 브레드 쿠키 제조 시 휴지를 시킬 때 성형을 용이하게 하기 위한 조치는?

① 반죽을 뜨겁게 한다.
② 반죽을 차게 한다.
③ 휴지 전 단계에서 짧게 믹싱한다.
④ 휴지 전 단계에서 오랫동안 믹싱한다.

## 44
데블스 푸드 케이크(Devils Food Cake)에서 설탕 120%, 유화 쇼트닝 54%, 천연 코코아 20%를 사용하였다면 물과 분유 사용량은?

① 분유 12.6%, 물 113.4%
② 분유 113.4%, 물 12.6%
③ 분유 108.54%, 물 12.06%
④ 분유 12.06%, 물 108.54%

## 45
다음과 같은 조건이 주어졌을 때 마찰 계수는?

- 실내 온도: 25℃
- 밀가루 온도: 24℃
- 설탕 온도: 24℃
- 유지 온도: 20℃
- 달걀 온도: 18℃
- 수돗물 온도: 18℃
- 완료한 반죽의 온도: 27℃

① 25   ② 33
③ 35   ④ 40

### ✓ 산업기사 대비 고난도 문제

## 46
화학 팽창제를 과하게 사용할 경우 나타나는 현상이 아닌 것은?

① 밀도가 낮고 나쁜 냄새가 난다.
② 내부기공이 조밀하고 속색이 밝다.
③ 오븐 스프링이 커져 쉽게 찌그러진다.
④ 세포벽이 열려 속이 거칠어지고 부피가 커진다.

## 47
제과에서 비중에 대한 설명으로 잘못된 것은?

① 높은 비중은 기공이 조밀하고 부피가 작다.
② 비중이 낮을수록 공기 혼입이 많고 기공이 거칠다.
③ 같은 부피의 물 무게에 대한 반죽 무게를 의미한다.
④ 거품형 케이크는 비중이 높고 반죽형 케이크는 비중이 낮다.

## 48
퍼프 페이스트리 제조에 대한 설명으로 잘못된 것은?

① 반죽 온도를 높게 하면 반죽을 밀어 펼 때 용이하다.
② 다른 제품에 비해 팽창력을 좋게 하기 위해 높은 온도에서 굽는다.
③ 충전용 유지는 가소성·신장성이 좋고 융점이 높은 유지를 사용한다.
④ 결이 팽창하고 유지를 지탱하려면 박력분보다 강력분을 사용하는 것이 좋다.

에듀윌이
너를
지지할게
ENERGY

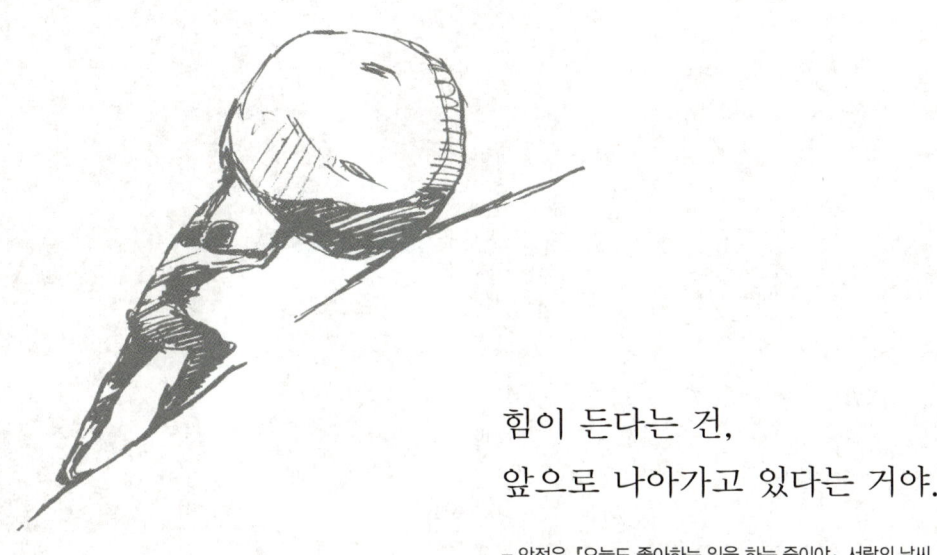

힘이 든다는 건,
앞으로 나아가고 있다는 거야.

– 안정은, 『오늘도 좋아하는 일을 하는 중이야』, 서랍의 날씨

종목편

PART 06

# 빵류 제조

[제빵기능사]

## 학습 POINT!

빵의 개요와 제조 방법에 대해 학습한다. 이 단원에서는 제빵의 기본인 원료에 대한 문제가 자주 출제된다. 빵의 제조 방법에서는 스트레이트법, 스펀지 도우법, 액체 발효법, 비상 반죽법 등이 빈출 주제이므로 꼼꼼한 학습이 요구된다. 그 외 여러 제조 방법들도 종종 출제되므로 학습해 두도록 한다.

01 제빵의 주요 재료와 기능

02 제빵 공정

03 빵의 제조 방법

04 제품별 제빵법 및 제품 평가

# 01 제빵의 주요 재료와 기능

### 01 주재료

#### 1. 밀가루
① 경질소맥(경질밀, 강력분) 사용: 전분 70%, 단백질 12~15%, 수분 13%, 회분 0.4~0.5%
② 구조 형성: 단백질(글리아딘-신장성, 글루테닌-탄력성) + 물 → 글루텐 형성

**강력분**
제빵에 이용하는 밀가루로 경질소맥, 경질밀이라고도 한다. 물 흡수력과 믹싱 및 발효 내구성이 좋다. 우리나라에서 주로 사용하는 강력분의 단백질 함량은 11~13%이다.

| 바로 확인문제 |

빵을 만드는 데 사용되는 밀가루는?
① 박력분   ② 중력분
③ 강력분   ④ 대두분

|해설| 빵을 만들 때는 단백질 함량이 12~15%로 높은 강력분을 사용한다.   |정답| ③

#### 2. 물
① 아경수(120~180ppm), 약산성(pH 5.2~5.6)을 주로 사용함
② 글루텐 형성을 도움
③ 반죽의 농도와 온도 조절
④ 용매 또는 분산제 작용
⑤ 전분의 수화, 팽윤, 효소의 활성화 작용

**전분**
종류에 따라 호화 온도, 팽윤(팽창하여 윤기가 나는 것), 반죽의 점도 등의 물리적 반응 정도는 다르지만 모든 전분의 냄새는 무취이다.

**📢 합격 팁**
물은 광물질 함량에 따라 연수, 아연수, 아경수, 경수로 구분돼요. 제빵에서는 아경수를 주로 사용해요.

**탈지 분유**
탈지 분유의 단백질이 등전점 침전으로 반죽의 pH 변화에 대한 완충 역할을 한다.

| 바로 확인문제 |

제빵 제조 시 물의 기능이 아닌 것은?
① 글루텐 형성을 돕는다.
② 반죽 온도를 조절한다.
③ 이스트의 먹이 역할을 한다.
④ 효소 활성화에 도움을 준다.

|해설| 이스트의 먹이 역할을 하는 것은 당분이다.   |정답| ③

#### 3. 이스트
① 당을 발효하여 탄산가스, 알코올, 산, 열을 생성함
② 출아 증식을 하며, 세포의 크기는 1~10㎛임
③ 생이스트는 1g당 50억~100억 마리의 세포를 함유함
④ 생이스트는 0~3℃ 냉장 보관함

**발효 속도 조절**
온도, 먹이 공급, 물, pH, 이스트 양

**📢 합격 팁**
이스트는 60℃에서 죽기 시작해요. 그리고 제빵용 이스트는 28~32℃에서 발효력이 최대가 돼요.

| 바로 확인문제 |

이스트가 오븐 내에서 사멸되기 시작하는 온도는?

① 40℃
② 60℃
③ 80℃
④ 100℃

|해설| 이스트는 60℃에서 죽기 시작한다. |정답| ②

## 4. 소금
① 빵에 있는 설탕의 감미와 작용하여 풍미를 높임
② 잡균의 번식을 억제하며 향을 좋게 함
③ 발효 속도 조절, 글루텐 강화

**소금을 많이 사용했을 때 나타나는 현상**
- 발효 시간이 길어지고 부피가 작아진다.
- 저장 기간이 길어진다.

# 02 부재료

## 1. 설탕
① 이스트의 발효원(영양 성분) 역할을 함
② 삼투압에 의한 발효 억제(설탕량 5%까지는 발효 촉진, 그 이상이면 발효 저해)
③ 맛과 향, 식감, 껍질 색 향상
④ 노화 지연
⑤ 반죽을 부드럽고 유연하게 함

## 2. 유지
① 빵의 부피 증가
② 저장성 증가
③ 반죽의 유동성 향상
④ 반죽의 흡수율 감소
⑤ 제품의 수분 보유력 증가
⑥ 속 결이 개선됨
⑦ 유지 특유의 향과 맛을 냄

**흡수율**
유지가 첨가되면 반죽 속 물은 감소한다.

## 3. 달걀
① 제품의 속 색과 속 결을 향상시킴
② 수분 공급
③ 풍미와 영양가 증대

| 바로 확인문제 |

달걀에 대한 설명으로 틀린 것은?

① 노른자의 수분 함량은 약 50% 정도이다.
② 전란(흰자와 노른자)의 수분 함량은 75% 정도이다.
③ 노른자에는 유화 기능을 갖는 레시틴이 함유되어 있다.
④ 달걀은 −10~−5℃로 냉동 저장해야 품질을 보장할 수 있다.

|해설| 달걀은 5~10℃로 냉장 저장해야 품질을 보장할 수 있다. |정답| ④

**분유를 많이 사용했을 때 나타나는 현상**

- 껍질이 두껍고 색이 진하다.
- 세포벽이 두껍다.
- 모서리가 예민하다.
- 브레이크와 슈레드가 작다.

### 4. 우유 및 분유

① 밀가루의 흡수율 증가
② 글루텐 강화로 반죽의 내구성 증가
③ 오버 믹싱의 위험 감소
④ 영양 강화
⑤ 이스트에 의해 생성된 향을 착향시켜 풍미를 개선

# 02 제빵 공정

## 01 제빵법 결정

빵의 제조에 있어 가장 먼저 어떠한 방법으로 빵을 만들 것인지를 결정해야 하는데, 그 기준은 기계 설비, 제조량, 노동력, 판매 형태, 소비자의 기호 등 생산적인 측면과 영업적인 측면을 함께 고려하여 결정해야 함

> **스트레이트법으로 만들 때 기본 제빵 공정 순서**
>
> 제빵법 결정 → 배합표 작성 → 재료 계량 → 재료 전처리 → 반죽(믹싱) → 1차 발효 → 성형 과정(분할 → 둥글리기 → 중간 발효 → 정형 → 팬닝) → 2차 발효 → 굽기 → 냉각 → 포장

## 02 배합표 작성

### 1. 배합표 작성법

| | |
|---|---|
| Baker's % | 밀가루의 양을 100%로 하고 나머지 재료들을 밀가루 양에 대한 비율로 계산하여 그 함량을 나타낸 것 |
| True % | 재료 전체의 양을 100%로 하고 각 재료가 차지하는 양을 %로 나타낸 것 |

📢 **합격 팁**
제빵 배합표 작성 시 베이커스 퍼센트(Baker's %)에서 기준이 되는 재료는 밀가루예요.

**| 바로 확인문제 |**

제빵 배합표 작성 시 Baker's %(베이커스 퍼센트)에서 기준이 되는 재료는?
① 설탕   ② 물
③ 밀가루   ④ 유지

|해설| Baker's %에서는 밀가루를 100%로 하고, True %에서는 전체 반죽량을 100%로 한다.   |정답| ③

### 2. 배합량 계산법

① 분할 총반죽 무게(g): 분할 반죽 무게(g) × 제품 수(개)

② 총재료 무게(g): $\dfrac{\text{분할 총반죽 무게(g)}}{1 - \text{분할 손실(\%)}}$

③ 밀가루 무게(g): $\dfrac{\text{총재료 무게(g)} \times \text{밀가루 배합률(\%)}}{\text{총배합률(\%)}}$

> **총반죽 무게**
>
> $\dfrac{\text{완제품 무게(g)}}{1 - \text{분할 손실(\%)}}$
>
> **손실**
>
> 재료 손실, 반죽 손실, 분할 손실, 발효 손실, 굽기 손실, 냉각 손실 등을 말한다.

## 03 재료 계량 및 전처리

### 1. 재료 계량

배합표에 의해 재료를 준비하는 작업(배합표에 따라 재료의 양을 정확히 계량)

 **합격 팁**
재료 계량 시 이스트와 설탕, 소금은 재료 계량을 같이 하지 않는다는 사실에 주의하도록 해요.

## 2. 재료의 전처리

| 가루 재료 | • 가루 상태의 재료(밀가루, 탈지 분유, 개량제)는 체로 쳐서 사용함<br>• 고운체를 이용하며 바닥 면과 적당한 거리를 둠 |
|---|---|
| 생이스트 | • 이스트 중량의 2배 정도의 물로 약 30℃에 녹이고 설탕을 조금 넣어 예비 발효시킴<br>• 건조 효모는 40~50℃ 물에 녹여 사용함 |
| 소금, 설탕 | 물에 녹여 사용함 |
| 우유 | • 원유: 가열 살균한 후 차갑게 사용<br>• 시유: 데워서 사용 |
| 유지 | 반죽 속에 넣을 경우 적절한 유연성을 가지게 함 |
| 물 | • 밀가루 단백질의 양에 따라 차이가 있으므로 흡수율과 반죽 온도를 고려하여 양을 정한 후 물의 온도를 조절함<br>• 반죽 온도에 따라 물의 온도를 조절함 |

**가루 재료를 체로 치는 이유**
• 재료를 고르게 분산시킨다.
• 이스트가 호흡하는 데 필요한 공기를 넣어 발효를 촉진한다.
• 가루 속의 덩어리나 불순물을 제거한다.
• 흡수율이 증가되어 수화 작용이 빨라진다.
• 밀가루 부피를 증가시킬 수 있다.

## 04 반죽(믹싱, Mixing)

### 1. 반죽의 의미
밀가루, 이스트, 소금, 그 밖의 재료와 물을 섞어 치대어 재료를 균일하게 혼합함으로써 글루텐을 발전시키는 공정을 말함

글리아딘 + 글루테닌 = 글루텐

**글루텐**
• 글리아딘(신장성)과 글루테닌(탄력성)으로 구성된다.
• 빵 속에서 구조를 형성하는 역할을 한다.

### 2. 반죽의 목적
① 재료를 균일하게 분산하여 혼합할 수 있음
② 밀가루에 물이 흡수됨(수화)
③ 글루텐을 숙성(발전)시켜 반죽의 탄력성과 점성을 최적의 상태로 만듦
④ 반죽에 공기를 혼입시켜 이스트를 활성화시킴

### 3. 믹싱 단계

**반죽의 물리적 성질**

| 탄력성 | 원래의 모습으로 되돌아가려는 성질 |
|---|---|
| 신장성 | 고무줄처럼 늘어나는 성질 |
| 점탄성 | 점성과 탄력성을 동시에 가지고 있는 성질 |
| 흐름성 | 팬 또는 용기에 반죽이 흘러서 채워지는 성질 |
| 가소성 | 높은 온도에서는 잘 녹지 않고, 낮은 온도에서는 단단해지지 않는 성질 |

| 픽업 단계<br>(1단계) | • 밀가루와 그 외 재료를 혼합하는 단계<br>• 원료가 균일하게 혼합되고 글루텐 구조가 형성되기 시작하는 단계<br>• 반죽이 질퍽질퍽한(끈적거리는) 상태<br>• 믹서는 저속(1단)으로 사용 |
|---|---|
| 클린업 단계<br>(2단계) | • 글루텐이 형성되기 시작하는 단계로, 유지를 넣는 단계<br>• 반죽이 하나로 뭉치면서 볼에서 깨끗하게 떨어짐<br>• 글루텐의 결합은 적고 반죽을 손가락으로 펴보면 글루텐 막이 두껍고 찢어진 단면이 거침<br>• 흡수율을 높이기 위해 이 단계 직후에 소금을 넣는 후염법을 하기도 함(믹싱 시간 단축) |
| 발전 단계<br>(3단계) | • 반죽의 탄력성이 최대로 증가하여 반죽이 강하고 단단해지는 단계로, 반죽이 건조하고 매끈함<br>• 글루텐의 결합, 수화의 진행으로 외관에 광택이 있는 상태<br>• 반죽이 믹싱볼 안쪽 벽을 때리는 소리가 불규칙하게 들림<br>• 믹서의 최대 에너지가 필요하며 속도는 고속으로 돌림 |

| 최종 단계<br>(4단계) | • 글루텐이 결합되는 마지막 단계로 대부분 빵 반죽에서 이 단계가 최적의 상태<br>• 탄력성과 신장성이 가장 좋으며, 반죽이 부드럽고 윤이 남<br>• 반죽을 펼치면 찢어지지 않고 얇게 늘어남<br>• 믹싱볼 안쪽에 부딪치는 소리가 촉촉하고 날카로운 소리로 바뀜<br>• 최종 단계를 잘 포착하는 것이 제빵의 중요한 기술임 |
|---|---|
| 렛 다운 단계<br>(5단계) | • 오버 믹싱, 늘어지는 단계, 지친 단계<br>• 반죽이 탄력성을 잃으며 신장성이 커져 고무줄처럼 늘어지고 점성이 많아짐<br>• 플로어 타임을 길게 잡아 반죽의 탄력성을 회복시켜야 함 |
| 파괴 단계<br>(6단계) | • 글루텐이 더 이상 결합하지 못하고 끊어지는 단계<br>• 탄력성을 완전히 잃어 구울 때 팽창이 일어나지 않고 제품이 거칠며 신맛이 남 |

### 제품별 반죽 완성 시점

| | |
|---|---|
| 픽업 단계 | 데니시 페이스트리 반죽 |
| 클린업 단계 | 스펀지 반죽(스펀지 도우법), 장시간 발효하는 빵의 반죽 |
| 발전 단계 | 불란서빵(프랑스빵, 바게트), 공정이 많은 빵의 반죽 |
| 최종 단계 | 식빵, 단과자빵 |
| 렛 다운 단계 | 잉글리쉬 머핀, 햄버거빵 |

| 바로 확인문제 |

글루텐이 결합되는 마지막 단계로, 탄력성과 신장성이 가장 좋은 단계는?
① 발전 단계     ② 렛 다운 단계
③ 최종 단계     ④ 픽업 단계

|해설| 글루텐이 결합되는 마지막 단계는 최종 단계로, 탄력성과 신장성이 가장 좋고 반죽이 부드러우며 윤이 난다.   |정답| ③

## 4. 반죽 온도

① 의미 및 특징
  ㉠ 반죽이 완성된 직후에 나타나는 온도
  ㉡ 반죽 온도가 높고 낮음에 따라 반죽의 상태와 발효의 속도가 달라짐
  ㉢ 온도 조절이 가장 쉬운 물을 사용하여 반죽 온도를 조절함

 합격 팁

반죽 온도가 높으면 발효 속도가 빨라지고, 반죽 온도가 낮으면 발효 속도가 늦어져요.

② 제빵법에 따른 적합한 반죽 온도
  ㉠ 스트레이트법: 27℃
  ㉡ 페이스트리: 18~22℃(통상 20℃)
  ㉢ 스펀지 도우법
    • 스펀지: 22~26℃(통상 24℃)
    • 본 반죽(도우 반죽): 25~29℃(통상 27℃)
  ㉣ 액체 발효법: 28~32℃(통상 30℃)
  ㉤ 노타임 반죽법: 27~29℃
  ㉥ 비상 반죽법: 30℃

③ 스트레이트법에서의 반죽 온도 계산
  ㉠ 마찰 계수: (결과 온도 × 3) − (실내 온도 + 밀가루 온도 + 수돗물 온도)
  ㉡ 사용할 물 온도: (희망 온도 × 3) − (실내 온도 + 밀가루 온도 + 마찰 계수)
  ㉢ 얼음 사용량: $\dfrac{\text{물 사용량} \times (\text{수돗물 온도} - \text{사용할 물 온도})}{80 + \text{수돗물 온도}}$

④ 스펀지 도우법에서의 반죽 온도 계산
  ㉠ 마찰 계수: (결과 온도 × 4) − (실내 온도 + 밀가루 온도 + 스펀지 온도 + 수돗물 온도)

### 반죽 온도 조절 시 계산 순서

마찰 계수 → 물 온도 → 얼음 사용량

### 계산법의 용어

• 마찰 계수: 반죽을 하는 과정에서 마찰에 의해 발생되는 열
• 결과 온도: 반죽이 종료된 후의 반죽 온도
• 희망 온도: 반죽 후 원하는 희망 온도
• 실내 온도: 작업실 온도
• 수돗물 온도: 반죽에서 사용되는 수돗물 온도
• 80: 섭씨일 때 물 1g이 얼음 1g으로 되는 데 필요한 열량 계수

ⓒ 사용할 물 온도: (희망 온도 × 4) − (실내 온도 + 밀가루 온도 + 스펀지 온도 + 마찰 계수)

ⓒ 얼음 사용량: $\dfrac{물\ 사용량 \times (수돗물\ 온도 - 사용할\ 물\ 온도)}{80 + 수돗물\ 온도}$

| 바로 확인문제 |

식빵 반죽의 희망 온도가 27℃일 때, 실내 온도 20℃, 밀가루 온도 20℃, 마찰 계수 30인 경우 사용할 물의 온도는?

① −7℃  ② 3℃
③ 11℃  ④ 18℃

|해설| 사용할 물 온도 = (희망 온도 × 3) − (실내 온도 + 밀가루 온도 + 마찰 계수)
= (27 × 3) − (20 + 20 + 30) = 11℃  |정답| ③

## 5. 반죽에 영향을 주는 요인

① 반죽의 흡수율

| | |
|---|---|
| 밀가루 단백질 | • 단백질이 1% 증가하면 수분 흡수율은 1.5~2% 증가함<br>• 고급분일수록 흡수율 증가(강력분 > 박력분) |
| 설탕 | 설탕이 5% 증가하면 수분 흡수율은 1% 감소함 |
| 손상 전분 | 손상 전분 1% 증가하면 수분 흡수율은 2% 증가함 |
| 탈지 분유 | 탈지 분유가 1% 증가하면 수분 흡수율도 0.75~1% 증가함 |
| 소금 | • 픽업 단계에 넣으면 수분 흡수율은 8% 감소함<br>• 클린업 단계 이후 넣으면 수분 흡수량이 많아짐 |
| 물의 종류 | 연수는 수분 흡수율이 낮고, 경수는 수분 흡수율이 높음 |
| 반죽 온도 | • 반죽 온도가 높으면 수분 흡수율이 낮아지고, 낮으면 흡수율이 높아짐<br>• 온도 5℃가 변동됨에 따라 수분 흡수율은 3% 정도 반비례로 변동됨 |

**반죽의 믹싱 속도**
픽업 단계(저속) → 클린업 단계(중속) → 발전 단계(고속) → 최종 단계(중속)

② 반죽 속도가 영향을 미치는 요소

| | |
|---|---|
| 흡수율 | 고속인 경우 저속보다 흡수율이 높아짐 |
| 반죽 시간 | 고속인 경우 글루텐 발전 속도가 빠름 |
| 발효 시간 | 고속인 경우 약간 짧아짐 |
| 부피 | 고속 믹싱한 반죽의 부피가 크나, 저속 믹싱한 반죽도 발효 시간을 늘리면 부피가 커짐 |
| 기공과 속 결 | 저속은 기공이 열리고 속 결이 거칠며, 고속은 이스트 푸드를 사용할 때 좋은 기공을 만듦 |
| 속 색 | 고속과 저속 모두 이스트 푸드를 사용할 때 밝아짐 |
| 껍질 색 | 저속인 경우 줄무늬가 생길 가능성이 있음 |

**후염법**
소금을 클린업 단계 직후에 넣어 믹싱하는 방법이다. 반죽 시간 단축, 흡수율 증가, 조직을 부드럽게 하는 등의 장점이 있다.

③ 반죽 시간

| | |
|---|---|
| 소금 | 클린업 단계 이후에 투입하면 반죽 시간을 줄일 수 있음 |
| 유지 | 유지의 양이 많을수록 반죽 시간이 늘어나며, 클린업 단계 이후에 투입하면 반죽 시간을 줄일 수 있음 |
| 산화제와 환원제 | 산화제는 반죽 시간을 늘리고, 환원제는 반죽 시간을 줄임 |
| 설탕, 분유, 우유 | 설탕, 분유, 우유의 양이 많으면 반죽 시간이 늘어남 |
| 반죽 온도 | 높으면 높을수록 반죽 시간이 짧아지지만 기계내성이 약해짐 |

| 바로 확인문제 |

다음 중 반죽 시간에 영향을 미치는 요인이 아닌 것은?
① 소금  ② 이스트
③ 유지  ④ 분유

|해설| 이스트는 반죽의 발효 시간에 영향을 미치는 요인이다.  |정답| ②

## 05 1차 발효(1st Fermentation)

### 1. 발효의 개요

① 발효의 의미: 어떤 물질 속에서 효모, 박테리아, 곰팡이 같은 미생물이 당류를 분해하거나 산화·환원시켜 알코올, 산, 케톤 등을 만드는 생화학적 변화를 말함

② 발효의 목적

| 반죽의 팽창 작용 | 이산화탄소의 발생으로 팽창 작용 |
|---|---|
| 반죽의 숙성 작용 | 효소가 작용하여 반죽을 부드럽게 만듦 |
| 빵의 향 발달 | 발효에 의해 생성된 알코올, 유기산, 에스테르 등을 축적하여 독특한 맛과 향을 부여함 |

③ 발효에 영향을 주는 요인

| 이스트의 양과 질 | • 이스트의 양이 많을수록, 신선할수록 발효 시간은 짧아짐<br>• 변경할 이스트의 양: $\dfrac{\text{기존 이스트의 양} \times \text{기존 발효 시간}}{\text{변경할 발효 시간}}$ |
|---|---|
| 당의 양 | 당의 양이 증가하면 발효 시간이 짧아지지만 5% 이상이 되면 가스 발생력이 약해져 발효 시간이 길어짐 |
| 반죽 온도 | 반죽 온도가 0.5℃ 상승하면 발효 시간은 15분 단축됨 |
| 반죽의 pH | • 반죽의 산도가 낮을수록 가스 발생력이 커지지만, pH 4 이하에서는 오히려 약해짐<br>• 이스트 활동의 최적 pH: pH 4.5~5.5(최적 pH 4.7)<br>• 제품의 pH와 발효 상태의 관계: pH 5는 지친 반죽, pH 5.7은 정상 반죽, pH 6 이상은 어린 반죽 |
| 소금의 양 | • 소금은 표준량(1.75%)보다 많아지면 효소의 작용을 억제하기 때문에 가스 발생력이 줄어듦<br>• 소금을 많이 사용하면 발효 시간이 길어지고 부피가 작아지며, 저장 기간은 길어짐 |
| 이스트 푸드 | • 암모늄염: 이스트에 영양소를 공급함<br>• 산화제: 단백질을 산화시켜 반죽의 탄력성과 신장성을 증가시켜 가스 포집력을 개선함 |

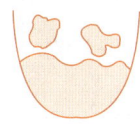

발효 부족  발효 적당  발효 과다
[손가락으로 반죽을 눌렀을 때의 발효 상태(손가락 테스트)]

| 바로 확인문제 |

2% 이스트를 사용했을 때 최적 발효 시간이 90분이라면, 2.4%의 이스트를 사용했을 때의 예상 발효 시간은?

① 65분　　　② 70분　　　③ 75분　　　④ 80분

| 해설 | $2.4\% = \dfrac{2\% \times 90분}{x분}$, $x분 = \dfrac{2\% \times 90분}{2.4\%} = 75분$ 　　　　| 정답 | ③

## 2. 1차 발효의 목적

반죽의 가스 생산과 가스 보유력이 가능한 평행하게 일어나게 되어 빵의 부피, 조직 상태, 속 결 등 빵의 특성이 잘 나타나게 함

## 3. 1차 발효 중에 일어나는 변화

| 반죽의 pH | 발효가 진행됨에 따라 pH 4.6으로 떨어짐 |
|---|---|
| 효소 | 생화학적 반응을 일으킴 |
| 단백질 | 프로테이스에 의해 아미노산으로 분해 |
| 전분 | 아밀레이스에 의해 덱스트린과 맥아당으로 분해 |
| 맥아당 | 말테이스에 의해 2개의 포도당으로 분해 |
| 설탕 | 인버테이스에 의해 포도당과 과당으로 분해 |
| 포도당, 과당 | 치마제에 의해 이산화탄소($CO_2$), 알코올, 유기산으로 분해 |
| 유당 | 발효에 의해 분해되지 않고 잔당으로 남아 캐러멜화 반응 |

## 4. 가스 빼기(펀치, Punch)

① 발효하기 시작하여 반죽의 부피가 80%(1차 발효 시간의 2/3 정도 되는 시점)가 되었을 때 반죽에 압력을 주어 가스를 빼 줌

② 펀치를 하는 이유
　㉠ 반죽 온도를 균일하게 함
　㉡ 반죽에 산소를 공급함
　㉢ 이스트의 활성과 산화, 숙성을 촉진시킴
　㉣ 발효를 촉진시켜 발효 시간을 단축시키고 발효 속도를 일정하게 함

| 바로 확인문제 |

펀치의 효과와 거리가 먼 것은?

① 반죽의 온도를 균일하게 한다.
② 이스트의 활성을 돕는다.
③ 산소 공급으로 반죽의 산화 숙성을 진전시킨다.
④ 성형을 용이하게 한다.

| 해설 | 펀치는 발효하기 시작하여 반죽의 부피가 80%가 되었을 때 반죽에 압력을 주어 가스를 빼는 것이다. 성형을 용이하게 하는 것은 중간 발효이다.　　　　| 정답 | ④

## 5. 플로어 타임(Floor Time)

① 발효가 완료된 스펀지를 나머지 재료와 반죽한 후 휴지시키는 것을 말함
② 플로어 타임이 진행되는 동안 반죽은 건조해지며 표면에 광택이 줄어들다가 지나치게 되면 축축하고 끈적이게 됨

### 6. 발효 손실

① 장시간 발효 중에 수분이 증발하고, 탄수화물이 발효에 의해 탄산가스와 알코올로 전환되어 발효 손실이 발생함
② 일반 발효 중에는 총반죽 무게 기준 1~2% 정도 손실이 발생함

## 06 성형(Make-up)

### 1. 분할(Dividing)

① 1차 발효를 끝낸 반죽을 원하는 무게로 나누는 것
② 식빵은 20분, 과자빵류는 30분 이내에 분할
③ 기계 분할과 손 분할

| 기계 분할 | • 부피에 의해 분할하는 방법으로, 대량 생산 공장에서 사용함<br>• 시간이 지날수록 발효가 진행되어 부피가 커져 무게가 감소되므로 오차가 발생함<br>• 분할 속도는 통상 12~16회/분(25회도 가능)으로 하며, 과도하게 빠르면 기계가 마모되고 과도하게 느리면 반죽의 글루텐이 파괴됨<br>• 반죽이 분할기에 달라붙지 않도록 유동 파라핀 용액(0.1%)을 바름(무색, 무미, 무취, 무형광의 용액이며, 많은 양의 윤활유는 제품에 큰 구멍을 만듦) |
|---|---|
| 손 분할 | • 직접 손으로 무게를 달아 분할하는 방법으로, 소규모 빵집에서 사용함<br>• 기계 분할에 비해 속도는 느리지만 반죽의 손상이 적어 단백질 함량이 적은 약한 밀가루 반죽의 분할에 유리함<br>• 지나친 덧가루 사용은 빵 속의 줄무늬를 만듦 |

> **합격 팁**
> 분할하는 과정 중에도 발효가 진행되므로 가능한 신속한 분할이 필요해요.

### 2. 둥글리기(Rounding)

① 분할에 의해 상처를 받은 반죽의 표면을 연결된 상태로 만드는 공정으로, 환목기(라운더, Rounder)가 사용됨
② 둥글리기의 목적
  ㉠ 흐트러진 글루텐의 구조와 방향을 정돈함
  ㉡ 반죽의 절단면은 점착성을 감소시키고 반죽 표면에 얇은 표피를 형성시켜 끈적거림을 제거함
  ㉢ 분할에 의한 불균일한 형태를 일정한 형태로 만들어 다음 공정을 편리하게 함
  ㉣ 중간 발효 중에 생긴 이산화탄소 가스를 보유할 수 있는 구조를 만듦

| 바로 확인문제 |

둥글리기의 목적이 아닌 것은?
① 글루텐의 구조와 방향을 정돈한다.
② 수분의 흡수력을 높인다.
③ 반죽의 기공을 고르게 유지한다.
④ 반죽 표면에 얇은 막을 형성한다.

|해설| 수분의 흡수력을 높이는 것은 믹싱 공정에 해당한다.　　　　　　|정답| ②

---

**성형**
1차 발효를 마친 반죽을 적절한 크기로 나누어 원하는 모양으로 만드는 과정으로, 분할, 둥글리기, 중간 발효, 정형, 팬닝으로 진행된다.

**기계 분할 시 반죽의 손상을 줄이는 방법**
• 스트레이트법보다 스펀지 도우법이 내성이 강하다.
• 반죽의 결과 온도는 비교적 낮은 것이 좋다.
• 밀가루의 단백질 함량이 높고 양질의 것이 좋다.
• 반죽은 흡수량이 최적이거나 약간 된 반죽이 좋다.

③ 둥글리기의 방법
  ㉠ 기계로 하는 자동법과 손으로 하는 수동법이 있음

  | 자동 | • 기계인 라운더(Rounder)를 사용함<br>• 손상이 많음 |
  |---|---|
  | 수동 | • 분할된 반죽이 100g 이하일 경우 손바닥에서 둥글리기 하고, 반죽이 100g 이상일 경우 작업대에서 두 손으로 감싸서 둥글리기 함<br>• 손바닥 위에서 손끝 부분을 이용하여 반죽을 위에서 아래로 내려서 동그란 모양으로 만듦 |

  ㉡ 과발효 반죽은 느슨하게 둥글려서 중간 발효를 짧게 함
  ㉢ 미발효 반죽은 단단하게 하여 중간 발효를 길게 함
  ㉣ 덧가루가 많으면 제품의 맛과 향이 떨어지고 빵 속에 줄무늬가 생기므로 덧가루를 적당히 사용함

④ **반죽의 끈적거림을 제거하는 방법**
  ㉠ 적정량의 덧가루 사용
  ㉡ 최적의 발효 상태 유지
  ㉢ 반죽에 최적의 가수량
  ㉣ 반죽에 유화제 사용

> **합격 팁**
> 둥글리기는 반죽의 잘린 단면을 매끄럽게 마무리하고 가스를 균일하게 조절하는 과정이에요.

## 3. 중간 발효(Intermediate Proofing)

① 둥글리기가 끝난 반죽을 정형하기 전에 잠시 발효시키는 것으로, 벤치 타임(Bench Time)이라고도 함
② **중간 발효의 목적**
  ㉠ 분할 과정 또는 둥글리기 과정에서 손상된 글루텐 구조를 재정돈함
  ㉡ 가스를 발생시켜 반죽의 유연성을 회복함
  ㉢ 탄력성과 신장성을 회복시킴으로써 정형 과정에서의 밀어 펴기를 쉽게 함
③ 중간 발효의 조건
  ㉠ 발효 온도: 27℃
  ㉡ 상대 습도: 75~80%

  | 낮은 습도일 때 | 껍질 형성(줄무늬가 생김) |
  |---|---|
  | 높은 습도일 때 | 표피가 끈적거려 덧가루를 과다 사용하게 됨(생전분 냄새가 남) |

  ㉢ 발효 시간: 10~15분
④ 중간 발효의 방법
  ㉠ 수분이 방출되지 않도록 젖은 헝겊이나 비닐로 덮어 둠
  ㉡ 작업대에 놓거나 발효실에 넣기도 함

## 4. 정형(Moulding)

① 일정한 모양을 만드는 공정을 말함
② **작업실의 조건**: 온도는 27~29℃, 상대 습도는 75% 내외

③ 정형 공정

| 밀기 | • 반죽을 밀대나 롤러를 사용하여 밀어서 큰 가스를 빼고 고르게 분산시킴<br>• 반죽 내의 크고 작은 기포를 균일하게 함 |
|---|---|
| 말기 | 적당한 압력을 주면서 고르게 균형을 맞추어 말거나 접기를 함 |
| 봉하기 | 이음매를 단단하게 붙임 |

5. **팬닝(Panning)**
   ① 정형이 완료된 반죽을 팬에 채우거나 나열하는 공정을 말함
   ② 팬닝 방법
      ㉠ 구분

| 직접 팬닝 | 식빵 등과 같이 반죽 덩어리째 팬에 넣는 방법 |
|---|---|
| 교차 팬닝 | 뚜껑을 덮어 굽는 제품에 반죽을 길게 늘여 U자, N자, M자형으로 넣는 방법 |
| 트위스트 팬닝 | 반죽을 2~3개 꼬아서 틀에 넣는 방법 |
| 스파이럴 팬닝 | 스파이럴 몰더와 연결되어 성형한 반죽이 자동으로 팬에 들어가는 방법 |

   ㉡ 반죽량: 반죽의 무게와 상태를 고려하여 정한 비용적에 맞추어 적당한 반죽량 넣기

| 반죽의 분할량 | 팬의 용적 ÷ 비용적 |
|---|---|
| 비용적 | • 단위 질량을 가진 물체가 차지하는 부피로, 단위는 $cm^3/g$임<br>• 산형 식빵(오픈형): $3.2~3.4cm^3/g$<br>• 풀만형 식빵(샌드위치형): $3.3~4.0cm^3/g$ |

   ㉢ 반죽의 이음매: 팬의 바닥으로 향하게 하여 2차 발효나 굽기 공정 중 이음매가 벌어지는 것을 방지함
   ㉣ 적당한 팬의 온도: 32℃(30~35℃, 반죽의 온도와 같거나 약간 높게)

   ③ 팬 관리
      ㉠ 팬의 수명을 길게 하기 위해서는 팬을 물로 씻으면 안 되며 굽기 후 마른 천으로 닦아 보관함
      ㉡ 이형유를 바른 후 철판은 280℃에서 1시간 정도 굽기를 함(팬 굽기)
      ㉢ 팬 기름(이형유)

| 사용 목적 | • 반죽의 굽기가 끝난 후 제품이 팬에 달라붙지 않고 잘 떨어지게 하기 위해 사용함(반죽 무게의 0.1~0.2% 정도)<br>• 팬 기름을 과다 사용하면 제품의 밑껍질이 두껍고 어둡게 됨 |
|---|---|
| 종류 | • 유동 파라핀(백색 광유)    • 정제 라드(쇼트닝)<br>• 식물유(면실유, 땅콩기름, 대두유)    • 혼합유 |
| 팬 기름의 조건 | • 무색, 무미인 것    • 이미, 이취가 나지 않는 것<br>• 210℃ 이상의 발연점이 높은 것    • 산패에 잘 견디는 안정성이 높은 것 |

**팬 굽기를 하는 이유**
• 팬의 유분이 제거된다.
• 녹 쓰는 것을 막아 팬의 수명을 길게 한다.
• 이형성을 좋게 한다.

| 바로 확인문제 |

팬 기름의 조건으로 맞지 않은 것은?
① 무색, 무미인 것
② 이미, 이취가 나지 않는 것
③ 210℃ 이상의 발연점이 높은 것
④ 산패에 잘 견디는 안정성이 낮은 것

|해설| 팬 기름의 조건 중 산패에 잘 견디는 안정성이 높은 것을 선택해야 한다.    |정답| ④

## 크림빵 커스터드 충전물 제조

① 우유와 바닐라 빈을 끓인다.
② 스텐볼에 노른자, 설탕, 전분, 박력분을 넣고 섞는다.
③ ②에 ①을 넣고 호화시킨다.
④ 식기 전에 버터를 넣는다.
⑤ 식은 후에 럼을 넣는다.

## 크림법으로 토핑물 제조

① 버터를 부드럽게 풀어 주어 포마드 상태로 만든다.
② 설탕을 넣고 크림화한다.
③ 계란을 천천히 나누어 넣고 연한 아이보리색이 되도록 크림화한다.
④ 크림을 완성한 후 체질한 밀가루와 화학 팽창제를 넣고 가볍게 섞어 준다.

## 하스 브레드
오븐에 직접 굽는 형식이다.

## 07 충전물·토핑물 제조

| | |
|---|---|
| 충전물 | • 빵류 제품의 속에 들어가는 식품<br>• 빵류 제품의 마무리에서 다루는 충전물은 빵류의 굽기 공정 후에 제품 사이에 추가하는 식품을 말함 |
| 토핑물 | • 빵류 제품의 위에 올라가는 식품<br>• 빵류 제품의 마무리에서 다루는 토핑물은 빵류의 굽기 공정 후에 제품 위에 추가하는 식품을 말함 |

## 08 2차 발효(2nd Fermentation, Final Proofing)

### 1. 2차 발효의 의미
① 정형 과정을 거치면서 파괴되거나 상처받은 글루텐을 회복시키고 반죽을 발효실에 넣어 숙성시켜 좋은 외형과 식감의 제품을 얻기 위해 제품 부피의 70∼80%까지 부풀리는 작업을 말함
② 발효의 최종 단계임

### 2. 2차 발효의 목적
① 빵의 향에 관계하는 알코올, 유기산 및 그 외의 방향성 물질을 생성함
② 가스가 빠진 반죽을 다시 부풀림
③ 반죽의 신장성 증가로 오븐 팽창이 잘 일어나도록 함
④ 반죽 온도가 높을수록 이스트와 효소를 활성화시킴
⑤ 바람직한 외형과 식감을 얻을 수 있음

### 3. 2차 발효실의 온도와 상대 습도

| 구분 | 온도 | 상대 습도 |
|---|---|---|
| 일반적인 조건 | 38℃ 전후 | 85∼90% |
| 식빵, 과자빵류 | 38∼40℃ | 85∼90% |
| 하스 브레드(바게트, 하드 롤) | 32℃ | 75∼80% |
| 도넛 | 32℃ | 65∼75% |
| 데니시 페이스트리, 브리오슈 | 27∼32℃ | 75∼80% |

### 4. 2차 발효 종점 판별법
① 형태, 투명도, 기포의 크기, 촉감 등 반죽의 상태로 판단함
② 처음 반죽 용적의 3∼4배가 됨
③ 표준 식빵(팬 높이 위로 0.5cm), 풀만형 식빵(팬 높이 아래로 0.5cm), 평철판(흔들었을 때 순두부처럼 흔들릴 때)

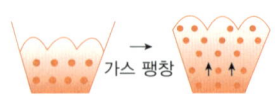
가스 팽창

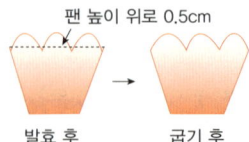
팬 높이 위로 0.5cm
발효 후 → 굽기 후

## 5. 발효 조건과 결과

① 반죽 온도

| 저온일 때 | • 풍미의 생성이 충분하지 않음<br>• 제품의 겉면이 거침<br>• 발효 시간이 길어짐 |
|---|---|
| 고온일 때 | • 속과 속껍질이 분리됨<br>• 반죽이 산성이 되어 세균의 번식이 쉬움<br>• 반죽막이 두껍고 오븐 팽창도 나쁨<br>• 발효 속도가 빨라짐<br>• 껍질이 질겨짐 |

② 상대 습도

| 습도가 높을 때 | • 거친 껍질이 형성되며 질김<br>• 껍질에 수포(기포, 물집)가 생김<br>• 반점이나 줄무늬가 생김<br>• 제품의 윗면이 납작해짐 |
|---|---|
| 습도가 낮을 때 | • 껍질 색이 고르게 나지 않음<br>• 제품의 윗면이 솟아오름<br>• 얼룩이 생기기 쉬우며 광택이 부족함<br>• 부피가 작고 표면이 말라 터지는 현상이 발생함 |

③ 발효

| 발효가 부족할 때<br>(어린 반죽) | • 속 결은 조밀하고 조직은 가지런하지 않게 됨<br>• 껍질에 균열이 일어나거나 옆면이 터지기 쉽고 색이 짙고 붉음<br>• 글루텐의 신장성이 불충분하여 부피가 작음 |
|---|---|
| 발효가 지나칠 때<br>(지친 반죽) | • 옆면이 들어가며 주저앉기 쉬움<br>• 산이 많이 생겨 향이 좋지 않음<br>• 당의 부족으로 껍질의 색이 옅음 |

| 바로 확인문제 |

2차 발효에 대한 설명으로 옳지 않은 것은?
① 원하는 크기와 글루텐의 숙성을 위한 과정이다.
② 반죽 온도, 상대 습도, 발효 시간의 세 가지 요소에 의해 조절된다.
③ 발효 시 습도가 지나치게 높으면 껍질이 과도하게 터진다.
④ 발효가 부족하면 글루텐의 부피가 작고, 옆면이 터지기 쉽다.

|해설| 발효 시 습도가 지나치게 낮으면 수분이 적기 때문에 껍질이 과도하게 터진다. |정답| ③

## 09 굽기(Baking)

### 1. 굽기의 의미

① 반죽에 열을 주어 소화하기 쉬우며 향이 있는 제품으로 만들어 내는 것을 말함
② 제빵에서 가장 중요한 단계로, 2차 발효 과정까지 계속된 생화학적 반응이 굽기 후 정지되고, 단백질과 전분 등이 변성되어 소화가 잘 되는 제품으로 만들어짐
③ 생물학적인 변화는 정지되고, 미생물과 효소도 불활성화되는 것을 뜻함

## 2. 굽기의 목적

① 전분을 α-화(호화)하여 소화가 잘 되는 제품으로 만듦
② 발효에 의해 생긴 탄산가스를 열팽창시켜 빵의 부피를 갖추게 됨
③ 껍질에 구운 색을 내어 구조를 형성하고, 맛과 향을 향상시킴

## 3. 굽기의 단계

| 1단계 | • 처음 굽기 시작 시간의 25~30%로 부피가 급격히 커지는 단계<br>• 탄산가스가 열을 받아 팽창하여 반죽 전체로 퍼지면서 반죽의 부피가 커짐 |
|---|---|
| 2단계 | • 다음의 35~40%는 표피가 색을 띠기 시작하는 단계<br>• 수분의 증발과 함께 캐러멜화 반응과 마이야르(갈변) 반응이 일어남 |
| 3단계 | • 마지막 30~40%는 중심부까지 열이 전달되어 안정되는 단계<br>• 제품의 옆면이 단단해지고 껍질 색도 진해짐 |

## 4. 굽기 중 일어나는 변화

**굽기 중 변화에 따른 온도**

이산화탄소의 용해도 감소(49℃~)
⇩
전분의 호화(56℃~)
⇩
이스트의 사멸(60℃~)
⇩
글루텐의 응고(74℃~)
⇩
알코올의 증발(79℃~)
⇩
빵 내부의 최대 온도(99℃)

| 오븐 스프링<br>(Oven Spring) | • 발효하는 동안 생긴 가스 세포가 열을 받으면서 압력이 커져 세포벽이 팽창함<br>• 반죽 온도가 49℃에 달하면 반죽이 짧은 시간 동안 급격히 부풀어 처음 크기의 약 1/3 정도 부피가 팽창함<br>• 용해 탄산가스와 알코올이 기화(79℃)되면서 가스압이 증가하여 팽창함 |
|---|---|
| 오븐 라이즈<br>(Oven Rise) | 반죽의 내부 온도가 아직 60℃에 이르지 않은 상태에서 이스트의 활동과 효소의 활성으로 반죽 속에 가스가 만들어지면서 반죽의 부피가 조금씩 커짐 |
| 전분의 호화 | • 굽기 과정 중에서 전분 입자는 40℃에서 팽윤하기 시작하여 56~60℃에서 호화가 시작됨<br>• 전분의 호화는 주로 수분과 온도에 영향을 받음 |
| 단백질 변성 | 온도가 74℃를 넘으면 단백질이 굳기 시작하며 호화된 전분과 함께 빵의 구조를 형성함 |
| 효소 작용 | • 아밀레이스는 적정 온도 범위 내에서 10℃ 상승에 따라 그 활성이 2배가 됨<br>• 이스트는 60℃에서 사멸하기 시작함 |
| 향의 발달 | • 향은 주로 껍질에서 생성되어 빵 속으로 침투되고 흡수되어 형성됨<br>• 향의 원인: 사용 재료, 이스트에 의한 발효 산물, 화학적 변화, 열 반응 산물<br>• 향에 관계하는 물질: 알코올류, 유기산류, 에스테르류, 케톤류 |
| 껍질의 갈색 변화 | • 캐러멜화 반응: 당류가 높은 온도에 의해 색이 변하는 반응<br>• 마이야르 반응: 당류와 아미노산이 결합하여 갈색 색소인 멜라노이딘을 만드는 반응 |

> **합격 팁**
>
> 캐러멜화 반응은 당이 열을 받아 갈색으로 변하는 현상이고, 마이야르 반응은 단백질이 열을 받아 갈색으로 변하는 현상이에요.

## 5. 굽기의 원칙

① **언더 베이킹**: 저율 배합과 발효가 지나친 반죽은 고온에서 단시간 굽기
  ㉠ 수분이 빠지지 않아 껍질이 쭈글쭈글해지고 중심 부분이 익지 않을 경우 주저앉기 쉬움
  ㉡ 속이 거칠어지기 쉬움
  ㉢ 윗면이 볼록 튀어나오고 갈라짐

② **오버 베이킹**: 고율 배합과 발효가 부족한 반죽은 저온에서 장시간 굽기
  ㉠ 수분 손실이 커서 노화가 빨리 진행됨
  ㉡ 윗면이 평평하고 제품이 부드러움

오버 베이킹
(껍질이 두꺼워짐)

정상 굽기
(일정함)

언더 베이킹
(익지 않으며 주저앉음)

### 6. 굽기 손실

① 빵이 오븐에서 구워지는 동안 무게가 줄어드는 현상으로, 발효 산물 중 휘발성 물질이 휘발하고 수분이 증발한 탓에 생김
② **굽기 손실에 영향을 주는 요인**: 배합률, 굽는 온도, 굽는 시간, 제품의 크기와 형태 등 다양함
③ 굽기 손실 비율(%): $\dfrac{\text{반죽 무게} - \text{빵 무게}}{\text{반죽 무게}} \times 100$

### 7. 굽기 실패 원인

| | |
|---|---|
| 오븐 온도가 높을 때 | • 껍질이 부스러지기 쉬우며 껍질 색이 짙음<br>• 옆면이 약하고 겉면이 거침<br>• 빵의 부피가 작고 언더 베이킹되기 쉬움 |
| 오븐 온도가 낮을 때 | • 껍질이 두꺼우며 껍질 색이 옅음<br>• 윗면이 갈라지거나 얼룩이 생기기 쉬우며 광택이 부족함<br>• 빵의 부피가 크고 오버 베이킹되기 쉬움 |
| 오븐 습도가 낮을 때 | • 껍질이 빠르게 형성되어 윗면이 갈라지고, 팽창이 저해됨<br>• 껍질 색이 균일하지 않으며 광택이 부족함 |
| 오븐 습도가 높을 때 | • 껍질이 질겨지고 수포가 생김<br>• 제품의 윗면이 납작해짐 |
| 열의 분배가 부적절할 때 | • 고르게 익지 않음<br>• 오븐 내 팬의 위치에 따라 굽기 상태가 다름 |
| 팬닝 간격이 불충분할 때 | • 부피가 커지면서 제품끼리 붙을 수 있음(반죽 450g에 2cm, 680g에 2.5cm 이상 유지)<br>• 제품당 열 흡수량이 적어져 잘 익지 않음 |

**빵류의 손실 비율**
• 일반적인 식빵류: 11~12%
• 뚜껑 있는 식빵류: 8~12%
• 바게트: 20~25%(굽기 손실이 가장 큼)

**브레이크(터짐), 슈레드(찢어짐)**

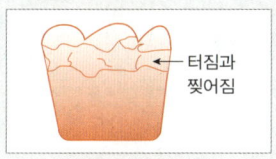
← 터짐과 찢어짐

**브레이크, 슈레드 현상의 원인**
• 발효가 부족했거나 지나치게 과다한 경우
• 효소제의 사용량이 지나치게 과다한 경우
• 2차 발효실 온도가 높거나, 시간이 길거나, 습도가 낮은 경우
• 연수를 사용한 경우
• 오븐 온도가 너무 높은 경우
• 반죽이 질게될 경우
• 2차 발효가 부족한 경우
• 오븐 증기가 부족한 경우

## 10 냉각(Cooling)

### 1. 냉각 목적
① 곰팡이나 그 밖의 균에 피해를 입지 않도록 함
② 빵의 절단(슬라이스) 및 포장을 용이하게 함
③ 빵의 저장성 증대

### 2. 냉각 방법
① **시간**: 상온에서 3~4시간(자연 냉각)
② 수분 손실: 2~3%
③ 절단 온도: 32~43℃
④ 종류: 자연 냉각, 터널식(계단식) 냉각, 공기조절식(에어컨디션식) 냉각

**냉각**
굽기 후 빵을 식혀 상온의 온도로 낮추는 것을 의미한다.

**수분 함량의 변화**
- 굽기 직후: 껍질 12~15%, 내부 42~45%
- 냉각 후: 전체 38%로 평행(내부 수분이 껍질 방향으로 이동)
- 냉각 손실: 식히는 동안 수분 증발로 인해 평균 2%의 무게 감소 현상 발생

### 3. 냉각 온도

| 빵 속 온도 | 35~40℃ |
|---|---|
| 냉각실의 온도 | 20~25℃ |
| 냉각실의 상대 습도 | 75~80% |

### 4. 냉각 손실
① 식히는 동안 수분 증발로 무게가 감소함
② 여름철보다 겨울철이 냉각 손실이 큼
③ 상대 습도가 높으면 냉각 손실이 작음
④ 냉각 손실은 2% 정도가 적당함

### 5. 냉각 온도에 따른 영향

| 냉각 온도가 높을 경우 | • 썰기가 어려워 형태가 변하기 쉬움<br>• 수분 과다로 수분이 응축되어 곰팡이가 발생하기 쉬움 |
|---|---|
| 냉각 온도가 낮을 경우 | • 제품이 건조함<br>• 노화가 빨리 진행됨 |

## 11 포장(Packaging)

| 포장 목적 | • 빵의 저장성과 상품의 가치를 높임<br>• 수분의 증발과 미생물의 오염을 방지함 |
|---|---|
| 포장 온도 | 온도 35~40℃, 수분 함량 38% |
| 포장 용기의 조건 | • 방수성이 있고 통기성이 없으며, 위생적이어야 함<br>• 작업성이 좋아야 함<br>• 가격이 낮고 포장에 의해 제품이 변형되지 않아야 함<br>• 상품의 가치를 높일 수 있는 포장이어야 함 |

## 12 빵의 노화

**노화된 빵**
수분 이동으로 껍질이 눅눅한 빵을 말한다.

### 1. 노화의 의미
① 맛과 향미가 변화하며 딱딱해지는 현상
② 노화가 일어난 빵을 먹으면 체내의 소화 흡수율이 떨어짐
③ 냉장 온도(0~8℃)에서 노화가 가장 빠르게 진행됨

### 2. 노화의 구분
① 껍질의 노화: 빵 속 수분이 표면으로 이동하고, 공기 중의 수분이 껍질에 흡수되어 표피가 눅눅해지고 질겨지는 현상

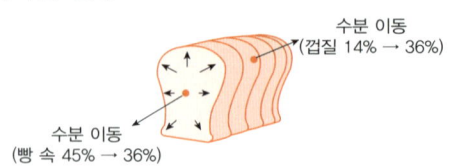

수분 이동 (껍질 14% → 36%)
수분 이동 (빵 속 45% → 36%)

② 빵 속의 노화
- 빵 속 수분이 껍질로 이동하며 발생하며 조직이 거칠고 건조해짐
- 호화(α-화) 전분이 퇴화(β-화)가 됨

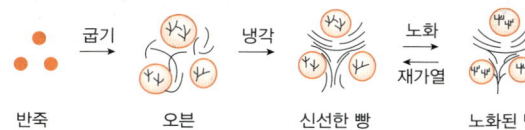

### 3. 노화 지연 방법
① 저장 온도를 -18℃ 이하 또는 21~35℃로 유지시켜 보관함
② 모노-디글리세리드 계통의 유화제를 사용함
③ 탈지 분유와 달걀을 이용하여 단백질을 증가시킴
④ 물의 사용량을 높여 반죽의 수분 함량을 증가시킴(38% 이상)
⑤ 방습 포장 재료로 포장함
⑥ 유지 제품을 사용하거나 당류를 첨가함
⑦ 반죽에 α-아밀레이스를 첨가함
⑧ 질 좋은 재료를 사용하고, 제조 공정을 정확히 지킴

**퇴화(β-화)**
빵의 기능을 잃거나 그것이 사라지는 것을 말한다.

| 바로 확인문제 |

노화를 지연시키는 방법으로 옳지 않은 것은?
① 방습 포장재를 사용한다.
② 유지 제품을 사용하거나 설탕을 첨가한다.
③ 냉장 보관한다.
④ 유화제를 사용한다.

|해설| • 냉장 보관(0~8℃)할 때 노화가 가장 빠르다.
• 노화 지연 방법: -18℃ 이하 또는 21~35℃ 보관, 방습 포장 재료로 포장, 유화제 사용 등   |정답| ③

## 13 빵의 부패

### 1. 부패의 의미
① 제품에 곰팡이가 발생하는 현상
② 맛이나 향이 변질됨

### 2. 곰팡이 발생 방지 대책
① 곰팡이가 피지 않는 환경에서 보관
② 작업실, 작업 도구, 작업자의 위생을 청결히 함
③ 곰팡이의 발생을 촉진하는 물질을 제거함
④ 보존료(프로피온산 나트륨, 프로피온산 칼슘, 젖산, 아세트산 등)를 첨가함

**부패된 빵**
미생물의 침입으로 곰팡이가 생기면서 악취가 난다.

| 바로 확인문제 |

곰팡이 발생 방지 대책이 아닌 것은?
① 곰팡이가 피지 않는 환경에서 보관
② 작업실, 작업 도구, 작업자의 위생을 청결히 함
③ 곰팡이의 발생을 촉진하는 물질을 제거함
④ 작업실 선반에 올려놓음

|해설| 작업실 선반보다는 냉동 보관하는 것이 좋다.   |정답| ④

# 03 빵의 제조 방법

### 01 스트레이트법(직접 반죽법, Straight Dough Method)

#### 1. 정의 및 특징
① 배합에 사용되는 모든 재료를 믹서에 한 번에 넣고 반죽하는 방법으로, 직접 반죽법(직접법)이라고도 함
② 소규모 제과점에서 주로 사용하는 방법임

#### 2. 제조 공정
① 재료의 사용 범위(Baker's %)

| 재료 | 비율(%) | 재료 | 비율(%) |
|---|---|---|---|
| 강력분 | 100 | 소금 | 2 |
| 물 | 60~64 | 유지 | 3~4 |
| 이스트 | 2~3 | 설탕 | 4~8 |
| 개량제 | 1~2 | 탈지 분유 | 3~5 |

② 제조 공정

| 재료 계량 | 정확하게 재도록 하며, 이스트는 소금, 설탕과 닿지 않도록 함 |
|---|---|
| 믹싱 | • 유지를 제외한 모든 재료를 넣고 수화시켜 글루텐을 발전시킴<br>• 클린업 단계(믹싱의 2단계)에서 유지를 넣음<br>• 반죽 온도: 27℃ |
| 1차 발효 | • 발효 온도: 27℃<br>• 상대 습도: 75~80%<br>• 발효 시간: 처음 부피의 3~3.5배 부풀어 오르는 때(약 1~3시간), 반죽 내부에 섬유질 생성<br>• 펀치(가스 빼기): 1차 발효를 시작한 후 반죽의 부피가 2~2.5배로 되었을 때 반죽에 압력을 주어 가스를 뺌 |
| 분할 | • 원하는 크기로 작게 자르는 과정<br>• 보통 100g 미만은 손으로, 100g 이상은 스크래퍼를 이용하여 분할함<br>• 10~15분 이내에 분할(자투리 반죽의 양을 적게 함) |
| 둥글리기 | • 동그랗게 공처럼 만드는 과정<br>• 발효 중 생긴 큰 기포를 제거하며 분할한 반죽의 표면을 매끄럽게 함 |
| 중간 발효<br>(벤치 타임) | • 분할과 둥글리기로 상한 반죽을 쉬게 하는 시간<br>• 발효 온도: 27℃<br>• 상대 습도: 75~80%<br>• 발효 시간: 10~15분 |
| 정형 | 원하는 모양을 만들어 빵의 형태를 만듦 |
| 팬닝 | • 성형 반죽을 빵 틀에 채우거나 철판에 나열하는 것<br>• 식빵일 경우 이음매를 아래로 하여 반죽을 넣음<br>• 철판을 사용할 경우 일정한 간격으로 놓음 |

| | |
|---|---|
| 2차 발효 | • 발효 온도: 35~43℃<br>• 상대 습도: 85~90%<br>• 발효 시간: 30분~1시간<br>• 식빵일 경우 팬 높이 위로 0.5cm, 철판일 경우 약간 좌우로 흔들리는 정도까지 발효시킴 |
| 굽기 | 빵의 크기에 따라 오븐의 온도를 조절함 |
| 냉각 | 구워낸 빵을 35~40℃로 식힘 |

| 바로 확인문제 |

스트레이트법에 의한 제빵 반죽 시 보통 유지를 첨가하는 단계는?
① 픽업 단계                    ② 클린업 단계
③ 발전 단계                    ④ 렛 다운 단계

|해설| 유지를 클린업 단계에서 투입하면 믹싱 시간이 단축된다.     |정답| ②

### 3. 장단점(스펀지 도우법과 비교할 때)

| | |
|---|---|
| 장점 | • 제조 공정이 단순하고, 제조 시설과 제조 장비가 간단함<br>• 노동력과 시간이 절감됨<br>• 발효 시간이 짧아 발효 손실이 감소함 |
| 단점 | • 잘못된 공정을 수정하기가 불가능함<br>• 제품의 노화가 빠르고, 제품의 결이 고르지 못함<br>• 발효 내구성이 약함<br>• 제품의 부피가 작음 |

## 02 스펀지 도우법(중종법, Sponge Dough Method)

### 1. 정의
① 반죽을 두 번 하므로 중종법이라고 함
② 처음의 반죽을 스펀지(Sponge) 반죽, 나중의 반죽을 본(Dough) 반죽이라고 함

### 2. 제조 공정
① 재료의 사용 범위

| 재료 | 스펀지 반죽 비율(100%) | 본(도우) 반죽 비율(100%) |
|---|---|---|
| 강력분 | 60~100 | 0~40 |
| 물 | 스펀지 밀가루의 55~60 | 전체 밀가루의 60~66 |
| 생이스트 | 1~3 | – |
| 이스트 푸드 | 0~2 | – |
| 소금 | – | 1.75~2.25 |
| 설탕 | – | 3~8 |
| 유지 | – | 2~7 |
| 탈지 분유 | – | 2~4 |

 **합격 팁**

스펀지 도우법에서 스펀지 반죽의 물은 전체 밀가루가 아니라 스펀지 밀가루의 55~60% 비율로 들어가요.

② **제조 공정**

| 재료 계량 | 정확하게 재도록 하며, 이스트는 소금, 설탕과 닿지 않도록 함 |
|---|---|
| 스펀지 믹싱 | • 스펀지 재료(강력분, 생이스트, 물, 개량제)를 픽업 단계(믹싱의 1단계)까지 믹싱함<br>• 반죽 온도: 24℃<br>• 반죽 시간: 4~6분, 저속 |
| 1차 발효<br>(스펀지 발효) | • 발효 온도: 스펀지 24℃, 도우 27℃<br>• 상대 습도: 75~80%<br>• 발효 시간: 처음 부피의 4~5배 부풀어 오르는 때(3~4시간) |
| 본(도우) 반죽<br>믹싱 | • 1차 발효한 스펀지 반죽과 본 반죽용 재료를 넣고 믹싱<br>• 반죽 완료점: 최종 단계(믹싱의 4단계, 반죽이 부드러우면서 잘 늘어나는 상태)<br>• 반죽 온도: 27℃ |
| 플로어 타임 | • 중종법에서 본 반죽을 끝낸 후 분할하기 전에 파괴된 글루텐층을 재결합시키기 위해 발효시키는 공정<br>• 발효 시간: 10~40분<br>• 스펀지에 사용한 밀가루의 양이 많을수록 플로어 타임은 짧아짐 |
| 분할 | 10~15분 이내에 분할 |
| 둥글리기 | 발효 중 생긴 큰 기포를 제거하며 분할한 반죽의 표면을 매끄럽게 함 |
| 중간 발효<br>(벤치 타임) | • 분할과 둥글리기로 상한 반죽을 쉬게 하는 시간<br>• 발효 온도: 27℃<br>• 상대 습도: 75~80%<br>• 발효 시간: 10~15분 |
| 정형 | 원하는 모양을 만들어 빵의 형태를 만듦 |
| 팬닝 | • 식빵일 경우 이음매를 아래로 하여 반죽을 넣음<br>• 철판을 사용할 경우 간격을 잘 맞추어 반죽을 넣음 |
| 2차 발효 | • 발효 온도: 35~43℃<br>• 상대 습도: 85~90%<br>• 발효 시간: 1시간<br>• 식빵일 경우 팬 높이 위로 0.5cm, 철판일 경우 좌우로 약간 흔들리는 정도까지 발효시킴 |
| 굽기 | 빵의 크기에 따라 오븐의 온도를 조절함 |
| 냉각 | 구워낸 빵을 35~40℃로 식힘 |

**스펀지 도우법의 반죽 온도**

| 스펀지 반죽 온도 | 24℃ |
|---|---|
| 본(도우) 반죽 온도 | 27℃ |

**플로어 타임이 길어지는 경우**
- 본 반죽 온도가 낮다.
- 스펀지에 사용한 밀가루의 양이 적다.
- 본 반죽 시간이 길다.
- 본 반죽 상태의 처지는 정도가 크다.
- 사용하는 밀가루 단백질의 양과 질이 좋다.

**스펀지에 밀가루를 증가할 경우**
- 스펀지 발효 시간이 길어진다.
- 본 반죽의 발효 시간이 짧아진다.
- 본 반죽의 반죽 시간이 짧아진다.
- 플로어 타임이 짧아진다.
- 반죽의 신장성이 좋아져 성형 공정이 개선된다.
- 부피가 증대되고, 조직이 부드러워지며, 제품의 품질이 좋아진다.
- 풍미가 강해진다.

| **바로 확인문제** |

일반적인 스펀지 도우법으로 식빵을 만들 때 스펀지 믹싱의 가장 적당한 반죽 온도는?

① 24℃ 정도　　　　　　　　　② 27℃ 정도
③ 34℃ 정도　　　　　　　　　④ 37℃ 정도

|해설| 스펀지 도우법으로 식빵을 만들 때 스펀지 믹싱의 가장 적당한 반죽 온도는 24℃, 본(도우) 반죽 믹싱의 가장 적당한 온도는 27℃이다.

|정답| ①

### 3. 장단점(스트레이트법과 비교할 때)

| 장점 | • 작업 공정에 융통성이 있어 잘못된 공정이 생기면 수정할 기회가 있음<br>• 발효 내구성이 강함<br>• 노화가 지연되어 저장성이 좋음<br>• 빵의 부피가 크고 속 결이 부드러움 |
|---|---|
| 단점 | • 발효 손실이 증가하고 흡수가 적음<br>• 시설과 공간이 필요하기 때문에 경비가 많이 듦<br>• 공정 시간이 길어 노동력이 많이 듦<br>• 산미나 산취가 강함 |

## 03 액체 발효법(액종법, Pre-ferment Dough Method)

### 1. 정의 및 특징
① 이스트, 이스트 푸드, 물, 설탕, 분유, 맥아 등을 이용한 액종을 미리 만들어 사용하는 방법임
② 스펀지 도우법의 변형으로 스펀지 대신 액종을 만들어 사용하기 때문에 **액종법**이라고도 함
③ 중종법의 노력과 설비를 갖추지 않고서도 어느 정도의 기계 내성이 있고 노화가 느린 빵을 만드는 것을 목적으로 함

### 2. 종류
① **아드미법**: 완충제로 탈지 분유를 사용하는 액종법으로, 미국 분유 협회(아드미: ADMI)가 개발한 방법
② 브류법(플라이슈만법): 완충제로 탄산칼슘을 넣는 액종법

### 3. 제조 공정
① 재료의 사용 범위

| 액종 | | 본 반죽 | |
|---|---|---|---|
| 재료 | 사용 범위(%) | 재료 | 사용 범위(%) |
| 물 | 30 | 물 | 32~34 |
| 생이스트 | 2~3 | 액종 | 35 |
| 이스트 푸드 | 0.1~0.3 | 밀가루 | 100 |
| 설탕 | 3~4 | 소금 | 1.5~2.5 |
| 탈지 분유 혹은 탄산칼슘 | 0~4 | 설탕 | 2~5 |
| - | - | 유지 | 3~6 |

② 제조 공정

| 재료 계량 | 전 재료를 액종용과 본 반죽용으로 정확하게 계량함 |
|---|---|
| 액종 만들기 | • 액종용 재료(물, 생이스트, 이스트 푸드, 설탕, 탈지 분유)를 넣고 섞은 후 30℃에서 pH 4.2~5까지(2~3시간) 발효시킴<br>• 완충제 역할: 발효하는 동안에 생성되는 유기산이 작용하여 산도를 조절하는 역할을 함(염화암모늄, 분유, 탄산칼슘) |

| 본 반죽 만들기 | • 액종과 본 반죽용 재료를 넣고 믹싱함<br>• 반죽 온도: 28~32℃(반죽 온도가 높을수록 빵이 잘 만들어지므로 반죽량이 적으면 높은 온도에 맞춤) |
|---|---|
| 플로어 타임 | 15분 발효 |
| 분할 | 10~15분 이내에 분할 |
| 둥글리기 | 발효 중 생긴 큰 기포를 제거하며 분할한 반죽의 표면을 매끄럽게 함 |
| 중간 발효<br>(벤치 타임) | • 분할과 둥글리기로 상한 반죽을 쉬게 하는 시간<br>• 발효 온도: 27℃<br>• 상대 습도: 75~80%<br>• 발효 시간: 10~15분 |
| 정형 | 원하는 모양을 만들어 빵의 형태를 만듦 |
| 팬닝 | • 식빵일 경우 이음매를 아래로 하여 반죽을 넣음<br>• 철판을 사용할 경우 간격을 잘 맞추어 반죽을 넣음 |
| 2차 발효 | • 발효 온도: 35~43℃<br>• 상대 습도: 85~90%<br>• 발효 시간: 1시간<br>• 식빵일 경우 팬 높이 위로 0.5cm, 철판일 경우 좌우로 약간 흔들리는 정도까지 발효시킴 |
| 굽기 | 빵의 크기에 따라 오븐의 온도를 조절함 |
| 냉각 | 구워낸 빵을 35~40℃로 식힘 |

| 바로 확인문제 |

액종을 만드는 방법으로 틀린 것은?

① 이스트, 물 등을 넣고 액종을 만든다.
② 완충제로서 탈지 분유, 탄산칼슘을 넣어 pH 4.2~5.0의 액종을 만든다.
③ 액종을 섞은 후 온도 24℃에서 12~13시간 발효시킨다.
④ 본 반죽 온도는 28~32℃가 적당하다.

|해설| 이스트, 이스트 푸드, 물, 설탕, 분유, 맥아 등을 섞고 완충제로서 탈지 분유, 탄산칼슘을 넣어 pH 4.2~5.0의 액종을 섞은 후 30℃에서 2~3시간 발효시켜 액종을 만든다.  |정답| ③

## 4. 장단점

| 장점 | • 제빵에 걸리는 시간, 노력, 공간, 설비가 감소함<br>• 많은 양의 액종을 한꺼번에 만들 수 있음<br>• 동일한 종자로 다양한 빵을 만들 수 있음<br>• 균일한 제품 생산이 가능함<br>• 발효 손실에 따른 생산 손실을 줄일 수 있음<br>• 한 번에 많은 양을 발효시킬 수 있음<br>• 액종법이 중종법보다 정확하고 간단함<br>• 스트레이트법의 제품보다 부드러움<br>• 빵의 용적이 크고 노화가 느림<br>• 단백질 함량이 낮아 내구력이 약한 밀가루를 사용하여 빵을 생산하는 것이 가능함 |
|---|---|
| 단점 | • 산화제, 연화제, 환원제가 필요함<br>• 대형 설비의 경우 액종 탱크, 파이프의 위생 관리에 신경 써야 함<br>• 우유를 사용하지 않은 제품은 풍미가 약간 떨어짐<br>• 제품의 품질은 중종법에 의한 것보다 약간 떨어짐 |

**산화제와 환원제의 기능**
• 산화제: 반죽의 신장 저항을 증대시킨다.
• 환원제: 글루텐을 연화시키고 빵의 부피를 줄인다.

## 04 연속식 제빵법(Continuous Dough Mixing System)

### 1. 정의 및 특징
① 액체 발효법으로 발효시킨 액종과 본 반죽의 재료를 예비 혼합기에 모아서 고루 섞은 뒤, 반죽기와 분할기로 보내어 연속해서 반죽, 분할, 팬닝이 이루어지는 방법임
② 단일 품목, 대량 생산 작업장에서 사용하기에 적합함

> **예비 혼합기**
> 액종과 본 반죽을 한곳에 모아 두는 곳이다.

### 2. 제조 공정
① 재료의 사용 범위

| 재료 | 전체 | 액종 |
| --- | --- | --- |
| 밀가루 | 100% | 5~70% |
| 물 | 60~70% | 60~70% |
| 이스트 | 2.25~3.25% | 2.25~3.25% |
| 탈지 분유 | 1~4% | 1~4% |
| 설탕 | 4~10% | - |
| 이스트 푸드 | 0~0.5% | 0~0.5% |
| 인산칼슘 | 0.1~0.5% | 0.1~0.5% |
| 취소산칼슘 | 50ppm 이하 | 50ppm 이하 |
| 영양 강화제 | 1정 | - |
| 유지 | 3~4% | - |

② 제조 공정

| 재료 계량 | 자동 계량하여 공정별로 투입함 |
| --- | --- |
| 액체 발효 탱크 | 액종용 재료를 넣고 섞어 30℃로 조절함 |
| 열 교환기 | 발효된 액종은 열 교환기를 통과시킨 후 온도를 30℃로 조절하여 예비 혼합기로 보냄 |
| 산화제 용액 탱크 | 취소산칼륨(브롬산칼륨), 인산칼륨, 이스트 푸드 등 산화제를 용해하여 예비 혼합기로 보냄 |
| 쇼트닝 온도 조절기 | 유지를 녹여 예비 혼합기로 보냄 |
| 밀가루 급송 장치 | 액체 발효에 들어간 밀가루를 뺀 나머지를 예비 혼합기로 보냄 |
| 예비 혼합기 | 액체 발효종, 산화제 용액, 쇼트닝, 밀가루를 받아 각종 재료들을 고루 섞은 후 디벨로퍼로 보냄 |
| 디벨로퍼 (반죽기) | 3~4기압에서 고속으로 회전하면서 글루텐을 형성하여 분할기로 직접 보냄 |
| 분할기 | 분할기에서 분할하여 팬닝으로 이어짐(최적 분할 속도는 분당 12~16회전이고, 1배치의 분할은 12~20분 이내로 함) |
| 팬닝 | 자동으로 팬닝됨 |
| 2차 발효 | • 발효 온도: 35~43℃<br>• 상대 습도: 85~90%<br>• 발효 시간: 40분~1시간 |
| 굽기 | 빵의 크기에 따라 오븐의 온도를 조절함 |
| 냉각 | 구워낸 빵을 35~40℃로 식힘 |

### 3. 장단점

| 장점 | • 설비 감소(믹서, 발효실, 분할기, 환목기, 중간 발효기, 성형기, 연결 컨베이어가 불필요)<br>• 공장 면적 감소: 일반 공장의 1/3 정도로도 충분함<br>• 연속식 제빵법을 사용 시 노동력은 1/3로 감소(일반 공정 6~7명, 연속식 공정 1~2명)<br>• 연속식 제빵법을 사용 시 발효 손실 감소(일반 공정 1.2%, 연속식 공정 0.8%) |
|---|---|
| 단점 | • 일시적인 설비 투자 비용이 큼<br>• 산화제 첨가로 인해 발효 향이 감소함 |

| 바로 확인문제 |

단일 품목, 대량 생산 작업장에서 사용하기에 적합한 것은?
① 스트레이트법　　　　　　　　② 중종법
③ 비상스트레이트법　　　　　　④ 연속식 제빵법

|해설| 연속식 제빵법은 액체 발효법으로 발효시킨 액종과 본 반죽의 재료를 예비 혼합기에 모아서 고루 섞은 뒤, 반죽기와 분할기로 보내어 연속해서 반죽, 분할, 팬닝이 이루어지는 방법이며, 단일 품목 및 대량 생산 작업장에서 사용하기에 적합하다.
|정답| ④

## 05 재반죽법

### 1. 정의 및 특징
① 스트레이트법의 변형으로, 모든 재료를 넣고 물을 8% 정도 남겨 두었다가 발효 후 나머지 물을 넣고 다시 반죽하는 방법임
② 기계 적성, 공정 시간의 단축 등의 장점으로 인해 사용함

### 2. 재료의 사용과 조치

| 재반죽용 물 | 8~10% 사용 |
|---|---|
| 반죽 온도 | 25.5~28℃ |
| 이스트 | 2~2.5% 사용 |
| 이스트 푸드 | 0.5% 사용 |
| 1차 발효 | • 2시간~2시간 30분 후 나머지 물을 넣고 재반죽<br>• 발효 온도 26~27℃, 상대 습도 75~80% |
| 플로어 타임 | 15~30분 |
| 2차 발효 | 발효 온도 36~38℃, 발효 시간 15분 증가, 상대 습도 85~95% |

### 3. 장단점

| 장점 | • 공정상에 있어 반죽의 기계 내성이 양호함<br>• 스펀지 도우법에 비해 공정 시간이 단축됨<br>• 균일한 제품으로 식감이 양호함<br>• 균일한 색상을 얻을 수 있음 |
|---|---|
| 단점 | 구울 때 오븐 스프링이 적기 때문에 2차 발효를 충분히 해 주어야 함 |

 합격 팁

재반죽법은 스트레이트법의 변형으로 스펀지법의 장점을 이용한 방법이에요.

## 06 노타임 반죽법(무발효 반죽법, No-time Dough Method)

### 1. 정의 및 특징
① 발효에 의한 글루텐의 숙성을 산화제와 환원제를 사용한 화학적 숙성으로 대신하여 발효 시간을 단축시켜 제조하는 방법임
② 반죽한 후에 잠시 휴지시키는 일 이외에 보통 발효라는 공정을 거치지 않으므로 무발효 반죽법이라고도 함

### 2. 산화제와 환원제
① 산화제

| 역할 | • 밀가루 단백질의 S-H기를 S-S기로 변화시킴<br>• 단백질의 구조를 강하게 하고 가스 포집력을 증가시킴 |
|---|---|
| 종류 | 브롬산칼륨(지효성 작용), 아이오딘칼륨(속효성 작용) |

② 환원제

| L-시스테인 | • S-S 결합을 절단시켜 글루텐을 약하게 함<br>• 믹싱 시간을 25% 단축시킴 |
|---|---|
| 프로테아제 | 단백질 분해 효소로, 믹싱 과정 중에 영향이 없고, 2차 발효 중 일부 작용함 |

### 3. 장단점

| 장점 | • 제조 시간이 절약됨<br>• 발효 손실이 적음<br>• 수분 흡수율을 증가시켜 반죽 흡수율을 높임<br>• 에너지가 적게 듦 |
|---|---|
| 단점 | • 발효에 의한 맛과 향이 떨어짐<br>• 제품의 저장성이 저하됨<br>• 재료비가 많이 듦 |

### 4. 스트레이트법을 노타임 반죽법으로 변경할 때의 조치 사항

| 공정 및 재료 | 스트레이트법 | 노타임 반죽법 |
|---|---|---|
| 믹싱 | 12~20분 | 10~15분(환원제 사용) |
| 반죽 온도 | 26~28℃ | 27~29℃ |
| 발효 시간 | 2~3시간 | 0~45분 |
| 성형 | 20~30분 | 20~30분 |
| 2차 발효 | 50~60분 | 50~60분 |
| 물 | 60~64% | 62~66%(1~3% 증가, 산화제 사용) |
| 설탕 | 5% | 4%(1% 감소) |
| 이스트 | 2% | 2.5~3%(0.5~1% 증가) |
| 산화제 | - | 30~75ppm |
| 환원제 | - | 10~70ppm |
| 산성염 | - | 인산칼슘 사용 |

---

**노타임 반죽법(노타임법)**
오랜 시간 발효 과정을 거치지 않고 배합 후 정형하여 2차 발효를 하는 제빵법이다.

**산화**
어떤 물질이 산소를 결합하거나 수소를 잃는 반응을 말한다.

**환원**
어떤 물질이 산소를 잃거나 수소를 결합하는 반응을 말한다.

## 07 비상 반죽법(비상 스트레이트법, Emergency Dough Method)

### 1. 정의 및 특징
① 표준 반죽 시간을 늘리고 발효 속도를 촉진시켜 전체 공정 시간을 줄임으로써 짧은 시간 내에 제품을 만들어 냄
② 갑작스런 상황에 빠르게 대처할 수 있는 방법으로, 비상 스트레이트법이라고도 함

### 2. 비상 반죽법의 필수 조치와 선택 조치

| | |
|---|---|
| 필수 조치 | • 물 사용량: 1% 증가(작업성 향상)<br>• 설탕 사용량: 1% 감소(껍질 색 조절)<br>• 믹싱 시간: 20~30% 증가(반죽의 신장성 증대)<br>• 생이스트: 2배 증가(발효 속도 촉진)<br>• 반죽 온도: 30℃(발효 속도 촉진)<br>• 1차 발효 시간: 15~30분(공정 시간 단축) |
| 선택 조치 | • 소금: 1.75% 감소(이스트 활동 방해 요소를 줄임)<br>• 이스트 푸드: 0.5% 증가(이스트의 양 증가에 따른 증가)<br>• 분유: 1% 감소(완충제 역할로 발효 지연)<br>• 식초나 젖산: 0.75% 첨가(반죽의 pH를 낮추어 발효 촉진) |

### 3. 장단점

| | |
|---|---|
| 장점 | • 제조 시간이 짧아 노동력과 임금 절약이 가능함<br>• 비상시 빠른 대처가 가능함 |
| 단점 | • 이스트 냄새가 남<br>• 제품의 부피가 고르지 않음<br>• 저장성이 짧아 노화가 빠름 |

## 08 찰리우드법(초고속 반죽법, Chorleywood Dough Method)

### 1. 정의
① 스트레이트법의 일종으로, '찰리우드'라는 이름은 영국의 찰리우드 지방에서 유래함
② 초고속 반죽기를 이용하여 반죽하므로 초고속 반죽법이라고도 함

### 2. 특징
① 강한 기계적 조작과 환원제에 의해 반죽에 신장성을 부여하며, 아스코르빈산이나 그 밖의 산화제를 첨가하여 반죽을 경화시킴
② 믹싱에서부터 굽기까지 2시간 정도 걸리는 속성법으로 풍미와 식감에 문제가 있으나 최근에 샤워종이나 묵힌 반죽을 이용하여 사용하기도 함

## 09 냉동 반죽법(Frozen Dough Method)

### 1. 정의
반죽을 −40℃로 급속 냉동시킨 후 −25~−18℃에 냉동 저장하여 필요시 꺼내어 해동하여 쓸 수 있도록 반죽하는 방법임

---

**찰리우드법의 공정**
• 기계적 특성: 초고속 반죽기를 이용하여 반죽, 플로어 타임 후 분할
• 공정 시간: 공정 시간이 단축되지만, 제품의 발효 향이 떨어짐

## 2. 냉동 반죽법의 특징

① 냉장고(5~10℃)에서 15~16시간을 해동시킨 후 2차 발효실에 넣음
② 완만 해동, 냉장 해동을 준수함
③ 냉동 저장 기간이 길수록 품질 저하가 일어나므로 선입선출을 준수함
④ 냉동할 반죽의 분할 양이 크면 냉해를 입을 수 있어 좋지 않음
⑤ 바게트, 식빵 같은 저율 배합 제품은 냉동 시 노화의 진행이 빠르기 때문에 냉동 처리에 더욱 주의해야 함
⑥ 고율 배합 제품은 비교적 완만한 냉동에도 잘 견디므로 크로와상, 단과자 등의 제품 제조에 많이 이용됨

## 3. 냉동 반죽법의 배합률

| 재료 | | 비율 | 특징 |
|---|---|---|---|
| 밀가루 | | 100% | 단백질 함량이 많은 12~15%의 밀가루 |
| 물 | | 57~63% | 식빵보다 2~4% 적게 사용 |
| 이스트 | | 3.5~5.5% | 이스트의 양 2배 증가(냉동 중 가스 발생력이 떨어지기 때문) |
| 이스트 푸드 | | 0~0.75% | 정상적으로 사용 |
| 소금 | | 1.8~2.5% | 정상적으로 사용 |
| 설탕 | | 6~10% | 1~8% 증가하여 이스트 손상 방지 |
| 유지 | | 3~5% | 1~2% 증가하여 이스트 손상 방지 |
| 산화제 | 아스코르빈산 | 40~80ppm | 글루텐을 단단하게 하여 냉해에 의해 반죽이 퍼지는 현상 방지 |
| | 브롬산칼륨 | 24~30ppm | |
| 노화 방지제(SSL) | | 0.5% | 신선함을 유지하기 위해 약간 첨가 |

## 4. 제조 공정

| 믹싱 | 스트레이트법, 반죽 온도 20℃, 후염법으로 믹싱 시간 단축 |
|---|---|
| 1차 발효 | 발효 시간을 20분 정도로 짧게 해야 동해 방지 가능 |
| 성형 | • 배합량을 적게 하여 성형 시간을 짧게 함<br>• 작업실 온도를 낮춤<br>• 성형 후 냉동 작업이 바로 이어짐 |
| 냉동 | • 급속 냉동(-40℃)을 하며, 이스트 사멸에 유의<br>• 냉각 속도는 분당 0.6~1.2℃ 하강 |
| 저장 | -25~-18℃에서 보관 |
| 해동 | • 냉장고(2~8℃)에서 15~16시간 정도 완만하게 해동<br>• 도우 컨디셔너 등을 이용하여 해동 |
| 2차 발효 | 발효 온도는 30~33℃, 상대 습도는 80%로 낮게 유지 |
| 굽기 | 일반 스트레이트법과 비슷하게 굽기를 하되, 냉동 장해가 있는 반죽은 굽기 온도를 약간 낮춤 |
| 냉각 | 구워낸 빵을 35~40℃로 식힘 |

**냉동 반죽의 가스 보유력 저하 요인**

• 냉동 반죽의 빙결정
• 해동 시 탄산가스 확산에 의한 기포 수의 감소
• 냉동 시 탄산가스 용해도 증가에 의한 기포 수의 감소
• 냉동과 해동 및 냉동 저장에 따른 냉동 반죽의 물성 약화

### 5. 냉동 속도에 따른 반죽의 제품 결과

① 급속 냉동

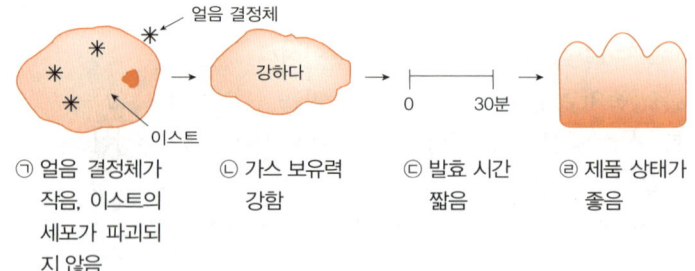

② 저속 냉동

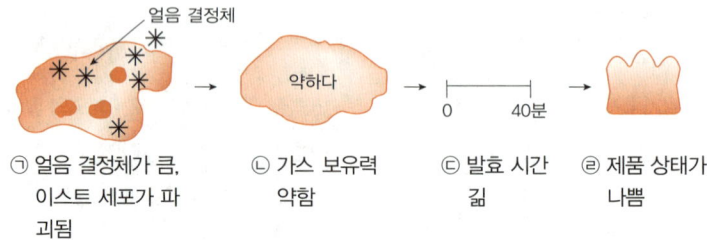

> **합격 팁**
> 냉동 제품의 해동 및 재가열을 목적으로 적외선 오븐을 사용하기도 해요.

### 6. 장단점

| | |
|---|---|
| 장점 | • 야간 작업 또는 휴일 작업이 편함(생산 시간 효율적 조절)<br>• 소비자에게 신선한 빵을 제공할 수 있음<br>• 부피가 작고 단단하여 운반이 편함(반죽의 저장성이 향상됨)<br>• 다품종 소량 생산이 가능함<br>• 작업장의 설비와 면적이 줄어듦<br>• 계획 생산이 가능함<br>• 인당 생산량이 증가함 |
| 단점 | • 냉동 중 이스트 사멸로 가스 발생력 약화·가스 보유력이 저하됨<br>• 냉동 저장의 시설비가 증가함<br>• 제품의 노화가 빠름<br>• 제품의 발효 향이 떨어짐<br>• 반죽이 끈적거리고 퍼지기 쉬움<br>• 많은 양의 산화제가 필요함 |

## 10 오버나이트 스펀지법(Overnight Sponge Dough Method)

**오버나이트 스펀지법에서의 스펀지 반죽 온도**

20~21℃

### 1. 정의 및 특징
① 밤새(12~24시간) 발효시킨 스펀지를 이용하는 방법으로, 발효 손실(3~5%)이 가장 큼
② 효소의 작용이 천천히 진행되어 가스가 알맞게 생성되고 반죽이 알맞게 발전됨

### 2. 장점
① 적은 양의 이스트(0.25~0.75%)를 사용하여 매우 천천히 발효시킴
② 반죽의 신장성이 좋고 풍부한 발효 향을 지니고 있음

# 04 제품별 제빵법 및 제품 평가

## 01 제품별 제빵법

### 1. 건포도 식빵

① 일반적인 식빵 반죽에 건포도를 밀가루 기준으로 50% 이상 넣어 만든 빵임

② 건포도의 전처리

| 건포도의 전처리 방법 | • 재료 계량 후 건포도가 물을 흡수하도록 전처리함<br>• 건포도 무게의 12%가량 되는 물(27℃)과 건포도를 버무려 4시간 방치 또는 27℃의 물에 담가 적신 뒤 바로 체에 걸러 물을 빼고 4시간 정도 방치 |
|---|---|
| 건포도의 전처리 이유 | • 빵 속 수분 이동 방지(빵 속 건조 방지)<br>• 건포도 본래의 향과 맛을 살리기 위함<br>• 수율과 저장성 증가 |

③ 제조 공정상의 특징

　㉠ 반죽을 밀어 펼 때 건포도의 모양이 상하지 않도록 느슨하게 작업함

　㉡ 건포도는 반죽의 최종 단계에 넣음

　㉢ 당 함량이 높으므로 팬닝할 때 팬 기름을 많이 칠함

　㉣ 당의 영향으로 색이 진하게 나기 때문에 윗불을 약하게 함

> **건포도를 최종 단계에 넣는 이유**
> • 반죽이 얼룩지는 것을 방지한다.
> • 반죽이 거칠어지는 것을 방지한다.
> • 최종 단계 전에 넣을 경우 껍질색이 어두워진다.

| 바로 확인문제 |

건포도 식빵을 구울 때 건포도에 함유된 당의 영향을 고려하여 주의할 점은?

① 윗불을 약간 약하게 한다.
② 굽는 시간을 늘린다.
③ 굽는 시간을 줄인다.
④ 오븐 온도를 높게 한다.

|해설| 건포도에 함유된 당의 영향으로 색이 진하게 나기 때문에 윗불을 약하게 하고 굽기를 한다.　　|정답| ①

### 2. 호밀빵

① 밀가루에 호밀가루를 넣어 배합한 빵임

② 흑빵이라고 불리는 정통 독일식 호밀빵은 밀가루에 최고 90%의 호밀가루를 섞어 만듦

③ 제조 공정상의 특징

| 믹싱 | • 호밀가루가 많을수록 반죽 시간을 짧게(발전 단계) 믹싱함<br>• 호밀은 응집성이 강한 글루텐을 거의 생성하지 못하므로 신장성이 나빠 가스 세포가 찌그러지기 쉬움<br>• 반죽 온도: 25℃ |
|---|---|
| 1차 발효 | 일반 식빵에 비해 약간 적게 발효시킴 |
| 2차 발효 | 오븐 팽창이 적으므로 팬 위로 2cm 정도 올라온 상태가 적당함 |

> **호밀의 특징**
> • 호밀 단백질은 밀가루 단백질에 비해 글루텐을 형성하는 능력이 떨어진다.
> • 제분율에 따라 백색, 중간색, 흑색 호밀가루로 분류한다.
> • 호밀분에 지방 함량이 높으면 저장성이 나쁘다.

**밀가루 빵에 부재료로 사용되는 사워**

밀가루와 물을 혼합하여 장시간 발효시킨 혼합물이다.

④ 사워(Sour)
  ㉠ 빵 반죽을 방치해 두면 공기 또는 원료 중에 섞여 있는 미생물의 활동으로 신맛이 나게 되어 독특한 풍미를 가짐
  ㉡ 발효 시간과 반죽 시간을 감소시키고 보존성을 증가시킴

| 바로 확인문제 |

호밀빵 제조 공정상의 특징으로 적절하지 않은 것은?
① 호밀가루가 많을수록 반죽 시간을 짧게(발전 단계) 믹싱함
② 응집성이 강한 글루텐을 잘 생성함
③ 신장성이 나빠 가스 세포가 찌그러지기 쉬움
④ 반죽 온도는 25℃가 적당함

| 해설 | 호밀은 밀가루 단백질에 비해 응집성이 강한 글루텐을 거의 생성하지 못한다.   | 정답 | ②

### 3. 데니시 페이스트리

① 과자용 반죽인 퍼프 페이스트리에 설탕, 달걀, 버터, 이스트를 넣어 반죽을 만든 후, 내장 휴지시킨 롤인 유지(파이용 마가린)를 사용하여 구운 빵임
② 제조 공정상의 특징

| 믹싱 | • 전통적인 방법은 픽업 단계까지 믹싱함<br>• 반죽 온도: 18~22℃ |
|---|---|
| 롤인 유지 사용 | 가소성이 뛰어난 롤인 유지를 반죽 무게의 20~40% 사용(미국식) |
| 2차 발효 | 온도 32~35℃, 상대 습도 70~75%(일반적인 빵에 비해 낮음) |

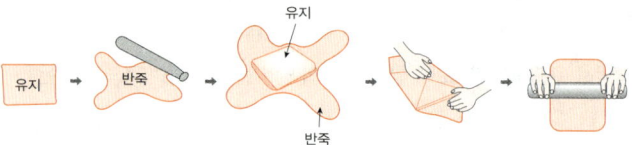

[프랑스식(반죽으로 유지를 싸는 타입)]

**롤인 유지와 접기 횟수에 따른 부피 변화**

• 롤인 유지 함량이 증가할수록 부피는 증가한다.
• 같은 롤인 유지 함량에서 접기 횟수가 증가할수록 부피가 증가하다가 최고점을 지나면 감소한다.
• 롤인 유지 함량이 적어지면서 같은 접기 횟수이면 부피는 감소한다.

③ 페이스트리 제조 시 유의사항
  ㉠ 충전 유지가 녹지 않도록 작업장의 온도는 20℃, 2차 발효실의 온도와 습도를 낮게 유지함
  ㉡ 과량의 덧가루는 결을 안 좋게 함
  ㉢ 2차 발효가 길면 주저앉기 쉬움
  ㉣ 다른 제품에 비해 높은 온도에서 구워야 형태가 좋고 유지가 흐르지 않음

| 바로 확인문제 |

데니시 페이스트리의 일반적인 반죽 온도는?
① 0~4℃                    ② 8~12℃
③ 18~22℃                  ④ 27~30℃

| 해설 | 파이용 유지를 사용하는 데니시 페이스트리는 18~22℃로 반죽 온도를 맞춘다.   | 정답 | ③

### 4. 불란서빵(프랑스빵, 바게트)

① 빵의 기본 재료인 밀가루, 물, 이스트, 소금만으로도 만들 수 있으며, 모양 틀을 쓰지 않고 바로 오븐의 구움대 위에 얹어서 굽는 하스 브레드의 일종임

② 제조 공정상의 특징

| 재료 계량 | 맥아 시럽과 비타민 C를 사용하여 빵의 색과 풍미를 주며, 반죽의 내성과 탄성을 높임 |
|---|---|
| 믹싱 | • 발전 단계까지 믹싱(탄력성을 주어 팬에서 퍼짐을 방지함)<br>• 반죽 온도: 24℃ |
| 자르기 | • 반죽 표면이 조금 굳으면 비스듬히 칼집을 냄<br>• 칼집을 내는 목적: 다른 부분의 터짐을 방지하기 위함<br>• 자른 면의 규칙적 팽창으로 불란서빵 특유의 형태를 나타냄 |

③ 불란서빵에서 스팀을 사용하는 이유(오븐에 넣기 전후에 스팀 분사)
  ㉠ 거칠고 불규칙하게 터지는 것을 방지함
  ㉡ 겉껍질에 광택을 냄
  ㉢ 얇고 바삭거리는 껍질이 형성됨

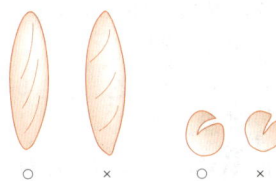

> **하드 롤**
> 하드 롤은 껍질이 딱딱한 빵으로 불란서빵처럼 하스 브레드에 속하지만, 그보다 약간은 고율 배합 제품이다. 반죽은 40~60g으로 분할하며, 반죽의 봉합 부분을 잘 매듭하고 표면이 매끄럽게 둥글리기를 한다.

| 바로 확인문제 |

불란서빵에서 스팀을 사용하는 이유로 옳지 않은 것은?
① 거칠고 불규칙하게 터지는 것을 방지한다.
② 겉껍질에 광택을 내준다.
③ 얇고 바삭거리는 껍질이 형성되도록 한다.
④ 반죽의 흐름성을 크게 증가시킨다.

|해설| 반죽의 흐름성은 스팀과 상관 없으며, 수분 함량, 발효실의 온도와 습도에 영향을 받는다.   |정답| ④

### 5. 그 외 식빵류

| 우유 식빵 | • 우유 단백질(카세인)의 pH 완충 작용 때문에 믹싱·발효 시간을 연장해야 함<br>• 우유의 유당은 이스트의 먹이로 사용되지 않는 비활성당이므로 껍질 색을 내는 데 모두 사용되기 때문에 굽기 온도를 줄여야 함<br>• 흡수량 조절<br>  - 우유는 고형분 12%, 수분 88%이므로 고형분과 수분을 계산해야 함<br>  - 분유 1% 증가 시 흡수율도 1% 증가함 |
|---|---|
| 풀만형 식빵<br>(풀먼 식빵) | • 뚜껑 있는 사각 팬에 넣고 구운 샌드위치용 식빵<br>• 굽기 손실: 7~9% 정도 |

**제품 평가**

완성된 제품의 외부 특성과 내부 특성을 평가하여 상품적인 가치를 평가한다. 여러 가지 평가 기준에서 가장 중요한 평가 항목은 맛이다.

## 02 제품 평가

### 1. 제품 평가 항목

① 외부 평가 항목

| 부피 | 팬의 크기에 알맞은 비용적에 의해 팬닝된 반죽의 부피가 알맞아야 함 |
|---|---|
| 껍질 색 | 황금 갈색이 고르게 착색되어야 하고 색상이 고르지 못하거나 줄무늬, 반점 등이 없어야 함 |
| 외형의 균형 | 한쪽으로 기울거나, 가운데가 솟아오르거나 꺼지지 않고 좌우, 앞뒤 대칭을 이루어야 함 |
| 굽기의 균일화 | 식빵은 육면체이므로 윗면의 색깔과 옆면, 바닥 면이 고르게 착색되어야 함 |
| 터짐성 | 옆면에 적당한 터짐(식빵의 윗부분과 옆면과의 거리)과 찢어짐(수직적 줄무늬)이 있어야 함 |

② 내부 평가 항목

| 조직 | • 절단된 면의 촉감으로 판단함<br>• 부드럽고 매끈하여 실크를 만질 때의 느낌이어야 하고, 물렁하고 거칠며 부서지는 것은 바람직하지 않음<br>• 탄력성이 있어야 힘 |
|---|---|
| 기공 | 구멍, 늘어진 기공, 터진 기공은 바람직하지 않고, 얇은 세포벽으로 고르게 형성되어야 함 |
| 속 색 | 얼룩이나 줄무늬가 없고 광택을 지닌 밝은 색이 바람직함 |
| 향 | '향기롭다', '구수하다', '달콤한 향이 난다' 등의 좋은 향이 있어야 함 |
| 맛 | '맛있다' 등 소비자가 만족할 수 있어야 함(가장 중요함) |

### 2. 어린 반죽과 지친 반죽

① 어린 반죽(발효, 반죽이 덜된 것)

㉠ 외부 특성

| 항목 | 특징 | 원인 |
|---|---|---|
| 부피 | 작음 | 가스 생산력 부족 |
| 껍질 색 | 진함 | 높은 잔당 함량 |
| 외형의 균형 | 뾰족한 모서리 | 반죽의 팬 흐름성 과다 |
| 터짐과 찢어짐 | 작음 | 작은 부피, 가스 보유력 부족 |
| 구운 상태 | 진한 옆면, 바닥 색 | 높은 잔당, 팬 흐름성 과다 |
| 껍질 특성 | 거칠고 질김 | 작은 표면적으로 열 침투 부족 |

㉡ 내부 특성

| 항목 | 특징 | 원인 |
|---|---|---|
| 기공 | 두꺼운 세포벽 | 가스 생산, 보유력 부족 |
| 조직 | 거침 | 두꺼운 세포벽의 촉감 |
| 속 색 | 어두움 | 두꺼운 세포벽의 그림자 효과 |
| 향 | 약하고 밀가루 냄새가 남 | 발효 부족, 알코올 향 부족 |
| 맛 | 떨어짐 | 발효 부족, 식감 저하 |

② 지친 반죽(과발효 반죽)
　㉠ 외부 특성

| 항목 | 특징 | 원인 |
|---|---|---|
| 부피 | 커진 뒤 주저앉음 | 가스 생산력 양호 |
| 껍질 색 | 엷음 | 과발효로 낮은 잔당 함량 |
| 외형의 균형 | 둥근 모서리 | 반죽의 팬 흐름성 약화, 산 형성 과다 |
| 터짐과 찢어짐 | 커진 뒤 주저앉음 | 큰 부피, 가스 생산 과다 |
| 구운 상태 | 밝은 옆면 색깔 | 낮은 잔당, 팬 흐름성 약화 |
| 껍질 특성 | 두껍고 바삭거림 | 큰 표면적으로 열 침투 과다 |

　㉡ 내부 특성

| 항목 | 특징 | 원인 |
|---|---|---|
| 기공 | 얇은 세포벽 | 가스 생산 과다 |
| 조직 | 거침 | 가스력 과다로 일부 세포벽 붕괴 |
| 속 색 | 밝음 | 얇은 세포벽의 빛 통과 양호 |
| 향 | 신 냄새가 나고, 발효 향이 강함 | 산과 알코올 생성 과다 |
| 맛 | 떨어짐 | 신맛 증가(더욱 발효된 맛) |

| 바로 확인문제 |

제빵 제품을 평가하는 데 있어 외부 평가 항목이 아닌 것은?
① 부피　　　　　　　　　　② 조직
③ 껍질 색　　　　　　　　　④ 외형의 균형

|해설| 조직은 내부 평가 항목에 속한다. 조직 외에 기공, 속 색, 향, 맛이 평가 항목에 있다.　　|정답| ②

### 3. 식빵에서 자주 발생하는 결함과 그 원인

| | |
|---|---|
| 엷은 껍질 색 | • 설탕 사용량 부족<br>• 오븐에서 거칠게 다룬 경우, 오븐 속 습도와 온도가 낮은 경우<br>• 오래된 밀가루 사용<br>• 연수 사용<br>• 부적당한 믹싱<br>• 효소제 과다 사용<br>• 굽기 시간 부족<br>• 1차 발효 시간의 초과<br>• 2차 발효실의 온도가 낮은 경우 |
| 납작한 윗면과 날카로운 모서리 | • 미성숙한 밀가루 사용<br>• 소금 사용량이 많은 경우<br>• 지나친 믹싱<br>• 발효실의 높은 습도<br>• 질은 반죽 |
| 브레이크와 슈레드 현상 부족 | • 발효가 부족했거나 지나치게 과다한 경우<br>• 효소제의 사용량이 지나치게 과다한 경우 |

# PART 06 | 빵류 제조
# 한눈에 보는 핵심 키워드

## 01 | 제빵의 주요 재료와 기능

**주재료**
- 밀가루: 강력분 사용, 단백질(글리아딘 – 신장성, 글루테닌 – 탄력성) + 물 → 글루텐 형성
- 물: 아경수, 약산성 사용, 글루텐 형성을 도움, 반죽 농도 및 온도 조절, 효소 활성화
- 이스트: 탄산가스·알코올·산·열 생성, 발효 속도 조절
- 소금: 풍미 향상, 잡균의 번식 억제, 발효 속도 조절

**부재료**
- 설탕: 이스트의 발효원, 껍질 색 향상, 노화 지연
- 유지: 부피 증가, 저장성 증가, 유동성 향상, 흡수율 감소, 수분 보유력 증가, 속 결 개선
- 달걀: 속 색·속 결 향상, 수분 공급, 풍미와 영양가 증대
- 우유 및 분유: 밀가루의 흡수율 증가, 반죽의 내구성 증가, 오버 믹싱의 위험 감소, 영양 강화, 풍미 개선

## 02 | 제빵 공정

**배합표 작성**
- Baker's %: 밀가루의 양을 100%로 하고 나머지 재료들을 밀가루 양에 대한 비율로 계산
- 분할 총반죽 무게: 분할 반죽 무게 × 제품 수
- 총재료 무게: 분할 총반죽 무게 ÷ (1 − 분할 손실)
- 밀가루 무게: 총재료 무게 × 밀가루 배합률 ÷ 총배합률

**재료 계량 및 전처리**
- 재료 계량: 배합표에 따라 재료의 양을 계량
- 재료의 전처리: 가루 재료, 생이스트, 소금, 설탕, 우유, 유지, 물

**반죽(믹싱)**
- 믹싱 단계: 픽업 단계 → 클린업 단계 → 발전 단계 → 최종 단계 → 렛 다운 단계 → 파괴 단계
- 반죽의 흡수율에 영향을 주는 요소: 밀가루 단백질, 설탕, 손상 전분, 탈지 분유, 소금, 물의 종류, 반죽 온도
- 반죽의 속도가 영향을 미치는 요소: 흡수율, 반죽·발효 시간, 부피, 기공과 속 결, 속 색, 껍질 색

**1차 발효**
- 발효에 영향을 주는 요인: 이스트의 양과 질, 당의 양, 반죽 온도, 반죽의 pH, 소금의 양, 이스트 푸드
- 가스 빼기(펀치): 균일한 반죽 온도, 산소 공급, 이스트 활성화, 발효 촉진 목적

**성형**: 분할 → 둥글리기 → 중간 발효(벤치 타임) → 정형 → 팬닝

**2차 발효**
- 2차 발효실의 온도와 상대 습도: 38℃ 전후, 85~90%(일반적인 조건)
- 2차 발효 종점 판별법: 형태, 투명도, 기포의 크기, 촉감 등 반죽의 상태로 판단

**굽기**
- 굽기 중 일어나는 변화: 오븐 스프링, 오븐 라이즈, 전분의 호화, 단백질 변성, 효소 작용, 향의 발달, 껍질의 갈색 변화
- 굽기 손실: 배합률, 굽는 온도, 굽는 시간, 제품의 크기와 형태 등의 영향을 받음

**빵의 노화**
- 껍질의 노화: 빵 속 수분이 표면으로 이동, 공기 중의 수분이 껍질에 흡수되어 껍질이 눅눅해짐
- 빵 속의 노화: 호화 전분이 퇴화가 됨

## 03 | 빵의 제조 방법

**스트레이트법**
- 제조 공정: 재료 계량 → 믹싱 → 1차 발효 → 분할 → 둥글리기 → 중간 발효 → 정형 → 팬닝 → 2차 발효 → 굽기 → 냉각
- 장점: 공정의 단순함, 노동력·시간 절감, 발효 손실 감소
- 단점: 잘못된 공정 수정 불가, 빠른 노화, 약한 발효 내구성 등

**스펀지 도우법**
- 제조 공정: 재료 계량 → 스펀지 믹싱 → 1차 발효 → 본 반죽 믹싱 → 플로어 타임 → 분할 → 둥글리기 → 중간 발효 → 정형 → 팬닝 → 2차 발효 → 굽기 → 냉각
- 장점: 공정 수정 가능, 강한 발효 내구성, 노화 지연, 부피 큼
- 단점: 발효 손실 증가, 경비가 많이 듦, 긴 공정 시간, 산미·산취가 강함

**액체 발효법**
- 제조 공정: 재료 계량 → 액종 만들기 → 본 반죽 만들기 → 플로어 타임 → 분할 → 둥글리기 → 중간 발효 → 정형 → 팬닝 → 2차 발효 → 굽기 → 냉각
- 장점: 동일 종자로 다양한 빵 생산, 내구력이 약한 말가루 사용 가능, 균일한 색상의 제품 생산 가능
- 단점: 산화제·연화제·환원제 필요

**연속식 제빵법**
- 제조 공정: 재료 계량 → 액체 발효 탱크 → 열 교환기 → 산화제 용액 탱크 → 쇼트닝 온도 조절기 → 밀가루 급송 장치 → 예비 혼합기 → 디벨로퍼 → 분할기 → 팬닝 → 2차 발효 → 굽기 → 냉각
- 장점: 설비·공장 면적·노동력·발효 손실 감소
- 단점: 일시적인 투자 비용이 큼, 발효 향 감소

**재반죽법**
- 장점: 기계 내성 양호, 공정 시간 단축, 식감 양호, 균일한 색상의 제품 생산 가능
- 단점: 오븐 스프링 적음

**노타임 반죽법**
- 산화제와 환원제: 브롬산칼륨 등(산화제), L-시스테인(환원제) 등
- 장점: 제조 시간 절약, 적은 발효 손실
- 단점: 맛과 향이 떨어짐, 저장성 저하, 재료비가 많이 듦

**비상 반죽법**
- 장점: 짧은 제조 시간, 비상시 빠른 대처 가능
- 단점: 이스트 냄새, 고르지 못한 부피, 빠른 노화

**찰리우드법**
강한 기계적 조작과 환원제에 의해 신장성 부여, 산화제 첨가해 반죽 경화, 2시간 정도 걸리는 속성법

**냉동 반죽법**
- 제조 공정: 믹싱 → 1차 발효 → 성형 → 냉동 → 저장 → 해동 → 2차 발효 → 굽기 → 냉각
- 장점: 작업의 편리성, 다품종 소량 생산 가능, 인당 생산량 증가 등
- 단점: 가스 보유력 저하, 가스 발생력 약화, 빠른 노화, 많은 양의 산화제 필요 등

**오버나이트 스펀지법**
- 특징: 효소의 작용이 천천히 진행되어 가스가 알맞게 생성되고 반죽이 알맞게 발전됨
- 장점: 반죽의 신장성, 풍부한 발효 향 등

# 필기합격 적중문제

PART 06 | 빵류 제조

정답 및 해설 P.14

## 01
제빵에 가장 적합한 물의 광물질 함량은?
① 1~60ppm
② 60~120ppm
③ 120~180ppm
④ 180ppm 이상

## 02
제빵에서 유지의 기능이 아닌 것은?
① 흡수율 증가
② 연화 작용
③ 공기 포집
④ 보존성 향상

## 03
제빵에서 물의 기능이 아닌 것은?
① 유화 작용을 한다.
② 반죽 농도를 조절한다.
③ 소금 등의 재료를 분산시킨다.
④ 효소를 활성화시킨다.

## 04
반죽에 사용하는 재료에 대한 설명으로 옳지 않은 것은?
① 소금을 많이 사용하면 발효 시간이 길어지고 부피가 작아진다.
② 이스트를 많이 사용하고 질이 좋을수록 발효 시간은 짧아진다.
③ 분유를 많이 사용하면 브레이크와 슈레드가 크게 생성된다.
④ 유지를 많이 사용하면 반죽 시간이 늘어난다.

## 05
이스트에 대한 설명으로 옳지 않은 것은?
① 주로 출아법에 의해 증식한다.
② 엽록소가 없는 단세포 생물이다.
③ 생이스트의 수분 함유율은 70~75%이다.
④ 제빵용 이스트는 온도 20~25℃에서 발효력이 최대가 된다.

## 06
탈지 분유를 빵에 넣었을 때, 발효 시 pH 변화에 미치는 영향은?
① pH 저하를 촉진시킨다.
② pH 상승을 촉진시킨다.
③ pH가 중성을 유지하게 된다.
④ pH 변화에 대한 완충 역할을 한다.

## 07
일반 식염을 구성하는 대표적인 원소는?
① 나트륨, 염소
② 칼슘, 탄소
③ 마그네슘, 염소
④ 칼륨, 탄소

## 08
스트레이트법의 장점으로 틀린 것은?
① 제조 공정이 단순하다.
② 노동력과 시간이 감소된다.
③ 노화가 지연되어 저장성이 좋다.
④ 제조 장소 및 장비가 적게 든다.

## 09
연속식 제빵법을 사용하는 장점과 가장 거리가 먼 것은?
① 인력의 감소
② 발효 향의 증가
③ 발효 손실의 감소
④ 공장 면적과 믹서 등 설비의 감소

## 10
이스트의 사멸로 가스 발생력, 보유력이 떨어지며 환원성 물질이 나와 반죽이 끈적거리고 퍼지기 쉬운 단점을 지닌 제빵법은?
① 냉동 반죽법
② 호프종법
③ 연속식 제빵법
④ 액체 발효법

## 11
비상 스트레이트법 반죽의 가장 적합한 온도는?
① 15℃
② 20℃
③ 30℃
④ 40℃

## 12
소금을 늦게 넣어 믹싱 시간을 단축하는 방법은?
① 염장법
② 후염법
③ 염지법
④ 훈제법

## 13
액체 발효법에서 발효가 종료된 것을 알기 위한 방법으로 가장 적절한 것은?
① pH 측정
② 거품의 상태 관찰
③ 시간의 경과 측정
④ 색, 냄새 등 관능 검사

## 14
스펀지법에서 스펀지 반죽의 가장 적합한 반죽 온도는?
① 13~15℃
② 18~20℃
③ 23~25℃
④ 30~32℃

## 15
오랜 시간 발효 과정을 거치지 않고 배합 후 정형하여 2차 발효를 하는 제빵법은?
① 재반죽법
② 스트레이트법
③ 노타임법
④ 스펀지법

## 16
액체 발효법(액종법)에 대한 설명으로 옳은 것은?
① 균일한 제품 생산이 어렵다.
② 공간 확보와 설비비가 많이 든다.
③ 한 번에 많은 양을 발효시킬 수 없다.
④ 발효 손실에 따른 생산 손실을 줄일 수 있다.

## 17
스펀지 반죽법에서 스펀지 반죽의 재료가 아닌 것은?
① 설탕
② 물
③ 이스트
④ 밀가루

## 18
반죽법에 대한 설명으로 틀린 것은?
① 비상 반죽법은 제조 시간을 단축할 목적으로 사용하는 반죽법이다.
② 재반죽법은 직접법의 변형으로 스트레이트법의 장점을 이용한 방법이다.
③ 스펀지법은 반죽을 2번에 나누어 믹싱하는 방법으로 중종법이라고 한다.
④ 직접법은 스트레이트법이라고 하며, 전 재료를 한 번에 넣고 반죽하는 방법이다.

## 19
냉동 반죽의 가스 보유력 저하 요인이 아닌 것은?
① 냉동 반죽의 빙결정
② 해동 시 탄산가스 확산에 의한 기포 수의 감소
③ 냉동 시 탄산가스 용해도 증가에 의한 기포 수의 감소
④ 냉동과 해동 및 냉동 저장에 따른 냉동 반죽 물성의 강화

## 20
냉동 반죽을 2차 발효시키는 방법으로 옳은 것은?
① 냉동 반죽을 30~33℃, 상대 습도 80%의 2차 발효실에 넣어 해동시킨 후 발효시킨다.
② 냉동 반죽을 38~43℃, 상대 습도 90%의 고온 다습한 2차 발효실에 넣어 해동시킨 후 발효시킨다.
③ 실온(25℃)에서 30~60분간 자연 해동시킨 후 30℃, 상대 습도 85%의 2차 발효실에서 발효시킨다.
④ 냉장고에서 15~16시간 냉장 해동시킨 후 30~33℃, 상대 습도 80%의 2차 발효실에서 발효시킨다.

## 21
냉동빵 혼합(Mixing) 시 흔히 사용하고 있는 제법으로, 환원제로 시스테인(Cysteine)을 사용하는 제법은?
① 스트레이트법  ② 스펀지법
③ 액체 발효법  ④ 노타임법

## 22
액체 발효법에서 액종 발효 시 완충제 역할을 하는 재료는?
① 탈지 분유  ② 설탕
③ 소금  ④ 쇼트닝

## 23
표준 스펀지 도우법에서 스펀지 발효 시간은?
① 1시간~2시간 30분
② 3시간~4시간 30분
③ 5시간~6시간
④ 7시간~8시간

## 24
스트레이트법에 의한 제빵 반죽 시 보통 유지를 첨가하는 단계는?
① 픽업 단계  ② 클린업 단계
③ 발전 단계  ④ 렛 다운 단계

## 25
냉동 반죽법의 재료 준비에 대한 설명으로 틀린 것은?
① 반죽은 조금 되게 한다.
② 노화 방지제를 소량 사용한다.
③ 저장 온도는 -5℃가 적합하다.
④ 크로와상 등의 제품에 이용된다.

## 26
냉동 반죽 제품의 장점이 아닌 것은?
① 계획 생산이 가능하다.
② 인당 생산량이 증가한다.
③ 반죽의 저장성이 향상된다.
④ 이스트의 사용량이 감소한다.

## 27
제빵법 중 스트레이트법과 비교한 스펀지 도우법의 장점에 해당하지 않는 것은?
① 노동력과 시간이 절감된다.
② 노화가 지연되어 저장성이 좋다.
③ 빵의 부피가 크고 속 결이 부드럽다.
④ 작업 공정에 융통성이 있어 잘못된 공정이 있으면 수정할 기회가 있다.

## 28
일반적인 스펀지 도우법으로 식빵을 만들 때 도우(Dough)의 가장 적당한 온도는?
① 17℃ 정도  ② 27℃ 정도
③ 37℃ 정도  ④ 47℃ 정도

## 29
제빵 배합률 작성 시 베이커스 퍼센트(Baker's %)에서 기준이 되는 재료는?

① 설탕　　② 물
③ 밀가루　　④ 유지

## 30
식빵 600g짜리 10개를 제조할 때 발효 및 굽기·냉각·손실 등을 합하여 총손실이 20%이고, 배합률의 합계가 150%라면 밀가루 사용량은?

① 3kg　　② 5kg
③ 6kg　　④ 8kg

## 31
중간 발효의 목적이 아닌 것은?

① 반죽의 휴지
② 기공의 제거
③ 탄력성 제공
④ 반죽에 유연성 부여

## 32
1차 발효 중에 펀치를 하는 이유는?

① 반죽의 온도를 높이기 위해
② 이스트를 활성화시키기 위해
③ 효소를 불활성화시키기 위해
④ 탄산가스 축적을 증가시키기 위해

## 33
팬닝 시 주의할 사항으로 옳지 않은 것은?

① 팬에 적정량의 팬 오일을 바른다.
② 틀이나 철판의 온도를 25℃로 맞춘다.
③ 반죽의 이음매가 틀의 바닥에 놓이도록 팬닝한다.
④ 반죽의 무게와 상태를 정하여 비용적에 맞추어 적당한 반죽량을 넣는다.

## 34
제빵 시 팬 기름의 조건으로 적절하지 않은 것은?

① 무색일 것
② 무취일 것
③ 발연점이 낮을 것
④ 산패가 잘 안 될 것

## 35
스트레이트법에 의해 식빵을 만들 경우 밀가루 온도 22℃, 실내 온도 26℃, 수돗물 온도 17℃, 결과 온도 30℃, 희망 온도 27℃, 사용 물 양 1,000g이면 얼음 사용량은 약 얼마인가?

① 83g　　② 88g
③ 93g　　④ 98g

## 36
빵의 노화 속도가 가장 빠른 온도는?

① −18~−1℃　　② 0~10℃
③ 20~30℃　　④ 35~45℃

## 37
식빵의 일반적인 비용적은?

① 0.36cm³/g　　② 1.36cm³/g
③ 3.36cm³/g　　④ 5.36cm³/g

## 38
일반적인 빵 제조 시 2차 발효실의 적정 온도는?

① 25~30℃　　② 30~35℃
③ 35~40℃　　④ 45~50℃

## 39
둥글리기(Rounding) 공정에 대한 설명으로 틀린 것은?
① 손 분할, 기계 분할이 있다.
② 덧가루, 분할기 기름을 최대로 사용한다.
③ 분할기의 종류는 제품에 적합한 기종을 선택한다.
④ 둥글리기 과정 중 큰 기포는 제거되고 반죽 온도가 균일화된다.

## 40
굽기 후 빵을 썰어 포장하기에 가장 좋은 온도는?
① 17℃　② 27℃
③ 37℃　④ 47℃

## 41
픽업(Pick-up) 단계에서 믹싱을 완료해도 좋은 제품은?
① 햄버거빵
② 스트레이트법 식빵
③ 스펀지 도우법 식빵
④ 데니시 페이스트리

## 42
밀가루를 전문적으로 시험하는 기기로 이루어진 것은?
① 패리노그래프, 가스크로마토그래피, 익스텐소그래프
② 패리노그래프, 아밀로그래프, 파이브로 미터
③ 패리노그래프, 익스텐소그래프, 아밀로그래프
④ 아밀로그래프, 익스텐소그래프, 펑츄어 테스터

## 43
수돗물 온도 18℃, 사용할 물 온도 9℃, 사용 물 양 10kg일 때 얼음 사용량은 약 얼마인가?
① 0.81kg　② 0.92kg
③ 1.11kg　④ 1.21kg

## 44
냉각 손실에 대한 설명으로 틀린 것은?
① 냉각 손실은 5% 정도가 적당하다.
② 상대 습도가 높으면 냉각 손실이 작다.
③ 여름철보다 겨울철이 냉각 손실이 크다.
④ 식히는 동안 수분 증발로 무게가 감소한다.

## 45
굽기 손실이 가장 큰 제품은?
① 식빵　② 바게트
③ 단팥빵　④ 버터 롤

## 46
빵 제품의 세소 공정에 대한 설명으로 틀린 것은?
① 반죽은 무게 또는 부피에 의해 분할한다.
② 중간 발효 시간은 보통 10~20분이며, 27~29℃에서 실시한다.
③ 둥글리기에서 과다한 덧가루를 사용하면 제품에 줄무늬가 생성된다.
④ 성형은 반죽을 일정한 형태로 만드는 1단계 공정으로 이루어져 있다.

## 47
여름철에 빵의 부패 원인 균인 곰팡이 및 세균을 방지하기 위한 방법으로 적절하지 않은 것은?
① 보존료인 소르빈산을 반죽에 첨가한다.
② 초산, 젖산 및 사워 등을 첨가하여 반죽의 pH를 낮게 유지한다.
③ 작업자 및 기계, 기구를 청결히 하고, 공장 내부의 공기를 순환시킨다.
④ 이스트 첨가량을 늘리고 발효 온도를 약간 낮게 유지하면서 충분히 굽는다.

## 48
오븐 스프링(Oven Spring)이 일어나는 원인이 아닌 것은?
① 가스압　② 용해 탄산가스
③ 전분 호화　④ 알코올 기화

**49**
일반적인 풀만 식빵의 굽기 손실은?
① 약 2~3%   ② 약 4~6%
③ 약 7~9%   ④ 약 11~13%

**50**
소프트 롤에 속하지 않는 것은?
① 디너 롤   ② 프렌치 롤
③ 브리오슈   ④ 치즈 롤

**51**
데니시 페이스트리 반죽의 적정 온도는?
① 18~22℃   ② 26~31℃
③ 35~39℃   ④ 45~49℃

**52**
빵의 원재료 중 밀가루의 글루텐 함량이 많을 때 나타나는 품질적 결함이 아닌 것은?
① 윗면이 검다.
② 비대칭성이다.
③ 겉껍질이 두껍다.
④ 기공이 불규칙하다.

**53**
제품의 부피가 작아지는 결점을 일으키는 원인이 아닌 것은?
① 반죽 정도의 초과
② 소금 사용량 부족
③ 설탕 사용량 과다
④ 이스트 푸드 사용량 부족

**54**
식빵의 껍질 색이 너무 옅은 결점의 원인은?
① 연수 사용   ② 설탕 사용 과다
③ 과도한 굽기   ④ 과도한 믹싱

**55**
2차 발효의 목적으로 옳지 않은 것은?
① 가스가 빠진 반죽을 다시 부풀린다.
② 반죽 온도가 낮을수록 이스트와 효소를 활성화시킨다.
③ 반죽의 신장성 증가로 오븐 팽창이 잘 일어나도록 한다.
④ 빵의 향에 관계하는 알코올, 유기산 및 그 외의 방향성 물질을 생성한다.

**56**
오븐 온도가 높을 때 식빵 제품에 미치는 영향이 아닌 것은?
① 부피가 작다.
② 질긴 껍질이 된다.
③ 껍질 색이 진하다.
④ 언더 베이킹이 되기 쉽다.

**57**
빵 제품의 껍질 색이 여리고, 부스러지기 쉬운 껍질이 되는 경우에 가장 크게 영향을 미치는 요인은?
① 지나친 발효   ② 발효 부족
③ 지나친 반죽   ④ 반죽 부족

**58**
소규모 제과점에서 주로 사용하는 방법으로, 모든 재료를 한 번에 넣고 반죽하는 방법은?
① 액종법   ② 중종법
③ 스트레이트법   ④ 비상스트레이트법

**59**
글루텐을 형성하는 주된 단백질은?
① 알부민, 글리아딘   ② 글루테닌, 글로불린
③ 글루테닌, 글리아딘   ④ 글로불린, 레시틴

**60**
발효 중 펀치의 효과와 가장 거리가 먼 것은?
① 성형을 용이하게 한다.
② 이스트의 활성을 돕는다.
③ 반죽의 온도를 균일하게 한다.
④ 반죽의 산소 공급으로 산화 숙성을 진전시킨다.

## 61
굽기 단계에서 일어나는 반응에 대한 설명으로 틀린 것은?

① 굽기 중 빵의 내부 온도는 100℃를 넘지 않는다.
② 글루텐은 90℃부터 굳기 시작하여 빵이 다 구워질 때까지 천천히 계속된다.
③ 반죽 온도가 60℃에 가까워지면 이스트가 사멸하면서 그와 함께 전분이 호화하기 시작한다.
④ 표피 부분이 160℃를 넘어서면 당의 캐러멜화 반응이 일어나고 전분이 덱스트린으로 분해된다.

## 62
발효가 지나친 반죽으로 빵을 구웠을 때의 제품 특성이 아닌 것은?

① 빵 껍질 색이 밝다.
② 신 냄새가 있다.
③ 체적이 작다.
④ 제품의 조직이 고르다.

## 63
다음은 어떤 공정의 목적인가?

> 자른 면의 점착성을 감소시키고 표피를 형성하여 탄력을 유지시킨다.

① 분할
② 둥글리기
③ 중간 발효
④ 정형

## 64
반죽의 내부 온도가 60℃에 도달하지 않은 상태에서 온도 상승에 따른 이스트의 활동으로 부피의 점진적인 증가가 진행되는 현상은?

① 호화
② 오븐 스프링
③ 오븐 라이즈
④ 캐러멜화(Caramelization)

## 65
언더 베이킹(Under Baking)에 대한 설명 중 틀린 것은?

① 제품의 윗부분이 올라간다.
② 제품의 윗부분이 평평하다.
③ 제품의 중앙 부분이 터지기 쉽다.
④ 제품의 속이 익지 않을 경우도 있다.

## ✓ 산업기사 대비 고난도 문제

## 66
데니시 페이스트리에서 롤인 유지 함량 및 접기 횟수에 대한 내용으로 틀린 것은?

① 롤인 유지 함량이 증가할수록 제품 부피는 증가한다.
② 롤인 유지 함량이 적어지면 같은 접기 횟수에서 제품의 부피가 감소한다.
③ 같은 롤인 유지 함량에서는 접기 횟수가 증가할수록 부피가 증가하다 최고점을 지나면 감소한다.
④ 롤인 유지 함량이 많은 것이 롤인 유지 함량이 적은 것보다 접기 횟수가 증가함에 따라 부피가 증가한다.

## 67
빵을 구운 후 냉각에 대한 설명으로 틀린 것은?

① 빵 속의 온도는 35~40℃, 수분 함량을 38%로 낮춘다.
② 냉각 속도를 높이기 위해 냉장고에 넣거나 선풍기 바람으로 식힌다.
③ 냉각하는 동안 빵 속의 수분이 껍질로 이동해 수분이 고르게 된다.
④ 곰팡이나 그 밖의 균에 피해를 입지 않도록 하고 포장과 슬라이스를 용이하게 한다.

## 68
냉동 반죽의 제조공정에 관한 설명 중 옳지 않은 것은?

① 냉동 반죽은 냉장고에서 15시간 정도 해동시킨 후 2차 발효실에 넣는다.
② 냉동 저장 기간이 길어질수록 품질 저하가 일어날 수 있으니 선입선출을 준수한다.
③ 고율 배합 제품보다 저율 배합 제품이 냉동에도 잘 견디기 때문에 냉동 저장에 알맞다.
④ 반죽을 −40℃로 급속 냉동시킨 후 −25~−18℃에 냉동 저장하여 필요시 해동하여 쓴다.

# 기출복원 모의고사

## 제과기능사

01회 | 02회 | 03회 | 04회 | 05회

[특별수록] 2025 실제 기출 복원문제

## 제빵기능사

01회 | 02회 | 03회 | 04회 | 05회

[특별수록] 2025 실제 기출 복원문제

# 제과기능사 2025 실제 기출 복원문제

## 01
발연점을 고려했을 때 튀김기름으로 가장 좋은 것은?
① 라드  ② 면실유
③ 낙화생유  ④ 올리브유

## 02
소규모 제과점에서 사용하며, 대류열을 이용하여 빵과 과자를 균일하게 굽는 오븐은 무엇인가?
① 데크오븐  ② 컨벡션오븐
③ 터널오븐  ④ 릴오븐

## 03
퍼프 페이스트리 제조 시 휴지의 목적이 아닌 것은?
① 밀어펴기를 쉽게 한다.
② 저온 처리를 하여 향이 좋아진다.
③ 반죽과 유지의 되기를 같게 한다.
④ 밀가루가 수화를 완전히 하여 글루텐을 안정시킨다.

## 04
퍼프 페이스트리 제조 중 굽는 과정에서 유지가 흘러나오는 이유가 아닌 것은?
① 과다한 충전물의 양
② 오래된 반죽의 사용
③ 너무 높거나 낮은 온도
④ 껍질에 달걀물을 많이 바른 경우

## 05
다음 중 휴지가 필요 없는 제품은?
① 케이크 도넛  ② 스펀지 케이크
③ 퍼프 페이스트리  ④ 쇼트브레드쿠키

## 06
엔젤푸드 케이크 제조 시 불필요한 재료는?
① 주석산 크림  ② 중조(베이킹소다)
③ 설탕  ④ 소금

## 07
도넛 제조 시 수분이 적을 때 나타나는 결점이 아닌 것은?
① 팽창이 부족하다.  ② 혹이 튀어 나온다.
③ 형태가 일정하지 않다.  ④ 표면이 갈라진다.

## 08
도넛 글레이즈가 끈적거리는 원인과 이에 대한 대응 방안으로 틀린 것은?
① 유지 성분과 수분의 유화 평형 불안정 – 원재료 중 유화제 함량을 높임
② 온도, 습도가 높은 환경 – 냉장 진열장 사용 또는 통풍이 잘되는 장소 선택
③ 안정제, 농후화제 부족 – 글레이즈 제조 시 첨가된 검류의 함량을 높임
④ 도넛 제조 시 지친 반죽, 2차 발효가 지나친 반죽 사용 – 표준 제조 공정 준수

## 09
다음 중 달걀 노른자를 사용하지 않는 케이크 종류는?
① 데블스 푸드 케이크  ② 파운드 케이크
③ 소프트 롤 케이크  ④ 화이트 레이어 케이크

## 10
흰자를 사용하는 제품에 주석산 크림이나 식초를 첨가하는 이유로 적합하지 않은 것은?
① 풍미를 좋게 함
② 색깔을 희게 함
③ 알칼리성의 흰자를 중화함
④ pH를 낮춤으로 흰자를 강력하게 함

## 11
머랭(meringgue)중에서 설탕을 끓여서 시럽으로 만들어 제조하는 것은?

① 냉제 머랭  ② 스위스 머랭
③ 이탈리안 머랭  ④ 온제 머랭

## 12
다음 중 기공이 열리고 조직이 거칠어지는 원인에 대한 설명이 아닌 것은?

① 크림화가 지나쳐 많은 공기가 혼입되고 큰 공기 방울이 반죽에 남아있다.
② 낮은 온도의 오븐에서 구우면 가스가 천천히 발생하여 크고 열린 기공을 만든다.
③ 기공이 열리면 탄력성이 증가되어 거칠고 부스러지는 조직이 된다.
④ 과도한 팽창제는 필요량 이상의 가스를 발생하여 기공에 압력을 가해 기공이 열리고 조직이 거칠어진다.

## 13
케이크 반죽이 30ℓ 용량의 그릇 10개에 가득 차 있다. 이 반죽으로 300g 짜리 분할 반죽 600개를 만들었다면, 이 반죽의 비중은 얼마인가?

① 0.8  ② 0.7
③ 0.6  ④ 0.5

## 14
제과에서 달걀의 기능으로 옳게 짝지어진 것은?

① 영양가치 증가, 유화 역할, pH 강화
② 영양가치 증가, 유화 역할, 조직 강화
③ 영양가치 증가, 조직 강화, 방부 효과
④ 유화 역할, 조직 강화, 발효시간 단축

## 15
제과에서 설탕의 기능으로 옳지 않은 것은?

① 전분의 노화를 촉진한다.
② 수분 보습제의 역할을 한다.
③ 제품의 껍질색을 진하게 한다.
④ 제품의 향미를 높이고 저장성을 증가시킨다.

## 16
제과점 작업장에서 작업장 구획설정의 주요 목적이 아닌 것은?

① 교차오염 방지  ② 작업 효율성 증대
③ 작업자 휴식 공간 확보  ④ 위생 관리 강화

## 17
빵을 굽는 과정에서 전기오븐 내부의 뜨거워진 공기를 강제로 순환시켜 열을 전달하는 방식은?

① 대류  ② 전도
③ 복사  ④ 전자파

## 18
완성된 쿠키의 크기가 퍼지지 않아 작게 나타난 경우, 그 원인으로 적절하지 않은 것은?

① 굽기 온도가 높았다.  ② 사용한 반죽이 묽었다.
③ 가루설탕을 사용하였다.  ④ 반죽이 산성이었다.

## 19
블렌딩법 제조 시 해당하는 사항은?

① 21℃ 정도의 온도를 갖는 유지를 사용하여 배합한다.
② 젖은 상태(wet peak) 머랭을 사용하여 밀가루와 혼합한다.
③ 반죽기의 반죽 속도는 고속-중속-고속의 순서로 진행한다.
④ 달걀과 설탕을 넣고 거품 올리기 전에 43℃로 중탕한다.

## 20
다음 중 빵을 포장하기 전 온도가 지나치게 낮을 경우에 발생하는 현상은?

① 노화가 빨라진다.
② 포장지에 수분이 응축된다.
③ 절단(Slice)이 잘 되지 않는다.
④ 곰팡이, 박테리아의 번식이 용이하다.

## 21
완제품 600g 파운드 케이크 1,200개를 만들고자 한다. 이때 믹싱 손실이 1%, 굽기손실이 19%라면 필요한 총 재료량은?

① 720kg  ② 780kg
③ 840kg  ④ 900kg

## 22
소프트롤 겉면이 터지는 현상이 발생할 경우, 취해야 할 조치로 옳지 않은 것은?

① 반죽의 비중을 낮춘다.
② 덱스트린의 점착성을 이용한다.
③ 설탕의 일부를 물엿으로 대체한다.
④ 팽창이 과도한 경우 팽창제 사용량을 줄인다.

## 23
여름철(실온 30℃)에 사과파이 껍질을 제조할 때 적당한 물의 온도는?

① 4℃  ② 19℃
③ 28℃  ④ 35℃

## 24
케이크 도넛을 튀긴 후 과도한 흡유 현상이 일어나는 이유가 아닌 것은?

① 긴 반죽시간  ② 과다한 팽창제 사용
③ 낮은 튀김 온도  ④ 반죽의 수분 과다

## 25
슈 반죽을 오븐에 넣기 전 표면에 물을 충분히 분사하는 이유가 아닌 것은?

① 균일한 모양을 얻을 수 있도록 한다.
② 충분히 부풀어 오를 수 있도록 도움을 준다.
③ 오븐에서 껍질이 형성되는 것을 지연시킨다.
④ 제품의 모양을 쉽게 변형시킬 수 있도록 한다.

## 26
초콜릿의 슈가 블룸(Sugar Bloom) 현상에 대한 설명으로 틀린 것은?

① 템퍼링이 부족하면 설탕의 재결정화가 일어난다.
② 초콜릿 표면에 수분이 응축하면서 발생하는 현상이다.
③ 습도가 낮고 온도가 일정한 건조한 곳에 보관해야 한다.
④ 설탕이 재결정화되어 초콜릿 표면에 작은 흰색 반점이 나타난다.

## 27
다음과 같은 사항을 점검하는 것은 반죽형 쿠키에서 어떤 결점을 찾아내기 위함인가?

> a. 믹싱이 지나친가?
> b. 반죽이 너무 산성인가?
> c. 오븐 온도가 높지 않은가?
> d. 너무 고운 입자의 설탕을 사용했나?

① 딱딱한 쿠키  ② 팬에 늘어 붙는 쿠키
③ 퍼짐이 적은 쿠키  ④ 퍼짐이 과도한 쿠키

## 28
반죽형 케이크의 중심부가 솟아오르는 원인으로 가장 알맞은 것은?

① 설탕 사용량이 많다.  ② 쇼트닝 사용량이 많다.
③ 달걀 사용량이 많다.  ④ 오븐 온도가 높다.

## 29
케이크 도넛 완제품의 일반적인 유지 함량으로 알맞은 것은?

① 20~25%  ② 30~35%
③ 40~45%  ④ 50~55%

## 30
다음 중 반죽형 쿠키에 해당하지 않는 것은?

① 드롭 쿠키  ② 스냅 쿠키
③ 쇼트브레드 쿠키  ④ 스펀지 쿠키

## 31
초콜릿 제조 공정에서 1차 가공과 2차 가공 작업의 연결로 올바른 것은?
① 1차 가공 - 콘칭
② 2차 가공 - 볶기
③ 1차 가공 - 템퍼링
④ 2차 가공 - 템퍼링

## 32
유화제에 대한 설명으로 옳지 않은 것은?
① 유화제는 계면활성제의 일종이다.
② 레시틴, 모노글리세리드, 난황 등은 대표적인 유화제이다.
③ 친유성과 친수성을 50%의 동일한 비율로 가져야 유화 기능을 할 수 있다.
④ 빵에는 글루텐과 전분 사이로 이동하는 자유수의 분포를 조절하여 노화를 방지한다.

## 33
유지의 기능 중 크림성(Creaming)의 설명에 해당하는 것은?
① 산패를 방지한다.
② 제품을 부드럽게 한다.
③ 밀어 펴지는 성질을 부여한다.
④ 공기를 포집하여 부피를 좋게 한다.

## 34
다음 중 1.5kg보다 무게가 큰 것은?
① 1,200g
② 1,600g
③ 100,000mg
④ 1,400g

## 35
100kg의 밀을 제분하여 76kg의 밀가루를 얻었다. 이때 제분율은 얼마인가?
① 7.6%
② 1.3%
③ 13%
④ 76%

## 36
다음 중 향신료에 해당하지 않는 것은?
① 카라야검
② 카다몬
③ 시나몬
④ 올스파이스

## 37
알파 아밀레이스(α-amlylase)에 대한 설명으로 틀린 것은?
① 액화효소라고도 불린다.
② 당화효소라고도 불린다.
③ 베타 아밀라아제(β-amlylase)에 비해 열 안정성이 크다.
④ 전분의 내부 결합을 가수분해할 수 있어 내부 아밀라아제라고도 한다.

## 38
설탕에 물을 넣고 114~118℃까지 가열시켜 시럽을 만든 뒤, 이를 냉각시키며 교반하여 새하얗게 만든 제품은?
① 휘핑크림
② 퐁당
③ 캔디
④ 머랭

## 39
크림치즈 충전물에 일반적으로 사용되지 않는 재료는?
① 생크림
② 설탕
③ 버터
④ 식초

## 40
판 젤라틴(Sheet Gelatin)을 전처리할 때 사용하는 물의 온도로 알맞은 것은?
① 10~20℃
② 30~40℃
③ 60~70℃
④ 80~90℃

## 41
분유의 용해도에 영향을 주는 요소가 아닌 것은?
① 건조 방법
② 저장 기간
③ 원유의 신선도
④ 단백질 함량

## 42
초콜릿의 보관 조건으로 가장 적절한 온도와 습도는?
① 온도 16℃, 습도 45%
② 온도 20℃, 습도 60%
③ 온도 30℃, 습도 70%
④ 온도 36℃, 습도 80%

## 43
안정제의 역할로 옳지 않은 것은?
① 아이싱의 끈적거림을 방지한다.
② 무스, 젤리 등의 제조에 사용된다.
③ 크림 토핑의 거품 안정제로 사용된다.
④ 흡수제로 작용하여 노화를 촉진한다.

## 44
무스나 바바로아의 제조에 사용하기에 알맞은 안정제는?
① 젤라틴
② 한천
③ 펙틴
④ C.M.C

## 45
다음 중 향신료 사용 목적에 대한 설명으로 옳지 않은 것은?
① 향기를 부여하여 식욕을 억제한다.
② 제품의 독특한 개성을 부여한다.
③ 육류나 생선의 잡내를 완화한다.
④ 식욕을 돋우는 색과 맛을 부여한다.

## 46
다음 중 인수공통감염병에 해당하지 않는 것은?
① 결핵
② 탄저
③ Q열
④ 브루셀라증

## 47
감염병의 감염 과정에서 ( )에 들어갈 알맞은 말은 무엇인가?

병원체 탈출 → ( ) → 숙주에 침입 → 숙주 감염

① 전파
② 분열
③ 합성
④ 합성

## 48
밀가루 등으로 오인하여 식중독을 일으킨 사례가 있으며, 습진성 피부질환 등의 증상을 유발할 수 있는 물질은?
① 수은
② 납
③ 비소
④ 아연

## 49
다음 중 감염형 세균성 식중독에 해당하는 것은?
① 고시풀
② 살모넬라균
③ 포도상구균
④ 바실러스 세레우스

## 50
과거에는 단무지, 면류 및 카레분 등에 사용되었으나 독성이 강하여 현재 사용이 금지된 색소는?
① 아마란스(식용 적색 제2호)
② 아우라민(염기성 황색 색소)
③ 타트라진(식용 황색 제4호)
④ 에리쓰로신(식용 적색 제3호)

**51**
독성이 강하여 사용이 금지된 식품첨가물은 무엇인가?
① 붕산 – 표백제
② 질산나트륨 – 발색제
③ 소포제 – 실리콘 수지
④ 이형제 – 유동 파라핀

**52**
식품을 제조·가공·조리 또는 보존하는 과정에서 감미, 착색, 표백 또는 산화 방지 등을 목적으로 식품에 사용되는 물질을 무엇이라고 하는가?
① 식품영양제
② 식품보조제
③ 식품첨가물
④ HACCP

**53**
다음 중 HACCP의 7가지 적용 원칙에 해당하지 않는 것은?
① 기록 유지 및 문서 관리
② HACCP 팀 구성
③ 위해 요소 분석
④ 한계 기준 설정

**54**
미생물 증식에 관한 설명으로 옳지 않은 것은?
① 70℃에서도 생육이 가능한 미생물이 있다.
② 냉장 온도에서는 유해 미생물이 전혀 증식하지 않는다.
③ 수분 함량이 낮은 저장 곡류에서도 미생물은 증식할 수 있다.
④ 한 종류의 미생물이 많이 번식하면 다른 미생물의 번식이 억제될 수 있다.

**55**
냉장 보관법에 대한 설명으로 옳지 않은 것은?
① 냉동실은 -18℃, 냉장실은 5℃ 이하의 적정 온도를 유지해야 한다.
② 박테리아와 진균류가 번식할 수 있으므로 연 1회 이상 검사를 실시해야 한다.
③ 냉장·냉동 보관을 하면 박테리아와 진균류가 전혀 번식하지 않는다.
④ 미생물 발육 조건 중 온도를 낮춤으로써 증식을 억제하는 방법이다.

**56**
세계보건기구(WHO)는 성인의 1일 총 섭취 열량 중 트랜스지방의 섭취를 몇 % 이하로 권고하고 있는가?
① 0.5%
② 1%
③ 2%
④ 3%

**57**
비타민 A 결핍 시 주로 나타나는 증상으로 올바르게 묶인 것은?
① 구루병, 골다공증
② 불임증, 근육위축증
③ 야맹증, 건조성 안염
④ 구루병, 골연화증

**58**
글리코겐이 주로 합성되는 곳은?
① 간, 신장
② 소화관, 근육
③ 간, 혈액
④ 간, 근육

**59**
식품의 처리·가공·저장 과정에서 발생하는 오염에 대한 설명으로 옳지 않은 것은?
① 양질의 원료와 용수를 사용하면 1차 오염을 방지할 수 있다.
② 농산물의 재배나 축산물의 성장 과정에서 1차 오염이 발생할 수 있다.
③ 종업원의 철저한 위생 관리만으로 2차 오염을 완전히 방지할 수 있다.
④ 수확, 채취 어획, 도살 등의 처리 과정에서 2차 오염이 발생할 수 있다.

**60**
지방을 분해하는 소화 효소로 알맞은 것은?
① 라이페이스, 스테압신
② 프티알린, 트립신
③ 스테압신, 펩신
④ 라이페이스, 펩신

# 01회 기출복원 모의고사

## 01
오븐의 생산 능력은 무엇으로 계산하는가?
① 오븐의 높이
② 소모되는 전력량
③ 오븐의 단열 정도
④ 오븐 내 매입 철판 수

## 02
40g의 계량컵에 물을 가득 채웠더니 240g이었다. 과자 반죽을 넣고 달아 보니 220g이 되었다면 이 반죽의 비중은?
① 0.85
② 0.90
③ 0.92
④ 0.95

## 03
식중독 발생의 주요 경로인 배설물 – 구강 오염 경로를 차단하기 위한 방법으로 가장 적합한 것은?
① 조리 후 빨리 섭취하기
② 음식물 철저히 가열하기
③ 손 씻기 등 개인위생 지키기
④ 남은 음식물 냉장 보관하기

**출제예감**

## 04
고율 배합 케이크와 비교한 저율 배합 케이크의 특징은?
① 굽는 온도가 높다.
② 반죽의 비중이 낮다.
③ 화학 팽창제 사용량이 적다.
④ 믹싱 중 공기 혼입량이 많다.

## 05
과실이 익어감에 따라 어떤 효소의 작용에 의해 수용성 펙틴이 생성되는가?
① 브로멜린
② 아밀레이스
③ 펙틴리가아제
④ 프로토펙틴 가수 분해 효소

## 06
제빵 팬닝 시 적당한 팬의 온도는?
① 22℃
② 32℃
③ 42℃
④ 52℃

## 07
다음 중 반죽형 쿠키가 아닌 것은?
① 드롭 쿠키
② 스냅 쿠키
③ 스펀지 쿠키
④ 쇼트 브레드 쿠키

## 08
생이스트가 없어 건조 이스트로 대체하고자 할 때, 건조 이스트는 생이스트 배합 양보다 얼마만큼 조정하여야 하는가?
① 2배 증가
② 7배 증가
③ 2배 감소
④ 7배 감소

## 09
거품을 올린 흰자에 뜨거운 시럽을 첨가하면서 고속으로 믹싱하여 만드는 아이싱은?
① 마시멜로 아이싱
② 콤비네이션 아이싱
③ 초콜릿 아이싱
④ 로얄 아이싱

## 10
지방을 분해하는 효소는?
① 아밀레이스
② 라이페이스
③ 락테이스
④ 프로테이스

## 11
반죽 온도가 가장 낮은 것은?
① 퍼프 페이스트리
② 레이어 케이크
③ 파운드 케이크
④ 스펀지 케이크

## 12
이형제로 팬에 물을 분무하여 사용하는 제품은?
① 슈
② 엔젤 푸드 케이크
③ 오렌지 케이크
④ 마블 파운드 케이크

## 13
공장 설비 구성에 대한 설명으로 옳지 않은 것은?
① 공장 시설 설비는 인간을 대상으로 하는 공학이다.
② 각 시설은 그 시설이 제공하는 서비스의 형태에 기본적인 어떤 기능을 지니고 있지 않다.
③ 설계 디자인은 공간의 할당, 물리적 시설, 구조의 생김새, 설비가 갖춰진 작업장을 나타내 준다.
④ 공장 시설은 식품 조리 과정의 다양한 작업을 여러 조건에 따라 합리적으로 수행하기 위한 시설이다.

## 14
거품형 제품 제조 시 가온법의 장점이 아닌 것은?
① 기공이 조밀하다.
② 껍질 색이 균일하다.
③ 기포 시간이 단축된다.
④ 달걀의 비린내가 감소된다.

## 15
과자 반죽의 온도 조절에 대한 설명으로 틀린 것은?
① 반죽 온도가 낮으면 기공이 조밀하다.
② 반죽 온도가 높은 제품은 노화가 느리다.
③ 반죽 온도가 낮으면 부피가 작아지고 식감이 나쁘다.
④ 반죽 온도가 높으면 기공이 열리고 큰 구멍이 생긴다.

## 16
10kg의 베이킹파우더에 28%의 전분이 들어 있고 중화가가 80이라면 중조의 함량은?
① 3.2kg
② 4.0kg
③ 4.8kg
④ 7.2kg

## 17
과자 반죽의 믹싱 완료 정도를 파악할 때 사용되는 항목으로 적합하지 않은 것은?
① 반죽의 색
② 반죽의 비중
③ 반죽의 점
④ 글루텐의 발전 정도

## 18
케이크 도넛의 튀김 온도로 가장 적합한 것은?
① 140~160℃
② 180~195℃
③ 217~227℃
④ 230℃ 이상

## 19
다음 배합률로 제조하기에 적당한 케이크는?

- 밀가루 100%
- 설탕 166%
- 달걀 166%
- 소금 2%

① 파운드 케이크
② 옐로 레이어 케이크
③ 스펀지 케이크
④ 엔젤 푸드 케이크

## 20
전란을 사용하는 거품형 케이크에 해당하는 것은?
① 파운드 케이크　② 스펀지 케이크
③ 데블스 푸드 케이크　④ 초콜릿 케이크

**출제예감**
## 21
과일 파이의 충전물이 끓어 넘치는 이유가 아닌 것은?
① 오븐 온도가 낮다.
② 충전물의 온도가 낮다.
③ 껍질에 구멍을 뚫지 않았다.
④ 충전물에 설탕을 너무 많이 사용하였다.

## 22
거품형 케이크 반죽을 믹싱할 때 가장 적절한 믹싱법은?
① 중속 → 저속 → 고속
② 저속 → 고속 → 중속
③ 저속 → 중속 → 고속 → 저속
④ 고속 → 중속 → 저속 → 고속

## 23
버터 크림 당액 제조 시 설탕에 대한 물 사용량으로 알맞은 것은?
① 25%　② 80%
③ 100%　④ 125%

**출제예감**
## 24
같은 용적의 팬에 같은 무게의 반죽을 팬닝하였을 경우 부피가 가장 작은 제품은?
① 시폰 케이크　② 레이어 케이크
③ 파운드 케이크　④ 스펀지 케이크

## 25
제품의 팽창 형태가 화학적 팽창에 해당하지 않는 것은?
① 와플　② 팬케이크
③ 비스킷　④ 잉글리시 머핀

## 26
제과 공장 설계 시 환경 관련 조건으로 알맞지 않은 것은?
① 바다 가까운 곳에 위치해야 한다.
② 환경 및 주위가 깨끗한 곳이어야 한다.
③ 양질의 물을 충분히 얻을 수 있어야 한다.
④ 폐수 및 폐기물 처리에 편리한 곳이어야 한다.

## 27
열원으로 찜(수증기)을 이용했을 때의 주 열전달 방식은?
① 대류　② 전도
③ 초음파　④ 복사

## 28
건조 방지를 목적으로 나무틀을 사용하여 굽기를 하는 제품은?
① 슈　② 밀푀유
③ 카스텔라　④ 퍼프 페이스트리

## 29
포장된 케이크류에서 변패의 가장 중요한 원인은?
① 흡수　② 고온
③ 저장 기간　④ 작업자

## 30
파이 롤러를 사용하지 않는 제품은?
① 데니시 페이스트리　② 케이크 도넛
③ 퍼프 페이스트리　④ 롤 케이크

## 31
지방은 무엇이 축합되어 만들어지는가?
① 지방산과 글리세롤
② 지방산과 올레인산
③ 지방산과 팔미트산
④ 지방산과 리놀레인산

## 32
거친 설탕 입자를 마쇄하여 고운 눈금을 가진 체로 통과시킨 후 덩어리 방지제를 첨가한 제품은?
① 액당
② 분당
③ 전화당
④ 포도당

## 33
장기간의 저장성을 지녀야 하는 건과자용 쇼트닝에서 가장 중요한 제품 특성은?
① 가소성
② 안정성
③ 신장성
④ 크림성

## 34
당분 60~65%, 펙틴 1~1.5%인 젤리를 제조할 때 가장 적합한 pH는?
① pH 1
② pH 3.2
③ pH 7.8
④ pH 10

## 35
머랭(Meringue)을 만드는 주요 재료는?
① 달걀 흰자
② 전란
③ 달걀 노른자
④ 박력분

## 36
강력분과 박력분의 성상에서 가장 중요한 차이점은?
① 단백질 함량의 차이
② 비타민 함량의 차이
③ 지방 함량의 차이
④ 전분 함량의 차이

## 37
일반적으로 100g당 열량을 가장 많이 내는 유제품은?
① 요구르트
② 탈지 분유
③ 가공 치즈
④ 시유

## 38
달걀에 대한 설명으로 옳은 것은?
① 달걀 흰자의 대부분은 지방질이다.
② 달걀은 흰자보다 노른자 중량이 더 크다.
③ 달걀 노른자에 가장 많은 것은 탄수화물이다.
④ 달걀 껍데기는 대부분 탄산칼슘으로 이루어져 있다.

## 39
과일 케이크를 만들 때 과일이 가라앉는 경우가 아닌 것은?
① 강도가 약한 밀가루를 사용한 경우
② 시럽에 담근 과일의 시럽을 배수시켜 사용한 경우
③ 믹싱이 지나치고 큰 공기 방울이 반죽에 남는 경우
④ 진한 속 색을 위한 탄산수소나트륨을 과다로 사용한 경우

## 40
발효 시간을 단축시키는 물은?
① 연수
② 경수
③ 염수
④ 알칼리수

## 41
믹싱 시간, 믹싱 내구성, 흡수율 등 반죽의 배합이나 혼합을 위한 기초 자료를 제공하는 것은?

① 레오그래프(Rheograph)
② 아밀로그래프(Amylograph)
③ 패리노그래프(Farinograph)
④ 익스텐소그래프(Extensograph)

## 42 출제예감
β-아밀레이스에 대한 설명으로 틀린 것은?

① 전분이나 덱스트린을 맥아당으로 만든다.
② 액화 효소 또는 내부 아밀레이스라고도 한다.
③ 전분의 구조가 아밀로펙틴인 경우 약 52%까지만 가수분해한다.
④ 아밀로오스의 말단에서 시작하여 포도당 2분자씩을 끊어가면서 분해한다.

## 43
발효할 때 유산(젖산)을 생성하는 당은?

① 유당
② 설탕
③ 과당
④ 포도당

## 44
푸딩을 제조할 때 경도는 어떤 재료에 의해 결정되는가?

① 우유
② 설탕
③ 달걀
④ 소금

## 45
고율 배합의 제품을 굽는 방법으로 알맞은 것은?

① 저온 단시간
② 고온 단시간
③ 저온 장시간
④ 고온 장시간

## 46
포장재에 대한 설명으로 틀린 것은?

① 값이 저렴해야 한다.
② 방수성이 있고 통기성이 있어야 한다.
③ 포장 기계에 쉽게 적용할 수 있어야 한다.
④ 포장을 했을 때 상품의 가치를 높여야 한다.

## 47
글리세롤 1분자와 지방산 1분자가 결합한 것은?

① 펜토스(Pentose)
② 디글리세리드(Diglyceride)
③ 트리글리세리드(Triglyceride)
④ 모노글리세리드(Monoglyceride)

## 48 출제예감
파이 껍질이 질기고 단단한 경우 그 원인이 아닌 것은?

① 반죽 시간이 길었다.
② 강력분을 사용하였다.
③ 밀어 펴기를 덜 하였다.
④ 자투리 반죽을 많이 썼다.

## 49
D-Glucose와 D-Mannose의 관계는?

① Anomer
② Epimer
③ 동소체
④ 라세믹체

## 50
성인의 에너지 적정 비율의 연결이 옳은 것은?

① 탄수화물 30~55%
② 단백질 7~20%
③ 지질 5~10%
④ 비타민 30~40%

**51**

미생물에 의해 주로 단백질이 변화되어 악취·유해 물질을 생성하는 현상은?

① 발효(Fermentation)  ② 부패(Putrefaction)
③ 변패(Deterioration)  ④ 산패(Rancidity)

**52**

채소를 통해 감염되는 기생충은?

① 광절열두조충  ② 선모충
③ 회충  ④ 폐흡충

**출제예감**
**53**

감염형 식중독에 해당하지 않는 것은?

① 살모넬라균 식중독
② 포도상구균 식중독
③ 병원성 대장균 식중독
④ 장염 비브리오균 식중독

**출제예감**
**54**

경구 감염병과 비교한 세균성 식중독의 특징은?

① 2차 감염이 잘 일어난다.
② 많은 양의 균으로 발병한다.
③ 발병 후 면역이 매우 잘 생긴다.
④ 경구 감염병보다 잠복기가 길다.

**55**

산화 방지제로 쓰이는 물질이 아닌 것은?

① 중조  ② BHT
③ BHA  ④ 세사몰

**56**

과산화수소의 사용 목적으로 알맞은 것은?

① 보존료  ② 발색제
③ 살균료  ④ 산화 방지제

**57**

사람과 동물이 같은 병원체에 의하여 발생되는 감염병이 아닌 것은?

① 탄저병  ② 결핵
③ 동양모양선충  ④ 브루셀라증

**58**

동물에게 유산을 일으키며 사람에게는 열병을 나타내는 인수 공통 감염병은?

① 탄저병  ② 리스테리아증
③ 돈단독  ④ 브루셀라증

**59**

경구 감염병의 예방 대책에 대한 설명으로 틀린 것은?

① 모든 예방 접종은 1회만 실시한다.
② 오염이 의심되는 식품은 폐기한다.
③ 건강 유지와 저항력의 향상에 노력한다.
④ 의식 전환 운동, 계몽 활동, 위생 교육 등을 정기적으로 실시한다.

**60**

가수 분해나 산화에 의해 튀김 기름을 나쁘게 만드는 요인이 아닌 것은?

① 온도  ② 물
③ 산소  ④ 비타민 E(토코페롤)

## 제과기능사 02회 기출복원 모의고사

정답 및 해설 P.27

**01**

다음 과자 반죽의 비중은?

- 비중컵=50g
- 비중컵+물=250g
- 비중컵+반죽=170g

① 0.40　　② 0.60
③ 0.68　　④ 1.47

**02**

일반적으로 강력분으로 만드는 것은?

① 소프트 롤 케이크　② 스펀지 케이크
③ 엔젤 푸드 케이크　④ 식빵

**03**

흰자를 거품 내면서 뜨겁게 끓인 시럽을 부어 만든 머랭은?

① 냉제 머랭　② 온제 머랭
③ 스위스 머랭　④ 이탈리안 머랭

**04**

단백질에 대한 설명으로 옳지 않은 것은?

① 기본 단위는 아미노산이다.
② 고온으로 가열하면 변성된다.
③ 대부분의 단백질은 열에 응고된다.
④ 단당류, 이당류, 다당류로 나뉜다.

**05**

케이크 도넛의 제조 방법으로 옳지 않은 것은?

① 정형 후 곧바로 튀긴다.
② 덧가루를 얇게 사용한다.
③ 정형기로 찍을 때 반죽 손실이 적도록 찍는다.
④ 튀긴 후 그물망에 올려 놓고 여분의 기름을 배출시킨다.

**06**

반죽 비중에 대한 설명으로 옳지 않은 것은?

① 비중이 낮으면 부피가 커진다.
② 비중이 높으면 부피가 작아진다.
③ 비중이 높으면 기공이 커지고 노화가 느리다.
④ 비중이 낮으면 기공이 열려 조직이 거칠어진다.

**07**

비타민과 관련된 결핍증의 연결이 틀린 것은?

① 비타민 A – 야맹증
② 비타민 $B_1$ – 구내염
③ 비타민 C – 괴혈병
④ 비타민 D – 구루병

**출제예감**

**08**

퍼프 페이스트리를 제조할 때 주의할 점이 아닌 것은?

① 굽기 전에 적정한 최종 휴지를 시킨다.
② 자투리 반죽이 최소로 되도록 정형한다.
③ 충전물을 넣고 굽는 반죽은 구멍을 뚫고 굽는다.
④ 성형한 반죽을 장기간 보관하려면 냉장하는 것이 좋다.

**09**

다음 쿠키 반죽 중 가장 묽은 반죽은?

① 마카롱 쿠키
② 짜는 형태의 쿠키
③ 판에 등사하는 쿠키
④ 밀어 펴서 정형하는 쿠키

## 10
주방 설비 중 작업의 효율성을 높이기 위한 작업 테이블의 위치로 가장 적절한 것은?
① 오븐 옆
② 냉장고 옆
③ 발효실 옆
④ 주방의 중앙부

## 11
반죽 온도 조절에 대한 설명으로 틀린 것은?
① 사과 파이 반죽의 물 온도는 38℃가 적당하다.
② 파운드 케이크의 반죽 온도는 23℃가 적당하다.
③ 퍼프 페이스트리의 반죽 온도는 20℃가 적당하다.
④ 버터 스펀지 케이크(공립법)의 반죽 온도는 23℃가 적당하다.

## 12
스펀지 케이크의 굽기 공정 중 나타나는 현상이 아닌 것은?
① 공기의 팽창
② 전분의 호화
③ 밀가루의 혼합
④ 단백질의 응고

## 13
식중독 원인 균과 원인 식품의 연결이 틀린 것은?
① 장염 비브리오균 - 감자
② 살모넬라균 - 달걀
③ 캠필로박터균 - 닭고기
④ 포도상구균 - 도시락

## 14
빵을 비롯한 밀가루 제품에서 밀가루를 부풀게 하여 적당한 형태를 갖추게 하기 위하여 사용되는 첨가물은?
① 팽창제
② 유화제
③ 피막제
④ 산화 방지제

## 15
엔젤 푸드 케이크 제조 공정에 대한 설명으로 틀린 것은?
① 달걀 흰자만 사용한다.
② 설탕의 2/3는 머랭에 투입한다.
③ 균일하게 기름칠이 된 팬에 넣어 굽는다.
④ 주석산을 머랭에 섞으면 탄력 있는 제품이 된다.

**출제예감**
## 16
도넛에 묻힌 설탕이 녹는 현상(발한)을 감소시키기 위한 조치로 틀린 것은?
① 충분히 냉각시킨다.
② 냉각 중 환기를 많이 시킨다.
③ 가급적 짧은 시간 동안 튀긴다.
④ 도넛에 묻히는 설탕의 양을 증가시킨다.

## 17
다음 중 강력분을 사용하는 제품은?
① 스펀지 케이크
② 파운드 케이크
③ 퍼프 페이스트리
④ 옐로우 레이어 케이크

## 18
우리나라 식중독 월별 발생 상황 중 환자의 수가 92% 이상을 차지하는 계절은?
① 1~2월
② 3~4월
③ 5~9월
④ 10~12월

**출제예감**
## 19
비용적이 가장 큰 제품은?
① 파운드 케이크
② 레이어 케이크
③ 스펀지 케이크
④ 식빵

**출제예감**
## 20
반죽 발효에 영향을 주지 않는 재료는?
① 설탕
② 쇼트닝
③ 이스트
④ 이스트 푸드

## 21
젤리 롤 케이크 반죽의 굽기에 대한 설명으로 틀린 것은?

① 두껍게 편 반죽은 낮은 온도에서 굽는다.
② 양이 적은 반죽은 높은 온도에서 굽는다.
③ 열이 식으면 압력을 가해 수평을 맞춘다.
④ 구운 후 철판에서 꺼내지 않고 냉각시킨다.

## 22
스펀지 도우법으로 반죽을 만들 때 스펀지 반죽 온도로 적정한 것은?

① 24℃  ② 27℃
③ 26℃  ④ 28℃

## 23 (출제예감)
냉동 페이스트리를 구운 후 옆면이 주저앉는 원인이 아닌 것은?

① 토핑물이 많은 경우
② 잘 구워지지 않은 경우
③ 2차 발효가 과다한 경우
④ 해동 온도가 2~5℃로 낮은 경우

## 24
완제품 50g짜리 쿠키 100개를 만들려고 한다. 굽기 손실 12%, 총배합률 180%일 때 이 반죽의 분할 당시 반죽 무게는?

① 4.68kg  ② 5.68kg
③ 6.68kg  ④ 7.68kg

## 25
믹싱의 효과로 거리가 먼 것은?

① 이물질 제거
② 반죽에 공기 혼입
③ 원료의 균일한 분산
④ 반죽의 글루텐 형성

## 26
제품을 생산하는 데 필요한 생산 원가 요소는?

① 재료비, 노무비, 경비
② 재료비, 용역비, 감가상각비
③ 판매비, 노동비, 월급
④ 광열비, 월급, 생산비

## 27
빵의 제품 평가에서 브레이크와 슈레드 부족 현상의 이유가 아닌 것은?

① 고율 배합으로 한다.
② 냉장고에서 보관한다.
③ 21~35℃에서 보관한다.
④ 발효 시간이 짧거나 길다.

## 28
식품 취급에서 교차오염을 예방하기 위한 행동으로 옳지 않은 것은?

① 칼, 도마를 식품별로 구분하여 사용한다.
② 고무장갑을 일관성 있게 하루에 하나씩 사용한다.
③ 위생복을 식품용과 청소용으로 구분하여 사용한다.
④ 조리 전의 육류와 채소류는 접촉되지 않도록 구분한다.

## 29
다음 중 익히는 방법이 다른 것은?

① 찐빵  ② 엔젤 푸드 케이크
③ 스펀지 케이크  ④ 파운드 케이크

## 30
식빵의 포장에 가장 적합한 온도는?

① 20~24℃  ② 25~29℃
③ 30~34℃  ④ 35~40℃

## 31
전분을 분해하는 효소는?
① 아밀레이스　　② 라이페이스
③ 프로테이스　　④ 말테이스

## 32
케이크 제조에 사용되는 달걀의 역할이 아닌 것은?
① 팽창 작용　　② 결합제 역할
③ 유화력 보유　　④ 글루텐 형성

## 33
케이크 제품 평가 시 외부적 특성이 아닌 것은?
① 부피　　② 껍질 색
③ 형태의 균형　　④ 향

## 34 출제예감
퍼프 페이스트리 제조 시 팽창이 부족하여 부피가 빈약해지는 결점의 원인에 해당하지 않는 것은?
① 반죽의 휴지가 길었다.
② 밀어 펴기가 부적절하였다.
③ 부적절한 유지를 사용하였다.
④ 오븐의 온도가 너무 높았다.

## 35
빵 반죽이 발효되는 동안 이스트가 생성하는 것은?
① 물, 초산
② 산소, 알데히드
③ 수소, 젖산
④ 탄산가스, 알코올

## 36
파운드 케이크를 구운 직후 달걀 노른자와 설탕을 혼합하여 윗면에 바를 때 설탕의 역할이 아닌 것은?
① 광택제 효과　　② 보존 기간 개선
③ 탈색 효과　　④ 맛의 개선

## 37
반죽의 비중과 관계가 가장 적은 것은?
① 제품의 부피　　② 제품의 기공
③ 제품의 조직　　④ 제품의 점도

## 38
튀김용 기름으로 사용할 수 있는 것은?
① 발연점이 낮은 것
② 거품이 일지 않는 것
③ 점도의 변화가 높은 것
④ 색깔이 있고, 자극적인 냄새가 나는 것

## 39 출제예감
퍼프 페이스트리의 굽기 후 결점과 원인으로 틀린 것은?
① 수포 생성 – 단백질 함량이 높은 밀가루 사용
② 수축 – 과다한 밀어 펴기, 너무 높은 오븐 온도
③ 충전물 흘러 나옴 – 충전물 양 과다, 부적절한 봉합
④ 작은 부피 – 수분이 없는 경화 쇼트닝을 충전용 유지로 사용

## 40
일시적 경수에 대한 설명으로 옳은 것은?
① 황산염에 기인한다.
② 제빵에 사용하기에 가장 좋다.
③ 끓여도 경도가 제거되지 않는다.
④ 가열 시 탄산염으로 되어 침전된다.

## 41
감미도가 가장 높은 당은?
① 유당(Lactose)  ② 포도당(Glucose)
③ 설탕(Sucrose)  ④ 과당(Fructose)

## 42
제빵에 가장 적합한 물의 경도는?
① 0~60ppm  ② 120~180ppm
③ 180~360ppm  ④ 360ppm 이상

## 43
머랭(Meringue)을 만드는 데 1kg의 흰자가 필요하다면 껍데기를 포함한 평균 무게가 60g인 달걀은 약 몇 개가 필요한가?
① 20개  ② 24개
③ 28개  ④ 32개

## 44
신선한 달걀의 특징으로 옳은 것은?
① 난각에 광택이 있다.
② 난각 표면이 매끈하다.
③ 난각 표면에 기름기가 있다.
④ 난각 표면에 광택이 없고 선명하다.

## 45
비중과 관련이 없는 것은?
① 완제품의 조직  ② 기공의 크기
③ 완제품의 크기  ④ 팬 용적

## 46 [출제예감]
기공이 열리고 조직이 거칠어지는 원인이 아닌 것은?
① 기공이 열리면 탄력성이 증가되어 거칠고 부스러지는 조직이 된다.
② 크림화가 지나쳐 많은 공기가 혼입되고, 큰 공기 방울이 반죽에 남아 있다.
③ 낮은 온도의 오븐에서 구우면 가스가 천천히 발생하여 크고 열린 기공을 만든다.
④ 과도한 팽창제는 필요량 이상의 가스를 발생시켜 기공에 압력을 가해 기공이 열리고 조직이 거칠어진다.

## 47
포도당과 결합하여 젖당을 이루며 뇌신경 등에 존재하는 당류는?
① 과당(Fructose)
② 만노오스(Mannose)
③ 리보오스(Ribose)
④ 갈락토오스(Galactose)

## 48
신경 조직의 주요 물질인 당지질은?
① 레시틴(Lecithin)
② 이노시톨(Inositol)
③ 세레브로시드(Cerebroside)
④ 스핑고미엘린(Sphingomyelin)

## 49
단체 급식 식단에서 고등어로부터 동물성 단백질을 25g 섭취하고자 한다. 고등어의 1인 배식량은 약 얼마인가? (단, 고등어의 단백질 함량은 18%로 계산한다)
① 65g  ② 72g
③ 100g  ④ 140g

## 50 [출제예감]
소화가 가장 잘 되는 달걀은?
① 생달걀  ② 반숙 달걀
③ 완숙 달걀  ④ 구운 달걀

에듀윌 제과·제빵기능사

필기 한권끝장 +무료특강

개념
압축
노트

# 식품위생학

## 01 식품위생학 개론

### 1. 식품위생의 정의

(1) **세계보건기구(WHO)의 정의:** 식품의 생육, 생산, 제조로부터 최종적으로 사람에게 섭취될 때까지의 전 단계에 있어서 식품의 안전성, 건전성 및 악화 방지를 확보하기 위한 모든 수단

(2) **우리나라 「식품위생법」에서의 정의:** 식품, 식품첨가물, 기구와 용기·포장을 대상으로 하는 음식에 관한 위생(의약품으로 섭취하는 것은 제외)

### 2. 식품위생의 목적
① 식품으로 인한 위생상의 위해 방지
② 식품 영양의 질적 향상 도모
③ 국민 보건 증진에 이바지함

## 02 식품 미생물

### 1. 미생물의 종류

| | |
|---|---|
| 곰팡이<br>(Mold) | • 균류 중 실 모양의 균사를 형성하며, 식품의 제조와 변질에 관여<br>• 누룩곰팡이속: 양주, 된장, 간장의 제조에 이용<br>• 푸른곰팡이속: 버터, 통조림, 야채, 과실 등의 변패<br>• 거미줄곰팡이속: 빵 곰팡이, 흑색 빵의 원인 |
| 효모류<br>(Yeast) | • 출아법으로 번식하며 비운동성, 통성 혐기성 미생물<br>• 주류의 양조, 알코올 제조, 제빵 등에 활용 |
| 세균류<br>(Bacteria) | • 세균성 식중독, 경구 감염병, 부패의 원인이 됨<br>• 형태에 따라 **구균(구상)**, **간균(막대 모양, 타원형)**, **나선균(사슬 형태)**으로 분류 |
| 리케치아<br>(Rickettsia) | • 리케차라고도 함<br>• 세균과 바이러스의 중간 형태<br>• **발진티푸스의 병원체**<br>• 식품과 큰 관련이 없음 |

| 바이러스<br>(Virus) | • 미생물 중에서 가장 작은 것으로 살아 있는 세포에서만 증식<br>• 인플루엔자, 일본뇌염, 광견병, 천연두, 소아마비(급성 회백수염, 폴리오), 전염성 설사 등의 병원체 |
|---|---|

※ 미생물의 크기: 곰팡이 > 효모 > 세균 > 리케치아 > 바이러스

## 2. 미생물의 발육에 필요한 인자

(1) **영양소**
   ① 탄소원: 탄수화물, 포도당, 유기산 등
   ② 질소원: 아미노산 등
   ③ 무기염류: 인(P), 황(S) 등
   ④ 생육소: 비타민 등

(2) **수분**
   ① 대부분의 미생물은 75%가 물로 구성되어 있으며, 생리 기능을 조절하는 데 필요함
   ② 수분활성도(Aw)
   • 일정한 온도에서 식품이 나타내는 수증기압에 대한 그 온도에 있어서의 순수한 물의 최대 수증기압의 비를 말함(식품 수분의 수증기압÷순수한 물의 수증기압)
   • 일반 식품에서의 수분활성도는 1보다 작음
   • 수분활성도가 높을수록 미생물의 발육이 더욱 용이해짐(세균 0.95, 효모 0.87, 곰팡이 0.80 이하일 때 증식이 저지됨)

(3) **온도**
   미생물의 종류에 따라 발육, 번식이 가능한 온도가 다름

| 구분 | 온도 | 종류 |
|---|---|---|
| 저온균 | 0~25℃(최적 온도 15~20℃) | 수중 세균 |
| 중온균 | 15~55℃(최적 온도 25~37℃) | 사상균, 효모, 곰팡이, 대부분의 병원균 |
| 고온균 | 40~70℃(최적 온도 50~60℃) | 온천균, 퇴비균 |

(4) **최적 pH(수소이온 농도)**
   ① 효모, 곰팡이: pH 4~6(산성)
   ② 세균: pH 6.5~7.5(중성, 알칼리성)

(5) 산소

| 혐기성 미생물 | 산소가 없어도 증식이 되는 미생물(진공 포장 식품이나 통조림 식품)<br>• 통성 혐기성 미생물: 산소가 있거나 없어도 증식이 가능한 미생물<br>• 편성 혐기성 미생물: 산소가 없어야만 증식하는 미생물 |
|---|---|
| 호기성 미생물 | 산소가 있는 상태에서만 증식하는 미생물 |

(6) 삼투압
① 세균 증식은 식염, 설탕에 의한 삼투압에 영향을 받음
② 일반 세균은 3%의 식염에서 증식 억제, 호염 세균은 3%의 식염에서 증식

## 03 식품의 변질

### 1. 식품의 변질
식품을 적절히 보존하지 않아 다양한 환경 요인으로 성분이 변화되어 영양소가 파괴되고, 식품 고유의 특성을 잃는 것

### 2. 식품 변질의 요인

| 생물학적 요인 | 미생물에 의한 발효 및 부패 |
|---|---|
| 화학적 요인 | 산화, 수소이온 농도 |
| 물리적 요인 | 온도, 수분, 빛 |

### 3. 변질의 종류 ★

| 부패 | 단백질 식품이 혐기성 미생물에 의해 분해되어 저분자의 물질로 변화하는 현상 |
|---|---|
| 변패 | 단백질 이외의 식품(탄수화물 등)이 미생물의 분해 작용에 의해 변질되는 것 |
| 산패 | 지방의 산화 등에 의해 악취나 변색이 일어나는 현상 |
| 발효 | 식품에 미생물이 번식하여 식품의 성질이 변화를 일으키는 현상으로, 그 변화가 인체에 유익하여 식용 가능한 경우를 말함 |

## 04 소독, 살균 및 방부

### 1. 정의

| 소독 | 물리·화학적인 방법으로 병원균만을 사멸시키고 감염을 저지함(단, 소독으로 포자(세포)는 죽이지 못함) |
|---|---|
| 살균 | 미생물에 물리·화학적 자극을 주어 이를 단시간 내에 사멸시켜 멸균(완전한 무균 상태)하는 것 |
| 방부 | 미생물의 증식을 정지시켜 한시적으로 부패나 발효를 방지하는 것 |
| 멸균 | 비병원균, 병원균 등의 미생물을 아포까지 사멸시켜 무균 상태로 만드는 것 |

### 2. 소독 및 살균의 화학적 방법

| 구분 | 사용 농도 | 사용처 및 특성 |
|---|---|---|
| 염소($Cl_2$) | 잔류 염료는 0.1~0.2ppm | 음료수, 수영장, 상하수도 소독 |
| 포름알데히드 | 30~40% 수용액 | 오물, 과학실 소독 |
| 석탄산<br>(페놀) | 3~5% 수용액 | • 손, 의류, 오물, 기구 등의 소독<br>• 순수하고 안정하여 살균력 표시의 기준으로 사용함 |
| 역성 비누<br>(양성 비누) | • 용기 및 기구 소독: 1%<br>• 손 소독: 5~10% | • 자극성이 없어 식기, 행주 등의 소독에 이용함(조리사의 손 소독)<br>• 보통 비누와 사용 시 살균력이 감소함 |
| 과산화수소 | 3% 수용액 | 상처 소독, 구내 세정 |
| 에틸알코올 | 70% 수용액 | 금속, 유리기구, 손 소독 |
| 크레졸 | 1~3% 수용액 | 오물, 손 소독 |
| 승홍 | 0.1% 수용액 | • 수은화합물(염화수은)로 살균력이 강함<br>• 손, 피부 소독 |

#  감염병과 기생충

## 1. 감염병의 분류

**(1) 감염 경로에 따른 분류**

| 호흡기계 | 디프테리아, 폐렴, 백일해, 성홍열, 결핵 등 |
|---|---|
| 소화기계 | 콜레라, 세균성 이질, 파라티푸스, 장티푸스 등 |

**(2) 병원체에 따른 감염병의 분류**

| 세균성 감염병 | 콜레라, 장티푸스, 파라티푸스, 세균성 이질, 장출혈성 대장균감염증, 비브리오 패혈증, 성홍열, 디프테리아, 탄저, 결핵, 브루셀라증 등 |
|---|---|
| 바이러스성 감염병 | 소아마비(급성 회백수염, 폴리오), 감염성 설사증, A형 간염(유행성 간염), 천열, 인플루엔자, 홍역, 유행성 이하선염, 일본뇌염, 광견병 등 |
| 리케치아성 감염병 | 발진티푸스, 발진열, 쯔쯔가무시증, Q열 등 |
| 원생 동물성 감염병 | 아메바성 이질 등 |

## 2. 법정 감염병

| 제1급 감염병 | • 생물테러 감염병 또는 치명률이 높거나 집단 발생의 우려가 커서 발생 또는 유행 즉시 신고해야 함(음압 격리와 같은 높은 수준의 격리가 필요한 감염병)<br>• 에볼라바이러스병, 마버그열, 신종인플루엔자, 디프테리아 등 |
|---|---|
| 제2급 감염병 | • 전파 가능성을 고려하여 발생 또는 유행 시 24시간 이내에 신고해야 하고, 격리가 필요한 감염병<br>• 결핵, 수두, 홍역, 콜레라, 장티푸스, 파라티푸스, 세균성 이질, 장출혈성 대장균감염증, A형 간염, 백일해, 유행성 이하선염, 풍진, 폴리오, 코로나바이러스 감염증-19, 원숭이두창 등 |
| 제3급 감염병 | • 발생을 계속 감시할 필요가 있어 발생 또는 유행 시 24시간 이내에 신고해야 하는 감염병<br>• 파상풍, B형 간염, 일본뇌염, C형 간염, 말라리아, 발진티푸스, 발진열, 쯔쯔가무시증, 렙토스피라증, 브루셀라증, 후천성 면역결핍증(AIDS) 등 |
| 제4급 감염병 | • 제1급 감염병부터 제3급 감염병까지의 감염병 외에 유행 여부를 조사하기 위하여 표본 감시 활동이 필요한 감염병<br>• 인플루엔자, 매독(1기, 2기, 선천성), 회충증, 편충증, 요충증, 간흡충증, 폐흡충증 등 |

## 3. 세균성 경구 감염병

| 장티푸스 | • 파리가 매개체이며 우리나라에서 가장 많이 발생하는 급성 감염병<br>• 예방: 철저한 개인위생 및 환경위생 관리, 소독 및 건강 보균자(병원체를 몸에 지니고 있으나 겉으로는 증상이 나타나지 않는 건강한 사람) 관리가 중요 |
|---|---|
| 세균성 이질 | 비위생적 시설에서 많이 발생하며 기후와 밀접한 관계가 있음 |
| 파라티푸스 | 감염 매개체와 증상이 장티푸스와 비슷함 |
| 콜레라 | • 병원체는 비브리오 콜레라균<br>• 감염병 중 잠복기가 가장 짧음(수 시간~5일 정도) |
| 디프테리아 | • 비말 감염<br>• 인후, 코 등의 상피 조직에 염증 유발 |

## 4. 바이러스성 경구 감염병

| 소아마비(급성<br>회백수염, 폴리오) | • 소아의 척수신경계를 손상하여 영구적인 마비를 일으킴<br>• 예방 접종이 가장 적절한 예방법임 |
|---|---|
| A형 간염 | 오염된 음식물에 의해 감염되거나 환자의 대변을 통한 경구 감염, 주사기를 통한 경구 감염, 혈액 제제를 통해 감염 |
| 감염성 설사증 | 급성, 무열성, 비세균성, 감염성 위장염 |
| 천열 | 대부분 음식물과 물을 통해 감염되지만 직접 감염도 있음 |

## 5. 인·축 공통 감염병(인수 공통 감염병, 인수 공통 전염병)

| 탄저 | • 잠복기는 1~4일 정도<br>• 소, 말, 산양 등의 가축에 급성 패혈증, 수막염을 일으킴 |
|---|---|
| 브루셀라증<br>(파상열) | • 소나 돼지 등에 유산을 일으키며, 사람에게는 열성 질환을 일으킴<br>• 병에 걸린 동물의 유즙, 유제품이나 식육을 거쳐 경구 감염됨 |
| 결핵 | • 병에 걸린 소의 유즙이나 유제품을 거쳐 사람에게 경구 감염됨<br>• 잠복기는 불명확함<br>• BCG 예방 접종, 투베르쿨린 반응 검사를 통한 조기 발견 가능 |
| Q열 | • 병원체는 코쿨시엘라 버네(소, 양, 설치류)<br>• 증상이 비교적 뚜렷하지 않으나 발열과 함께 호흡기 증상이 나타남<br>• 흡혈 곤충 박멸, 우유 살균, 소의 감염 진단 등의 예방법이 있음 |

| 돈단독 | 주로 돼지에 의한 세균성 감염병으로 급성 패혈증과 만성 병변이 특징 |
|---|---|
| 야토병 | 산토끼나 설치류 사이에서 유행 |
| 리스테리아증 | • 병원체는 리스테리아균으로, 감염 동물과 접촉하거나 오염된 식육, 유제품 등을 섭취하여 감염(소, 닭, 양, 염소 등)<br>• 소아나 성인에게 뇌수막염을, 임산부에게 자궁 내 패혈증을 일으키기도 함 |
| 구제역 | 소, 돼지, 양, 사슴 등 발굽이 둘로 갈라진 우제류에 의해 감염되며 전염성이 빠름 |

## 6. 노로바이러스

(1) 증상
① 바이러스성 장염으로 잠복기는 24시간이며, 12~60시간 동안 구토, 메스꺼움, 복통 및 설사를 동반함(주로 소아는 구토, 어른은 설사 증상을 보임)
② 대부분의 사람은 1~2일 내에 호전되며 심각한 건강상 위해는 없으나 때때로 어린이, 노인과 면역력이 약한 사람에 있어서는 탈수 증상을 보이기도 하고, 특별한 의학적 주의를 요하는 경우도 있음

(2) 예방법
① 분변과 구토물은 감염력이 있으며, 특히 설사 증세를 보이는 유아의 기저귀는 특별히 주의하여 취급해야 함
② 노로바이러스에 감염된 사람은 증상을 느끼는 날부터 회복 후 최소 3일까지는 감염성을 가지고 있으며, 일부는 회복 후 2주간 감염력이 있는 경우도 있으므로 완벽한 손 세척이 가장 중요함

## 7. 기생충의 종류

(1) **채소류를 통해 감염되는 기생충**: 회충, 요충, 십이지장충(구충), 편충, 동양모양선충 등

(2) **어패류를 통해 감염되는 기생충**

| 구분 | 간디스토마<br>(간흡충) | 폐디스토마<br>(폐흡충) | 광절열두조충 | 유극악구충 |
|---|---|---|---|---|
| 제1 중간 숙주 | 왜우렁이 | 다슬기 | 물벼룩 | 물벼룩 |
| 제2 중간 숙주 | 담수어 | 민물 게, 가재 | 연어, 숭어 | 가물치, 뱀장어 |

(3) 육류를 통해 감염되는 기생충

| 구분 | 중간 숙주 |
|---|---|
| 유구조충(갈고리 촌충, 돼지고기 촌충) | 돼지고기 |
| 무구조충(민촌충, 소고기 촌충) | 소고기 |
| 선모충 | • 돼지고기<br>• 썩은 고기를 먹은 동물에 의해 감염 |

## 06 식중독

### 1. 세균성 식중독

(1) **감염형 식중독:** 식품과 함께 식품 중에 증식한 세균을 먹고 발병하는 식중독

| 구분 | 살모넬라균 | 장염 비브리오균 | 병원성 대장균 |
|---|---|---|---|
| 원인<br>식품 | 육류, 우유, 난류, 어육 제품 | 어패류 및 가공품 | 육류 및 가공품(햄, 소시지 등), 치즈, 두부 |
| 감염<br>경로 | 쥐, 파리, 바퀴벌레 등 | • 어패류의 생식<br>• 호염성 비브리오균 | • 환자와 보균자의 분변이나 분변에 오염된 식품을 통해 감염<br>• 분변 오염의 지표 |
| 특징 | • 그람 음성 간균<br>• 생육 최적 온도는 37℃<br>• 60℃에서 20분 가열하면 사멸 | • 3~4% 염분 농도에서 증식<br>• 생육 최적 온도는 30~37℃이며, 10℃ 이하에서는 생육하지 않음 | • 생육 최적 온도는 37℃<br>• 유당(젖당)을 분해하여 산과 가스 생산<br>• 그람 음성 무아포, 운동성, 호기성 또는 통성 혐기성 |
| 잠복기 | 12~24시간 | 평균 12시간 | 12~72시간(치사율 거의 없음) |
| 증상 | 발열, 구토, 복통, 설사 등 | 점액 혈변, 복통, 구토 등 | 설사, 식욕 부진, 복통 등 |

(2) **독소형 식중독**: 원인 균의 증식 과정에서 생성된 독소를 먹고 발병하는 식중독

| 구분 | (황색)포도상구균 | 보툴리누스균 |
|---|---|---|
| 원인 균 | 화농성 질환의 대표적인 균 | 보툴리누스균(신경친화성 독소) |
| 원인 독소 | • 장독소: 엔테로톡신<br>• 내열성이 있어 열에 쉽게 파괴 안 됨 | • 아포는 열에 강하나 독소인 뉴로톡신은 열에 약함(이열성)<br>• 80℃에서 30분간 가열하면 파괴됨 |
| 특징 | 잠복기가 가장 짧음(평균 3시간) | 식중독 중 치사율이 가장 높음 |
| 원인 식품 | • 우유 및 유제품<br>• 김밥, 도시락, 떡, 빵 | • 완전 가열 살균되지 않은 병조림<br>• 통조림, 햄, 소시지, 훈제품 등 |
| 잠복기 | 평균 3시간 정도 | 보통 18~36시간 |
| 증상 | 구토, 복통, 설사 등 | 신경 마비, 시력 장애, 동공 확대 등 |

(3) **경구 감염병과 세균성 식중독의 비교**

| 구분 | 경구 감염병 | 세균성 식중독 |
|---|---|---|
| 세균수 | 소량일 때에도 발생 | 다량일 때 발생 |
| 2차 감염 | 많고 파상적 전파 | 살모넬라균 외에는 거의 없음 |
| 잠복기 | 일반적으로 긺 | 경구 감염병에 비해 짧음 |
| 예방 조치 | 불가항력적임 | 식품 중 균의 증식만 막으면 가능 |
| 면역 | 면역이 됨 | 일반적으로 안 됨 |
| 음용수 | 음용수에 의해 감염 | 거의 없음 |

## 2. 자연독에 의한 식중독

| | | |
|---|---|---|
| 식물성 식중독 | 감자 | 솔라닌, 셉신 |
| | 독미나리 | 시큐톡신 |
| | 고사리 | 프타퀼로사이드 |
| | 미치광이풀 | 히오시아민 |
| | 독버섯 | 무스카린, 무스카리딘, 뉴린, 콜린, 팔린, 아마니타톡신 |
| | 면실유 | 고시폴 |
| | 청매, 은행, 살구씨 | 아미그달린 |

| 동물성 식중독 | 복어 | 테트로도톡신 |
|---|---|---|
| | 섭조개, 대합조개 | 삭시톡신 |
| | 모시조개, 굴, 바지락 | 베네루핀 |

### 3. 화학적 식중독(유해 중금속) ★

| 카드뮴 (Cd) | • 이타이이타이병의 원인 물질<br>• 카드뮴 공장 폐수에 오염된 음료수, 오염된 농작물을 식용하여 발병 |
|---|---|
| 수은 (Hg) | • 미나마타병의 원인 물질<br>• 유기 수은에 오염된 어패류 섭취 시 발생 |
| 주석 (Sn) | • 통조림관 내면의 도금 재료로 이용<br>• 산성 식품(주스)에서 용출 |

### 4. 알레르기성 식중독(부패성 식중독)

① 원인: 부패 산물인 히스타민(Histamine)에 의해 발생
② 원인 식품: 꽁치, 고등어, 참치 등 붉은색 어류나 그 가공품 등

## 07 식품첨가물

### 1. 식품첨가물의 분류(사용 용도에 따른)

**(1) 변질 방지**

| 구분 | 용도 및 특징 | 종류 |
|---|---|---|
| 방부제 (보존료) | 식품의 변질 및 부패 방지, 신선도 유지 | 프로피온산칼슘(빵류), 프로피온산나트륨(과자류), 안식향산(간장, 청량음료 등), 소르빈산칼륨(어육 연제품, 식육 제품, 고추장, 팥앙금, 잼 등), 데히드로초산(버터, 마가린, 치즈 등) |
| 살균제 | 식품 부패의 원인 균이나 병원균 사멸 | 표백분, 차아염소산나트륨 |
| 항산화제 (산화 방지제) | 유지의 산패나 식품의 산화에 의한 변질 현상 방지 | BHT, BHA, 비타민 E(토코페롤), 프로필갈레이트, EDTA |

(2) 품질 개량 및 유지

| 구분 | 용도 및 특징 | 종류 |
|---|---|---|
| 피막제 | 과일류 및 채소류의 신선도를 장기간 유지 | 몰포린지방산염, 초산비닐수지 |
| 밀가루 개량제 | 제분된 밀가루의 표백과 숙성 기간을 단축시킴 | 브롬산칼륨, 아조디카본아마이드, 과산화벤조일, 이산화염소, 염소, 과황산암모늄 |
| 호료 (증점제) | 식품의 점착성 증가, 유화 안정성, 신선도 유지, 형체 보존에 도움 | 카세인, 젤라틴, 메틸셀룰로오스, 알긴산나트륨 |
| 강화제 | 식품의 영양소 강화 | 비타민류, 무기염류, 아미노산류 |
| 유화제 (계면 활성제) | 서로 혼합되지 않는 두 종류의 액체 유화 | 대두 인지질, 글리세린, 레시틴, 모노-디글리세리드 |
| 이형제 | 제품을 틀에서 쉽게 분리 | 유동 파라핀 |

(3) 관능 만족

| 구분 | 용도 및 특징 | 종류 |
|---|---|---|
| 감미료 | 식품에 단맛 부여 | 사카린나트륨, D-솔비톨, 아스파탐, 스테비오사이드 등 |
| 발색제 | 색을 고정, 안정화 | 아질산나트륨, 질산나트륨, 질산칼슘 |
| 조미료 | 식품 본래의 맛 강화, 조절 | L-글루타민산나트륨, 호박산, 구연산 |
| 착색료 | 인공적으로 착색시키는 첨가물 | 식용녹색 3호, 식용적색 2호, 식용적색 3호, 식용청색 1호, 식용청색 2호, 식용황색 4호, 식용적색 40호 등<br>※ 식용색소의 종류: 캐러멜, β-카로틴 등 |
| 표백제 | 식품 본래의 색을 없애거나 퇴색, 변색된 식품을 무색 또는 백색으로 만듦 | 과산화수소, 차아황산나트륨, 아황산나트륨 |

(4) 제조 보조

| 구분 | 용도 및 특징 | 종류 |
|---|---|---|
| 소포제 | 식품 제조 공정 중 생긴 거품 제거, 생성 방지 | 실리콘수지(규소수지) |
| 팽창제 | 식품을 부풀려 형체를 갖추게 함 | 명반, 소명반, 염화암모늄, 암모늄명반, 탄산수소암모늄, 탄산수소나트륨(중조), 제1인산칼슘 |

## 2. 사용 금지된 유해 첨가물

| 유해 표백제 | 론갈리트, 삼염화질소, 과산화수소 |
|---|---|
| 유해 감미료 | • 에틸렌글리콜: 자동차 부동액<br>• 페릴라틴: 설탕의 2,000배 감미, 염증 유발<br>• 사이클라메이트: 설탕의 40~50배 감미, 암 유발<br>• 둘신: 설탕의 250배 감미<br>• 니트로 올소 톨루이딘: 설탕의 200배 감미(살인당, 원폭당이라고 불림)<br>※ 허용 감미료: 사카린나트륨, 아스파탐, 스테비오시드 |
| 유해 방부제 | 붕산, 불소화합물, 승홍, 포름알데히드 |
| 유해 착색료 | • 아우라민: 염기성 황색 색소, 단무지, 카레<br>• 로다민 B: 분홍색의 염기성 색소, 어육 제품, 붉은 생강 |

# 08 HACCP

## 1. HACCP(해썹)의 개요

(1) **HACCP의 정의**: HACCP은 위해 요소 분석과 중요 관리점의 영문 약자로서, '위해 요소 중점 관리 기준'이라고 함

(2) **HACCP의 구성 요소**
① HACCP PLAN(HACCP 관리 계획)
② SSOP(표준 위생 관리 기준)
③ GMP(우수 제조 기준)

## 2. HACCP 준비 5단계

| 제1단계 | HACCP팀 구성 |
|---|---|
| 제2단계 | 제품 설명서 작성 |
| 제3단계 | 제품의 사용 용도 파악 |
| 제4단계 | 공정 흐름도, 평면도 작성 |
| 제5단계 | 공정 흐름도, 평면도의 작업 현장과의 일치 여부 확인 |

## 3. HACCP 7원칙 설정 ★

| 원칙 1 | 위해 요소 분석과 위해 평가 |
|---|---|
| 원칙 2 | CCP(중요 관리점) 결정 |
| 원칙 3 | CCP에 대한 한계 기준 설정 |
| 원칙 4 | CCP 모니터링 체계 확립 |
| 원칙 5 | 개선 조치 방법 수립 |
| 원칙 6 | 검증 절차 및 방법 수립 |
| 원칙 7 | 문서화, 기록 유지 방법 설정 |

# 09 위생 관리

## 1. 개인위생 관리

| 건강 진단 | 「식품위생 분야 종사자의 건강진단 규칙」에 따라 **매년 1회**의 건강 검진을 받아야 함(완전 포장된 식품, 식품첨가물을 운반하거나 판매하는 일에 종사하는 사람 제외) |
|---|---|
| 식품 영업에 종사하지 못하는 질병 | • **결핵**(비감염성인 경우는 제외)<br>• 피부병 또는 그 밖의 화농성 질환<br>• 후천성 면역결핍증(성매개감염병에 관한 건강 진단을 받아야 하는 영업에 종사하는 사람만 해당) |
| 업무 종사의 일시 제한 | 콜레라, 장티푸스, 파라티푸스, 세균성 이질, 장출혈성 대장균감염증, A형 간염 |

# 재료과학

## 01 기초과학

### 1. 탄수화물

**(1) 탄수화물의 분류**

| | |
|---|---|
| 단당류 | 탄수화물이 가수 분해에 의해 더 이상 분해되지 않는 가장 단순한 당, 탄소 수에 따라 3탄당, 4탄당, 5탄당, 6탄당 등으로 분류함<br>• 오탄당: 리보오스, 디옥시리보오스, 자일로스, 아라비노스<br>• 육탄당: 포도당, 과당, 갈락토오스 |
| 이당류 | • 설탕(자당): 사탕수수나 사탕무로 만든 이당류, 인버테이스에 의해 포도당과 과당으로 분해됨, 감미도를 측정하는 기준<br>• 맥아당: 주로 발아한 보리, 엿기름에 존재, 말테이스에 의해 포도당과 포도당으로 분해됨<br>• 유당: 포유동물의 젖에 존재, 우유에 4.8% 정도 함유, 락테이스에 의해 포도당과 갈락토오스로 분해됨 |
| 다당류 | 전분(녹말), 섬유소(셀룰로오스), 펙틴, 글리코젠, 덱스트린, 한천 등 |

※ 당류의 상대적 감미도: 과당(175) > 전화당(135) > 설탕(자당, 100) > 포도당(75) > 맥아당·갈락토오스(32) > 유당(16)

**(2) 전분의 구조**

| 구분 | 아밀로오스 | 아밀로펙틴 |
|---|---|---|
| 분자량 | 적음 | 많음 |
| 포도당 결합 형태 | 직쇄상 배열(α-1, 4결합) | 측쇄상 배열(α-1, 4 α-1, 6결합) |
| β-아밀레이스에 의한 소화 | 대부분 맥아당으로 전환 | 52% 정도까지만 분해 |
| 아이오딘 용액 | 청색 반응 | 적자색 반응 |
| 함유량 | 일반 곡물: 17~28% | 찹쌀, 찰옥수수: 100% |
| 호화, 노화(퇴화) | 빠름 | 느림 |

(3) 전분의 호화와 노화
① 호화: 전분(β-전분)에 물과 열을 가하면 전분 입자가 팽윤하여 점성이 증가하고, 반투명한 풀처럼 되는 현상, 호화 전분은 생전분보다 소화가 잘 됨
② 노화: 호화된 α-전분의 수분이 빠져 β-전분으로 돌아가려는 현상, -7~10℃에서 빠르게 진행됨

## 2. 지방

(1) 지방산의 분류(이중 결합 유무에 따른)

| 포화 지방산 | • 이중 결합이 없고 상온에서 고체이며, 동물성 유지에 많이 함유<br>• 탄소 수가 증가함에 따라 융점과 비점이 높아짐 |
|---|---|
| 불포화 지방산 | • 이중 결합이 있고 상온에서 액체이며, 식물성 유지에 많이 함유<br>• 산화되기 쉬우며, 이중 결합이 많을수록 융점이 낮아짐 |

(2) 필수 지방산: 체내에서 필요한 양만큼 합성되지 않아 음식물이나 외부에서 공급이 필요한 지방산으로, 리놀레산, 리놀렌산, 아라키돈산이 있음

(3) 글리세린: 무색, 무취, 감미(감미도 60)를 가진 액체로, 물보다 비중이 큼

(4) 지방의 분류(화학적 성질에 따른)

| 단순 지방 | 중성 지방, 납(왁스) |
|---|---|
| 복합 지방 | 인지질, 당지질, 단백지질 |
| 유도 지방 | • 중성 지방, 복합 지방을 가수 분해할 때 유도되는 지방으로 천연 유지에 녹아 있으며, 알칼리성 용액에서 비누화하지 않는 물질<br>• 종류: 콜레스테롤, 에르고스테롤, 지용성 비타민, 지방산 등 |

(5) 항산화제
① 항산화제의 특징: 유지의 산화적 연쇄 반응을 방해하여 산화 속도를 억제시키고 안정 효과를 줌
② 항산화제의 종류

| 천연 항산화제 | 비타민 E(토코페롤), 레시틴, 세사몰, 로즈메리, 실비아 등 |
|---|---|
| 합성 항산화제 | BHA, BHT, NDGA 등 |

③ 산화 속도를 촉진시키는 요소: 산소, 이중 결합수(지방산의 불포화도), 온도, 자외선, 금속(철, 구리, 동, 니켈, 주석 등), 생물학적 촉매(효소)

## 3. 단백질

**(1) 아미노산의 정의 및 특성**
① 단백질을 가수 분해하면 아미노산이 되고, 이는 단백질의 기본 구성단위임
② 염기성인 아미노 그룹($-NH_2$), 산성인 카르복실기 그룹($-COOH$)을 함유하는 유기산

**(2) 필수 아미노산:** 체내에서 합성되지 않아 음식을 통해 섭취해야 하는 아미노산
① 성인의 경우: 이소류신, 류신, 리신, 페닐알라닌, 메티오닌, 트레오닌, 트립토판, 발린의 8종
② 유아와 회복기 환자의 경우: 히스티딘이 추가된 9종

**(3) 단백질의 분류**

| 단순 단백질 | 알부민, 글로불린, 글루텔린(밀의 글루테닌), 프롤라민(글리아딘), 알부미노이드, 히스톤 |
|---|---|
| 복합 단백질 | 핵단백질, 당단백질, 인단백질, 금속단백질, 색소단백질 |
| 유도 단백질 | 메타단백질, 프로테오스, 펩톤, 펩타이드 |

## 4. 효소

**(1) 효소의 구성 및 특징**
① 단백질이 주성분인 생물학적 유기 화학 반응의 촉매
② 영양소는 아니지만 생체의 분해와 합성에 중요한 역할을 하며, 온도, pH, 수분 등의 영향을 받고 기질 특이성이 있음

**(2) 효소의 분류(작용 기질에 따른)**
① 탄수화물 분해 효소

| 효소명 | 기질 | 분해 생성물 |
|---|---|---|
| 인버테이스 | 설탕(자당) | 설탕 → 포도당+과당 |
| 말테이스 | 맥아당 | 맥아당 → 포도당+포도당 |
| 락테이스 | 유당 | 유당 → 포도당+갈락토오스 |
| 아밀레이스 | 전분 | • α-아밀레이스: 전분 → 덱스트린<br>• β-아밀레이스: 전분, 덱스트린 → 맥아당 |
| 이눌라아제 | 이눌린 | 돼지감자의 이눌린 → 과당 |
| 셀룰레이스 | 섬유질 | 섬유소 → 포도당 |
| 치마아제 | 단당류 | 단당류 → 알코올+$CO_2$ |

② 지방 분해 효소

| 라이페이스 | 지방을 지방산과 글리세린으로 분해하며, 이스트, 밀가루, 장액에 존재 |
|---|---|
| 스테압신 | 췌장에 존재 |

③ 단백질 분해 효소

| 프로테이스 | • 단백질을 펩톤, 폴리펩타이드, 펩타이드, 아미노산으로 분해하는 효소<br>• 밀가루, 발아 중의 곡식, 곰팡이류에 존재 |
|---|---|
| 펩신 | 위액 속에 존재하는 단백질 분해 효소 |
| 트립신 | 췌액에 존재하는 단백질 분해 효소 |
| 레닌 | 단백질을 응고시키며, 송아지 등 반추 동물의 위액에 많이 존재 |
| 펩티데이스 | 펩타이드를 가수 분해하여 아미노산으로 전환시키는 효소로, 췌장에 존재하는 단백질 분해 효소 |

## 02 재료과학

### 1. 단백질량에 따른 밀가루의 분류

| 구분 | 단백질량(%) | 경도 및 용도 |
|---|---|---|
| 강력분 | 12~15 | 초자질, 경질밀, 빵용(식빵) |
| 중력분 | 8~10 | 연질밀, 우동, 면류 |
| 박력분 | 7~9 | 연질밀, 과자 |

### 2. 밀가루의 주요 단백질

| 글리아딘 | 물에 녹지 않고 70% 알코올에 녹으며, 약 36% 차지 |
|---|---|
| 글루테닌 | 중성 용매에 불용성이며, 약 20% 차지 |
| 메소닌 | 묽은 초산에 용해성이 있으며, 약 17% 차지 |
| 알부민, 글로불린 | 수용성이나 세척되지 않고, 전분, 지방, 회분, 섬유질과 함께 글루텐에 남아 있으며, 약 7% 차지 |

※ 글루텐=글리아딘(신장성)+글루테닌(탄력성)+물+에너지

## 3. 밀가루의 저장

**(1) 숙성되지 않은 밀가루의 특징**
① 제분 직후 밀가루는 색과 광택이 안 좋고 생화학적으로 불안한 상태임
② 지용성 카로티노이드계 색소인 크산토필 때문에 노란색을 띰
③ pH 6.1~6.2로 빵 발효에 적당하지 않음
④ 글루텐의 교질화가 이루어지지 않아 반죽이 잘 형성되지 않음

**(2) 숙성된 밀가루의 특징**
① 황색 색소가 산화에 의해 희게 됨
② 효소류의 작용으로 환원성 물질이 산화되어 환원 작용이 약하기 때문에 반죽의 글루텐의 질을 개선하며 흡습성을 좋게 함

## 4. 반죽의 물리적 실험

| 패리노그래프 | • 밀가루의 흡수율, 믹싱 시간, 믹싱 내구성 측정<br>• 곡선이 500B.U.에 도달하는 시간과 다시 아래로 떨어지는 시간 등으로 밀가루의 특성을 해석할 수 있음 |
|---|---|
| 아밀로그래프 | • α-아밀레이스의 활성을 측정할 수 있으며, 밀가루의 호화 정도를 알 수 있음<br>• 제빵용 밀가루의 곡선 높이는 400~600B.U.가 적당함 |
| 익스텐소그래프 | • 반죽의 신장성과 신장에 대한 저항을 측정하는 기계<br>• 패리노그래프의 결과를 보완해 주는 기계로, 밀가루 계량제의 효과를 측정 |

## 5. 감미제

**(1) 감미제의 기능**
① 단맛(감미)을 부여함
② 마이야르 반응과 캐러멜화 반응을 통해 껍질 색을 진하게 함
③ 수분 보습제로, 보습 효과가 있어 노화를 지연시킴
④ 감미제의 종류에 따라 독특한 향을 냄
⑤ 제과 시 밀가루 단백질을 부드럽게 하는 연화 작용을 함
⑥ 제빵 시 발효가 진행되는 동안 이스트의 먹이를 제공하고, 제품 속의 결과 기공을 부드럽게 함

## (2) 맥아와 맥아 시럽

| 맥아 | 맥아는 발아시킨 보리의 낱알로, 발아 정도는 싹의 길이로 판단함 |
|---|---|
| 맥아 시럽 | 맥아분에 물을 넣고 가온하여 탄수화물 분해 효소, 단백질 분해 효소, 맥아당, 가용성 단백질, 광물질, 기타 맥아 물질을 추출한 액체 |

## 6. 유지

### (1) 유지의 종류

| 버터 | • 우유 지방 80~81%, 수분 14~17%, 소금 0~3% 등으로 구성<br>• 융점이 낮고, 가소성의 범위가 좁음 |
|---|---|
| 마가린 | • 버터의 대용품으로 대두유, 면실유 등 식물성 유지를 경화시켜 만든 경화유<br>• 유중수적형 제품으로 가소성, 유화성, 크림성이 좋음<br>• 지방 80%, 우유 16.5%, 소금 0~3%, 유화제 0.5% 등으로 구성 |
| 라드 | • 돼지의 지방을 분리해서 정제한 것으로 상온에서 백색의 고형 지방임<br>• 버터 다음으로 풍미가 좋고 가소성 범위가 넓음<br>• 크림성과 산화 안정성이 낮음 |
| 쇼트닝 | • 라드의 대용품으로 동·식물성 유지에 수소를 첨가하여 만든 경화유<br>• 대부분 수분 0.5% 이하, 지방 100%로 구성<br>• 향료·소금 성분이 없고 색과 풍미가 없음 |
| 튀김 기름 | • 식용유나 팜유를 튀김 기름으로 많이 사용<br>• 튀김 온도는 180~195℃로, 높은 온도이므로 기름의 가수 분해와 산소에 의한 산패가 빨리 일어남 |

### (2) 제과·제빵용 유지의 성질 및 특성

| 크림성(크림가) | 유지가 믹싱 조작 중 공기를 포집하여 크림이 되는 성질 |
|---|---|
| 가소성 | 유지가 상온에서 너무 단단하지 않으면서 높은 온도에서 너무 무르게 되지 않는 성질로, 상온에서 고체 모양을 유지하여 자유롭게 정형할 수 있게 함 |
| 안정성 | • 유지를 산화시키거나 분해시키는 성질에 대하여 저항하는 성질<br>• 유통 기간이 긴 쿠키와 높은 온도에 노출되는 튀김물에서 중요한 특성 |
| 유화성(유화가) | • 유지가 물을 흡수하여 보유하는 성질과 물과 기름을 잘 섞이게 하는 성질<br>• 레이어 케이크류, 파운드 케이크와 같은 고율 배합 제품에 중요한 특성 |
| 쇼트닝성 | • 제과·제빵 제품에 부드러움과 바삭함을 주는 성질<br>• 버터나 쇼트닝에 많음 |

(3) 유지의 화학적 성질 및 특성

| 산가<br>(유리 지방산가) | • 1g의 유지에 들어 있는 유리 지방산을 중화하는 데 필요한 수산화칼륨의 mg을 %로 표시한 것<br>• 유지의 가수 분해 정도를 나타내는 지수로, 유지의 질을 판단함 |
|---|---|
| 검화가 | 유지 1g을 검화하는 데 필요한 수산화칼륨(KOH)의 mg의 수 |
| 과산화물가 | 유지 1kg에 들어 있는 과산화물의 함유량 측정 |

(4) 제과·제빵에서의 유지의 기능
　① 껍질을 얇고 부드럽게 함
　② 밀가루 단백질에 대하여 연화 작용(부드럽게 하는 작용)을 함
　③ 수분 증발을 방지하고 노화를 지연시키며 유지 특유의 맛과 향을 줌
　④ 영양가를 높여 반죽의 신장성을 좋게 함
　⑤ 가스 보유력을 증대시켜 빵의 부피를 크게 함

## 7. 이스트

(1) **이스트에 들어 있는 효소:** 프로테아스, 리파아제, 인버테아제, 말테이스, 치마아제

(2) **번식 조건:** 영양분, 공기, 온도, 최적 pH

(3) **질 좋은 이스트의 조건**
　① 보존성이 좋고, 이미와 이취가 없어야 하며, 미생물의 오염이 없어야 함
　② 수화 시 용해성이 좋아야 하며, 발효력이 일정해야 함
　③ 발효 저해 물질에 대한 저항력이 좋아야 함

(4) **이스트 사용량의 조절**
　① 증가시키는 경우

| 소량 증가 | • 글루텐의 질이 좋은 밀가루를 사용할 때<br>• 미숙한 밀가루를 사용할 때<br>• 소금 사용량이 조금 많을 때<br>• 반죽 온도가 다소 낮을 때<br>• 물이 알칼리성일 때 |
|---|---|
| 다량 증가 | • 설탕 사용량이 많을 때<br>• 우유 사용량이 많을 때<br>• 발효 시간을 줄일 때<br>• 소금 사용량이 많을 때 |

② 감소시키는 경우

| 소량 감소 | • 손으로 하는 작업 공정이 많을 때<br>• 실내 온도가 높을 때<br>• 작업량이 많을 때 |
|---|---|
| 다량 감소 | • 자연 효모와 병행 사용할 때<br>• 발효 시간을 지연시킬 때 |

## 8. 달걀

### (1) 구성

| 껍데기 | 달걀의 10% 정도를 차지 |
|---|---|
| 전란 | • 껍데기를 제외한 노른자와 흰자를 전란이라 함<br>• 수분 75%, 고형분 25%로 구성 |
| 노른자 | • 달걀의 30%를 차지, 수분과 고형분의 함량은 각각 50%<br>• 레시틴: 인지질의 79% 정도를 차지, 소화 흡수율이 좋고 유화제로 사용 |
| 흰자 | • 달걀의 60%를 차지, 수분 88%, 고형분 12%로 구성<br>• pH는 8.5~9로 알칼리성을 띠며 기포성과 열 응고성이 있음 |

### (2) 신선한 달걀의 특징

① 껍데기가 거칠고 윤기가 없음
② 밝은 등불에 비추어 보았을 때 속이 밝으며 노른자가 구형(공 모양)임
③ 6~10%의 소금물에 넣었을 때 가로로 가라앉음
④ 흔들어 보았을 때 소리가 나지 않음
⑤ 신선한 달걀의 난황계수는 0.361~0.442임

## 9. 우유

### (1) 우유의 성분

| 유지방 | 우유를 교반하면 비중의 차이로 지방 입자가 뭉쳐 크림이 형성(버터의 원료) |
|---|---|
| 유단백질<br>(우유 단백질) | • 카세인, 유장 단백질, 지단백질로 구성되며 필수 아미노산을 골고루 함유<br>• 카세인: 우유의 주된 단백질로서 우유 단백질의 약 80% 정도를 차지하며, 열에는 응고되지 않으나 산과 효소(레닌)에 의해 응유되어 치즈와 요구르트를 만듦<br>• 유장 단백질: 카세인을 뺀 나머지 단백질로, 락토알부민과 락토글로불린이 각각 0.5% 정도 함유<br>• 락토알부민과 락토글로불린: 산에 의해 응고되지 않고 열에 변성되어 응고됨 |

| 유당 | • 우유의 주된 당으로 평균 4.8% 정도 함유되어 있음<br>• 동물의 젖에만 존재함<br>• 포도당과 갈락토오스가 결합한 이당류임<br>• 제빵용 이스트에 의해 발효되지 않음 |
|---|---|

(2) 제과·제빵에서 우유와 분유의 기능
① 완충제의 역할을 하며 글루텐을 강화하여 반죽의 내구성을 높이고 오버 믹싱의 위험을 감소시킴
② 이스트에 의해 생성된 향을 착향시켜 풍미를 개선시킴
③ 유당의 캐러멜화로 껍질 색이 좋아짐
④ 영양 강화와 단맛을 냄
⑤ 보수력이 있어 촉촉함을 지속시킴
⑥ 밀가루 단백질을 강화하여 믹싱 내구성을 증대시킴
⑦ 분유가 1% 증가하면 수분 흡수율도 1% 증가함

## 10. 물의 경도에 따른 분류

| 구분 | 특징 | 물의 경도 |
|---|---|---|
| 연수 | • 단물이라고도 하며 증류수, 빗물 등이 해당함<br>• 글루텐을 연화시켜 반죽을 끈적거리게 하고 완제품에서 촉촉함을 느끼게 해 줌 | 60ppm 미만 |
| 아경수 | • 제빵에 가장 적합한 물<br>• 글루텐을 경화시키는 효과<br>• 이스트의 영양 물질 | 120~180ppm |
| 경수 | • 센물이며, 바닷물, 광천수, 온천수 등이 해당함<br>• 반죽이 단단해지고 발효 시간이 길어짐 | 180ppm 이상 |

※ ppm(parts per million): 1/100만

## 11. 이스트 푸드의 기능

| 물 조절 | 칼슘염은 물의 경도를 높여 주는 물 조절제 역할을 함 |
|---|---|
| 이스트의 영양 공급 | 이스트에 부족한 질소 제공을 위해 암모늄염의 형태로 사용 |
| 반죽 조절 | • 산화제: 산화를 일으키는 물질로 반죽에서 글루텐의 탄력성을 높임<br>• 환원제: 산화제와 반대 효과<br>• 효소제: α-아밀레이스와 프로테이스를 첨가하여 반죽의 신장성을 향상시킴 |

## 12. 제과 · 제빵에서 소금의 역할

① 감미를 조절하는 기능을 함
② 재료들의 맛을 향상시켜 풍미를 줌
③ 이스트의 발효를 억제함으로써 발효 속도를 조절하여 작업 속도를 조절함
④ 삼투압 작용으로 잡균의 번식을 억제하여 방부 효과가 있음
⑤ 캐러멜화의 온도를 낮추므로 같은 온도에서 같은 시간 제품을 구우면 제품의 **껍질 색이 진해짐**
⑥ 글루텐을 강하게 하여 반죽을 단단하게 함
⑦ 젖산균의 번식을 억제하여 빵맛이 시큼해지지 않도록 함

## 13. 팽창제의 종류

| 구분 | 특징 | 종류 |
|---|---|---|
| 천연 팽창제<br>(생물학적) | • 주로 빵에 사용되며, 가스 발생이 많음<br>• 부피 팽창, 연화 작용, 향의 개선을 목적으로 사용함 | 이스트(효모) |
| 화학적<br>팽창제 | • 발효 시간이 오래 걸리고 발효 조건이 까다로운 천연 팽창제의 단점을 보완하기 위해 개발됨<br>• 사용하기는 간편하지만, 팽창력이 약함<br>• 갈변 및 뒷맛을 좋지 않게 하는 결함이 있음 | 베이킹파우더, 탄산수소나트륨(중조, 소다), 암모늄 계열 팽창제(탄산수소암모늄, 염화암모늄) |

## 14. 안정제

**(1) 안정제의 종류**

| | |
|---|---|
| 한천 | • 해조류인 우뭇가사리에서 추출하여 동결 · 건조시켜 만듦<br>• 물에 대하여 1~1.5% 농도로 사용함<br>• 끓는 물에만 용해되므로 물에 불린 후 물에 녹여 사용함 |
| 젤라틴 | • 동물의 껍질과 연골 속에 있는 콜라겐을 정제한 것(동물성 안정제)<br>• 35℃ 이상의 미지근한 물부터 끓는 물에 용해되며, 식으면 단단하게 굳음<br>• 용액에 대하여 1% 농도로 사용함<br>• 산이 존재하면 응고 능력이 감소됨 |
| 펙틴 | • 과일과 식물의 조직 속에 존재하는 다당류의 일종<br>• 감귤류나 사과의 펄프로부터 얻음<br>• 설탕 농도 50% 이상, pH 2.8~3.4의 산 상태에서 젤리를 형성함<br>• 잼, 젤리, 마멀레이드의 응고제로 사용함 |

| 씨엠씨<br>(CMC) | • 냉수에서 쉽게 팽윤되어 진한 용액이 됨<br>• 셀룰로오스로부터 만든 제품으로 산에 대한 저항성이 약함 |
|---|---|
| 알긴산 | • 태평양의 큰 해초로부터 추출함<br>• 냉수와 뜨거운 물에도 녹으며, 1% 농도로 단단한 교질이 됨<br>• 우유와 같이 칼슘이 많은 재료와는 단단한 교질체가 되지만 과일 주스와 같은 산이 존재하면 농후화 능력이 감소함 |

(2) 안정제의 기능
  ① 아이싱의 끈적거림과 부서짐을 방지함
  ② 머랭의 수분 배출을 억제함
  ③ 토핑의 거품을 안정시킴
  ④ 젤리, 무스 등의 제조에 사용함
  ⑤ 파이 충전물의 농후화제로 사용함
  ⑥ 흡수제로 노화 지연 효과가 있음
  ⑦ 포장성 개선

## 15. 초콜릿

(1) 템퍼링
  ① 카카오 버터를 안정적인 β형으로 만들어 초콜릿 전체가 안정된 상태로 굳을 수 있도록 온도를 조절하는 공정
  ② 템퍼링을 하면 초콜릿을 구성하는 카카오 버터의 결정이 β형이 되어 입안에서 녹는 감촉이 좋아짐
  ③ 템퍼링을 하지 않으면 광택이 적고 풍미와 용해성이 떨어지며 팻 블룸의 원인이 될 수 있음

(2) 블룸

| 팻 블룸<br>(Fat Bloom) | • 카카오 버터가 원인이 됨<br>• 직사광선에 노출된 곳이나 온도가 높은 곳에서 보관하였을 경우 지방이 분리되었다가 다시 굳으면서 얼룩이 생기는 현상<br>• 템퍼링이 불량한 경우: 초콜릿이 한 번 용해해서 그대로 굳은 경우 |
|---|---|
| 슈가 블룸<br>(Sugar Bloom) | • 설탕이 원인이 됨<br>• 제품을 습도가 높은 장소에 오랫동안 방치하거나 급작스런 온도 변화가 있는 경우에 일어남 |

## 16. 향료와 향신료

| 향료 | 후각 신경을 자극하여 특유의 방향을 느끼게 함으로써 식욕을 증진시킴 |
|---|---|
| 향신료 | 강렬한 방향과 독특한 맛을 내는 식물성 향료로, 풍부한 맛과 향을 내기 위해 소량 첨가하여 식욕을 증진시킴 |

# 영양학

##  열량 영양소

### 1. 영양소의 종류

| 구분 | 영양소 | 기능 |
|---|---|---|
| 열량 영양소 | 탄수화물(4kcal/g) | • 열량 발생<br>• 체온 유지<br>• 에너지원으로 이용 |
| | 지방(9kcal/g) | |
| | 단백질(4kcal/g) | |
| 구성 영양소 | 단백질, 무기질, 물 | 근육, 골격, 효소, 호르몬 등의 구성 성분 |
| 조절 영양소 | 무기질, 비타민, 물 | 인체 내 생리 작용, 대사 작용 조절 |

### 2. 탄수화물(당질)

(1) 탄수화물의 기능
  ① 에너지 공급원: 1g당 4kcal의 열량을 공급, 소화·흡수율은 98%
  ② 혈당의 유지
  ③ 단백질 절약 작용, 지방 대사 및 장운동에 관여
  ④ 피로 회복에 효과적
  ⑤ 감미, 향미

(2) 탄수화물의 소화
  ① 입(구강)에서의 소화: 타액 속의 프티알린에 의해 소화가 일어남
  ② 위에서의 소화: 분해 효소가 없어 소화가 거의 일어나지 않음
  ③ 소장에서의 소화: 소장에서 최종적인 소화가 일어나 전분이 단당류로 분해

### 3. 지방

(1) 지방의 기능
  ① 에너지 공급원: 1g당 9kcal의 열량을 공급, 소화·흡수율은 95%
  ② 지용성 비타민(비타민 A, D, E, K)의 흡수 촉진
  ③ 장기 보호, 체온 유지, 장내 윤활제 역할
  ④ 필수 지방산 공급: 건강 유지 및 성장 촉진, 콜레스테롤 양을 낮춤

### (2) 지방의 소화 · 흡수
① 라이페이스, 스테압신: 췌장에서 글리세린과 지방산으로 분해하는 지방 분해 효소
② 위에서는 담즙에 의해 유화된 후 소장으로 보내져 대부분 흡수됨

## 4. 단백질

### (1) 단백질의 영양 평가 지표

| 생물가(BV) | (체내에 보유된 질소량 ÷ 체내에 흡수된 질소량) × 100 |
|---|---|
| 단백가(PS) | (식품 중 제1 제한 아미노산 함량 ÷ 표준 단백질 중 아미노산 함량) × 100 |

### (2) 단백질의 기능
① 에너지 공급원: 1g당 4kcal의 열량 공급, 소화 · 흡수율은 92%
② 체액 중성 유지: 체내 삼투압 조절로 체내 수분 평형 유지
③ 효소 · 호르몬 · 항체를 형성, 면역 작용 관여, 체조직 구성과 보수(피부, 손톱, 모발 등)

### (3) 단백질의 소화 · 흡수
① 펩신(위)이 폴리펩타이드로 분해 → 췌장 · 소장의 효소에 의해 아미노산으로 분해
② 흡수된 아미노산은 단백질 합성 보수 외에 연소되어 열량을 공급하며, 당질과 지방으로 전환되어 몸에 저장되기도 함

## 02 조절 영양소

### 1. 무기질

| | |
|---|---|
| 주요 무기질의 기능과 결핍증 | • 칼슘: 골격 구성, 결핍 시 구루병, 골다공증, 골연화증<br>• 마그네슘: 근육의 수축 · 이완 작용, 체액의 알칼리 유지, 결핍 시 경련<br>• 나트륨: 체액의 삼투압과 수분 조절, 과잉 시 동맥 경화증<br>• 황: 체구성 성분, 결핍 시 머리카락 · 손톱 · 발톱 성장 지연<br>• 철, 구리, 아연, 코발트: 결핍 시 빈혈<br>• 아이오딘: 갑상선 호르몬(티록신) 성분, 결핍 시 갑상선종 |
| 영양학적 특성 | • 뼈와 치아의 구성 성분<br>• 체액의 성분으로 pH와 삼투압의 조절에 관여<br>• 효소나 호르몬 합성으로 체작용 조절<br>• 효소 반응의 활성화<br>• 신경과 흥분 전달, 근육의 이완 및 수축에 관여 |

## 2. 비타민과 물

### (1) 비타민의 일반적 성질

| 구분 | 수용성 비타민 | 지용성 비타민 |
|---|---|---|
| 종류 | 비타민 B군, C 등 | 비타민 A, D, E, K |
| 용매 | 물에 용해 | 기름과 유기 용매에 용해 |
| 과잉 섭취 시 | 소변으로 배출 | 체내에 저장 |
| 전구체 | 없음 | 존재함 |
| 결핍 | 신속히 나타남 | 서서히 나타남 |
| 공급 | 매일 공급해야 함 | 매일 공급할 필요 없음 |

### (2) 수용성 비타민의 종류

| 구분 | 기능 | 결핍증 | 급원 식품 |
|---|---|---|---|
| 비타민 $B_1$ (티아민) | 당질 대사에 중요, 식욕 촉진 | 각기병, 식욕 부진, 피로, 권태감, 신경통 | 쌀겨, 간, 돼지고기, 난황, 대두, 배아 |
| 비타민 $B_2$ (리보플라빈) | 발육 촉진, 입안의 점막 보호 | 구순구각염, 설염, 피부염, 발육 장애 | 우유, 치즈, 간, 달걀, 살코기, 녹색 채소 |
| 비타민 $B_3$ (나이아신) | 당질, 지질, 단백질 대사의 중요한 역할 | 펠라그라, 피부병 | 간, 육류, 콩, 효모, 생선 |
| 비타민 $B_6$ (피리독신) | 단백질 대사에 중요 | 피부병, 성장 정지, 저혈색소병, 빈혈 | 육류, 배아, 곡류, 난황 |
| 비타민 $B_9$ (엽산) | 항빈혈성 인자로 헤모글로빈, 적혈구 세포 생성 | 빈혈 | 간, 달걀 |
| 비타민 $B_{12}$ (시아노코발라민) | 적혈구 생성에 관여, 성장 촉진 | 악성 빈혈, 간 질환, 성장 정지 | 간, 내장, 난황, 살코기 등 동물성 식품 |
| 비타민 C (아스코르빈산) | 세포의 산화·환원 작용 조절, 세포의 저항력 증강 | 괴혈병, 저항력 감소 | 시금치, 무청, 딸기, 감귤류, 풋고추 |

(3) **지용성 비타민의 종류**

| 구분 | 기능 | 결핍증 | 급원 식품 |
|---|---|---|---|
| 비타민 A (레티놀) | 발육을 촉진하여 저항력 증강, 시력에 관여 | 야맹증, 건조성 안염 | 간유, 버터, 난황, 김, 녹황색 채소 |
| 비타민 D (칼시페롤) | 칼슘과 인의 흡수력 촉진, 뼈의 성장에 관여 | 구루병, 골연화증, 골다공증 | 어유, 간유, 난황, 버터 |
| 비타민 E (토코페롤) | 항산화제, 근육 위축 방지 | 불임증, 근육 위축증 | 식물성 기름, 난황, 우유 |
| 비타민 K (필로퀴논) | 혈액 응고 작용, 포도당의 연소에 관계 | 혈액 응고 지연 | 간유, 난황, 녹색 채소 |

(4) **물**
① 체중의 2/3(55~65%)를 차지함
② 체내 수분의 20%를 상실하면 생명의 위험 초래
③ 체내 대사 과정의 촉매 작용, 영양소와 노폐물 운반, 모든 분비액의 성분과 체온 조절, 내장 기관의 보호 등의 기능을 함

## 03 소화와 흡수

### 1. 소화 효소의 종류

| 탄수화물 가수 분해 효소 | 아밀레이스, 수크레이스, 말테이스, 락테이스 등 |
|---|---|
| 지방 가수 분해 효소 | 라이페이스, 스테압신 |
| 단백질 가수 분해 효소 | 펩신, 트립신, 에렙신 등 |

### 2. 에너지 대사

| 기초 대사량 | 사람의 생명을 유지하는 데 필요한 최소한의 대사량 |
|---|---|
| 에너지 대사율 | 생물체가 행한 작업 강도를 알 수 있는 기준 |

# 제과 · 제빵 제조

##  기계와 도구

### 1. 믹서(반죽기)

| 수직형 믹서 | 소규모 제과점에서 케이크 및 빵 반죽을 만들 때 사용 |
|---|---|
| 수평형 믹서 | • 대량 생산할 때 사용<br>• 단일 품목의 주문 생산에 편리 |
| 스파이럴 믹서 | • S형(나선형) 훅이 고정되어 있는 제빵 전용 믹서<br>• 저속으로 프랑스빵을 반죽하면 힘이 좋은 반죽이 됨 |
| 에어 믹서 | 제과 전용 믹서로 공기를 넣어 믹싱하여 일정한 기포를 형성 |
| 믹서에 사용하는<br>기구 | • 믹싱볼: 원통형의 기구로 반죽할 때 사용<br>• 휘퍼: 제과용으로 공기를 넣어 부피를 형성<br>• 비터: 유연한 반죽을 만들 때 사용<br>• 훅: 제빵용으로 강력분을 사용할 때 글루텐을 형성 |
| 클리어런스 | 믹싱볼과 훅의 간격을 말함 |

### 2. 오븐

| 데크 오븐 | 소규모 제과점(윈도우 베이커리)에서 주로 사용 |
|---|---|
| 터널 오븐 | • 단일 품목을 대량 생산하는 공장에서 많이 사용<br>• 반죽을 넣는 입구와 제품을 꺼내는 출구가 서로 다름 |
| 컨벡션 오븐<br>(대류식 오븐) | • 공기를 데워서 오븐 뒤쪽의 팬으로 순환시켜 구움<br>• 일정한 크기와 고른 색의 제품을 만들 수 있음 |

### 3. 제빵 전용 기기

| 발효기 | 발효시키는 기계 | 분할기(디바이더) | 분할하는 기계 |
|---|---|---|---|
| 둥글리기(라운더) | 둥글리기하는 기계 | 정형기(몰더) | 모양을 만드는 기계 |
| 도우 컨디셔너 | 급속 냉동, 냉장, 완만한 해동, 2차 발효를 자동 조절하는 다기능 제빵 기계 |||

## 02 제품 관리

| 소비 기한 | 소비자가 식품을 먹어도 건강상에 이상이 없을 것으로 판단되는, 소비자가 실제로 **식품을 섭취할 수 있는 기한** |
|---|---|
| 저장 방법 | • 실온 저장: 건조 식자재를 저장·보관하는 적합한 공간과 사용 현장과의 위치, 저장 식재료의 **안전성**을 고려해야 함<br>• 냉장 저장: **배수구와 환기 시설**을 설치해야 하며 워크인 냉장고의 문은 안에서도 열리고, 조명이나 신호 장치에 의해 내부에 사람이 있음을 알릴 수 있어야 함<br>• 냉동 저장: 식품의 **저장 기간을 연장**하기 위한 수단으로 이용 |

## 03 생산 관리

### 1. 생산 관리의 개요

(1) **생산 관리의 정의**: **사람(Man)·재료(Material)·자금(Money)**의 3요소를 유효적절하게 사용하여 양질의 물건을 적은 비용으로 필요한 양만큼 정해진 시기에 만들어 내는 관리(Control) 또는 경영(Management)을 말함

(2) **생산 관리의 목표**: 납기 관리, 원가 관리, 품질 관리, 생산량 관리(유연성)

(3) **기업 활동의 구성 요소(7M)**

| 1차 관리 | Man(사람, 질과 양), Material(재료, 품질), Money(자금, 원가) |
|---|---|
| 2차 관리 | Method(방법), Minute(시간, 공정), Machine(기계, 시설), Market(시장) |

### 2. 원가의 구성 요소

| 직접 원가<br>(생산 원가) | 직접 재료비 + 직접 노무비 + 직접 경비 |
|---|---|
| 제조 원가 | 직접 원가 + 제조 간접비 |
| 총원가 | 제조 원가 + 일반 관리비 |
| 판매 가격 | 총원가 + 이익 |

## 3. 제조 시 불량률 감소

| 문제점 | 감소 방법 |
|---|---|
| 작업자의 부주의 | • 작업 표준이나 작업 지시에 맞는지 스스로 점검<br>• 검사 기준을 설정하여 다른 사람이 점검 |
| 낮은 기술 수준<br>또는 작업의 미숙 | • 전문가를 초청하여 교육 훈련을 시키거나 현장에서의 기술 개선 지도<br>• 교육 기관을 통한 수강, 사내 연구회를 통하여 자기 계발 |
| 작업 여건의 문제 | • 작업의 표준화<br>• 기계와 작업 기기가 정상 작동하도록 보수 |

## 04 공정 관리와 작업 환경 관리

### 1. 공정 관리의 정의
① 제조 공정 관리에 필요한 제품 설명서와 공정 흐름도를 작성
② 위해 요소 분석을 통해 **중요 관리점**을 결정
③ 결정된 중요 관리점에 대한 세부적인 관리 계획을 수립하여 공정을 관리

### 2. 작업 환경 관리

| | |
|---|---|
| 작업장 설비 및<br>소도구 관리 | • 작업대: 스테인리스스틸 등의 재질 사용, 매번 사용하기 전에 씻고 소독함<br>• 냉장·냉동 기기: 냉동실(−18℃ 이하), 냉장실(5℃ 이하)의 적정 온도 유지, 1일 1회 또는 주 1회씩 사용 정도에 따라 청소·소독함<br>• 믹싱기: 믹싱볼과 부속품은 분리 후 음용수에 중성 또는 약알칼리성 세제를 사용하여 세척함<br>• 저울: 이동 시 밑 부분을 들어야 하며, 사용 후 뚜껑을 제거하고 닦은 뒤 부착하여 보관<br>• 시트팬: 기름을 발라서 사용한 경우 깨끗하게 세척한 후 건조시켜 보관<br>• 각종 틀: 세제를 사용하여 세척 후 건조시켜 보관<br>• 스텐볼: 탄 부분은 철수세미나 오븐 클리너를 사용하여 즉시 세척 |
| 작업장<br>주변 환경 관리 | • 건물 외부: 오염원과 해충의 유입이 방지되도록 설계, 건설, 유지·관리되어야 하며 배수가 잘 되도록 해야 함<br>• 자재 반입문: 자동 셔터문을 이용(작업자 출입 ×), 손 소독기, 발바닥 소독기 설치 및 이용<br>• 탈의실: 작업장 외부에 공간을 마련하고 교차 오염 방지를 위해 외출·위생 복장을 구분하여 보관<br>• 발바닥 소독기: 현장 출입문과 자재 반입문에 설치 |

# 과자류 제조

## 01 제과의 주요 재료와 기능

### 1. 밀가루

| | |
|---|---|
| 일반적인 제과 제품 | • 부드러운 연질소맥으로 제분한 **박력분** 사용<br>• **단백질 함량 7~9%**, 회분 함량 0.4% 이하 |
| 고율 배합의 제품 | • 밀가루에 비해 설탕 함량이 많은 제품<br>• 단백질 함량 7~8%, 회분 함량 0.3~0.36%, pH 5.2의 고급 박력분 사용 |
| 퍼프 페이스트리 제품 | 강력분 사용(늘려 퍼지는 성질 필요) |
| 일부 쿠키나 도넛 제품 | 중력분 사용 |
| 식감이 쫄깃한 제품 | 강력분과 중력분 혼합 사용 |

### 2. 설탕(자당)

| | |
|---|---|
| **감미제 역할** | 풍미를 주며 최종 제품에 단맛을 부여하는 감미제로 작용 |
| 색 조절 | • 설탕을 많이 사용하게 되면 과도한 착색 발생<br>• 오븐 열로 인해 당이 갈색으로 변하는 캐러멜화 반응이 생김 |
| 독특한 향 부여 | 열과 반응하면 풍미 물질로 변하여 독특한 향을 냄 |
| 윤활 작용 | 유동성을 크게 하여 윤활제 역할을 함 |
| **연화 작용** | 글루텐의 생성과 발전을 방해하여 조직이 연화되어 제품을 부드럽게 함 |
| 노화 지연 | 수분 보유력이 있어 제품을 부드럽고 오랫동안 저장할 수 있게 함 |
| 퍼짐성 조절 | 흐름성을 이용한 것으로 과자 반죽의 퍼짐 정도를 조절할 수 있음 |

※ 감미제의 종류
- 설탕: 사탕수수로 제조, 고형분 100%
- 포도당: 전분으로 제조, 고형분 91%, 수분 8.5%
- 유당: 우유 중 4.8% 함유, 탈지분유 중 50% 함유
- 전화당: 포도당과 과당을 50%씩 결합
- 물엿: 전분으로 제조, 고형분 80%, 수분 20%

## 3. 유지

| | |
|---|---|
| 크림성 | 지방 입자의 분산을 이용하여 공기 포집 능력을 극대화하여 크림이 되게 함 |
| 쇼트닝성 | • 단백질과 전분의 입자를 끊어 놓는 성질<br>• 바삭하고 부드러운 정도를 조절하여 식감을 향상시킴 |
| 가소성 | • 성분의 변화에도 변형시킨 모양이 그대로 남고 원래의 형태로 돌아오지 않는 성질<br>• 고체 유지는 온도가 올라가면 액체화되며 가소성을 잃어버림 |
| 신장성 | • 파이용 마가린을 사용하는 퍼프 페이스트리 등에 필요<br>• 밀었을 때 끊어지지 않고, 늘려 펴지는 성질 |
| 안정성 | 오랫동안 저장할 수 있고 산패를 견디는 성질 |
| 저장성 | 수분이 증발하여 딱딱해지는 현상인 노화를 지연시키는 성질 |
| 윤활 작용 | 글루텐 형성을 방해하여 반죽의 유동성을 크게 하므로 부드러운 반죽이 됨 |

※ 유지의 종류
- 버터: 우유 지방 80% 정도
- 마가린: 식물성 지방 80%
- 쇼트닝: 동·식물성 지방(주로 식물성 지방) 100%

## 4. 달걀

| | |
|---|---|
| 구조 형성 | 흰자에 함유된 알부민은 구조 형성 물질로 작용하는데, 기포 형성 후 단백질과 결합하여 제품의 구조를 형성 |
| 수분 공급 | 전란의 75%(고형질 25%), 흰자의 88%(고형질 12%), 노른자의 50%(고형질 50%)가 수분으로 이루어져 있어 제품에 수분을 공급 |
| 농후화제<br>(결합제) 역할 | • 액체의 농도를 진하게(걸쭉하게) 하는 것<br>• 설탕, 전분, 노른자에 우유를 넣고 끓이면 결합하는 현상(커스터드 크림의 결합제) |
| 팽창 작용 | 달걀을 휘핑하여 기포를 형성하면 공기가 혼입되어 반죽이 부풀어지고, 굽기 중에 팽창 작용이 일어남 |
| 유화제 역할 | 노른자의 레시틴이 유화제 역할을 함 |
| 연화 작용 | 노른자의 지방이 제품을 부드럽게 함 |
| 착색 작용 | 노른자의 색(황색 계통)은 식욕을 돋우는 색을 냄 |
| 영양 증진 | 달걀은 칼슘, 철분, 인 등 미네랄 성분이 풍부함 |
| 풍미·맛 증진 | 독특한 풍미와 맛을 주는 역할을 함 |

## 5. 물

| | |
|---|---|
| 수화 작용 | 밀가루와 물의 결합 |
| 식감 조절 | 반죽에 수분을 공급하여 되기를 조절함으로써 식감을 조절 |
| 팽창 작용 | 굽기 과정 중 내부 온도가 98℃로 올라가면 증기압을 형성하여 주위의 공기를 팽창시켜 반죽을 부풀림 |
| 반죽 온도 조절 | 믹싱 과정 중 마찰열이 발생되면 물의 온도를 조절하여 23~24℃로 맞춤 |
| 재료 분산 작용 | 반죽을 하면서 재료를 골고루 분산시킴 |

## 6. 우유

| | |
|---|---|
| 구조 형성 | 단백질을 함유하고 있어 제품의 구조를 형성 |
| 색·풍미에 영향 | 유당이 캐러멜화 반응을 일으켜 껍질 색을 짙게 하고 풍미를 생성 |
| 저장성 향상 | 수분이 88% 함유되어 있어 노화를 지연시킴 |

## 7. 소금

| | |
|---|---|
| 감미도 조절 | • 설탕이 과한 경우 소금을 넣으면 단맛이 순화됨<br>• 설탕이 부족한 경우 소금을 넣으면 단맛이 상승됨 |
| 캐러멜화 반응 촉진 | 당의 열 반응 온도를 낮추어 캐러멜화 반응을 촉진시킴 |
| 세균 번식 억제 | 삼투압 등 작용으로 유해균의 번식을 억제함 |

## 8. 그 외 재료

| | |
|---|---|
| 산 작용제 | 반죽의 산도를 높임(주석산, 레몬즙, 식초) |
| 베이킹파우더 | 이산화탄소의 발생으로 제품 부피가 팽창되어 조직이 부드러워짐 |
| 향료 | 독특한 향이 나게 하여 후각을 자극함 |
| 향신료 | 향미를 돋우며 보존성을 연장함 |
| 안정제 | • 한천: 우뭇가사리(해조류)를 조려 녹인 뒤 동결·해동·건조시킨 것<br>• 젤라틴: 동물의 연골, 힘줄, 가죽 등을 구성하는 천연 단백질인 콜라겐을 뜨거운 물로 처리하면 얻어지는 단백질<br>• 펙틴: 식물 세포벽에 있는 다당류(감귤류, 사과) |

## 제과 반죽의 분류

### 1. 팽창 형태에 따른 분류

| 물리적 팽창 | 공기 팽창, 유지 팽창, 무팽창 |
|---|---|
| 화학적 팽창 | 베이킹파우더, 소다(중조, 탄산수소나트륨), 이스파타(암모늄 계열의 팽창제) 등의 화학 팽창제를 사용하여 반죽을 팽창시키는 방법 |
| 이스트 팽창 | 발효 공정 시 이스트 사용으로 인해 발생하는 이산화탄소 가스가 부피를 팽창시키는 방법(주로 제빵에서 사용) |
| 복합형 팽창 | 두 가지 이상의 기본 팽창 형태를 겸하는 방법 |

### 2. 반죽 특성에 따른 분류

| 반죽형 반죽<br>: 비중 0.75~0.85 | • 크림법: 유지+설탕 → 부피가 큰 제품<br>• 블렌딩법: 유지+밀가루 → 부드러운 조직<br>• 설탕/물법: 설탕 : 물 = 2 : 1 → 대량 생산, 균일한 껍질 색<br>• 단단계법(1단계법): 모든 재료 → 노동력과 제조 시간 절약 |
|---|---|
| 거품형 반죽<br>: 비중 0.45~0.55 | • 공립법: 전란(노른자+흰자) 사용<br>• 별립법: 흰자와 노른자 분리 사용<br>• 제노와즈법: 반죽에 유지(20~30%)를 녹여 넣는 방법<br>• 머랭 반죽(머랭법): 흰자에 설탕을 넣고 중간 피크의 머랭을 만드는 방법<br>• 시폰형 반죽(시폰형): 별립법과 달리 흰자는 머랭을 만들고 노른자 반죽에 흰자를 제외한 재료를 넣고 거품을 만들지 않는 방법 |

 ## 제과 공정

### 1. 배합표 작성

(1) 배합표 작성법(Baker's %: 밀가루의 양을 100%로 환산)

| 분할 총반죽 무게(g) | 분할 반죽 무게(g) × 제품 수(개) |
|---|---|
| 총재료 무게(g) | 분할 총반죽 무게(g) ÷ {1−분할 손실(%)} |
| 밀가루 무게(g) | {총재료 무게(g) × 밀가루 배합률(%)} ÷ 총배합률(%) |

(2) **고율 배합**과 **저율 배합**

| 고율 배합 | 밀가루≦설탕, 전체 액체(달걀+우유)>설탕, 반죽의 비중 낮음, 낮게 오래 굽기(오버 베이킹) |
|---|---|
| 저율 배합 | 밀가루≧설탕, 전체 액체(달걀+우유)=설탕, 반죽의 비중 높음, 높게 짧게 굽기(언더 베이킹) |

## 2. 재료의 전처리

| 가루 재료 | 고운체를 이용하며 바닥 면과 적당한 거리를 둠 |
|---|---|
| 우유 | 원유는 가열 살균한 후 차갑게, 시유는 데워서 사용 |
| 유지 | 반죽 속에 넣을 경우 적절한 유연성을 가지게 함 |
| 물 | 밀가루의 흡수율과 반죽 온도를 고려하여 양 조절, 반죽 온도에 따라 물의 온도 조절 |

## 3. 반죽 믹싱

(1) **반죽의 온도**: 제과 반죽의 온도는 23~24℃를 맞추어야 함

| 온도가 높을 경우 | 열린 기공과 거친 조직으로 부피가 크고 노화가 빨리 진행됨 |
|---|---|
| 온도가 낮을 경우 | 조밀한 기공으로 부피가 작고 식감이 나쁨 |

(2) **반죽 온도 계산**

| 마찰 계수 | (결과 반죽 온도×6)-(실내 온도+밀가루 온도+설탕 온도+유지 온도+달걀 온도+수돗물 온도) |
|---|---|
| 사용할 물 온도 | (희망 반죽 온도×6)-(실내 온도+밀가루 온도+설탕 온도+유지 온도+달걀 온도+마찰 계수) |
| 얼음 사용량 | {물 사용량×(수돗물 온도-사용할 물 온도)}÷(80+수돗물 온도) |

(3) **비중**

| 비중이 낮은 경우 | 공기가 많이 혼입되어 기공이 크고 조직이 거칠며 부피가 큼 |
|---|---|
| 비중이 높은 경우 | 공기가 적게 혼입되어 기공이 조밀하고 무거우며 부피가 작음 |
| 비중 측정법 | (반죽 무게-컵 무게)÷(물 무게-컵 무게) |

### (4) 반죽의 산도 조절

① 제품별 적정 pH

| 과일 케이크 | 4.4~5.0 | 엔젤 푸드 케이크 | 5.2~6.0 |
| --- | --- | --- | --- |
| 옐로 레이어 케이크 | 7.2~7.6 | 스펀지 케이크 | 7.3~7.6 |
| 파운드 케이크 | 6.6~7.1 | 화이트 레이어 케이크 | 7.4~7.8 |
| 초콜릿 케이크 | 7.8~8.8 | 데블스 푸드 케이크 | 8.5~9.2 |

② 산도의 영향과 조절

| pH가 산성일 때 | 작은 기공, 연한 색, 작은 부피, 신맛 |
| --- | --- |
| pH가 알칼리성일 때 | 거친 기공, 어두운 색, 큰 부피, 강한 향, 소다 맛 |
| pH를 낮추고자 할 때 | 산성인 주석산, 사과산, 구연산을 넣음 |
| pH를 높이고자 할 때 | 알칼리성인 중조를 넣음 |

## 4. 충전물

| 크림 충전물 | 우유나 생크림을 주재료로 달걀, 설탕 버터 등의 재료를 더한 것(커스터드 크림, 버터 크림, 가나슈 크림, 아몬드 크림) |
| --- | --- |
| 과일 충전물 | 과일에 설탕을 넣고 조려서 만든 것으로 타르트, 파이, 페이스트리 등에 충전용으로 많이 사용 |

## 5. 성형 가공 및 팬닝

| 원형 팬 | 용적($cm^3$) = 반지름 × 반지름 × 3.14 × 높이 |
| --- | --- |
| 경사진 원형 팬 | 용적($cm^3$) = 평균 반지름 × 평균 반지름 × 3.14 × 높이 |
| 엔젤 팬 | 용적($cm^3$) = 바깥 팬의 용적 − 안쪽 팬의 용적 |
| 옆면이 경사진 사각 팬 | 용적($cm^3$) = 평균 가로 × 평균 세로 × 높이 |
| 비용적 | • 반죽 1g이 차지하는 부피로, 단위는 $cm^3/g$<br>• 파운드 케이크: 2.40$cm^3/g$    • 엔젤 푸드 케이크: 4.71$cm^3/g$<br>• 레이어 케이크: 2.96$cm^3/g$    • 스펀지 케이크: 5.08$cm^3/g$ |
| 반죽량 | 용적(틀 부피)÷비용적 |

## 6. 굽기 및 튀기기

### (1) 부적당한 굽기

| | |
|---|---|
| 오버 베이킹 | • 너무 낮은 온도에서 장시간 구운 경우 윗면이 평평하고 수분이 적어 노화가 빨리 진행됨<br>• 고율 배합, 다량의 반죽 등에 적합함 |
| 언더 베이킹 | • 너무 높은 온도에서 단시간 구운 경우 윗면이 위로 올라오거나 갈라지고 수분이 많아 설익거나 주저앉기 쉬움<br>• 저율 배합, 소량의 반죽 등에 적합함 |

### (2) 튀기기

| | |
|---|---|
| 튀김 기름이 갖추어야 할 조건 | • 산패취가 없어야 함<br>• 저장 중 안정성이 높아야 함<br>• 발연점이 높아야 함(219℃ 이상)<br>• 산화와 가수 분해가 잘 일어나지 않아야 함 |
| 튀김 기름 온도 | 175~195℃(평균 180℃) |
| 발연 현상 | • 온도가 219℃ 이상으로 올라가면 푸른 연기가 나는 현상<br>• 발연점이 높은 튀김 기름을 사용해야 함 |
| 튀김 기름의 4대 적 | 온도(열), 수분(물), 공기(산소), 이물질 |

## 7. 냉각

| | |
|---|---|
| 정의 | 오븐에서 꺼낸 과자류 제품을 상온에 방치하여 온도가 점점 내려가 35~40℃ 정도가 된 것 |
| 목적 | 곰팡이 및 기타 균의 피해 방지, 절단 및 포장의 용이함 |
| 냉각 방법 | 자연 냉각, 터널(계단)식 냉각, 에어컨디션식 냉각 |

## 8. 아이싱

| | |
|---|---|
| 크림 | • 휘핑 크림: 우유의 지방이나 식물성 지방을 거품 내어 크림화한 것으로, 유지방이 40% 이상인 크림이 거품 내기에 알맞음<br>• 커스터드 크림: 달걀, 설탕, 전분 등을 섞은 크림에 80℃로 끓인 우유를 넣고 풀 같은 상태(호화)로 만든 크림<br>• 생크림: 우유의 지방분(유지방)만을 분리해 낸 것 |

| 머랭 | 달걀 흰자와 설탕으로 거품 내어 만든 제품 |
|---|---|
| 글레이즈 | 과자류 표면에 광택을 내거나 표면이 마르지 않도록 하기 위한 것으로 도넛과 케이크에는 43~50℃ 정도로 사용 |
| 퐁당 | 설탕 시럽을 114~118℃로 끓인 뒤 재결정화시킨 것 |

## 9. 제품 평가 및 포장

(1) 제품 평가

| 외부 평가 | • 부피: 모양이 알맞게 부풀어야 함<br>• 껍질 색: 식욕을 돋우는 색상으로 부위별 색상이 균일하고 반점과 줄무늬가 없어야 함<br>• 형태의 균형: 좌우 전후 대칭이 균형 잡혀야 함<br>• 껍질의 특성: 얇으면서 부드러운 것이 좋음 |
|---|---|
| 내부 평가 | • 기공: 기공막이 일정하고 고른 조직이 좋음<br>• 속 색: 밝은 빛을 띠고 윤기가 있어야 함<br>• 향: 고유의 향, 천연적인 향이 바람직함<br>• 맛: 제품마다 특성의 맛을 잘 살려야 함 |

(2) 포장 용기 선택 시 고려 사항

① 방수성이 있고 통기성이 없을 것  ② 상품의 가치를 높일 것
③ 유통 기간 중 노화를 방지할 것  ④ 취급이 용이할 것
⑤ 단가가 낮고, 제품이 변형되지 않을 것  ⑥ 유해 물질이 없을 것
⑦ 포장 온도 35~40℃, 수분 함량 38%가 적합

##  제품별 제과법

### 1. 반죽형 케이크

(1) **파운드 케이크:** 밀가루 100%, 설탕 100%, 달걀 100%, 유지 100%

(2) **레이어 케이크**

| 옐로 레이어 케이크 | • 달걀(전란)=쇼트닝 × 1.1<br>• 우유=설탕+25-전란 |
|---|---|

| | |
|---|---|
| 화이트 레이어 케이크 | • 흰자=전란×1.3 또는 쇼트닝×1.43<br>• 우유=설탕+30−흰자<br>• 주석산 크림 0.5% 사용(흰자의 구조를 단단하게 함) |
| 데블스 푸드 케이크 | • 달걀(전란)=쇼트닝×1.1<br>• 우유=설탕+30+(코코아×1.5)−전란<br>• 천연 코코아 사용 시 7%를 중조로 사용(베이킹파우더 감소) |

## 2. 거품형 케이크

(1) **스펜지 케이크:** 밀가루 100%, 설탕 166%, 달걀 166%, 소금 2%**(고율 배합)**

① 재료의 특성

| | |
|---|---|
| 밀가루 | • 연질소맥으로 제분한 저회분(0.3% 이하)의 박력분을 사용<br>• 중력분을 사용할 때 전분(12% 이하)을 섞어 사용<br>• 밀가루 1% 증가 시: 설탕과 우유는 0.75~1%씩 증가, 소금은 0.03% 증가, 베이킹파우더는 0.015~0.03% 증가 |
| 설탕 | • 감미제, 달걀의 기포 안정, 노화 방지 역할을 하고 반죽에 윤기를 줌<br>• 20~25%는 설탕 대신 물엿이나 포도당 등으로 대체 가능<br>• 꿀, 전화당 시럽은 향 및 수분 보유력이 큼 |
| 달걀 | • 기포 형성, 풍미 향상의 역할<br>• 노른자의 레시틴은 유화제가 함유되어 있어 유화 작용을 함<br>• 밀가루의 50% 이상이 되면 물이나 팽창제를 첨가하지 않아도 반죽이 충분한 수분과 팽창 효과를 가짐 |
| 소금 | 전체적인 맛을 내는 데 필수적이며 소량 사용 |
| 우유 | 수분 함량에 맞추어 사용량을 조절 |
| 유지 | 기포를 작게 나누고 풍미를 줌 |

② 제조 공정

| | |
|---|---|
| 덥게 하는 방법<br>(고배합, 중탕법) | • 달걀, 설탕, 소금을 43℃로 중탕한 후 휘핑함<br>• 밀가루를 넣고 균일하게 혼합<br>• 설탕이 녹아 거품 올리기가 용이함(카스텔라)<br>• 껍질 색을 개선함 |
| 일반법(저배합) | • 달걀, 설탕, 소금을 실온에서 휘핑한 후 밀가루를 넣는 방법<br>• 믹서 성능이 좋거나, 베이킹파우더를 사용하는 배합<br>• 에어 믹서와 같은 1단계법 |

### (2) 롤 케이크

① 제조 공정: **공립법**(젤리 롤 케이크), **별립법**(소프트 롤 케이크)
② **롤 케이크 말기를 할 때 표면의 터짐을 방지하는 방법**
- 설탕의 일부를 물엿이나 시럽으로 대체
- 반죽 온도가 너무 낮지 않도록 함
- 글리세린을 첨가하여 유연성 부여
- 반죽의 비중이 너무 높지 않게 믹싱
- 오버 베이킹을 하지 않음
- 덱스트린을 사용하여 점착성 증가
- 노른자를 줄이고 전란을 증가시킴
- 밑불이 너무 강하지 않게 굽기
- 화학적 팽창제의 사용 감소, 믹싱 상태를 조절

### (3) 엔젤 푸드 케이크

① 배합률 조절
- 설탕 사용량: **입상형 = 1단계 설탕 × 2/3, 분당형 = 2단계 분당 × 1/3**
- 주석산 크림(0.5%) + 소금(0.5%) = 1%
- 주석산 크림은 흰자의 알칼리성에 대한 중화 역할로 튼튼한 거품을 만듦

| 산 전처리법 | **머랭**과 함께 **주석산**을 넣고 만듦(튼튼하고 탄력있는 제품) |
|---|---|
| 산 후처리법 | **밀가루**와 함께 **주석산**을 넣고 만듦(부드러운 제품) |

② 팬닝: 틀에 이형제로 물을 분무한 후 60~70% 정도 반죽을 채움

## 3. 유지에 의한 팽창

### (1) 퍼프 페이스트리

① 재료 사용 범위: 밀가루(강력분) 100%, 유지 100%, 물 50%, 소금 1~3%
② 제조 방법

| 반죽형(스코틀랜드식) | 유지를 호두 크기로 다져서 물을 넣고 반죽 |
|---|---|
| 접기형(프랑스식) | 밀가루, 유지, 물로 반죽을 만든 후 여기에 파이용 마가린을 싸서 밀고 접기를 반복함(3절 4회) |

## 4. 무팽창

### (1) 파이(쇼트 페이스트리)

① 반죽의 특징: 유지의 입자 크기에 따라 **파이 결의 길이가 결정**됨

| 긴 결 | 유지 입자를 호두알 크기로 밀가루와 혼합 |
|---|---|
| 중간 결 | 유지 입자를 강낭콩 크기로 밀가루와 혼합 |
| 가루 모양 | 유지 입자를 미세한 상태로 밀가루와 혼합 |

② 휴지의 목적
- 재료를 수화시킴
- 밀어 펴기를 용이하게 함
- 유지와 반죽의 굳은 정도를 같게 함
- 끈적거림을 방지하여 작업성이 향상됨

③ 충전물이 끓어 넘치는 경우
- 껍질에 수분이 많은 경우
- 껍질에 구멍을 뚫지 않은 경우
- 충전물의 온도가 높은 경우
- 천연산이 많이 든 과일을 쓴 경우
- 위·아래 껍질을 잘 붙이지 않은 경우
- 오븐의 온도가 낮은 경우
- 바닥 껍질이 너무 얇은 경우
- 설탕이 너무 많은 경우

④ 껍질이 단단하고 정형·굽기 중 수축한 경우
- 강력분을 사용한 경우
- 지나치게 반죽하고 밀어 폈을 경우
- 바닥 껍질이 위 껍질보다 얇은 경우
- 틀이나 철판에 기름칠을 잘못하여 반죽이 달라 붙었을 경우
- 반죽 시간과 휴지 시간이 부족한 경우
- 자투리 반죽을 많이 썼을 경우

(2) 쿠키

① 쿠키의 분류

| 반죽형 반죽 쿠키 | • 드롭 쿠키: 방울 모양, 수분 함량이 많음, 짜는 쿠키<br>• 스냅 쿠키(슈가 쿠키): 한입에 먹을 수 있는 쿠키, 설탕 함량이 많음<br>• 쇼트 브레드 쿠키: 밀어 펴는 쿠키, 유지 함량 많음 |
|---|---|
| 거품형 반죽 쿠키 | • 스펀지 쿠키: 공립법(전란 사용)으로 제조, 수분 함량이 많음, 짜는 쿠키<br>• 머랭 쿠키: 낮은 온도에서 구움, 짜는 쿠키 |

② 쿠키의 퍼짐성

| 과도한 경우 | 알칼리성 반죽, 묽은 반죽, 부족한 믹싱, 낮은 오븐 온도, 입자가 크거나 많은 양의 설탕 사용 |
|---|---|
| 부족한 경우 | 산성 반죽, 된 반죽, 과도한 믹싱, 높은 오븐 온도, 입자가 곱거나 적은 양의 설탕 사용 |
| 쿠키의 퍼짐을 좋게 하기 위한 조치 | 팽창제 사용, 오븐 온도를 낮게 함, 입자가 큰 설탕 사용, 알칼리성 재료의 사용량 증가 |

## 5. 화학적 팽창

(1) 케이크 도넛

① 제조의 공정

| 튀김 온도 | 180~195℃ | 튀김 기름의 깊이 | 12~15cm |
|---|---|---|---|

② 도넛의 주요 문제별 조치 사항

| 발한 현상 | 수분에 의해 도넛에 묻은 설탕이나 글레이즈가 녹는 현상 → 설탕 사용량 증가, 충분한 냉각, 튀김 시간 증가 등으로 조치 |
|---|---|
| 황화 · 회화 현상 | 기름이 도넛 설탕을 적시는 현상 → 경화제(스테아린) 첨가 |
| 글레이즈가 부스러지는 현상 | 수분이 너무 빠져서 금이 가거나 부서짐 → 설탕을 포도당이나 전화당 시럽으로 대치, 안정제(한천, 젤라틴, 펙틴)를 사용하여 조치 |

(2) 슈
  ① 제조 공정

| 반죽 | 완전히 호화(풀처럼 되는 상태로, 광택과 끈기가 생김)될 때까지 젓기 |
|---|---|
| 물 분사 | 간격을 충분히 유지하여 짜기를 한 후, 굽기 중에 껍질이 너무 빨리 형성되는 것을 막기 위해 물을 분사함 |
| 굽기 | • 처음에는 윗불을 약하게, 아랫불을 높게 굽다가 표피가 거북이 등처럼 되고 밝은 색이 나면 윗불을 높이고, 아랫불을 낮춰 구움<br>• 굽기 과정에서 오븐 문을 열지 않도록 함(슈가 주저앉음) |
| 커스터드 크림 | • 우유를 80℃로 끓임<br>• 노른자, 설탕, 전분에 가열한 우유를 넣고 불 위에서 호화<br>• 뜨거운 상태에서 버터를 넣고 혼합<br>• 식은 후 바닐라 향과 브랜디를 넣고 혼합 |

  ② 슈가 팽창하지 않는 이유: 굽는 온도가 낮고 기름칠이 적은 경우
  ③ 슈 밑면이 움푹 패이는 이유
    • 오븐 온도가 너무 높은 경우         • 굽기 중 수분을 너무 많이 잃은 경우
    • 팬에 기름칠이 너무 많은 경우

# 6. 냉과

| 젤리 | 안정제인 펙틴, 젤라틴, 한천, 알긴산 등과 과일을 갈아 넣고 굳힌 제품 |
|---|---|
| 바바루아 | 커스터드에 생크림, 젤라틴을 넣는 것을 기본으로 과일 퓌레로 맛을 보강한 제품 |
| 무스 | 커스터드 또는 초콜릿, 과일 퓌레에 생크림, 젤라틴 등을 넣고 굳혀 만든 제품 |
| 푸딩 | 달걀(달걀 : 설탕=2 : 1), 우유와 설탕을 끓기 직전(80~90℃)까지 데운 후, 달걀을 풀어준 볼에 혼합하여 중탕으로 구운 제품 |
| 블라망제 | 아몬드를 넣은 희고 부드러운 냉과 |

# 빵류 제조

##  제빵의 주요 재료와 기능

| | |
|---|---|
| 밀가루 | • 경질소맥(강력분): 전분 70%, 단백질 12~15%, 수분 13%, 회분 0.4~0.5%<br>• 구조 형성: 단백질(글리아딘-신장성, 글루테닌-탄력성)+물 → 글루텐 형성 |
| 물 | • 아경수(120~180ppm), 약산성(pH 5.2~5.6)을 주로 사용함<br>• 글루텐 형성을 도움<br>• 반죽의 농도와 온도 조절<br>• 용매 또는 분산제 작용<br>• 전분의 수화, 팽윤, 효소의 활성화 작용 |
| 이스트 | • 당을 발효하여 탄산가스, 알코올, 산, 열을 생성<br>• 발효 속도 조절: 온도, 먹이 공급, 물, pH, 이스트 양 |
| 소금 | • 빵에 있는 설탕의 감미와 작용하여 풍미를 높임<br>• 잡균의 번식을 억제하며 향을 좋게 함<br>• 발효 속도 조절 및 글루텐 강화 |
| 설탕 | • 이스트의 발효원(영양 성분) 역할을 함<br>• 삼투압에 의한 발효 억제(설탕량 5%까지는 발효 촉진, 그 이상이면 발효 저해)<br>• 맛과 향, 식감, 껍질 색 향상<br>• 노화 지연<br>• 반죽을 부드럽고 유연하게 함 |
| 유지 | • 빵의 부피 및 저장성 증가<br>• 반죽의 유동성 향상, 반죽의 흡수율 감소<br>• 제품의 수분 보유력 증가<br>• 속 결이 개선됨<br>• 유지 특유의 향과 맛을 냄 |
| 달걀 | • 제품의 속 색과 속 결을 향상시킴<br>• 수분 공급<br>• 풍미와 영양가 증대 |
| 우유 및 분유 | • 밀가루의 흡수율 증가<br>• 글루텐 강화로 반죽의 내구성 증가<br>• 오버 믹싱의 위험 감소<br>• 영양 강화<br>• 이스트에 의해 생성된 향을 착향시켜 풍미를 개선 |

**제빵 공정**

## 1. 배합표 작성

| | |
|---|---|
| Baker's % | 밀가루의 양을 100%로 하고 나머지 재료들을 밀가루 양에 대한 비율로 계산하여 그 함량을 나타낸 것 |
| True % | 재료 전체의 양을 100%로 하고 각 재료가 차지하는 양을 %로 나타낸 것 |
| 총재료 무게(g) | 분할 총반죽 무게(g) ÷ {1 − 분할 손실(%)} |
| 밀가루 무게(g) | {총재료 무게(g) × 밀가루 배합률(%)} ÷ 총배합률(%) |

## 2. 재료 계량 및 전처리 ★

| | |
|---|---|
| 가루 재료 | 가루 상태의 재료(밀가루, 탈지분유, 개량제)는 체로 쳐서 사용 |
| 생이스트 | 이스트 중량의 2배 정도의 물로 약 30℃에 녹이고 설탕을 조금 넣어 예비 발효시킴 |
| 소금, 설탕 | 물에 녹여서 사용 |
| 우유 | 원유는 가열 살균한 뒤 차갑게, 시유는 데워서 사용 |
| 유지 | 반죽 속에 넣을 경우 적절한 유연성을 가지게 함 |
| 물 | 밀가루 단백질의 양에 따라 차이가 있으므로 흡수율과 반죽 온도를 고려하여 양을 정한 후 물의 온도를 조절 |

## 3. 반죽(믹싱)

| | |
|---|---|
| 반죽의 목적 | 재료 분산, 수화 작용, 글루텐 발전, 반죽에 공기 혼입시켜 이스트 활성화 |
| 믹싱 단계 | 픽업 → 클린업 → 발전 → 최종 → 렛 다운 → 파괴 |
| 반죽의 흡수율에 영향을 주는 요소 | • 밀가루 단백질: 1% 증가하면 수분 흡수율 1.5~2% 증가<br>• 설탕: 5% 증가하면 수분 흡수율 1% 감소<br>• 손상 전분: 1% 증가하면 수분 흡수율 2% 증가<br>• 탈지 분유: 1% 증가하면 수분 흡수율 0.75~1% 증가<br>• 소금: 클린업 단계 이후 넣으면 수분 흡수량이 많아짐<br>• 물: 연수는 수분 흡수율이 낮고, 경수는 높음<br>• 반죽 온도: 수분 흡수율은 온도가 높으면 낮아지고 온도가 낮으면 높아짐 |

## 4. 1차 발효

| 발효의 목적 | 반죽의 팽창·숙성 작용, 빵의 향 발달 |
|---|---|
| 발효에 영향을 주는 요소 | • 이스트의 양과 질: 이스트의 양이 많을수록, 신선할수록 발효 시간은 짧아짐<br>• 당의 양: 당의 양이 증가하면 발효 시간이 짧아지지만 5% 이상이 되면 가스 발생력이 약해져 발효 시간이 길어짐<br>• 반죽 온도: 반죽 온도가 0.5℃ 상승하면 발효 시간은 15분 단축됨<br>• 반죽의 pH: 반죽의 산도가 낮을수록 가스 발생력이 커지지만, pH 4 이하에서는 오히려 약해짐(최적 pH 4.7)<br>• 소금의 양: 소금을 많이 사용하면 발효 시간이 길어지고 부피가 작아지며, 저장 기간은 길어짐<br>• 이스트 푸드: 암모늄염(이스트에 영양소 공급), 산화제(반죽의 탄력성과 신장성 증가) |
| 가스 빼기(펀치) | 균일한 반죽 온도, 산소 공급, 이스트 활성과 산화, 숙성의 촉진, 발효 촉진 목적으로 함 |
| 발효 손실 | 장시간 발효 중에 수분이 증발하고, 탄수화물이 발효에 의해 탄산가스와 알코올로 전환되어 발효 손실 발생(일반 발효 중에는 총반죽 무게 기준 1~2% 정도 손실) |

## 5. 성형

분할 → 둥글리기 → 중간 발효(벤치 타임) → 정형 → 팬닝

## 6. 충전물·토핑물 제조

| 충전물 | 빵류 제품의 속에 들어가는 식품 |
|---|---|
| 토핑물 | 빵류 제품의 위에 올라가는 식품 |

## 7. 2차 발효

| 2차 발효의 목적 | • 빵의 향에 관계하는 알코올, 유기산 및 그 외의 방향성 물질을 생성함<br>• 가스가 빠진 반죽을 다시 부풀림<br>• 반죽의 신장성 증가로 오븐 팽창이 잘 일어나도록 함<br>• 반죽 온도가 높을수록 이스트와 효소를 활성화시킴<br>• 바람직한 외형과 식감을 얻을 수 있음 |
|---|---|

| 2차 발효의 온도와 상대 습도 | • 일반적인 조건: 38℃ 전후, 85~90%<br>• 식빵, 과자빵류: 38~40℃, 85~90%<br>• 하스 브레드: 32℃, 75~80%<br>• 도넛: 32℃, 65~75% |
|---|---|
| 2차 발효 종점 판별법 | • 형태, 투명도, 기포의 크기, 촉감 등 반죽의 상태로 판단<br>• 처음 반죽 용적의 3~4배가 됨<br>• 표준 식빵(팬 높이 위로 0.5cm), 풀만형 식빵(팬 높이 아래로 0.5cm), 평철판(흔들었을 때 순두부처럼 흔들릴 때) |

## 8. 굽기

| 굽기 중 일어나는 변화 | • 오븐 스프링: 반죽 온도가 49℃에 달하면 짧은 시간 동안 급격하게 부풀어 처음 크기의 약 1/3 정도 부피가 팽창함<br>• 오븐 라이즈: 반죽의 내부 온도가 60℃에 이르기까지 반죽의 부피가 조금씩 커짐<br>• 전분의 호화: 40℃에서 팽윤하기 시작하여 56~60℃에서 호화가 시작됨<br>• 껍질의 갈색 변화: 캐러멜화 반응, 마이야르 반응 |
|---|---|
| 굽기의 원칙 | • 저율 배합과 발효가 지나친 반죽은 고온에서 단시간 굽기 → 수분이 많아져 언더 베이킹 현상이 일어남<br>• 고율 배합과 발효가 부족한 반죽은 저온에서 장시간 굽기 → 오버 베이킹 현상이 일어남 |
| 굽기 손실 | • 빵이 오븐에서 구워지는 동안 무게가 줄어드는 현상으로, 발효 산물 중 휘발성 물질의 휘발과 수분이 증발한 탓에 생김<br>• 굽기 손실에 영향을 주는 요인: 배합률, 굽는 온도, 굽는 시간, 제품의 크기와 형태 등 다양함<br>• 굽기 손실 비율(%): (반죽 무게 − 빵 무게) ÷ 반죽 무게 × 100 |

## 9. 냉각

| 냉각 목적 | • 곰팡이나 그 밖의 균에 피해를 입지 않도록 함<br>• 빵의 절단(슬라이스) 및 포장을 용이하게 함<br>• 빵의 저장성 증대 |
|---|---|

| 냉각 온도 | • 빵 속 온도: 35~40℃<br>• 수분 함량의 변화<br>  − 굽기 직후: 껍질 12~15%, 내부 42~45%<br>  − 냉각 후: 전체 38%로 평형(내부의 수분이 껍질 방향으로 이동)<br>  − 냉각 손실: 식히는 동안 수분 증발로 인해 평균 2%의 무게 감소 현상 발생 |
|---|---|
| 냉각 온도에 따른 영향 | • 냉각 온도가 높을 경우<br>  − 썰기가 어려워 형태가 변하기 쉬움<br>  − 수분 과다로 수분이 응축되어 곰팡이가 발생하기 쉬움<br>• 냉각 온도가 낮을 경우<br>  − 제품이 건조함<br>  − 노화가 빨리 진행됨 |

## 10. 빵의 노화

| 노화 | • 맛과 향미가 변화하며 딱딱해지는 현상을 의미<br>• 냉장 온도(0~8℃)에서 노화가 가장 빠르게 진행됨 |
|---|---|
| 노화 지연 방법 | • 저장 온도를 −18℃ 이하 또는 21~35℃로 보관<br>• 모노−디글리세리드 계통의 유화제를 사용<br>• 탈지 분유와 달걀을 이용하여 단백질을 증가시킴<br>• 물의 사용량을 높여 반죽의 수분 함량을 증가시킴(38% 이상)<br>• 방습 포장 재료로 포장<br>• 유지 제품을 사용하거나 당류를 첨가<br>• 반죽에 α−아밀레이스를 첨가<br>• 질 좋은 재료를 사용하고, 제조 공정을 정확히 지킴 |

# 03 빵의 제조 방법

## 1. 스트레이트법(직접 반죽법)

| 재료 계량 | 정확하게 재도록 하며, 이스트는 소금, 설탕과 닿지 않도록 함 |
|---|---|
| 믹싱 | • 유지를 제외한 모든 재료를 넣고 수화시켜 글루텐을 발전시킴<br>• 클린업 단계에서 유지를 넣음<br>• 반죽 온도: 27℃ |

| | |
|---|---|
| 1차 발효 | • 발효 온도: 27℃<br>• 상대 습도: 75~80%<br>• 발효 시간: 처음 부피의 3~3.5배 부풀어 오르는 때(약 1~3시간), 반죽 내부에 섬유질 생성<br>• 펀치(가스 빼기): 1차 발효하기 시작하여 반죽의 부피가 2~2.5배 되었을 때 반죽에 압력을 주어 가스를 뺌 |
| 분할 | • 보통 100g 미만은 손으로, 100g 이상은 스크래퍼를 이용하여 분할함<br>• 10~15분 이내에 분할(자투리 반죽의 양을 적게 함) |
| 둥글리기 | 발효 중 생긴 큰 기포를 제거하며 분할한 반죽의 표면을 매끄럽게 함 |
| 중간 발효<br>(벤치 타임) | • 발효 온도: 27℃<br>• 상대 습도: 75~80%<br>• 발효 시간: 10~15분 |
| 정형 | 원하는 모양을 만들어 빵의 형태를 만듦 |
| 팬닝 | • 식빵일 경우 이음매를 아래로 하여 반죽을 넣음<br>• 철판을 사용할 경우 간격을 잘 맞추어 반죽을 넣음 |
| 2차 발효 | • 발효 온도: 35~43℃<br>• 상대 습도: 85~90%<br>• 발효 시간: 30분~1시간<br>• 식빵일 경우 팬 높이 위로 0.5cm, 철판일 경우 좌우로 약간 흔들리는 정도까지 발효시킴 |
| 굽기 | 빵의 크기에 따라 오븐의 온도를 조절 |
| 냉각 | 구워낸 빵을 35~40℃로 식힘 |

## 2. 스펀지 도우법(중종법) ★

처음 반죽을 스펀지 반죽, 나중 반죽을 본(도우) 반죽이라고 함

| | |
|---|---|
| 재료 계량 | 정확하게 재도록 하며, 이스트는 소금, 설탕과 닿지 않도록 함 |
| 스펀지 믹싱 | • 스펀지 재료(강력분, 생이스트, 물, 개량제)를 픽업 단계까지 믹싱<br>• 반죽 온도: 24℃ |
| 1차 발효<br>(스펀지 발효) | • 발효 온도: 스펀지 24℃, 도우 27℃<br>• 상대 습도: 75~80%<br>• 발효 시간: 처음 부피의 4~5배 부풀어 오르는 때(3~4시간) |

| | |
|---|---|
| 본(도우) 반죽 믹싱 | • 1차 발효한 스펀지 반죽과 본 반죽용 재료를 넣고 믹싱<br>• 반죽 완료점: 최종 단계(반죽이 부드러우면서 잘 늘어나는 상태)<br>• 반죽 온도: 27℃ |
| 플로어 타임 | • 발효 시간 10~40분<br>• 스펀지에 사용한 밀가루의 양이 많을수록 플로어 타임은 짧아짐<br>• 플로어 타임이 길어지는 경우<br>  − 본 반죽 온도가 낮음<br>  − 스펀지에 사용한 밀가루의 양이 적음<br>  − 본 반죽 시간이 긺<br>  − 본 반죽 상태의 처지는 정도가 큼<br>  − 사용하는 밀가루 단백질의 양과 질이 좋음 |
| 분할 | 10~15분 이내에 분할 |
| 둥글리기 | 발효 중 생긴 큰 기포를 제거하며 분할한 반죽의 표면을 매끄럽게 함 |
| 중간 발효 (벤치 타임) | • 발효 온도: 27℃<br>• 상대 습도: 75~80%<br>• 발효 시간: 10~15분 |
| 정형 | 원하는 모양을 만들어 빵의 형태를 만듦 |
| 팬닝 | • 식빵일 경우 이음매를 아래로 하여 반죽을 넣음<br>• 철판을 사용할 경우 간격을 잘 맞추어 반죽을 넣음 |
| 2차 발효 | • 발효 온도: 35~43℃<br>• 상대 습도: 85~90%<br>• 발효 시간: 1시간<br>• 식빵일 경우 팬 높이 위로 0.5cm, 철판일 경우 좌우로 약간 흔들리는 정도까지 발효시킴 |
| 굽기 | 빵의 크기에 따라 오븐의 온도를 조절 |
| 냉각 | 구워낸 빵을 35~40℃로 식힘 |

## 3. 액체 발효법(액종법)

| | |
|---|---|
| 재료 계량 | 전 재료를 액종용과 본 반죽용으로 정확하게 계량함 |
| 액종 만들기 | • 액종용 재료(물, 생이스트, 이스트 푸드, 탈지 분유, 설탕)를 넣고 섞은 후 30℃에서 2~3시간(pH 4.2~5까지) 발효시킴<br>• 완충제 역할: 염화암모늄, 분유, 탄산칼슘 → 발효하는 동안에 생성되는 유기산이 작용하여 산도를 조절하는 역할을 함 |

| | |
|---|---|
| 본 반죽 만들기 | • 액종과 본 반죽용 재료를 넣고 믹싱<br>• 반죽 온도: 28~32℃(반죽량이 적으면 높은 온도에 맞춤) |
| 플로어 타임 | 15분 발효 |
| 분할 | 10~15분 이내에 분할 |
| 둥글리기 | 발효 중 생긴 큰 기포를 제거하며 분할한 반죽의 표면을 매끄럽게 함 |
| 중간 발효<br>(벤치 타임) | • 발효 온도: 27℃<br>• 상대 습도: 75~80%<br>• 발효 시간: 10~15분 |
| 정형 | 원하는 모양을 만들어 빵의 형태를 만듦 |
| 팬닝 | • 식빵일 경우 이음매를 아래로 하여 반죽을 넣음<br>• 철판을 사용할 경우 간격을 잘 맞추어 반죽을 넣음 |
| 2차 발효 | • 발효 온도: 35~43℃<br>• 상대 습도: 85~90%<br>• 발효 시간: 1시간<br>• 식빵일 경우 팬 높이 위로 0.5cm, 철판일 경우 약간 좌우로 흔들리는 정도까지 발효시킴 |
| 굽기 | 빵의 크기에 따라 오븐의 온도를 조절 |
| 냉각 | 구워낸 빵을 35~40℃로 식힘 |

## 4. 연속식 제빵법

| | |
|---|---|
| 재료 계량 | 자동 계량하여 공정별로 투입 |
| 액체 발효 탱크 | 액종용 재료를 넣고 섞어 30℃로 조절 |
| 열 교환기 | 발효된 액종은 열 교환기를 통과시킨 후 온도를 30℃로 조절하여 예비 혼합기로 보냄 |
| 산화제 용액 탱크 | 취소산칼륨(브롬산칼륨), 인산칼륨, 이스트 푸드 등 산화제를 용해하여 예비 혼합기로 보냄 |
| 쇼트닝 온도 조절기 | 유지를 녹여 예비 혼합기로 보냄 |
| 밀가루 급송 장치 | 액체 발효에 들어간 밀가루를 뺀 나머지를 예비 혼합기로 보냄 |
| 예비 혼합기 | 액체 발효종, 산화제 용액, 쇼트닝, 밀가루를 받아 각종 재료들을 고루 섞은 후 디벨로퍼로 보냄 |
| 디벨로퍼(반죽기) | 3~4기압에서 고속으로 회전하면서 글루텐을 형성하여 분할기로 직접 보냄 |

| 분할기 | 분할기에서 분할하여 팬닝으로 이어짐(최적 분할 속도는 분당 12~16회전이고, 1배치의 분할은 12~20분 이내로 함) |
|---|---|
| 팬닝 | 자동으로 팬닝됨 |
| 2차 발효 | • 발효 온도: 35~43℃<br>• 상대 습도: 85~90%<br>• 발효 시간: 40분~1시간 |
| 굽기 | 빵의 크기에 따라 오븐의 온도를 조절 |
| 냉각 | 구워낸 빵을 35~40℃로 식힘 |

## 5. 노타임 반죽법(무발효 반죽법)

| 정의 | 발효에 의한 글루텐의 숙성을 산화제와 환원제를 사용한 화학적 숙성으로 대신하여 발효 시간을 단축시켜 제조하는 방법 |
|---|---|
| 산화제 | 브롬산칼륨, 아이오딘칼륨 |
| 환원제 | L-시스테인, 프로테이스 |
| 장점 | 제조 시간 절약, 발효 손실이 적음, 반죽 흡수율을 높임, 에너지가 적게 듦 |
| 단점 | 맛과 향이 떨어짐, 저장성이 저하됨, 재료비가 많이 듦 |

## 6. 비상 반죽법(비상 스트레이트법)

| 필수 조치 | • 물 사용량: 1% 증가(작업성 향상)<br>• 설탕 사용량: 1% 감소(껍질 색 조절)<br>• 믹싱 시간: 20~30% 증가(반죽의 신장성 증대)<br>• 생이스트: 2배 증가(발효 속도 촉진)<br>• 반죽 온도: 30℃(발효 속도 촉진)<br>• 1차 발효 시간: 15~30분(공정 시간 단축) |
|---|---|
| 선택 조치 | • 소금: 1.75% 감소(이스트 활동 방해 요소를 줄임)<br>• 이스트 푸드: 0.5% 증가(이스트의 양 증가에 따른 증가)<br>• 분유: 1% 감소(완충제 역할로 발효 지연)<br>• 식초나 젖산: 0.75% 첨가(반죽의 pH를 낮추어 발효 촉진) |
| 장점 | 노동력·임금 절약, 비상시 빠른 대처가 가능함 |
| 단점 | 이스트 냄새가 남, 부피가 고르지 않음, 저장성이 짧아 노화가 빠름 |

## 7. 냉동 반죽법

| 배합률 | 밀가루 100%, 물 57~63%, 이스트 3.5~5.5%, 이스트 푸드 0~0.75%, 소금 1.8~2.5%, 설탕 6~10%, 유지 3~5% |
|---|---|
| 산화제 | 아스코르빈산 40~80ppm, 브롬산칼륨 24~30ppm |
| 노화 방지제(SSL) | 0.5% |
| 믹싱 | 스트레이트법, 반죽 온도 20℃, 후염법으로 믹싱 시간 단축 |
| 1차 발효 | 발효 시간을 20분 정도로 짧게 해야 동해 방지 가능 |
| 성형 | 배합량을 적게 하여 성형 시간을 짧게 함, 작업실 온도를 낮추고 성형 후 냉동 작업이 바로 이어짐 |
| 냉동 | −40℃(급속 냉동), 이스트 사멸에 유의 |
| 냉각 속도 | 분당 0.6~1.2℃ 하강 |
| 저장 | −25~−18℃에서 보관 |
| 해동 | 냉장고(2~8℃)에서 15~16시간 정도 완만하게 해동 |
| 2차 발효 | 발효 온도는 30~33℃, 상대 습도는 80%로 낮게 유지 |
| 굽기 | 일반 스트레이트법과 비슷하게 굽기를 하되, 냉동 장해가 있는 반죽은 굽기 온도를 약간 낮춤 |
| 냉각 | 구워낸 빵을 35~40℃로 식힘 |
| 장점 | 계획 생산이 가능함, 다품종 소량 생산이 가능함, 제조 시간이 짧음, 부피가 작음, 향기가 좋음, 운송·배달이 용이함 |
| 단점 | 가스 발생력이 떨어짐, 다량의 산화제 사용, 반죽이 퍼지기 쉬움 |

## 04 제품별 제빵법 및 제품 평가

### 1. 건포도 식빵

| 건포도의 전처리 방법 | 건포도 무게의 12%가량 되는 물(27℃)과 건포도를 버무려 4시간 방치 또는 27℃의 물에 담가 적신 뒤 바로 체에 걸러 물을 빼고 4시간 정도 방치 |
|---|---|
| 건포도의 전처리 이유 | • 빵 속 수분 이동 방지(빵 속 건조 방지)<br>• 건포도 본래의 향과 맛을 살리기 위함<br>• 수율과 저장성 증가 |

### 2. 데니시 페이스트리

| 반죽 온도 | 18~22℃ |
|---|---|
| 롤인 유지 사용 | 가소성이 뛰어난 롤인 유지를 반죽 무게의 20~40% 사용(미국식) |
| 2차 발효 | 발효 온도 32~35℃, 상대 습도 70~75%(일반적인 빵에 비해 낮음) |

### 3. 불란서빵(프랑스빵, 바게트)

| 기본 재료(하스 브레드) | 밀가루, 물, 이스트, 소금 |
|---|---|
| 불란서빵에서 스팀을 사용하는 이유 | • 거칠고 불규칙하게 터지는 것을 방지<br>• 겉껍질에 광택을 냄<br>• 얇고 바삭거리는 껍질이 형성 |

### 4. 제품 평가

| 외부 평가 항목 | • 부피: 팬의 크기에 알맞은 비용적에 의해 팬닝된 반죽의 부피가 알맞아야 함<br>• 껍질 색: 황금 갈색이 고르게 착색되어야 하고 색상이 고르지 못하거나 줄무늬, 반점 등이 없어야 함<br>• 외형의 균형: 한쪽으로 기울거나, 가운데가 솟아오르거나 꺼지지 않고 좌우, 앞뒤 대칭을 이루어야 함<br>• 굽기의 균일화: 식빵은 육면체이므로 윗면의 색깔과 옆면, 바닥 면이 고르게 착색되어야 함<br>• 터짐성: 옆면에 적당한 터짐(식빵의 윗부분과 옆면과의 거리)과 찢어짐(수직적 줄무늬)이 있어야 함 |
|---|---|

| 내부 평가 항목 | • 조직: 절단된 면의 촉감으로 판단, 부드럽고 매끈하며 탄력성이 있어야 함<br>• 기공: 구멍, 늘어진 기공, 터진 기공은 바람직하지 않고, 얇은 세포벽으로 고르게 형성되어야 함<br>• 속 색: 얼룩이나 줄무늬가 없고 광택을 지닌 밝은 색이 바람직함<br>• 향: '향기롭다', '구수하다', '달콤한 향이 난다' 등의 좋은 향이 있어야 함<br>• 맛: '맛있다' 등 소비자가 만족할 수 있어야 함(가장 중요함) |
|---|---|

## 5. 식빵에서 자주 발생하는 결함과 그 원인

| 엷은 껍질 색 | • 설탕 사용량 부족<br>• 오븐에서 거칠게 다룬 경우, 오븐 속 습도와 온도가 낮은 경우<br>• 오래된 밀가루 사용<br>• 연수 사용<br>• 부적당한 믹싱<br>• 효소제 과다 사용<br>• 굽기 시간 부족<br>• 1차 발효 시간의 초과<br>• 2차 발효실의 온도가 낮은 경우 |
|---|---|
| 납작한 윗면과 날카로운 모서리 | • 미성숙한 밀가루 사용<br>• 소금 사용량이 많은 경우<br>• 지나친 믹싱<br>• 발효실의 높은 습도<br>• 질은 반죽 |
| 브레이크와 슈레드 현상 부족 | • 발효가 부족했거나 지나치게 과다한 경우<br>• 효소제의 사용량이 지나치게 과다한 경우 |

## 51
경구 감염병이 아닌 것은?
① 맥각 중독
② 세균성 이질
③ 콜레라
④ 장티푸스

## 52
언더 베이킹(Under Baking)의 의미로 가장 적절한 것은?
① 낮은 온도에서 장시간 굽는 방법
② 높은 온도에서 단시간 굽는 방법
③ 윗불을 낮게, 밑불을 높게 굽는 방법
④ 윗불을 낮게, 밑불을 낮게 굽는 방법

## 53
이타이이타이병의 원인이 되는 유해성 금속 물질은?
① 수은(Hg)
② 주석(Sn)
③ 카드뮴(Cd)
④ 비소(As)

## 54
밀가루의 일반적인 자연 숙성 기간은?
① 1~2주
② 2~3개월
③ 4~5개월
④ 5~6개월

## 55
보툴리누스 식중독균이 생성하는 독소는?
① 엔테로톡신
② 시큐톡신
③ 뉴로톡신
④ 테트로도톡신

## 56
팬닝에 대한 설명으로 틀린 것은?
① 비용적의 단위는 $cm^3/g$이다.
② 반죽은 적정 분할량을 넣는다.
③ 철판의 온도를 60℃로 맞춘다.
④ 반죽의 이음매가 틀의 바닥으로 놓이게 한다.

## 57
빵의 노화를 지연시키는 경우가 아닌 것은?
① 냉장고에서 보관한다.
② 고율 배합으로 한다.
③ 21~35℃에서 보관한다.
④ 저장 온도를 -18℃ 이하로 유지한다.

## 58
발병 시 전염성이 가장 낮은 것은?
① 콜레라
② 장티푸스
③ 납 중독
④ 파상풍

## 59
보존료의 이상적인 조건과 거리가 먼 것은?
① 저렴한 가격일 것
② 사용 방법이 간편할 것
③ 다량으로 효력이 있을 것
④ 독성이 없거나 매우 적을 것

## 60
화농성 질병이 있는 사람이 만든 제품을 먹고 식중독을 일으켰다면 가장 관계가 깊은 원인 균은?
① 장염 비브리오균
② 살모넬라균
③ 보툴리누스균
④ 황색 포도상구균

# 03회 기출복원 모의고사

제과기능사

정답 및 해설 P.30

**01**
아이스크림 제조에서 오버런(Overrun)의 의미는?
① 교반에 의해 크림의 체적이 몇 % 증가하는지를 나타내는 수치
② 생유 안에 들어 있는 큰 지방구를 미세하게 해서 안정화하는 공정
③ 생크림 안에 들어 있는 유지방이 응집해서 완전히 액체로부터 분리된 것
④ 살균 등의 가열 조작에 의해 불안정하게 된 유지의 결정을 적온으로 해서 안정화시킨 숙성 조작

**02**
유지에 알칼리를 가할 때 일어나는 반응은?
① 가수 분해  ② 비누화
③ 에스테르화  ④ 산화

**03** 출제예감
반죽의 비중에 대한 설명으로 옳은 것은?
① 비중이 너무 낮으면 조직이 거칠고 큰 기포를 형성한다.
② 비중이 높으면 기공이 열리고 가벼운 반죽이 얻어진다.
③ 같은 무게의 반죽을 구울 때 비중이 높을수록 부피가 증가한다.
④ 비중의 측정은 비중컵의 중량을 반죽의 중량으로 나눈 값으로 한다.

**04**
도넛에 설탕 아이싱을 사용할 때의 적합한 온도는?
① 20℃ 전후  ② 25℃ 전후
③ 40℃ 전후  ④ 60℃ 전후

**05**
글루테닌과 글리아딘이 혼합된 단백질은?
① 알부민  ② 글루텐
③ 글로불린  ④ 프로테오스

**06**
밀가루를 체로 쳐서 사용하는 이유와 가장 거리가 먼 것은?
① 불순물 제거  ② 공기의 혼입
③ 재료 분산  ④ 표피 색 개선

**07**
이당류에 해당하는 것은?
① 유당  ② 갈락토오스
③ 과당  ④ 포도당

**08**
포장된 제과 제품의 품질 변화 현상이 아닌 것은?
① 전분의 호화  ② 향의 변화
③ 촉감의 변화  ④ 수분의 이동

**09**
스펀지 케이크에 사용되는 필수 재료가 아닌 것은?
① 달걀  ② 박력분
③ 설탕  ④ 베이킹파우더

**10**
반죽의 비중을 측정할 때 필요한 것은?
① 밀가루 무게  ② 물 무게
③ 용기 무게  ④ 설탕 무게

## 11
거품형 케이크에 해당하는 것은?
① 스펀지 케이크  ② 파운드 케이크
③ 데블스 푸드 케이크  ④ 화이트 레이어 케이크

## 12
파운드 케이크 반죽을 가로 5cm, 세로 12cm, 높이 5cm의 소형 파운드 팬에 100개 팬닝하려고 한다. 총 반죽의 무게로 알맞은 것은? (단, 파운드 케이크의 비용적은 $2.40cm^3/g$ 이다)
① 11kg  ② 11.5kg
③ 12kg  ④ 12.5kg

**출제예감**
## 13
슈(Choux)의 제조 공정상 구울 때 주의할 사항으로 잘못된 것은?
① 굽는 중간에 오븐 문을 자주 여닫아 수증기를 제거한다.
② 오븐에서 너무 빨리 꺼내면 찌그러지거나 주저앉기 쉽다.
③ 처음에는 200℃ 정도의 오븐에서 표피를 바삭하게 굽는다.
④ 너무 빠른 껍질 형성을 막기 위해 처음에 윗불을 약하게 한다.

## 14
파운드 케이크의 표피를 터지지 않게 하기 위한 가장 좋은 오븐 조작 방법은?
① 뚜껑을 덮지 않고 굽는다.
② 뚜껑은 처음부터 덮어 굽는다.
③ 10분간 굽기를 한 후 뚜껑을 덮는다.
④ 20분간 굽기를 한 후 뚜껑을 덮는다.

## 15
제품 반죽 중 튀길 수 있는 제품은?
① 파운드 케이크  ② 스펀지 케이크
③ 슈  ④ 퍼프 페이스트리

## 16
먼저 밀가루와 유지를 넣고 믹싱하여 유지에 의해 밀가루가 피복되도록 한 후 나머지 재료를 투입하는 방법으로, 유연감을 우선으로 하는 제품에 사용되는 반죽법은?
① 1단계법  ② 별립법
③ 블렌딩법  ④ 크림법

## 17
파운드 케이크 제조 시 윗면이 터지는 경우가 아닌 것은?
① 설탕 입자가 남아 있을 때
② 굽기 중 껍질이 천천히 형성될 때
③ 팬에 넣은 반죽을 장시간 방치할 때
④ 반죽 내의 수분이 충분하지 않을 때

## 18
밤과자를 성형한 후 물을 뿌려 주는 이유가 아닌 것은?
① 덧가루의 제거
② 껍질 색의 균일화
③ 껍질의 터짐 방지
④ 굽기 후 철판에서 분리 용이

## 19
도넛의 흡유량이 높았을 때 그 원인은?
① 튀김 시간이 짧다.
② 휴지 시간이 짧다.
③ 튀김 온도가 높았다.
④ 고율 배합 제품이다.

## 20
슈 껍질의 굽기 후 밑면이 좁고 공과 같은 형태를 가졌다면 그 원인은?
① 반죽이 되거나 윗불이 강하다.
② 온도가 낮고 팬에 기름칠이 적다.
③ 반죽이 질고 글루텐이 형성된 반죽이다.
④ 밑불이 윗불보다 강하고 팬에 기름칠이 적다.

## 21
유당(Lactose)에 대한 설명으로 틀린 것은?
① 비환원당이다.
② 유산균에 의해 유산을 생성한다.
③ 포유동물의 젖에 많이 함유되어 있다.
④ 사람에 따라 유당을 분해하는 효소가 부족하여 잘 소화시키지 못하는 경우가 있다.

## 22
반죽형 과자 반죽의 믹싱법과 장점이 잘못 연결된 것은?
① 1단계법 – 사용 재료의 절약
② 크림법 – 제품의 부피를 크게 함
③ 블렌딩법 – 제품의 내상이 부드러움
④ 설탕/물법 – 계량의 정확성과 운반의 편리성

## 23
좋은 제품을 위한 반죽의 저장 pH가 가장 낮은 것은?
① 스펀지 케이크
② 파운드 케이크
③ 엔젤 푸드 케이크
④ 화이트 레이어 케이크

## 24
푸딩의 제법에 관한 설명으로 틀린 것은?
① 모든 재료를 섞어서 체에 거른다.
② 푸딩 컵에 부어 중탕으로 굽는다.
③ 우유와 설탕을 섞어 설탕이 캐러멜화될 때까지 끓인다.
④ 다른 그릇에 달걀, 소금 나머지 설탕을 넣어 혼합하고 우유를 섞는다.

## 25
식중독의 예방 원칙으로 올바른 것은?
① 장기간 냉장 보관
② 잔여 음식의 폐기
③ 날음식, 특히 어패류는 생식할 것
④ 주방의 바닥 및 벽면의 충분한 수분 유지

## 26
케이크 제조 시 비중의 효과에 대한 설명으로 틀린 것은?
① 제품별로 비중을 다르게 해야 한다.
② 비중이 높은 반죽은 부피가 커진다.
③ 비중이 낮은 반죽은 냉각 시 주저앉는다.
④ 비중이 낮은 반죽은 기공이 크고 거칠다.

## 27
어패류의 생식과 가장 관계가 깊은 식중독 세균은?
① 프로테우스균
② 장염 비브리오균
③ 살모넬라균
④ 바실러스균

## 28
도넛과 케이크의 글레이즈(Glaze) 사용 온도로 가장 적합한 것은?
① 23℃
② 34℃
③ 49℃
④ 68℃

## 29
이당류가 아닌 것은?
① 포도당
② 맥아당
③ 설탕
④ 유당

## 30
젤리 롤 케이크를 말아서 성형할 때 표면이 터지는 결점에 대한 보완 사항이 아닌 것은?
① 설탕의 일부를 물엿으로 대체한다.
② 화학적 팽창제 사용량을 감소시킨다.
③ 노른자 함량을 증가하고 전란 함량은 감소한다.
④ 배합의 점성을 증가시킬 수 있는 덱스트린을 첨가한다.

## 31
제과에 있어 모노글리세리드와 디글리세리드의 역할은?
① 필수 영양제  ② 감미제
③ 항산화제  ④ 유화제

## 32
비스킷을 제조할 때 유지보다 설탕을 많이 사용하면 나타나는 결과는?
① 제품이 부드러워진다.
② 제품의 퍼짐이 작아진다.
③ 제품의 색깔이 엷어진다.
④ 제품의 촉감이 단단해진다.

## 33
캐러멜화를 일으키는 것은?
① 비타민  ② 지방
③ 단백질  ④ 당류

## 34
젤리를 만드는 데 사용되는 재료가 아닌 것은?
① 젤라틴  ② 한천
③ 레시틴  ④ 알긴산

**출제예감**
## 35
제과에서 달걀의 역할로만 묶은 것은?
① 영양 가치 증가, 유화 역할, pH 강화
② 영양 가치 증가, 유화 역할, 조직 강화
③ 영양 가치 증가, 조직 강화, 방부 효과
④ 유화 역할, 조직 강화, 발효 시간 단축

## 36
유지의 경화 공정과 관계가 없는 물질은?
① 불포화 지방산  ② 수소
③ 콜레스테롤  ④ 촉매제

## 37
젤라틴(Gelatin)에 대한 설명으로 틀린 것은?
① 동물성 단백질이다.
② 물과 섞으면 용해된다.
③ 응고제로 주로 이용된다.
④ 콜로이드 용액의 젤 형성 과정은 비가역적인 과정이다.

## 38
쿠키에 사용하는 재료로서 퍼짐에 중요한 영향을 주는 당류는?
① 분당  ② 설탕
③ 포도당  ④ 물엿

## 39
퐁당 크림을 부드럽게 하고 수분 보유력을 높이기 위해 일반적으로 첨가하는 것은?
① 한천, 젤라틴
② 물, 레몬
③ 소금, 크림
④ 물엿, 전화당 시럽

## 40
수직형 믹서를 청소하는 방법으로 옳지 않은 것은?
① 생산 직후 청소를 한다.
② 청소하기 전 전원을 차단한다.
③ 물을 가득 채운 후 회전시킨다.
④ 반죽을 긁어낼 때는 금속 재질의 스크래퍼를 사용한다.

## 41
무기질의 기능이 아닌 것은?
① 효소의 기능을 촉진시킨다.
② 열량을 내는 열량 급원이다.
③ 우리 몸의 경조직 구성 성분이다.
④ 세포의 삼투압 평형 유지 작용을 한다.

## 42
식품 조리 및 취급 시 교차오염이 발생하는 경우와 거리가 먼 것은?
① 생고기를 자른 가위로 반죽을 자른다.
② 씻지 않은 손으로 샌드위치를 만든다.
③ 생선을 다듬던 도마에 샐러드용 채소를 썬다.
④ 반죽에 생고구마 조각을 얹어 쿠키를 굽는다.

## 43
밀가루의 점도 변화를 측정함으로써 α-아밀레이스의 효과를 판정할 수 있는 기기는?
① 믹소그래프(Mixograph)
② 레오그래프(Rheograph)
③ 아밀로그래프(Amylograph)
④ 알베오그래프(Alveograph)

## 44
세균을 형태에 따라 분류할 때, 대표적인 3가지 형태에 해당되지 않는 것은?
① 구균         ② 페니실린균
③ 나선균       ④ 간균

**출제예감**
## 45
대장균의 일반적인 특성에 대한 설명으로 옳은 것은?
① 경피 감염병을 일으킨다.
② 분변 오염의 지표가 된다.
③ 독소형 식중독을 일으킨다.
④ 발효 식품 제조에 유용한 세균이다.

## 46
체내에서 물의 역할에 대한 설명으로 틀린 것은?
① 물은 영양소와 대사 산물을 운반한다.
② 땀이나 소변으로 배설되며 체온 조절을 한다.
③ 변으로 배설될 때는 물의 영향을 받지 않는다.
④ 영양소 흡수로 세포막에 농도차가 생기면 물이 바로 이동한다.

## 47
카세인이 많이 들어 있는 식품은?
① 빵           ② 우유
③ 밀가루       ④ 콩

## 48
다음 단팥빵의 영양가 표(영양소 100g 중 함유량)를 참고하여 단팥빵 200g의 열량을 구하면?

| • 탄수화물 20g | • 단백질 5g |
| • 지방 10g    | • 칼슘 2mg |
| • 비타민 $B_1$ 0.12mg | |

① 190kcal     ② 300kcal
③ 380kcal     ④ 460kcal

## 49
제과 제조 시 사용되는 버터에 포함된 지방의 기능이 아닌 것은?
① 체온 유지에 관여한다.
② 에너지의 급원 식품이다.
③ 음식에 맛과 향미를 준다.
④ 항체를 생성하고 효소를 만든다.

## 50
혈당의 저하와 가장 관계가 깊은 것은?
① 인슐린       ② 라이페이스
③ 프로테이스   ④ 펩신

## 51
다음 법정 감염병 중 제2급 감염병이 아닌 것은?
① 파라티푸스  ② 홍역
③ 파상풍  ④ 콜레라

## 52
식품접객업에 해당하지 않는 것은?
① 식품냉동·냉장업
② 유흥주점 영업
③ 위탁급식 영업
④ 일반음식점 영업

## 53
세균성 식중독 예방을 위한 일반적인 원칙이 아닌 것은?
① 실온에서 보관할 것
② 먹기 전에 가열 처리할 것
③ 가급적 조리 직후에 먹을 것
④ 설사 환자나 화농성 질환이 있는 사람은 식품을 취급하지 않도록 할 것

## 54
좋은 튀김 기름의 조건이 아닌 것은?
① 발연점이 높다.
② 수분이 10% 정도이다.
③ 저장성과 안정성이 높다.
④ 천연의 항산화제가 있다.

## 55
허가된 천연 유화제는?
① 구연산  ② 고시폴
③ 레시틴  ④ 세사몰

## 56
아플라톡신을 생산하는 미생물은?
① 효모  ② 세균
③ 바이러스  ④ 곰팡이

## 57
소독력이 강한 양이온 계면 활성제로 종업원의 손을 소독할 때나 용기 및 기구의 소독제로 알맞은 것은?
① 석탄산  ② 과산화수소
③ 역성 비누  ④ 크레졸

출제예감
## 58
데커레이션 케이크 하나를 완성하는 데 한 작업자가 5분이 걸린다고 한다. 작업자 5명이 500개를 만드는 데 몇 시간 몇 분이 걸리는가?
① 약 8시간 15분
② 약 8시간 20분
③ 약 8시간 25분
④ 약 8시간 30분

## 59
알레르기성 식중독의 원인이 될 수 있는 가능성이 가장 높은 식품은?
① 오징어  ② 꽁치
③ 갈치  ④ 광어

## 60
과자와 빵에 우유가 미치는 영향이 아닌 것은?
① 영양을 강화시킨다.
② 겉껍질 색깔을 강하게 한다.
③ 보수력이 없어서 노화를 촉진시킨다.
④ 이스트에 의해 생성된 향을 착향시킨다.

## 제과기능사 04회 기출복원 모의고사

**01**
맛과 향이 떨어지는 원인이 아닌 것은?
① 설탕을 넣지 않는 제품은 맛과 향이 전혀 나지 않는다.
② 굽기 상태가 부적절하면 생재료 맛이나 탄 맛이 남는다.
③ 저장 중 산패된 유지, 오래된 달걀로 인한 냄새를 흡수한 재료는 품질이 떨어진다.
④ 탈향의 원인이 되는 불결한 팬의 사용과 탄화된 물질이 제품에 붙으면 맛과 외양을 악화시킨다.

**02**
가장 고온에서 굽는 제품은?
① 파운드 케이크  ② 시폰 케이크
③ 퍼프 페이스트리  ④ 과일 케이크

**03**
핑거 쿠키 성형 시 가장 적정한 길이는?
① 3cm  ② 5cm
③ 9cm  ④ 12cm

**04**
일반적인 과자 반죽의 팬닝 시 주의점이 아닌 것은?
① 팬닝 후 즉시 굽는다.
② 종이 깔개를 사용한다.
③ 팬 기름을 많이 바른다.
④ 철판에 넣은 반죽은 두께가 일정하도록 한다.

**출제예감**
**05**
비중이 높은 제품의 특징이 아닌 것은?
① 기공이 조밀하다.  ② 부피가 작다.
③ 껍질 색이 진하다.  ④ 제품이 단단하다.

**06**
고속으로 믹싱하여 만드는 아이싱은?
① 로얄 아이싱
② 초콜릿 아이싱
③ 마시멜로 아이싱
④ 콤비네이션 아이싱

**07**
감미도가 가장 적은 것은?
① 포도당  ② 유당
③ 과당  ④ 맥아당

**08**
쿠키에 팽창제를 사용하는 주된 목적은?
① 설탕 입자의 조절을 위해
② 퍼짐과 크기 조절을 위해
③ 딱딱한 제품을 만들기 위해
④ 제품의 부피를 감소시키기 위해

**09**
세균성 식중독과 비교한 경구 감염병의 특징으로 옳지 않은 것은?
① 2차 감염이 된다.
② 잠복기가 비교적 짧다.
③ 감염 후 면역 형성이 잘 된다.
④ 적은 양의 균으로도 질병을 일으킬 수 있다.

**10**
도넛의 튀김 온도로 가장 적당한 온도 범위는?
① 105℃ 내외  ② 145℃ 내외
③ 185℃ 내외  ④ 250℃ 내외

## 11
일반적인 과자 반죽의 결과 온도로 가장 알맞은 것은?
① 10~13℃   ② 22~24℃
③ 26~28℃   ④ 32~34℃

**출제예감**
## 12
베이킹파우더를 많이 사용한 제품의 결과와 거리가 먼 것은?
① 속 색이 어둡다.
② 속 결이 거칠다.
③ 밀도가 크고 부피가 작다.
④ 오븐 스프링이 커서 찌그러들기 쉽다.

## 13
푸딩에 대한 설명으로 옳은 것은?
① 우유와 소금의 혼합 비율은 100 : 10이다.
② 육류, 과일, 야채, 빵을 섞어 만들지는 않는다.
③ 달걀의 열변성에 의한 농후화 작용을 이용한 제품이다.
④ 우유와 설탕은 120℃로 데운 후 달걀과 소금을 넣어 혼합한다.

**출제예감**
## 14
케이크 제조 시 제품의 부피가 크게 팽창했다가 가라앉는 원인이 아닌 것은?
① 물 사용량의 증가
② 베이킹파우더 증가
③ 밀가루 사용의 부족
④ 분유 사용량의 증가

## 15
파운드 케이크 제조 시 이중팬을 사용하는 목적이 아닌 것은?
① 제품의 조직과 맛을 좋게 하기 위해
② 오븐에서의 열전도 효율을 높이기 위해
③ 제품 바닥의 두꺼운 껍질 형성을 방지하기 위해
④ 제품 옆면의 두꺼운 껍질 형성을 방지하기 위해

## 16
로-마지팬(Raw-Marzipan)에서 '아몬드 : 설탕'의 적합한 혼합 비율은?
① 1 : 0.5   ② 1 : 1.5
③ 1 : 2.5   ④ 1 : 3.5

## 17
대장균에 대한 설명으로 틀린 것은?
① 유당을 분해한다.
② 무아포 간균이다.
③ 그람(Gram) 양성이다.
④ 호기성 또는 통성 혐기성이다.

**출제예감**
## 18
반죽형 쿠키의 굽기 과정에서 퍼짐성이 나쁠 때 퍼짐성을 좋게 하기 위해 사용할 수 있는 방법은?
① 반죽을 오래 한다.
② 설탕의 양을 줄인다.
③ 오븐의 온도를 높인다.
④ 입자가 굵은 설탕을 많이 사용한다.

## 19
다크 초콜릿을 템퍼링(Tempering)할 때 맨 처음 녹이는 공정의 온도 범위로 가장 적합한 것은?
① 10~20℃   ② 20~30℃
③ 30~40℃   ④ 40~50℃

## 20
도넛에서 발한을 제거하는 방법은?
① 튀김 시간을 증가시킨다.
② 기름을 충분히 예열시킨다.
③ 결착력이 없는 기름을 사용한다.
④ 도넛에 묻히는 설탕의 양을 감소시킨다.

## 21
맥아당을 분해하는 효소는?
① 말테이스   ② 락테이스
③ 라이페이스   ④ 프로테이스

## 22 출제예감
충전물 또는 젤리가 롤 케이크에 축축하게 스며드는 것을 막기 위해 조치해야 할 사항으로 틀린 것은?
① 굽기 조정   ② 물 사용량 감소
③ 반죽 시간 증가   ④ 밀가루 사용량 감소

## 23
비중컵의 무게 40g, 물을 담은 비중컵의 무게 240g, 반죽을 담은 비중컵의 무게 180g일 때 반죽의 비중은?
① 0.2   ② 0.4
③ 0.6   ④ 0.7

## 24
먼저 유지와 설탕을 섞는 방법으로 부피를 우선으로 할 때 사용하는 믹싱 방법은?
① 크림법   ② 1단계법
③ 블렌딩법   ④ 설탕/물법

## 25 출제예감
쿠키 포장지의 특성으로 옳지 않은 것은?
① 통기성이 있어야 한다.
② 방습성이 있어야 한다.
③ 독성 물질이 생성되지 않아야 한다.
④ 내용물의 색, 향이 변하지 않아야 한다.

## 26
단순 아이싱(Flat Icing)을 만드는 데 들어가는 재료가 아닌 것은?
① 분당   ② 달걀
③ 물   ④ 물엿

## 27 출제예감
내부에 팬이 부착되어 열풍을 강제 순환시키면서 굽는 타입으로 굽기의 편차가 극히 적은 오븐은?
① 터널 오븐   ② 컨벡션 오븐
③ 밴드 오븐   ④ 래크 오븐

## 28
찜(수증기)을 이용하여 만들어진 제품이 아닌 것은?
① 소프트 롤   ② 찜 케이크
③ 중화 만두   ④ 호빵

## 29
인수 공통 감염병 중 오염된 우유나 유제품을 통해 사람에게 감염되는 것은?
① 탄저   ② 결핵
③ 야토병   ④ 구제역

## 30
젤리 롤 케이크를 만들 때 겉면이 터지는 결점에 대한 조치 사항으로 옳지 않은 것은?
① 달걀 노른자를 감소시킨다.
② 반죽의 비중을 증가시킨다.
③ 팽창제 사용량을 감소시킨다.
④ 설탕의 일부를 물엿으로 대치한다.

## 31
필수 아미노산이 아닌 것은?
① 리신
② 메티오닌
③ 페닐알라닌
④ 아라키돈산

## 32
비중이 가장 낮은 반죽은?
① 레이어 케이크
② 파운드 케이크
③ 스펀지 케이크
④ 데블스 푸드 케이크

## 33
pH가 중성인 것은?
① 식초
② 수산화나트륨 용액
③ 중조
④ 증류수

## 34
검류에 대한 설명으로 틀린 것은?
① 친수성 물질이다.
② 무기질과 단백질로 구성되어 있다.
③ 낮은 온도에서도 높은 점성을 나타낸다.
④ 유화제, 안정제, 점착제 등으로 사용된다.

## 35
살모넬라균으로 인한 식중독의 잠복기와 증상으로 옳은 것은?
① 오염 식품을 섭취한지 12~24시간 후 발열(38~40℃)이 나타나며 1주일 이내 회복이 된다.
② 오염 식품을 섭취한지 8~20시간 후 복통이 있고 홀씨 A, F형의 독소에 의한 발병이 특징이다.
③ 오염 식품을 섭취한지 10~30시간 후 점액성 대변을 배설하고 신경 증상을 보여 곧 사망한다.
④ 오염 식품을 섭취한지 10~20시간 후 오한과 혈액이 섞인 설사가 나타나며 이질로 의심되기도 한다.

## 36
밀가루와 유지를 믹싱한 후 다른 건조 재료와 액체 재료 일부를 투입하여 믹싱하는 것으로, 유연감을 우선으로 하는 제품에 많이 사용하는 믹싱법은?
① 크림법
② 블렌딩법
③ 설탕/물법
④ 1단계법

## 37
식용 유지의 산화 방지제로 항산화제를 사용하고 있는데, 항산화제를 직접 산화를 방지하는 물질과 항산화 작용을 보조하는 물질 또는 앞의 두 작용을 가진 물질로 구분할 때 항산화 작용을 보조하는 물질은?
① 비타민 C
② BHA
③ 비타민 A
④ BHT

## 38
케이크의 아이싱에 주로 사용되는 것은?
① 마지팬
② 프랄린
③ 글레이즈
④ 휘핑 크림

## 39
유지의 산화 방지에 주로 사용되는 방법은?
① 수분 첨가
② 비타민 E 첨가
③ 단백질 제거
④ 가열 후 냉각

**출제예감**
## 40
비터 초콜릿(Bitter Chocolate) 32g 중에는 코코아가 약 몇 g 함유되어 있는가?
① 8g
② 16g
③ 20g
④ 24g

## 41
이스트의 영양원이 되는 물질은?

① 인산칼슘　　② 소금
③ 황산암모늄　④ 브롬산칼슘

## 42
동물성 단백질에 해당하는 것은?

① 덱스트린　　② 아밀로오스
③ 글루텐　　　④ 젤라틴

## 43
빵이나 케이크에 허용되어 있는 보존료는?

① 프로피온산나트륨　② 안식향산
③ 데히드로초산　　　④ 소르비톨

## 44
퐁당 아이싱이 끈적거리거나 포장지에 붙는 경향을 감소시키는 방법으로 옳지 않은 것은?

① 아이싱에 최대의 액체를 사용한다.
② 아이싱을 다소 덥게(40℃) 하여 사용한다.
③ 굳은 것은 설탕 시럽을 첨가하거나 데워서 사용한다.
④ 젤라틴, 한천 등과 같은 안정제를 적절하게 사용한다.

## 45
파이 반죽을 냉장고에 넣어 휴지시키는 이유가 아닌 것은?

① 퍼짐을 좋게 함
② 끈적거림을 방지함
③ 유지를 적당하게 굳힘
④ 밀가루의 수분 흡수를 함

## 46
지방의 기능이 아닌 것은?

① 높은 열량을 제공한다.
② 지용성 비타민의 흡수를 돕는다.
③ 외부의 충격으로부터 장기를 보호한다.
④ 변의 크기를 증대시켜 장관 내 체류 시간을 단축시킨다.

## 47
밀가루가 75%의 탄수화물, 10%의 단백질, 1%의 지방을 함유하고 있다면 100g의 밀가루를 섭취하였을 때 얻을 수 있는 열량(kcal)은?

① 386kcal　　② 349kcal
③ 317kcal　　④ 307kcal

## 48
설탕의 구성 성분은?

① 포도당 2분자
② 포도당과 과당
③ 포도당과 맥아당
④ 포도당과 갈락토오스

## 49
피자 제조 시 많이 사용하는 향신료는?

① 넛메그　　② 오레가노
③ 박하　　　④ 계피

**출제예감**
## 50
퍼프 페이스트리 반죽의 휴지 효과에 대한 설명으로 틀린 것은?

① 글루텐을 재정돈시킨다.
② 밀어 펴기가 용이해진다.
③ 절단 시 수축을 방지한다.
④ $CO_2$ 가스를 최대한 발생시킨다.

## 51
반죽형 케이크의 특성으로 옳지 않은 것은?
① 많은 양의 유지를 사용한다.
② 화학 팽창제에 의해 부피를 형성한다.
③ 해면 같은 조직으로 입에서의 감촉이 좋다.
④ 일반적으로 밀가루가 달걀보다 많이 사용된다.

## 52
퍼프 페이스트리는 무엇에 의해 팽창되는가?
① 화학적인 팽창
② 유지에 의한 팽창
③ 중조에 의한 팽창
④ 이스트에 의한 팽창

**출제예감**
## 53
화학적 식중독에 대한 설명으로 틀린 것은?
① 인공 감미료 중 사이클라메이트는 발암성이 문제되어 사용이 금지되어 있다.
② 유해성 표백제인 롱갈리트 사용 시 포르말린이 오래도록 식품에 잔류할 가능성이 있으므로 위험하다.
③ 유해 색소의 경우 급성 독성은 문제가 되지만, 소량을 연속적으로 섭취할 경우 만성 독성의 문제는 없다.
④ 유해성 보존료인 포르말린은 식품에 첨가할 수 없으며 플라스틱 용기로부터 식품 중에 용출되는 것도 규제하고 있다.

## 54
식품의 부패 요인과 가장 거리가 먼 것은?
① 수분    ② 산소
③ 이중 결합    ④ pH

## 55
제품의 유통 기간 연장을 위해 포장에 이용되는 불활성 가스는?
① 산소    ② 질소
③ 수소    ④ 염소

## 56
반죽형 쿠키 중 전란의 사용량이 많아 부드럽고 수분이 가장 많은 쿠키는?
① 스냅 쿠키    ② 머랭 쿠키
③ 드롭 쿠키    ④ 스펀지 쿠키

## 57
달걀 중에서 껍질을 제외한 전란의 고형질은 약 몇 %인가?
① 15%    ② 25%
③ 35%    ④ 45%

## 58
장염 비브리오(Vibrio)균에 의한 식중독 유형은?
① 독소형 식중독    ② 감염형 식중독
③ 곰팡이독 식중독    ④ 화학 물질 식중독

**출제예감**
## 59
과일 충전물이 끓어 넘치는 원인으로 점검할 사항이 아닌 것은?
① 배합의 부정확 여부를 확인한다.
② 충전물 온도가 높은지 점검한다.
③ 바닥 껍질이 너무 얇지는 않은지를 점검한다.
④ 껍질에 구멍이 없어야 하고, 껍질 사이가 잘 봉해져 있는지의 여부를 확인한다.

**출제예감**
## 60
HACCP 적용의 7가지 원칙에 해당하지 않는 것은?
① 위해 요소 분석
② 한계 기준 설정
③ 제품 설명서 작성
④ 기록 유지 및 문서 관리

# 05회 기출복원 모의고사

## 01
생크림에 대한 설명으로 옳지 않은 것은?
① 생크림은 우유로 제조한다.
② 생크림의 유지 함량은 82% 정도이다.
③ 생크림은 냉장 온도에서 보관해야 한다.
④ 유사 생크림은 팜, 코코넛유 등 식물성 기름을 사용하여 만든다.

## 02
엔젤 푸드 케이크 제조 시 팬에 사용하는 이형제로 가장 적합한 것은?
① 쇼트닝
② 밀가루
③ 라드
④ 물

## 03
쇼트 브레드 쿠키의 성형 시 주의할 점이 아닌 것은?
① 글루텐 형성을 방지하기 위해 가볍게 뭉쳐서 밀어 편다.
② 반죽의 휴지를 위해 성형 전에 냉동고에서 동결시킨다.
③ 달걀 노른자를 바르고 조금 지난 뒤 포크로 무늬를 그려낸다.
④ 반죽을 일정한 두께로 밀어 펴서 원형 또는 주름커터로 찍어낸다.

## 04 [출제예감]
병원체가 바이러스(Virus)인 질병은?
① 유행성 간염
② 결핵
③ 발진티푸스
④ 말라리아

## 05
케이크의 부피가 작아지는 원인에 해당하는 것은?
① 강력분을 사용한 경우
② 액체 재료가 적은 경우
③ 반죽에 달걀을 많이 사용한 경우
④ 크림성이 좋은 유지를 사용한 경우

## 06
부패로 볼 수 없는 것은?
① 육류의 변질
② 달걀의 변질
③ 어패류의 변질
④ 열에 의한 식용유의 변질

## 07
도넛 튀김기에 붓는 기름의 평균 깊이로 가장 적당한 것은?
① 5~8cm
② 9~12cm
③ 12~15cm
④ 16~19cm

## 08
파운드 케이크를 구울 때 윗면이 자연적으로 터지는 경우가 아닌 것은?
① 반죽 내 수분이 불충분할 때
② 굽기 시작 전에 증기를 분무할 때
③ 설탕 입자가 용해되지 않고 남아 있을 때
④ 오븐 온도가 높아 껍질 형성이 너무 빠를 때

## 09 [출제예감]
제빵 공장에서 5인이 8시간 동안 옥수수식빵 500개, 바게트빵 550개를 만들었다. 개당 제품의 노무비는 얼마인가? (단, 시간당 노무비는 4,000원이다)
① 132원
② 142원
③ 152원
④ 162원

## 10
다음에서 설명하는 믹싱 방법은?

> • 모든 재료를 한 번에 믹싱한다.
> • 노동력과 시간을 절약한다는 장점이 있다.

① 크림법 ② 블렌딩법
③ 설탕/물법 ④ 1단계법

## 11
물을 담은 비중컵의 무게가 300g이고, 반죽을 담은 비중컵의 무게가 260g일 때 비중은? (단, 비중컵의 무게는 50g이다)

① 0.64 ② 0.74
③ 0.84 ④ 1.04

## 12
블렌딩법에 대한 설명으로 옳은 것은?

① 부피를 우선으로 하는 제품에 이용하는 방법이다.
② 유지와 밀가루를 먼저 믹싱하는 방법이며, 제품의 유연성이 좋다.
③ 건조 재료와 달걀, 물을 가볍게 믹싱하다가 유지를 넣어 반죽하는 방법이다.
④ 설탕 입자가 고와 스크래핑이 필요 없고 대규모 생산 회사에서 이용하는 방법이다.

## 13
상대적으로 수분이 적어서 밀어 펴는 형태로 만드는 쿠키는?

① 드롭 쿠키 ② 스냅 쿠키
③ 스펀지 쿠키 ④ 머랭 쿠키

## 14
찜을 이용한 제품에 사용되는 팽창제의 특성은?

① 지속성 ② 속효성
③ 지효성 ④ 이중 팽창

## 15
커스터드 크림의 재료에 해당하지 않는 것은?

① 우유 ② 달걀
③ 설탕 ④ 생크림

## 16
나가사끼 카스텔라 제조 시 굽기 과정에서 휘젓기를 하는 이유가 아닌 것은?

① 내상을 균일하게 한다.
② 팽창을 원활하게 한다.
③ 반죽 온도를 균일하게 한다.
④ 껍질 표면을 매끄럽게 한다.

## 17
스펀지 케이크 반죽을 팬에 담을 때 적당한 팬 용적은?

① 약 10~20% ② 약 30~40%
③ 약 70~80% ④ 약 50~60%

## 18
코코아 20%에 해당하는 초콜릿을 사용하여 케이크를 만들려고 할 때 초콜릿 사용량은?

① 16% ② 20%
③ 28% ④ 32%

## 19
파운드 케이크를 팬닝할 때 밑면의 껍질 형성을 방지하기 위한 팬으로 가장 적합한 것은?

① 일반팬 ② 이중팬
③ 은박팬 ④ 종이팬

## 20
직접 배합에 사용하는 물로 반죽 온도를 조절하는 제품은?

① 과일 케이크
② 젤리 롤 케이크
③ 퍼프 페이스트리
④ 버터 스펀지 케이크

## 21
롤 케이크를 말 때 표면이 터지는 결점을 방지하기 위한 조치 방법이 아닌 것은?
① 오버 베이킹이 되도록 한다.
② 덱스트린을 적당량 첨가한다.
③ 설탕의 일부를 물엿으로 대체한다.
④ 노른자를 줄이고 전란을 증가시킨다.

## 22
일반 파운드 케이크와는 달리 마블 파운드 케이크에 첨가하여 색상을 나타내는 재료는?
① 코코아   ② 버터
③ 밀가루   ④ 달걀

## 23
커스터드 푸딩을 컵에 채워 몇 ℃의 오븐에서 중탕으로 굽는 것이 가장 적당한가?
① 160~170℃   ② 190~200℃
③ 210~220℃   ④ 230~240℃

## 24
케이크 반죽의 혼합 완료 정도를 파악할 수 있는 것은?
① 반죽의 온도   ② 반죽의 점도
③ 반죽의 비중   ④ 반죽의 색상

## 25
유화제를 사용하는 목적이 아닌 것은?
① 물과 기름이 잘 혼합되게 한다.
② 빵이나 케이크를 부드럽게 한다.
③ 달콤한 맛이 나게 하는 데 사용한다.
④ 빵이나 케이크가 노화되는 것을 지연시킬 수 있다.

## 26
튀김 기름의 품질을 저하시키는 요인으로 거리가 먼 것은?
① 수분   ② 질소
③ 산소   ④ 이물질

## 27
퐁당(Fondant)에 대한 설명으로 옳은 것은?
① 시럽을 214℃까지 끓인다.
② 40℃ 전후로 식혀서 휘젓는다.
③ 유화제를 사용하면 부드럽게 할 수 있다.
④ 굳으면 설탕 : 물 = 1 : 1로 만든 시럽을 첨가한다.

## 28
쿠키가 잘 퍼지지 않는 이유가 아닌 것은?
① 과도한 믹싱
② 알칼리 반죽 사용
③ 너무 높은 굽기 온도
④ 고운 입자의 설탕 사용

## 29
머랭(Meringue) 중에서 설탕을 끓여서 시럽으로 만들어 제조하는 것은?
① 이탈리안 머랭   ② 스위스 머랭
③ 냉제 머랭   ④ 온제 머랭

## 30
제과 생산 관리에서 제1차 관리의 3대 요소가 아닌 것은?
① 사람   ② 재료
③ 자금   ④ 시간

## 31
과일 케이크를 구울 때 증기를 분사하는 목적과 거리가 먼 것은?
① 향의 손실을 막는다.
② 껍질을 두껍게 만든다.
③ 수분의 손실을 막는다.
④ 표피의 캐러멜화 반응을 연장한다.

## 32
일정한 용적 내에서 팽창이 가장 큰 제품은?
① 파운드 케이크　② 스펀지 케이크
③ 레이어 케이크　④ 엔젤 푸드 케이크

## 33
파이 롤러를 사용하기에 적합하지 않은 제품은?
① 스위트 롤　② 데니시 페이스트리
③ 크로와상　④ 브리오슈

## 34
지방의 산화를 가속시키는 요소가 아닌 것은?
① 토코페롤을 첨가한다.
② 자외선에 노출시킨다.
③ 공기와의 접촉이 많다.
④ 높은 온도로 여러 번 사용한다.

## 35
메이스(Mace)와 같은 나무에서 생산되는 것으로 단맛의 향기가 있는 향신료는?
① 넛메그　② 시나몬
③ 클로브　④ 오레가노

## 36
유지를 고온으로 계속 가열하였을 때 점차 낮아지는 것은?
① 산가　② 점도
③ 과산화물가　④ 발연점

## 37
화학적 팽창제에 대한 설명으로 틀린 것은?
① 효모보다 가스 생산이 느리다.
② 증량제로 전분이나 밀가루를 사용한다.
③ 산의 종류에 따라 작용 속도가 달라진다.
④ 가스를 생산하는 것은 탄산수소나트륨이다.

## 38
튀김 기름에 스테아린(Stearin)을 첨가하는 이유로 틀린 것은?
① 유지의 융점을 높인다.
② 도넛에 설탕이 붙는 점착성을 높인다.
③ 경화제(Hardener)로 튀김 기름의 3~6%를 사용한다.
④ 기름의 침출을 막아 도넛에 설탕이 젖는 것을 방지한다.

## 39
음식물을 매개로 전파되지 않는 것은?
① 이질　② 장티푸스
③ 콜레라　④ 광견병

## 40
밀가루 25g에서 젖은 글루텐 6g을 얻었다면, 해당 밀가루의 종류로 알맞은 것은?
① 박력분　② 중력분
③ 강력분　④ 제빵용 밀가루

## 41
자당(Sucrose) 10%를 이성화해서 10.52%의 전화당(Invert Sugar)을 얻었다. 포도당(Glucose)과 과당(Fructose)의 비율은?

① 포도당 7.0%, 과당 3.52%
② 포도당 5.26%, 과당 5.26%
③ 포도당 3.52%, 과당 7.0%
④ 포도당 2.63%, 과당 7.89%

## 42
유지의 크림성이 가장 중요한 제품은?

① 케이크　　② 쿠키
③ 식빵　　　④ 단과자빵

## 43
환원당이 아닌 당은?

① 포도당　　② 과당
③ 자당　　　④ 맥아당

**출제예감**
## 44
달걀에 대한 설명으로 옳은 것은?

① 흰자보다 노른자 중량이 더 크다.
② 노른자에 가장 많은 것은 단백질이다.
③ 껍질은 대부분 탄산칼슘으로 이루어져 있다.
④ 흰자는 대부분이 물이고 그 다음 많은 성분은 지방질이다.

## 45
글루텐을 형성하는 밀가루의 주요 단백질로 그 함량이 가장 많은 것은?

① 글루테닌　② 글리아딘
③ 글로불린　④ 메소닌

## 46
유용한 장내 세균의 발육을 왕성하게 하여 장에 좋은 영향을 미치는 이당류는?

① 설탕(Sucrose)
② 유당(Lactose)
③ 맥아당(Maltose)
④ 포도당(Glucose)

**출제예감**
## 47
포화 지방산과 불포화 지방산에 대한 설명으로 옳은 것은?

① 포화 지방산은 이중 결합을 함유하고 있다.
② 코코넛 기름에는 불포화 지방산이 더 높은 비율로 들어있다.
③ 식물성 유지에는 불포화 지방산이 더 높은 비율로 들어있다.
④ 포화 지방산은 할로겐이나 수소 첨가에 따라 불포화될 수 있다.

## 48
우리나라에서 지정된 식품첨가물 중 버터류에 사용할 수 없는 것은?

① 식용색소 황색4호
② 부틸히드록시아니솔(BHA)
③ 디부틸히드록시톨루엔(BHT)
④ 터셔리부틸히드로퀴논(TBHQ)

## 49
필수 아미노산이 아닌 것은?

① 트레오닌　② 이소류신
③ 발린　　　④ 알라닌

## 50
식품의 열량(kcal)을 계산하는 공식으로 옳은 것은? (단, 각 영양소 양의 기준은 g 단위로 한다)

① (탄수화물의 양+단백질의 양) × 4 + (지방의 양 × 9)
② (탄수화물의 양+지방의 양) × 4 + (단백질의 양 × 9)
③ (지방의 양+단백질의 양) × 4 + (탄수화물의 양 × 9)
④ (탄수화물의 양+지방의 양) × 9 + (단백질의 양 × 4)

## 51
인수 공통 감염병으로만 짝지어진 것은?
① 폴리오, 장티푸스
② 탄저, 리스테리아증
③ 결핵, 유행성 간염
④ 홍역, 브루셀라증

**출제예감**
## 52
반죽형 케이크를 구웠더니 너무 가볍고 부서지는 현상이 나타났을 때 그 원인이 아닌 것은?
① 팽창제 사용량이 많았다.
② 쇼트닝 사용량이 많았다.
③ 반죽의 크림화가 지나쳤다.
④ 반죽에 밀가루 양이 많았다.

## 53
균체의 독소 중 뉴로톡신(Neurotoxin)을 생산하는 식중독균은?
① 포도상구균
② 병원성 대장균
③ 장염 비브리오균
④ 클로스트리디움 보툴리늄균

## 54
아이싱 크림에 많이 쓰이는 퐁당(Fondant)을 만들 때 끓이는 온도로 가장 적합한 것은?
① 78~80℃
② 98~100℃
③ 114~116℃
④ 130~132℃

## 55
살모넬라(Salmonella)균의 특징이 아닌 것은?
① 그람(Gram) 음성 간균이다.
② 독소에 의한 식중독을 일으킨다.
③ 60℃에서 20분 정도의 가열로 사멸한다.
④ 발육 최적 pH는 7~8, 온도는 37℃이다.

## 56
식품에 식염을 첨가함으로써 미생물 증식을 억제하는 효과와 관계가 없는 것은?
① 삼투압 증가
② 산소의 용해도 감소
③ 펩타이드 결합의 분해
④ 탈수 작용에 의한 식품 내 수분 감소

## 57
화학적 식중독을 유발하는 원인이 아닌 것은?
① 복어독
② 불량한 포장 용기
③ 유해한 식품첨가물
④ 농약에 오염된 식품

## 58
반죽의 얼음 사용량을 계산하는 공식으로 옳은 것은?

① $\dfrac{\text{물 사용량} \times (\text{수돗물 온도} - \text{사용수 온도})}{80 + \text{수돗물 온도}}$

② $\dfrac{\text{물 사용량} \times (\text{수돗물 온도} + \text{사용수 온도})}{80 + \text{수돗물 온도}}$

③ $\dfrac{\text{물 사용량} \times (\text{계산된 물 온도} \times \text{사용수 온도})}{80 + \text{수돗물 온도}}$

④ $\dfrac{\text{물 사용량} \times (\text{계산된 물 온도} - \text{사용수 온도})}{80 + \text{수돗물 온도}}$

## 59
일반적으로 작은 규모의 제과점에서 사용하는 믹서는?
① 수직형 믹서
② 수평형 믹서
③ 초고속 믹서
④ 커터 믹서

## 60
괴혈병을 예방하기 위해 어떤 영양소가 많은 식품을 섭취해야 하는가?
① 비타민 A
② 비타민 C
③ 비타민 D
④ 비타민 $B_1$

# 2025 실제 기출 복원문제

제빵기능사

정답 및 해설 P.42

## 01
냉동반죽법에 대한 설명으로 옳지 않은 것은?
① 프랑스빵 반죽은 비교적 노화의 진행이 느리다.
② 저율배합 제품은 냉동 시 노화가 빠르게 진행된다.
③ 고율배합 제품은 비교적 완만한 냉동에도 잘 견딘다.
④ 저율배합 제품일수록 냉동 처리 시 더욱 주의해야 한다.

## 02
제빵에서 중간발효의 목적이 아닌 것은?
① 반죽의 글루텐을 회복시킨다.
② 반죽을 하나의 표피로 만든다.
③ 정형 과정 중 찢어지거나 터지는 현상을 방지한다.
④ 분할공정으로 잃었던 가스의 일부를 다시 보완시킨다.

## 03
발효 전 무게는 1,600g이고 발효 후 무게는 1,578g일 때 발효 손실은?
① 1.375%  ② 0.98%
③ 1.98%   ④ 2.375%

## 04
600g짜리 빵 10개를 만들고자 할 때 발효 손실이 2%, 굽기 및 냉각 손실이 12%이면 필요한 반죽의 총 무게는 약 얼마인가?
① 6.17kg  ② 6.24kg
③ 6.96kg  ④ 7.36kg

## 05
서로 잘 섞이지 않는 물과 기름 같은 두 액체를 혼합·분산시키기 위해 사용하는 첨가물은?
① 소포제   ② 유화제
③ 피막제   ④ 팽창제

## 06
다음 중 반죽에 산화제를 사용했을 때 나타나는 결과에 대한 설명으로 옳지 않은 것은?
① 가스 포집력이 증가한다.   ② 반죽 강도가 증가한다.
③ 기계성이 개선된다.        ④ 믹싱 시간이 짧아진다.

## 07
안정제의 사용 목적이 아닌 것은?
① 아이싱의 부서짐 방지
② 머랭의 수분 배출 유도
③ 크림 토핑의 거품 안정화
④ 흡수제에 인한 노화 지연 효과

## 08
식품첨가물 중 보존료의 조건이 아닌 것은?
① 장기간 효력을 나타낼 것
② 무미, 무취하고 자극성이 없을 것
③ 식품의 성분과 잘 반응하여 성분을 변화시킬 것
④ 변패를 일으키는 각종 미생물의 증식을 억제할 것

## 09
제빵 제품에서 길이가 35~40cm의 막대 모양인 제품은?
① 그리시니   ② 버터톱식빵
③ 더치빵     ④ 단과자트위스트

## 10
베이킹파우더 과다 사용 시 나타나지 않는 제품의 특징은?
① 속결이 거칠다.
② 속색이 어둡다.
③ 밀도가 크고 부피가 작다.
④ 오븐스프링이 커서 찌그러지기 쉽다.

## 11
반죽 제조 시 렛 다운(Let Down) 단계까지 믹싱하는 제품으로 적절한 것은?

① 옥수수식빵, 밤식빵
② 크림빵, 앙금빵
③ 바게트, 프랑스빵
④ 잉글리쉬 머핀, 햄버거빵

## 12
다음 재료 중 식빵 제조 시 반죽 온도에 가장 큰 영향을 주는 것은?

① 소금
② 밀가루
③ 수분
④ 반죽 개량제

## 13
기계로 반죽을 분할할 때 중량 편차를 줄이기 위한 적절한 배치 분할 시간은?

① 5~10분
② 15~20분
③ 25~30분
④ 35~40분

## 14
빵의 포장과 냉각에 대한 설명으로 옳지 않은 것은?

① 빵 내부의 적정 냉각 온도는 20℃이다.
② 포장지는 저렴하고 위생적이어야 한다.
③ 포장 목적은 수분 증발 억제와 노화 방지이다.
④ 냉각 중 습도가 낮으면 껍질이 갈라지기 쉽다.

## 15
빵을 구울 때 글루텐이 응고되기 시작하는 온도는?

① 37℃
② 54℃
③ 74℃
④ 97℃

## 16
밤식빵 제조 시, 밤을 고르게 펴서 단단하게 넣어야 하는 이유가 아닌 것은?

① 밤이 발효하는 과정 중 빵 속에서 더 단단해지기 위해 넣는다.
② 밤식빵의 맛과 모양이 고르게 유지되어, 먹을 때 씹는 맛과 밤의 풍미를 일정하게 즐길 수 있다.
③ 밤이 고르게 분포되어야 빵을 자를 때 밤이 한쪽에 몰리지 않고 전체적으로 균일한 식감을 제공한다.
④ 단단하게 넣어야 밤이 조리 과정 중에 흩어지거나 떨어지지 않고 빵 속에 잘 고정되어 모양과 맛이 유지된다.

## 17
제빵 배합표에서 밀가루 총량을 100%로 두고, 기타 재료의 비율을 배분하는 방식은?

① 표준 퍼센트
② 4등분 분할법
③ 스트레이트 배합법
④ 베이커스 퍼센트(Baker's %)

## 18
이스트에 들어 있는 효소가 아닌 것은?

① 인버테이스(invertase)
② 말테이스(maltase)
③ 치마아제 (Zymase)
④ 락테이스 (lactase)

## 19
다음 중 빵 발효의 목적이 아닌 것은?

① 반죽의 숙성
② 반죽의 팽창
③ 글루텐의 강화
④ 빵 특유의 향 생성

## 20
제빵에서 맥아 제품을 사용하는 목적이 아닌 것은?

① 향 발생
② 껍질색 개선
③ 가스 생산의 증가
④ 제품 내부의 수분 함량 감소

## 21
반죽 날개가 수평으로 설치되어 있고, 주로 대형 매장이나 공장형 제조업에서 사용하는 믹서는?
① 수직형 믹서
② 수평형 믹서
③ 스파이럴 믹서
④ 에어 믹서

## 22
밀가루 중 생이스트 2% 사용 시, 반죽 내 설탕 함량이 어느 정도일 때 $CO_2$ 발생량이 가장 많은가?
① 4%
② 10%
③ 15%
④ 20%

## 23
빵 반죽 발효 중 이스트의 작용으로 생성되는 주요 물질은?
① 산소, 초산
② 유기산, 질소
③ 탄산가스, 수분
④ 탄산가스, 알코올

## 24
다음 중 호밀가루의 특징이 아닌 것은?
① 칼슘과 인이 풍부하고 영양가가 높다.
② 호밀은 독특한 맛과 조직의 특성을 부여한다.
③ 펜토산 함량이 높아 글루텐 형성을 도와준다.
④ 호밀빵 제조 시 발효종이나 샤워종을 사용한다.

## 25
제빵에서 설탕을 사용하는 주요 목적과 관련이 적은 것은?
① 빵 껍질의 착색
② 효모의 번식
③ 노화 촉진
④ 단맛 부여

## 26
반죽 표피에 수포가 생긴 이유로 적합한 것은?
① 2차 발효실 상대습도가 높았다.
② 2차 발효실 상대습도가 낮았다.
③ 1차 발효실 상대습도가 높았다.
④ 1차 발효실 상대습도가 낮았다.

## 27
발효 중 가스 생성이 증가하지 않는 경우는?
① 소금을 많이 사용할 때
② 이스트를 많이 사용할 때
③ 발효실 온도를 약간 높일 때
④ 반죽에 약산을 소량 첨가할 때

## 28
팥앙금빵 제작 시 반죽에 구멍을 내고 앙금주걱으로 눌러주는 이유는?
① 노화 방지를 위해
② 맛과 식감을 향상시키기 위해
③ 앙금이 반죽에 고르게 퍼지도록 하기 위해
④ 유지가 구멍 안쪽에 잘 모이도록 하기 위해

## 29
다음은 제빵 공정 중 어느 단계에 대한 설명인가?

> 픽업 단계 → 클린업 단계 → 발전단계 → 최종단계 → 렛다운 단계 → 파괴단계

① 재료 계량
② 믹싱 단계
③ 발효 단계
④ 성형 단계

## 30
라운더에 반죽이 달라붙으면 유동 파라핀 용액을 반죽 무게의 얼마만큼 사용하는가?
① 0.02~0.05%
② 0.1~0.2%
③ 0.3~0.4%
④ 0.6~0.7%

## 31
디지털 저울과 부등비 저울에 대한 비교 설명으로 옳지 않은 것은?
① 부등비 저울은 저울추의 무게로 무게를 측정한다.
② 디지털 저울은 용기를 올려놓고 영점을 조절할 수 있다.
③ 디지털 저울은 전자 장치를 이용하여 무게를 측정한다.
④ 대규모 제과점이나 공장에서는 부등비 저울을 사용한다.

## 32
다음 중 전분의 호화현상에 대한 설명으로 틀린 것은?
① 수분이 적을수록 호화가 촉진된다.
② 알칼리성 환경에서는 호화가 촉진된다.
③ 전분의 종류에 따라 호화 특성이 달라진다.
④ 전분 현탁액에 적당량의 수산화 나트륨(NaOH)을 첨가하면 가열하지 않아도 호화가 일어날 수 있다.

## 33
아밀로오스는 요오드 용액에 의해 무슨 색상을 띠게 되는가?
① 적자색  ② 청색
③ 황색    ④ 갈색

## 34
이형유에 대한 설명으로 옳지 않은 것은?
① 이형유는 발연점이 높은 기름을 사용한다.
② 이형유 사용량은 반죽 무게 대비 0.1~0.2%이다.
③ 틀을 실리콘으로 코팅하면 이형유 사용량을 줄일 수 있다.
④ 이형유 사용량이 많으면 빵 밑 껍질이 얇아지고 색상이 밝아진다.

## 35
유탕 또는 유처리한 과자의 산가 기준은?
① 1.0 이하  ② 2.0 이하
③ 3.0 이하  ④ 4.0 이하

## 36
일반적인 버터의 수분 함량은 얼마인가?
① 18%이하  ② 25%이하
③ 30%이하  ④ 45%이하

## 37
식품 조리 및 취급과정 중 교차오염이 발생하지 않는 경우는?
① 씻지 않은 손으로 샌드위치 만들기
② 생선 다듬던 도마로 샐러드용 채소 썰기
③ 생고기를 자른 가위로 냉면 면발 자르기
④ 반죽에 생고구마 조각을 얹어 쿠키 굽기

## 38
우유 1컵(200mL)에 지방이 6g이라면 지방으로부터 얻을 수 있는 열량은?
① 6kcal    ② 24kcal
③ 54kcal   ④ 120kcal

## 39
초콜릿 제조과정 중 다음 빈칸에 해당하는 단계는?

코코아콩 → 볶기 → 마쇄·압착 → 재료 혼합 → 콘칭 → ( ) → 커버츄어

① 발효    ② 미립화
③ 템퍼링  ④ 건조

## 40
마이야르 반응을 통해 생성되는 갈색 물질은?
① 멜라노이딘    ② 캐러멜
③ β-카로틴      ④ 식용황색4호

## 41
달걀 성분 중 마요네즈 제조에 사용되는 것은?
① 글루텐(gluten)
② 카제인(casein)
③ 레시틴(lecithin)
④ 모노글리세라이드(monoglyceride)

## 42
청포도즙과 와인 식초를 사용하여 상큼하고 은은한 포도향과 산미를 살린 소스는?
① 발사믹 소스　② 쌀식초 소스
③ 양념 소스　　④ 매운 소스

## 43
다음 중 소화가 가장 잘 되는 계란은?
① 날계란　　② 반숙 계란
③ 완숙 계란　④ 구운 계란

## 44
분유를 빵에 첨가할 경우, 영양 강화와 맛과 색 개선 외에 추가적으로 미치는 영향은 무엇인가?
① 이스트의 영양원이 된다.
② 항산화 효과를 나타낸다.
③ 발효 시 완충 작용을 한다.
④ 호화를 촉진한다.

## 45
초콜릿 설탕 블룸(Sugar Bloom)의 주요 원인은?
① 습도　　② 온도
③ 직사광선　④ 압력

## 46
소비기한에 대한 설명으로 옳은 것은?
① 소비기한보다 유통기한이 우선한다.
② 소비기한은 유통기한으로 표기해야 한다.
③ 유통기한은 소비자가 섭취해도 안전한 기간을 의미한다.
④ 올바른 보관 방법을 따르면 유통기한이 지나도 섭취가 가능한 기간이다.

## 47
적색 색소를 생성하여 식품 표면에 적변을 일으키고, 부패취를 풍기며 식품을 변패시키는 미생물은?
① Proteus속　② Shigella속
③ Serratia속　④ Erwinia속

## 48
파상열(브루셀라증)에 대한 설명 중 틀린 것은?
① 건조 시 저항력이 강하다.
② Brucella 속이 원인균이다.
③ 특이한 발열이 주기적으로 반복된다.
④ 원인균은 열에 대한 저항성이 강하다.

## 49
은행, 풋매실, 살구에 함유된 글리코사이드물질로 다량 섭취 시 호흡곤란, 청색증, 쇠약, 현기증을 일으키는 독소는?
① 고시풀(Gossypol)
② 삭시톡신(Saxitoxin)
③ 시큐톡신(Cicutoxin)
④ 아미그달린(Amygdalin)

## 50
히스타민 식중독에 관한 설명 중 틀린 것은?
① 알레르기성 식중독의 원인이다.
② 항히스타민제로도 치료가 어렵다.
③ 전신에 홍조와 두드러기 현상이 나타난다.
④ 꽁치, 고등어, 참치 등 붉은색 어류가 원인 식품이다.

## 51
세균과 관계없는 식중독은?
① 장염비브리오 식중독　② 웰치 식중독
③ 신균독 식중독　　　　④ 살모넬라 식중독

## 52
경구 감염병 중 바이러스에 의해 전염되는 질병은?
① 성홍열　　② 장티푸스
③ 홍역　　　④ 아메바성 이질

## 53
위해요소중점관리기준(HACCP)을 식품별로 정하여 고시하는 주체는?
① 환경부장관
② 보건복지부장관
③ 식품의약품안전청장
④ 시장, 군수, 또는 구청장

## 54
자연독 식중독과 독성물질의 연결 중 잘못된 것은?
① 목화씨 – 고시풀
② 맥각중독 – 솔라닌
③ 무스카린 – 버섯중독
④ 테트로톡신 – 복어중독

## 55
쥐를 없애는 근본적인 해결책은?
① 살사제 살포　② 쥐덫 놓기
③ 천적 풀기　　④ 먹이감 제거

## 56
비타민과 생체 내 주요 기능 연결 중 잘못된 것은?
① 나이아신 – 항 펠라그라(Pellagra)인자
② 비타민 $B_1$ – 당질 대사의 보조효소
③ 비타민K – 항 혈액응고 인자
④ 비타민A – 항 빈혈인자

## 57
식품 취급자가 손을 씻는 방법으로 적합하지 않은 것은?
① 팔에서 손으로 씻어 내려온다.
② 손을 씻은 후 비눗물을 흐르는 물에 충분히 씻는다.
③ 살균효과를 증대시키기 위해 역성비누액에 일반 비누액을 섞어 사용한다.
④ 역성비누 원액을 몇 방울 손에 받아 30초 이상 문지르고 흐르는 물로 씻는다.

## 58
당뇨병 환자를 위한 식빵 제조 시 적합하지 않은 사항은?
① 현미를 첨가한다.
② 유지의 양을 늘린다.
③ 해조류를 첨가하여 제조한다.
④ 설탕 대신 대체 감미료를 사용한다.

## 59
차아염소산 나트륨 100ppm은 몇 %인가?
① 0.0001%　② 0.001%
③ 0.01%　　④ 0.1%

## 60
혈당 조절에 관여하지 않는 호르몬은?
① 아드레날린　② 인슐린
③ 안드로겐　　④ 글루카곤

## 제빵기능사 01회 기출복원 모의고사

정답 및 해설 P.46

**01**
같은 밀가루로 식빵과 불란서빵을 만들 경우, 식빵의 가수율이 63%였다면 불란서빵의 가수율을 얼마로 하는 것이 가장 좋은가?
① 61%　② 63%
③ 65%　④ 67%

**02**
불란서빵의 2차 발효실 습도로 가장 적합한 것은?
① 65~70%　② 75~80%
③ 80~85%　④ 85~90%

**03**
다음 (　) 안에 알맞은 것은?

> 제빵 시 팬 오일로 유지를 사용할 때 (　　)이 높은 것을 선택하는 것이 좋다.

① 가소성　② 크림성
③ 발연점　④ 비등점

**04**
건포도 식빵을 만들 때 건포도를 전처리하는 목적이 아닌 것은?
① 씹는 촉감을 개선한다.
② 건포도의 풍미를 되살린다.
③ 제품 내에서의 수분 이동을 억제한다.
④ 수분을 제거하여 건포도의 보존성을 높인다.

**05**
액체 발효법(액종법)에 대한 설명으로 옳은 것은?
① 균일한 제품 생산이 어렵다.
② 공간 확보와 설비비가 많이 든다.
③ 한 번에 많은 양을 발효시킬 수 없다.
④ 발효 손실에 따른 생산 손실을 줄일 수 있다.

**06**
경구 감염병 중 바이러스에 의해 전염되어 발병되는 것은?
① 성홍열　② 장티푸스
③ 홍역　④ 아메바성 이질

**출제예감**
**07**
2차 발효가 과다할 때 일어나는 현상이 아닌 것은?
① 옆면이 터진다.
② 색상이 여리다.
③ 신 냄새가 난다.
④ 오븐에서 주저앉기 쉽다.

**08**
노화를 지연시키는 방법으로 옳지 않은 것은?
① 냉장 보관시킨다.
② 유화제를 사용한다.
③ 다량의 설탕을 첨가한다.
④ 방습 포장재를 사용한다.

**09**
같은 조건의 반죽에 설탕, 포도당, 과당을 같은 농도로 첨가했다고 가정할 때 마이야르 반응 속도를 촉진시키는 순서대로 나열된 것은?
① 설탕 > 포도당 > 과당
② 과당 > 설탕 > 포도당
③ 과당 > 포도당 > 설탕
④ 포도당 > 과당 > 설탕

**출제예감**
**10**
10명의 인원이 50초당 70개의 과자를 만들 때, 7시간에는 몇 개를 생산하는가?
① 3,528개　② 35,280개
③ 24,500개　④ 245,000개

## 11
데커레이션(Decoration) 케이크의 장식에 사용되는 분당의 성분은?
① 포도당　　② 설탕
③ 과당　　　④ 전화당

## 12
제빵 시 성형(Make-up)의 범위에 들어가지 않는 것은?
① 둥글리기　② 분할
③ 정형　　　④ 2차 발효

## 13
정형하여 철판에 반죽을 놓을 때, 일반적으로 가장 적당한 철판의 온도는?
① 약 10℃　② 약 25℃
③ 약 32℃　④ 약 55℃

## 14
제빵에서 감미제의 기능이 아닌 것은?
① 이스트의 먹이
② 퍼짐성의 조절
③ 수분 보유로 노화 지연
④ 갈변 반응(캐러멜화)으로 껍질 색 형성

## 15
반죽의 신장성과 신장 저항성을 측정하는 데 알맞은 기기는?
① 레오메터(Rheometer)
② 패리노그래프(Farinograph)
③ 아밀로그래프(Amylograph)
④ 익스텐소그래프(Extensograph)

## 16
기구, 용기 또는 포장 제조에 함유될 수 있는 유해 금속과 거리가 먼 것은?
① 납　　② 카드뮴
③ 칼슘　④ 비소

## 17
600g짜리 빵 10개를 만들려 할 때 발효 손실 2%, 굽기 및 냉각 손실이 12%이면 반죽해야 할 반죽의 총 무게는 약 얼마인가?
① 6.17kg　② 6.24kg
③ 6.96kg　④ 7.36kg

## 18
데니시 페이스트리에 사용하는 유지에서 가장 중요한 성질은?
① 유화성　② 가소성
③ 안정성　④ 크림성

## 19
반죽의 온도가 25℃일 때 반죽의 흡수율이 61%인 조건에서 반죽의 온도를 30℃로 조정하면 흡수율은?
① 55%　② 58%
③ 62%　④ 65%

## 20
칼슘과 인의 흡수를 촉진시키며 자외선에 의해 체내에서 합성되는 비타민은?
① 비타민 A　② 비타민 B
③ 비타민 C　④ 비타민 D

## 21
식빵 제조용 밀가루의 적당한 단백질 함량은?
① 5% 이상
② 8% 이상
③ 9% 이상
④ 11% 이상

## 22
우유 단백질이 아닌 것은?
① 카세인(Casein)
② 락토오스(Lactose)
③ 락토알부민(Lactoalbumin)
④ 락토글로불린(Lactoglobulin)

## 23
노화에 대한 설명으로 틀린 것은?
① 수분이 감소하는 것
② 빵의 속이 딱딱해지는 것
③ 빵의 내부에 곰팡이가 피는 것
④ α화 전분이 β화 전분으로 변하는 것

## 24
빵류를 만들 때 가장 적합한 밀가루는?
① 강력분
② 중력분
③ 박력분
④ 혼합밀가루

## 25
빵 굽기 과정에서 오븐 스프링(Oven Spring)에 의한 반죽 부피의 팽창 정도로 가장 적당한 것은?
① 본래 크기의 약 1/2까지
② 본래 크기의 약 1/3까지
③ 본래 크기의 약 1/5까지
④ 본래 크기의 약 1/6까지

## 26
빵이 팽창하는 원인이 아닌 것은?
① 효소와 설탕, 소금에 의한 팽창
② 글루텐의 공기 포집에 의한 팽창
③ 탄산가스, 알코올, 수증기에 의한 팽창
④ 이스트에 의한 발효 활동 생성물에 의한 팽창

## 27
산형 식빵의 비용적($cm^3/g$)으로 가장 적합한 것은?
① 1.5~1.8
② 1.7~2.6
③ 3.2~3.5
④ 4.0~4.5

## 28
냉동 반죽법에서 믹싱 후 1차 발효 시간으로 가장 적합한 것은?
① 0~20분
② 50~60분
③ 80~90분
④ 110~120분

## 29
일반적인 제빵용 이스트에 의해 분해되지 않는 것은?
① 설탕
② 맥아당
③ 과당
④ 유당

## 30
기업 활동의 1차 관리 요소가 아닌 것은?
① 사람(Man)
② 자본(Money)
③ 재료(Material)
④ 방법(Method)

## 31
설탕의 전체 고형질을 100%로 볼 때 포도당과 물엿의 고형질 함량은?

|   | 포도당 | 물엿 |
|---|---|---|
| ① | 91% | 80% |
| ② | 80% | 20% |
| ③ | 80% | 50% |
| ④ | 80% | 5% |

## 32
달걀이 오래되면 나타나는 현상은?

① 점도가 감소한다.
② 기실이 없어진다.
③ 비중이 무거워진다.
④ pH가 떨어져 산패된다.

## 33
각 식품별 부족한 영양소의 연결이 틀린 것은?

① 콩류 – 트레오닌
② 곡류 – 리신
③ 채소류 – 메티오닌
④ 옥수수 – 트립토판

### 출제예감
## 34
10% 이상의 단백질 함량을 가진 밀가루로 케이크를 만들었을 때 나타나는 결과가 아닌 것은?

① 형태가 나쁘다.
② 제품의 부피가 크다.
③ 제품이 수축되면서 딱딱하다.
④ 제품이 질기며 속 결이 좋지 않다.

## 35
코팅용 초콜릿이 갖추어야 하는 성질은?

① 융점이 항상 낮은 것
② 융점이 항상 높은 것
③ 융점이 겨울에는 높고, 여름에는 낮은 것
④ 융점이 겨울에는 낮고, 여름에는 높은 것

## 36
글루텐을 형성하는 단백질 중 수용성 단백질은?

① 글리아딘
② 글루테닌
③ 메소닌
④ 글로불린

## 37
1차 발효실의 상대 습도는 몇 %로 유지하는 것이 좋은가?

① 55~65%
② 65~75%
③ 75~85%
④ 85~95%

## 38
성형 과정을 거치는 동안에 반죽이 거친 취급을 받아 상처 받은 상태이므로 이를 회복시키기 위해 글루텐 숙성과 팽창을 도모하는 과정은?

① 1차 발효
② 중간 발효
③ 펀치
④ 2차 발효

## 39
마가린에 대한 설명으로 틀린 것은?

① 버터 대용품으로 사용된다.
② 지방 함량이 80% 이상이다.
③ 순수 유지방(乳脂肪)만을 사용한다.
④ 유지 원료는 동물성과 식물성이 있다.

## 40
강력분의 특징과 거리가 먼 것은?

① 믹싱과 발효 내구성이 크다.
② 상대적으로 단백질 함량이 높다.
③ 제분율을 높여 고급 밀가루를 만든다.
④ 초자질이 많은 경질소맥으로 제분한다.

## 41
기본적인 유화 쇼트닝은 모노-디글리세리드 역가를 기준으로 유지에 대하여 얼마를 첨가하는 것이 가장 적당한가?
① 1~2%  ② 3~4%
③ 6~8%  ④ 10~12%

## 42
물에 대한 설명으로 틀린 것은?
① 물은 경도에 따라 크게 연수와 경수로 나뉜다.
② 연수는 물 100mL 중 칼슘, 마그네슘 등의 염이 10mg 이하 함유된 것이다.
③ 경수는 물 100mL 중 칼슘, 마그네슘 등의 염이 10~20mg 정도 함유된 것이다.
④ 일시적인 경수란 물을 끓이면 물속의 무기물이 불용성 탄산염으로 침전되는 것이다.

## 43
2차 발효 시 3가지 기본적 요소가 아닌 것은?
① 온도  ② pH
③ 습도  ④ 시간

## 44
부패를 판정하는 방법으로 사람에 의한 관능 검사를 실시할 때 검사하는 항목이 아닌 것은?
① 색  ② 맛
③ 냄새  ④ 균 수

## 45
다음 (　) 안에 알맞은 것은?

> 식품 또는 첨가물을 채취, 제조, 가공, 조리, 저장, 운반 또는 판매하는 자는 (　　) 정기적으로 건강진단을 받아야 한다.

① 1회/월  ② 1회/년
③ 2회/월  ④ 2회/년

## 46
노인의 경우 필수 지방산의 흡수를 위해 섭취하면 좋은 기름은?
① 콩기름  ② 닭기름
③ 돼지기름  ④ 소기름

## 47
1일 2,000kcal를 섭취하는 성인의 경우 탄수화물의 적절한 섭취량은?
① 1,100~1,400g  ② 850~1,050g
③ 500~725g  ④ 275~350g

## 48
과발효된 반죽으로 만들어진 제품의 결함이 아닌 것은?
① 조직이 거칠다.
② 껍질의 색이 엷다.
③ 제품의 발효 향이 약하다.
④ 식감이 건조하고 단단하다.

## 49
지질의 대사 산물이 아닌 것은?
① 물  ② 수소
③ 이산화탄소  ④ 에너지

## 50
제빵 시 유지를 투입하는 반죽의 단계는?
① 픽업 단계  ② 클린업 단계
③ 발전 단계  ④ 최종 단계

## 51
소독제로 가장 많이 사용되는 알코올의 농도는?
① 30%  ② 50%
③ 70%  ④ 100%

## 52
곰팡이의 대사 생산물이 사람이나 동물에 어떤 질병이나 이상한 생리 작용을 유발하는 것은?
① 만성 감염병  ② 급성 감염병
③ 화학적 식중독  ④ 진균독 식중독

## 53
식품첨가물 중 보존료의 목적으로 가장 적합한 것은?
① 식품에 단맛 부여
② 식품의 점착성 증가
③ 식품의 변질 및 부패 방지
④ 제품을 틀에서 쉽게 분리하기 위해 사용

## 54
일반적으로 식빵에 사용되는 설탕은 스트레이트법에서 몇 % 정도일 때 이스트 작용을 지연시키는가?
① 1%  ② 2%
③ 4%  ④ 7%

## 55
다음 설명에 해당하는 식중독균은?

- 독소 중 뉴로톡신을 생산한다.
- 주된 증상은 신경 마비, 동공 확대 등이다.

① 살모넬라균
② 병원성 대장균
③ 장염 비브리오균
④ 클로스트리디움 보툴리늄균

## 56
식품첨가물에 관한 설명으로 틀린 것은?
① 식품에 의도적으로 미량 첨가되는 물질이다.
② 식품에 첨가, 혼합, 침윤, 기타 방법에 의해 사용된다.
③ 식품의 조리 가공에 있어 상품적, 영양적, 위생적 가치를 향상시킬 목적으로 사용한다.
④ 자연의 동·식물에서 추출된 천연 식품첨가물은 식품의약품안전처장의 허가 없이도 사용이 가능하다.

## 57
식물성 안정제가 아닌 것은?
① 젤라틴  ② 한천
③ 로커스트빈검  ④ 펙틴

## 58
다음 중 2번 굽기를 하는 제품은?
① 스위트 롤  ② 브리오슈
③ 빵도넛  ④ 브라운 앤 서브 롤

## 59
경구 감염병의 예방 대책으로 잘못된 것은?
① 숙주 감수성 증대
② 음료수의 위생 유지
③ 식품취급자의 개인위생 관리
④ 환자 및 보균자의 발견과 격리

## 60
맥아당은 이스트의 발효 과정 중에 효소에 의해 어떻게 분해되는가?
① 포도당 + 포도당  ② 포도당 + 과당
③ 포도당 + 유당  ④ 과당 + 과당

# 02회 기출복원 모의고사

**제빵기능사**

정답 및 해설 P.50

### 01
콜레스테롤 흡수와 가장 관계 깊은 것은?
① 타액
② 위액
③ 담즙
④ 장액

### 02
단백질의 소화 효소가 아닌 것은?
① 펩신(Pepsin)
② 라이페이스(Lipase)
③ 카이모트립신(Chymotrypsin)
④ 아미노펩티데이스(Aminopeptidase)

### 03
정형기(Moulder)의 작동 공정이 아닌 것은?
① 둥글리기
② 밀어 펴기
③ 말기
④ 봉하기

### 04 출제예감
오븐에서 구워 나온 빵을 냉각할 때 적정한 수분 함유량은?
① 15%
② 20%
③ 38%
④ 45%

### 05
이형유에 관한 설명으로 틀린 것은?
① 이형유는 발연점이 높은 기름을 사용한다.
② 틀을 실리콘으로 코팅하면 이형유 사용을 줄일 수 있다.
③ 이형유 사용량은 반죽 무게에 대하여 0.1~0.2% 정도이다.
④ 이형유 사용량이 많으면 밑껍질이 얇아지고 색상이 밝아진다.

### 06 출제예감
냉동 반죽의 제조 공정에 관한 설명으로 옳은 것은?
① 혼합 후 반죽의 표준 발효 시간은 1시간 30분이다.
② 반죽 혼합 후 반죽 온도는 18~24℃가 되도록 한다.
③ 반죽의 유연성 및 기계성을 향상시키기 위해 반죽 흡수율을 증가시킨다.
④ 반죽을 -40℃까지 급속 냉동시키면 이스트의 냉동에 대한 적응력이 커지나 글루텐의 조직이 약화된다.

### 07
반죽의 신장성에 대한 저항을 측정하는 방법은?
① 믹소그래프
② 익스텐소그래프
③ 레오그래프
④ 패리노그래프

### 08
일반적으로 유화 쇼트닝은 모노-디글리세리드가 얼마나 함유된 것이 좋은가?
① 1~3%
② 4~5%
③ 6~9%
④ 9~11%

### 09
식빵의 껍질 색이 너무 옅은 결점의 원인은?
① 연수 사용
② 설탕 사용 과다
③ 과도한 굽기
④ 과도한 믹싱

### 10 출제예감
포장 전 빵의 온도가 너무 낮을 때 나타나는 현상은?
① 노화가 빨라진다.
② 썰기(Slice)가 나쁘다.
③ 포장지에 수분이 응축된다.
④ 곰팡이, 박테리아의 번식이 용이하다.

## 11
주로 소매점에서 자주 사용하는 믹서로서 거품형 케이크 및 빵 반죽이 모두 가능한 믹서는?
① 핀 믹서(Pin Mixer)
② 수직형 믹서(Vertical Mixer)
③ 스파이럴 믹서(Spiral Mixer)
④ 수평형 믹서(Horizontal Mixer)

## 12
믹싱을 가장 적게 해도 되는 제품은?
① 불란서빵　　② 식빵
③ 단과자빵　　④ 데니시 페이스트리

## 13
미국식 데니시 페이스트리 제조 시 반죽 무게에 대한 충전용 유지(롤인 유지)의 사용 범위로 가장 적합한 것은?
① 10~15%　　② 20~40%
③ 45~60%　　④ 60~80%

## 14 〔출제예감〕
인수 공통 감염병으로만 짝지어진 것은?
① 콜레라, 장티푸스
② A형 간염, 폴리오
③ 탄저, 유행성 간염
④ 결핵, 브루셀라증

## 15
냉동 반죽법의 장점이 아닌 것은?
① 운동, 배달이 용이하다.
② 가스 발생력이 향상된다.
③ 다품종 소량 생산이 가능하다.
④ 소비자에게 신선한 빵을 제공할 수 있다.

## 16 〔출제예감〕
팽창제에 대한 설명으로 틀린 것은?
① 반죽을 부풀게 한다.
② 제품에 질긴 성질을 준다.
③ 가스를 발생시키는 물질이다.
④ 제품에 부드러운 조직을 부여해 준다.

## 17
생산 공장 시설의 효율적 배치에 대한 설명으로 옳지 않은 것은?
① 작업용 바닥 면적은 그 장소를 이용하는 사람들의 수에 따라 달라진다.
② 판매 장소와 공장의 면적 배분은 판매 : 공장 = 3 : 1의 비율로 구성되는 것이 바람직하다.
③ 공장의 소요 면적은 주방 설비의 설치 면적과 기술자의 작업을 위한 공간 면적으로 이루어진다.
④ 공장의 모든 업무가 효과적으로 진행되기 위한 기본은 주방의 위치와 규모에 대한 설계이다.

## 18
글루텐을 형성하는 단백질만으로 짝지어진 것은?
① 알부민, 글리아딘　　② 알부민, 글로불린
③ 글루테닌, 글리아딘　　④ 글루테닌, 글로불린

## 19
밀가루와 밀의 현탁액을 일정한 온도로 균일하게 상승시킬 때 일어나는 점도의 변화를 계속 자동으로 기록하는 장치는?
① 아밀로그래프(Amylograph)
② 피셔 점도계(Fisher Viscometer)
③ 모세관 점도계(Capillary Viscometer)
④ 브룩필드 점도계(Brookfield Viscometer)

## 20 〔출제예감〕
유당에 대한 설명으로 틀린 것은?
① 감미도는 설탕 100에 대하여 16 정도이다.
② 환원당으로 아미노산의 존재 시 갈변 반응을 일으킨다.
③ 포도당이나 자당에 비해 용해도가 높고 결정화가 느리다.
④ 우유에 함유된 당으로 입상형, 분말형, 미분말형 등이 있다.

## 21
다음 중 상대적 감미도가 두 번째로 큰 당류는?
① 과당　　　② 설탕
③ 포도당　　④ 맥아당

## 22
초콜릿의 코코아 함량은?
① 코코아 1/8　　② 코코아 2/8
③ 코코아 3/8　　④ 코코아 5/8

## 23
달걀 흰자의 약 13%를 차지하며 철과의 결합 능력이 강해서 미생물이 이용하지 못하는 항세균 물질은?
① 아비딘(Avidin)
② 콘알부민(Conalbumin)
③ 오브알부민(Ovalbumin)
④ 오보뮤코이드(Ovomucoid)

**출제예감**
## 24
빵을 제조하는 과정에서 반죽 후 분할기로부터 분할할 때나 구울 때 달라붙지 않게 할 목적으로 허용되어 있는 첨가물은?
① 글리세린　　② 프로필렌 글리콜
③ 초산비닐수지　④ 유동 파라핀

## 25
감미만을 고려할 때 설탕 100g을 포도당으로 대치한다면 약 얼마를 사용하는 것이 좋은가?
① 75g　　② 100g
③ 130g　　④ 170g

## 26
독소형 세균성 식중독의 원인 균은?
① 황색 포도상구균　② 살모넬라균
③ 장염 비브리오균　④ 대장균

## 27
제빵에 적합한 물의 경도는?
① 0～60ppm　　② 60～120ppm
③ 120～180ppm　④ 180ppm 이상

## 28
빵의 팬닝(팬 넣기)에 있어 팬의 온도로 가장 적합한 것은?
① 냉장 온도(0～5℃)　② 20～24℃
③ 30～35℃　　　　　④ 60℃ 이상

## 29
생크림 보존 온도로 가장 적합한 것은?
① −18℃ 이하　　② −5～−1℃ 이하
③ 0～10℃　　　　④ 15～18℃

## 30
가장 광범위하게 사용되는 베이킹파우더의 주성분은?
① $CaHPO_4$　　② $NaHCO_3$
③ $Na_2CO_3$　　④ $NH_4Cl$

## 31
다당류에 속하지 않는 것은?
① 섬유소  ② 전분
③ 글리코젠  ④ 맥아당

## 32
생리 기능의 조절 작용을 하는 영양소는?
① 탄수화물, 지방질
② 탄수화물, 단백질
③ 지방질, 단백질
④ 무기질, 비타민

## 33
단일 불포화 지방산은?
① 리놀레산  ② 올레산
③ 리놀렌산  ④ 아라키돈산

## 34
냉동 반죽(Frozen Dough)을 만들 때 정상 반죽에서의 양보다 증가시키는 것은?
① 물  ② 소금
③ 이스트  ④ 환원제

## 35
스펀지 도우법에서 드롭 또는 브레이크 현상이 일어나는 가장 적당한 시기는?
① 반죽의 약 1.5배 정도 부푼 후
② 반죽의 약 2~3배 정도 부푼 후
③ 반죽의 약 4~5배 정도 부푼 후
④ 반죽의 약 6~7배 정도 부푼 후

## 36
식품첨가물 사용 시 유의할 사항으로 잘못된 것은?
① 사용 대상 식품의 종류를 잘 파악한다.
② 첨가물의 종류에 따라 사용량을 지킨다.
③ 보존 방법이 명시된 것은 보존 기준을 지킨다.
④ 첨가물의 종류에 따라 사용 조건은 제한하지 않는다.

## 37
살균이 불충분한 육류 통조림으로 인해 식중독이 발생했을 경우, 가장 관련이 깊은 식중독균은?
① 살모넬라균  ② 시겔라균
③ 황색 포도상구균  ④ 보툴리누스균

## 38 출제예감
인수 공통 감염병에 대한 설명으로 틀린 것은?
① 인간과 척추동물 사이에 전파되는 질병이다.
② 바이러스성 질병으로 발진열, Q열 등이 있다.
③ 세균성 질병으로 탄저, 브루셀라증, 살모넬라증 등이 있다.
④ 인간과 척추동물이 같은 병원체에 의해 발생되는 감염병이다.

## 39 출제예감
단백질 함량이 2% 증가된 강력 밀가루 사용 시 흡수율의 변화로 가장 적당한 것은?
① 2% 감소  ② 1.5% 증가
③ 3% 증가  ④ 4.5% 증가

## 40
부패 세균이 아닌 것은?
① 어위니아균(Erwinia)
③ 슈도모나스균(Pseudomonas)
② 고초균(Bacillus Subtilis)
④ 티포이드균(Salmonella Typhi)

**41**
우유에 함유되어 있는 당으로 제빵용 효모에 의해 발효되지 않는 것은?
① 포도당  ② 유당
③ 설탕  ④ 과당

**출제예감**
**42**
부패에 영향을 미치는 요인에 대한 설명으로 옳은 것은?
① 효모의 생육 최적 pH는 10 이상
② 중온균의 발육 적온은 46~60℃
③ 결합수의 함량이 많을수록 부패 촉진
④ 식품 성분의 조직 상태 및 식품의 저장 환경

**출제예감**
**43**
식빵 밑바닥이 움푹 패이는 결점에 대한 원인이 아닌 것은?
① 2차 발효를 너무 초과한 경우
② 바닥 양면에 구멍이 없는 팬을 사용한 경우
③ 굽기 초기 단계에서 오븐 온도가 너무 낮은 경우
④ 반죽기의 회전 속도가 느려 반죽이 언더 믹스된 경우

**44**
복어의 독소 성분은?
① 고시폴(Gossypol)
② 솔라닌(Solanine)
③ 무스카린(Muscarine)
④ 테트로도톡신(Tetrodotoxin)

**45**
빵 제조 시 설탕의 사용 효과와 가장 거리가 먼 것은?
① 글루텐 강화
② 효모의 영양원
③ 빵의 노화 지연
④ 빵의 색택 부여

**46**
다음 중 식품의 점착성을 증가시키거나 형체를 보존하기 위해 사용하는 식품첨가물이 아닌 것은?
① 젤라틴
② 카세인
③ 유동 파라핀
④ 알긴산나트륨

**47**
아이싱에 사용하여 수분을 흡수하므로 아이싱이 젖거나 묻어나는 것을 방지하는 흡수제로 적당하지 않은 것은?
① 밀 전분  ② 옥수수 전분
③ 설탕  ④ 타피오카 전분

**48**
케이크 굽기 시의 캐러멜화 반응은 어느 성분의 변화로 일어나는가?
① 당류  ② 단백질
③ 지방  ④ 비타민

**49**
발효 손실의 원인이 아닌 것은?
① 수분의 증발
② 재료 계량의 오차 발생
③ 탄수화물의 알코올 전환
④ 탄수화물의 탄산가스 전환

**출제예감**
**50**
둥글리기의 목적이 아닌 것은?
① 수분 흡수력 증가
② 반죽 표면에 얇은 막 형성
③ 반죽의 기공을 고르게 유지
④ 글루텐의 구조와 방향 정돈

## 51
오븐 스프링(Oven Spring)이 일어나는 원인이 아닌 것은?
① 가스압  ② 용해 탄산가스
③ 전분 호화  ④ 알코올 기화

## 52
판 젤라틴을 전처리하기 위한 물의 온도로 알맞은 것은?
① 10~20℃  ② 30~40℃
③ 60~70℃  ④ 80~90℃

## 53
발효의 목적이 아닌 것은?
① 반죽의 팽창
② 풍미의 향상
③ 글루텐 강화
④ 반죽의 숙성

## 54
제빵용 효모에 함유되어 있지 않은 효소는?
① 프로테이스  ② 말테이스
③ 사카리아제  ④ 인버테이스

## 55
사람과 동물이 같은 병원체에 의해 발생되는 감염병과 거리가 먼 것은?
① 탄저병  ② 결핵
③ 동양모양선충  ④ 브루셀라증

## 56
패리노그래프에 대한 설명으로 틀린 것은?
① 반죽의 신장성을 cm 단위로 측정한다.
② 흡수율, 믹싱 내구성, 믹싱 시간 등을 판단할 수 있다.
③ 곡선이 500B.U.에 도달하는 시간 등으로 밀가루의 특성을 알 수 있다.
④ 혼합하는 동안 일어나는 반죽의 물리적 성질을 파동 곡선 기록기로 기록하여 해석한다.

## 57
식품의 변질에 대한 설명 중 틀린 것은?
① 발효 – 화학 물질에 의해 유기 화합물이 분해되는 현상
② 산패 – 지방의 산화 등에 의해 악취나 변색이 일어나는 현상
③ 부패 – 단백질 식품이 혐기성 미생물에 의해 분해되어 저분자의 물질로 변화하는 현상
④ 변패 – 단백질 이외의 식품(탄수화물 등)이 미생물의 분해 작용에 의해 변질되는 현상

## 58
돼지고기를 완전히 익히지 않고 먹을 경우 감염될 수 있는 기생충은?
① 간디스토마  ② 무구조충
③ 유극악구충  ④ 선모충

## 59
설탕 공예용 당액 제조 시 설탕의 재결정을 막기 위해 첨가하는 재료는?
① 중조  ② 주석산
③ 포도당  ④ 베이킹파우더

## 60
필수 아미노산이 아닌 것은?
① 류신  ② 트레오닌
③ 이소류신  ④ 아라키돈산

# 03회 기출복원 모의고사

## 01
제빵에 적정한 물의 경도는 120~180ppm인데, 이는 다음 중 어느 분류에 속하는가?
① 연수
② 아경수
③ 일시적 경수
④ 영구적 경수

## 02 출제예감
제빵 과정에서 2차 발효가 덜 된 경우에 나타나는 현상은?
① 기공이 거칠다.
② 부피가 작아진다.
③ 빵 속 색깔이 회색같이 어둡다.
④ 브레이크와 슈레이드가 부족하다.

## 03
포도상구균이 생산하는 독소는?
① 솔라닌
② 테트로도톡신
③ 엔테로톡신
④ 뉴로톡신

## 04
경구 감염병을 일으키는 것으로 바르게 연결되지 않은 것은?
① 세균에 의한 것 – 장티푸스
② 곰팡이에 의한 것 – 아플라톡신
③ 바이러스에 의한 것 – 유행성 간염
④ 원충류에 의한 것 – 아메바성 이질

## 05
제빵에서 탈지 분유를 1% 증가시킬 때 추가되는 물의 양은?
① 1%
② 5.2%
③ 10%
④ 15.5%

## 06
불란서빵 제조 시 굽기를 실시할 때 스팀을 너무 많이 주입했을 경우 나타나는 현상은?
① 질긴 껍질
② 두꺼운 표피
③ 표피에 광택 부족
④ 밑면이 터짐

## 07
빵의 품질 평가에 있어서 외부 평가 기준이 아닌 것은?
① 굽기의 균일함
② 조직의 평가
③ 터짐과 광택 부족
④ 껍질의 성질

## 08 출제예감
팬 기름의 사용에 대한 설명으로 틀린 것은?
① 산패에 강해야 한다.
② 발연점이 높아야 한다.
③ 반죽 무게의 3~4%를 사용한다.
④ 기름이 과다하면 바닥 껍질이 두껍고 색이 어둡다.

## 09 출제예감
식빵 제조 시 수돗물 온도 10℃, 실내 온도 28℃, 밀가루 온도 30℃, 마찰 계수 23℃일 때 반죽 온도를 27℃로 하려면 몇 ℃의 물을 사용해야 하는가?
① 0℃
② 5℃
③ 12℃
④ 17℃

## 10
식빵 제조 시 1차 발효실의 적합한 온도는?
① 24℃
② 27℃
③ 34℃
④ 37℃

## 11
냉동 반죽법에서 동결 방식으로 적합한 것은?
① 완만 동결법
② 자연 동결법
③ 오버나이트법
④ 급속 동결법

**출제예감**
## 12
산화제와 환원제를 함께 사용하여 믹싱 시간과 발효 시간을 감소시키는 제빵법은?
① 노타임법
② 스트레이트법
③ 비상 스트레이트법
④ 오버나이트 스펀지법

## 13
식빵 반죽 표피에 수포가 생긴 이유로 적합한 것은?
① 2차 발효실 상대 습도가 높았다.
② 2차 발효실 상대 습도가 낮았다.
③ 1차 발효실 상대 습도가 높았다.
④ 1차 발효실 상대 습도가 낮았다.

## 14
제빵 제조 공정의 4대 중요 관리 항목에 해당하지 않는 것은?
① 시간 관리
② 온도 관리
③ 공정 관리
④ 영양 관리

## 15
반죽이 들어가는 입구와 제품이 나오는 출구가 서로 다른 오븐은?
① 터널 오븐
② 데크 오븐
③ 컨벡션 오븐
④ 로터리 래크 오븐

## 16
밀가루의 글루텐 함량이 많을 때 나타나는 현상이 아닌 것은?
① 윗면이 검다.
② 비대칭성이다.
③ 겉껍질이 두껍다.
④ 기공이 불규칙하다.

## 17
폐디스토마의 제1 중간 숙주는?
① 돼지고기
② 소고기
③ 참붕어
④ 다슬기

## 18
다음 표에 나타난 배합 비율을 이용하여 빵 반죽 1,802g을 만들려고 한다. 다음 재료 중 계량된 무게가 틀린 것은?

| 순서 | 재료명 | 비율(%) | 무게(g) |
| --- | --- | --- | --- |
| 1 | 강력분 | 100 | 1,000 |
| 2 | 물 | 63 | (가) |
| 3 | 이스트 | 2 | 20 |
| 4 | 이스트 푸드 | 0.2 | (나) |
| 5 | 설탕 | 6 | (다) |
| 6 | 쇼트닝 | 4 | 40 |
| 7 | 분유 | 3 | (라) |
| 8 | 소금 | 2 | 20 |
| 합계 | | 180.2 | 1,802 |

① (가) 630g
② (나) 2.4g
③ (다) 60g
④ (라) 30g

## 19
오븐 내에서 뜨거워진 공기를 강제 순환시키는 열전달 방식은?
① 대류
② 전도
③ 복사
④ 전자파

## 20
불란서빵에서 스팀을 사용하는 이유로 틀린 것은?
① 겉껍질에 광택을 내준다.
② 반죽의 흐름성을 크게 증가시킨다.
③ 거칠고 불규칙하게 터지는 것을 방지한다.
④ 얇고 바삭거리는 껍질이 형성되도록 한다.

## 21
생산된 소득 중 인건비와 관련된 부분은?
① 노동 분배율   ② 생산가치율
③ 가치적 생산성   ④ 물량적 생산성

## 22
식품과 부패에 관여하는 주요 미생물의 연결이 옳지 않은 것은?
① 곡류 – 곰팡이
② 육류 – 세균
③ 어패류 – 곰팡이
④ 통조림 – 포자 형성 세균

## 23
데니시 페이스트리의 일반적인 반죽 온도는?
① 0~4℃     ② 8~12℃
③ 18~22℃   ④ 27~30℃

## 24
구운 후 빵을 포장하기에 적합한 온도는?
① 0℃   ② 17℃
③ 37℃  ④ 57℃

## 25 [출제예감]
ppm의 의미로 옳은 것은?
① g당 중량 백분율
② g당 중량 만분율
③ g당 중량 십만분율
④ g당 중량 백만분율

## 26
성형 시 둥글리기의 목적과 거리가 먼 것은?
① 표피를 형성시킨다.
② 가스 포집을 돕는다.
③ 껍질 색을 좋게 한다.
④ 끈적거림을 제거한다.

## 27
펀치의 효과와 거리가 먼 것은?
① 성형을 용이하게 한다.
② 이스트의 활성을 돕는다.
③ 반죽의 온도를 균일하게 한다.
④ 산소 공급으로 반죽의 산화 숙성을 진전시킨다.

## 28 [출제예감]
빵 반죽의 흡수율에 영향을 미치는 요소에 대한 설명으로 옳은 것은?
① 설탕 5% 증가 시 흡수율은 1%씩 감소한다.
② 빵 반죽에 알맞은 물은 경수(센물)보다 연수(단물)이다.
③ 반죽 온도가 5℃ 증가함에 따라 흡수율이 3% 증가한다.
④ 유화제 사용량이 많으면 물과 기름의 결합이 좋게 되어 흡수율이 감소된다.

## 29
제품 특성상 일반적으로 노화가 가장 빠른 것은?
① 단과자빵   ② 카스텔라
③ 식빵       ④ 도넛

## 30
2차 발효 시 상대 습도가 부족할 때 일어나는 현상은?
① 질긴 껍질　② 흰 반점
③ 터짐　④ 단단한 표피

## 31
상대적 감미도가 바르게 연결된 것은?
① 과당 - 135　② 포도당 - 75
③ 맥아당 - 16　④ 전화당 - 100

## 32
음식물을 통해서만 얻어야 하는 아미노산과 거리가 먼 것은?
① 리신(Lysine)
② 글루타민(Glutamine)
③ 메티오닌(Methionine)
④ 트립토판(Tryptophan)

## 33
과자를 만드는 데 주로 사용되는 밀가루는?
① 박력분　② 중력분
③ 강력분　④ 대두분

## 34
일반적으로 가소성 유지 제품(쇼트닝, 마가린, 버터 등)은 상온에서 고형질이 얼마나 들어 있는가?
① 20 ~ 30%　② 50 ~ 60%
③ 70 ~ 80%　④ 90 ~ 100%

## 35
일반적인 생이스트의 적절한 저장 온도는?
① -15℃　② -10 ~ -5℃
③ 0 ~ 5℃　④ 15 ~ 20℃

## 36
우유 단백질의 응고에 관여하지 않는 것은?
① 산　② 레닌
③ 가열　④ 라이페이스

## 37
제과·제빵에 사용하는 분유의 기능이 아닌 것은?
① 갈변 방지　② 영양소 공급
③ 글루텐 강화　④ 맛과 향 개선

## 38
코코아에 대한 설명으로 틀린 것은?
① 코코아에는 천연 코코아와 더치 코코아가 있다.
② 더치 코코아는 색상이 진하고 물에 잘 분산된다.
③ 더치 코코아는 천연 코코아를 알칼리 처리하여 만든다.
④ 천연 코코아는 중성을, 더치 코코아는 산성을 나타낸다.

## 39 [출제예감]
바게트 배합률에서 비타민 C 30ppm을 사용하려고 할 때 이 용량을 %로 올바르게 나타낸 것은?
① 0.3%　② 0.03%
③ 0.003%　④ 0.0003%

## 40
일반적으로 제빵에 사용하는 밀가루의 단백질 함량은?
① 7 ~ 9%　② 9 ~ 10%
③ 11 ~ 13%　④ 14 ~ 16%

## 41
유장(Whey Products)에 탈지 분유, 밀가루, 대두분 등을 혼합하여 탈지 분유의 기능과 유사하게 한 제품은?
① 시유
② 농축 우유
③ 대용 분유
④ 전지 분유

## 42
달걀 흰자가 360g 필요하다고 할 때 전란 60g짜리 달걀은 몇 개 정도 필요한가? (단, 달걀 중 난백의 함량은 60%이다)
① 6개
② 8개
③ 9개
④ 13개

## 43
주방의 설계와 시공 시 조치 사항으로 잘못된 것은?
① 주방 내의 천장은 낮을수록 좋다.
② 작업의 동선을 고려하여 설계한다.
③ 냉장고와 발열기구는 가능한 멀리 배치한다.
④ 환기장치는 대형의 1개보다 소형의 것을 여러 개 설치하는 것이 효과적이다.

**출제예감**
## 44
제빵용 이스트에 들어 있지 않은 효소는?
① 치마아제
② 인버테이스
③ 락테이스
④ 말테이스

## 45
전화당의 특성이 아닌 것은?
① 가스 발생력이 증가한다.
② 제품에 신선한 향을 부여한다.
③ 껍질 색의 형성을 빠르게 한다.
④ 설탕의 결정화를 감소, 방지한다.

## 46
주로 어패류에 의해 감염되는 식중독균은?
① 대장균
② 살모넬라균
③ 장염 비브리오균
④ 리스테리아균

## 47
다당류 중 포도당으로만 구성되어 있는 탄수화물이 아닌 것은?
① 셀룰로오스
② 전분
③ 펙틴
④ 글리코젠

## 48
건조된 아몬드 100g에 탄수화물 16g, 단백질 18g, 지방 54g, 무기질 3g, 수분 6g, 기타 성분 등을 함유하고 있다면 이 아몬드 100g의 열량은?
① 약 200kcal
② 약 364kcal
③ 약 622kcal
④ 약 751kcal

## 49
성장기 어린이, 빈혈 환자, 임산부 등 생리적 요구가 높을 때 흡수율이 높아지는 영양소는?
① 철분
② 나트륨
③ 칼륨
④ 아연

## 50
젤리 형성의 3요소가 아닌 것은?
① 당분
② 유기산
③ 펙틴
④ 염

## 51
인수 공통 감염병에 해당하는 것은?
① 폴리오
② 이질
③ 야토병
④ 전염성 설사병

## 52
절대적으로 공기와의 접촉이 차단된 상태에서만 생존할 수 있어 산소가 있으면 사멸되는 균은?
① 호기성균
② 편성 호기성균
③ 통성 혐기성균
④ 편성 혐기성균

## 53
물과 기름처럼 서로 혼합이 잘 되지 않는 두 종류의 액체를 혼합·분산시켜 주는 첨가물은?
① 유화제
② 소포제
③ 피막제
④ 팽창제

**출제예감**
## 54
효소를 구성하는 주성분에 대한 설명으로 틀린 것은?
① 섭취 시 4kcal의 열량을 낸다.
② 열에 안정하여 가열하여도 변성되지 않는다.
③ 아미노산이 펩타이드 결합을 하고 있는 구조이다.
④ 탄소, 수소, 산소, 질소 등의 원소로 구성되어 있다.

## 55
발효 과정 중 손실에 관련 없는 사항은?
① 반죽 온도
② 기압
③ 발효 온도
④ 소금

**출제예감**
## 56
어린 반죽으로 만든 제품의 특징과 거리가 먼 것은?
① 부피가 작다.
② 신 냄새가 난다.
③ 내상의 색상이 검다.
④ 껍질의 색상이 진하다.

## 57
제빵 냉각법 중 적합하지 않은 것은?
① 급속 냉각
② 자연 냉각
③ 터널식 냉각
④ 에어컨디션식 냉각

## 58
식중독에 대한 설명으로 틀린 것은?
① 장염 비브리오균은 감염형 식중독 세균이며, 원인 식품은 식육이나 유제품이다.
② 바실러스 세레우스균은 토양 또는 곡류 등 탄수화물 식품에서 식중독을 일으킬 수 있다.
③ 클로스트리듐 보툴리늄균은 혐기성 세균이기 때문에 통조림 또는 진공 포장 식품에서 증식하여 독소형 식중독을 일으킨다.
④ 리스테리아균은 균의 수가 적어도 식중독을 일으키며, 냉장 온도에서도 증식이 가능하기 때문에 식품을 냉장 상태로 보존하더라도 안심할 수 없다.

## 59
합성 감미료와 관련이 없는 것은?
① 화학적 합성품이다.
② 아스파탐이 이에 해당한다.
③ 일반적으로 설탕보다 감미 강도가 낮다.
④ 인체 내에서 영양가를 제공하지 않는 합성 감미료도 있다.

## 60
팬에 바르는 기름은 무엇이 높은 것을 선택해야 하는가?
① 산가
② 크림성
③ 가소성
④ 발연점

# 04회 기출복원 모의고사

## 01
제품이 오븐에서 갑자기 팽창하는 오븐 스프링의 요인이 아닌 것은?
① 탄산가스
② 알코올
③ 가스압
④ 단백질

## 02
제빵에서 설탕의 기능으로 틀린 것은?
① 향을 향상시킴
② 노화를 촉진시킴
③ 껍질 색을 나게 함
④ 이스트의 영양분이 됨

## 03
패리노그래프에 관한 설명으로 틀린 것은?
① 흡수율 측정
② 믹싱 기간 측정
③ 믹싱 내구성 측정
④ 전분의 점도 측정

## 04
원가 관리 개념에서 식품을 저장하고자 할 때 저장 온도로 적합하지 않은 것은?
① 냉장 식품은 5℃ 전후에서 저장한다.
② 냉동 식품은 -40℃ 이하로 저장한다.
③ 상온 식품은 15~20℃에서 저장한다.
④ 보냉 식품은 10~15℃에서 저장한다.

## 05
냉동 반죽의 사용 재료에 대한 설명으로 틀린 것은?
① 물은 일반 제품보다 3~5% 줄인다.
② 밀가루는 중력분을 10% 정도 혼합한다.
③ 일반 제품보다 산화제 사용량을 증가시킨다.
④ 유화제는 냉동 반죽의 가스 보유력을 높이는 역할을 한다.

## 06
팬닝 시 주의할 사항으로 적합하지 않은 것은?
① 팬에 적정량의 팬 오일을 바른다.
② 틀이나 철판의 온도를 25℃로 맞춘다.
③ 반죽의 이음매가 틀의 바닥에 놓이도록 팬닝한다.
④ 반죽의 무게와 상태를 정하여 비용적에 맞추어 적당한 반죽량을 넣는다.

## 07 [출제예감]
제빵 과정에서 2차 발효가 덜 된 경우에 나타나는 현상은?
① 기공이 거칠다.
② 부피가 작아진다.
③ 빵 속 색깔이 회색 같이 어둡다.
④ 브레이크와 슈레이드가 부족하다.

## 08 [출제예감]
빵 제품의 평가 항목 설명으로 틀린 것은?
① 종류 평가는 크기, 무게, 가격이다.
② 내관 평가는 기공, 속 색, 조직이다.
③ 외관 평가는 부피, 겉껍질 색상이다.
④ 빵의 식감 특성은 냄새, 맛, 입안에서의 감촉이다.

## 09
감염병과 관련 내용이 바르게 연결되지 않은 것은?
① 콜레라 - 외래 감염병
② 장티푸스 - 고열 수반
③ 세균성 이질 - 점액성 혈변
④ 파상열 - 바이러스성 인수 공통 감염병

## 10
젤리화의 요소가 아닌 것은?
① 유기산류
② 염류
③ 당분류
④ 펙틴류

## 11
스펀지 반죽법에서 스펀지 반죽의 재료가 아닌 것은?
① 설탕
② 물
③ 이스트
④ 밀가루

## 12
500g의 식빵을 2개 만들려고 한다. 총배합률은 180%이고 발효 손실은 1%, 굽기 손실은 12%라고 가정할 때 사용할 밀가루 무게는 약 얼마인가? (단, 계산의 답은 소수점 첫째 자리에서 반올림한다)
① 319g
② 638g
③ 568g
④ 284g

## 13
빵 제품의 제조 공정에 대한 설명으로 틀린 것은?
① 반죽은 무게 또는 부피에 의해 분할한다.
② 중간 발효 시간은 보통 10~20분이며, 27~29℃에서 실시한다.
③ 성형은 반죽을 일정한 형태로 만드는 1단계 공정으로 이루어져 있다.
④ 둥글리기에서 과다한 덧가루를 사용하면 제품에 줄무늬가 생성된다.

## 14
병원성 대장균 식중독의 가장 적합한 예방책은?
① 어패류는 민물로 깨끗이 씻는다.
② 곡류의 수분을 10% 이하로 조정한다.
③ 어류의 내장을 제거하고 충분히 세척한다.
④ 건강 보균자나 환자의 분변 오염을 방지한다.

## 15
제2급 법정 감염병에 해당하는 것은?
① 야토병
② 디프테리아
③ 장티푸스
④ 말라리아

## 16 [출제예감]
2차 발효에 대한 설명으로 틀린 것은?
① 2차 발효실의 습도는 평균 75~90% 정도이다.
② 2차 발효실의 온도는 반죽의 온도보다 같거나 높아야 한다.
③ 2차 발효실의 습도가 높을 경우 겉껍질이 형성되고 터짐 현상이 발생한다.
④ 이산화탄소를 생성시켜 최대한의 부피를 얻고 글루텐을 신장시키는 과정이다.

## 17
빵을 포장하려 할 때 가장 적합한 빵의 중심 온도는?
① 30℃
② 35℃
③ 42℃
④ 48℃

## 18 [출제예감]
둥글리기가 끝난 반죽을 성형하기 전에 짧은 시간 동안 발효시키는 목적으로 적합하지 않은 것은?
① 가스 발생력을 키워 반죽을 부풀리기 위해
② 가스 발생으로 반죽의 유연성을 회복시키기 위해
③ 분할, 둥글리기하는 과정에서 손상된 글루텐 구조를 재정돈하기 위해
④ 반죽 표면에 얇은 막을 만들어 성형할 때 끈적거리지 않도록 하기 위해

## 19
정형한 식빵 반죽을 팬에 넣을 때 이음매의 위치는 어느 쪽이 가장 좋은가?
① 위쪽
② 아래쪽
③ 좌측
④ 우측

## 20 [출제예감]
식빵 껍질 표면에 물집이 생긴 이유가 아닌 것은?
① 반죽이 질었다.
② 발효가 과하였다.
③ 오븐의 위열이 너무 높았다.
④ 2차 발효실의 습도가 높았다.

**21**
빵의 품질 평가 방법 중 내부 특성에 대한 평가 항목이 아닌 것은?
① 기공
② 속 색
③ 조직
④ 껍질의 특성

**22**
팬 오일의 조건이 아닌 것은?
① 산패되기 쉬운 지방산이 적어야 한다.
② 면실유, 대두유 등의 기름이 이용된다.
③ 보통 반죽 무게의 0.1~0.2%를 사용한다.
④ 발연점이 130℃ 정도 되는 기름을 사용한다.

출제예감
**23**
반죽이 매끈해지고 글루텐이 가장 많이 형성되어 탄력성이 강한 것이 특징이며, 불란서빵 반죽의 믹싱 완료 시기인 단계는?
① 클린업 단계
② 발전 단계
③ 최종 단계
④ 렛다운 단계

**24**
분할된 반죽을 둥그렇게 말아 하나의 피막이 형성되도록 하는 기계는?
① 믹서(Mixer)
② 정형기(Moulder)
③ 라운더(Rounder)
④ 오버헤드 프루퍼(Overhead Proofer)

**25**
식빵을 만드는 데 실내 온도 15℃, 수돗물 온도 10℃, 밀가루 온도 13℃일 때 믹싱 후의 반죽 온도가 21℃가 되었다면 이때 마찰 계수는?
① 5
② 10
③ 20
④ 25

**26**
빵의 생산 시 고려해야 할 원가 요소와 가장 거리가 먼 것은?
① 재료비
② 노무비
③ 경비
④ 학술비

**27**
더운 여름에 얼음을 사용하여 반죽 온도 조절 시 계산 순서로 적합한 것은?
① 마찰 계수 → 물 온도 계산 → 얼음 사용량
② 물 온도 계산 → 얼음 사용량 → 마찰 계수
③ 얼음 사용량 → 마찰 계수 → 물 온도 계산
④ 물 온도 계산 → 마찰 계수 → 얼음 사용량

**28**
유지를 구성하는 분자가 아닌 것은?
① 질소
② 수소
③ 탄소
④ 산소

**29**
대형 공장에서 사용되고, 온도 조절이 쉽다는 장점이 있는 반면에 넓은 면적이 필요하고 열 손실이 큰 결점인 오븐은?
① 릴 오븐(Reel Oven)
② 데크 오븐(Deck Oven)
③ 터널 오븐(Tunnel Oven)
④ 회전식 오븐(Rack Oven)

**30**
단백질 분해 효소는?
① 치마아제
② 말테이스
③ 프로테이스
④ 인버테이스

## 31
제빵에 가장 적합한 물인 아경수의 경도는?

① 1~60ppm
② 60~120ppm
③ 120~180ppm
④ 180ppm 이상

## 32
아밀로그래프의 기능이 아닌 것은?

① 전분의 점도 측정
② 전분의 다소(多小) 측정
③ 점도를 B.U. 단위로 측정
④ 아밀레이스의 효소 능력 측정

## 33 출제예감
굽기 과정에서 일어나는 변화로 틀린 것은?

① 전분 입자는 팽윤과 호화의 변화를 일으켜 구조 형성을 한다.
② 빵의 외부 층에 있는 전분이 내부 층의 전분보다 호화가 덜 진행된다.
③ 당의 캐러멜화와 갈변 반응으로 껍질 색이 진해지며 특유의 향이 발생한다.
④ 굽기가 완료되면 모든 미생물이 사멸하고 대부분의 효소도 불활성화가 된다.

## 34
강력분의 특성으로 틀린 것은?

① 경질소맥을 원료로 한다.
② 박력분에 비해 점탄성이 크다.
③ 박력분에 비해 글루텐 함량이 적다.
④ 중력분에 비해 단백질 함량이 높다.

## 35
환원당이 아닌 당은?

① 포도당
② 과당
③ 자당
④ 맥아당

## 36 출제예감
빵에서 탈지 분유의 역할이 아닌 것은?

① 흡수율 감소
② 조직 개선
③ 완충제 역할
④ 껍질 색 개선

## 37
제빵에서 안정제의 기능이 아닌 것은?

① 토핑물을 부드럽게 만든다.
② 아이싱의 끈적거림을 방지한다.
③ 제품의 수분 흡수율을 감소시킨다.
④ 파이 충전물의 증점제 역할을 한다.

## 38
달걀의 흰자 540g을 얻으려고 한다. 달걀 한 개의 평균 무게가 60g이라면 몇 개의 달걀이 필요한가?

① 10개
② 15개
③ 20개
④ 25개

## 39
이스트의 3대 기능과 가장 거리가 먼 것은?

① 팽창 작용
② 향 개발
③ 반죽 발전
④ 저장성 증가

## 40
빵 반죽의 특성인 글루텐을 형성하는 밀가루의 단백질 중 탄력성과 가장 관계가 깊은 것은?

① 알부민(Albumin)
② 글리아딘(Gliadin)
③ 글로불린(Globulin)
④ 글루테닌(Glutenin)

## 41
아밀로펙틴이 아이오딘 정색 반응에서 나타내는 색은?
① 적자색   ② 청색
③ 황색     ④ 흑색

## 42
설탕을 포도당과 과당으로 분해하는 효소는?
① 지마아제(Zymaes)
② 말테이스(Maltase)
③ 인버테이스(Invertase)
④ 알파-아밀레이스(α-Amylase)

## 43
우리나라의 「식품위생법」에서 정하고 있는 내용이 아닌 것은?
① 건강기능식품의 검사
② 건강 진단 및 위생 교육
③ 조리사 및 영양사의 면허
④ 식중독에 관한 조사 보고

## 44
식품첨가물 중 보존제로 허용되지 않은 것은?
① 안식향산
② 소르빈산칼륨
③ 데히드로초산
④ 말라카이트 그린

## 45
식품을 태웠을 때 재로 남는 성분은?
① 유기질   ② 무기질
③ 단백질   ④ 비타민

## 46 출제예감
제품의 판매 가격은 어떻게 결정하는가?
① 총원가 + 이익
② 직접 경비 + 이익
③ 제조 원가 + 이익
④ 직접 재료비 + 직접 경비

## 47
비타민의 결핍 증상이 바르게 짝지어진 것은?
① 비타민 C - 각기병
② 비타민 A - 야맹증
③ 비타민 $B_3$ - 괴혈병
④ 비타민 $B_1$ - 펠라그라병

## 48
질병에 대한 저항력을 지닌 항체를 만드는 데 꼭 필요한 영양소는?
① 탄수화물   ② 지방
③ 칼슘       ④ 단백질

## 49
포화 지방산을 가장 많이 함유하고 있는 식품은?
① 올리브유   ② 버터
③ 콩기름     ④ 홍화유

## 50
이당류인 것은?
① 과당       ② 포도당
③ 갈락토오스 ④ 맥아당

## 51
탄수화물이나 지방에 미생물이 번식하여 변질되는 현상은?
① 발효  ② 변패
③ 부패  ④ 산패

## 52
탄수화물이 많이 든 식품을 고온에서 가열하거나 튀길 때 생성되는 발암성 물질은?
① 벤조피렌  ② 다이옥신
③ 니트로사민  ④ 아크릴아마이드

## 53 (출제예감)
발연점을 고려했을 때 튀김 기름으로 가장 좋은 것은?
① 낙화생유  ② 올리브유
③ 라드  ④ 면실유

## 54
패리노그래프의 기능이 아닌 것은?
① 믹싱 시간 측정
② 믹싱 내구성 측정
③ 밀가루의 흡수율 측정
④ 산화제 첨가 필요량 측정

## 55
작업장의 방충, 방서용 금서망의 그물로 적당한 크기는?
① 5mesh  ② 15mesh
③ 20mesh  ④ 30mesh

## 56
식빵 반죽을 혼합할 때 반죽의 온도 조절에 가장 크게 영향을 미치는 원료는?
① 밀가루  ② 설탕
③ 물  ④ 이스트

## 57
빵을 구워낸 직후의 빵 속 수분 함량과 냉각 후 포장 직전의 수분 함량으로 가장 적합한 것은?
① 35%, 27%  ② 45%, 38%
③ 60%, 52%  ④ 68%, 60%

## 58
클로스트리디움 보툴리눔 식중독과 관련 있는 것은?
① 감염형 식중독
② 내열성 포자 형성
③ 화농성 질환의 대표균
④ 저온 살균 처리로 예방

## 59
병원성 대장균 식중독의 원인 균에 관한 설명으로 옳은 것은?
① 보통의 대장균과 똑같다.
② 독소를 생산하는 것도 있다.
③ 장내 상재균총의 대표격이다.
④ 혐기성 또는 강한 혐기성이다.

## 60 (출제예감)
빵의 노화를 지연시키는 방법으로 틀린 것은?
① 당류를 첨가한다.
② 2~10℃에서 보관한다.
③ 방습 포장지로 포장한다.
④ −18℃에서 밀봉 보관한다.

# 05회 기출복원 모의고사

## 01
500g짜리 완제품 식빵 500개를 주문받았다. 총배합률은 190%이고, 발효 손실은 2%, 굽기 손실은 10%일 때 20kg짜리 밀가루는 몇 포대 필요한가?
① 6포대
② 7포대
③ 8포대
④ 9포대

## 02
원가의 구성에서 직접 원가에 해당하지 않는 것은?
① 직접 재료비
② 직접 노무비
③ 직접 경비
④ 직접 판매비

## 03
성형 후 공정으로 가스 팽창을 최대로 만드는 단계로 가장 적합한 것은?
① 1차 발효
② 중간 발효
③ 펀치
④ 2차 발효

## 04
적혈구, 뇌세포, 신경 세포의 주요 에너지원으로 혈당을 형성하는 당은?
① 과당
② 설탕
③ 유당
④ 포도당

## 05
냉동빵에서 반죽의 온도를 낮추는 가장 주된 이유는?
① 수분 사용량이 많아서
② 이스트 사용량이 감소해서
③ 밀가루의 단백질 함량이 낮아서
④ 이스트 활동을 억제하기 위해서

## 06
물수건의 소독 방법으로 가장 적합한 것은?
① 비누로 세척한 후 건조한다.
② 3% 과산화수소로 살균 후 일광 건조한다.
③ 삶거나 차아염소산 소독 후 일광 건조한다.
④ 크레졸(Cresol) 비누액으로 소독하고 일광 건조한다.

## 07
결핵의 주요한 감염원이 될 수 있는 것은?
① 토끼고기
② 양고기
③ 돼지고기
④ 불완전 살균 우유

## 08
살모넬라균에 의한 식중독 증상과 가장 거리가 먼 것은?
① 심한 설사
② 급격한 발열
③ 심한 복통
④ 신경 마비

## 09
식빵 제조 시 과도한 부피의 제품이 되는 원인은?
① 소금 양의 부족
② 높은 오븐 온도
③ 배합수의 부족
④ 미숙성 소맥분

## 10
갓 구워낸 빵을 식혀 상온에서 낮추는 냉각에 관한 설명으로 틀린 것은?
① 절단, 포장을 용이하게 한다.
② 수분 함량을 25%로 낮추는 것이다.
③ 곰팡이 및 기타 균의 피해를 막는다.
④ 빵 속의 온도를 35~40°C로 낮추는 것이다.

## 11
스펀지법(Sponge Dough Method)에서 가장 적합한 스펀지 반죽의 온도는?

① 10~20℃　　② 22~26℃
③ 34~38℃　　④ 42~46℃

## 12
빵 반죽의 손 분할이나 기계 분할은 가능한 몇 분 이내로 완료하는 것이 좋은가?

① 15~20분　　② 25~30분
③ 35~40분　　④ 45~50분

## 13
발효에 직접적으로 영향을 주는 요소와 가장 거리가 먼 것은?

① 반죽 온도　　② 달걀의 신선도
③ 이스트의 양　　④ 반죽의 pH

## 14
빵의 관능적 평가법에서 외부적 특성을 평가하는 항목으로 틀린 것은?

① 대칭성　　② 껍질 색상
③ 껍질 특성　　④ 맛

## 15
제빵용 팬 기름에 대한 설명으로 틀린 것은?

① 무색, 무미, 무취이어야 한다.
② 정제 라드, 식물유, 혼합유도 사용된다.
③ 종류에 상관없이 발연점이 낮아야 한다.
④ 과다하게 칠하면 밑껍질이 두껍고 어둡게 된다.

## 16
제빵 시 2차 발효의 목적이 아닌 것은?

① 성형 공정을 거치면서 가스가 빠진 반죽을 다시 부풀리기 위해
② 발효 산물 중 유기산과 알코올이 글루텐의 신장성과 탄력성을 높여 오븐 팽창이 잘 일어나도록 하기 위해
③ 온도와 습도를 조절하여 이스트의 활성을 촉진시키기 위해
④ 빵의 향에 관계하는 발효 산물인 알코올, 유기산 및 그 밖의 방향성 물질을 날려 보내기 위해

## 17
다음 중 캐러멜화가 가장 빠른 것은?

① 맥아당　　② 포도당
③ 유당　　④ 자당

## 18
향신료가 아닌 것은?

① 카다몬　　② 올스파이스
③ 카라야검　　④ 시나몬

## 19
어느 제과점의 지난달 생산 실적이 다음과 같은 경우 노동 분배율은? (외부가치 600만 원, 생산가치 3,000만 원, 인건비 1,500만 원, 총 인원 10명)

① 50%　　② 45%
③ 55%　　④ 60%

## 20
빵 발효에 영향을 주는 요소에 대한 설명으로 틀린 것은?

① 삼투압이 높으면 발효가 지연된다.
② 제빵용 이스트는 약알칼리성에서 가장 잘 발효된다.
③ 적정량의 손상된 전분은 발효성 탄수화물을 공급한다.
④ 사용하는 이스트의 양이 많으면 발효 시간은 감소된다.

## 21
제품의 특성을 고려하여 혼합 시 반죽을 가장 많이 발전시키는 것은?
① 불란서빵
② 햄버거빵
③ 과자빵
④ 식빵

## 22
수평형 믹서를 청소하는 방법으로 옳지 않은 것은?
① 물을 가득 채워 회전시킨다.
② 생산 직후 청소를 실시한다.
③ 청소하기 전에 전원을 차단한다.
④ 금속으로 된 스크래퍼를 이용하여 반죽을 긁어낸다.

## 23
어떤 제품의 가격이 726원일 때 제조원가는? (단, 손실율은 10%, 이익률(마진율)은 15%이고, 제품의 가격은 부가가치세 10%를 포함한 가격이다)
① 500원
② 522원
③ 574원
④ 596원

## 24
빵 포장의 목적으로 적절하지 않은 것은?
① 빵의 저장성 증대
② 빵의 미생물 오염 방지
③ 수분 증발 촉진
④ 상품의 가치 향상

## 25
냉동 반죽에 적합한 반죽의 온도는?
① 18~22℃
② 26~30℃
③ 32~36℃
④ 38~42℃

## 26
완제품 중량이 400g인 빵 200개를 만들고자 한다. 발효 손실이 2%이고 굽기 및 냉각 손실이 12%라고 할 때 밀가루 중량은? (총배합률은 180%이며, 소수점 이하는 반올림한다)
① 51,536g
② 54,725g
③ 61,320g
④ 61,940g

## 27
냉동 반죽법의 냉동과 해동 방법으로 옳은 것은?
① 급속 냉동, 급속 해동
② 급속 냉동, 완만 해동
③ 완만 해동, 급속 해동
④ 완만 냉동, 완만 해동

## 28
필수 아미노산이 아닌 것은?
① 트레오닌
② 메티오닌
③ 글루타민
④ 트립토판

## 29
빵 굽기의 반응이 아닌 것은?
① 빵의 풍미 및 색깔을 좋게 한다.
② 전분의 호화로 식품의 가치를 향상시킨다.
③ 이산화탄소의 방출과 노화를 촉진시킨다.
④ 제빵 제조 공정의 최종 단계로 빵의 형태를 만든다.

**출제예감**
## 30
진한 껍질 색의 빵에 대한 대책으로 적절하지 않은 것은?
① 1차 발효 감소
② 오븐 온도 감소
③ 2차 발효 습도 조절
④ 설탕, 우유 사용량 감소

## 31
반추위 동물의 위액에 존재하는 우유 응유 효소는?
① 펩신
② 트립신
③ 레닌
④ 펩티데이스

## 32
어떤 과자점에서 여름에 반죽 온도를 24℃로 하여 빵을 만들려고 한다. 사용수 온도는 10℃, 수돗물의 온도는 18℃, 사용수 양은 3kg, 얼음 사용량은 900g일 때 조치 사항으로 옳은 것은?

① 믹서에 얼음만 900g을 넣는다.
② 믹서에 수돗물만 3kg을 넣는다.
③ 믹서에 수돗물 3kg과 얼음 900g을 넣는다.
④ 믹서에 수돗물 2.1kg과 얼음 900g을 넣는다.

## 33
전분의 노화에 대한 설명으로 틀린 것은?

① 노화된 전분은 향이 손실된다.
② 노화된 전분은 소화가 잘 된다.
③ −18℃ 이하의 온도에서는 잘 일어나지 않는다.
④ 노화란 α−전분이 β−전분으로 되는 것을 말한다.

## 34
중화가를 구하는 식은?

① $\dfrac{\text{중조의 양}}{\text{산성제의 양}} \times 100$

② $\dfrac{\text{중조의 양}}{\text{산성제의 양}}$

③ $\dfrac{\text{중조의 양} \times \text{중조의 양}}{100}$

④ 중조의 양 × 100

### 출제예감
## 35
이스트 푸드의 구성 성분 중 칼슘염의 주요 기능은?

① 반죽에 탄성을 준다.
② 오븐 팽창이 커진다.
③ 물 조절제 역할을 한다.
④ 이스트 성장에 필요하다.

## 36
생크림 보존 온도로 가장 적합한 것은?

① −18℃ 이하　　② −5~−1℃
③ 0~10℃　　　　④ 15~18℃

## 37
글루텐을 형성하는 단백질은?

① 알부민, 글리아딘　　② 알부민, 글로불린
③ 글루테닌, 글리아딘　④ 글루테닌, 글로불린

## 38
제빵용 건조 재료와 팽창제 및 유지 재료를 알맞은 배합률로 균일하게 혼합한 원료는?

① 프리믹스　　② 팽창제
③ 향신료　　　④ 밀가루 개량제

## 39
반죽의 신장성과 신장에 대한 저항성을 측정하는 기기는?

① 패리노그래프　② 레오퍼멘토메터
③ 믹서트론　　　④ 익스텐소그래프

## 40
전화당을 설명한 것으로 틀린 것은?

① 설탕의 1.3배의 감미를 갖는다.
② 흡습성이 강해 제품의 보존 기간을 지속시킬 수 있다.
③ 설탕을 가수 분해시켜 생긴 포도당과 과당의 혼합물이다.
④ 상대적인 감미도는 맥아당보다 낮으나 쿠키의 광택과 촉감을 위해 사용한다.

## 41
커스터드 크림에서 달걀의 주요 역할은?

① 결합제의 역할
② 팽창제의 역할
③ 저장성을 높이는 역할
④ 영양가를 높이는 역할

## 42
우유에 대한 설명으로 옳은 것은?
① 시유의 비중은 1.3 정도이다.
② 시유의 현탁액은 비타민 $B_2$에 의한 것이다.
③ 우유 단백질 중 가장 많은 것은 카세인이다.
④ 우유의 유당은 이스트에 의해 쉽게 분해된다.

## 43
안정제의 사용 목적이 아닌 것은?
① 머랭의 수분 배출 유도
② 크림 토핑의 거품 안정
③ 흡수제로 노화 지연 효과
④ 아이싱이 부서지는 것 방지

## 44
카카오 버터의 결정이 거칠어지고 설탕의 결정이 석출되어 초콜릿의 조직이 노화하는 현상은?
① 템퍼링(Tempering)   ② 블룸(Bloom)
③ 콘칭(Conching)   ④ 페이스트(Paste)

## 45
스펀지법에 비교해서 스트레이트법의 장점은?
① 노화가 느리다.
② 노동력이 감소된다.
③ 발효에 대한 내구성이 좋다.
④ 기계에 대한 내구성이 증가한다.

## 46
소화 기관에 대한 설명으로 틀린 것은?
① 소장은 영양분을 소화·흡수한다.
② 위는 강알칼리의 위액을 분비한다.
③ 대장은 수분을 흡수하는 역할을 한다.
④ 이자(췌장)는 당대사 호르몬의 내분비선이다.

**출제예감**
## 47
한 개의 무게가 50g인 과자가 있다. 이 과자의 100g 중에 탄수화물 70g, 단백질 5g, 지방 15g, 무기질 4g, 물 6g이 들어 있다면 이 과자 10개를 먹을 때 얼마의 열량을 낼 수 있는가?
① 1,230kcal   ② 2,175kcal
③ 2,750kcal   ④ 1,800kcal

## 48
비타민 $B_1$이 부족할 때 생기는 질병은?
① 야맹증   ② 각기병
③ 괴혈병   ④ 구루병

## 49
제빵용 밀가루의 적정 손상 전분의 함량은?
① 1.5~3%   ② 4.5~8%
③ 11.5~14%   ④ 15.5~17%

## 50
수소를 첨가하여 얻는 유지류는?
① 쇼트닝   ② 버터
③ 라드   ④ 양기름

## 51
장염 비브리오 식중독을 일으키는 주요 원인 식품은?
① 달걀   ② 어패류
③ 채소류   ④ 육류

## 52
빵을 제조하는 과정에서 반죽 후 분할기로부터 분할할 때나 구울 때 달라붙지 않게 할 목적으로 허용되어 있는 첨가물은?

① 글리세린  ② 프로필렌글리콜
③ 초산비닐수지  ④ 유동 파라핀

## 53
밀가루의 표백과 숙성을 위해 사용하는 첨가물은?

① 개량제  ② 유화제
③ 점착제  ④ 팽창제

## 54
발효가 부패와 다른 점은?

① 미생물이 작용한다.
② 생산물을 식용으로 한다.
③ 단백질의 변화 반응이다.
④ 성분의 변화가 일어난다.

### 출제예감
## 55
HACCP 준비단계 중 가장 먼저 해야 하는 것은?

① HACCP 팀 구성
② 제품 설명서 작성
③ 제품의 사용 용도 파악
④ 공정 흐름도, 평면도 작성

## 56
인체 유해 병원체에 의한 감염병의 발생과 전파를 예방하기 위한 개인위생 관리 방법으로 적합하지 않은 것은?

① 위생복은 외출복과 구분하여 보관 및 관리한다.
② 목걸이, 귀걸이 등의 장신구는 착용하지 않는다.
③ 귀와 머리카락이 보이지 않도록 모자를 착용한다.
④ 식품업에 종사하기 시작할 때만 건강 검진을 받는다.

## 57
스펀지 발효에서 생기는 결함을 없애기 위해 만들어진 제조법으로, ADMI법이라고 불리는 제빵법은?

① 액종법  ② 비상 반죽법
③ 노타임 반죽법  ④ 스펀지 도우법

## 58
빵의 제조 과정에서 빵 반죽을 분할기에서 분할할 때 달라붙지 않게 하는 첨가물은?

① 용제(Solvents)
② 이형제(Release Agent)
③ 피막제(Coating Agent)
④ 호료(Thickening Agent)

## 59
동종 간의 접촉에 의한 감염병이 아닌 것은?

① 세균성 이질  ② 조류 독감
③ 광우병  ④ 구제역

## 60
세균성 식중독에 관한 사항 중 옳은 내용으로만 짝지은 것은?

> 1. 황색 포도상구균(Staphylococcus-Aureaus) 식중독은 치사율이 아주 높다.
> 2. 보툴리누스균(Clostridium Botulinum)이 생산하는 독소는 열에 아주 강하다.
> 3. 장염 비브리오균(Vibrio Parahaemolyicus)은 감염형 식중독균이다.
> 4. 여시니아균(Yersinia Enterocolitica)은 냉장 온도와 진공 포장에서도 증식한다.

① 1, 2  ② 2, 3
③ 2, 4  ④ 3, 4

내가 꿈을 이루면
나는 누군가의 꿈이 된다.

– 이도준

memo

memo

memo

memo

**2026 에듀윌 제과·제빵기능사 필기 한권끝장**

| | |
|---|---|
| 발 행 일 | 2025년 10월 2일 초판 |
| 편 저 자 | 오명석, 장다예, 박진홍, 에듀윌푸드자격연구소 |
| 펴 낸 이 | 양형남 |
| 개 발 | 정상욱, 김은재 |
| 펴 낸 곳 | (주)에듀윌 |
| 등록번호 | 제25100-2002-000052호 |
| 주 소 | 08378 서울특별시 구로구 디지털로34길 55 코오롱싸이언스밸리 2차 3층 |
| I S B N | 979-11-360-3925-5(13590) |

\* 이 책의 무단 인용 · 전재 · 복제를 금합니다.

**www.eduwill.net**
대표전화 1600-6700

## 여러분의 작은 소리
## 에듀윌은 크게 듣겠습니다.

본 교재에 대한 여러분의 목소리를 들려주세요.
공부하시면서 어려웠던 점, 궁금한 점,
칭찬하고 싶은 점, 개선할 점, 어떤 것이라도 좋습니다.
에듀윌은 여러분께서 나누어 주신 의견을
통해 끊임없이 발전하고 있습니다.

**에듀윌 도서몰 book.eduwill.net**
- 부가학습자료 및 정오표: 에듀윌 도서몰 → 도서자료실
- 교재 문의: 에듀윌 도서몰 → 문의하기 → 교재(내용, 출간) / 주문 및 배송

2026 최신판

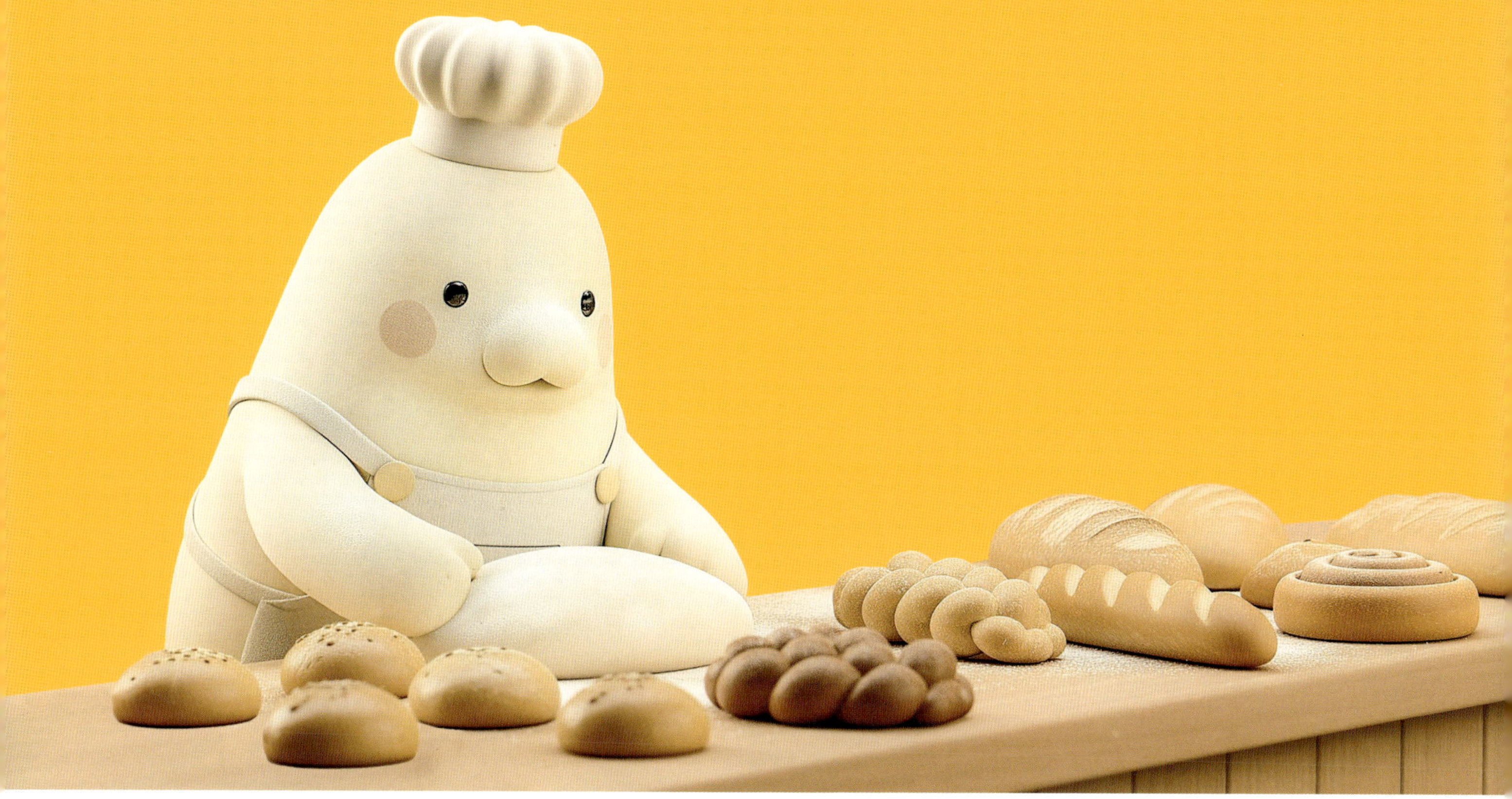

# 에듀윌 제과·제빵기능사
## 필기 한권끝장
기출복원 모의고사 25회분+무료특강

### 정답과 해설
필기합격 적중문제 · 기출복원 모의고사

2026 최신판

# 에듀윌 제과·제빵기능사 필기 한권끝장

기출복원 모의고사 25회분 포함

+무료특강

빠르고 명확하게 핵심만 짚어 주는
# 정답 및 해설

# 필기합격 적중문제

제과·제빵기능사 필기 한권끝장

## PART 01 | 식품위생학    P.40~P.42

| 01 | ① | 02 | ③ | 03 | ② | 04 | ① | 05 | ③ |
|---|---|---|---|---|---|---|---|---|---|
| 06 | ① | 07 | ② | 08 | ② | 09 | ③ | 10 | ② |
| 11 | ① | 12 | ④ | 13 | ④ | 14 | ① | 15 | ① |
| 16 | ④ | 17 | ④ | 18 | ① | 19 | ③ | 20 | ④ |
| 21 | ④ | 22 | ② | 23 | ② | 24 | ① | 25 | ① |
| 26 | ③ | 27 | ④ | 28 | ③ | 29 | ① | 30 | ② |

### 01 식품위생 | 정답 | ①

휴게음식점, 일반음식점, 단란주점, 유흥주점, 위탁급식, 제과점 영업은 식품접객업에 해당한다.

### 02 식품위생 | 정답 | ③

판매를 목적으로 하거나 영업상 사용하는 식품, 식품첨가물, 기구 또는 용기 등을 수입하고자 할 때는 식품의약품안전처장에게 신고해야 한다.

### 03 자연독에 의한 식중독 | 정답 | ②

고시폴은 면실유(목화)에 함유된 독소이며 리신이나 철과 결합해 체내 이용률 저해, 철 흡수 방해, 피로, 위장 장애, 식욕 감퇴, 현기증 등을 유발한다.

### 04 변질 | 정답 | ①

토코페롤(비타민 E)은 천연 항산화제이다.

### 05 소독 | 정답 | ③

종업원의 손을 소독할 때나 용기 및 기구의 소독제로 사용할 때는 역성비누가 가장 좋다.

### 06 소독 | 정답 | ①

$LD_{50}$이란 반수 치사량으로 실험 동물의 50%가 사망할 때의 독소의 양을 말한다. 따라서 수치가 작을수록 독성이 높다.

### 07 소독 | 정답 | ②

염소($Cl_2$)는 수돗물, 수영장 소독에 이용한다.

### 08 법정 감염병 | 정답 | ②

제2급 감염병은 전파 가능성을 고려하여 발생 또는 유행 시 24시간 이내에 신고해야 하며 격리가 필요하다. 제2급 감염병에는 결핵, 수두, 홍역, 콜레라 등이 있다.

### 09 세균성 식중독 | 정답 | ③

클로스트리디움 보툴리눔균 식중독은 독소형 식중독 중 보툴리누스균에 의한 식중독과 같은 용어이다. 보툴리누스균에 의한 식중독은 완전 가열 살균되지 않은 병조림이 원인 식품으로 식중독 중 치사율이 가장 높다.

| 오답풀이 |

① 포도상구균 식중독: 급성 위장염
② 살모넬라균 식중독: 발열, 복통, 설사
④ 장염 비브리오균 식중독: 장염 비브리오는 바닷물에서 서식하는 해수 세균의 일종(민물고기는 관련 없음)

### 10 인·축 공통 감염병 | 정답 | ②

결핵은 소, 산양 등에서 감염되며, 감염된 소의 우유를 통해 감염된다.

### 11 기생충 | 정답 | ①

간흡충(간디스토마)의 중간숙주는 왜우렁이 – 담수어이다.

### 12 HACCP | 정답 | ④

HACCP의 원칙 1은 식품의 모든 잠재적 위해 요소를 분석하는 것이다.

### 13 식품첨가물 | 정답 | ④

| 오답풀이 |

① 이형제: 제과·제빵에서 제품을 틀에서 쉽게 분리하기 위해서 사용
② 유화제: 서로 혼합되지 않는 두 종류의 액체를 유화시키기 위해 사용
③ 피막제: 과일류 및 채소류의 표면에 피막을 형성하여 외관상 보기 좋게 하고, 호흡 작용을 억제하여 신선도를 장기간 유지하기 위해 사용

### 14  세균성 식중독 | 정답 | ①

세균성 식중독은 2차 감염이 거의 없고, 대량의 생균에 의해 발병되며, 경구 감염병에 비해 잠복기가 짧다.

### 15  세균성 식중독 | 정답 | ①

베로톡신은 대장균 O-157이 내는 독소로, 열에 약하지만 저온과 산에 강하며 주요 증상은 복통, 설사, 구토, 발열 등이다.

| 오답풀이 |
② 테트로도톡신은 복어, ③ 삭시톡신은 섭조개와 대합조개, ④ 베네루핀은 모시조개, 굴, 바지락의 독성 물질이다.

### 16  세균성 식중독 | 정답 | ④

| 오답풀이 |
① 비브리오 패혈증: 해수 세균, 어패류, 해조류
② 살모넬라균 식중독: 모든 식품(특히 육류)
③ 보툴리누스균 식중독: 통조림, 병조림, 소시지

### 17  경구 감염병 | 정답 | ④

- 파상열(브루셀라증)은 브루셀라 속 세균에 감염된 동물로부터 사람이 감염되어 발생한다. 소, 돼지, 양, 염소 등에게 유산을 일으키고 사람에게는 열성 질환을 일으키는 질병으로 주요 증상은 발열이다.
- 바이러스성 인수 공통 감염병에는 광견병, 일본뇌염, 뉴캐슬병, HVJ병, 구제역(문헌상), 수포성 구내염 등이 있다.

### 18  자연독에 의한 식중독 | 정답 | ①

② 고시폴은 덜 정제된 목화씨 기름(면실유), ③ 삭시톡신은 섭조개와 대합조개, ④ 시큐톡신은 독미나리의 독성 물질이다.

### 19  화학적 식중독 | 정답 | ③

카드뮴(Cd)은 이타이이타이병, 수은(Hg)은 미나마타병의 원인 물질이다.

### 20  화학적 식중독 | 정답 | ④

| 오답풀이 |
① 다이옥신: 일반 폐기물과 특정 폐기물들의 소각, 폐기물 무단 투기 때 많이 발생한다.
② 벤조피렌: 발암 물질의 하나로 타르 따위에 들어 있으며 담배 연기, 배기가스에도 들어 있다.
③ 니트로사민: 발색제인 질산염 등은 구강 내 세균의 환원 효소에 의해 아질산염이 되고, 이 아질산염은 위 속의 산성 pH하에서 식품 성분들과 쉽게 반응하여 발암 물질인 니트로사민을 생성한다.

### 21  곰팡이독 | 정답 | ④

곰팡이가 생산하는 진균독에 의한 식중독으로는 아플라톡신, 맥각 중독, 황변미 중독 등이 있다.

### 22  경구 감염병 | 정답 | ②

노로바이러스는 단일가닥 RNA를 지닌 유행성 바이러스로, 비외피성이며 입자는 정이십면체 구조를 가진다.

### 23  화학적 식중독 | 정답 | ②

유해 표백제에는 삼염화질소, 론갈리트, 과산화수소가 있다.

| 오답풀이 |
① 페릴라틴은 유해 감미료, ③ 아우라민은 유해 착색료, ④ 붕산은 유해 방부제이다.

### 24  화학적 식중독 | 정답 | ①

둘신은 백색 분말의 침상 결정체로 된 인공 감미료로, 감미도가 설탕의 250배이며 혈액독을 일으킨다.

### 25  HACCP | 정답 | ①

영업자(경영자) 교육시간은 2시간이고, HACCP 팀장 교육시간은 16시간이며, HACCP 팀원 및 기타 종업원 교육시간은 4시간이다.

### 26  HACCP | 정답 | ③

식품위생상 위해 요소를 파악하여 발생을 예방하거나 제거, 허용 수준 이하까지 감소시킬 수 있는 공정 단계를 결정하는 것은 중요 관리점 설정이다.

### 27  세균성 식중독 | 정답 | ④

냉동 식품은 5℃ 이하나 흐르는 물에 담가 해동한다.

### 28  개인위생 복장 | 정답 | ③

1회용 위생장갑은 교차오염을 방지하기 위해 교체하여 사용한다.

### 29  세균성 식중독 | 정답 | ①

(황색)포도상구균은 화농성 질환의 대표적인 균으로, 장독소인 엔테로톡신이 원인 독소이다.

### 30  식품첨가물 | 정답 | ②

말라카이트 그린은 각종 섬유·목재·종이·볏짚·잡화 등의 염색, 화학분석용 시약·지시약 등의 보존제로 허용된다.

| 오답풀이 |
① 소르빈산칼륨: 식육, 어육 제품, 팥앙금
③ 데히드로초산: 치즈, 버터, 마가린
④ 안식향산: 청량음료, 간장

## PART 02 | 재료과학  P.90~P.96

| 01 | ② | 02 | ② | 03 | ③ | 04 | ① | 05 | ④ |
| --- | --- | --- | --- | --- | --- | --- | --- | --- | --- |
| 06 | ③ | 07 | ① | 08 | ② | 09 | ① | 10 | ④ |
| 11 | ② | 12 | ① | 13 | ② | 14 | ④ | 15 | ③ |
| 16 | ④ | 17 | ③ | 18 | ① | 19 | ② | 20 | ① |
| 21 | ① | 22 | ② | 23 | ① | 24 | ③ | 25 | ② |
| 26 | ② | 27 | ① | 28 | ③ | 29 | ④ | 30 | ③ |
| 31 | ③ | 32 | ① | 33 | ④ | 34 | ② | 35 | ④ |
| 36 | ③ | 37 | ① | 38 | ④ | 39 | ③ | 40 | ④ |
| 41 | ② | 42 | ④ | 43 | ② | 44 | ① | 45 | ③ |
| 46 | ④ | 47 | ③ | 48 | ② | 49 | ① | 50 | ① |
| 51 | ③ | 52 | ② | 53 | ④ | 54 | ① | 55 | ② |
| 56 | ② | 57 | ④ | 58 | ② | 59 | ② | 60 | ② |
| 61 | ④ | | | | | | | | |

### 01  제빵의 원료 |정답| ②

유지의 가소성은 지방의 종류와 양에 의해 결정되는데, 지방은 지방산 3분자와 1분자의 글리세린으로 결합된 트리글리세리드이다.

### 02  효소 |정답| ②

전분은 α-아밀레이스에 의해 덱스트린을 형성한다.

| 오답풀이 |
① β-아밀레이스: 덱스트린을 분해하여 맥아당을 형성
③ 말테이스: 맥아당을 2개의 포도당으로 분해
④ 치마아제: 단당류를 알코올과 이산화탄소로 산화시키는 효소

### 03  감미제 |정답| ③

마이야르 반응은 당류에서 분해된 환원당과 단백질류에서 분해된 아미노산이 결합하여 멜라노이드 색소(황갈색)를 만드는 반응이다.

### 04  지방 |정답| ①

산패를 촉진시키는 요소에는 산소, 이중 결합 수, 자외선, 금속(철, 동, 니켈, 주석 등), 온도, 생물학적 촉매(효소)가 있다.

### 05  물 |정답| ④

반죽 시 연수를 사용하면 글루텐을 연화시켜 반죽을 끈적거리게 하고 발효 속도를 빨라지게 하지만, 가스 보유력을 떨어뜨리고 오븐 스프링을 나쁘게 만든다.

### 06  효소 |정답| ③

치마아제(Zymase)는 과당과 같은 단당류를 분해하여 알코올과 이산화탄소로 발효시킨다.

| 오답풀이 |
① 라이페이스: 지방 분해 효소
② 프로테이스: 단백질 분해 효소
④ 말테이스: 맥아당 분해 효소

### 07  유지 |정답| ①

감미제는 단맛을 내는 것으로, 당의 기능이다.

| 오답풀이 |
② 안정성: 유지를 산화시키거나 분해시키는 성질에 대하여 저항하는 성질로, 산화와 산패를 장기간 억제하는 성질
③ 가소성: 유지가 상온에서 너무 단단하지 않으면서 높은 온도에서 너무 무르게 되지 않는 성질
④ 유화성: 유지가 물을 흡수하여 보유하는 성질과 물과 기름을 잘 섞이게 하는 성질

### 08  감미제 |정답| ②

맥아는 주로 보리를 발아시켜 만들며, 이산화탄소 생성 증가, 풍미 향상, 노화 지연 등의 효과를 위해 사용된다.

### 09  지방 |정답| ①

글리세린은 무색, 무취, 무미를 가진 액체로 물보다 비중이 크다. 글리세린의 감미도는 60, 자당(설탕)의 감미도는 100이다.

### 10  단백질 |정답| ④

밀 단백질의 질소 계수는 5.7(=100÷17.5)이고, 일반 식품의 질소 계수는 6.25(=100÷16)이다.

### 11  효소 |정답| ②

전분을 분해하는 효소는 아밀레이스이다.

## 12 유지 |정답| ①

유리 지방산이란 유지를 가수 분해하여 얻어지는 지방산으로, 함량이 낮을수록 신선한 기름이다. 우수한 튀김물을 생성하는 데 적당한 유리 지방산의 적정 함량은 0.5%이다.

## 13 효소 |정답| ②

전분을 가수 분해하면 아밀로덱스트린, 말토덱스트린 순으로 분해되며 최종적으로는 포도당으로 분해된다.

## 14 지방 |정답| ④

유리 지방산은 유지를 구성하고 있는 트리글리세리드가 분해되어 생성된 지방산으로, 정제 식용유에는 거의 함유되어 있지 않으며 산패에 의해 생성된다. 지방 중 유리 지방산 함량이 많으면 발연점이 낮아진다.

## 15 팽창제 |정답| ③

① 베이킹 파우더는 화학적 팽창제 중 하나이고, ② 유지는 퍼프 페이스트리와 같은 제과의 팽창을 유발하며, ④ 계란은 스펀지케이크의 팽창 재료이다.

## 16 유지 |정답| ④

튀김 기름의 4대 적은 공기(산소), 이물질, 온도(열), 수분이다. 항산화제는 유지의 산화적 연쇄 반응을 방해함으로써 유지의 안정 효과를 갖게 하는 물질이다.

## 17 감미제 |정답| ③

설탕은 이당류의 고분자 화합물로, 캐러멜화가 가장 높은 온도(160℃ 이상)에서 일어난다.

## 18 지방 |정답| ①

단일 불포화 지방산이란 지방산에 이중 결합이 1개인 불포화 지방산이다. 올레산은 유지방, 라드, 소기름의 주성분이며, 탄소 수 18개, 이중 결합 1개이다.

| 오답풀이 |
② 팔미트산: 포화 지방산
③ 리놀렌산: 이중 결합 3개
④ 아라키돈산: 이중 결합 4개

## 19 밀가루 |정답| ②

곡선이 500B.U.에 도달하는 시간(도달 시간), 다시 아래로 떨어지는 시간 등으로 밀가루의 특성을 해석할 수 있다.

## 20 계면 활성제 |정답| ①

모노글리세리드와 디글리세리드는 계면 활성제로, 유화제 역할과 노화 지연 등의 역할을 한다.

## 21 탄수화물 |정답| ①

아밀로오스는 아밀로펙틴보다 호화나 노화(퇴화)가 빠르다.

## 22 탄수화물 |정답| ①

전화당은 설탕을 산이나 효소로 분해하여 생성된 혼합물로, 포도당과 과당이 동량으로 혼합되어 있는 화합물이다. 보습이 필요한 제품에 사용하며, 상대적 감미도는 135이다.

## 23 유지 |정답| ①

튀김 기름이나 팬에 바르는 기름은 면실유와 같이 발연점이 높은 기름을 사용하는 것이 좋다.

## 24 효소 |정답| ③

| 오답풀이 |
① 치마아제: 포도당, 과당 분해 효소
② 라이페이스: 지방 분해 효소
④ 아밀레이스: 전분 분해 효소

## 25 탄수화물 |정답| ②

수분이 많고 pH가 높을수록(알칼리성일수록) 호화가 빨리 일어난다.

## 26 탄수화물 |정답| ②

유당은 포유류의 젖에만 존재하는 동물성 당으로 이당류이다.

## 27 밀가루 |정답| ①

- 젖은 글루텐 함량(%) = (젖은 글루텐 반죽의 무게 ÷ 밀가루의 무게) × 100 = (15 ÷ 50) × 100 = 30
- 건조 글루텐 함량(%) = 젖은 글루텐 함량(%) ÷ 3 = 30 ÷ 3 = 10%

## 28 밀가루 |정답| ③

| 오답풀이 |
① 아밀로그래프: 밀가루 전분의 점도 측정, α-아밀레이스의 활성 측정
② 패리노그래프: 밀가루의 흡수율, 믹싱 시간, 믹싱 내구성을 측정
④ 믹소그래프: 온도와 습도 조절 장치가 부착된 고속 기록 장치가 있는 믹서로, 반죽의 형성 및 글루텐의 발달 정도를 기록·측정

## 29 단백질 | 정답 | ④

단백질의 기본 구성 성분은 21종의 L-형 알파 아미노산이고 수백 수천 개의 아미노산이 펩타이드 결합을 통해 단백질을 구성한다. 아미노기($-NH_2$)는 염기성, 카르복실기($-COOH$)는 산성을 나타낸다.

## 30 블룸 | 정답 | ③

템퍼링이란 초콜릿에 들어 있는 카카오 버터를 안정적인 베타형으로 만들어 초콜릿 전체가 안정된 상태로 굳을 수 있도록 하는 온도 조절 작업을 말한다. 템퍼링을 하지 않으면 광택이 적고 풍미와 용해성이 떨어지며, 지방이 유출되는 팻 블룸의 원인이 될 수 있다.

## 31 향료와 향신료 | 정답 | ③

향신료는 식욕을 증진시키고 맛과 향을 부여하며, 소화 기관을 자극하여 소화를 증진시킨다. 또한 방부 작용과 약리 작용도 하지만 영양분 공급과는 거리가 멀다.

## 32 달걀 | 정답 | ①

- 흰자: 수분 88%, 고형분 12%
- 노른자: 수분 50%, 고형분 50%
- 전란: 수분 75%, 고형분 25%

## 33 초콜릿 | 정답 | ④

- 팻 블룸(Fat Bloom): 직사광선에 노출된 곳이나 온도가 높은 곳에서 보관하였을 경우 지방이 분리되었다가 다시 굳으면서 얼룩이 생기는 현상이다.
- 슈가 블룸(Sugar Bloom): 습도가 높은 장소에 오랫동안 방치하거나 급작스런 온도 변화가 있는 경우에 일어나며, 표면에 물방울이 떨어져서 초콜릿 중의 설탕을 용해한 후 수분이 증발하면 설탕의 표면에서 재결정되어 반점을 나타낸다.

## 34 이스트 푸드 | 정답 | ②

질산처럼 지나친 강산은 밀가루를 완전히 용해시키므로 사용하지 않는다.

## 35 팽창제 | 정답 | ④

베이킹파우더는 탄산수소나트륨에 산성제(주석산 크림)를 배합하고, 분산제로 밀가루나 전분 10~30%를 첨가한 팽창제이다.

## 36 물 | 정답 | ③

물은 이스트의 발효를 돕지만 먹이 역할은 하지 않는다.

## 37 안정제 | 정답 | ①

젤라틴은 동물의 껍질과 연골 속에 있는 콜라겐을 정제한 것이다.

## 38 주류 | 정답 | ④

제과·제빵에서 술을 사용하는 이유 중의 하나는 바람직하지 않은 냄새를 없애기 위해서이지만, 술이 모든 이취를 없앨 수는 없다. 혼성주란 양조주나 증류주에 식물의 꽃, 잎, 뿌리, 과일, 껍질을 담가 식물의 향미, 맛, 색깔을 침출시키고 다시 당, 색소를 가하여 만든 술이다. 일반적으로 알코올 함량, 고형분 함량 모두 높은 술을 말한다.

## 39 소금 | 정답 | ③

소금은 캐러멜 온도를 낮추기 때문에 같은 온도에서 같은 시간 제품을 구우면 제품의 껍질 색이 진해진다.

## 40 초콜릿 | 정답 | ④

| 오답풀이 |
① 카카오 닙스: 카카오의 껍질과 배아를 제거한 배유이다.
② 비터 초콜릿: 카카오 빈에서 외피와 배아를 제거하고 잘게 부순 것이다.
③ 초콜릿 리쿠어(리큐르): 초콜릿을 이용한 술이다.

## 41 주류 | 정답 | ③

마라스키노(Maraschino)는 마라스카종(블랙체리)을 사용하며, 달고 강렬한 풍미가 특징이다.

## 42 향료와 향신료 | 정답 | ④

식품에 사용하는 향료는 식품첨가물이므로 품질, 규격 및 사용법을 준수해야 한다.

## 43 초콜릿 | 정답 | ②

준(코팅용) 초콜릿은 카카오 매스에서 카카오 버터를 제거한 다음 다루기 쉬운 식물성 유지와 설탕을 넣어 만든 초콜릿을 말한다.

## 44 물 | 정답 | ①

- 연수: 0~60ppm
- 아경수: 120~180ppm
- 경수: 180ppm 이상

## 45 주류 | 정답 | ③

럼주는 당밀을 이용하여 발효시켜 만든다.

### 46  물 | 정답 | ④

물이 경수일 때 맥아를 첨가하고, 알칼리성일 때 유산을 첨가한다.

### 47  향료와 향신료 | 정답 | ③

- 수용성 향료: 지용성 향료보다 고농도의 제품을 만들기 어렵다.
- 지용성 향료: 굽기 과정에 향이 날아가지 않아 내열성이 좋다.

### 48  초콜릿 | 정답 | ②

비터 초콜릿의 구성 성분 중 코코아의 함량은 5/8이므로 40×5/8=25%이다.

### 49  이스트 | 정답 | ①

이론상 생이스트의 고형질이 30%, 건조 이스트의 고형질이 90%이므로 고형질의 양이 3배 차이가 나지만, 건조 공정 중 활성 세포가 줄어들기 때문에 건조 이스트는 생이스트 양의 약 50%를 사용한다.

### 50  살균 | 정답 | ①

가열 살균법 중 저온 장시간 살균법(LTLT)은 60~65℃에서 30분간 가열하며, 고온 단시간 살균법(HTST)은 70~75℃에서 15초간 가열한다. 또한, 초고온 순간 살균법(UHT)은 130~140℃에서 2초간 가열한다.

### 51  팽창제 | 정답 | ③

베이킹파우더는 화학적 팽창제로, 사용 시 탄산가스에 의해 기공이 커진다.

### 52  안정제 | 정답 | ②

| 오답풀이 |
① 한천: 끓는 물에 용해
③ 젤라틴: 35℃ 이상부터 끓는 물에 용해
④ 펙틴: 고온에서 녹음

### 53  달걀 | 정답 | ④

달걀이 오래될수록 기실이 이산화탄소로 채워지면서 소금물에 담근 달걀이 점점 뜨게 된다. 신선한 달걀은 소금물에서 가로로 가라앉는다.

### 54  우유와 유제품 | 정답 | ①

혼합 분유란 전지 분유나 탈지 분유에 쌀가루, 밀가루, 유청 분말, 코코아 가공품 등의 식품이나 식품첨가물을 25% 정도 섞어 가공한 것이다.

### 55  팽창제 | 정답 | ②

베이킹파우더 무게의 12% 이상의 유효 이산화탄소 가스가 발생되어야 하므로 100g×12% = 12g이다.

### 56  이스트 | 정답 | ②

효모의 대표적인 증식 방법은 출아법이다.

### 57  이스트 푸드 | 정답 | ④

이스트 푸드는 물 조절제, 반죽 조절제이자 이스트에 영양분을 공급하는 역할을 한다.

### 58  ppm | 정답 | ②

ppm은 'parts per million'의 약자로, 1/100만(1/1,000,000)을 의미한다. 따라서 100ppm을 %로 수정하면 100÷1,000,000×100=0.01%이다.

### 59  물 | 정답 | ②

**연수와 경수**

| | |
|---|---|
| 연수 | • 반죽이 연하고 끈적거리므로 흡수율을 1~2% 정도 줄인다.<br>• 가스 보유력이 적으므로 이스트 푸드와 소금량을 늘리고 이스트 양을 감소시킨다. |
| 경수 | • 반죽이 단단해져 발효 속도가 느리다.<br>• 이스트의 사용량을 증가시키고, 이스트 푸드의 양을 감소시키며, 맥아를 첨가하여 발효를 촉진시킨다. |

### 60  팽창제 | 정답 | ②

암모늄 계열의 화학적 팽창제로는 탄산수소암모늄, 염화암모늄이 있다. 암모늄명반은 종이나 섬유에 색소가 잘 물들게 하거나 의약 원료로 사용된다.

### 61  달걀 | 정답 | ④

달걀을 헹구어서 보관하면 보호막이 파괴되어 세균을 포함한 오염 물질이 내부로 흡수될 수 있다.

## PART 03 | 영양학    P.111~P.114

| 01 | ② | 02 | ④ | 03 | ④ | 04 | ④ | 05 | ④ |
| 06 | ② | 07 | ④ | 08 | ③ | 09 | ① | 10 | ③ |
| 11 | ② | 12 | ④ | 13 | ① | 14 | ③ | 15 | ① |
| 16 | ④ | 17 | ① | 18 | ③ | 19 | ② | 20 | ④ |
| 21 | ② | 22 | ① | 23 | ② | 24 | ① | 25 | ① |
| 26 | ④ | 27 | ① | 28 | ② | 29 | ④ | 30 | ② |
| 31 | ② | 32 | ③ |   |   |   |   |   |   |

### 01  영양소  |정답| ②

탄수화물과 단백질의 열량은 4kcal/g, 지방의 열량은 9kcal/g이다. 따라서 (100g × 0.75 × 4) + (100g × 0.1 × 4) + (100g × 0.01 × 9) = 349kcal이다.

### 02  탄수화물  |정답| ④

유당불내증은 체내 락테이스 효소가 결여되어 젖당을 포함하는 우유, 유제품을 섭취하였을 때 생기는 복통, 설사 등의 여러 가지 증상을 말한다.
※ 유당 → 포도당+갈락토오스

### 03  탄수화물  |정답| ④

- 단당류: 포도당, 과당, 갈락토오스
- 이당류: 자당, 맥아당, 유당
- 다당류: 전분, 펙틴, 한천, 글리코젠, 셀룰로오스 등

### 04  탄수화물  |정답| ④

탄수화물의 1일 섭취량은 1일 섭취하는 총 열량의 55~70%가 적절하다.
- 2,400kcal × 0.55 ÷ 4kcal = 330g
- 2,400kcal × 0.7 ÷ 4kcal = 420g

### 05  필수 아미노산  |정답| ④

성인에게 필요한 필수 아미노산은 이소류신, 류신, 리신, 메티오닌, 페닐알라닌, 트레오닌, 트립토판, 발린 8종류가 있고, 어린이와 회복기 환자의 경우에는 히스티딘을 포함해서 9종류가 있다.

### 06  지방  |정답| ②

삼투압 조절에 관여하는 영양소는 단백질과 무기질이다.

### 07  지방  |정답| ④

콜레스테롤은 설탕의 결정화를 감소시키지 않는다.

### 08  지방  |정답| ③

필수 지방산은 체내에서 합성되지 않아 식사로 공급해야 하며, 종류에는 리놀레산, 리놀렌산, 아라키돈산 등이 있다.

### 09  필수 아미노산  |정답| ①

제한 아미노산이란 식품에 함유되어 있는 필수 아미노산이 적은 아미노산을 말한다.

### 10  단백질의 영양 평가 방법  |정답| ③

단백가가 낮은 식품이라도 부족한 필수 아미노산을 보충할 수 있는 식품과 함께 섭취하면 체내 이용률이 높아진다. 쌀 – 콩, 빵 – 우유, 옥수수 – 우유 등은 상호 보조 효과가 좋다.

### 11  단백질  |정답| ②

헤모글로빈은 복합 단백질이다. 완전 단백질에는 카세인(우유), 미오신(육류), 오브알부민(달걀), 글리시닌(콩) 등이 있다.

### 12  단백질의 영양 평가 방법  |정답| ④

곡류에는 트립토판과 리신이 특히 부족하다.

### 13  무기질  |정답| ①

단백질 절약 작용을 하는 것은 탄수화물이다.

### 14  영양소  |정답| ③

- 지방: 2,700kcal × 0.2 ÷ 9kcal = 60g
- 탄수화물: 2,700kcal × 0.65 ÷ 4kcal ≒ 438.8g
- 단백질: 2,700kcal × 0.15 ÷ 4kcal ≒ 101.3g

### 15  무기질  |정답| ①

황은 피부, 손톱, 모발 등에 풍부하고 체내에서 해독 작용을 하며, 산화·환원 작용에도 관여한다. 당질(탄수화물) 대사에 관여하는 것은 마그네슘으로 우리 몸의 근육과 신경계가 제 기능을 할 수 있게 해준다.

### 16  무기질  |정답| ④

철은 헤모글로빈을 생성하는 기능을 한다.

| 오답풀이 |
① 골격과 치아 형성은 칼슘, 마그네슘의 기능이다.
② 철 필요량은 남자보다 여자가 많으며, 임신 및 수유기 때 더 증가한다.
③ 갑상선 비대증은 아이오딘 부족(바세도우씨병 유발) 시 발생한다.

## 17 무기질 | 정답 | ①

아연(Zn)은 인슐린 합성 및 자극 활성화, 당질 대사에 관여한다.

| 오답풀이 |
② 철(Fe): 헤모글로빈(혈색소) 생성, 산소 운반, 적혈구 형성
③ 구리(Cu): 철의 흡수와 운반을 도움
④ 황(S): 체구성(머리카락, 손톱) 성분

## 18 비타민 | 정답 | ③

비타민 D는 칼슘의 흡수를 돕고, 결핍 시 구루병, 골다공증이 발생한다.

## 19 무기질의 분류 및 기능 | 정답 | ②

칼슘(Ca)은 성인의 경우 체중의 1.5~2%를 차지한다. 그중 99%는 경조직(골격, 치아)을 구성하고, 1%는 혈액, 세포 연조직에서 대사를 조절한다.

**칼슘(Ca)의 기능**
- 골격과 치아 조직의 형성
- 근육의 수축·이완 작용의 조절
- 혈액 응고 작용
- 신경의 자극 전달 유지

## 20 비타민 | 정답 | ④

지용성 비타민에는 비타민 A, D, E, K가 있으며, 기름과 유기 용매에 의해 용해된다. 과잉 섭취 시 체내에 저장되며, 결핍 증상은 서서히 나타난다. 다만, 수용성 비타민처럼 매일 공급할 필요는 없다.

## 21 에너지 대사 | 정답 | ②

기초 대사량은 사람의 생명을 유지하는 데 필요한 최소한의 대사량으로 여자보다 남자가 크고, 성인보다 어린아이들이 크다. 또한 기온이 낮아지면 대사량이 증가하므로 여름보다 겨울에 기초 대사율이 커지고, 체온이 높아져도 증가한다.

## 22 소화 작용 | 정답 | ①

위는 pH 2의 강산성으로 단백질 분해 효소인 펩신이 있어 단백질을 펩톤과 프로테우스로 분해한다.

## 23 지방 | 정답 | ②

지방은 간에서 라이페이스에 의해 소화된다.

## 24 단백질 | 정답 | ①

단백질에는 동물성 단백질과 식물성 단백질이 있다.

## 25 소화 효소 | 정답 | ①

- 지방 분해 효소에는 라이페이스, 스테압신이 있다.
- 프티알린(침 속)은 탄수화물, 트립신(췌장)과 펩신(위)은 단백질 분해 효소이다.

## 26 비타민 | 정답 | ④

비타민 K의 결핍증은 혈액 응고가 지연되는 출혈증이다.

## 27 탄수화물 | 정답 | ④

올리고당은 설탕보다 감미도가 낮아 설탕 대체용품으로 각광받고 있으며 비피더스균의 증식 효과, 칼슘 흡수 증진 기능, 장 기능 개선, 청량감 부여 등의 효과가 있는 것으로 알려져 있다. 올리고당은 소화 효소에 의해 분해되지 않고 대장에 도달되어 발효하는 특징이 있다.

## 28 탄수화물 | 정답 | ③

맥아당은 엿당으로 불리며, 식혜나 엿 등에 많이 함유되어 있다.

## 29 비타민 | 정답 | ④

비타민 D가 부족할 경우 구루병, 골다공증, 골연화증, 구부러진 허리, 안짱다리 등의 결핍 증상이 나타난다. 야맹증은 비타민 A가 부족할 때 나타나는 결핍 증상이다.

## 30 단백질 | 정답 | ②

| 오답풀이 |
① 글리코사이드 결합: 단당류와 단당류의 결합
③ α-1, 4 결합: 전분 내의 포도당과 포도당의 결합
④ 에스테르 결합: 지방산과 글리세린의 결합

## 31 비타민 | 정답 | ②

비타민 $B_1$은 티아민이라고도 하며, 쌀겨에 들어 있는 수용성 비타민으로 당질 대사에 관여한다.

## 32 단백질의 영양 평가 방법 | 정답 | ③

$$생물가 = \frac{체내에 보유된 질소량}{체내에 흡수된 질소량} \times 100$$

$$= \frac{13g - (0.7g + 4g)}{13g} \times 100 = 63.8\%$$

따라서 63.8%와 가장 가까운 64%가 정답이다.

## PART 04 | 제과 · 제빵 제조    P.129~ P.130

| 01 | ② | 02 | ② | 03 | ③ | 04 | ① | 05 | ④ |
| 06 | ④ | 07 | ① | 08 | ④ | 09 | ① | 10 | ④ |
| 11 | ③ | 12 | ④ | 13 | ④ | 14 | ④ | 15 | ③ |
| 16 | ③ | | | | | | | | |

### 01 제과 · 제빵에 사용하는 기계 | 정답 | ②

| 오답풀이 |
① 정형기: 중간 발효가 끝나면 가스를 빼면서 편 후에 모양을 만드는 기계이다.
③ 스파이럴 믹서: 불란서빵(프랑스빵) 등 하드 계열 빵 반죽에 적합하다.
④ 로터리 래크 오븐: 철판을 래크 선반의 각 층에 넣은 채로 오븐에 넣어 회전시키면서 굽는다.

### 02 제과 · 제빵에 사용하는 기계 | 정답 | ②

라운더는 제빵에서 분할 후 둥글리기를 하는 기계이다.

| 오답풀이 |
① 오븐: 성형 및 발효가 끝난 반죽을 익혀서 최종 제품이 나오는 마지막 공정
③ 에어 믹서: 제과 제품에서 공기를 넣어 믹싱하는 믹서
④ 데포지터: 과자류의 모양을 짜는 기계

### 03 제과 · 제빵에 사용하는 기계 | 정답 | ③

오븐은 생산 능력을 계산하는 기계이다.

### 04 제과 · 제빵에 사용하는 기계 | 정답 | ①

터널 오븐은 자동 컨베이어 라인을 연결하여 균일한 온도로 생산 속도를 높이며, 대량 생산이 가능하다.

### 05 물건의 가치 | 정답 | ④

재고량이 많을수록 제품의 가치가 떨어진다.

### 06 작업 환경 관리 | 정답 | ④

주방에는 소형의 환기 장치를 여러 개 설치하여 주방의 공기 오염 정도에 따라 가동률을 조정한다.

### 07 생산 시스템 | 정답 | ①

1인당 생산가치=생산가치÷인원수

### 08 작업 환경 관리 | 정답 | ④

급속 냉동은 −40℃에서 하고, 냉동 저장은 −18℃에서 한다.

### 09 생산 관리 | 정답 | ①

- 직접 원가 = 직접 재료비 + 직접 노무비 + 직접 경비
- 제조 원가 = 직접 원가 + 제조 간접비
- 총원가 = 제조 원가 + 일반 관리비 + 판매비
- 판매 가격 = 총원가 + 이익

### 10 작업 환경 관리 | 정답 | ④

작업 테이블은 주방의 중앙부에 설치해야 여러 방향으로의 동선이 짧아져 작업하기가 편리하다.

### 11 생산 관리 | 정답 | ③

- 제1차 관리 3대 요소: 사람, 재료, 자금
- 제2차 관리 4대 요소: 방법, 시간, 기계, 시장

### 12 생산 관리 | 정답 | ④

생산 관리는 납기 관리, 원가 관리, 품질 관리, 생산량 관리를 목표로 한다.

### 13 생산 관리 | 정답 | ④

설비 보수는 생산 계획의 감가상각의 목적에 해당한다.

### 14 작업장 설비 및 기기 관리 | 정답 | ④

선별이나 검사구역 작업장은 육안으로 확인해야 하므로 540Lux 이상을 유지해야 한다.

### 15 작업장 설비 및 기기 관리 | 정답 | ③

| 오답풀이 |
① 창문틀과 내벽의 경사는 45°로 한다.
② 모든 문과 창문에는 방충망을 6mm 이상의 두께로 설치한다.
④ 작업장에 이물질이 들어오는 것을 방지하기 위해 가급적 창문을 열지 않는 것이 좋다.

### 16 작업장 설비 및 기기 관리 | 정답 | ③

| 오답풀이 |
① 냉장고에는 70% 이상을 수납하지 않는다.
② 성에가 끼면 더운물로 녹이는 것이 좋다.
④ 냉동고는 −18℃ 이하, 냉장고는 10℃ 이하가 적정 온도이다.

## PART 05 | 과자류 제조　　　P.166~ P.170

| 01 | ① | 02 | ③ | 03 | ② | 04 | ② | 05 | ② |
| 06 | ① | 07 | ③ | 08 | ② | 09 | ③ | 10 | ② |
| 11 | ③ | 12 | ④ | 13 | ④ | 14 | ④ | 15 | ② |
| 16 | ① | 17 | ① | 18 | ③ | 19 | ② | 20 | ③ |
| 21 | ③ | 22 | ② | 23 | ② | 24 | ③ | 25 | ④ |
| 26 | ② | 27 | ① | 28 | ② | 29 | ② | 30 | ② |
| 31 | ② | 32 | ③ | 33 | ② | 34 | ① | 35 | ④ |
| 36 | ① | 37 | ③ | 38 | ③ | 39 | ① | 40 | ② |
| 41 | ③ | 42 | ③ | 43 | ② | 44 | ④ | 45 | ② |
| 46 | ② | 47 | ④ | 48 | ① | | | | |

### 01　반죽　|정답| ①

반죽 온도에 영향을 미치는 요소에는 마찰열, 실내 온도, 재료 온도, 물 온도 등이 있다. 훅의 온도보다 믹싱하면서 생기는 반죽과의 마찰열이 반죽 온도에 영향을 미친다.

### 02　성형 가공 및 팬닝　|정답| ③

발효 후 가스빼기는 제빵의 제조 공정이다.

### 03　유지　|정답| ②

유지의 쇼트닝성은 단백질과 전분의 입자를 끊어 놓는 성질로, 비스킷을 만들 때 바삭한 식감을 주기 위해 가장 중요한 성질이다.

### 04　달걀　|정답| ②

글루텐 형성 작용은 밀가루와 관련 있다. 글루텐은 밀가루 단백질 중에서 글루테닌과 글리아딘으로 구성되어 있다.

### 05　밀가루　|정답| ②

밀가루 단백질인 글루텐이 반죽에 관여한다.

### 06　달걀　|정답| ①

노른자의 레시틴은 지방의 복합 지질로, 유화력이 강하다.

### 07　설탕　|정답| ③

제품의 형태를 유지시키는 재료는 단백질을 함유한 밀가루, 달걀, 분유 등이다. 설탕은 갈변으로 생성되는 냄새로 제품에 향을 부여하며, 반죽의 유동성을 좋게 하고, 밀가루 단백질을 부드럽게 해 준다.

### 08　우유　|정답| ②

우유는 유당(4.8%), 유지방(3.65%), 유단백질(3.4%)을 함유하고 있다.

### 09　달걀　|정답| ③

- 달걀만을 공기 포집할 때 가장 좋은 온도는 30℃로, 이는 달걀의 표면 장력이 약해져 기포력이 증가하기 때문이다.
- 달걀과 설탕을 넣고 공기 포집을 할 경우에는 43℃가 좋다.

### 10　반죽형 케이크　|정답| ②

반죽형 케이크는 비중이 0.8±0.05로 높기 때문에 주로 화학 팽창제를 사용하여 제품을 만든다.

### 11　거품형 케이크　|정답| ③

반죽의 최종 단계 이후 중탕으로 녹인 버터를 넣고 가볍게 섞는다.

### 12　거품형 케이크　|정답| ④

일반적으로 거품형 반죽 케이크의 반죽 온도가 높은 경우 완제품의 부피가 큰 편이며, 기공이 열려 속(조직)이 거칠다. 또한, 큰 기포가 남아있기 쉽고 같은 증기압을 발달시키는 데 굽기 시간이 짧아진다.

### 13　반죽　|정답| ④

팽창제의 과다 사용은 기공이 너무 커서 굽는 도중에 수축 되는 원인 중 하나이다.

### 14　반죽　|정답| ④

설탕/물법은 설탕 2에 물 1의 비율로 액당을 만들어 건조 재료를 섞고 달걀을 넣어 반죽하는 방법이다.

### 15　거품형 케이크　|정답| ②

거품형 케이크는 가벼운 제품으로 비중이 0.5±0.05이며, 대표적인 제품이 스펀지 케이크이다.

### 16　반죽형 케이크　|정답| ①

고율 배합 케이크의 부피가 작은 이유는 액체(달걀) 재료가 많이 들어가 구조력이 약해져(주저앉음) 부피가 작아졌기 때문이다.

### 17　반죽형 케이크　|정답| ①

반죽형 케이크의 비중은 0.8±0.05로, 대표적으로 파운드 케이크가 이에 해당한다.

### 18 아이싱 | 정답 | ③

설탕 100%에 물 30%를 넣고 114~118℃까지 가열한 후 믹서기로 새하얗게 만드는 제품을 퐁당이라고 한다. 퐁당이 재결정화된 것은 38~44℃에서 식힌 후 사용한다.

### 19 포장 | 정답 | ②

뜨거울 때 포장하면 습기가 생겨 곰팡이가 생길 수 있다.

### 20 성형 가공 및 팬닝 | 정답 | ③

410 : 100 = 1,230 : $x$
100 × 1,230 ÷ 410 = 300

### 21 반죽의 믹싱 | 정답 | ③

반죽의 비중은 반죽의 무게를 뜻한다. 비중은 완제품의 부피, 기공, 조직에 영향을 미치지만, 점도에는 영향을 미치지 않는다.

### 22 튀김 기름 | 정답 | ②

튀김 기름의 4대 적은 산소(공기), 수분(물), 이물질, 온도(반복 가열)이다.

### 23 성형 가공 및 팬닝 | 정답 | ③

- 용적: 반지름 × 반지름 × 3.14 × 높이
  = 5 × 5 × 3.14 × 4.5 = 353.25cm³
- 반죽량: 용적 ÷ 비용적 = 353.25 ÷ 2.4 ≒ 147.19g
- 반죽의 70%: 147.19 × 0.7 ≒ 103g

### 24 아이싱 | 정답 | ③

이탈리안 머랭은 흰자를 믹싱하면서 뜨거운 시럽(114~118℃)을 조금씩 나누어 넣으며 만든다.

### 25 아이싱 | 정답 | ④

| 오답풀이 |
① 냉제 머랭은 흰자와 설탕의 비율을 1:2로 하여 18~24℃의 실온에서 거품을 올려 만드는 방법이다.
② 온제 머랭은 흰자와 설탕을 섞어 43℃로 데운 후 거품을 내다 분설탕을 넣어 만드는 방법이다.
③ 이탈리안 머랭은 흰자를 거품 내면서 뜨겁게 끓인 시럽(114~118℃)을 조금씩 나누어 부어 만드는 방법이다.

### 26 아이싱 | 정답 | ③

아이싱의 끈적거림 방지 방법
- 설탕에 물을 넣고 끓여 식힌 시럽을 소량 넣는다.
- 안정제는 젤라틴, 식물성 검을 사용한다.
- 전분, 밀가루와 같은 흡수제를 사용한다.
- 케이크 제품이 냉각된 후 아이싱을 한다.

### 27 화학적 팽창 | 정답 | ①

도넛 글레이즈는 40~50℃가 되도록 가온하여 사용한다.

### 28 반죽형 케이크 | 정답 | ③

초콜릿 케이크에서의 우유 사용량 = 설탕 + 30 + (코코아 × 1.5) − 전란

### 29 무팽창 | 정답 | ②

반죽형 쿠키 중 수분을 가장 많이 함유하는 쿠키는 드롭 쿠키(소프트 쿠키)이다.

### 30 냉과 | 정답 | ③

무스란 프랑스어로 '거품'이란 뜻을 가진 냉과 제품이다.

### 31 거품형 케이크 | 정답 | ③

젤리 롤 케이크는 스펀지 케이크 배합에 수분의 비율을 높여 표피가 터지지 않게 만든 제품이다.

### 32 거품형 케이크 | 정답 | ②

더운 믹싱법은 달걀과 설탕을 중탕으로 37~43℃까지 데운 후 거품을 내는 방법이다.

### 33 유지에 의한 팽창 | 정답 | ①

- 접기 수보다 밀어 펴놓는 결의 수가 2배 많다.
- 접히는 부위가 동일하게 포개져야 한다.

### 34 냉과 | 정답 | ①

푸딩은 너무 오래 가열할 경우 표면에 기포 자국이 생긴다.

### 35 화학적 팽창 | 정답 | ④

제품의 구조를 강하게 하고자 한다면 달걀이나 밀가루의 양을 늘려야 한다.

## 36 무팽창 | 정답 | ①

파이의 바닥 크러스트가 축축한 원인으로는 반죽에 유지 함량이 많거나, 오븐 온도가 낮은 경우 등이다.

## 37 거품형 케이크 | 정답 | ③

엔젤 푸드 케이크 팬의 이형제로는 물을 사용한다.

## 38 유지에 의한 팽창 | 정답 | ③

퍼프 페이스트리는 충전용 마가린을 이용한 것으로, 유지를 배합한 반죽을 30분 이상 냉장 휴지해야 하며, 휴지를 하지 않으면 이는 수축의 원인이 된다.

## 39 무팽창 | 정답 | ④

냉장고에서 휴지시키면 유지가 굳기 때문에 흘러나오지 않는다.

## 40 반죽형 케이크 | 정답 | ②

- 초콜릿은 코코아 5/8, 카카오 버터 3/8을 함유하고 있다.
  $32 \times \frac{3}{8} = 12\%$
- 유화 쇼트닝은 카카오 버터의 1/2을 가지고 있다.
  $12 \times \frac{1}{2} = 6\%$
- 원래의 쇼트닝에서 초콜릿 속에 있는 유화 쇼트닝을 빼 준다.
  $60 - 6 = 54\%$

## 41 반죽형 케이크 | 정답 | ③

초콜릿은 코코아 62.5%(5/8), 카카오 버터 37.5%(3/8)로 되어 있다.

## 42 반죽형 케이크 | 정답 | ③

- 달걀(전란) = 쇼트닝 × 1.1
- 우유 = 설탕 + 25 − 달걀

## 43 무팽창 | 정답 | ②

쇼트 브레드 쿠키는 유지 함량이 높아 성형을 용이하게 하기 위해 냉장고에서 30분 이상 휴지를 시킨다. 이 경우 수화 작용에 의해 밀어 펴기가 용이하다.

## 44 반죽형 케이크 | 정답 | ④

- 달걀(전란) = 쇼트닝 × 1.1 = 54 × 1.1 = 59.4%
- 우유 = 설탕 + 30 + (코코아 × 1.5) − 달걀
       = 120 + 30 + (20 × 1.5) − 59.4 = 120.6%
- 우유 중 수분은 90%, 고형분은 10%를 차지하며, 수분은 물로, 고형분은 분유로 사용한다.
  − 분유: 120.6 × 0.1 = 12.06%
  − 물: 120.6 × 0.9 = 108.54%

## 45 반죽 | 정답 | ②

마찰 계수 = (반죽 결과 온도 × 6) − (실내 온도 + 밀가루 온도 + 설탕 온도 + 유지 온도 + 달걀 온도 + 수돗물 온도)
= (27 × 6) − (25 + 24 + 24 + 20 + 18 + 18) = 33

## 46 화학적 팽창제 | 정답 | ②

내부기공이 조밀하고 속색이 밝은 것은 화학 팽창제가 부족할 때 나타나는 현상이다.

## 47 비중 | 정답 | ④

거품형 케이크의 비중은 낮고 반죽형 케이크의 비중은 높다.

## 48 유지에 의한 팽창 | 정답 | ①

퍼프 페이스트리의 반죽 온도는 18~22℃로, 반죽의 되기와 유지의 되기를 같게 하여 밀어 펴는 것이 좋다. 충전용 유지가 녹지 않도록 반죽을 밀어 펴고 접을 때는 냉장 휴지를 한다.

# PART 06 | 빵류 제조            P.210~P.216

| 01 | ③ | 02 | ① | 03 | ① | 04 | ③ | 05 | ④ |
| 06 | ④ | 07 | ① | 08 | ③ | 09 | ② | 10 | ① |
| 11 | ③ | 12 | ② | 13 | ① | 14 | ③ | 15 | ③ |
| 16 | ④ | 17 | ① | 18 | ② | 19 | ④ | 20 | ④ |
| 21 | ④ | 22 | ② | 23 | ② | 24 | ② | 25 | ③ |
| 26 | ④ | 27 | ② | 28 | ② | 29 | ③ | 30 | ② |
| 31 | ② | 32 | ② | 33 | ② | 34 | ② | 35 | ③ |
| 36 | ② | 37 | ② | 38 | ② | 39 | ② | 40 | ③ |
| 41 | ④ | 42 | ② | 43 | ② | 44 | ① | 45 | ② |
| 46 | ④ | 47 | ① | 48 | ② | 49 | ③ | 50 | ② |
| 51 | ① | 52 | ① | 53 | ② | 54 | ① | 55 | ② |
| 56 | ② | 57 | ① | 58 | ② | 59 | ③ | 60 | ① |
| 61 | ② | 62 | ④ | 63 | ② | 64 | ③ | 65 | ② |
| 66 | ④ | 67 | ② | 68 | ③ |   |   |   |   |

### 01 제빵의 원료 | 정답 | ③
제빵에 가장 적합한 물은 아경수로 광물질 함량이 120~180ppm이다.

### 02 제빵의 원료 | 정답 | ①
유지를 사용하면 반죽의 흡수율은 감소하고 제품의 수분 보유력은 증가한다.

### 03 제빵의 원료 | 정답 | ①
유화 작용이란 물과 기름(지방)을 잘 혼합시키는 작용을 의미한다. 노른자 속의 레시틴 성분 등이 유화제 역할을 한다.

### 04 제빵의 원료 | 정답 | ③
반죽 시 분유를 많이 사용하면 브레이크와 슈레드가 작게 생성된다.

### 05 제빵의 원료 | 정답 | ④
이스트는 28~32℃에서 발효력이 최대가 된다. 이는 이산화탄소 가스가 최대로 발생되기 때문이다.

### 06 제빵의 원료 | 정답 | ④
탈지 분유의 단백질이 등전점 침전으로 반죽의 pH 변화에 대한 완충 역할을 한다.

### 07 제빵의 원료 | 정답 | ①
소금은 식염 또는 염화나트륨이라고 하며, 나트륨과 염소가 원소로 구성되어 있다.

### 08 스트레이트법 | 정답 | ③
스트레이트법의 장점에는 제조 공정의 단순함, 노동력과 시간의 감소, 제조 장소와 제조 장비 규모의 감소 등이 있다. 발효 손실이 감소되며, 노화가 지연되어 저장성이 좋은 것은 스펀지 도우법의 장점이다.

### 09 연속식 제빵법 | 정답 | ②
연속식 제빵법은 액체 발효기에서 액종을 짧게 발효시키므로 발효 손실이 감소하고 발효 향도 감소한다.

### 10 냉동 반죽법 | 정답 | ①
냉동 반죽법은 반죽을 급속 냉동시키는 과정에서 이스트가 냉해를 입어 반죽이 끈적거리고 퍼지기 쉽다.

### 11 비상 반죽법 | 정답 | ③
**비상 스트레이트법**
- 필수 조치: 이스트 2배 증가, 설탕 1% 감소, 물 1% 증가, 반죽 온도 30℃, 믹싱 시간 20~30% 증가, 1차 발효 15~30분
- 선택 조치: 소금 1.75% 감소, 분유 1% 감소, 이스트 푸드 0.5% 증가, 산 0.75% 첨가

### 12 제빵의 원료 | 정답 | ②
소금을 늦게 넣어 믹싱 시간을 10~20% 단축시키는 방법은 후염법이다.

### 13 액체 발효법 | 정답 | ①
액체 발효법은 발효의 완료점을 pH로 확인한다.

### 14 스펀지 도우법 | 정답 | ③
표준 스펀지 도우법의 스펀지 반죽 온도는 24℃이고, 도우 반죽(본 반죽) 온도는 27℃이다.

### 15  노타임 반죽법 | 정답 | ③

노타임법은 산화제와 환원제를 사용하여 발효 시간을 단축시켜 제조하는 방법이다.

### 16  액체 발효법 | 정답 | ④

**액체 발효법의 장점**
- 발효 손실에 따른 생산 손실을 줄일 수 있다.
- 단백질 함량이 낮아 발효 내구력이 약한 밀가루로 빵을 생산하는 것이 가능하다.
- 한 번에 많은 양을 발효시킬 수 있다.
- 펌프와 탱크 설비가 이루어져 있어 공간·설비가 감소된다.
- 균일한 제품 생산이 가능하다.

### 17  스펀지 도우법 | 정답 | ①

스펀지 반죽의 기본 재료는 밀가루, 이스트, 물, 이스트 푸드(개량제)이다. 설탕은 도우 반죽(본 반죽)에 들어간다.

### 18  재반죽법 | 정답 | ②

재반죽법은 스트레이트법(직접법)의 변형으로 스펀지 도우법의 장점을 이용한 방법이다.

### 19  냉동 반죽법 | 정답 | ④

냉동과 해동 및 냉동 저장에 따른 이스트와 글루텐의 냉해로 인해 냉동 반죽 물성이 약화된다.

### 20  냉동 반죽법 | 정답 | ④

냉동된 반죽은 반드시 냉장고에서 15~16시간 완만 해동(냉장 해동)을 해야 하며, 해동 후 온도 30~33℃, 상대 습도 80%의 2차 발효실에서 발효시킨다.

### 21  노타임 반죽법 | 정답 | ④

환원제인 시스테인은 노타임 반죽법(노타임법)에 사용한다.

### 22  액체 발효법 | 정답 | ①

액체 발효법에서 탈지 분유는 완충제로, 쇼트닝은 소포제로 사용된다.

### 23  스펀지 도우법 | 정답 | ②

표준 스펀지 도우법의 스펀지 발효 시간은 3시간~4시간 30분 정도이다.

### 24  스트레이트법 | 정답 | ②

스트레이트법은 모든 재료를 믹서에 한 번에 넣고 반죽하는 방법으로 유지는 주로 클린업 단계에서 넣는다.

### 25  냉동 반죽법 | 정답 | ③

냉동 반죽은 −40℃로 급속 냉동 후 −25~−18℃에서 저장한다.

### 26  냉동 반죽법 | 정답 | ④

냉동 반죽은 이스트의 사용량을 증가시키는데, 이는 냉동 과정에서 이스트의 일부가 냉해를 입기 때문이다.

### 27  스펀지 도우법 | 정답 | ①

스펀지 도우법은 스트레이트법에 비해 공정 시간이 길어 노동력이 많이 들고, 시설과 공간이 필요하기 때문에 경비가 많이 든다.

### 28  스펀지 도우법 | 정답 | ②

스펀지 도우법의 스펀지 반죽 온도는 24℃, 도우 반죽(본 반죽) 온도는 27℃이다.

### 29  배합표 작성 | 정답 | ③

Baker's %는 밀가루를, True %는 전체 반죽량을 100%로 한다.

### 30  배합표 작성 | 정답 | ②

- 완제품 무게: 600g × 10개 = 6,000g
- 총반죽 무게: 완제품 무게 ÷ (1 − 분할 손실)
  = 6,000g ÷ (1 − 20%)
  = 6,000g ÷ (1 − 0.2)
  = 6,000g ÷ 0.8 = 7,500g
- 밀가루 무게(g): $\dfrac{\text{총재료 무게(g)} \times \text{밀가루 배합률(\%)}}{\text{총배합률(\%)}}$

  = $\dfrac{7{,}500\text{g} \times 100\%}{150\%}$

  = 5,000g(g을 kg으로 전환하면, 5,000÷1,000 = 5kg)

### 31  중간 발효 | 정답 | ②

기공의 제거는 둥글리기와 밀기 과정의 목적이다.

### 32  1차 발효 | 정답 | ②

1차 발효 중에 펀치를 하는 이유는 반죽 전체의 온도를 균일하게 하고 발효 속도를 일정하게 하기 위함이다. 또한 발효 시간을 단축하고 이스트를 활성화시키는 단계이다.

## 33 팬닝 |정답| ②

철판의 온도는 30~35℃가 적합하며, 반죽의 온도와 같거나 약간 높게 맞추면 좋다.

## 34 팬 기름 |정답| ③

**팬 기름(이형유)의 조건**
- 이미, 이취를 갖고 있지 않은 것이 좋다.
- 무색, 무취를 띠는 것이 좋다.
- 산패에 잘 견디는 안정성이 높은 것이 좋다.
- 발연점이 210℃ 이상 높은 것이 좋다.
- 반죽 무게의 0.1~0.2% 정도의 팬 기름을 사용한다.

## 35 반죽 |정답| ③

- 마찰 계수
  = (결과 온도 × 3) − (실내 온도 + 밀가루 온도 + 수돗물 온도)
  = (30 × 3) − (26 + 22 + 17) = 25
- 사용할 물 온도
  = (희망 온도 × 3) − (실내 온도 + 밀가루 온도 + 마찰 계수)
  = (27 × 3) − (26 + 22 + 25) = 8
- 얼음 사용량 = $\dfrac{\text{물 사용량} \times (\text{수돗물 온도} - \text{사용할 물 온도})}{80 + \text{수돗물 온도}}$
  = $\dfrac{1,000 \times (17-8)}{80 + 17}$ = 92.78g(약 93g)

## 36 빵의 노화 |정답| ②

빵의 노화 속도가 가장 빠른 온도 범위는 0~10℃의 냉장 온도이다.

## 37 비용적 |정답| ③

비용적은 반죽 1g이 차지하는 부피를 말하며, 단위는 $cm^3/g$이다. 산형 식빵의 비용적은 3.2~3.4$cm^3$/g, 풀만형 식빵의 비용적은 3.3~4$cm^3$/g이다.

## 38 2차 발효 |정답| ③

2차 발효는 온도 35~40℃(38℃ 전후), 상대 습도 85~90%가 적합하다.

## 39 성형 |정답| ②

둥글리기 공정에서 과량의 덧가루를 사용하지 않아야 한다. 덧가루의 양이 많으면 제품의 맛과 향이 떨어지며, 제품에 줄무늬가 생긴다.

## 40 포장 |정답| ③

포장 온도는 35~40℃가 적합하며, 수분 함량은 38%가 좋다. 높은 온도에서 포장하면 형태가 변하고, 곰팡이가 발생하며, 썰기가 어렵다. 반면, 낮은 온도에서 포장을 하면 껍질이 건조하여 단단해지고, 노화가 빠르다.

## 41 반죽 |정답| ④

**믹싱 단계**
- 픽업 단계: 데니시 페이스트리, 스펀지 반죽
- 발전 단계: 곡물을 이용한 빵, 불란서빵
- 최종 단계: 일반적인 빵(단과자빵, 식빵 등)
- 렛 다운 단계: 햄버거빵

## 42 반죽 |정답| ③

- 패리노그래프: 밀가루의 흡수율, 반죽의 내구성, 시간 측정
- 익스텐소그래프: 반죽의 신장성에 대한 저항, 신장 내구성으로 발효 시간 측정
- 아밀로그래프: 밀가루 전분의 호화 정도와 α-아밀레이스의 활성을 측정

## 43 반죽 |정답| ②

얼음 사용량 = $\dfrac{\text{물 사용량} \times (\text{수돗물 온도} - \text{사용할 물 온도})}{80 + \text{수돗물 온도}}$
= $\dfrac{10 \times (18-9)}{80 + 18}$ = 0.918kg(약 0.92kg)

## 44 냉각 |정답| ①

냉각 손실은 2% 정도가 적당하다.

## 45 굽기 |정답| ②

바게트는 20~25%의 굽기 손실이 생긴다.

## 46 성형 |정답| ④

성형은 분할 → 둥글리기 → 중간 발효 → 정형(밀기 → 말기 → 봉하기) → 팬닝으로 진행된다.

## 47 빵의 노화와 부패 |정답| ①

보존료인 프로피온산을 반죽에 첨가한다.

## 48 굽기 |정답| ③

오븐 스프링이란 반죽 온도가 49℃에 달하면 반죽이 짧은 시간 동안 급격하게 부풀어 처음 크기의 약 1/3 정도 팽창하는 것을 말한다. 이는 용해 탄산가스와 알코올이 기화되면서 가스압이 증가하여 일어난다.

### 49 제품별 제빵법 | 정답 | ③

풀만형 식빵의 굽기 손실은 7~9% 정도이다.

### 50 제품별 제빵법 | 정답 | ②

프렌치 롤은 하드 롤에 속한다.

### 51 데니시 페이스트리 | 정답 | ①

데니시 페이스트리의 반죽 온도는 18~22℃로 낮게 하여 냉장 휴지를 시킨다.

### 52 제품 평가 | 정답 | ①

단백질의 아미노산을 굽는 과정 중에서 마이야르 반응이 일어나지만, 윗면이 검게 나오지는 않는다.

### 53 제품 평가 | 정답 | ②

소금을 많이 사용하면 삼투압이 높아져 이스트의 활성이 떨어지므로 완제품의 부피가 작아진다.

### 54 제품 평가 | 정답 | ①

연수는 미네랄(광물질)을 60ppm 이하로 함유하고 있어 껍질 색을 옅게 만든다. 경수는 180ppm 이상 미네랄을 함유하고 있어 진한 색을 낸다.

### 55 2차 발효 | 정답 | ②

반죽 온도가 높을수록 이스트와 효소를 활성화시킨다.

### 56 제품 평가 | 정답 | ②

2차 발효실의 습도가 높거나 오븐에 스팀을 많이 분사한 경우 껍질이 질겨진다.

### 57 제품 평가 | 정답 | ①

껍질 색이 여리고 부스러지기 쉬운 껍질은 지나친 발효 현상이다.

### 58 반죽 | 정답 | ③

배합에 사용되는 모든 재료를 믹서에 한 번에 넣고 반죽하는 방법으로, 직접 반죽법(직접법) 또는 스트레이트법이라고도 한다.

### 59 반죽 | 정답 | ③

글루텐은 글루테닌(탄력성)과 글리아딘(신장성)으로 구성되어 있다.

### 60 1차 발효 | 정답 | ①

펀치는 반죽 온도를 균일하게 해주며, 이산화탄소를 방출하고 반죽에 산소를 공급하여 산화와 숙성을 진전시킨다. 또한, 이스트의 활성을 돕는 역할도 한다.

### 61 굽기 | 정답 | ②

반죽 온도가 75℃를 넘으면 단백질이 열변성을 일으켜 굳기 시작하며, 열변성된 글루텐 단백질은 호화된 전분과 함께 골격(내부 구조)을 만들고 굽기 마지막 단계까지 굳기가 천천히 계속된다.

### 62 2차 발효 | 정답 | ④

발효가 지나치면 산이 많이 생겨 향이 좋지 않고 제품의 조직이 불규칙하게 된다. 또한, 옆면이 들어가며 주저앉기 쉽고 당의 부족으로 색이 옅어진다.

### 63 성형 | 정답 | ②

둥글리기는 잘린 단면을 매끄럽게 마무리하고 가스를 균일하게 조절하는 역할을 한다.

### 64 굽기 | 정답 | ③

| 오답풀이 |
① 호화: 56℃ 이상에서 호화가 시작
② 오븐 스프링: 처음 부피의 1/3까지 급격하게 커지는 부피의 팽창
④ 캐러멜화: 설탕이 이스트의 먹이가 되고 남은 당류로 색을 내는 현상

### 65 굽기 | 정답 | ②

언더 베이킹은 높은 온도에서 짧게 굽기를 하기 때문에 윗면이 올라간다.

### 66 데니시 페이스트리 | 정답 | ④

롤인 유지 함량이 많은 것이 롤인 유지 함량이 적은 것보다 접기 횟수가 증가함에 따라 부피가 증가하다가 최고점을 지나면 감소하는 현상이 서서히 나타난다.

### 67 냉각 | 정답 | ②

빵의 냉각은 자연 냉각, 터널식 냉각, 공기조절식(에어컨디션식) 냉각이 있다. 강제 냉각보다는 자연 냉각이 바람직하다.

### 68 냉동 반죽법 | 정답 | ③

고율 배합 제품은 비교적 완만한 냉동에도 잘 견디기 때문에 저율 배합보다 냉동 저장에 알맞다.

# 기출복원 모의고사

## 2025 실제 기출 복원문제(제과)  P.218~P.223

| 01 | ② | 02 | ② | 03 | ② | 04 | ④ | 05 | ② |
| 06 | ② | 07 | ② | 08 | ① | 09 | ④ | 10 | ① |
| 11 | ③ | 12 | ③ | 13 | ③ | 14 | ② | 15 | ① |
| 16 | ③ | 17 | ① | 18 | ② | 19 | ① | 20 | ① |
| 21 | ④ | 22 | ① | 23 | ① | 24 | ① | 25 | ④ |
| 26 | ① | 27 | ③ | 28 | ④ | 29 | ① | 30 | ④ |
| 31 | ④ | 32 | ③ | 33 | ④ | 34 | ③ | 35 | ④ |
| 36 | ① | 37 | ① | 38 | ② | 39 | ④ | 40 | ① |
| 41 | ④ | 42 | ① | 43 | ④ | 44 | ① | 45 | ① |
| 46 | ① | 47 | ① | 48 | ③ | 49 | ② | 50 | ② |
| 51 | ① | 52 | ③ | 53 | ② | 54 | ② | 55 | ③ |
| 56 | ② | 57 | ③ | 58 | ④ | 59 | ③ | 60 | ① |

### 01 |정답| ②

튀김용 기름은 발연점이 높을수록 재료가 산화되지 않고 바삭하게 튀겨낼 수 있다. 면실유는 발연점이 약 230~240℃로 높기 때문에 튀김에 적합하다.

### 02 |정답| ②

따뜻한 공기는 위로 상승하고 찬 공기는 아래로 하강하는 현상을 대류라고한다. 컨벡션오븐은 팬을 이용해 인위적으로 대류를 일으켜 음식의 위아래가 고르게 익도록 만드는 원리이다.

### 03 |정답| ②

퍼프 페이스트리는 단순히 저온 처리한다고 해서 향이 더 좋아지지 않는다.

**휴지의 목적**
- 재료를 충분히 수화시켜 글루텐 안정화
- 반죽과 유지의 되기를 일치시켜 층을 분명히 함
- 밀어펴기 용이
- 끈적거림을 방지하여 작업성 향상
- 반죽 절단 시 수축 방지

### 04 |정답| ④

껍질에 달걀물을 과도하게 바르면 결이 거칠어지고 수포가 생기며, 층이 충분히 부풀지 못하고 색이 지나치게 진해질 수 있다.

**퍼프 페이스트리 제조 시 유지가 흘러나오는 원인**
- 과다한 충전물 양
- 파지나 오래된 반죽의 사용
- 과도한 밀어펴기와 불충분한 휴지
- 굽는 온도가 지나치게 높거나 낮은 경우
- 부적절한 봉합
- 단백질 함량이 낮은 밀가루의 사용

### 05 |정답| ②

스펀지 케이크는 거품형 케이크이기 때문에 반죽을 오래 두면 거품이 꺼져 비중이 높아진다.

### 06 |정답| ②

엔젤푸드 케이크는 달걀 흰자의 기포성을 이용해 만드는 제품으로, pH가 낮아야 하므로 중조(베이킹소다)는 사용하지 않는다.

### 07 |정답| ②

반죽의 수분이 부족하면 도넛이 충분히 팽창하지 않고, 형태가 불균형하며 표면이 갈라질 수 있다. 표면에 혹처럼 튀어나오는 현상은 과도한 글루텐 형성 등 다른 여러 가지 원인에 의해 발생할 수 있다.

### 08 |정답| ①

유지 성분과 수분 사이의 유화 균형이 불안정한 경우 끈적임 현상이 쉽게 개선되지 않으며, 유화제 함량을 높이면 제품의 안정성과 품질이 저하될 수 있다.

### 09 |정답| ④

화이트 레이어 케이크는 달걀 흰자만 사용하여 만드는 케이크이다.

### 10 |정답| ①

주석산 크림이나 식초는 흰자의 pH를 낮춰 거품을 안정시키고, 머랭을 단단하게 만들며 색을 더 희게 한다.

## 11 | 정답 | ③

이탈리안 머랭은 흰자를 거품 내는 동안, 설탕 100g에 물 30g을 넣어 114~118℃로 끓인 뜨거운 시럽을 조금씩 나누어 부어가며 만드는 머랭이다.

## 12 | 정답 | ③

기공이 열리면 탄력성이 감소하며, 조직이 거칠고 쉽게 부서지게 된다.

## 13 | 정답 | ③

- 반죽의 총 부피 30ℓ×10 = 300ℓ
- 반죽의 총 무게 300g×600개 = 180,000g = 180kg

따라서 반죽의 비중은 180kg/300ℓ = 180,000/300,000 = 0.6

## 14 | 정답 | ②

**달걀의 기능**
- 기포성(흰자거품, 계란 거품)
- 열 응고성(단백질이 열에 응고되어 농후화제 역할을 함), 구조형성
- 유화성(노른자의 인지질인 레시틴이 유화제로 작용)
- 색(노른자의 황색 색소는 제품의 속색을 식욕이 나는 색상으로 만듦)
- 영양성(양질의 단백질원, 완전식품)

## 15 | 정답 | ①

**설탕의 기능**
- 단맛 부여
- 마이야르 반응과 캐러멜 반응으로 껍질 색을 진하게 함
- 수분 보습제로 보습효과가 있어 노화를 지연시키고 저장성 증가시킴
- 감미제의 종류에 따라 독특한 향을 부여함
- 밀가루 단백질을 부드럽게 하는 연화 작용을 함

## 16 | 정답 | ③

작업장 구획설정은 작업 중 사고예방, 위생 관리, 효율적인 작업 흐름, 직원의 안전 확보를 위해 실시한다. 작업자의 휴식 공간은 별도로 구획하여 확보해야 한다.

## 17 | 정답 | ①

전기오븐 내부에서 뜨거운 공기를 순환시켜 열을 전달하는 방식은 대류이다.

## 18 | 정답 | ②

**쿠키의 퍼짐이 적은 원인**
- 산성 반죽, 된 반죽
- 과도한 믹싱
- 높은 오븐 온도
- 입자가 곱거나 설탕 사용량이 적은 경우

## 19 | 정답 | ①

블렌딩법은 유지에 밀가루를 피복시키는 제법으로 약 21℃ 정도의 품온을 가진 유지를 사용하는 것이 좋다.

| 오답풀이 |
② 머랭법이나 별립법에 해당한다.
③, ④ 공립법에 해당한다.

## 20 | 정답 | ①

빵을 너무 낮은 온도에서 포장하면 내부 수분 이동이 촉진되어 노화가 빨라진다. 낮은 온도는 빵의 탄력과 신선도를 떨어뜨리고, 빵 껍질이 건조해지게 만든다.

## 21 | 정답 | ④

- 완제품 무게 총합 = 600g×1,200개 = 720,000g
- 굽기 손실을 고려한 굽기 전 무게 = 720,000g ÷ (1−0.19)
  = 720,000g ÷ 0.81 = 888,889g
- 믹싱 손실을 고려한 총 재료량 = 888,889g ÷ (1−0.01)
  = 888,889g ÷ 0.99 = 897,868g

따라서 총 재료량은 약 898,000g = 900kg

## 22 | 정답 | ①

**소프트롤 겉면 터짐 방지법**
- 설탕의 일부를 물엿이나 시럽으로 대체한다.
- 덱스트린을 사용하여 점착성을 증가시킨다.
- 노른자 양을 줄이고 전란을 늘린다.
- 반죽의 비중이 너무 높지 않도록 한다.
- 반죽 온도를 낮지 않게 유지하고, 밑불을 강하지 않게 조절하여 굽는다.
- 팽창제 사용량을 줄이거나 믹싱 상태를 조절해 과도한 부피 팽창을 방지한다.

## 23 | 정답 | ①

여름철 실내 온도가 높을 경우, 블렌딩법으로 사과파이 껍질을 제조할 때는 물 온도가 높으면 유지가 녹을 수 있으므로 약 4℃ 정도의 물을 사용하는 것이 좋다.

## 24 | 정답 | ①

**과도한 흡유 현상 원인**
- 설탕, 유지, 팽창제 사용량이 많을 경우
- 튀김 시간이 긴 경우
- 글루텐이 부족할 경우
- 믹싱 시간이 짧을 경우
- 반죽에 수분이 너무 많은 경우
- 튀김 온도가 낮은 경우

## 25 |정답| ④
패닝 후 슈 반죽 표면에 물을 충분히 분사하면, 껍질 형성이 늦어져 양배추 모양으로 충분히 부풀어 오를 수 있도록 돕는다.

## 26 |정답| ①
템퍼링이 부족하면 팻 블룸이 발생하며, 슈가 블룸은 템퍼링과 관계없다.

## 27 |정답| ③
퍼짐이 결핍되는 경우
- 된 반죽
- 유지 부족
- 체친 가루 사용 및 과도한 믹싱
- 산성 반죽
- 적은 설탕 사용량
- 작은 설탕 입자
- 높은 굽기 온도

## 28 |정답| ④
너무 높은 온도에서 구우면 겉면이 빠르게 익고, 중심부만 솟아오르면서 내부는 설익은 채 갈라진다. 이로 인해 조직이 거칠어지고 쉽게 꺼질 수 있다.

## 29 |정답| ①
케이크 도넛 완제품의 일반적인 유지 함량은 20~25%이고, 수분 함량은 21~25%이다.

## 30 |정답| ④
- 반죽형 쿠키 : 드롭 쿠키, 스냅 쿠키, 쇼트브레드 쿠키
- 거품형 반죽 쿠키 : 스펀지 쿠키, 핑거 쿠키, 머랭 쿠키

## 31 |정답| ④
템퍼링은 2차 가공 작업으로, 초콜릿의 카카오 버터가 안정적으로 굳을 수 있도록 온도를 조절하는 공정이다.

## 32 |정답| ③
유화제는 친유성과 친수성을 모두 가지지만 반드시 동등한 비율일 필요는 없으며, 유화 목적에 따라 한쪽 성질이 더 강한 유화제가 사용된다.

## 33 |정답| ④
크림성은 유지가 믹싱 중 공기를 포집하는 성질로, 이를 통해 빵이나 케이크 반죽에 부드럽고 가벼운 조직과 풍부한 부피를 만든다.

## 34 |정답| ②
1kg = 1,000g이므로, 1.5kg = 1.5 × 1,000g = 1,500g = 1,500,000mg

## 35 |정답| ④
제분율 = (밀가루 무게 ÷ 원료 밀 무게) × 100 = (76kg ÷ 100kg) × 100 = 76%

## 36 |정답| ①
카라야검은 향신료가 아닌 점증제로 사용되는 성분이다.

## 37 |정답| ②
알파 아밀레이스(α-amylase)
- 전분을 덱스트린으로 분해하는 능력이 있어 액화효소라고 한다.
- α-1,4 결합과 α-1,6 결합을 가진 아밀로펙틴에 작용하며, 내부 아밀레이즈로도 알려져 있다.
- β-아밀레이스에 비해 열 안정성이 더 높다.
- 전분을 액화시키지만, 맥아당을 직접 생성하지는 못한다.

## 38 |정답| ②
퐁당은 설탕에 물을 넣고 114~118℃까지 가열하여 시럽을 만든 뒤, 38~44℃로 식혀 휘저어 만들어 설탕의 재결정성을 이용해 만든 제품이다.

## 39 |정답| ④
치즈크림의 충전물에 사용되는 일반적인 재료에는 크림치즈, 생크림(휘핑크림), 설탕, 버터, 바닐라 추출물, 달걀, 코티지 치즈 또는 리코타 치즈, 그리고 특정 스타일에서는 마스카포네 치즈 등이 있다. 이 재료들은 치즈크림 특유의 부드럽고 풍부한 맛과 질감을 만드는 데 사용되며, 주로 케이크, 타르트, 파이 등의 충전물로 활용된다.

## 40 |정답| ①
판 젤라틴은 온도가 낮을수록 젤 능력이 좋으므로 보통 10~20℃의 찬물에 불려서 사용한다.

## 41 |정답| ④
단백질 함량은 분유의 영양가에는 영향을 주지만, 물에 잘 녹는 정도(용해도)에는 직접적인 영향을 주지 않는다.

## 42 |정답| ①
초콜릿은 습기와 직사광선을 피해 온도 15~18℃, 습도 50% 이하의 환경에서 밀봉하여 보관해야 한다.

## 43 | 정답 | ④
안정제는 흡수제로 노화 방지 효과가 있다.

## 44 | 정답 | ①
젤라틴은 동물의 껍질이나 연골 조직에서 추출한 콜라겐을 정제하여 만든 것으로 주로 젤리, 무스, 바바로아 등을 만들 때 사용된다.

| 오답풀이 |
② 한천: 양갱이나 젤리 등을 만들 때 사용
③ 펙틴: 젤리나 잼 등을 만들 때 사용
④ C.M.C: 아이스크림, 잼, 소스 등 다방면에 사용

## 45 | 정답 | ①
향신료의 특징
- 강한 향과 독특한 맛을 지닌 식물성 향료로, 풍부한 맛과 향을 더해 식욕을 증진시킨다.
- 식품의 향미를 부여하여 풍미를 향상시킨다.
- 주재료와 조화를 이루어 제품의 보존성을 높이며, 소화기관을 자극해 소화를 돕는다.
- 방부 효과와 약리 작용을 지닌다.

## 46 | 정답 | ①
인수공통감염병의 종류
탄저, 브루셀라증(파상열), Q열, 돈단독, 야토병, 리스테리아증, 구제역

## 47 | 정답 | ①
감염병의 감염 과정은 병원체가 감염원(병소)에서 탈출하여 사람이나 다른 숙주에게 전파되고, 침입하여 감염을 일으키는 일련의 과정을 말한다. (병원소로부터 병원체 탈출 → 병원체의 전파 → 새로운 숙주로의 침입 → 감수성 숙주 감염)

## 48 | 정답 | ③
비소는 외형이 밀가루와 유사해 식품으로 오인되어 혼입된 사례가 있으며, 이로 인해 중독을 일으킨 경우가 보고되었다. 주요 증상으로는 습진성 피부질환, 신경계 마비, 전신 경련 등이 있으며, 농약이나 불순물 형태로 식품에 혼입될 가능성도 있어 각별한 주의가 요구된다.

## 49 | 정답 | ②
감염형 식중독은 병원체가 인체 내에 침입하여 증식함으로써 발생하는 식중독을 의미한다. 대표적인 감염형 식중독 원인균으로는 살모넬라균, 장염비브리오균, 병원성 대장균 등이 있다. 특히 살모넬라균은 감염형 식중독의 대표 균으로, 주로 육류, 가금류, 달걀 등에서 감염이 이루어진다.

## 50 | 정답 | ②
아우라민은 강력한 노란색을 띠며 산업용 염료로 사용된다. 발암성과 독성 때문에 현재 식품에는 사용이 금지되고 있다.

## 51 | 정답 | ①
붕산은 살균 및 방부제로 과거 사용되었으나, 인체에 독성이 강해 현재는 식품 첨가물로 금지되었다. 나머지는 우리나라에서 허용된 첨가물이다.

## 52 | 정답 | ③
식품첨가물의 정의(우리나라 「식품위생법」 기준): 식품을 제조·가공·조리 또는 보존하는 과정에서 감미, 착색, 표백, 산화 방지 등을 목적으로 식품에 직접 사용되는 물질을 말하며, 또한 기구·용기·포장을 살균·소독하는 데 사용되어 간접적으로 식품에 옮아갈 수 있는 물질도 포함한다.

## 53 | 정답 | ②
팀 구성은 HACCP 시스템 구축 과정에서 중요한 단계이지만, 7가지 원칙에는 포함되지 않는다.
HACCP 7원칙
① 위해 요소 분석
② 중요 관리점 결정
③ 한계 기준 설정
④ 모니터링 체계 구축
⑤ 개선 조치 방법 수립
⑥ 검증 절차
⑦ 기록 유지 및 문서 관리

## 54 | 정답 | ②
냉장 온도(일반적으로 4~5℃)에서는 대부분의 미생물 증식이 억제되지만, 일부 저온성 미생물(유해 미생물 포함)은 증식할 수 있다.

| 오답풀이 |
① 70℃에서도 생육이 가능한 고온성 미생물이 존재한다.
③ 수분 함량이 낮은 저장 곡류에서도 미생물이 제한적으로 증식할 수 있다.
④ 한 종류의 미생물이 많이 번식하면 다른 미생물의 번식이 억제될 수 있다.

## 55 | 정답 | ③

냉장실은 일반적으로 5℃ 이하, 냉동실은 -18℃ 이하의 온도를 유지하는 것이 적절하며, 온도 관리와 함께 위생 관리 및 정기적인 이상 유무 검사가 중요하다. 적절한 온도 유지를 통해 미생물 증식을 현저히 억제할 수 있으나, 박테리아와 진균류의 번식을 완전히 막을 수는 없다.

## 56 | 정답 | ②

세계보건기구(WHO)는 성인의 하루 섭취 열량 중 트랜스 지방 섭취를 총열량의 1% 이하로 권고하고 있다.

## 57 | 정답 | ③

비타민 A 결핍 시에는 야맹증과 건조성 안염, 그 외에도 피부 건조와 감염 빈도 증가 등이 동반된다.

| 오답풀이 |
- 비타민 D 결핍 증상: 구루병, 골다공증
- 비타민 E 결핍 또는 기타 영양소 결핍 관련: 불임증, 근육위축증 등

## 58 | 정답 | ④

글리코겐은 인간 몸에서 중요한 에너지원 다당류로, 주로 간과 골격근에 합성되어 저장된다. 간에서는 혈당 조절을 위해 글리코겐을 저장하고, 근육에서는 운동 시 에너지로 사용하기 위해 글리코겐을 저장한다.

## 59 | 정답 | ③

1차 오염은 농산물 재배나 축산물 성장 과정에서 발생할 수 있으며, 양질의 원료와 깨끗한 용수를 사용해 일부 방지할 수 있다. 2차 오염은 수확, 채취, 도살 등의 처리 과정에서 발생하며, 종업원의 철저한 위생 관리가 중요하지만 이것만으로는 완전히 막기 어렵다. 따라서 작업 환경, 설비 위생, 작업자 교육 등의 종합적인 관리가 필요하다.

## 60 | 정답 | ①

- 라이페이스(lipase): 지방을 지방산과 글리세롤로 분해하는 효소
- 스테압신(steapsin): 이자액에 포함된 지방 분해 소화효소

| 오답풀이 |
- 펩신(pepsin), 트립신(trypsin): 단백질을 분해하는 소화 효소
- 프티알린(ptyalin): 탄수화물을 분해하는 소화 효소로, 아밀라아제와 동일

# 제과기능사 | 01회    P.224~P.229

| 01 | ④ | 02 | ② | 03 | ③ | 04 | ① | 05 | ④ |
|----|---|----|---|----|---|----|---|----|---|
| 06 | ② | 07 | ③ | 08 | ③ | 09 | ① | 10 | ② |
| 11 | ① | 12 | ② | 13 | ② | 14 | ① | 15 | ② |
| 16 | ① | 17 | ④ | 18 | ② | 19 | ③ | 20 | ② |
| 21 | ② | 22 | ③ | 23 | ① | 24 | ② | 25 | ② |
| 26 | ① | 27 | ① | 28 | ③ | 29 | ① | 30 | ④ |
| 31 | ① | 32 | ② | 33 | ② | 34 | ② | 35 | ① |
| 36 | ① | 37 | ③ | 38 | ④ | 39 | ② | 40 | ① |
| 41 | ③ | 42 | ② | 43 | ① | 44 | ③ | 45 | ③ |
| 46 | ② | 47 | ④ | 48 | ③ | 49 | ② | 50 | ② |
| 51 | ② | 52 | ③ | 53 | ② | 54 | ② | 55 | ① |
| 56 | ③ | 57 | ③ | 58 | ④ | 59 | ① | 60 | ④ |

## 01 | 정답 | ④

오븐의 제품 생산 능력은 오븐 내 매입 철판 수로 계산한다.

## 02 | 정답 | ②

$$비중 = \frac{반죽\ 무게 - 컵\ 무게}{물\ 무게 - 컵\ 무게} = \frac{220 - 40}{240 - 40} = 0.9$$

## 03 | 정답 | ③

손 씻기 등 개인위생을 지키는 것이 배설물-구강 오염 경로를 차단하는 기본이 된다.

## 04 | 정답 | ①

**고율 배합과 저율 배합**

| 구분 | 고율 배합 | 저율 배합 |
|------|---------|---------|
| 믹싱 중 공기 포집 | 많음 | 적음 |
| 반죽의 비중 | 낮음 | 높음 |
| 화학 팽창제 사용량 | 적음 | 많음 |
| 굽기 온도 | 낮음 | 높음 |

## 05 | 정답 | ④

프로토펙틴 가수 분해 효소는 프로토펙틴을 가수 분해하여 수용성 식물 섬유인 펙틴이나 펙틴산으로 변환시키는 효소이다.

## 06 | 정답 | ②

팬닝 시 팬의 온도는 반죽의 온도(32~35℃)와 같거나 약간 높은 것이 좋다.

## 07 | 정답 | ③

스펀지 쿠키는 머랭 쿠키와 함께 거품형 쿠키에 해당한다.

## 08 | 정답 | ③

이론상 생이스트의 고형질이 30%, 건조 이스트의 고형질이 90%이므로 1/3만큼 차이가 나지만, 건조 공정 중 활성 세포가 줄어들기 때문에 생이스트 양의 40~50%를 사용한다. 즉, 생이스트를 건조 이스트로 대체할 경우 배합 양은 2배 감소한다.

## 09 | 정답 | ①

마시멜로 아이싱은 흰자에 114℃로 끓인 시럽을 넣고 머랭을 젤라틴과 고속으로 믹싱한다.

## 10 | 정답 | ②

| 오답풀이 |
① 아밀레이스는 전분, ③ 락테이스는 유당, ④ 프로테이스는 단백질 분해 효소이다.

## 11 | 정답 | ①

퍼프 페이스트리의 반죽 온도는 약 18~22℃ 정도이다.

| 오답풀이 |
② 레이어 케이크, ③ 파운드 케이크, ④ 스펀지 케이크의 반죽 온도는 약 23~24℃이다.

## 12 | 정답 | ②

이형제는 팬으로부터 제품이 잘 떨어지게 하는 것을 말한다. 이형제로 물을 분무하여 사용하는 제품으로는 엔젤 푸드 케이크가 있다.

## 13 | 정답 | ②

공장 설비는 기본적인 기능을 지니고 있어 사용하기 편리해야 하며 작업 능률을 향상시킬 수 있는 구조여야 한다.

## 14 | 정답 | ①

가온법은 달걀과 설탕을 중탕으로 37~43℃까지 데워서 거품을 낸 후 체를 친 가루를 가볍게 섞어 거품이 죽지 않도록 하는 방법이다. 이 경우 믹싱하면 단단한 공기 포집으로 인해 기공이 거칠어진다.

## 15 | 정답 | ②

반죽 온도가 높을 경우에는 기공이 열리고, 조직이 거칠어져서 노화가 빠르다.

## 16 | 정답 | ①

- 전분의 양 = $10 \times \dfrac{28}{100} = 2.8$ kg
- 베이킹파우더의 양 − 전분의 양 = 10 − 2.8 = 7.2 kg
- 중화가(NV; Neutralizing Value): 산 100g을 중화시키는 데 필요한 탄산수소나트륨의 양
- 중조의 함량 = $7.2 \times \dfrac{80}{100+80} = 3.2$ kg

## 17 | 정답 | ④

글루텐의 발전 정도(발전 단계)는 빵의 반죽의 믹싱 완료 정도를 파악할 때 사용한다.

## 18 | 정답 | ②

케이크 도넛의 튀김 온도는 180~195℃가 적당하다.

## 19 | 정답 | ③

스펀지 케이크는 고율 배합 제품으로, 밀가루(100), 달걀(166), 설탕(166), 소금(2)을 기본으로 한다.

| 오답풀이 |
① 파운드 케이크: 밀가루(100), 설탕(100), 달걀(100), 유지(100)
② 옐로 레이어 케이크: 밀가루(100), 설탕(120), 달걀(55), 소금(1)
④ 엔젤 푸드 케이크: 주석산 0.5%, 소금 0.5%, 1단계 설탕 2/3(입상형), 2단계 설탕 1/3(분당형)

## 20 | 정답 | ②

거품형 케이크는 가볍고 부드러운 특징을 가지며, 비중이 약 0.5±0.05 정도 이다. 대표적인 예로는 스펀지 케이크가 있다.

| 오답풀이 |
① 파운드 케이크, ③ 데블스 푸드 케이크, ④ 초콜릿 케이크는 반죽형 케이크이다.

## 21 |정답| ②

충전물의 온도가 높으면 파이의 껍질이 익기 전에 충전물이 더 빨리 끓기 때문에 끓어 넘치게 된다.

## 22 |정답| ③

거품형 케이크 반죽 믹싱은 저속 → 중속 → 고속 → 저속의 순으로 한다. 스펀지 케이크를 공립법으로 만들 때 우선 저속으로 달걀, 설탕, 소금을 넣고 풀어 준 다음에 중속으로 달걀에 유연성을 준 후 고속으로 공기 포집을 한다. 그 후 다시 저속으로 균일한 기포를 만든다.

## 23 |정답| ①

버터 크림 당액은 설탕 100%에 물 25~30%을 넣고 114℃로 끓여 만든다.

## 24 |정답| ③

비용적은 반죽 1g이 차지하는 부피로, 단위는 $cm^3/g$이다. 파운드 케이크의 비용적은 $2.40cm^3/g$이다.

## 25 |정답| ④

잉글리시 머핀은 제빵 제품으로 천연 팽창제인 이스트를 사용하는 팽창 형태이다. 화학적 팽창은 화학적 팽창제를 사용하여 반죽을 팽창시키는 방법으로, 예로는 반죽형 케이크, 과일 케이크, 케이크 도넛, 와플 등이 있다.

## 26 |정답| ①

제과 공장이 바다 근처에 위치하면 일교차가 커서 온도와 습도를 관리하기가 어려워진다.

## 27 |정답| ①

찜은 대류를 이용한 열전달 방식으로, 아래에서 위로, 위에서 아래로 열이 전달되는 방식이다.

## 28 |정답| ③

카스텔라를 만들 때 사각 나무틀을 이용하면 건조를 방지하고 일정한 열을 전달하여 고른 기공과 색을 낼 수 있다.

## 29 |정답| ①

냉각(35~40℃)되지 않은 케이크를 포장하면 수분이 흡수되어 이는 변패가 일어나는 원인이 된다.

## 30 |정답| ④

파이 롤러는 밀대보다 일정한 두께와 간격을 만드는 기계로, 파이(페이스트리)를 만들 때 사용한다. 롤 케이크는 거품형 반죽으로 부피감이 있어야 하고 잼이나 크림을 발라 말기를 해야 하므로 파이 롤러가 필요하지 않다.

## 31 |정답| ①

지방은 3분자의 지방산과 1분자의 글리세롤(글리세린)의 결합이다.

| 오답풀이 |

② 지방산과 올레인산, ④ 지방산과 리놀레인산(리놀렌산)은 불포화 지방산의 결합이다.

## 32 |정답| ②

분당은 설탕을 곱게 빻아 가루로 만든 가공 당으로, 덩어리가 생기는 것을 방지하기 위해 3% 정도의 옥수수 전분을 혼합하며, 전분 이외에 고화 방지제로 인산칼슘을 1% 이내로 첨가하기도 한다.

| 오답풀이 |

① 액당: 설탕(자당) 또는 전화당이 물에 녹아 있는 용액 상태의 당을 의미한다.
③ 전화당: 설탕을 산이나 효소로 가수 분해하여 생성된 같은 양의 포도당과 과당의 혼합물
④ 포도당: 이당류의 구성 성분으로 존재하는 단당류

## 33 |정답| ②

안정성은 유통 기간이 긴 쿠키와 크래커, 높은 온도에 노출되는 튀김물의 중요한 특성이다.

| 오답풀이 |

① 가소성: 유지가 상온에서 너무 단단하지 않으면서 높은 온도에서 너무 무르게 되지 않는 성질
③ 신장성: 제품 제조 시 끊어지지 않고 밀었을 때 늘려 퍼지는 성질
④ 크림성(크림가): 유지가 믹싱 조작 중 공기를 포집하여 크림이 되는 성질

## 34 |정답| ②

설탕 농도 50% 이상, pH 2.8~3.4의 산 상태에서 젤리를 형성한다. 메톡실기 7% 이하에서는 당과 산의 영향을 받지 않지만, 7% 이상의 펙틴은 당과 산이 존재해야 교질이 형성된다.

## 35 |정답| ①

머랭은 달걀 흰자에 설탕을 넣어 거품을 만든 제품이다.

## 36 |정답| ①

밀가루는 단백질 함량에 따라 강력분(12~15%)과 박력분(7~9%) 등으로 나뉜다.

## 37 |정답| ③

가공 치즈는 자연 치즈에 버터, 분유 같은 유제품을 첨가한 제품으로, 보기 중에서 열량을 가장 많이 낸다.

## 38 |정답| ④

| 오답풀이 |
① 달걀 흰자의 88%는 수분이며, 지방은 거의 없다.
② 달걀은 껍데기 10%, 노른자 30%, 흰자 60%로 구성된다.
③ 달걀 노른자는 고형분 중 약 70%가 지방이다.

## 39 |정답| ②

과일의 시럽을 배수(짜서 버림)시켜 넣게 되면 수분의 감소로 가라앉지 않는다. 또한 투입하기 전 소량의 밀가루로 전처리 후 섞으면 가라앉는 것을 방지할 수 있다.

## 40 |정답| ①

연수는 물의 경도가 60ppm 미만이며 빗물, 단물 등을 말한다. 연수로 반죽을 할 경우 글루텐이 연화되어 반죽의 힘이 약해져 발효 시간을 줄일 수 있다.

## 41 |정답| ③

패리노그래프는 밀가루의 흡수율과 질, 반죽의 내구성, 믹싱 시간 등을 측정한다.

| 오답풀이 |
① 레오그래프: 반죽이 기계적 발달을 할 때 일어나는 변화를 측정
② 아밀로그래프: 온도의 변화에 따라 밀가루 속 아밀레이스의 호화 정도를 측정
④ 익스텐소그래프: 반죽의 신장성 및 신장 저항력을 측정

## 42 |정답| ②

β-아밀레이스는 외부 아밀레이스라고도 하며, 전분이나 덱스트린을 분해하여 맥아당을 만들어 '당화 효소'라고 한다. '액화 효소' 또는 '내부 아밀레이스'라고 하는 것은 α-아밀레이스이다.

## 43 |정답| ①

유당은 유산균에 의해 유산을 생성하는 이당류로, 독특한 맛과 향을 내고 정장 작용을 하며, 칼슘의 흡수와 이용을 돕는다.

## 44 |정답| ③

푸딩을 제조할 때 경도의 조절은 달걀로 하며, 달걀은 단백질이 많아 구조력을 강하게 한다.

## 45 |정답| ③

고율 배합은 밀가루보다 설탕이 많이 들어간 제품으로, 낮은 온도에서 길게 굽기(저온 장시간 굽기)를 한다. 저율 배합은 높은 온도에서 짧게 굽기(고온 단시간 굽기)를 한다.

## 46 |정답| ②

포장재는 방수성이 있고, 통기성이 없어야 한다. 통기성이 있으면 산소로 인해 산패될 수 있다.

## 47 |정답| ④

모노글리세리드는 글리세롤 1분자와 지방산 1분자가 결합한 것이다.

| 오답풀이 |
③ 트리글리세리드는 글리세롤 1개와 지방산 3개가 에스테르 결합한 상태를 말한다.

## 48 |정답| ③

밀어 펴기를 많이 해야 파이 껍질이 질기고 단단하게 만들어진다.

## 49 |정답| ②

에피머(Epimer)란 D-글루코오스와 D-만노오스의 관계와 같이 여러 개의 키랄 중심 중 특히 한 곳만 입체 배열이 다른 부분을 말한다.

## 50 |정답| ②

성인의 단백질 적정 비율은 7~20%이다.

| 오답풀이 |
① 탄수화물: 60~70%
③ 지질: 15~20%
④ 비타민: 4~5%

## 51 | 정답 | ②

부패는 단백질 식품이 혐기성 미생물에 의해 분해되어 저분자의 물질로 변화하는 현상으로 사용할 수 없으며, 몸에 나쁜 물질이 만들어진다.

| 오답풀이 |
① 발효: 식품에 미생물이 번식하여 식품의 성질이 변화를 일으키는 현상으로 우리 생활에 유용한 물질이 만들어짐
③ 변패: 단백질 이외의 식품(탄수화물 등)이 미생물의 분해 작용에 의해 변질되는 현상
④ 산패: 지방의 산화 등에 의해 악취나 변색이 일어나는 현상

## 52 | 정답 | ③

채소를 통해 감염되는 기생충에는 회충, 십이지장충(구충), 요충, 편충 등이 있다.

| 오답풀이 |
① 광절열두조충: 어패류(물벼룩 – 연어, 숭어)
② 선모충: 육류(돼지고기)
④ 폐흡충: 어패류(다슬기 – 민물게, 가재)

## 53 | 정답 | ②

감염형 식중독에는 살모넬라균, 장염 비브리오균, 병원성 대장균 식중독이 있다. 포도상구균 식중독은 독소형 식중독이다.

## 54 | 정답 | ②

세균성 식중독은 잠복기가 짧고, 2차 감염이 거의 없으며, 면역이 잘 되지 않고, 다량의 균으로 발병한다.

## 55 | 정답 | ①

산화 방지제는 유지의 산패나 식품의 산화에 의한 변질 현상을 방지하기 위해 사용하는 식품첨가물로 BHT, BHA, 세사몰, 비타민 E(토코페롤) 등이 있다. 중조는 탄산수소나트륨을 말하며, 주로 팽창제로 사용된다.

## 56 | 정답 | ③

과산화수소는 살균 작용이 있어 상처 소독이나 구강 세척에 사용된다.

| 오답풀이 |
① 보존료: 식품의 변질 및 부패를 방지하고 신선도를 유지하기 위해 사용
② 발색제: 발색제 자체는 색이 나지 않지만, 식품에 첨가했을 때 식품 성분과 반응하여 색을 고정, 안정화시킴
④ 산화 방지제: 유지의 산패나 식품의 산화에 의한 변질 현상을 방지하기 위해 사용

## 57 | 정답 | ③

인수 공통 감염병에는 결핵, 탄저병, 브루셀라증, 야토병, 돈단독, Q열, 리스테리아증, 광견병, 일본뇌염 등이 있다. 동양모양선충은 기생충에 의한 감염병이다.

## 58 | 정답 | ④

브루셀라증은 초식이나 육식 동물에게 발병하여 유산을 일으킨다. 사람에게는 특징적인 파상열(열성 질환)을 보인다.

| 오답풀이 |
① 탄저병: 조리하지 않은 수육을 섭취하였을 경우에 감염
② 리스테리아증: 식육, 어패류, 치즈, 야채를 섭취하였을 경우에 감염
③ 돈단독: 주로 돼지에 의한 세균성 감염

## 59 | 정답 | ①

예방 접종은 2회 실시해야 한다.

## 60 | 정답 | ④

튀김 기름의 4대 적은 공기(산소), 수분(물), 이물질, 온도(반복 가열)이다. 비타민 E(토코페롤)는 항산화 작용에 의해 산화를 방지하는 역할을 한다.

## 제과기능사 | 02회   P.230~P.235

| 01 | ② | 02 | ④ | 03 | ④ | 04 | ④ | 05 | ① |
| 06 | ③ | 07 | ② | 08 | ④ | 09 | ③ | 10 | ④ |
| 11 | ① | 12 | ③ | 13 | ① | 14 | ① | 15 | ③ |
| 16 | ③ | 17 | ③ | 18 | ③ | 19 | ③ | 20 | ② |
| 21 | ④ | 22 | ① | 23 | ④ | 24 | ② | 25 | ① |
| 26 | ① | 27 | ② | 28 | ② | 29 | ① | 30 | ④ |
| 31 | ① | 32 | ④ | 33 | ④ | 34 | ① | 35 | ④ |
| 36 | ③ | 37 | ④ | 38 | ④ | 39 | ① | 40 | ④ |
| 41 | ④ | 42 | ② | 43 | ③ | 44 | ④ | 45 | ④ |
| 46 | ① | 47 | ④ | 48 | ④ | 49 | ④ | 50 | ② |
| 51 | ① | 52 | ② | 53 | ④ | 54 | ② | 55 | ③ |
| 56 | ③ | 57 | ① | 58 | ③ | 59 | ③ | 60 | ④ |

### 01 | 정답 | ②

$$비중 = \frac{반죽\ 무게 - 비중컵\ 무게}{물\ 무게 - 비중컵\ 무게} = \frac{170-50}{250-50} = 0.60$$

### 02 | 정답 | ④

강력분(단백질 12~15%)은 제빵에 사용하고 식빵이 이에 해당한다.

### 03 | 정답 | ④

이탈리안 머랭은 흰자를 거품 내면서 뜨겁게 끓인 설탕 시럽(설탕 100에 물 30을 넣고 114~118℃로 끓임)을 조금씩 나누어 부어 만드는 머랭이다.

### 04 | 정답 | ④

단당류, 이당류, 다당류로 나뉘는 것은 탄수화물이다.

### 05 | 정답 | ①

정형 후 곧바로 튀기면 수축 현상이 일어나므로 휴지를 시킨 후 튀긴다.

### 06 | 정답 | ③

비중이 높으면 반죽 속에 포집된 공기의 양이 적어 기공이 작아진다.

### 07 | 정답 | ②

비타민 B₁이 결핍되면 각기병을 유발할 수 있다. 구내염은 비타민 B₂의 결핍증이다.

### 08 | 정답 | ④

성형한 반죽을 장기간 보관하려면 냉동하는 것이 좋다.

### 09 | 정답 | ③

판에 등사하는 쿠키는 철판에 올려 놓은 그림이나 글자가 있는 틀에 묽은 상태의 반죽을 넣고 굽는다.

### 10 | 정답 | ④

작업 테이블은 주방의 중앙부에 설치한다.

### 11 | 정답 | ①

사과 파이 반죽은 냉수를 사용하여 온도를 20℃ 이하로 맞춘다.

### 12 | 정답 | ③

밀가루의 혼합은 반죽 제조 공정 중에 나타나는 현상이다.

### 13 | 정답 | ①

감자의 독은 솔라닌이며, 장염 비브리오균의 원인 식품은 어패류, 해조류이다.

### 14 | 정답 | ①

| 오답풀이 |
② 유화제: 서로 혼합되지 않는 두 종류의 액체를 유화시키기 위해 사용
③ 피막제: 과일류 및 채소류의 표면에 피막을 형성하여 외관상 보기 좋게 하고, 호흡 작용을 억제하여 신선도를 장기간 유지하기 위해 사용
④ 산화 방지제: 유지의 산패나 식품의 산패에 의한 변질 현상을 방지하기 위해 사용

### 15 | 정답 | ③

엔젤 푸드 케이크 팬의 이형제로는 물을 사용한다.

### 16 | 정답 | ③

발한 현상은 수분에 의해 설탕이 녹는 현상으로 짧은 시간 동안 튀기면 도넛 내부에 수분이 많아져 발한 현상이 증대된다. 따라서 발한 현상을 감소시키기 위해서는 도넛의 튀김 시간을 증가시켜야 한다.

## 17 | 정답 | ③

퍼프 페이스트리는 밀기와 접기를 하는 제품으로, 유지가 밖으로 나오는 것을 방지하기 위해 글루텐이 잘 형성되는 강력분을 사용한다.

## 18 | 정답 | ③

식중독균의 생육이 활발한 온도는 20~40℃이므로 5~9월에 환자의 수가 가장 많다.

## 19 | 정답 | ③

비용적은 반죽 1g이 차지하는 부피로, 단위는 $cm^3/g$이다. 비용적이 가장 큰 것은 스펀지 케이크로, $5.08cm^3/g$이다.

| 오답풀이 |
① 파운드 케이크: $2.40cm^3/g$
② 레이어 케이크: $2.96cm^3/g$
④ 식빵: $3.36cm^3/g$

## 20 | 정답 | ②

쇼트닝은 믹싱 중에 얇은 막을 형성하여 전분과 단백질이 단단하게 되는 것을 방지하여 구워진 제품에 윤활성을 주며, 부드러움과 바삭함을 준다.

## 21 | 정답 | ④

구운 후 철판에서 꺼내지 않고 냉각을 시키면 수분에 의해 제품이 수축하게 된다.

## 22 | 정답 | ①

스펀지 반죽 온도는 24℃, 본(도우) 반죽 온도는 27℃ 정도가 적합하다.

## 23 | 정답 | ④

2~5℃의 낮은 온도로의 해동은 적절한 제조 방법이다.

## 24 | 정답 | ②

총반죽 무게 = 완제품 무게 ÷ (1 − 굽기 손실)
= 5,000 ÷ (1 − 0.12)
= 5,000 ÷ 0.88 = 5,681g

g을 kg으로 전환하면, 5,681g ÷ 1,000 = 5.68kg
※ 분할 당시의 반죽 무게이므로 발효 손실과 총배합률은 제외하고 계산한다.

## 25 | 정답 | ①

이물질 제거는 가루 재료를 체질하는 이유이다.

## 26 | 정답 | ①

생산 원가는 직접 원가를 말하며, 직접 원가에는 직접 재료비, 직접 노무비, 직접 경비가 포함된다.

## 27 | 정답 | ②

냉장 보관은 브레이크와 슈레드(터짐과 찢어짐) 부족 현상의 이유가 아니다.

**브레이크와 슈레드 부족의 원인**
- 오래된 밀가루 사용
- 과다한 효소제 사용
- 연수 사용
- 진 반죽
- 짧거나 긴 발효 시간
- 낮은 2차 발효실 습도
- 부족한 오븐 증기
- 너무 높은 오븐 온도

## 28 | 정답 | ②

교차 오염을 예방하기 위해서는 고무장갑을 용도별로 나누어 사용해야 한다.

## 29 | 정답 | ①

찐빵은 스팀을 이용하여 찌는 형식으로 익히며 엔젤 푸드 케이크, 스펀지 케이크, 파운드 케이크는 모두 굽는 방법으로 익힌다.

## 30 | 정답 | ④

포장 온도는 35~40℃가 적합하다. 높은 온도에서 포장을 하면 형태가 변하고 곰팡이가 발생하기 쉬우며, 썰기가 어렵다. 반면에 낮은 온도에서 포장을 하면 껍질이 건조하여 단단해지고, 노화가 빠르다.

## 31 | 정답 | ①

전분을 분해하는 효소는 아밀레이스이다.

| 오답풀이 |
② 라이페이스: 지방 분해 효소
③ 프로테이스: 단백질 분해 효소
④ 말테이스: 맥아당 분해 효소

## 32 | 정답 | ④

글루텐은 밀가루 단백질 중 글루테닌과 글리아딘이 물과 믹싱하여 생성된다.

## 33 |정답| ④
향은 제품의 내부적 특성으로 내부 평가 항목이다.

## 34 |정답| ①
반죽의 휴지가 길면 글루텐이 부드러워져 유지에서 만들어지는 수증기압에 의해 조금 더 팽창한다.

## 35 |정답| ④
이스트는 발효되는 동안 탄산가스와 알코올을 생성한다.

## 36 |정답| ③
노른자와 설탕을 혼합하여 윗면에 바르면 광택, 보존 기간 연장, 맛을 내는 기능을 한다.

## 37 |정답| ④
제품의 점도는 믹싱 과정 중에 일어나는 물리적 성질이다.

## 38 |정답| ②
튀김용 기름은 거품이 일지 않고 색깔이 연하며, 자극적인 냄새가 없고, 점도의 변화가 낮으며, 발연점이 높은 것을 사용해야 한다.

## 39 |정답| ①
퍼프 페이스트리는 이스트가 들어가지 않는 제과 제품이지만, 유지의 층을 살리기 위해 단백질 함량이 높은 강력분으로 반죽을 한다. 수포가 생성되는 것은 반죽 온도가 높을 때이다.

## 40 |정답| ④
일시적 경수는 칼슘염과 마그네슘염이 가열에 의해 탄산염으로 침전되어 연수가 되는 물을 말한다.

## 41 |정답| ④
과당(175) > 설탕(100) > 포도당(75) > 유당(16)

## 42 |정답| ②
제빵에 가장 적합한 물은 아경수(120~180ppm)이다.

## 43 |정답| ③
달걀은 껍데기 10%, 흰자 60%, 노른자 30%로 구성된다. 1,000g÷(60g×0.6) = 27.80이므로 28개의 달걀이 필요하다.

## 44 |정답| ④
신선한 달걀은 난각(달걀 껍데기) 표면에 광택이 없고 선명하며 까칠까칠하다.

## 45 |정답| ④
비중은 제품의 조직, 기공, 크기를 결정하며, 팬 용적은 반죽의 양을 결정할 때 사용한다.

## 46 |정답| ①
기공이 열리면 탄력성이 감소되어 거칠고 부스러지는 조직이 된다.

## 47 |정답| ④
갈락토오스는 포도당과 결합하여 젖당을 이루며, 뇌신경 조직을 구성하는 성분이 된다.

## 48 |정답| ③
세레브로시드는 탄수화물과 중성 지방이 결합된 것으로, 신경과 뇌 조직에서 볼 수 있다.

## 49 |정답| ④
18% : 25g = 100% : xg
25×100 = 18x
x = 138.8
따라서 1인 배식량은 약 140g이다.

## 50 |정답| ②
반 정도 익힌 반숙 달걀이 소화가 가장 잘 된다.

## 51 |정답| ①
경구 감염병에는 장티푸스, 콜레라, 세균성 이질 등이 있다. 맥각 중독은 곰팡이독의 일종으로 전염성이 없다.

## 52 |정답| ②
언더 베이킹은 높은 온도에서 단시간 굽는 방법이며, 오버 베이킹은 낮은 온도에서 장시간 굽는 방법이다.

## 53 |정답| ③

| 오답풀이 |
① 수은(Hg): 미나마타병의 원인 물질이다.
② 주석(Sn): 통조림관 내면의 도금 재료로 이용되며 산성 식품(주스)에서 용출된다.
④ 비소(As): 밀가루로 오인하여 농약 및 불순물로 식품에 혼입되는 경우가 많다.

## 54 |정답| ②

밀가루의 자연 숙성 기간은 2~3개월이다.

## 55 |정답| ③

| 오답풀이 |
① 엔테로톡신: 황색 포도상구균이 생성하는 독소
② 시큐톡신: 독미나리 독소
④ 테트로도톡신: 복어 독소

## 56 |정답| ③

철판의 온도는 30~35℃가 적합하며, 반죽의 온도와 같거나 약간 높게 맞추면 좋다.

## 57 |정답| ①

냉장고에서 보관하면 노화가 빨라진다. 이는 제품의 수분 손실이 많아지기 때문이다.

## 58 |정답| ③

납 중독은 중금속인 납이 신체에 축적되어 유해한 결과가 나타나는 질병이다.

| 오답풀이 |
① 콜레라와 ② 장티푸스는 제2급 감염병, ④ 파상풍은 제3급 감염병이다.

## 59 |정답| ③

보존료는 미량으로도 효과가 커야 한다.

## 60 |정답| ④

포도상구균은 화농성 질병의 대표적인 균이다.

| 오답풀이 |
① 장염 비브리오균: 어패류, 해조류
② 살모넬라균: 육류, 우유, 난류, 어육 제품
③ 보툴리누스균: 햄, 소시지, 통조림 등

# 제과기능사 | 03회 P.236~P.241

| 01 | 02 | 03 | 04 | 05 |
|---|---|---|---|---|
| ① | ② | ① | ③ | ② |
| 06 | 07 | 08 | 09 | 10 |
| ④ | ① | ① | ④ | ② |
| 11 | 12 | 13 | 14 | 15 |
| ① | ④ | ① | ② | ③ |
| 16 | 17 | 18 | 19 | 20 |
| ③ | ② | ④ | ④ | ② |
| 21 | 22 | 23 | 24 | 25 |
| ① | ① | ③ | ③ | ② |
| 26 | 27 | 28 | 29 | 30 |
| ② | ③ | ③ | ① | ② |
| 31 | 32 | 33 | 34 | 35 |
| ④ | ② | ④ | ④ | ② |
| 36 | 37 | 38 | 39 | 40 |
| ③ | ② | ② | ④ | ④ |
| 41 | 42 | 43 | 44 | 45 |
| ② | ④ | ③ | ② | ③ |
| 46 | 47 | 48 | 49 | 50 |
| ③ | ② | ③ | ④ | ① |
| 51 | 52 | 53 | 54 | 55 |
| ③ | ① | ① | ② | ① |
| 56 | 57 | 58 | 59 | 60 |
| ④ | ③ | ② | ② | ③ |

## 01 |정답| ①

오버런(Overrun)이란 아이스크림 제조 시 교반에 의해 크림의 체적이 몇 % 증가하는지를 나타내는 수치이다.

## 02 |정답| ②

유지에 알칼리인 수산화나트륨(NaOH) 혹은 수산화칼륨(KOH)을 가하여 가열하면 글리세린과 지방산의 비누가 생성된다.

## 03 |정답| ①

반죽의 비중이 낮으면 공기가 많이 포함되어 기공이 열려 조직이 거칠고 부피가 크다.

| 오답풀이 |
② 비중이 높으면 기공이 조밀하고 무거운 반죽이 된다.
③ 같은 무게의 반죽을 구울 때 비중이 높을수록 부피가 감소한다.
④ 비중의 측정은 같은 부피의 반죽의 중량을 같은 부피의 물의 중량으로 나눈 값으로 한다.

## 04 |정답| ③

도넛에 설탕으로 아이싱할 때의 온도는 40℃ 전후가 좋다.

## 05 |정답| ②

글루테닌과 글리아딘을 물과 함께 반죽하면 글루텐 단백질을 형성한다.

## 06
|정답| ④

밀가루 체질의 목적은 불순물 제거, 공기 혼입, 고른 재료 분산이다.

## 07
|정답| ①

이당류에는 자당, 맥아당, 유당 등이 있다.

| 오답풀이 |
② 갈락토오스, ③ 과당, ④ 포도당은 단당류에 해당한다.

## 08
|정답| ①

향, 촉감, 수분의 변화가 품질 변화 현상이다. 전분의 호화는 굽기 과정에서 일어나는 현상이다.

## 09
|정답| ④

스펀지 케이크의 필수 재료는 박력분, 달걀, 설탕, 소금이다. 화학적 팽창제인 베이킹파우더는 반죽형 반죽에서 사용한다.

## 10
|정답| ②

비중 = $\dfrac{\text{반죽 무게} - \text{비중컵 무게}}{\text{물 무게} - \text{비중컵 무게}}$

## 11
|정답| ①

거품형 케이크는 비교적 가벼운 제품으로 스펀지 케이크가 대표적이다.

| 오답풀이 |
② 파운드 케이크, ③ 데블스 푸드 케이크, ④ 화이트 레이어 케이크는 무거운 제품인 반죽형 케이크이다.

## 12
|정답| ④

- 용적 = 가로 × 세로 × 높이 = 5 × 12 × 5 = 300cm³
- 반죽량 = 용적 ÷ 비용적 = 300 ÷ 2.40 = 125g
- 총반죽 무게 = 125 × 100 = 12,500g

g을 kg으로 전환하면, 12,500 ÷ 1,000 = 12.5kg

## 13
|정답| ①

굽는 중간에 오븐 문을 자주 여닫아 수증기를 제거하면 차가운 공기가 들어가 슈가 주저앉는다.

## 14
|정답| ②

뚜껑을 처음부터 덮어 구우면 껍질 형성이 늦어져 표피가 터지지 않는다.

## 15
|정답| ③

슈 반죽을 튀겨 만든 제품이 츄러스이다.

## 16
|정답| ③

블렌딩법은 유지와 밀가루를 먼저 믹싱하는 방법으로 유연감을 우선으로 할 때 사용한다.

## 17
|정답| ②

파운드 케이크 제조 시 높은 온도에서 구워 껍질이 빨리 형성될 경우 윗면이 터진다. 굽기 중 껍질 형성이 느리면 반죽 온도가 낮다는 것으로, 이는 껍질이 천천히 형성되면서 수분이 많이 손실되어 터지지 않는 원인이 된다.

## 18
|정답| ④

성형 후 물을 많이 뿌리면 굽기 중 철판에 붙어서 분리가 안 된다.

## 19
|정답| ④

고율 배합은 설탕, 유지가 많아 튀김 시 설탕이 녹으면서 많은 기공을 만들어서 흡유량이 높다. 과도한 흡유의 또 다른 원인으로는 묽은 반죽, 팽창제 과다 사용, 어린 반죽, 튀김 온도가 낮아 튀김 시간이 길어지는 것, 반죽 온도의 부적절 등이 있다.

## 20
|정답| ②

굽는 온도가 낮고 기름칠이 적으면 슈가 팽창하지 않아 밑면이 옆으로 퍼지지 못해 밑면이 좁아진다.

## 21
|정답| ①

유당은 락테이스에 의해 포도당과 갈락토오스로 분해되고 다시 유당으로 환원되는 환원당이다.

## 22
|정답| ①

1단계법: 모든 재료 → 노동력과 시간 절약

| 오답풀이 |
② 크림법: 유지 + 설탕 → 부피감
③ 블렌딩법: 유지 + 밀가루 → 유연감, 부드러움
④ 설탕/물법: 설탕 + 물 → 균일한 껍질 색, 계량의 정확성, 운반의 편리성

## 23 |정답| ③
엔젤 푸드 케이크는 pH가 낮아야 좋은 제품이 나오는데, 이때 주석산 크림을 넣어 흰자의 알칼리성을 중화하여 튼튼한 제품을 만든다.

## 24 |정답| ③
우유와 설탕을 섞어 80~90℃까지 데운다.

## 25 |정답| ②
남은 음식을 버리는 것은 식중독 예방이 된다.

## 26 |정답| ②
비중이 높은 반죽은 공기 함유량이 적어 부피가 작다.

## 27 |정답| ②
장염 비브리오균은 해수 세균의 일종으로 식염 농도 3%에서 잘 생육하는 호염성 세균이다. 어패류를 생식할 경우 중독될 수 있다.

## 28 |정답| ③
도넛과 케이크의 글레이즈 사용 온도는 40~50℃가 적당하다.

## 29 |정답| ①
포도당은 과당, 갈락토오스와 함께 단당류에 해당한다.

## 30 |정답| ③
노른자는 유연성을 나쁘게 하므로 노른자 함량은 감소시키고 전란 함량을 증가시킨다.

## 31 |정답| ④
모노글리세리드와 디글리세리드는 유화제 역할을 하며, 노화를 지연시킨다.

## 32 |정답| ④
비스킷을 제조할 때 설탕을 많이 넣으면 제품의 촉감이 단단해지며, 유지를 많이 넣으면 제품의 촉감이 부드럽고 바삭해진다.

## 33 |정답| ④
당류는 160℃ 이상으로 가열하면 캐러멜화 반응을 일으킨다.

## 34 |정답| ③
레시틴은 노른자에 들어 있는 유화제이다. 젤리는 안정제인 펙틴, 젤라틴, 한천, 알긴산 등과 과일을 갈아 넣고 굳힌 제품이다.

## 35 |정답| ②
달걀은 완전 단백질에 속하며, 구조력을 형성하고, 노른자의 레시틴은 유화제 역할을 한다.

## 36 |정답| ③
유지의 경화란 니켈을 촉매제로 불포화 지방산에 수소를 첨가하여 불포화도를 감소시키는 것이다.

## 37 |정답| ④
동물성 안정제인 젤라틴은 물과 섞이면 용해되어 콜로이드 용액이 되며, 온도가 낮아지면 젤을 형성하고 온도가 높아지면 다시 콜로이드 용액이 되는 가역적 과정을 거친다.

## 38 |정답| ②
쿠키의 퍼짐률에 영향을 미치는 것은 설탕의 굵기이다. 쿠키의 퍼짐을 좋게 하기 위해서는 입자가 굵은 설탕(입상형)을 많이 사용한다.

## 39 |정답| ④
수분 보유력을 높이기 위해서는 물엿, 전화당과 같은 시럽 형태의 당을 사용한다.

## 40 |정답| ④
제과·제빵 기기를 청소할 때는 플라스틱 재질의 스크래퍼를 사용한다.

## 41 |정답| ②
무기질은 열량을 내지 않는다.

## 42 |정답| ④
교차오염은 오염된 식품이나 조리 기구의 균이 오염되지 않은 식재료 및 기구에 혼입되거나 종사자의 접촉으로 인해 오염된 미생물이 비오염구역으로 유입되는 것을 말한다. 생고구마를 반죽에 얹어 굽는 경우, 오염된 것이 없으며 굽기 과정을 거치기 때문에 교차오염이 발생하지 않는다.

## 43 | 정답 | ③

아밀로그래프는 밀가루 전분의 점도를 측정하여 α-아밀레이스의 활성을 측정한다.

| 오답풀이 |
① 믹소그래프: 반죽하는 동안 글루텐의 발달 정도를 측정
② 레오그래프: 반죽이 기계적 발달을 할 때 일어나는 변화를 측정
④ 알베오그래프: 반죽의 신장성이나 저항력을 측정

## 44 | 정답 | ②

세균은 형태에 따라 구균(둥근 모양), 간균(막대 모양), 나선균(나사 모양)으로 구분한다.

## 45 | 정답 | ②

분변 오염 지표균에는 대장균군, 대장균, 장구균 등이 있다.

## 46 | 정답 | ③

물은 소화·흡수된 영양소를 각 조직에 운반하고 노폐물을 체외로 배출한다.

## 47 | 정답 | ②

카세인 단백질은 우유 전체의 3%, 우유 단백질의 75~80% 정도 함유되어 있다.

## 48 | 정답 | ③

1g당 탄수화물은 4kcal, 단백질은 4kcal, 지방은 9kcal의 열량을 낸다. 따라서 (20×4)+(5×4)+(10×9)=190kcal이다. 200g의 열량을 구해야 하므로 190×2=380kcal이다.

## 49 | 정답 | ④

항체와 효소를 만드는 것은 지방이 아닌 단백질의 기능이다.

## 50 | 정답 | ①

인슐린이 부족하면 혈당이 증가하므로 혈당과 인슐린은 관계가 깊다.

## 51 | 정답 | ③

파상풍은 제3급 감염병에 해당한다.

## 52 | 정답 | ①

휴게음식점, 일반음식점, 단란주점, 유흥주점, 위탁급식, 제과점 영업은 식품접객업에 속한다.

## 53 | 정답 | ①

실온에서는 세균이 잘 자랄 수 있는 환경이 조성되므로 냉장·냉동 보관하는 것이 좋다.

## 54 | 정답 | ②

좋은 튀김 기름은 수분이 0%이다.

## 55 | 정답 | ③

천연 유화제로는 노른자 속의 레시틴이 있다.

## 56 | 정답 | ④

곰팡이가 생산하는 유해 물질인 진균독에 의한 식중독으로는 아플라톡신, 맥각 중독, 황변미 중독 등이 있다.

## 57 | 정답 | ③

종업원의 손을 소독할 때나 용기 및 기구의 소독제로는 역성 비누가 가장 좋다.

## 58 | 정답 | ②

- 5명의 소요 시간 = 500개 ÷ 5명 × 5분 ÷ 60분 = 8.3333시간
- 0.3333 × 60분 = 19.998(약 20분)

따라서 약 8시간 20분이 걸린다.

## 59 | 정답 | ②

알레르기성 식중독의 원인 균은 부패 산물인 히스타민(Histamine)이며, 원인 식품으로는 꽁치, 고등어, 참치 등 살이 붉은색 어류나 그 가공품이 있다.

## 60 | 정답 | ③

우유는 보수력이 있어 촉촉함을 지속시킨다.

## 제과기능사 | 04회  P.242~P.247

| 01 | ① | 02 | ③ | 03 | ② | 04 | ③ | 05 | ③ |
| --- | --- | --- | --- | --- | --- | --- | --- | --- | --- |
| 06 | ③ | 07 | ② | 08 | ② | 09 | ② | 10 | ③ |
| 11 | ② | 12 | ③ | 13 | ③ | 14 | ④ | 15 | ② |
| 16 | ① | 17 | ③ | 18 | ④ | 19 | ④ | 20 | ① |
| 21 | ① | 22 | ④ | 23 | ④ | 24 | ① | 25 | ① |
| 26 | ② | 27 | ③ | 28 | ① | 29 | ② | 30 | ② |
| 31 | ④ | 32 | ③ | 33 | ④ | 34 | ② | 35 | ① |
| 36 | ② | 37 | ① | 38 | ④ | 39 | ② | 40 | ② |
| 41 | ③ | 42 | ④ | 43 | ① | 44 | ① | 45 | ① |
| 46 | ② | 47 | ② | 48 | ② | 49 | ② | 50 | ④ |
| 51 | ② | 52 | ③ | 53 | ② | 54 | ③ | 55 | ② |
| 56 | ③ | 57 | ② | 58 | ② | 59 | ④ | 60 | ③ |

### 01 |정답| ①
설탕을 넣지 않으면 발효가 부족하여 맛과 향이 떨어지지만, 맛과 향을 내는 주요 요소는 소금이다.

### 02 |정답| ③
퍼프 페이스트리는 고온(약 200~213℃ 정도)에서 굽기를 해야 유지의 팽창을 볼 수 있다.

|오답풀이|
① 파운드 케이크, ② 시폰 케이크, ④ 과일 케이크는 200℃ 이하에서 굽는 제품이다.

### 03 |정답| ②
핑거는 손가락을 뜻하며, 손가락 길이인 5cm 정도가 적당하다.

### 04 |정답| ③
팬 기름을 많이 바르면 과자 속에 기름 냄새가 스며들어 좋지 않으므로 팬 기름은 적게 바른다.

### 05 |정답| ③
반죽의 비중은 완제품의 기공, 조직, 부피에 영향을 미치지만, 껍질 색에는 영향을 미치지 않는다.

### 06 |정답| ③
마시멜로 아이싱은 거품을 올린 흰자에 뜨거운 시럽(114℃)과 젤라틴을 첨가한 후 고속으로 믹싱하여 만드는 아이싱이다.

### 07 |정답| ②
과당(175) > 포도당(75) > 맥아당(32) > 유당(16)

### 08 |정답| ②
쿠키에 화학 팽창제를 사용하는 목적으로는 제품의 부피 증가, 부드러운 제품 제조, 퍼짐과 크기 조절, pH 조절이 있다.

### 09 |정답| ②
세균성 식중독이 잠복기가 비교적 짧은 것에 비해 경구 감염병은 잠복기가 비교적 길다.

### 10 |정답| ③
도넛의 튀김 온도는 180℃ 전후가 가장 적당하다.

### 11 |정답| ②
일반적인 과자 반죽의 결과 온도는 22~24℃일 때 거품이 가장 잘 포집된다.

### 12 |정답| ③
반죽에 베이킹파우더를 많이 사용하면 밀도가 낮아지고 부피가 커진다.

### 13 |정답| ③
푸딩은 달걀, 우유와 설탕을 끓기 직전인 80~90℃까지 데운다. 우유와 소금의 혼합 비율은 100 : 1이며, 육류, 과일, 야채, 빵을 섞어 만들기도 한다.

### 14 |정답| ④
분유는 단백질로 이루어져 구조 작용을 하며, 부피를 가능한 크게 유지하려고 한다.

### 15 |정답| ②
파운드 케이크 굽기 시 이중팬을 사용하면 제품 바닥과 옆면의 두꺼운 껍질 형성을 방지할 수 있고, 제품의 조직과 맛을 좋게 할 수 있으나, 열 전도율은 낮아진다.

## 16 | 정답 | ①

로-마지팬은 아몬드 : 설탕 = 1 : 0.5의 비율로 마지팬을 만든다. 마지팬은 아몬드와 설탕을 갈아 만든 페이스트로, 맛과 보존성이 좋다.

## 17 | 정답 | ③

대장균군은 그람 음성, 무아포성 간균으로 호기성 또는 통성 혐기성이다. 또한 유당(lactose)을 분해하여 가스를 발생한다.

## 18 | 정답 | ④

쿠키의 퍼짐성을 좋게 하기 위한 방법에는 굵은 입자의 설탕 사용, 팽창제 사용, 알칼리성 재료 사용, 오븐 온도 낮추기 등이 있다.

## 19 | 정답 | ④

초콜릿은 템퍼링을 해서 사용해야 하는데, 다크 초콜릿의 경우 처음 온도 범위는 40~50℃에서 녹인 후, 두 번째 온도는 27℃로 내리고, 세 번째 온도는 31℃로 만들어 사용한다.

## 20 | 정답 | ①

발한 현상은 수분에 의해 도넛에 묻은 설탕이나 글레이즈가 녹는 현상을 말한다. 도넛의 튀김 시간을 증가시켜 조치해야 한다.

| 오답풀이 |
② 발한을 제거하는 방법과 관련이 없다.
③ 점착력(결착력)이 높은 기름을 사용해야 한다.
④ 도넛에 묻히는 설탕의 양을 증가시켜야 한다.

## 21 | 정답 | ①

말테이스는 맥아당을 2분자의 포도당으로 분해한다.

## 22 | 정답 | ④

밀가루 사용량을 증가시켜 케이크에 충전물 또는 젤리가 축축하게 스며드는 것을 막을 수 있다.

## 23 | 정답 | ④

$$비중 = \frac{반죽\ 무게 - 비중컵\ 무게}{물\ 무게 - 비중컵\ 무게} = \frac{180-40}{240-40} = 0.7$$

## 24 | 정답 | ①

| 오답풀이 |
② 1단계법: 모든 재료 → 노동력과 시간 절약
③ 블렌딩법: 유지+밀가루 → 유연감
④ 설탕/물법: 설탕+물 → 균일한 껍질 색

## 25 | 정답 | ①

공기가 통하면 노화가 빨리 진행되기 때문에 쿠키 포장지는 통기성이 없어야 한다.

## 26 | 정답 | ②

단순 아이싱은 분당, 물, 물엿, 향료를 43℃로 끓여 사용한다.

## 27 | 정답 | ②

컨벡션 오븐은 오븐에 팬을 이용하여 열풍을 강제 순환시키며 하드 계열, 쿠키 제품에 이용한다.

## 28 | 정답 | ①

소프트 롤은 별립법(흰자를 머랭으로 만듦)으로 만들어서 구워 말기를 한 제품이다.

## 29 | 정답 | ②

결핵은 병에 걸린 소의 유즙이나 유제품을 거쳐 사람에게 경구 감염된다.

| 오답풀이 |
① 탄저: 소, 말, 산양 등 가축에게 급성 패혈증, 수막염을 일으킴
③ 야토병: 산토끼나 설치류 사이에서 유행함
④ 구제역: 소, 돼지, 양, 사슴 등 발굽이 둘로 갈라진 우제류에 의해 감염됨

## 30 | 정답 | ②

젤리 롤 케이크는 거품형 반죽으로 비중이 0.5±0.05가 나와야 한다. 반죽의 비중이 높으면 제품의 기공이 조밀하고 조직이 단단해져 젤리 롤의 겉면이 터지게 된다.

## 31 | 정답 | ④

필수 아미노산이란 식품 단백질을 구성하고 있는 아미노산 중 체내에서는 합성할 수 없어 음식으로 섭취해야 하는 아미노산으로 이소류신, 류신, 리신, 메티오닌, 페닐알라닌, 트레오닌, 트립토판, 발린 8종류이며, 어린이와 회복기 환자에게는 히스티딘을 합한 9종류가 필요하다. 아라키돈산은 불포화 지방산이다.

## 32 | 정답 | ③

스펀지 케이크는 거품형 케이크로, 비중은 0.55 전후이다.

| 오답풀이 |
① 레이어 케이크와 ④ 데블스 푸드 케이크의 비중은 0.85 전후, ② 파운드 케이크의 비중은 0.75 전후이다.

## 33 |정답| ④

| 오답풀이 |
① 식초는 산성을, ② 수산화나트륨 용액과 ③ 중조(탄산수소나트륨)는 알칼리성을 띤다.

## 34 |정답| ②

검류는 식물의 수지로부터 얻을 수 있으며, 탄수화물과 단백질로 구성되어 있다.

## 35 |정답| ①

살모넬라균 식중독의 잠복기는 12~24시간 정도이며, 발열 및 설사 증상을 보이고 1주일 이내에 회복된다.

## 36 |정답| ②

블렌딩법은 유지와 밀가루를 먼저 믹싱하는 방법으로, 유연감과 부드러움을 준다.

| 오답풀이 |
① 크림법: 유지+설탕 → 부피 팽창
③ 설탕/물법: 유지+설탕물 → 균일한 껍질 색, 대량 생산 용이
④ 1단계법: 유지+모든 재료 → 노동력과 시간 절약

## 37 |정답| ①

항산화제와 같이 사용하면 항산화 효과를 증가시키는 항산화제의 보완제로는 비타민 C, 구연산, 주석산, 인산 등이 있다.

| 오답풀이 |
②, ④ 직접 산화를 방지하는 산화 방지제로는 BHA, BHT, 세사몰, 비타민 E(토코페롤) 등이 있다.

## 38 |정답| ④

케이크의 아이싱에 주로 사용되는 것은 휘핑 크림으로, 식물성 지방을 40% 이상 함유하고 있다.

## 39 |정답| ②

항산화제란 유지의 산화적 연쇄 반응을 방해함으로써 유지의 안정 효과를 갖게 하는 물질이다. 식품첨가용 항산화제에는 비타민 E(토코페롤), PG(프로필갈레이트), BHA, BHT, NDGA, 구아검 등이 있다.

## 40 |정답| ③

비터 초콜릿(가공하지 않은 초콜릿)의 구성 성분 중 코코아의 함량은 5/8이므로 32 × 5 ÷ 8 = 20g이다.

## 41 |정답| ③

이스트는 질소, 인산, 칼륨의 3대 영양소를 필요로 하는데, 이스트에 부족한 질소 제공을 위해 암모늄염의 형태로 사용한다.

## 42 |정답| ④

젤라틴은 동물의 껍질과 연골 속에 있는 콜라겐을 정제한 것이다.

## 43 |정답| ①

제과·제빵에 허용되어 있는 보존료는 프로피온산칼슘과 프로피온산나트륨이다.

## 44 |정답| ①

아이싱의 끈적거림을 방지하려면 액체를 최소로 사용해야 한다.

## 45 |정답| ①

**파이를 휴지시키는 이유**
- 전 재료의 수화 기회를 준다.
- 끈적거림을 방지하여 작업상의 효율을 높인다.
- 유지와 반죽의 굳은 정도를 같게 하고, 유지의 결 형성을 돕는다.
- 밀어 펴기를 용이하게 한다.

## 46 |정답| ④

장내의 연동 작용을 자극하여 배설 작용을 촉진하는 것은 섬유소이다.

## 47 |정답| ②

- 탄수화물(g): 100g × 75% = 75g
  탄수화물 1g당 4kcal의 열량을 내므로 75g × 4kcal = 300kcal
- 단백질(g): 100g × 10% = 10g
  단백질 1g당 4kcal의 열량을 내므로 10g × 4kcal = 40kcal
- 지방(g): 100g × 1% = 1g
  지방 1g당 9kcal의 열량을 내므로 1g × 9kcal = 9kcal

따라서 300kcal + 40kcal + 9kcal = 349kcal

## 48 |정답| ②

설탕의 구성 성분은 포도당과 과당이다.

## 49 |정답| ②

오레가노는 잎을 건조시킨 향신료로 토마토 요리와 피자 소스, 파스타 등에 사용되며, 독특한 매운맛과 쓴맛이 특징이다.

## 50 | 정답 | ④

퍼프 페이스트리는 유지의 수분을 이용한 증기압 팽창을 하는 제품으로, 팽창제가 들어가지 않기 때문에 이산화탄소를 발생시키지 않는다. 이산화탄소를 발생시켜 팽창을 하는 것은 이스트나 화학 팽창제이다. 이는 케이크 도넛을 휴지시킬 때의 효과이다.

## 51 | 정답 | ③

부드러운 해면 같은 조직을 입에서 느낄 수 있는 것은 거품형 케이크이다.

## 52 | 정답 | ②

퍼프 페이스트리는 가소성이 뛰어난 충전용 유지에 의해 팽창한다.

## 53 | 정답 | ③

유해 색소를 연속적으로 섭취할 경우 만성 중독이 문제가 된다.

## 54 | 정답 | ③

식품의 부패에 영향을 주는 요인은 온도, 수분, pH, 산소 등이다.

## 55 | 정답 | ②

불활성 가스는 질소이다.

## 56 | 정답 | ③

반죽형 쿠키 중 전란의 사용량이 가장 많은 제품은 드롭 쿠키(소프트 쿠키)이다.

## 57 | 정답 | ②

전란은 수분 75%, 고형질 25%로 구성된다.

## 58 | 정답 | ②

감염형 식중독에는 살모넬라균, 병원성 대장균, 장염 비브리오균이 있다.

| 오답풀이 |
① 독소형 식중독: 포도상구균, 보툴리누스균 등
③ 곰팡이독 식중독: 아플라톡신, 맥각 중독, 황변미 중독 등
④ 화학 물질 식중독: 유해 중금속과 유해 첨가물, 합성 플라스틱, 유기 화합물 등

## 59 | 정답 | ④

껍질에 구멍이 있어야 하고, 껍질 사이가 잘 봉해져 있는지를 확인한다.

## 60 | 정답 | ③

**HACCP 7원칙 설정**
- 원칙 1: 위해 요소 분석과 위해 평가
- 원칙 2: CCP 결정
- 원칙 3: CCP에 대한 한계 기준 설정
- 원칙 4: CCP 모니터링 체계 확립
- 원칙 5: 개선 조치 방법 수립
- 원칙 6: 검증 절차 및 방법 수립
- 원칙 7: 문서화, 기록 유지 방법 설정

## 제과기능사 | 05회        P.248~P.253

| 01 | ② | 02 | ④ | 03 | ② | 04 | ① | 05 | ① |
| 06 | ④ | 07 | ③ | 08 | ② | 09 | ③ | 10 | ④ |
| 11 | ③ | 12 | ② | 13 | ② | 14 | ② | 15 | ④ |
| 16 | ② | 17 | ④ | 18 | ④ | 19 | ② | 20 | ③ |
| 21 | ① | 22 | ② | 23 | ① | 24 | ③ | 25 | ② |
| 26 | ② | 27 | ② | 28 | ② | 29 | ① | 30 | ④ |
| 31 | ② | 32 | ② | 33 | ④ | 34 | ② | 35 | ① |
| 36 | ④ | 37 | ② | 38 | ② | 39 | ④ | 40 | ① |
| 41 | ② | 42 | ① | 43 | ② | 44 | ③ | 45 | ② |
| 46 | ② | 47 | ② | 48 | ① | 49 | ④ | 50 | ① |
| 51 | ② | 52 | ④ | 53 | ④ | 54 | ③ | 55 | ② |
| 56 | ③ | 57 | ① | 58 | ① | 59 | ① | 60 | ② |

### 01  |정답| ②
생크림(Fresh Cream)은 우유의 지방분만을 분리한 것으로, 유지방 함량이 18% 이상인 크림을 말한다.

### 02  |정답| ④
엔젤 푸드 케이크 제조 시 제품을 팬에서 분리할 때 이형제로는 물을 사용한다.

### 03  |정답| ②
쇼트 브레드 쿠키는 냉장고에서 휴지한다.

### 04  |정답| ①
인플루엔자, 유행성 간염, 천연두, 일본뇌염, 소아마비(폴리오, 급성 회백수염), 광견병 등은 바이러스가 원인인 감염병이다.

### 05  |정답| ①
케이크를 만들 때에는 단백질 함량이 7~9%인 박력분을 사용해야 부피가 커진다. 강력분은 부피가 작아지는 원인이 된다.

### 06  |정답| ④
열에 의한 식용유의 변질은 지방이 산화되어 변질되는 산패이다.

### 07  |정답| ③
도넛 튀김기에 붓는 기름의 평균 깊이는 12~15cm 정도가 적합하다.

### 08  |정답| ②
윗면이 터지는 이유는 반죽의 수분이 부족하거나 높은 온도에서 구워 껍질이 빨리 생기거나, 틀에 채운 후 바로 굽지 않아 표피가 마르거나, 반죽의 설탕이 다 녹지 않았기 때문이다. 굽기 전에 증기를 분무하면 윗면이 터지지 않는다.

### 09  |정답| ③
- 시간당 1인 생산량: (500개 + 550개) ÷ 5명 ÷ 8시간 = 26.25개/시간
- 제품의 개당 노무비: 4,000원 ÷ 26.25g = 152.38원 = 약 152원

### 10  |정답| ④
| 오답풀이 |
① 크림법: 유지+설탕 → 부피감
② 블렌딩법: 유지+밀가루 → 유연감
③ 설탕/물법: 설탕+물 → 껍질 색 균일

### 11  |정답| ③
$$비중 = \frac{반죽\ 무게 - 비중컵\ 무게}{물\ 무게 - 비중컵\ 무게} = \frac{260g - 50g}{300g - 50g} = 0.84$$

### 12  |정답| ②
블렌딩법은 유지와 밀가루를 먼저 믹싱하여 제품에 유연감을 주는 방법이다.

### 13  |정답| ②
밀어 펴는 쿠키에는 스냅 쿠키, 쇼트 브레드 쿠키가 있다.

### 14  |정답| ②
찜을 이용한 제품에는 팽창제로 속효성이 있는 제품을 사용한다. 속효성은 분해가 용이하여 효과가 단시간 내에 나타나는 성질이다.

### 15  |정답| ④
커스터드 크림의 재료로는 우유, 달걀, 설탕, 전분, 버터, 바닐라 향, 브랜디가 있다.

## 16 | 정답 | ②

나가사끼 카스텔라는 굽기 과정 중 휘젓기를 한 후 뚜껑을 덮는다. 휘젓기를 하는 이유는 반죽 온도의 균일함, 껍질 표면의 매끄러움, 내상의 균일함을 위해서이다.

## 17 | 정답 | ④

스펀지 케이크는 가벼운 거품형 반죽이므로 약 50~60%를 팬닝하면 적당하다.

## 18 | 정답 | ④

초콜릿은 코코아 62.5%(5/8), 카카오 버터 37.5%(3/8)를 함유하고 있다. 62.5%를 100으로 나누면 0.625이므로 20÷0.625=32%이다.

## 19 | 정답 | ②

이중팬은 바닥 면의 두꺼운 껍질 형성을 방지한다.

## 20 | 정답 | ③

퍼프 페이스트리의 반죽 온도는 20℃ 정도이며, 물을 반죽에 직접 넣고 사용하여 온도 조절이 편리하다.

## 21 | 정답 | ①

롤 케이크를 말 때 터지는 것은 수분이 부족하기 때문이다. 오버 베이킹 시 건조해지므로 터지기 쉽다.

## 22 | 정답 | ①

일반 파운드 케이크의 재료는 밀가루, 유지, 달걀, 설탕이다. 마블 파운드 케이크를 만들 때에는 코코아를 첨가하여 색상을 낸다.

## 23 | 정답 | ①

커스터드 푸딩은 95%를 채워 넣고 160~170℃의 오븐에서 중탕으로 굽기를 한다.

## 24 | 정답 | ③

케이크 반죽의 혼합 완료점은 반죽의 비중으로 알 수 있으며, 반죽형 반죽은 0.8±0.05, 거품형 반죽은 0.5±0.05의 비중이다.

## 25 | 정답 | ③

유화제는 달콤한 맛을 내는 데 사용하지 않으며, 주로 유화성을 주는 역할을 한다.

## 26 | 정답 | ②

튀김 기름의 4대 적은 온도, 수분, 공기(산소), 이물질이다.

## 27 | 정답 | ②

퐁당은 38~44℃로 식혀 휘저은 후 사용한다.

| 오답풀이 |
① 퐁당에 사용하는 설탕 시럽은 114~118℃로 끓인다.
③ 퐁당은 설탕과 물이 주재료로, 유화제는 사용하지 않는다.
④ 굳어진 것이 가온하는 것만으로 풀어지지 않으면, 설탕 시럽을 더 넣어 연하게 만들어 준다(설탕 : 물 = 2 : 1).

## 28 | 정답 | ②

쿠키가 퍼지지 않는 이유에는 고운 입자의 설탕 사용, 과도한 믹싱, 산성 반죽, 높은 오븐 온도, 된 반죽 등이 있다.

## 29 | 정답 | ①

이탈리안 머랭은 흰자를 거품 내면서 뜨겁게 끓인 시럽(설탕 100에 물 30을 넣고 114~118℃로 끓임)을 조금씩 나누어 부어 만든 머랭으로, 흰자의 일부가 열에 응고하여 기포가 안정된다. 무스나 크림 등 굽지 않은 제품을 만들 때 사용한다.

## 30 | 정답 | ④

1차 관리의 3대 요소는 Man(사람, 질과 양), Material(재료, 품질), Money(자금, 원가)이다. 2차 관리의 4대 요소는 Method(방법), Minute(시간, 공정), Machine(기계, 시설), Market(시장)이다.

## 31 | 정답 | ②

과일 케이크를 구울 때 증기를 분사하는 목적은 향의 손실을 막고, 표피의 캐러멜화 반응을 연장하며, 수분의 손실을 막고 윗면의 터짐을 방지하기 위함이다.

## 32 | 정답 | ②

스펀지 케이크가 5.08cm³/g로 비용적이 가장 크다. 비용적이 클수록 팽창력이 좋다.

| 오답풀이 |
① 파운드 케이크: 2.40cm³/g
③ 레이어 케이크: 2.96cm³/g
④ 엔젤 푸드 케이크: 4.71cm³/g

## 33 | 정답 | ④

브리오슈는 손으로 둥글리기해서 틀에 넣고 만든다.

## 34 | 정답 | ①

비타민 E(토코페롤)는 대표적인 항산화제이다. 항산화제란 유지의 산화적 연쇄 반응을 방해함으로써 유지의 안정 효과를 갖게 하는 물질이다. 식품첨가용 항산화제에는 비타민 E(토코페롤), PG(프로필갈레이트), BHA, BHT, NDGA, 구아검 등이 있다.

## 35 | 정답 | ①

넛메그(Nutmeg)는 사향 향기가 나는 호두라는 뜻으로 육두구과 교목의 열매를 3~6주간 햇빛에 건조시킨 것이며, 1개의 종자에서 넛메그와 메이스를 얻을 수 있다.

## 36 | 정답 | ④

유지를 계속 가열하면 발연점이 낮아진다.

## 37 | 정답 | ①

화학적 팽창제는 효모보다 가스 생산이 빠르게 일어난다.

## 38 | 정답 | ②

스테아린(Stearin)은 경화제로 설탕의 녹는점(융점)을 높여 기름의 침투를 막는다. 튀김 기름의 3~6%를 사용하는데, 경화 기능이 너무 강하면 도넛에 붙는 설탕량이 줄어들게 된다.

## 39 | 정답 | ④

광견병은 동물(개)에 의해 전파되는 인수 공통 감염병이다.

## 40 | 정답 | ①

- 젖은 글루텐(%) = (젖은 글루텐 반죽의 중량 ÷ 밀가루 중량) × 100
  = (6 ÷ 25) × 100 = 24%
- 건조 글루텐(%) = 젖은 글루텐 ÷ 3 = 24 ÷ 3 = 8%
  따라서 건조 글루텐의 함량은 8%이다. 강력분의 단백질 함량은 12~15%, 박력분의 단백질 함량은 7~9%이므로 이는 박력분에 해당한다.

## 41 | 정답 | ②

전화당이란 자당을 가수 분해하여 생기는 포도당과 과당이 동량인 혼합물이다.

## 42 | 정답 | ①

크림성(크림가)은 유지가 믹싱 조작 중 공기를 포집하는 성질로, 버터 크림, 크림법으로 제조하는 케이크 등에 중요한 성질이다.

## 43 | 정답 | ③

자당(설탕)은 비환원성 당이다.

## 44 | 정답 | ③

노른자의 고형질 중 약 70%가 지방이며, 흰자는 지방이 거의 없고, 전란의 60%를 차지한다.

## 45 | 정답 | ②

글루텐을 형성하는 단백질은 글리아딘과 글루테닌으로, 함량은 글루테닌이 약 20%, 글리아딘이 약 36%이다.

## 46 | 정답 | ②

유당은 단맛이 적고 물에 대한 용해도도 적으나, 식품 속에 적당량이 있으면 젖산균의 발육을 도와 유해균의 발육을 억제하여 정장 작용을 한다.

## 47 | 정답 | ③

**포화 지방산과 불포화 지방산**

| 포화 지방산 | 불포화 지방산 |
| --- | --- |
| 동물성 기름에 많이 들어 있음 | 식물성 기름에 많이 들어 있음 |
| 실온에서 고체(탄소수 증가 → 융점이 높아짐) | 실온에서 액체(융점이 낮고, 탄소 수 적음) |
| 단일 결합 | 이중 결합 |
| 유지방, 코코넛 기름, 팔미트산, 스테아르산 등 | 올레산, 리놀레산, 리놀렌산 등 |

## 48 | 정답 | ①

버터류에는 식용색소 황색4호를 사용할 수 없다.

## 49 | 정답 | ④

필수 아미노산은 체내 합성이 불가능하여 반드시 음식물에서 섭취해야 하는 것으로, 성인에게는 이소류신, 류신, 리신, 메티오닌, 페닐알라닌, 트레오닌, 트립토판, 발린 등 8종류가 필요하다. 또한 어린이와 회복기 환자에게는 성인에게 필요한 8종류 외에 히스티딘을 합한 9종류가 필요하다. 알라닌은 비필수 아미노산이다.

## 50 | 정답 | ①

탄수화물과 단백질은 4kcal, 지방은 9kcal의 열량을 낸다.

## 51  |정답| ②

**인수 공통 감염병의 종류**

| 탄저 | 잠복기는 1~4일 정도이며 소, 말, 산양 등의 가축에 급성 패혈증, 수막염을 일으킴 |
|---|---|
| 브루셀라증 (파상열) | • 소나 돼지 등에 유산을 일으키며 사람에게는 열성 질환을 일으킴<br>• 병에 걸린 동물의 젖, 유제품이나 고기를 거쳐 경구 감염 |
| 결핵 | • 병에 걸린 소의 유즙이나 유제품을 거쳐 사람에게 경구 감염되며, 잠복기는 불명<br>• BCG 예방 접종, 투베르쿨린 반응 검사를 실시하여 결핵 감염 여부를 조기에 발견할 수 있음 |
| Q열 | • 병원체는 코클시엘라 버네이며, 증상이 비교적 뚜렷하지 않으나 발열과 함께 호흡기 증상이 나타남<br>• 흡혈 곤충 박멸, 우유 살균, 소의 감염 진단 등으로 예방 |
| 돈단독 | 주로 돼지에 의하며 급성 패혈증과 만성 병변이 특징임 |
| 야토병 | 산토끼나 설치류 사이에 유행 |
| 리스테리아증 | • 리스테리아균, 감염 동물과 접촉(소, 닭, 양, 염소 등)으로 감염<br>• 소아나 성인에게 뇌수막염을 일으키기도 함 |
| 구제역 | • 소, 돼지, 양, 사슴 등 발굽이 둘로 갈라진 우제류에 의해 감염됨<br>• 전염성이 빠름 |

## 52  |정답| ④

반죽에 밀가루 양이 많으면 무거워서 단단한 제품이 만들어진다. 반죽형 케이크의 비중은 0.8±0.05로 맞추면 적당하다.

## 53  |정답| ④

보툴리늄균의 독소인 뉴로톡신(Neurotoxin)은 이열성으로(열에 약함) 80℃에서 30분이면 파괴되나 식중독 중 치사율이 가장 높다. 신경 마비, 시력 장애, 동공 확대 등의 증상이 나타나며, 완전 가열 살균되지 않은 병조림, 통조림, 소시지, 훈제품 등이 원인 식품이다.

## 54  |정답| ③

퐁당은 114~116℃까지 끓인 시럽을 사용한다.

## 55  |정답| ②

살모넬라균 식중독은 세균성 식중독 중 감염형이다.

## 56  |정답| ③

펩타이드 결합은 보통 화학에서 Amide 결합이라고 부른다. 아미노산에 포함되어 있는 ~COOH+~$NH_2$ 사이의 축합 반응으로 형성되는데, 이 경우를 특별히 펩타이드(Peptide) 결합이라고 한다. 펩타이드 결합은 산이나 염기에 의해 가수 분해가 되는데 염기가 더 잘 분해된다.

## 57  |정답| ①

복어독은 자연독에 의한 식중독이다.

## 58  |정답| ①

얼음 사용량 = $\dfrac{\text{물 사용량} \times (\text{수돗물 온도} - \text{사용수 온도})}{80 + \text{수돗물 온도}}$

## 59  |정답| ①

수직형 믹서(버티컬 믹서)는 주로 소규모 제과점에서 사용하는 것으로 케이크 반죽뿐만 아니라 빵 반죽을 만들 경우에도 사용한다.

## 60  |정답| ②

비타민 C가 결핍되면 괴혈병의 증상이 나타난다.

## 2025 실제 기출 복원문제(제빵)    P.254~P.259

| 01 | ① | 02 | ② | 03 | ① | 04 | ③ | 05 | ② |
| 06 | ④ | 07 | ② | 08 | ③ | 09 | ① | 10 | ③ |
| 11 | ④ | 12 | ③ | 13 | ② | 14 | ① | 15 | ③ |
| 16 | ① | 17 | ④ | 18 | ③ | 19 | ③ | 20 | ④ |
| 21 | ② | 22 | ① | 23 | ④ | 24 | ③ | 25 | ③ |
| 26 | ① | 27 | ① | 28 | ③ | 29 | ③ | 30 | ② |
| 31 | ④ | 32 | ① | 33 | ② | 34 | ④ | 35 | ② |
| 36 | ① | 37 | ④ | 38 | ③ | 39 | ③ | 40 | ① |
| 41 | ③ | 42 | ① | 43 | ② | 44 | ③ | 45 | ① |
| 46 | ④ | 47 | ③ | 48 | ④ | 49 | ④ | 50 | ② |
| 51 | ③ | 52 | ③ | 53 | ③ | 54 | ② | 55 | ④ |
| 56 | ④ | 57 | ③ | 58 | ② | 59 | ③ | 60 | ③ |

## 01    |정답| ①

프랑스빵 반죽은 저율배합 제품으로 수분 함량이 낮고 글루텐 구조가 단단하기 때문에 냉동 시 전분 노화가 빠르게 진행된다.

## 02    |정답| ②

**중간발효의 목적**
- 분할이나 둥글리기 과정에서 손상된 글루텐 구조를 재정돈한다.
- 발효 과정에서 가스를 발생시켜 반죽의 유연성을 회복한다.
- 탄력성과 신장성을 회복시켜, 정형 과정에서 밀어 펴기가 용이하도록 한다.

※ 반죽을 하나의 표피로 만드는 목적은 둥글리기 공정이다.

## 03    |정답| ①

$$발효\ 손실율 = \frac{발효\ 전\ 무게 - 발효\ 후\ 무게}{발효\ 전\ 무게} \times 100$$

$$= \frac{1{,}600 - 1{,}578}{1{,}600} \times 100 = \frac{22}{1{,}600} \times 100$$

$$= 0.01375 \times 100 = 1.375\%$$

## 04    |정답| ③

1. 완제품 무게
600g × 10개 = 6,000g
2. 굽기 및 냉각 손실
손실이 12%라는 것은 굽기·냉각 후 무게가 88%로 줄어든다는 뜻이다.
따라서 굽기 전 무게 = 6,000 ÷ 0.88 = 6,818.18g

3. 발효 손실
발효 과정에서 2% 손실이 발생하므로, 발효 전 반죽 무게의 98%가 굽기 전 무게가 된다.
4. 최종 반죽량
따라서 반죽해야 할 무게 = 6,818.18 ÷ 0.98 = 6,957.33g ≒ 약 6.96kg

## 05    |정답| ②

**식품첨가물의 주요 기능**
- 소포제 : 식품 제조 공정에서 발생하는 거품을 제거하거나, 거품 생성을 방지한다.
- 유화제 : 물과 기름처럼 서로 섞이지 않는 액체를 미세하게 분산시켜 안정된 혼합 상태를 만든다. (예: 마요네즈, 아이스크림에 사용되는 레시틴)
- 피막제 : 과일이나 채소의 표면에 얇은 막을 형성하여 외관을 개선하고, 호흡 작용을 억제함으로써 신선도를 오래 유지시킨다.
- 팽창제 : 식품을 부풀려 적절한 부피와 형태를 갖추도록 한다.

## 06    |정답| ④

산화제를 사용하면 글루텐 결합이 강화되어 가스 포집력, 반죽 강도, 기계적 성질이 향상된다. 하지만 글루텐 형성을 충분히 하기 위해 오히려 믹싱 시간이 길어지는 경우도 많다.

## 07    |정답| ②

**안정제의 목적**
- 아이싱 끈적거림·부서짐 방지
- 머랭 수분 배출 억제
- 토핑 거품 안정
- 파이 충전물 농후화제
- 노화 지연(흡수 억제)
- 포장성 개선(비점착)

## 08    |정답| ③

**보존료의 조건**
- 변질·부패 미생물 증식 억제
- 소량 사용 시 높은 효과
- 장기간의 효력
- 무독성 또는 저독성
- 무미·무취, 비자극성
- 공기·열 안정, pH 영향 없음
- 사용 간편, 저렴한 가격

## 09    |정답| ①

그리시니(Grissini)는 이탈리아식 빵스틱으로 길이 35~40cm 정도의 가늘고 긴 막대 모양이 특징이다. 주로 바삭하게 구워 스낵이나 식전빵으로 활용된다.

## 10 | 정답 | ③

베이킹파우더를 과량 사용하면 가스 발생이 지나치게 많아져 오븐스프링이 과도하게 커지고, 내부 조직이 거칠어지며 색이 어두워진다. 반대로 베이킹파우더를 적게 사용하면 밀도가 높아지고 부피가 작아진다.

## 11 | 정답 | ④

**믹싱 단계별 대표 제품**
- 픽업 단계: 데니시 페이스트리
- 클린업 단계: 스펀지 반죽(스펀지 도우법), 장시간 발효 빵
- 발전 단계: 프랑스빵(불란서빵, 바게트 등), 공정이 많은 빵
- 최종 단계: 식빵, 단과자빵
- 렛 다운(Let Down) 단계: 잉글리쉬 머핀, 햄버거빵

## 12 | 정답 | ③

식빵 반죽의 온도는 밀가루, 물, 실내 온도, 마찰열 등 여러 요소에 의해 결정되지만, 이 가운데 물(수분)의 온도가 가장 큰 영향을 미치며, 다음으로 밀가루 온도가 영향을 준다.

## 13 | 정답 | ②

분할이나 기계 분할은 15~20분 이내에 완료하는 것이 바람직하다. 시간이 지날수록 발효가 계속 진행되어 반죽의 부피는 커지지만, 무게는 오히려 감소하기 때문이다.

## 14 | 정답 | ①

포장 온도는 35~40℃가 적절하며, 수분 함량은 38%가 알맞다.

## 15 | 정답 | ③

**굽기 과정 중 변화에 따른 온도**
- 전분 호화: 60℃
- 이스트 사멸: 60℃
- 글루텐 응고: 74℃
- 알코올 증발: 79℃
- 빵 내부 최대 온도: 99℃

## 16 | 정답 | ①

빵 속에서 부드럽게 퍼져 식감이 연해지도록 하기 위해 밤을 고르게 펴서 단단하게 넣는다.

## 17 | 정답 | ④

배합표 작성법(Baker's %)은 밀가루의 양을 100%로 환산하여, 나머지 재료들을 밀가루와의 비율(%)로 표시하는 방식을 말한다.

## 18 | 정답 | ④

이스트에는 유당 분해효소인 락테이즈는 존재하지 않는다.

**이스트의 주요 효소**
- 인버테이스: 설탕을 포도당과 과당으로 분해
- 말테이스: 맥아당을 2분자의 포도당으로 분해
- 치마아제: 포도당과 과당을 분해하여 탄산가스와 알코올 생성

## 19 | 정답 | ③

발효의 주요 목적은 반죽의 팽창과 숙성을 촉진하고, 풍미를 높여 빵 특유의 향을 강화하는 데 있다. 발효 과정에서 글루텐이 자연스럽게 발달해 반죽의 가스 포집력과 보유 능력이 향상되지만, 글루텐 자체를 강화하는 과정은 발효가 아니라 반죽 치대기(글루텐 형성) 단계에서 이루어진다.

## 20 | 정답 | ④

맥아와 맥아시럽에는 이스트 활성을 촉진하는 영양물질이 함유되어 있다. 이스트 활성이 증가하면 빵 내부의 수분 함량이 높아져, 신선도를 유지하고 노화를 지연시킨다.

**맥아 제품의 사용 목적**
- 이산화탄소 생산성을 높인다.
- 제품에 독특한 향미를 부여한다.
- 내부 수분 함량을 증가시켜 노화를 지연시킨다.
- 껍질색을 개선한다.

## 21 | 정답 | ②

**| 오답풀이 |**
① 수직형 믹서: 반죽 날개가 수직으로 설치되어 있으며, 소규모 제과점에서 케이크 반죽에 주로 사용된다.
③ 스파이럴 믹서: 나선형 훅이 내장되어 있어 프랑스빵과 같이 글루텐 형성력이 다소 약한 밀가루로 빵을 만들 때 적합하다.
④ 에어 믹서: 제과 전용 믹서로, 특히 엔젤 푸드 케이크와 같이 공기 압력이 가장 높아야 하는 제품에 사용된다.

## 22 | 정답 | ①

이스트는 설탕 농도가 5% 이하일 때 가장 활발하게 발효하여 이산화탄소($CO_2$)를 많이 생성한다.

## 23 | 정답 | ④

이스트는 빵 반죽이 발효되는 과정에서 탄산가스($CO_2$)와 알코올을 생성하여 팽창과 풍미 형성에 기여한다.

## 24 | 정답 | ③

호밀에는 펜토산 함량이 높아 글루텐 형성을 방해하며, 오래 반죽할수록 반죽이 끈적이게 된다. 또한 밀가루에 비해 구조력이 약하다.

## 25 |정답| ③

제빵에서 설탕은 제품에 단맛을 부여하고, 노화를 방지하며, 껍질 색을 형성하고, 효모의 영양분 역할 등 다양한 역할을 한다.

## 26 |정답| ①

**2차 발효 습도가 높을 때 나타나는 현상**
- 거친 껍질, 질긴 식감
- 껍질 수포(기포, 물집) 발생
- 반점·줄무늬 형성
- 윗면 납작해짐

## 27 |정답| ①

소금을 과량 사용하면 삼투압 작용으로 인해 발효 중 가스 발생력이 감소하며, 발효 속도가 느려진다.

## 28 |정답| ③

앙금을 반죽에 고르게 분포시키기 위해 반죽을 누르면, 누르지 않은 빵에 비해 노화가 빠르게 진행되며 촉촉함이 줄어든다.

## 29 |정답| ②

반죽의 글루텐 형성과 관련된 믹싱 단계의 진행 과정이다.

## 30 |정답| ②

반죽을 둥글릴 때 끈적거림을 방지하기 위해, 반죽 무게의 0.1~0.2%에 해당하는 유동 파라핀 용액을 작업대나 라운더에 바른다.

## 31 |정답| ④

일반적인 제과점과 대부분의 제빵 공장에서는 디지털 저울을 사용한다.

## 32 |정답| ①

수분 함량이 많을수록, pH가 높아 알칼리성일수록 전분의 호화가 더 빨리 일어난다.

## 33 |정답| ②

아밀로오스는 아이오딘(요오드) 용액에 반응하여 청색을 나타내고, 아밀로펙틴은 아이오딘(요오드) 용액에 반응하여 적자색을 나타낸다.

## 34 |정답| ④

이형유(팬 기름)를 과량 사용 시 밑껍질이 두꺼워지고 색이 어두워진다.

## 35 |정답| ②

유탕 및 유처리 과자의 산가는 2.0 이하로 규정되어 있으며, 한과류의 산가는 3.0 이하로 정해져 있다.

## 36 |정답| ①

버터는 일반적으로 우유 지방 80% 이상과 수분 18% 이하로 구성되어 있다.

## 37 |정답| ④

교차오염을 방지하기 위해서는 칼, 도마, 앞치마, 고무장갑 등 조리 기구를 식재료의 특성이나 작업 구역에 따라 구분하여 사용하고, 수시로 세척 및 소독해야 한다. 한편, 굽는 과정에서는 교차오염이 발생하지 않는다.

## 38 |정답| ③

지방 1g = 9kcal이므로 6g × 9kcal = 54kcal

## 39 |정답| ③

**초콜릿 제조 과정**
코코아콩 → 볶기 → 마쇄·압착 → 분쇄 → 재료 혼합 → 정제 → 콘칭 → 템퍼링 → 냉각 → 틀 제거 → 포장

## 40 |정답| ①

마이야르 반응은 당류와 아미노산이 결합하여 갈색 색소인 멜라노이딘을 생성하는 반응이며, 캐러멜화 반응은 당류가 고온의 열을 받아 갈색으로 변하는 현상이다.

## 41 |정답| ③

달걀 노른자에 함유된 천연 유화제 레시틴은 마요네즈 제조에서 중요한 역할을 한다.

## 42 |정답| ①

청포도즙과 와인 식초로 만든 발사믹 소스는 포도 발효 식초를 기반으로 한 상큼한 맛과 향의 소스로, 샐러드 드레싱, 장아찌 소스, 수육 소스 등에 활용된다.

## 43 |정답| ②

반숙 계란은 소화에 약 1시간 30분, 완숙 계란은 약 3시간 15분, 날계란은 약 2시간 30분이 걸린다. 따라서 반숙 계란이 날계란이나 완숙 계란보다 소화가 더 빠르다.

## 44 |정답| ③

분유는 빵의 영양을 강화하고 맛과 색을 좋게 할 뿐만 아니라, 반죽의 산도를 조절하는 완충제 역할도 한다.

## 45 |정답| ①

설탕이 재결정화된 현상을 슈거 블룸이라 한다.

**슈거 블룸**
- 습도가 높은 장소에 제품을 장시간 방치하거나, 급격한 온도 변화가 있을 때 발생한다.
- 초콜릿 표면에 물방울이 떨어지면 내부의 설탕이 용해되고, 이후 수분이 증발하면서 설탕이 재결정되어 표면에 반점이 생긴다.

## 46 |정답| ④

식품을 올바르게 냉장·냉동 보관하였다면, 유통기한이 지나더라도 소비기한 내에서는 섭취가 가능하다.

## 47 |정답| ③

적색 색소를 생성하는 대표적인 균주는 Serratia marcescens이다. 이 균주는 상온에서 붉은 색소인 프로디지오신(Prodigiosin)을 생성하여 배지가 붉게 변색되는 것이 특징이다.

## 48 |정답| ④

브루셀라균은 열에 약하여 끓이거나 저온살균 시 쉽게 사멸한다.

**브루셀라균**
- 병원체: Brucella 균군 → 인수공통전염병
- 숙주: 양, 염소, 소, 돼지
- 형태: 그람음성 단간균, 운동성 없음, 아포 형성 안 함
- 특성: 열에 약함(58℃, 10~15분 사멸)

## 49 |정답| ④

- 고시폴(Gossypol): 덜 정제된 면실유(목화씨 기름)
- 삭시톡신(Saxitoxin): 섭조개, 대합조개
- 시큐톡신(Cicutoxin): 독미나리
- 아미그달린(Amygdalin): 덜 익은 매실, 살구씨, 아몬드, 사과씨, 자두씨

## 50 |정답| ②

히스타민 식중독의 증상 완화에는 일반적으로 항히스타민제가 사용된다.

## 51 |정답| ③

진균독(곰팡이 독소)에 의한 식중독은 세균과 직접적인 관련이 없으며, 곰팡이에 의해 발생한다.

**곰팡이독 종류**
아플라톡신, 맥각 중독, 황변미 중독

## 52 |정답| ③

바이러스성 질환에는 소아마비(급성 회백수염, 폴리오), A형 간염, 감염성 설사증, 인플루엔자, 홍역, 일본뇌염, 천연두, 광견병 등이 있다.
각 질환의 원인 병원체는 다음과 같다.

- 성홍열: 세균(A군 베타용혈성 연쇄구균)
- 장티푸스: 세균(Salmonella Typhi)
- 홍역: 바이러스(홍역 바이러스)
- 아메바성 이질: 원생동물(아메바)

## 53 |정답| ③

「식품위생법」 제48조 제1항에서는 다음과 같이 규정하고 있다.
"식품의약품안전청장은 식품의 원료관리 및 제조·가공·조리·소분·유통의 모든 과정에서 위해한 물질이 식품에 섞이거나 식품이 오염되는 것을 방지하기 위하여 각 과정의 위해요소를 확인·평가하여 중점적으로 관리하는 기준을 식품별로 정하여 고시할 수 있다."

## 54 |정답| ②

솔라닌은 감자에 존재하는 독소이며, 맥각중독은 맥각균이 보리·밀·호밀에 기생하면서 에르고톡신, 에르고타민 등의 독소를 생성하여 발생한다.

## 55 |정답| ④

살충제 살포, 천적 활용, 쥐틀 사용과 같은 방법은 단기적 해결책에 불과하다. 근본적인 해결 방법은 환경을 정비하여 쥐가 서식할 수 없도록 만드는 것이다.

## 56 |정답| ④

- 비타민 $B_3$(나이아신): 항 펠라그라 인자(PP factor), 결핍 → 펠라그라
- 비타민 $B_1$(티아민): 당질 대사 보조효소(TPP), 결핍 → 각기병
- 비타민 K: 항 혈액응고 인자, 결핍 → 출혈·지혈 장애
- 비타민 A(레티놀): 망막 색소 성분, 결핍 → 야맹증
- 비타민 $B_{12}$: 항 빈혈 인자, 코발트 함유

## 57 |정답| ③

역성비누는 식품공장의 소독, 종업원의 손 소독제로 널리 쓰이는 양이온 계면활성제이다. 세정제, 유화제, 가용화제, 특히 살균제로서 널리 이용되지만 보통 비누와 혼용하면 살균 효과가 감소한다.

## 58 |정답| ②

당뇨병 환자용 식빵은 혈당지수와 칼로리 조절이 중요하므로, 칼로리가 높은 유지는 배제하거나 최소화하는 것이 바람직하다.

## 59 |정답| ③

차아염소산 나트륨 100ppm은 백분율(%)로 환산하면 0.01%이다.
1ppm = 0.0001%이므로, 100ppm = 100 × 0.0001% = 0.01%

## 60 |정답| ③

안드로겐은 남성 생식계의 성장과 발달에 관여하는 호르몬의 총칭이다.

## 제빵기능사 | 01회

P.260~P.265

| 01 | ① | 02 | ② | 03 | ③ | 04 | ④ | 05 | ④ |
|---|---|---|---|---|---|---|---|---|---|
| 06 | ③ | 07 | ① | 08 | ① | 09 | ③ | 10 | ② |
| 11 | ② | 12 | ④ | 13 | ③ | 14 | ② | 15 | ④ |
| 16 | ③ | 17 | ③ | 18 | ② | 19 | ② | 20 | ④ |
| 21 | ④ | 22 | ② | 23 | ③ | 24 | ① | 25 | ② |
| 26 | ① | 27 | ③ | 28 | ① | 29 | ④ | 30 | ② |
| 31 | ① | 32 | ① | 33 | ① | 34 | ② | 35 | ① |
| 36 | ④ | 37 | ③ | 38 | ④ | 39 | ③ | 40 | ④ |
| 41 | ③ | 42 | ① | 43 | ② | 44 | ④ | 45 | ② |
| 46 | ① | 47 | ④ | 48 | ③ | 49 | ② | 50 | ② |
| 51 | ③ | 52 | ① | 53 | ③ | 54 | ④ | 55 | ④ |
| 56 | ④ | 57 | ① | 58 | ④ | 59 | ① | 60 | ① |

### 01  |정답| ①
불란서빵(프랑스빵)은 틀을 사용하지 않고 굽기 때문에 가수율을 줄여야 한다.

### 02  |정답| ②
불란서빵은 75~80% 정도의 낮은 습도로 발효를 한다. 습도가 높으면 퍼짐이 크고 탄력이 없어지기 때문이다.

### 03  |정답| ③
굽기 중 팬에서 연기가 나지 않도록 해야 한다. 따라서 발연점이 219℃ 이상인 기름을 사용하고, 산패가 쉬운 지방산이 없어야 한다.

### 04  |정답| ④
건포도 무게의 12%에 해당하는 물로 3~4시간 비닐봉지에서 섞어 방치하는 방식으로 전처리한다. 건포도를 전처리하는 목적은 빵 속 수분 이동 방지, 수율과 저장성 증가, 건포도 본래의 맛과 향 회복 등이 있다.

### 05  |정답| ④
액체 발효법(액종법)은 단백질 함량이 적어 발효 내구력이 약한 밀가루로도 빵을 생산할 수 있다. 따라서 발효 손실에 따른 생산 손실을 줄일 수 있다.

|오답풀이|
① 균일한 제품 생산이 가능하다.
② 펌프와 탱크 설비가 이루어져 있어 공간 확보와 설비비가 적게 든다.
③ 한 번에 많은 양을 발효시킬 수 있다.

### 06  |정답| ③
경구 감염병 중 바이러스에 의해 전염되어 발병되는 것에는 A형 간염(유행성 간염), 소아마비(폴리오, 급성 회백수염), 홍역 등이 있다.

### 07  |정답| ①
옆면이 터지는 것은 2차 발효가 짧을 경우이며, 이는 글루텐의 신장성이 떨어져 굽기 시 오븐 스프링을 견디지 못하기 때문이다.

### 08  |정답| ①
노화 지연 방법으로는 −18℃ 이하 또는 실온 21~35℃ 보관, 양질의 재료 사용, 방습 포장재 사용, 유지 제품을 사용하거나 당류 첨가, 제조 공정 준수, 운반 판매 시 실온 온도 유지 등이 있다. 냉장 보관(0~8℃) 시 노화가 가장 빠르게 진행된다.

### 09  |정답| ③
마이야르 반응은 단당류, 이당류, 다당류의 순으로 반응하며, 같은 단당류일 경우 감미도 순으로 반응 속도를 낸다. 포도당과 과당이 단당류이며, 그중 과당이 가장 단맛이 강하다. 설탕인 자당은 이당류에 해당한다.

### 10  |정답| ②
(7시간 × 60분 × 60초 ÷ 50초) × 70개 = 35,280개

### 11  |정답| ②
분당은 설탕을 곱게 마쇄하여 전분 3%를 섞어 놓은 것이다.

### 12  |정답| ④
성형의 범위에는 '분할 → 둥글리기 → 중간 발효 → 정형(밀기 → 말기 → 봉하기) → 팬닝' 등이 속한다.

### 13  |정답| ③
팬의 온도는 30~35℃가 적합하며, 반죽의 온도와 같거나 약간 높게 맞추면 좋다.

## 14 | 정답 | ②

감미제의 퍼짐성 조절은 제과에서의 기능으로 쿠키와 관련이 깊다.

## 15 | 정답 | ④

익스텐소그래프는 반죽의 신장성과 신장 저항력을 측정하며, 밀가루 개량제의 효과를 측정한다.

| 오답풀이 |
① 레오메터(레오미터): 반죽이 기계적 발달을 할 때 일어나는 변화를 측정
② 패리노그래프: 글루텐의 흡수율, 글루텐의 질, 반죽의 내구성, 믹싱 시간 등을 측정
③ 아밀로그래프: 온도 변화에 따른 밀가루의 점도 변화를 자동으로 계속적으로 측정하여 밀가루의 호화 정도를 알 수 있음

## 16 | 정답 | ③

칼슘은 유해 금속이 아니라 뼈와 치아를 구성하는 무기질이다.

## 17 | 정답 | ③

- 완제품 무게 = 600 × 10 = 6,000g
- 총 반죽 무게 = 완제품 무게 ÷ (1 − 손실)
  = 6,000 ÷ (1 − 0.02) ÷ (1 − 0.12)
  = 6,000 ÷ 0.98 ÷ 0.88 = 6,957g ≒ 6.96kg

## 18 | 정답 | ②

퍼프 페이스트리나 데니시 페이스트리에 사용하는 유지는 낮은 온도에서 너무 단단하지 않으면서 높은 온도에서 너무 무르게 되지 않는 성질인 가소성의 범위가 넓은 것이 좋다.

## 19 | 정답 | ②

반죽 온도가 5℃ 올라가면 흡수율을 3% 줄인다.

## 20 | 정답 | ④

에르고스테롤과 콜레스테롤은 자외선에 의해 비타민 $D_2$와 비타민 $D_3$로 변한다.

## 21 | 정답 | ④

식빵 제조 시에는 강력분을 사용하며, 일반적으로 단백질 함량은 11% 이상이어야 한다.

## 22 | 정답 | ②

락토오스(유당, 젖당)는 우유에 있는 탄수화물이다.

## 23 | 정답 | ③

빵의 내부에 곰팡이가 피는 것은 부패이다.

## 24 | 정답 | ①

제빵에서는 주로 물의 흡수력과 믹싱 및 발효 내구성이 좋은 강력분을 사용한다.

## 25 | 정답 | ②

오븐 스프링이란 처음 크기의 약 1/3 정도 팽창하는 것을 말한다.

## 26 | 정답 | ①

설탕과 소금은 이스트의 먹이 역할로, 빵의 껍질을 형성하는 데 사용된다.

## 27 | 정답 | ③

비용적은 반죽 1g이 차지하는 부피로 단위는 $cm^3/g$이다. 산형 식빵의 비용적은 3.2~3.4$cm^3/g$ 정도이다.

## 28 | 정답 | ①

냉동 반죽법은 1차 발효 시간을 20분 정도로 짧게 해야 동해 방지가 가능하다.

## 29 | 정답 | ④

제빵용 이스트에는 유당을 분해하는 락타아제가 없다.

## 30 | 정답 | ④

**기업 활동의 구성 요소**
- 1차 관리(3M): Man(사람), Material(재료), Money(자본)
- 2차 관리(4M): Method(방법), Minute(시간), Machine(기계), Market(시장)

## 31 | 정답 | ①

설탕 전체의 고형질 대비 포도당 고형질 함량은 91%, 일반 물엿은 80%이다.

## 32 |정답| ①
달걀이 오래되면 기실(가스가 들어 있는 공간)이 커져 비중이 낮아지면서, 소금물에 넣었을 때 떠오르는 현상이 나타난다. 또한 달걀의 점도가 떨어지고 부패가 일어나며 pH는 올라간다.

## 33 |정답| ①
콩류(두류)에는 필수 아미노산 중 메티오닌의 함량이 부족하다.

## 34 |정답| ②
10% 이상의 단백질 함량을 가진 밀가루는 글루텐이 많이 생성·발전되어 반죽의 힘이 강해 완제품의 부피가 작아진다.

## 35 |정답| ④
코팅용 초콜릿은 사용의 편리함을 주기 위해 겨울에는 융점이 낮고, 여름에는 융점이 높은 것이 좋다.

## 36 |정답| ④
알부민과 글로불린은 수용성 단백질이다.

## 37 |정답| ③
1차 발효실의 상대 습도는 75~85% 정도이다.

## 38 |정답| ④
1차 발효는 믹싱 과정 후, 중간 발효는 둥글리기 후, 2차 발효는 성형 과정 후에 거치는 발효이다.

## 39 |정답| ③
순수 유지방만을 사용하는 제품은 버터이다.

## 40 |정답| ③
제분율이 낮으면 회분 함량이 적어지는데, 회분 함량이 적을수록 고급 밀가루가 된다.

## 41 |정답| ③
유화 쇼트닝에는 모노글리세리드나 디글리세리드와 같은 유화제가 6~8% 결합되어 있다.

## 42 |정답| ③
경수의 경도는 180ppm 이상으로 칼슘염과 마그네슘염을 함유한다.

## 43 |정답| ②
pH는 1차 발효 시 필요하며, pH 4.5일 때 정상 반죽이다. 2차 발효 시 3가지 기본 요소는 온도, 습도, 시간이다.

## 44 |정답| ④
관능 검사는 사람의 감각에 의한 측정법으로, 균 수는 감각으로 측정이 불가능하다.

## 45 |정답| ②
식품 또는 첨가물을 채취, 제조, 가공, 조리, 저장, 운반 또는 판매하는 자는 1회/년 정기적으로 건강진단을 받아야 한다.

## 46 |정답| ①
리놀레산, 리놀렌산, 아라키돈산 등의 필수 지방산은 식물성 유지인 콩기름에 많이 함유되어 있다.

## 47 |정답| ④
1일 섭취 열량 중에서 55~70%를 탄수화물로 섭취해야 하며, 탄수화물은 1g에 4kcal의 열량을 낸다.
- 2,000kcal × 0.55 = 1,100
  1,100 ÷ 4 = 275g
- 2,000kcal × 0.7 = 1,400
  1,400 ÷ 4 = 350g

## 48 |정답| ③
과발효된 반죽은 산과 알코올이 과다하게 생성되어 발효 향이 강하다.

## 49 |정답| ②
지방산은 산화 과정을 거쳐서 모두 아세틸 CoA를 생성한 후, TCA 회로를 거쳐 1g당 9kcal의 에너지를 방출하고 이산화탄소와 물이 된다.

## 50 |정답| ②
클린업 단계(2단계)는 글루텐이 형성되기 시작하는 단계로, 유지를 넣는 단계이다.

| 오답풀이 |
① 픽업 단계(1단계): 밀가루와 그 외 재료를 혼합하는 단계
③ 발전 단계(3단계): 반죽의 탄력성이 최대로 증가하여 반죽이 강하고 단단해지는 단계
④ 최종 단계(4단계): 글루텐이 결합되는 마지막 단계로 대부분 빵 반죽에서 이 단계가 최적의 상태

## 51 | 정답 | ③

알코올 70% 수용액은 금속, 유리기구, 손 소독 등에 사용된다.

## 52 | 정답 | ④

곰팡이가 생산하는 유해 물질인 진균독에 의한 식중독으로 아플라톡신, 맥각 중독, 황변미 중독 등이 있다.

## 53 | 정답 | ③

| 오답풀이 |
①은 감미료, ②는 호료, ④는 이형제에 대한 설명이다.

## 54 | 정답 | ④

삼투압 현상에 의해 설탕은 5% 이상일 때 이스트 작용을 지연시킨다.

## 55 | 정답 | ④

클로스트리디움 보툴리늄균(보툴리누스균)의 독소는 뉴로톡신인 신경독이며, 주된 증상은 신경 마비, 동공 확대, 시력 장애 등이다.

| 오답풀이 |
① 살모넬라균: 육류, 우유, 난류 등이 원인 식품으로, 60℃에서 20분 가열하면 사멸한다.
② 병원성 대장균: 육류 및 가공품 등이 원인 식품으로, 분변 오염의 지표이다.
③ 장염 비브리오균: 어패류 및 그 가공품이 원인 식품으로, 호염성 비브리오균이다.

## 56 | 정답 | ④

모든 식품첨가물의 사용은 식품의약품안전처장의 허가를 받아야 한다.

## 57 | 정답 | ①

젤라틴은 동물의 껍질이나 연골 속의 콜라겐을 정제한 동물성 안정제이다.

## 58 | 정답 | ④

빵 반죽을 완전히 익히지 않고 반만 구운 상태에서 오븐에 한 번 더 구운 것을 브라운 앤 서브 롤이라고 한다.

## 59 | 정답 | ①

감수성이 높으면 면역력이 낮으므로 질병에 걸리기 쉽다. 숙주 감수성은 면역 상태를 되도록 증진하는 방향으로 대책을 강구해야 한다.

## 60 | 정답 | ①

맥아당은 이스트의 발효 과정 중에 말테이스에 의해 2분자의 포도당으로 가수 분해된다.

## 제빵기능사 | 02회    P.266~P.271

| 01 | ③ | 02 | ② | 03 | ① | 04 | ③ | 05 | ④ |
| 06 | ② | 07 | ② | 08 | ③ | 09 | ① | 10 | ① |
| 11 | ② | 12 | ④ | 13 | ② | 14 | ④ | 15 | ② |
| 16 | ② | 17 | ② | 18 | ③ | 19 | ① | 20 | ③ |
| 21 | ② | 22 | ② | 23 | ② | 24 | ④ | 25 | ③ |
| 26 | ① | 27 | ③ | 28 | ③ | 29 | ③ | 30 | ② |
| 31 | ④ | 32 | ④ | 33 | ② | 34 | ③ | 35 | ③ |
| 36 | ④ | 37 | ③ | 38 | ② | 39 | ③ | 40 | ④ |
| 41 | ② | 42 | ④ | 43 | ③ | 44 | ④ | 45 | ② |
| 46 | ③ | 47 | ③ | 48 | ① | 49 | ② | 50 | ① |
| 51 | ③ | 52 | ① | 53 | ③ | 54 | ③ | 55 | ③ |
| 56 | ① | 57 | ① | 58 | ④ | 59 | ② | 60 | ④ |

### 01    |정답| ③
간에서 담즙이 만들어져서 십이지장으로 배출된다. 담즙은 소장에서 콜레스테롤을 유화하여 소화 흡수를 돕는다.

### 02    |정답| ②
라이페이스는 지방 분해 효소이다.

### 03    |정답| ①
둥글리기는 라운더(Rounder)의 공정이다.

### 04    |정답| ③
빵의 냉각 온도는 35~40℃이고, 냉각 후의 전체 수분 함량은 38%가 되어야 한다. 냉각 과정에서 냉각 손실이 2% 발생한다.

### 05    |정답| ④
이형유(팬 기름) 사용량이 많으면 밑껍질이 두꺼워지고 색상이 어두워진다.

### 06    |정답| ②
냉동 반죽의 제조 공정에서 반죽 혼합 후 반죽 온도는 18~24℃(20℃ 정도)가 되도록 한다.

| 오답풀이 |
① 반죽 혼합 후 1차 표준 발효 시간은 0~30분이다.
③ 반죽의 냉해를 어느 정도 줄이기 위해 반죽 흡수율을 감소시킨다.
④ 반죽을 -40℃까지 급속 냉동시키면 이스트의 사멸을 어느 정도 줄여 글루텐의 조직이 약화되는 것을 막을 수 있다.

### 07    |정답| ②
익스텐소그래프는 반죽의 신장성 및 신장 저항력을 측정하거나 신장 내구성으로 발효 시간을 측정한다.

| 오답풀이 |
① 믹소그래프: 글루텐의 발달 정도 등을 측정
③ 레오그래프: 반죽의 기계적 발달 시 일어나는 변화 측정
④ 패리노그래프: 글루텐의 흡수율, 글루텐의 질, 반죽의 내구성, 믹싱 시간 등을 측정

### 08    |정답| ③
유화 쇼트닝은 6~9% 정도의 모노-디글리세리드를 함유하고 있다.

### 09    |정답| ①
연수는 미네랄을 60ppm 이하로 함유하고 있어 껍질 색을 옅게 만든다. 경수는 180ppm 이상 미네랄을 함유하고 있어 진한 색을 낸다.

### 10    |정답| ①
포장 전 빵의 온도는 35~40℃가 이상적이지만, 너무 낮으면 제품의 수분 손실이 많아 노화가 가속되고 껍질이 건조된다.

### 11    |정답| ②
소매점에서 주로 사용하는 믹서는 수직형 믹서(Vertical Mixer)이다.

### 12    |정답| ④
데니시 페이스트리는 믹싱의 1단계인 픽업 단계까지 믹싱한다.

### 13    |정답| ②
미국식 데니시 페이스트리의 롤인 유지 사용 범위는 반죽 무게의 20~40%이며, 덴마크식 데니시 페이스트리의 사용 범위는 40~55%이다.

### 14    |정답| ④
인수 공통 감염병에는 탄저, 파상열(브루셀라증), 결핵, 야토병, 돈단독, Q열, 리스테리아증 등이 있다.

## 15 |정답| ②

냉동 반죽법은 급속 냉동을 시키는 과정에서 이스트가 약간 사멸하므로 가스 발생력이 감소된다.

## 16 |정답| ②

팽창제는 가스를 발생시켜 반죽을 부풀게 하며, 제품의 식감과 조직에 부드러운 성질을 준다.

## 17 |정답| ②

판매 장소와 공장의 면적 배분이 판매 : 공장 = 2 : 1의 비율에서 판매 : 공장 = 1 : 1의 비율로 구성되는 추세이다.

## 18 |정답| ③

글루텐은 글루테닌(탄력성)과 글리아딘(신장성)으로 구성되어 있다.

## 19 |정답| ①

아밀로그래프는 온도 변화에 따른 밀가루의 α-아밀레이스의 호화를 측정하는 기록 장치이다.

## 20 |정답| ③

유당은 포도당과 자당에 비해 용해도가 낮고 결정화가 느리다.

## 21 |정답| ②

상대적 감미도는 과당(175) > 전화당(135) > 설탕(100) > 포도당(75) > 맥아당(35) > 갈락토오스(32) > 유당(16) 순이다.

## 22 |정답| ④

초콜릿 중 코코아의 함량은 62.5%(초콜릿의 5/8), 카카오 버터의 함량은 37.5%(초콜릿의 3/8)이다.

## 23 |정답| ②

콘알부민(Conalbumin)은 미생물이 이용하지 못하는 항세균 물질이다.

## 24 |정답| ④

반죽 후 분할기로부터 분할할 때나 구울 때 달라붙지 않게 할 목적으로 허용되어 있는 식품첨가물인 이형제는 유동 파라핀이다.

## 25 |정답| ③

- 대체 감미제의 양 = $\dfrac{\text{원래 감미제의 양} \times \text{원래 감미제의 감미도}}{\text{대체 감미제의 감미도}}$
- 설탕의 중량 = 100g
- 설탕의 감미도 = 100
- 포도당의 감미도 = 75

따라서 100 × 100 ÷ 75 = 133.333g(약 130g)

## 26 |정답| ①

독소형 세균성 식중독의 원인 균은 웰치균, 보툴리누스균, 황색 포도상구균 등이다.

## 27 |정답| ③

연수 60ppm 미만, 아연수 60~120ppm, 아경수 120~180ppm, 경수 180ppm 이상이다. 제빵에 적합한 물은 아경수이다.

## 28 |정답| ③

팬의 온도는 30~35℃가 적합하며, 반죽의 온도와 같거나 약간 높게 맞추면 좋다.

## 29 |정답| ③

생크림은 냉장 온도 0~10℃가 적합하다.

## 30 |정답| ②

베이킹파우더의 주성분은 $NaHCO_3$(탄산수소나트륨, 중조, 소다)이다.

## 31 |정답| ④

맥아당은 이당류이다.

## 32 |정답| ④

조절 영양소란 체내 생리 작용을 조절하고 대사를 원활하게 하는 영양소로, 무기질, 비타민, 물로 구성된다.

## 33 |정답| ②

단일 불포화 지방산은 지방산에 이중 결합이 1개인 것이다. 올레산만이 단일 불포화 지방산이다.

## 34 | 정답 | ③

냉동 반죽은 이스트의 양을 2배로 증가시키는데, 이는 냉동 시 이스트가 냉해를 입어 가스 발생력이 떨어지기 때문이다.

## 35 | 정답 | ③

스펀지 도우법의 1차 발효 부피 완료점(드롭 또는 브레이크 현상 발생)은 4~5배 증가한 상태이며, 스트레이트법의 1차 발효 부피 완료점은 3~3.5배 증가한 상태이다.

## 36 | 정답 | ④

첨가물의 종류에 따라 사용 조건이 제한된다.

## 37 | 정답 | ④

완전 가열 살균되지 않은 통조림, 어패류, 소시지, 햄 등은 신경독인 뉴로톡신을 갖고 있는 보툴리누스균에 의해 식중독을 일으킨다.

## 38 | 정답 | ②

발진열과 Q열은 리케차(라케치아)성 질병이다.

## 39 | 정답 | ③

단백질 1% 증가에 흡수율이 1.5% 증가하므로, 단백질 함량이 2% 증가하면 흡수율은 3% 증가한다.

## 40 | 정답 | ④

티포이드균은 감염형 식중독균의 일종이다.

## 41 | 정답 | ②

우유에는 유당이 존재하며, 제빵용 이스트에는 유당을 분해하는 락테이스가 존재하지 않는다.

## 42 | 정답 | ④

| 오답풀이 |
① 효모의 생육 최적 pH는 pH 4~6이다.
② 중온균의 발육 적온은 20~40℃이다.
③ 자유수(유리수)의 함량이 많을수록 부패가 촉진된다.

## 43 | 정답 | ③

식빵 밑바닥이 움푹 패이는 결점은 굽기 초에 오븐 온도가 너무 높기 때문에 발생한다.

## 44 | 정답 | ④

복어의 독소 성분은 테트로도톡신이다.

| 오답풀이 |
① 고시폴: 면실유
② 솔라닌: 감자 싹
③ 무스카린: 독버섯

## 45 | 정답 | ①

글루텐은 믹싱 중에 형성이 되며, 설탕과 유지는 밀가루 속의 단백질이 서로 엉키게 하여 글루텐 형성을 방해한다.

## 46 | 정답 | ③

유동 파라핀은 제과·제빵에서 제품을 틀에서 쉽게 분리하기 위해 사용하는 이형제이다.

## 47 | 정답 | ③

수분 흡수제로 전분류와 밀가루를 사용한다.

## 48 | 정답 | ①

캐러멜화 반응은 설탕(당) 성분이 고온(160~180℃)에 의해 진한 갈색으로 변하는 반응이다.

## 49 | 정답 | ②

재료 계량의 오차로 인한 손실은 재료 손실이다.

## 50 | 정답 | ①

수분 흡수력 증가는 믹싱 공정 중 일어나는 단계이다.

## 51 | 정답 | ③

오븐 스프링이란 반죽 온도가 49℃에 달하면 반죽이 짧은 시간 동안 급격하게 부풀어 처음 크기의 약 1/3 정도 팽창하는 것을 말한다. 오븐 스프링의 원인으로는 가스압 증가, 용해 탄산가스와 알코올의 기화가 있다.

## 52 | 정답 | ①

판 젤라틴은 온도가 낮을수록 젤 능력이 좋으므로 찬물(10~20℃)에 불려서 사용해야 한다.

## 53 |정답| ③

발효의 목적은 반죽의 팽창 및 숙성, 풍미의 향상이다.

## 54 |정답| ③

제빵용 이스트에는 인버테이스, 말테이스, 치마아제, 프로테이스, 라이페이스가 들어 있다.

## 55 |정답| ③

동양모양선충은 사람의 소장 상부에 기생한다.

| 오답풀이 |
① 탄저병, ② 결핵, ④ 브루셀라증은 인·축 공통 감염병이다.

## 56 |정답| ①

패리노그래프는 글루텐의 흡수율, 글루텐의 질, 반죽의 내구성, 믹싱 시간 등을 측정한다. 반죽의 신장성을 측정하는 것은 익스텐소그래프이다.

## 57 |정답| ①

발효는 식품에 미생물이 번식하여 식품의 성질이 변화를 일으키는 현상으로, 그 변화가 인체에 유익하여 식용 가능한 경우를 말한다.

## 58 |정답| ④

| 오답풀이 |
① 간디스토마: 왜우렁이 – 담수어
② 무구조충: 소고기
③ 유극악구충: 물벼룩 – 가물치, 뱀장어

## 59 |정답| ②

설탕 공예용 당액 제조 시 설탕의 재결정을 막기 위해 주석산이나 물엿을 넣는다.

## 60 |정답| ④

필수 아미노산이란 식품 단백질을 구성하고 있는 아미노산 중 체내에서는 합성할 수 없어 음식으로 섭취해야 하는 아미노산으로 이소류신, 류신, 리신, 메티오닌, 페닐알라닌, 트레오닌, 트립토판, 발린 8종류이며, 어린이와 회복기 환자에게는 히스티딘을 합한 9종류가 필요하다. 아라키돈산은 불포화 지방산이다.

## 제빵기능사 | 03회 P.272~P.277

| 01 | 02 | 03 | 04 | 05 |
|---|---|---|---|---|
| ② | ② | ③ | ② | ① |
| 06 ① | 07 ② | 08 ③ | 09 ① | 10 ② |
| 11 ④ | 12 ① | 13 ① | 14 ④ | 15 ① |
| 16 ① | 17 ④ | 18 ② | 19 ① | 20 ② |
| 21 ① | 22 ③ | 23 ③ | 24 ③ | 25 ④ |
| 26 ② | 27 ① | 28 ① | 29 ③ | 30 ③ |
| 31 ② | 32 ③ | 33 ① | 34 ③ | 35 ③ |
| 36 ② | 37 ③ | 38 ③ | 39 ③ | 40 ③ |
| 41 ③ | 42 ③ | 43 ① | 44 ③ | 45 ③ |
| 46 ③ | 47 ③ | 48 ③ | 49 ① | 50 ④ |
| 51 ② | 52 ④ | 53 ① | 54 ② | 55 ② |
| 56 ② | 57 ① | 58 ① | 59 ③ | 60 ④ |

## 01 |정답| ②

**물의 분류**

| 연수 | 아연수 | 아경수 | 경수 |
|---|---|---|---|
| 60ppm 미만 | 60~120ppm | 120~180ppm | 180ppm 이상 |

## 02 |정답| ②

2차 발효가 덜 된 경우 오븐 스프링이 작아 부피가 작아진다.

## 03 |정답| ③

포도상구균은 엔테로톡신을 생성한다.

## 04 |정답| ②

곰팡이는 경구 감염병이 아닌 사상균, 진균독 식중독이다.

## 05 |정답| ①

탈지 분유를 1% 증가시키면 물의 양도 1% 추가시킨다.

## 06 |정답| ①

불란서빵(프랑스빵) 굽기 시 스팀을 많이 주입하면 껍질의 질감이 질겨진다. 이는 껍질의 수분 함유량이 높아지기 때문이다.

## 07 | 정답 | ②

조직은 빵의 품질 평가에 있어서 내부 평가 기준에 해당한다.

## 08 | 정답 | ③

반죽 무게의 0.1~0.2% 정도의 팬 기름을 사용한다.

## 09 | 정답 | ①

계산된 물의 온도
= (희망 반죽 온도 × 3) − (실내 온도 + 밀가루 온도 + 마찰 계수)
= (27 × 3) − (28 + 30 + 23) = 0℃

## 10 | 정답 | ②

식빵 제조 시 1차 발효실의 적합한 온도는 반죽 온도와 같은 27℃이며, 상대 습도는 75~80%가 좋다.

## 11 | 정답 | ④

냉동 반죽법은 −40℃에서 급속 동결 후 −25~−18℃에서 보관한다. 해동 방식은 완만 해동법을 사용한다.

## 12 | 정답 | ①

노타임 반죽법은 산화제와 환원제를 사용하여 믹싱 시간과 발효 시간을 감소시키는 방법이다.

| 오답풀이 |
② 스트레이트법: 배합에 사용되는 모든 재료를 믹서에 한 번에 넣고 반죽한다.
③ 비상 스트레이트법: 표준 반죽 시간을 늘리고 발효 속도를 촉진시켜 전체 공정 시간을 줄여 갑작스러운 상황에 대처할 수 있다.
④ 오버나이트 스펀지법: 발효시킨 스펀지를 이용하는 방법으로 적은 양의 이스트를 사용하여 매우 천천히 발효시킨다.

## 13 | 정답 | ①

2차 발효실의 상대 습도가 높으면 식빵 반죽 표피에 수포가 생긴다.

## 14 | 정답 | ④

제빵 제조 공정의 4대 주요 관리 항목은 시간, 온도, 습도, 공정이다.

## 15 | 정답 | ①

대량 생산 공장에서 많이 사용되는 오븐으로, 반죽이 들어가는 입구와 제품이 나오는 출구가 서로 다른 것은 터널 오븐이다.

## 16 | 정답 | ①

밀가루의 단백질에 의해 아미노산과 당의 결합으로 마이야르 반응은 일어나지만 윗면이 검게 되지는 않는다.

## 17 | 정답 | ④

폐디스토마의 제1 중간 숙주는 다슬기이며, 제2 중간 숙주는 민물 가재, 게이다.

## 18 | 정답 | ②

밀가루 무게는 100×(10)=1,000g이므로 10배를 곱하기 한다.
(가) 63×10 = 630g
(나) 0.2×10 = 2g
(다) 6×10 = 60g
(라) 3×10 = 30g
※ % → g를 계산할 때는 곱하기를 하고, g → %를 계산할 때는 나누기를 한다.

## 19 | 정답 | ①

대류는 뜨거워진 공기를 강제 순환시키는 열전달 방식이다.

## 20 | 정답 | ②

반죽의 흐름성은 스팀과 상관없으며, 수분 함량, 발효실의 온도와 습도의 영향을 받는다.

## 21 | 정답 | ①

노동 분배율은 인건비를 생산가치로 나눈 값이다.

## 22 | 정답 | ③

어패류는 세균에 의해 부패된다.

## 23 | 정답 | ③

파이용 유지를 사용하는 데니시 페이스트리는 18~22℃로 반죽 온도를 맞춘다.

## 24 | 정답 | ③

빵의 냉각과 포장으로 적합한 온도는 35~40℃이다.

## 25 | 정답 | ④

parts per million이란 의미로, ppm의 단위는 g당 중량의 백만분율이다.

## 26 | 정답 | ③

껍질 색은 굽는 온도와 시간 등에 영향을 받는다.

**둥글리기의 목적**
- 흐트러진 글루텐의 구조를 정돈시킨다.
- 분할된 반죽을 성형하기 적절한 상태로 만든다.
- 가스를 균일하게 분산하여 반죽의 기공을 고르게 한다.
- 점착성을 감소시킨다.

## 27 | 정답 | ①

펀치는 이스트의 활동으로 만들어진 탄산가스에 의해 부풀어 오른 반죽을 누르고 접어 탄산가스를 빼는 작업으로 1차 발효 중간중간에 한다. 성형을 용이하게 하는 공정은 중간 발효이다.

## 28 | 정답 | ①

| 오답풀이 |
② 빵 반죽에 알맞은 물은 아경수이다.
③ 반죽 온도가 5℃ 증가함에 따라 흡수율이 3% 감소한다.
④ 유화제의 사용량은 수분 흡수율이 아니라 수분 보유력에 영향을 미친다.

## 29 | 정답 | ③

노화란 맛, 향미가 변화하며 딱딱해지는 현상으로, 냉장 온도(0~8℃)에서 가장 빠르게 진행된다. 식빵은 설탕과 유지의 함량이 적어 노화가 빠르게 진행된다.

## 30 | 정답 | ③

**상대 습도가 낮을 때(부족할 때) 나타나는 현상**
- 껍질 형성이 빠르게 일어난다.
- 오븐에 넣었을 때 팽창이 저해된다.
- 껍질 색이 불균일해지기 쉽다.
- 얼룩이 생기기 쉬우며, 광택이 부족하다.
- 제품의 윗면이 터지거나 갈라진다.

## 31 | 정답 | ②

상대적 감미도는 과당(175) > 전화당(135) > 설탕(100) > 포도당(75) > 맥아당(32) 순이다.

## 32 | 정답 | ②

음식물을 통해서만 얻어야 하는 아미노산은 필수 아미노산이다. 글루타민은 필수 아미노산에 해당하지 않는다. 글루타민은 단백질에 포함된 아미노산이며 글루탐산, 발린, 이소루신으로부터 합성된다.

## 33 | 정답 | ①

빵을 만드는 데에는 경질소맥인 강력분을 사용하며, 과자를 만들 때에는 연질소맥인 박력분을 사용한다.

## 34 | 정답 | ①

가소성 유지는 실온에서 고체처럼 보이지만 20~30%의 고형질과 70~80%의 액체유가 섞여 있다.

## 35 | 정답 | ③

이스트의 일반적인 보관 방법은 냉장 보관이며, 0~5℃에서 보관하는 것이 적절하다.

## 36 | 정답 | ④

라이페이스는 지방의 분해 효소이다.

## 37 | 정답 | ①

분유에 들어 있는 유당은 갈변을 일으켜 색을 진하게 만든다.

## 38 | 정답 | ④

더치 코코아는 알칼리성을 띤다.

## 39 | 정답 | ③

ppm의 단위는 1/1,000,0000이므로 30/1,000,000×100=0.003%이다.

## 40 | 정답 | ③

제빵에서는 주로 강력분을 사용하며, 단백질 함량은 12~15%(주로 11~13%)이다.

## 41 | 정답 | ③

대용 분유는 유장에 탈지 분유, 밀가루, 대두분 등을 혼합하여 탈지 분유의 흡수력, 기능 등과 유사하게 만든 것이다.

## 42 | 정답 | ③

전란 60g에 들어 있는 난백의 양은 60g×0.6=36g이므로 필요한 난백 360g을 얻기 위해 필요한 계란 수는 360÷36g=10개

## 43 | 정답 | ①

주방 내 천장이 너무 낮으면 작업이 불편하고 공기오염이 발생할 수 있다.

## 44 | 정답 | ③

유당 분해 효소인 락테이스는 이스트에 들어 있지 않으므로 이스트는 유당을 분해하지 못한다.

## 45 | 정답 | ①

전화당은 껍질 색의 형성을 빠르게 하고, 제품에 향을 부여하며, 설탕의 결정화를 방지한다.

## 46 | 정답 | ③

장염 비브리오균은 호염성 비브리오균으로, 주로 어패류 생식에 의해 감염된다.

## 47 | 정답 | ③

펙틴은 팽윤성이 뛰어난 수용성 식이 섬유로, 인체 내의 소화 효소에 의해 분해가 어려우며, 섭취 시 포만감을 주고 칼로리가 매우 낮아 주로 다이어트 식품의 원료로 이용된다.

## 48 | 정답 | ③

(16g × 4kcal) + (18g × 4kcal) + (54g × 9kcal) = 약 622kcal

## 49 | 정답 | ①

빈혈의 원인은 대부분 철분(Fe) 부족이다. 헤모글로빈은 철을 포함한 단백질의 일종(글로빈)으로 되어 있다. 철(Fe)은 산소와 결합하는 능력이 있어, 생체 내에서 산소를 운반하는 일을 한다.

## 50 | 정답 | ④

젤리 형성의 3요소는 당분, 유기산, 펙틴이다. 특히, 펙틴은 설탕 농도 50% 이상, pH 2.8~3.4의 산 상태에서 젤리를 형성한다.

## 51 | 정답 | ③

인수 공통 감염병에는 야토병, 결핵, 광견병, 탄저, 돈단독, 살모넬라증, 파상열 등이 있다.

## 52 | 정답 | ④

편성 혐기성균은 산소가 존재하면 생존이 불가능한 균을 말한다.

| 오답풀이 |
① 호기성균: 산소를 좋아하는 균
② 편성 호기성균: 성장을 위해 산소가 절대적으로 필요한 균
③ 통성 혐기성균: 산소의 존재에 상관없이 생존, 생장하는 균

## 53 | 정답 | ①

유화제는 서로 혼합이 잘 되지 않는 두 종류의 액체를 혼합·분산시켜 주는 첨가물이다.

| 오답풀이 |
② 소포제: 규소수지, 식품 제조 과정에서 생기는 불필요한 거품 제거제
③ 피막제: 과일, 채소의 신선도를 유지하기 위해 사용하는 첨가제
④ 팽창제: 빵, 카스텔라 등을 부풀려 모양을 갖추기 위한 목적으로 사용되는 첨가제

## 54 | 정답 | ②

효소를 구성하는 단백질은 열에 불안정하여 가열하면 변성된다.

## 55 | 정답 | ②

발효 손실 원인으로는 반죽 온도와 발효 온도, 이스트의 양과 이스트의 활력에 영향을 미치는 발효성 탄수화물, 소금, pH, 발효 시간 등이 있다.

## 56 | 정답 | ②

어린 반죽(발효가 부족할 때)은 pH 6.0 이상으로, 발효와 반죽이 덜 된 것이다. 신 냄새는 지친 반죽(발효가 지나칠 때)으로 만든 제품의 특징이다.

## 57 | 정답 | ①

급속 냉각을 시키면 노화가 빨리 진행된다.

## 58 | 정답 | ①

장염 비브리오균은 감염형 식중독이지만 원인 식품은 어패류 생식이다.

## 59 |정답| ③

합성 감미료는 설탕, 포도당, 꿀과 같은 천연 감미료와 구별되며 사카린, 둘신, 사이클라메이트, 아스파탐, 소르비톨 등이 있다. 둘신은 단맛이 천연 감미료보다 높아 식품 공업에서 널리 사용되었으나, 인체에 유해하여 금지되어 있다.

## 60 |정답| ④

팬에 바르는 기름(이형유)은 발연점이 높은 기름을 선택해야 하며 219℃ 이상의 온도에서 푸른 연기가 발생하는데, 이를 발연 현상이라고 한다.

## 제빵기능사 | 04회    P.278~P.283

| 01 | ④ | 02 | ② | 03 | ④ | 04 | ② | 05 | ② |
| 06 | ② | 07 | ② | 08 | ① | 09 | ④ | 10 | ② |
| 11 | ① | 12 | ② | 13 | ③ | 14 | ④ | 15 | ③ |
| 16 | ③ | 17 | ② | 18 | ① | 19 | ② | 20 | ② |
| 21 | ④ | 22 | ④ | 23 | ② | 24 | ③ | 25 | ④ |
| 26 | ④ | 27 | ① | 28 | ② | 29 | ③ | 30 | ③ |
| 31 | ③ | 32 | ② | 33 | ② | 34 | ② | 35 | ③ |
| 36 | ① | 37 | ③ | 38 | ② | 39 | ④ | 40 | ④ |
| 41 | ① | 42 | ③ | 43 | ① | 44 | ④ | 45 | ② |
| 46 | ① | 47 | ② | 48 | ④ | 49 | ② | 50 | ④ |
| 51 | ② | 52 | ④ | 53 | ④ | 54 | ④ | 55 | ④ |
| 56 | ③ | 57 | ② | 58 | ② | 59 | ② | 60 | ② |

## 01 |정답| ④

오븐 스프링은 탄산가스, 알코올이 휘발하면서 증가시킨 가스압에 의해 반죽이 오븐에서 갑자기 팽창하는 현상이다.

## 02 |정답| ②

설탕은 수분 보유제로 보습 효과가 있어 노화를 지연시킨다.

## 03 |정답| ④

패리노그래프는 밀가루의 흡수율을 측정하는 기계로, 반죽 내구성, 믹싱 시간 등을 측정한다. 밀가루 전분의 점도를 측정하여 α-아밀레이스의 활성을 측정하는 것은 아밀로그래프이다.

## 04 |정답| ②

급속 냉동은 -40℃에서 급랭하고, -18℃에서 저장한다.

## 05 |정답| ②

단백질 함량이 12~13.5% 정도인 밀가루를 선택해야 가스 보유력이 좋다.

## 06 |정답| ②

철판의 온도는 30~35℃가 적합하며, 반죽의 온도와 같거나 약간 높게 맞추면 좋다.

## 07 |정답| ②

2차 발효가 덜 된 경우 오븐 스프링이 작아 부피가 작아진다.

## 08 |정답| ①

종류 평가 항목에는 외부(외관) 평가, 내부(내관) 평가, 식감 평가 등이 있다.

## 09 |정답| ④

파상열(브루셀라증)은 브루셀라 속 세균에 감염된 동물로부터 사람이 감염되어 발생하는 인수 공통 감염병이다. 소, 돼지, 양, 염소 등에 전염성 유산을 일으키고 사람에게는 열성 질환을 일으키며, 주 증상은 발열이다. 바이러스성 인수 공통 감염병에는 광견병, 일본뇌염, 뉴캐슬병, HVJ병, 구제역(문헌상), 수포성 구내염 등이 있다.

## 10 |정답| ②

설탕 농도 50% 이상, pH 2.8~3.4의 산 상태에서 젤리를 형성하며, 메톡실기 7% 이상의 펙틴은 당과 산이 존재해야 교질이 형성된다.

## 11 |정답| ①

스펀지 반죽의 기본 재료는 밀가루, 이스트, 물, 이스트 푸드, 개량제이다. 설탕은 본(도우) 반죽에 들어 간다.

## 12 |정답| ②

- 완제품 무게 = 500 × 2 = 1,000g
- 총 반죽 무게 = 완제품 무게 ÷ (1−손실)
  = 1,000 ÷ (1−1%) ÷ (1−12%)
  = 1,000 ÷ (1−0.01) ÷ (1−0.12)
  = 1,000 ÷ 0.99 ÷ 0.88 = 1,147.84g
- 밀가루 무게(g) = $\frac{\text{총재료 무게(g)} \times \text{밀가루 배합률(\%)}}{\text{총 배합률(\%)}}$

  = $\frac{1,147.84(g) \times 100(\%)}{180(\%)}$ = 637.6g

따라서 소수점 첫째 자리에서 반올림하면 638g이 된다.

## 13 |정답| ③

성형은 '분할 → 둥글리기 → 중간 발효 → 정형 → 팬닝'으로 이루어져 있다.

## 14 |정답| ④

병원성 대장균 식중독은 분변을 통해 감염된다.

## 15 |정답| ③

제2급 감염병에는 결핵, 수두, 홍역, 콜레라, 장티푸스 등이 있다.

## 16 |정답| ③

2차 발효실의 습도가 낮을 경우 겉껍질이 형성되고 터짐 현상이 발생한다.

## 17 |정답| ②

빵을 포장할 때 중심 온도는 35~40℃가 적합하다.

## 18 |정답| ①

가스 발생력을 키워 반죽을 부풀리기 위한 제조 공정은 1차 발효 또는 2차 발효 공정이다.

## 19 |정답| ②

반죽의 이음매를 틀의 아래로 향해 팬닝한다.

## 20 |정답| ②

표면에 물집이 발생하는 원인으로는 질은 반죽, 높은 2차 발효실의 습도, 오븐의 높은 윗열, 발효 부족, 성형기의 취급 부주의 등이 있다.

## 21 |정답| ④

평가 방법은 외부 평가, 내부 평가로 나뉜다. 껍질의 특성은 외부 평가 항목이다.

## 22 |정답| ④

팬 오일은 발연점이 210℃ 이상 높은 것을 사용한다.

## 23 |정답| ②

불란서빵 반죽은 탄력성이 강한 발전 단계에서 믹싱을 완료한다.

## 24 |정답| ③

둥글리기를 하는 기계를 라운더라고 한다.

## 25 |정답| ④

마찰 계수
= (결과 반죽 온도 × 3) − (실내 온도 + 밀가루 온도 + 수돗물 온도)
= (21 × 3) − (15 + 13 + 10) = 25

## 26 | 정답 | ④
직접 원가 요소는 재료비, 노무비, 경비이다. 학술비는 연구 개발비로 사용된다.

## 27 | 정답 | ①
- 마찰 계수 = (결과 온도 × 3) − (실내 온도 + 밀가루 온도 + 수돗물 온도)
- 사용한 물 온도 = (희망 온도 × 3) − (실내 온도 + 밀가루 온도 + 마찰 계수)
- 얼음 사용량
  = 물 사용량 × (수돗물 온도 − 사용할 물 온도) ÷ (80 + 수돗물 온도)

## 28 | 정답 | ①
유지의 구성 분자는 탄소, 수소, 산소이다.

## 29 | 정답 | ③
터널 오븐은 대형 공장에서 대량 생산에 사용하는데, 열 손실이 크다는 단점이 있다.

## 30 | 정답 | ③
프로테아제는 대표적인 단백질 분해 효소이다.
| 오답풀이 |
① 치마아제: 산화 효소로 단당류를 분해한다.
② 말테이스: 맥아당을 분해한다.
④ 인버테이스: 설탕을 분해한다.

## 31 | 정답 | ③
제빵에 가장 적합한 물은 아경수로, 물의 경도는 120~180ppm이다.

## 32 | 정답 | ②
아밀로그래프는 전분의 다소를 측정하지 않는다.

## 33 | 정답 | ②
호화는 풀처럼 되는 상태로, 빵의 외부 층에 있는 전분이 내부 층의 전분보다 호화가 더 진행된다.

## 34 | 정답 | ③
강력분은 박력분에 비해 글루텐 함량이 많다.

## 35 | 정답 | ③
자당(설탕)은 비환원성 당이다.

## 36 | 정답 | ①
제빵에서 탈지 분유는 완충제의 역할을 하여 발효 내구성을 증가시키고, 밀가루 단백질을 강화하여 믹싱 내구성을 증대시키며, 표피 색을 진하게 한다.

## 37 | 정답 | ③
안정제는 흡수제로, 노화 지연 효과가 있다.

## 38 | 정답 | ②
달걀은 껍질 10%, 노른자 30%, 흰자 60%로 구성된다. 60g × 0.6% = 36g 이므로 540g ÷ 36g = 15개가 필요하다.

## 39 | 정답 | ④
이스트는 팽창제 역할로 팽창 작용을 하며, 향미를 부여하고 반죽을 발전·숙성시킨다.

## 40 | 정답 | ④
글루텐을 형성하는 글리아딘은 신장성과 관계가 깊고, 글루테닌은 탄력성과 관계가 깊다.

## 41 | 정답 | ①
아이오딘 정색 반응에서 아밀로펙틴은 적자색을 나타내며, 아밀로오스는 청색을 나타낸다.

## 42 | 정답 | ③
설탕(자당)은 인버테이스에 의해 포도당과 과당으로 분해된다.

## 43 | 정답 | ①
우리나라는 건강기능식품에 대해 「식품위생법」에 따른 처벌을 배제한다.

## 44 | 정답 | ④
허용되어 있는 보존료는 소르빈산칼륨, 안식향산, 데히드로초산 등이다. 말라카이트 그린은 섬유, 목재, 종이 등을 염색하는 데 사용되는 염색제로 식품에 사용할 수 없는 물질이다.

## 45 | 정답 | ②
식품을 태웠을 때 남은 재를 회분이라고 한다.

## 46  |정답| ①

판매 가격은 총원가에 기대이익을 더하여 결정한다.

## 47  |정답| ②

비타민 A가 결핍되면 야맹증이 나타날 수 있다.

| 오답풀이 |
① 비타민 C: 괴혈병
③ 비타민 $B_3$: 펠라그라병
④ 비타민 $B_1$: 각기병

## 48  |정답| ④

단백질은 성장, 임신, 병의 회복 기능과 체조직을 형성하는 기능을 한다.

## 49  |정답| ②

포화 지방산은 소기름, 돼지기름, 버터 등 동물성 지방에 많이 들어 있다.

## 50  |정답| ④

맥아당은 이당류이다.

| 오답풀이 |
①과당, ②포도당, ③갈락토오스는 단당류이다.

## 51  |정답| ②

변패는 탄수화물이나 지방에 미생물이 번식하여 변질되는 현상이다.

| 오답풀이 |
① 발효: 부패와 같으나 식용할 수 있다.
③ 부패: 단백질 식품이 세균에 의해 분해되어 악취를 내는 현상이다.
④ 산패: 지방이 산화되어 변질되는 현상이다.

## 52  |정답| ④

탄수화물이 많이 든 감자를 고온에서 가열하거나 튀길 때 아크릴아마이드라는 발암성 물질이 생성된다.

| 오답풀이 |
① 벤조피렌: 발암 물질의 하나로 타르 등에 들어 있으며, 담배 연기, 배기가스에도 들어 있다.
② 다이옥신: 일반 폐기물과 특정 폐기물들의 소각, 폐기물 무단 투기 때 많이 발생한다.
③ 니트로사민: 발색제인 질산염, 아질산염 등은 구강 내 세균의 환원효소에 의해 아질산염이 되고 아질산염은 위 속의 산성 pH하에서 식품 성분들과 쉽게 반응하여 발암 물질인 니트로사민(Nitrosamine)을 생성한다.

## 53  |정답| ④

발연점은 푸른 연기가 발생하는 온도 범위를 가리키며, 튀김 기름으로는 발연점이 높은 면실유(223℃)가 좋다.

## 54  |정답| ④

패리노그래프는 글루텐의 흡수율, 글루텐의 질, 반죽의 내구성, 믹싱 시간 등을 측정한다.

## 55  |정답| ④

작업장의 방충, 방서용 금서망의 그물은 30mesh가 적당하다.

## 56  |정답| ③

물의 온도는 반죽 온도 조절에 가장 크게 영향을 미친다.

## 57  |정답| ②

빵이 구워진 직후의 수분 함량은 껍질에 12%, 빵 속에 45%가 적합하며, 냉각 후 포장 직전의 수분 함량은 38%가 적합하다.

## 58  |정답| ②

클로스트리디움 보툴리늄균(보툴리누스균)이 생산하는 뉴로톡신은 독소 자체는 열에 약하지만 내열성이 강한 포자를 형성하여 100℃에서 6시간 이상 가열해야 살균할 수 있다. 세균성 식중독 중 가장 치사율이 높은 독소형 식중독이다.

## 59  |정답| ②

병원성 대장균은 독소를 생산하기도 하며, 호기성 또는 통성 혐기성 세균이다.

## 60  |정답| ②

노화 지연 방법으로는 −18℃ 이하 보관, 실온 21~35℃ 보관, 유지나 당류 첨가, 양질의 재료 사용, 방습 포장재 사용, 제조 공정 준수, 운반 판매 시 실온 온도 유지 등이 있다. 냉장 온도 2~10℃에서 보관하면 빵의 노화가 촉진된다.

## 제빵기능사 | 05회  P.284~P.289

| 01 | ③ | 02 | ④ | 03 | ④ | 04 | ④ | 05 | ④ |
| --- | --- | --- | --- | --- | --- | --- | --- | --- | --- |
| 06 | ③ | 07 | ④ | 08 | ④ | 09 | ① | 10 | ② |
| 11 | ② | 12 | ① | 13 | ② | 14 | ④ | 15 | ③ |
| 16 | ④ | 17 | ② | 18 | ③ | 19 | ① | 20 | ② |
| 21 | ② | 22 | ④ | 23 | ② | 24 | ③ | 25 | ① |
| 26 | ① | 27 | ② | 28 | ③ | 29 | ③ | 30 | ① |
| 31 | ③ | 32 | ④ | 33 | ② | 34 | ① | 35 | ② |
| 36 | ③ | 37 | ③ | 38 | ① | 39 | ② | 40 | ④ |
| 41 | ① | 42 | ② | 43 | ① | 44 | ② | 45 | ② |
| 46 | ② | 47 | ② | 48 | ② | 49 | ② | 50 | ① |
| 51 | ② | 52 | ④ | 53 | ① | 54 | ② | 55 | ① |
| 56 | ④ | 57 | ① | 58 | ② | 59 | ③ | 60 | ④ |

### 01 |정답| ③

- 완제품 무게 = 500 × 500 = 250,000g
  (※ g을 kg으로 전환) 250,000 ÷ 1,000 = 250kg
- 총반죽 무게 = 완제품 무게 ÷ (1 − 분할 손실)
  = 250 ÷ (1 − 2%) ÷ (1 − 10%)
  (※ 2%와 10%는 100으로 나눈다.)
  = 250 ÷ (1 − 0.02) ÷ (1 − 0.1)
  = 250 ÷ 0.98 ÷ 0.9 ≒ 283.44kg
- 밀가루 무게(g) = $\dfrac{\text{총재료 무게(g)} \times \text{밀가루 배합률(\%)}}{\text{총배합률(\%)}}$
  = $\dfrac{283.44\text{kg} \times 100\%}{190\%}$ ≒ 149.178kg
- 필요한 20kg짜리 밀가루 포대 수
  = 149.178kg ÷ 20kg = 7.45포대(약 8포대)

따라서 8포대가 필요하다.

### 02 |정답| ④

직접 원가 = 직접 재료비 + 직접 노무비 + 직접 경비

### 03 |정답| ④

성형 이후의 공정은 '2차 발효 → 굽기 → 냉각 → 포장'의 순서이다. 이 중 가스 팽창을 최대로 만드는 단계는 2차 발효이다.

### 04 |정답| ④

우리 몸에서 혈당을 형성하는 당은 포도당이다.

### 05 |정답| ④

냉동 반죽법에서는 이스트의 활동을 억제하기 위해 반죽의 온도를 20℃의 낮은 온도로 맞춘다. 냉동 반죽법은 반죽을 동결하여 발효를 억제시키고 저장성을 높인 상태로 저장하여, 필요할 때마다 꺼내 해동·발효시켜 사용하는 반죽법이다.

### 06 |정답| ③

물수건은 삶거나 차아염소산 소독 후 일광 건조한다.

### 07 |정답| ④

결핵은 결핵균이 침입하여 병에 걸린 소의 유즙이나 유제품을 거쳐 사람에게 경구적으로 감염되며 잠복기는 불명이다. BCG 예방 접종, 투베르쿨린 반응 검사를 실시하여 결핵 감염 여부를 조기에 발견할 수 있다.

### 08 |정답| ④

살모넬라균 식중독의 대표적인 증상은 고열 및 설사이다. 신경 마비는 보툴리누스균 식중독의 증상이다.

### 09 |정답| ①

빵 속에 소금을 많이 첨가하면 삼투압 작용에 의해 부피가 작아지는 현상이 일어나며, 소금의 양이 부족하면 부피가 커지는 원인이 된다.

### 10 |정답| ②

갓 구워낸 빵의 수분 함량은 껍질이 12~15%, 내부가 42~45%이며, 냉각 후 수분 함량은 내부의 수분이 껍질 방향으로 이동하면서 전체 38%로 평행을 이룬다.

### 11 |정답| ②

스펀지 도우법에서 스펀지 반죽의 온도는 24℃, 도우의 반죽 온도는 27℃ 정도이다.

### 12 |정답| ①

손 분할이나 기계 분할은 15~20분 이내로 완료하는 것이 좋으며, 이는 시간이 지날수록 발효가 진행되어 부피가 커지고 무게는 감소하기 때문이다.

## 13
|정답| ②

발효에 영향을 주는 요소에는 충분한 물, 적당한 온도, 산도, 이스트의 양, 발효성 탄수화물의 양, 설탕과 소금의 삼투압, 무기물의 함량이 있다.

## 14
|정답| ④

맛은 내부 평가 항목에 해당한다.

## 15
|정답| ③

발연점이 210℃ 이상으로 높은 것을 사용해야 한다.

## 16
|정답| ④

빵의 향에 관계하는 알코올, 유기산 및 그 외의 방향성 물질을 생성하기 위해 2차 발효한다.

## 17
|정답| ②

포도당은 캐러멜화의 온도가 낮아 색이 빨리 난다.

## 18
|정답| ③

카라야검은 식품의 점착성 및 점도를 증가시키고 유화 안정성을 증진하며, 식품의 물성 및 촉감을 향상시키기 위한 식품첨가물로, 식품에 유화제, 안정제 등으로 사용된다.

## 19
|정답| ①

노동 분배율 = $\dfrac{\text{인건비}}{\text{생산 가치}} \times 100 = \dfrac{1{,}500만\ 원}{3{,}000만\ 원} \times 100 = 50\%$

## 20
|정답| ②

이스트는 산성일 때 발효가 가장 잘 되며, 이스트가 활동하기에 가장 좋은 최적의 pH는 4.5~5.5(최적 pH 4.7)이다.

## 21
|정답| ②

햄버거빵은 전용 팬을 사용할 경우 렛 다운 단계까지 믹싱한다.

| 오답풀이 |
① 불란서빵은 발전 단계까지 믹싱한다.
③ 과자빵과 ④ 식빵은 최종 단계까지 믹싱한다.

## 22
|정답| ④

플라스틱 스크래퍼를 이용하여 반죽을 긁어준다. 금속으로 된 스크래퍼는 믹서기에 흠집을 내기 때문이다.

## 23
|정답| ②

- 부가가치세를 감안한 제조원가: 726원÷1.1=660원
- 손실율을 감안한 제조원가: 660원÷1.1=600원
- 이익률을 감안한 제조원가: 600원÷1.15≒522원

## 24
|정답| ③

빵을 포장하면 수분의 증발을 방지할 수 있다.

## 25
|정답| ①

냉동 반죽법의 반죽 온도는 18~22℃ 정도가 적합하다. 이스트의 활동을 억제할 수 있기 때문이다.

## 26
|정답| ①

- 완제품 무게 = 400 × 200 = 80,000g
- 총반죽 무게: 완제품 무게÷(1 − 손실)
  = 80,000÷(1 − 2%)÷(1 − 12%)
  (※ 2%와 12%는 100으로 나눈다.)
  = 80,000÷(1 − 0.02)÷(1 − 0.12)
  = 80,000÷0.98÷0.88 = 92,764.37g
- 밀가루 무게
  = $\dfrac{\text{총재료 무게(g)} \times \text{밀가루 배합률(\%)}}{\text{총배합률(\%)}}$
  = $\dfrac{92{,}764.37\text{g} \times 100\%}{180\%}$
  = 51,535.76g(51,536g)

## 27
|정답| ②

급속 냉동은 −40℃에서 냉동 후 −18℃에서 저장하며, 해동할 때에는 완만 해동을 하여 반죽이 균일한 상태를 만든다.

## 28
|정답| ③

필수 아미노산은 이소류신, 류신, 리신, 페닐알라닌, 메티오닌, 트레오닌, 트립토판, 발린 8가지이며, 어린이와 회복기 환자는 히스티딘이 추가된다.

## 29
|정답| ③

굽기 과정에서는 발효에 의해 생긴 이산화탄소가 열을 팽창시켜 빵의 부피를 갖게 된다.

## 30 | 정답 | ①
진한 껍질 색의 빵에 대한 대책은 1차 발효를 증가시키는 것이다.

## 31 | 정답 | ③
레닌은 단백질을 응고시키며 송아지, 어린 양 등 반추위 동물의 위액에 존재한다.

## 32 | 정답 | ④
수돗물의 양(3kg)과 얼음 사용량(900g)이 정해져 있기 때문에 계산할 필요가 없으며, 수돗물에서 얼음 사용량을 빼서 사용하면 된다.
3,000g − 900g = 2,100g이므로 수돗물 2.1kg과 얼음 900g을 넣는다.

## 33 | 정답 | ②
노화된 전분은 소화가 잘 되지 않는다.

## 34 | 정답 | ①
중화가란 산에 대한 탄산수소나트륨(중조)의 백분율로, 적정량의 이산화탄소를 발생시키고 중성이 되는 값이다.

## 35 | 정답 | ③
이스트 푸드의 구성 성분 중 칼슘염은 물 조절제 역할을 한다.

| 오답풀이 |
① 산화제: 반죽의 탄성
④ 암모늄염: 이스트의 영양과 성장

## 36 | 정답 | ③
생크림은 냉장 온도 0~10℃에서 보관해야 하며, 재냉동하지 않는다.

## 37 | 정답 | ③
글루텐은 글루테닌(탄력성)과 글리아딘(신장성)으로 구성되어 있다.

## 38 | 정답 | ①
프리믹스란 밀가루, 설탕, 분유, 달걀 분말, 향료 등 건조 재료와 경우에 따라 이스트, 베이킹파우더와 같은 팽창제와 유지 등의 재료를 제품에 알맞은 배합률로 균일하게 혼합한 원료를 말한다.

## 39 | 정답 | ④
반죽의 신장성과 신장에 대한 저항을 측정하며 패리노그래프의 결과를 보완해 주는 기계는 익스텐소그래프로, 밀가루 개량제의 효과를 측정한다.

## 40 | 정답 | ④
전화당은 상대적인 감미도가 135 정도로, 맥아당(32)보다 감미도가 높다.

## 41 | 정답 | ①
달걀 단백질이 열에 의해 응고되어 농후화제의 역할을 하는데, 대표적으로 커스터드 크림이 있으며 전분과 비교하면 약 1/4 정도의 결합제 역할을 한다.

## 42 | 정답 | ③
우유의 주된 단백질은 카세인으로, 우유 단백질의 약 80% 정도를 차지한다.

## 43 | 정답 | ①
머랭의 수분 배출을 억제하는 것이 안정제의 사용 목적이다.

## 44 | 정답 | ②
블룸(Bloom) 현상은 초콜릿의 표면에 하얀 무늬가 생기거나, 하얀 가루를 뿌린 듯이 보이거나, 하얀 반점이 생긴 것이 꽃과 닮은 데서 이름이 붙여졌다. 이러한 현상으로는 카카오 버터가 원인인 팻 블룸(Fat Bloom)과 설탕이 원인인 슈가 블룸(Sugar Bloom)이 있다.

## 45 | 정답 | ②
스펀지법과 비교한 스트레이트법의 장점으로는 제조 공정의 단순함, 노동력과 시간의 절감, 제조 시설·장비의 간단함과 발효 손실을 줄일 수 있다는 점이다.

## 46 | 정답 | ②
위는 pH 2인 강산성이다.

## 47 | 정답 | ②
{탄수화물(70 × 4) + 단백질(5 × 4) + 지방(15 × 9)} ÷ 2 × 10 = 2,175kcal

## 48 | 정답 | ②
비타민 $B_1$의 결핍증은 각기병이다.

## 49 | 정답 | ②
제빵용 밀가루의 손상 전분의 함량은 4.5~8%이다.

## 50  |정답| ①
수소를 첨가하여 얻는 유지(경화유)로는 쇼트닝과 마가린이 있다.

## 51  |정답| ②
장염 비브리오균은 병원성 호염균으로 약 3%의 식염 배지에서 발육이 잘 된다. 어패류 생식을 금하면 예방할 수 있다.

## 52  |정답| ④
제빵에 허용된 이형제는 유동 파라핀이다.

## 53  |정답| ①
밀가루 개량제는 제분된 밀가루의 표백과 숙성 기간을 단축하기 위한 목적으로 사용되는 것으로 브롬산칼륨, 아조디카본아마이드, 과산화벤조일, 이산화염소, 염소, 과황산암모늄 등이 있다.

| 오답풀이 |
② 유화제(계면 활성제): 서로 혼합되지 않는 두 종류의 액체를 유화시키기 위해 사용하며, 빵 반죽에 더하면 반죽의 기계 내성이 향상되고 빵의 부피가 커지며 쉽게 노화하지 않는다. 종류로는 대두 인지질, 글리세린, 레시틴, 모노디글리세리드 등이 있다.
③ 점착제(호료): 식품의 점착성을 증가시켜 교질상의 미각을 증진시키는 물질이다.
④ 팽창제: 식품을 부풀게 하여 적당한 형체를 갖추게 하기 위해 사용되는 첨가물로 명반, 소명반, 염화암모늄, 탄산수소암모늄, 탄산수소나트륨 등이 있다.

## 54  |정답| ②
단백질 식품이 미생물에 의해 분해되어 악취를 내며 인체에 유해하게 되는 것을 부패라고 하고, 반대로 유익하게 되는 것을 발효라고 한다.

## 55  |정답| ①
HACCP 준비단계는 'HACCP 팀 구성 → 제품 설명서 작성 → 제품의 사용 용도 파악 → 공정 흐름도, 평면도 작성 → 공정 흐름도, 평면도의 작업 현장과의 일치 여부 확인' 순이다.

## 56  |정답| ④
식품취급자는 1년에 1회, 정기적으로 건강검진을 받아야 한다.

## 57  |정답| ①
액종법(액체 발효법)은 ADMI법(아드미법)이라고도 하며, 스펀지 발효에서 생기는 결함을 없애기 위해 만들어진 제조 방법이다.

## 58  |정답| ②
이형제란 제과·제빵에서 제품을 틀에서 쉽게 분리하기 위해 틀에 바르는 첨가물로, 유동 파라핀 등이 이에 해당한다.

## 59  |정답| ③
광우병은 동종 간의 접촉이 아닌 섭취 시 일어난다.

## 60  |정답| ④
3. 장염 비브리오균: 어패류 및 그 가공품이 원인 식품이다. 호염성 비브리오균으로 3~4%의 염분 농도에서 증식하고, 잠복기는 12시간이며, 급성 위장염 증상이 나타난다. 감염형 식중독의 대표적인 유형이다.
4. 여시니아균: 그람 음성의 타원형 또는 구형의 세균으로, 주로 봄·가을철에 많이 발생하는 질병이다. 들쥐·족제비 등의 배설물에서 감염되어 주로 13세 이하 어린이들에게 많이 발병하며, 고열·복통·설사 증세가 나타난다. 유당을 분해하지 않고, 저온인 5℃에서도 증식하여 겨울철에도 환자가 발생하며 가축에 존재하고, 사람은 우연하게 감염된다. 환자는 증세가 있는 동안 균을 배출하는데, 치료를 받지 않으면 2~3개월간 균을 배출하기도 한다. 청년기와 고연령층에게 많이 발생하는 경향이 있고 법정 감염병은 아니며, 집단 발생되는 예는 거의 없다.

| 오답풀이 |
1. 황색 포도상구균: 사람이나 동물의 화농성 질환의 대표적인 균으로, 장독소인 엔테로톡신(Enterotoxin)은 내열성이 있어 열에 쉽게 파괴되지 않는다. 잠복기가 가장 짧고(평균 3시간), 원인 식품은 우유 및 유제품이며, 증상은 구토, 복통, 설사 등이다.
2. 보툴리누스균: 원인 균은 보툴리누스균(신경친화성 독소)이며, 아포는 열에 강하고 독소인 뉴로톡신(Neurotoxin)은 이열성으로 열에 약해 80℃에서 30분이면 파괴된다. 식중독 중 치사율이 가장 높다. 완전 가열 살균되지 않은 병조림, 통조림, 소시지, 훈제품 등이 원인 식품이며, 잠복 기간은 보통 18~36시간이지만 2~4시간 이내에 신경증이 나타나기도 하고 72시간 후에 발병한다. 증상은 신경 마비, 시력 장애, 동공 확대 등이다.

**고객의 꿈, 직원의 꿈, 지역사회의 꿈을 실현한다**

**펴낸곳** (주)에듀윌　**펴낸이** 양형남　**출판총괄** 김기철　**에듀윌 대표번호** 1600-6700
**주소** 서울시 구로구 디지털로 34길 55 코오롱싸이언스밸리 2차 3층
© 2025 eduwill. Created with AI assistance.
협의 없는 무단 복제는 법으로 금지되어 있습니다.

| 에듀윌 도서몰 | • 부가학습자료 및 정오표: 에듀윌 도서몰 > 도서자료실 |
|---|---|
| book.eduwill.net | • 교재 문의: 에듀윌 도서몰 > 문의하기 > 교재(내용, 출간) / 주문 및 배송 |